金石萃編

一

(清)王昶撰

(清)吴榮光
(清)翁方綱等批校

國家圖書館出版社

圖書在版編目(CIP)數據

金石萃編:全五册/(清)王昶撰,(清)吴榮光、(清)翁方綱等批校. —北京:國家圖書館出版社,2021.7

ISBN 978 - 7 - 5013 - 6116 - 8

Ⅰ. ①金… Ⅱ. ①王…②吴…③翁… Ⅲ. ①金石學 - 中國 - 清代 Ⅳ. ①K877.24

中國版本圖書館 CIP 數據核字(2021)第 119886 號

書　　名　金石萃編(全五册)
著　　者　(清)王昶 撰　(清)吴榮光 (清)翁方綱等 批校
責任編輯　苗文葉
助理編輯　王　哲
封面設計　翁　涌

出版發行　國家圖書館出版社(北京市西城區文津街 7 號　100034)
(原書目文獻出版社　北京圖書館出版社)
010 - 66114536　63802249　nlcpress@ nlc. cn(郵購)
網　　址　http://www. nlcpress. com
印　　裝　河北三河弘翰印務有限公司
版次印次　2021 年 7 月第 1 版　2021 年 7 月第 1 次印刷

開　　本　787 × 1092(毫米)　1/16
印　　張　191
書　　號　ISBN 978 - 7 - 5013 - 6116 - 8
定　　價　3000.00 圓

前言

趙成傑

清嘉慶十年（一八〇五）刻成的《金石萃編》，成爲清代金石學史上繼往開來的一部巨著，學者争相批閲，或校其文本，或補其不足。據《中國古籍總目》著録，《金石萃編》有五種版本：清嘉慶十年刻本、清嘉慶十年刻同治十一年（一八七二）補刻本、清光緒十九年（一八九三）上海醉六堂石印本、清光緒十九年上海寶善書局石印本、民國八年（一九一九）上海掃葉山房石印本〔一〕。其中嘉慶十年刻本就有國家圖書館藏龔橙校注本、李慈銘校注本以及湖南圖書館藏周壽昌批校本三種〔二〕。澳門大學圖書館藏吴榮光、翁方綱等名人批本亦是《金石萃編》研究史上不可缺少的一種。

〔一〕《中國古籍總目》編纂委員會編《中國古籍總目·史部》，北京：中華書局，上海：上海古籍出版社，二〇〇九年，第四七九四頁。

〔二〕以上所列《金石萃編》的各種版本，實際上都是清嘉慶十年刻本的翻刻、翻印本，基本没有修改或改動，故而《金石萃編》的批校價值主要體現在名家批語中。

一、澳大藏批校本《金石萃編》版本述要

澳門大學圖書館藏吴榮光、翁方綱等金石名家批本《金石萃編》一部（以下簡稱『澳大本』），爲清嘉慶十年（一八〇五）刻本，框高十八點七厘米，寬十三點九厘米，凡四十八册，半葉十行行二十一字，小字雙行同。黑口，單魚尾，左右雙邊[一]。是書每卷前有『筠清館印』（朱文），可知該書爲清代著名金石學家吴榮光之舊藏。《序》後有『高要何氏昆玉瑗玉君懷共賞』（朱文）、《目録》下有『端谿何叔子瑗玉號蘧盦過眼經籍金石書畫印記』（朱文）、卷二下有『宗衍』（白文）等藏書印，知此書亦經何昆玉、何瑗玉兄弟以及汪兆鏞、汪宗衍父子之手。吴榮光批語主要集中於卷四十三《化度寺碑》、卷五十三以及六十一各卷，翁方綱批語散見於卷十六、卷十七、卷四十三、卷七十三等處，黄本驥批語散見於卷五十五、卷八十一等處[二]。

（一）吴榮光及其批校

吴榮光（一七七三—一八四三），原名燎光，字伯榮，號荷屋，廣東南海人。官至湖南巡撫，有《辛丑銷夏記》

[一] 收録於鄧駿捷主編《中國古籍珍本叢刊·澳門大學圖書館卷》，清王昶撰，清吴榮光、翁方綱等批校《金石萃編》第二、三、四、五、六册，北京：國家圖書館出版社，二〇一五年。

[二] 批校本《金石萃編》批語雖多達千條，但大都是對碑文文字的校理，或補原碑闕文，或指訛誤，批語僅一兩個字，不易歸納其特點以及體例。大段批語僅見《化度寺碑》等處，相關考釋文字本文也已輯録。本文採用以批校者爲中心的考察，一是可以看出批校者的特點，二是有助於把散亂的批語歸納起來。

《筠清館金石録》〔一〕等著作，喜金石之學，自稱『余少好金石文字，年廿六宦游京師……拓本、碑碣文則聚數十箱帶回粵東。』〔二〕

《筠清館金石録》是吴榮光金石學方面的代表作，據陸增祥《筠清館金石記目序》知，《筠清館金石録》收自漢以逮遼、金，又增加西夏、僞齊、高麗、越南、日本碑文，不下兩千餘通，較王氏《金石萃編》豐富得多。現存五卷，僅録金文，不録碑刻，陸氏依潛研堂之例，輯爲《録目》一書〔三〕。吴氏以《金石萃編》爲底本，校勘異字，考訂碑文。

『澳大本』《金石萃編》諸家批校中，吴榮光用力最深，曾以原碑、唐宋拓本及其他文獻資料互校，親筆批校處主要見於卷四十三《化度寺碑》眉批以及卷五十三至六十一各卷。主要特點在於廣備衆本，校正《金石萃編》。從校勘學角度來看，作者廣泛搜集原碑、趙本（趙紹祖）、阮本（阮元）、平津館本（洪頤煊）、孫本（孫星衍）、洪纂本（洪适）、盧本（盧嵩翁）、吴本（吴玉搢）、張翰山（張岳崧）本、錢本（錢大昕）等校本，并綜合運用如

〔一〕《筠清館金石録》五卷，山東省圖書館藏清道光二十二年（一八四二）吴氏筠清館刻本（清王筠、吴式芬批校、尹彭壽跋），半葉九行行二十一字，白口，單魚尾，四周雙邊，有『王筠私印』『尹彭壽印』『彭壽私印』『沂州府儒學印』『竹年』等。封面有吴式芬批語若干，卷首有『光緒二十年五月十五日彭壽讀於尚志堂』及王筠批語：『道光戊申，吴子苾（式芬）廉訪自河南，寄贈此書，衹此五册，未有碑碣，殊歎共擥也。子苾本有改正題識，我附益之，遂相羼雜。己酉閏月十日王筠識。』

〔二〕（清）吴榮光《筠清館金石》，《石刻史料新編》第三輯第一册，臺北：新文豐出版公司，一九八六年，第三八九頁。

〔三〕詳見清吴榮光撰、陸增祥輯《筠清館金石記目》二卷，稿本分藏上海圖書館及臺北中研院。

《中州金石記》《古碑證文》《寶刻叢編》《偃師金石記》《金石續鈔》《全唐文》等文獻材料進行校勘。批本中隨處可見『據原碑校』『據趙本校』『據唐文百篇校』『據吴釋本校過』『據鈔本校』『鈔本校』『據洪纂本校』『據趙氏《金石續鈔》校』『據《偃師金石記》校』『據《古碑證文》校』等等。遇王昶《金石萃編》正文『□』處，吴氏於其右大都標明所缺之字；所校之處，若無異文，則標以『據碑校過無誤』或『校』字。

校誤校訛脱中，除標明各類校本，亦有『某本作某』之語，如『趙本作某』『錢本作某』『阮本作某』『原鈔本作某』『盧本作某』『張翰山本作某』『《證文》作某』『碑原作某』語，這是吴氏參考了阮元、錢大昕、趙紹祖、武億等人的著作或題跋。吴氏於校勘中亦指出文字及行款缺漏，如卷四十四『鈔本此處少一格』，卷五十二『脱一字』、卷六十九『下缺一字』、卷八十三『趙本兩格皆不空』、卷九十一『字旁加○者洪本所同』等等。

批本對史實校正用力最深的當屬卷四十三《化度寺碑》。校語輯録如下：

余藏本乃慶曆間范氏書樓原石本，曾在顧從義處者，今歸成親王府。

余藏宋拓本凡石泐處，爲標者剪去，故校對不復能詳盡。戊辰歲借得宋翻宋拓本，與覃溪老人商繪爲圖。今對碑圖一一校，方見廬山真面，不勝欣快。

所以得慶曆本後，與覃溪先生謀，再訂正重刻，經兩年不得好手入石，殊泱泱也。

《化度寺碑》所云貞觀五年乃邕禪師卒之年，非立碑年也。後人割此年號，裝裱册尾，遂至翁氏重翻

《化度寺碑》，亦以爲立碑年分，况作書者未見真本耶？辛未四月廿五日記於小知大年室，時農田待澤甚殷，晨起望西北陰雲，殊有雨意。

吴榮光與翁方綱都在《化度寺碑》處留有校語數條，據筆迹深淺可知，吴氏在前，翁氏在後。翁氏批語如『此碑前半完善，後半模糊者多。故缺字皆被裱手割去，句讀不甚了了，然原石拓本較僞本迴異矣』。『此碑側隸書實是太子率更令勃海男歐陽詢書，不知此何以歧誤，此奇怪，今有拓本可證也』。『「兼」字，錢辛楣説是也』，卷七十三『是矣，非吴，顧亭林、錢辛楣皆誤』等。《金石萃編》載《化度寺碑》爲僞本，吴氏於戊辰年（一八〇八）借得宋翻宋拓本《化度寺碑》，與翁方綱商議重校，批語作於此本之上。吴氏藏宋翻宋拓本於辛未年（一八一一）歸於成親王永瑆。翁方綱與吴榮光書信中多次提及此事，『題尊藏《化度》一首即欲寫入』。『來札商及重勒《化度》，愚病起，賤體亦躍然，惟是先須度量其所出友人』。『《化度碑》定於明早辰巳之間，煩尊紀持拙書此一紙來取』。[二] 吴榮光《賜書樓藏書記》：『余性好書籍，官京師二十年聚至七八千卷。後以嘉慶己巳（一八〇九）鐫秩閒居，去其半以易米。最惓惓不忘者，宋拓《化度寺碑》，范氏書樓原石本……』[三] 吴氏在一八〇九年前後，因稽查官船運糧案失察而被削官，後寓居北京，因生活窘迫，以變賣藏書爲生。一八四〇至一八四三年，

[二]（清）翁方綱撰、沈津輯《翁方綱題跋手札集録》，桂林：廣西師範大學出版社，二〇〇二年，第五一四—五一九頁。
[三]（清）吴榮光《石雲山人文集》卷二，《清代詩文集彙編》第五一〇册，上海：上海古籍出版社，二〇一〇年，第五二一頁。

時值吴榮光晚年，刊刻《筠清館金石録》《筠清館法帖》《辛丑銷夏記》等書，今所見《筠清館金石録》，僅刻印五卷『金』之部分，其他如《筠清館金石録》『石』之部分及《金石萃編補遺》未及刻印，『澳大本』所藏吴氏批校，或爲作者編纂《筠清館金石録》及《金石萃編補遺》之底本。

（二）翁方綱及其批校

翁方綱（一七三三—一八一八），字正三，號覃溪，晚號蘇齋，順天大興人（今北京）。清代著名金石學家，有《兩漢金石記》《粤東金石略》《漢石經殘字考》等著作。《金石萃編》原刻本就收有翁方綱題跋數則（如卷九十四『乾隆五十二年歲在丁未冬十二月北平翁方綱』等），可見王昶對翁方綱的重視，陳鴻森《翁方綱年譜補正》：『十一月，王昶《金石萃編》一百六十卷刊成，其書頗引先生考證之説。』[二]

翁方綱的批語在『澳大本』中并不多見，少有署名，親筆批校處主要集中在卷十六、十七、四十三、七十三等處。據卷十七《鄭季宣碑》『若十四行首「葬故」二字，則愚《兩漢金石記》』，卷四十三『全用後來僞刻石本，不意考訂之家，荒陋至於如此，方綱』等語知爲翁氏批語。

吴榮光與翁方綱交往甚密，兩人經常討論書畫藝術及金石收藏，吴榮光著《辛丑銷夏記》録翁氏題跋三十

[二] 陳鴻森《翁方綱年譜補正》，《中國文哲研究集刊》，二〇〇四年第二五期。

餘則，翁氏題跋依吴榮光藏品而作。《吴荷屋自訂年譜》：『十四年己巳三十七歲……又常與翁覃溪先生講論書畫及考據之學。』[一]二人交往於《化度寺碑》批語中可見一斑。翁方綱《跋化度寺碑》：『予所見原石宋拓六本，吴荷五所購上海顧氏玉泓館拓最在前，而最爲黯淰。……去年宋芝山自江南借鮑氏本來，因借荷屋之玉泓本并幾鈎拓。……嘉慶十四年己巳（一八〇九）冬十二月望，北平翁方綱識。』[二]吴榮光《跋舊館壇碑考》：『昔在京師，與覃溪老人商定《邕禪師碑》（即《化度寺邕禪師舍利塔銘》）行款字數，煦齋館師以入《全唐文》，後讀周武平齊像往林慮山中字數，幾不可通，始於《筠清館金石》更定。……道光庚子（一八四〇）三月十日，吴榮光力疾書。』[三]另據沈津輯《翁方綱題跋手札集録》收翁方綱致吴榮光信二十九通，主要内容圍繞《化度寺碑》的收藏、校勘展開。

（三）黄本驥及其批校

黄本驥（一七八一—一八五六），字虎癡，寧鄉縣人（今湖南長沙）。道光元年（一八二一）舉人，有《隋唐石刻拾遺》《金石萃編補目》等著作。黄氏於金石之學精研頗深，曾編纂《古誌石華》三十卷，《序》云：『余於金

[一]（清）吴榮光《吴荷屋自訂年譜》，《近代中國史料叢刊》第七十七輯，臺北：文海出版社，一九六九年，第一六頁。

[二]（清）翁方綱撰、沈津輯《翁方綱題跋手札集録》，桂林：廣西師範大學出版社，二〇〇二年，第一一四頁。

[三]（清）翁大年《舊館壇碑考》，《『國立中央圖書館』善本題跋集録·史部》，『國立中央圖書館』編印，一九九三年，第三五七頁。

石文字，收藏頗富，偶檢志石拓本，自晉至元，得百餘紙。』[一]

道光十一年至十六年（一八三一—一八三六），吴榮光官湖南巡撫，延請黄本驥入幕，協其編纂《吾學録》及《金石萃編補遺》，在此期間，廣收金石拓本及相關金石著作，校訂《金石萃編》文本，雖《補遺》未成，黄氏録其目，成《金石萃編補目》[二]。繆荃孫《藝風藏書記》云：『驥爲吴荷屋中丞編筠清館石文，意欲補《萃編》所未備。書成未刻，虎癡因次其目爲三卷。』[三]《吴荷屋自訂年譜》載道光十四年（一八三四）本驥代其時湖南巡撫吴榮光撰《金石萃編補遺》一書，後吴内遷京職，挈稿而去，本驥又不曾録副，至咸豐元年（一八五一），據篋存原目，另編爲《金石萃編補目》一書[四]。

『澳大本』《金石萃編》中黄本驥的批語較少，亦分校字及史實考證兩部分。校字如卷二十九《石門銘》《張猛龍碑》卷三十《李仲璇修孔子廟碑》，卷三十四《董洪達造像銘》等。史實考證，集中於卷五十五《李文墓誌》及卷八十一《左輔頓僚西嶽廟中刻石記》。輯録如下：

《李文墓誌》：夫人李氏及開國承祉皆《吴文碑》中語，非《李文碑》所有也。此碑曰『隴西成紀人』

[一]（清）黄本驥《古誌石華》，見《三長物齋叢書》，清道光二十七年（一八四七）三長物齋刻本，南京大學圖書館藏。

[二]（清）黄本驥《金石萃編補目》，《石刻史料新編》第三輯第一册，臺北：新文豐出版公司，一九八六年，第三九〇頁。

[三]（清）繆荃孫《藝風藏書記》卷五，上海：上海古籍出版社，二〇〇七年，第一〇三頁。

[四]（清）吴榮光《吴荷屋自訂年譜》，《近代中國史料叢刊》第七十七輯，臺北：文海出版社，一九六九年，第三〇—三七頁。

『周柱史聃之後』，何得謂不言其姓？其妻則彭城劉氏也。《金石評考》本爲《吴文碑》而言，《萃編》誤引。『吴文』之『吴』，本『矣』字之訛，非姓也，文休承定爲李氏，亦似未確。虎癡記。

《左輔頓僚西嶽廟中刻石記》：『《寶刻叢編》載此碑標題十一字，與此同。』『刻石記』三字上，原石缺八字，是『左輔頓僚西嶽廟中』八字。『勾掾盧奕』，德宗相杞之祖也，天寶十四載死安禄山之難，《唐書·奕傳》謂：天寶初爲鄠令。此時當爲掾曹，則題記當在開元之末。馮翊尉裴季通，官終金部郎中。主簿杜繹，憲宗相黄裳之伯父也，官終秀容令，皆見《唐書·宰相世系表》，虎癡記。

綜上，批校本《金石萃編》經吴榮光、翁方綱、黄本驥批校，對闕文、訛誤等一一訂補改正，基本解決了文字上的問題，校勘價值尤其巨大，而對碑文的史實性考述較少，主要原因是相關題跋及考證已收録作者文集之中。

二、批校本《金石萃編》遞藏源流

批校本《金石萃編》經吴榮光、黄本驥、翁方綱、何昆玉、何瑗玉、汪兆鏞、汪宗衍等名家之手，學術價值、文獻價值以及歷史價值都不可小覷。本節試考述其遞藏源流。

據卷首『筠清館印』知，此書原爲吴榮光舊藏，因吴氏與翁方綱往復討論金石碑刻，故將相關文獻借與翁氏，這在翁方綱與吴榮光的書信中都有記録，『《化度寺碑》精研廿日，今謹奉繳……容春暖長晝再奉商，或欲再借旬日』。翁氏隨讀隨記，較少署名。而後黄本驥入幕協助吴榮光整理《金石萃編補遺》等書，黄本驥《金石萃編補目序》云：『南海吴荷屋中丞有歐趙之嗜，宦轍所至，搜羅金石文字不遺餘力。……（吴榮光）以三十年心力所蓄，不下數千種，尚有不能盡知者。……於是招（黄本驥）入幕府，即以此事相托。……取青浦王述庵氏所著《金石萃編》爲藍本，凡《萃編》已有本不再録，就所無者，自三代以下按年編次，備録原文，加以考按。一遵《萃編》成例，六閱寒暑。底稿甫成，題曰《萃編補遺》，總計卷帙且多於王氏。』[一]黄本驥以《金石萃編》爲藍本，綜合校勘。而後吴氏左遷京職，所校之本及相關文獻，隨吴氏而去。吴榮光《賜書樓藏書記》：『……逮外擢出京，以館閣通行易得之本，悉贈友人。嗣在閩省建鳳池書院，以重複者二千二百餘卷捐置院中。蓋三散矣。然余歷走陝、閩、黔、浙十年，廉俸所入，短衣縮食以購之。閩浙多藏書家，余兩莅其地，所得尤多。道光乙酉冬，在黔藩任内告歸省親，除寄杭州方芑田孝廉家外，檢篋中金石簡册將及二萬卷，悉携以歸，薏米之謗不足計也。』[二]這段記載大體梳理了吴榮光藏書之聚散，至吴氏晚年，聚書達兩萬卷，於佛山故家建藏書樓，名『賜書樓』。吴榮光去世之後，其子變賣舊藏，侄孫吴荃購得書畫類藏書，餘則順德馬福安、上海程秉銓購得[三]。

吴榮光藏書散盡後，有一部分流傳到何昆玉、何瑗玉兄弟手中，其中就有批校本《金石萃編》。何昆玉（一

[一]（清）黄本驥《金石萃編補目》，《石刻史料新編》第三輯第三七册，臺北：新文豐出版公司，一九八六年，第四八三頁。

[二]（清）吴榮光《石雲山人文集》卷二，《清代詩文集彙編》第五一〇册，上海：上海古籍出版社，二〇一〇年，第五二一頁。

[三]（清）劉聲木《萇楚齋隨筆》卷二《吴榮光撰述》，北京：中華書局，一九九八年，第三五頁。

八二八—一八九六），字伯瑜，廣東高要人，工刻印，收藏金石頗豐，有《吉金齋古銅印譜》等，《金石萃編》卷二十八眉批云：『昆得舊拓本，有碑陰，另録於石。』『澳大本』另有『高要何氏昆玉瑗玉君懷共賞』（朱文）、『端谿何叔子瑗玉號蘧盦過眼經籍金石書畫印記』（朱文）等藏書印，亦可證。

《金石萃編》卷二鈐有『宗衍』（白文）藏書印，卷十五《太尉楊震碑》眉批云：『原碑作，宗衍記。』知爲著名學者汪宗衍記。汪宗衍（一九〇八—一九九三），字孝博，汪兆鏞子，廣東番禺人。汪兆鏞（一八六一—一九三九），字憬吾，晚清著名詩人，有『微尚齋』，收書甚巨，著有《嶺南畫徵略》《稿本晉會要》《金石篇》等。於是該書又由何氏兄弟處散落到汪氏父子處[一]。

一九八二年，澳門著名愛國人士何賢先生從汪宗衍先生處購入其父近代嶺南學者汪兆鏞的家藏古籍，并轉贈當時的東亞大學。汪氏舊藏構成了澳門大學圖書館藏古籍的主體（澳門大學前身爲澳門東亞大學，故批校本鈐有『東亞大學圖書館』印）。批校本《金石萃編》雖經各種流轉，仍保存完好，實其大幸也。

三、批校本《金石萃編》學術史價值

『澳大本』《金石萃編》歷經吴榮光、翁方綱、黄本驥、何昆玉等金石學家批校，大部分内容是針對《金石萃

[一] 汪兆鏞《汪兆鏞文集》，廣州：廣東人民出版社，二〇一五年。

編》進行的校勘活動，參考了原碑、唐宋拓本以及陳思《寶刻叢編》、洪适《隸釋》、錢大昕《潛研堂金石文跋尾》、阮元《石渠隨筆》、武億《偃師金石記》、趙紹祖《金石續鈔》、畢沅《中州金石記》、葉樹廉《古碑證文》等金石學著作進行校勘，價值巨大，一方面，全面的校訂，減少了《金石萃編》的訛誤，爲後人研讀掃清了障礙；另一方面，批校本成手於衆多金石名家，不但可以考察其金石成就，亦對清代金石學史的研究有推動作用。

由於金石材料的不斷涌現以及《金石萃編》本身的不足，在《金石萃編》成書後，出現了一大批續補著作，這些金石學家以《金石萃編》爲中心，不斷增補金石材料，至陸增祥《八瓊室金石補正》達致頂峰[二]，見下表：

序號	作者書名及卷數	存佚情況	內容分類	刊刻時代	出處
一	陳鴻壽《續金石萃編》八卷	佚	補遺	未刊	李遇孫《金石學録》
二	方履籛《金石萃編補正》四卷	存	補遺	道光八年	顧千里《記》
三	沈欽韓《讀金石萃編條記》一卷	存	校訂	道光十一年	陸心源《金石學録補》
四	陸耀遹《金石續編》二十一卷	存	補遺	道光十六年	李兆洛《跋》

[二] 王重民（一九〇三—一九七五）在《毛鳳枝〈金石萃編補遺〉稿本》（一九三五）中對《金石萃編》續補情況做了詳細介紹：『按王氏《萃編》問世後，金石諸家，多有續作，如陸耀遹之《金石續編》、王言之《金石萃編補略》、方履籛之《金石萃編補正》、瞿中溶之《古泉山館金石文編》（張鈞衡謂百六十卷，《藝風藏書續記》謂百二十卷，已佚；《適園叢書》所刊者，僅四卷，乃就《湖南通志》《金石續編》《八瓊室金石補正》摘録而成者。）黄本驥之《金石萃編補目》、陸增祥之《八瓊室金石補正》，均已刊行問世；此外尚有吴榮光、葉紉之、嚴可均、陳鴻壽、毛鳳枝、劉喜海、沈巍皆、程慶餘、陳璜、夏世堂、陸心源、邱於蕃、魏錫曾、褚德彝、王仁俊、劉承幹諸家，繆荃孫亦擬續作，可謂多矣。』王重民《冷廬文藪·毛鳳枝〈金石萃編補遺〉稿本》，原載《大公報圖書副刊》一九三五年八六期，上海：上海古籍出版社，一九九二年，第七六七頁。

序號	作者書名及卷數	存佚情況	内容分類	刊刻時代	出處
五	瞿中溶《古泉山金石文編》一百六十卷(存四卷)	存	補遺	道光二十二年	張鈞衡《跋》
六	吴榮光《筠清館金石録》五卷	存	補遺	道光二十二年	吴榮光《自序》
七	嚴可均、孫星衍《平津館金石萃編》二十卷	存	補遺	道光二十三年	王季烈《八瓊室金石補正跋》
八	王言《金石萃編補略》二卷	存	補遺	道光三十年	王言《自序》
九	劉喜海《金石補編》	佚	存目	不詳	王重民《毛鳳枝〈金石萃編補遺〉稿本》
一〇	陳璜《金石萃編校勘記》《金石萃編補遺》《續金石萃編》	佚	校訂	不詳	《金石學録》
一一	黄本驥《金石萃編補目》三卷	存	存目	咸豐元年	黄本驥《自序》
一二	許槤《金石補編目録》一卷	存	存目	不詳	王國維《傳書堂藏書志》
一三	吴式芬《金石彙目分編》二十卷	存	存目	咸豐六年	陸增祥《十二硯齋金石過眼録序》
一四	程慶餘《校補王氏萃編》《金石續編》	佚	補遺	不詳	王謇《再補金石學録》
一五	汪鋆《十二硯齋金石過眼録》十八卷	存	補遺	同治十二年	汪鋆《自序》
一六	潘志萬《金石補編》不分卷	存	補遺	未刊，光緒六年	潘志萬《自序》
一七	魏錫曾《續語堂碑録》不分卷，《續語堂題跋》一卷	存	補遺	光緒七年	譚獻《亡友傳》
一八	陸增祥《八瓊室金石補正》一百三十卷	存	補遺	光緒八年	陸增祥《自序》

續表二

序號	作者書名及卷數	存佚情況	内容分類	刊刻時代	出處
一九	羅振玉《金石萃編校字記》	存	校訂	光緒十一年	羅振玉《自序》
二〇	沈巍皆《續金石萃編》	佚	補遺	不詳	《金石學録補》
二一	毛鳳枝《金石萃編補遺》二卷	存	補遺	光緒十五年	《關中金石文字逸考序》
二二	陸心源《金石萃編續》二百卷	佚	補遺	未刊	繆荃孫《陸公神道碑銘》
二三	王仁俊《金石萃編三編》二十四卷	存	補遺	民國二年	《再補金石學録》
二四	陸繼輝《續八瓊室金石補正》六十四卷	存	補遺	民國十四年	章鈺《八瓊室金石補正序》
二五	劉承幹《希古樓金石萃編》十卷	存	補遺	民國二十二年	劉承幹《跋》
二六	羅爾綱《金石萃編校補》四卷	存	校訂	民國二十五年	羅爾綱《自序》

據此可知，《金石萃編》成書後的二十幾種續書，以補遺爲主，主要補充《金石萃編》碑刻及題跋之不足，而校訂類僅存沈欽韓、羅振玉、羅爾綱三家，三家校訂均非全帙，批校本《金石萃編》校訂部分達一百餘卷，凝聚了衆多金石學家的心血，可視爲《金石萃編》校訂類中較全的一種[二]。

批本所涉吴榮光、翁方綱等人在金石學領域都有極高造詣。吴榮光在清代金石學史上有特殊的地位，他與

[二] 有關《金石萃編》續補的情況，參見筆者博士論文《〈金石萃編〉與清代金石學》第四章《〈金石萃編〉續補研究》，南京大學博士學位論文，二〇一六年。

阮元開啓了清代金石學收藏與研究的風氣。梁啓超《清代學術概論》：『自阮元、吴榮光以封疆大吏，嗜古而力足以副之，於是收藏浸富，遂有著録。阮有《積古齋鐘鼎儀器款識》，吴有《筠清館金石文字》，研究金文之開端也。』〔一〕自此以後，金石文字研究盛行，各類金文專著層出不窮。倘若吴氏《筠清館金石録》『石』之部分順利刊刻，影響將更爲廣泛。翁方綱是清代著名金石學家，所著金石類著作數十種，提出『以金石證書法』之主張，不同於錢大昕的『以金石證史』，翁氏從書學源流出發，强調金石足以『鑒賞書法』『力窮書法原委』，他的兩部著作《兩漢金石記》和《粤東金石略》就是其『以金石證書法』的代表〔二〕。

從《金石萃編》研究史上來看，對澳大批本的研究也有其重要的一面。《金石萃編》問世後，相關著作不斷湧現，或校勘文字，或補其不足，或考訂史實，主要研究方法則是以碑刻文字校勘經史典籍，正如王鳴盛《潛研堂金石文跋尾序》云：『且夫金石之學，青主雖并稱有益經史，實爲考史爲要。蓋漢碑或間足證經，亦須精識慎擇。若魏晉以下碑，何必作經證哉？故知當專取考史也。』〔三〕由現有資料來看，後人對《金石萃編》的研究主要

〔一〕參見黄啓書《陸增祥〈八瓊室金石補正〉之纂輯與其對金石學的貢獻》，臺北：《臺大文史哲學報》一九九九年第五十一期。趙成傑《〈金石萃編〉與清代金石學》，北京：中國社會科學出版社，二〇一九年，第一六六頁。

〔二〕劉仲華《清代翁方綱搜集、鑒賞金石的方法及其治學宗旨》，《唐都學刊》二〇〇九年第六期。

〔三〕(清)王鳴盛《潛研堂金石文跋尾序》，錢大昕《潛研堂金石文跋尾》，顧廷龍主編《續修四庫全書·史部》第八九一册，上海：上海古籍出版社，一九九六年，第四〇三—四〇四頁。

包括文字考校、碑刻補遺及史實校訂等三方面，批校本因體例限制無碑刻補遺外，其他兩個方面都有較高水平的研究。

清中葉以來，金石學呈現出不斷繁榮的景象，并且在清代學術大背景下表現了一定程度的學術自覺，主要表現在：自覺拓展金石學研究範圍、金石書籍分類日趨科學、自覺完善金石義例之學以及金石學者群體開始受到關注等四個方面[一]，可以説清代金石學在乾嘉考據之風的影響下，又向前邁進了一步。《金石萃編》作爲清代金石學領域一部繼往開來的著作，自然備受矚目。是書綜合目録、存文、釋文與集釋，一方面，《金石萃編》彙集一千五百多通金石材料，是清人利用『金石證史』方法研究歷史的實踐總結；另一方面，《金石萃編》所處的時代正是乾嘉學術的鼎盛時期，《金石萃編》開啓了金石學繁榮的大門，爲清代金石學的發展奠定了重要基礎。『澳大本』《金石萃編》正是清代金石學發展蓬勃時期的産物，吴榮光、翁方綱、黄本驥、汪宗衍等人都是清代金石學史上的重要人物，他們的批校凝聚着幾代金石學者的心血，對後世金石學的學術傳承亦有裨益。

原載《中國典籍與文化》二〇一六年第一期

[一] 王雪玲《論清代金石學的學術自覺與理論價值》，《吉林大學社會科學學報》二〇一三年二期。

總目録

第一册

第二册

第三册

第四册

第五册

第一册目録

宋歐趙以來爲金石之學者衆矣非獨字畫之工使人
臨摹把翫而不厭也跡其囊括包舉靡所不備凡經史
小學暨於山經地志叢書別集皆當參稽會萃覈其異
同而審其詳略自非輇材末學能與於此且其文亦多
瓌偉怪麗人世所罕見前代選家所未備是以博學君
子咸貴重之歐趙所採止於五代後之著錄者取以爲
法焉然歐公上至五代僅及百年金石錄以劉跂作序
之歲數之亦百有五十年耳而宋末遼金迄今至歷五
百餘年之久其未可引歐趙之例斤斤以五代爲斷明
矣且宋遼金三史皆成於托克托之手卒以時日迫促

載者有所弗詳重者有所未削方藉碑碣文字正其是
非而可置而不錄與古金石之書具目錄跋年月加攷
證焉爾錄全文者惟洪氏隸釋隸續爲然而明都氏穆
近時吳氏玉搢等繼之然洪氏隸書之外篆與行楷屛
而不載都氏止六十八通吳氏止一百二十餘通雖博
者頗以爲憾焉余弱冠即有志於古學及壯游京師始
嗜金石朋好所贏無不丏也蠻陬海澨度可致無不索
也兩仕江西一仕秦三年在滇五年在蜀六出興桓而
北以至往來靑徐兗豫吳楚燕趙之境無不訪求也蓋
得之之難如此然方其從軍於西南徼也留書篋於京

師往往爲人取去又游宦輒數千百里攜以行間有失
者失則復蒐羅以補之其聚之之難又如此而後自三
代至宋末遼金始有一千五百餘通之存夫舊物難聚
而易散也後人能守者少而不守者多也使瓌偉怪麗
之文銷沈不見於世不足以備通儒之採擇而經史之
異同詳略無以參稽其得失豈細故哉於是因吏牘之
暇盡取而甄錄之缺其漫漶陊剝不可辨識者其文間
見於他書則爲旁注以記其全秦漢三國六朝篆隸之
書多有古文別體摹其點畫加以訓釋自唐以後隸體
無足異者仍以楷書寫定凡額之題字陰之題名兩側

之題識胥詳載而不敢以遺碑制之長短寬博則取漢
建初慮俿尺度其分寸并志其行字之數使讀者一展
卷而宛見古物焉至題跋見於金石諸書及文集所載
删其繁複悉著於編前賢所未及始援據故籍益以鄙
見各爲按語總成書一百六十卷名金石萃編嗚呼余
肇參訂者不下二十餘人咸以爲欲論金石取足於此
不煩他索也然天下之寶日出不窮其藏於嗜古博物
之家余固無由盡覩而叢祠破冢繼自今爲田父野老
所獲者又何限是在同志之士爲我續之已矣嘉慶十

年仲秋青浦王昶書時年八十有二

憶自乾隆壬寅之夏少司寇述庵先生方丁內艱里居
適浙中大吏重修西湖志請先生總其成館寓湖上就
莊友人項君金門爲先生問字弟子談讌閒齒及文藻
姓名遂詣就莊晉謁獎許過當旋俾文藻與分纂之列
每執卷商榷之餘輒𠩺論讀書稽古詩文格律從源泝
流皆切要實學逾年先生奉
恩命起復直隸臬使道移關中公事之暇蒐訪金石書
來致屬謂文藻館武林所交皆藏書家凡山經地志說
部文集有涉金石題跋悉爲採錄以資考證因隨見隨
鈔每積數百條即附陝客緘致迨先生移節滇南道遠

而止癸丑歲先生以少司寇請假暫歸文藻適有濟寧
之行紆棹謁先生於三泖漁莊把酒話別於清華閣欵
洽甚摯是冬先生假滿入都甲寅春掌
恩予告歸里棹經任城時文藻尙畱黃小松司馬署中
獲侍杖履至州學摩挲漢碑畱連竟日互相唱和而別
先生嗣是林泉清暇發篋陳編取所錄金石摹文詳加
考訂閱數年而次第成編嘉慶辛酉歲主講武林敷文
書院文藻候問出示所定初稾百餘鉅冊尙須刪汰訂
定招文藻襄其役是夏即攜具山齋與嘉定錢君同人
共晨夕明年春先生辭講席歸漁莊仍令文藻與錢君

供其事旋付梓人校寫校刊迄于今始竣蓋文藻之常得親炙先生言論丰采者五年于茲矣竊幸文藻畢生能窺金石之美富殆有天焉先是客京師寓大學士韓城王文端公邸第值文端充續西淸古鑑館總裁得見內府儲藏尊彝古器摹本三百餘種後客任城小松司馬署得見濟寧一州古今碑拓數百種遂手自摹錄成濟寧金石志繼客濟南赴阮中丞芸臺先生之招時視學山左遍蒐碑碣得見全省拓本千數百種賛成山左金石志刻以行世今又得見先生所藏寰宇碑摹幾一千餘種刻成金石萃編一百六十卷夫拘墟寒士雖有金石之好欲購藏則無貲欲遠訪則無事茲文藻前後所見多至四千餘種自幸以爲海內嗜古之士企及此者亦難矣文藻年逾七旬桑榆景迫快覩鉅編之成爰詳叙顛末以誌忻幸之私懷云爾嘉慶乙丑秋仲仁和朱文藻跋

侗世父詹事公博通經史尤愛蒐羅金石文字少與靑浦少司寇王述庵先生同學長而同登進士第凡讀書疑義無不相與參互攷訂勉爲名山不朽之業司寇與世父嗜好既同敭歷中外四十餘年足跡幾遍天下所至輒喜訪求金薤遺文雖山陬海澨窮幽極險悉能摹而致之故兩家所蓄亦相等世父中年解紱得以從容稽攷先後刻潛研堂金石跋尾四集頗爲蓺林愛重而司寇亦據生平所得宗歐陽文忠公遺旨繫以跋語繼欲仿洪文惠公隸釋隸續之例寫錄全文綴以前人論議一一訓釋而證明之葺爲專書用示後學卒以吏牘旁午未之成也歸田後屢主書院講席又以事往返京師者再亦無暇悉心撰次迨嘉慶壬戌春却軌家居乃盡出篋笥所藏拓本自三代迄遼金幾一千通重整舊稿删其繁蕪補其漏失以侗侍世父年久稍習歐趙以來諸家之書招致三泖里第畀以編校之役因偕仁和朱先生文藻同堂商榷司寇揔爲詳定凡三易稿五易寒暑始竣事而後付之梓人蓋其體大思精海涵地負集衆說之異同正史文之譌缺實爲嚮來金石家所未有而侗等得以皮傅淺學厠名簡末誠厚幸矣所可慨者是書至今年冬剞劂甫竟而世父先於去冬辭世未

由一見其成此則司寇不能無伯牙絕弦之感而侗之所爲退而泫然者已時乙丑十一月門下士嘉定錢侗敬識

金石萃編目錄

沛相楊統碑
竹邑侯相張壽碑
衛尉卿衡方碑 建寧元年
高陽令楊著碑 建寧元年
郭泰碑 建寧二年正月

卷十三 漢九

魯相史晨祀孔子奏銘 建寧二年三月
史晨饗孔廟後碑 建寧二年
孝廉柳敏碑 建寧二年十月
淳于長夏承碑 建寧三年

陳德碑 建寧四年三月 有陰

卷十四 漢十

李翕西狹頌 建寧四年六月
李翕黽池五瑞圖
博陵太守孔彪碑 建寧四年七月 有陰
豫州從事孔褒碑 無年月附此
李翕析里橋郙閣頌 建寧五年

卷十五 漢十一

太尉楊震碑
司隸校尉楊淮表紀 熹平二年二月

繁陽令楊君碑 熹平二年三月
司隸校尉魯峻碑 熹平二年四月 有陰
熹平殘碑 熹平二年十一月
武都太守耿勳碑 熹平三年四月

卷十六 漢十二

石經殘字

卷十七 漢十三

聞熹長韓仁銘 熹平四年
豫州從事尹宙碑 熹平六年
校官碑 光和四年

白石神君碑 光和六年
尉氏令鄭季宣碑 中平□年 有陰

卷十八 漢十四

郃陽令曹全碑 中平二年 有陰
蕩陰令張遷表 中平三年 有陰

卷十九 漢十五

魯王墓石人胸前題字二種
仙人唐公房碑
魯相謁孔廟殘碑
竹葉碑

瘞鶴銘 天監十三年
井牀殘字 天監十五年
始興忠武王碑 天監十八年 有陰
蕭公神道碑額

卷二十七 北魏一

洛州鄉城老人造像碑 太和十七年
孝文弔比干墓文 太和十八年 有陰
始平公造像記 太和廿二年
孫秋生等造像記 景明三年
比丘法生造像記 景明四年
石門銘 永平二年正月 銘後摩崖
嵩顯寺碑 永平二年四月
比丘尼法行造像記 永平三年
仙和寺造像記 永平四年十月七日
司馬元興墓志銘 永平四年十月十一日
安定王造像記 永平四年十月十六日
劉洛真造像記 延昌元年
張相隊造像記 延昌二年

卷二十八 北魏二

司馬景和妻墓誌銘 延昌三年

尹靜妙造像記 延昌四年
松滋公元萇溫泉頌 有側題名二行
楊大眼造像記
魏靈藏造像記
齊郡王祐造像記 熙平二年七月
刁遵墓誌 熙平二年十月
賈思伯碑 神龜二年四月 有陰題記
趙阿歡等造像記

卷二十九 北魏三

高植墓誌 神龜三年
司馬昞墓誌銘 正光元年
張猛龍清頌碑 正光三年正月 有陰
袁□等五十八人造像記 正光三年
比丘慧暢造像記 正光三年九月
陸希道銘側題字
元寧造像記 孝昌二年
李和之造像記 永安元年
懷令李超墓誌銘 永安二年
路僧妙造像記 普泰二年
任寄妃等造像題名

田僧敬造像記
高貞碑 正光四年 此碑新出搨本未俻編中未錄
卷三十 東魏一
中岳嵩陽寺碑 天平二年四月八日
比邱洪寶造像銘 天平二年四月十一日
司馬昇墓誌銘 天平二年十一月
王方略造須彌塔記 天平三年正月
比邱尼曇會造像記 天平三年五月
高湛墓誌銘 元象二年
敬史君碑 興和二年 有陰

卷三十一 東魏二
李仲璇修孔子廟碑 興和三年 有陰有側
李洪演造像頌 武定二年
邑主造像訟 武定六年
張保洛等造像記 武定七年二月
義橋石像碑 武定七年四月 有陰
卷三十二 東魏三 西魏
太公呂望表 武定八年 有陰
強弩將軍造像記
曾貢造像記 大統四年

曹續生造像記 大統五年
吳神達等造像記 大統十五年 有側有陰
歧法起造像記 大統十六年
魏氏造像碑
焦延昌造像碑
李早生等造像殘題名
智超等造像記
卷三十三 北齊一
西門豹祠堂碑 天保元年 有陰
風峪華嚴經石碑 天保二年

劉碑造像銘 天保八年
道朏造像記 天保十年
夫子廟碑 乾明元年
在孫寺造像記 河清三年
朱曇思等造塔記 河清四年
卷三十四 北齊二
姜纂造像記 天統元年
合邑諸人造佛堪銘 天統三年三月
宋買造像碑 天統三年四月
造丈八大像訟 天統三年五月 有陰

隴東王感孝頌武平元年正月廿二日
董洪達造像銘武平元年正月廿六日
映佛巖磨崖武平元年
邑師道略等造神碑尊像記武平二年
馮翊王平等寺碑武平三年八月
邑義主一百人等造靈塔記武平三年十二月十六日
趙桃口妻造像記武平三年十二月十八日
卷三十五北齊三
臨淮王像碑武平四年
殘造塔銘武平五年

道興造像記武平六年 有治疾方
孟阿妃造像記武平七年二月廿三日
馬天祥等造像記武平七年二月廿八日
吳洛族造像銘
卷三十六周一
王妙暉等造像記武成二年
七級浮圖記武成三年
王貧生造像記保定四年
同琋氏造像記保定四年六月
聖母寺四面像碑保定四年九月

卷三十七周二
華嶽頌天和二年
李男香等造像記天和二年
張祥造像記天和三年四月
裴鴻碑天和三年八月
王某造像記天和四年七月
顏那米等造像記天和四年八月
宇文達造像記天和五年六月
譙郡太守曹恪樂碑天和五年十月
費氏造像記天和六年

卷三十八隋一
殘造像記開皇三年五月
王伏女等造像記開皇三年
楊遵義造像記開皇三年十二月
王忻造像記開皇六年七月
龍藏寺碑開皇六年十二月 有陰
趙芬碑開皇十年
口昭禮造像記開皇十一年正月十五日
張景略銘開皇十一年正月二十六日
詔立僧尼二寺記開皇十一年六月

皇甫誕碑
卷四十五 唐五
張琮碑 貞觀十三年
姜行本碑 有側 貞觀十四年
伊闕佛龕碑 貞觀十五年
段志元碑 貞觀十六年
卷四十六 唐六
陸讓碑 貞觀十七年
蓋文達碑 貞觀十八年
太宗祭比干文 貞觀十九年

晉祠銘 貞觀二十一年
卷四十七 唐七
淤泥寺心經幢 貞觀二十二年三月
彌勒像碑 貞觀二十二年四月
孔穎達碑 貞觀二十二年六月
太宗哀冊文 貞觀二十三年
太宗賜孫真人頌
孫思邈福壽論 並附太宗末
王師德等造像記 永徽元年
馬周碑 永徽二年

卷四十八 唐八
高士廉碑 有側
褚亮碑
卷四十九 唐九
慈恩寺聖教序 永徽四年
集右軍書聖教序
王行滿書聖教序
同州聖教序
卷五十 唐十
房元齡碑

萬年宮銘 有陰 永徽五年
韓仲良銘 永徽六年三月
卷五十一 唐十一
薛收碑 永徽六年
張允碑 顯慶三年
李靖碑 有陰 顯慶三年
王居士塼塔銘 顯慶三年十月
卷五十二 唐十二
尉遲恭碑 顯慶四年四月
紀功頌 顯慶四年八月

蘭陵公主碑 顯慶四年十月

卷五十三 唐十三

平百濟國碑 顯慶五年八月

朗空大師塔銘 附

口令賓墓誌 顯慶五年十二月

岱岳觀碑 顯慶六年 兩面兩側

卷五十四 唐十四

六祖墜腰石題字 龍朔元年

許洛仁碑 龍朔二年

杜君綽碑 龍朔三年二月

道因法師碑 龍朔三年十月十日

濟度寺尼蕭法願墓誌 龍朔三年十月十七日

卷五十五 唐十五

李文墓誌 麟德元年

贈泰師孔宣公碑 乾封元年二月 有陰

卷五十六 唐十六

于志寧碑 乾封元年十一月

紀國陸妃碑 乾封元年十二月

敬善寺石像銘

令狐熙碑 乾封二年五月

卷五十七 唐十七

令狐德棻碑

張開疆尹氏女造像記 乾封二年九月

郭君碑 乾封二年十一月

道安禪師塔記 總章元年

李孝同碑 總章二年

碧落碑 總章三年

卷五十八 唐十八

李義豐造像記 咸亨元年

張阿難碑 咸亨二年

王知敬書金剛經 咸亨三年

鄭惠王石塔記 咸亨四年

大德寺造像建閣碑 上元元年

孝敬皇帝叡德記 上元二年八月

阿史那忠碑 上元二年十月

卷五十九 唐十九

明徵君碑 上元三年

淮南公杜君墓誌 儀鳳二年五月 有陰

李勣碑 儀鳳二年十月

李方逷造像記 儀鳳三年

開業寺碑 開耀二年

卷六十 唐二十

天后御製詩書碑 永淳二年

述聖記 文明元年

奉仙觀老君像碑 垂拱元年

王徵君臨終口授銘 垂拱二年四月

夏侯口造像記 垂拱二年五月

木澗魏夫人祠碑銘 垂拱四年

卷六十一 唐二十一

姜原神泉詩碑 垂拱四年 有陰

李晦碑 永昌元年

乙速孤神慶碑 載初二年

姜遐斷碑 天授二年

獲嘉縣浮啚銘 如意元年

薛府君碑 長壽年

小石橋碑 證聖元年

卷六十二 唐二十二

封祀壇碑 萬歲登封元年

梁師亮墓誌銘 萬歲通天二年三月

馮善廓造浮圖銘 萬歲通天二年四月

杳冥君銘 神功元年

王仁求碑 聖歷元年

潘尊師碣 聖歷二年二月

卷六十三 唐二十三

昇仙太子廟碑 聖歷二年六月 有陰

渭南令李府君殘碑 聖歷二年十月

造雙像記 聖歷年

于大猷碑 聖歷三年

卷六十四 唐二十四

夏日遊石淙詩碑 久視元年

秋日宴石淙序 大足元年

大雲寺碑 大足元年五月

順陵殘碑 長安二年正月

卷六十五 唐二十五

漢紀信碑 長安二年七月 有陰

信法寺碑 長安三年七月

高延貴造像銘 長安三年七月

王璿造像銘 長安三年七月

梁義深等造像題名 附

韋均造像銘 長安三年九月

姚元之造像銘 長安三年九月
李承嗣造像銘 長安三年九月
蕭元眘造像讚 長安三年九月
僧德感造像銘 長安三年九月
杜夫人墓誌 長安三年十月
姚元景造像銘 長安四年九月
百門陂碑 長安四年九月 有陰有兩側
法門寺千佛碑
金剛經

卷六十六 唐二十六

陁羅尼經幢三十一種 起天后末訖大和八年

卷六十七 唐二十七

陁羅尼經幢三十五種 起開成二年訖唐末

卷六十八 唐二十八

鄭仁愷碑 神龍二年二月
竇門姜氏女造像記 神龍二年七月
聖容寺造像記 神龍二年十二月
識法師頌盧公清德文 神龍三年五月
盧正道勅 景龍元年十月十七日
口部將軍功德記 景龍元年十月十八日
法琬法師碑 景龍三年

卷六十九 唐二十九

蘇瓌碑 景雲元年十一月
蕭思亮墓誌 景雲二年正月
獨孤仁政碑 景雲二年二月
景龍觀鐘銘 景雲二年九月
涼州衛大雲寺碑 景雲二年
郭思訓墓誌 景雲二年十一月
王璬石浮屠銘 景雲三年
田義起石浮圖頌 太極元年

史公石像銘 延和元年
卭州刺史狄公碑

卷七十 唐三十

馬本紀孝碑 先天元年十一月
契苾明碑 先天元年十二月
周公祠碑 開元二年
少林寺戒壇銘 開元三年正月十五日
劉君幡竿銘 開元三年正月廿八日
醴泉寺誌公碑 開元三年二月
馮氏婦墓誌 開元三年四月

漢鄭康成碑 開元十三年
紀太山銘 開元十四年
北嶽恒山祠碑 開元十四年
卷七十七 唐三十七
虢國公造像記
陳憲墓誌銘 開元十四年十一月
思恒律師墓誌 開元十四年十二月
端州石室記 開元十五年正月
雲居寺石浮圖銘 開元十五年二月
道安禪師碑銘 開元十五年十月

少林寺碑 開元十六年
卷七十八 唐三十八
興聖寺尼法澄塔銘 開元十七年
麓山寺碑 開元十八年九月
大忍寺門樓碑 開元十八年
東林寺碑記 開元十九年七月
支提龕銘 開元十九年九月
堅行禪師塔銘 開元廿一年
代國長公主碑 開元廿二年
裴耀卿書奏 開元廿三年二月

元宗批荅裴耀卿等奏
景賢大師身塔記 開元廿三年八月
卷七十九 唐三十九
華嶽題名三十段 起開元廿三年迄大歷十三年
卷八十 唐四十
華嶽題名四十二段 起興元元年迄唐末
卷八十一 唐四十一
北嶽神廟碑 開元廿三年
牛氏像龕碑
龐履温碑 開元廿四年二月

鄭會碑 開元廿四年五月
大智禪師碑銘 有陰 開元廿四年九月
張昕墓誌 開元廿四年十月
左輔頓僚西嶽廟中刻石記 開元廿四年十月
裴光庭碑 開元廿四年十一月
卷八十二 唐四十二
臨高寺碑 開元廿五年四月
進法師塔銘 開元廿五年七月
無畏不空禪師塔記 開元廿五年八月
比丘尼惠源誌銘 開元廿五年九月

周尉遲迥廟碑有陰 開元廿六年

卷八十三 唐四十三

貞和上塔銘 開元廿六年七月

任城縣橋亭記 開元廿六年閏八月

元宗御注道德經 開元廿六年十月

易州鐵像頌 開元廿七年

記石浮屠後 開元廿八年

易州田公德政碑 開元廿八年十月

卷八十四 唐四十四

裴道安墓誌 開元廿九年

洞清觀鐘款識 開元廿九年閏四月

夢真容勅 開元廿九年六月一日

石壁寺彌勒像頌 開元廿九年六月廿四日

唐儉碑 開元廿九年

金仙長公主神道碑

內侍省功德碑

卷八十五 唐四十五

李秀殘碑 天寶元年正月

盧府君碑 天寶元年二月八日

褒封四子詔 天寶元年二月廿日

告華嶽文 天寶元年四月十日

兗公頌有側 天寶元年四月廿三日

卷八十六 唐四十六

元元靈應頌 天寶元年七月

慶唐觀金籙齋頌 天寶二年十月

隆闡法師碑 天寶二年十二月

嵩陽觀聖德感應頌 天寶三載二月

范氏夫人墓誌 天寶三載四月

卷八十七 唐四十七

石臺孝經 天寶四載九月

趙思廉墓誌 天寶四載十月

淨藏禪師身塔銘 天寶五載

竇居士碑 天寶六載二月

周夫人墓誌 天寶六載十月

遊濟瀆記

宴濟瀆序並 天寶六載十二月

卷八十八 唐四十八

金剛經殘石幢 天寶七載三月

北岳恒山安天王銘有陰 天寶七載五月

潘智昭墓誌銘 天寶七載七月

章仇元素碑天寶七載十月
靈運禪師塔銘天寶九載
拜比干廟文天寶十載
卷八十九唐四十九
中嶽永泰寺碑天寶十一載閏三月
多寶塔碑天寶十一載四月
楊珣碑天寶十二載八月有陰題名一行
劉感墓誌銘天寶十二載十月
香積寺經幢天寶十三載
卷九十唐五十

孫志廉墓誌天寶十三載六月
劉元尚墓誌天寶十三載十一月
高乾式造像碑天寶十三載閏十一月有側
東方朔畫贊碑天寶十三載十二月有陰
哥舒翰紀功殘碑
卷九十一唐五十一
張安生墓誌天寶十四載二月
少林寺神王師子記天寶十四載八月
張希古墓誌天寶十五載四月
房史君題記

憫忠寺寶塔頌至德二載
思道禪師墓誌乾元元年
通微道訣碑乾元二年六月
縉雲縣城隍廟記乾元二年八月
卷九十二唐五十二
郭氏家廟碑廣德二年十一月廿一日有陰
李光弼碑廣德二年十一月廿七日
卷九十三唐五十三
顏魯公與郭僕射書廣德二年十一月
白道生碑永泰元年

李寶臣碑永泰二年
卷九十四唐五十四
峿臺銘大歷二年六月
王訓墓誌大歷二年八月
會善寺戒壇牒大歷二年十一月
三墳記大歷二年
栖先塋記大歷二年
顏魯公祖關二大字
卷九十五唐五十五
會善寺戒壇碑大歷二年

扶風夫子廟殘碑 大歷二年
義琬禪師墓誌 大歷三年
趙叡沖碑 大歷四年
大證禪師碑 大歷四年
逍遥樓三大字 大歷五年正月
庾賁德政頌 大歷五年九月
臧懷恪碑
臧希晏碑 大歷五年十月
卷九十六 唐五十六
麻姑仙壇記 大歷六年四月

三教道場文 大歷六年四月十五日
大唐中興頌 大歷六年六月
田尊師碑 大歷六年十月
觀身經銘碑 大歷六年十月
卷九十七 唐五十七
宋璟碑有側 大歷七年
卷九十八 唐五十八
八關齋會報德記 大歷七年
李陽冰書般若臺 大歷七年
李陽冰書謙卦

李陽冰書黃帝祠額
李陽冰書聽松二字
元結墓碑 大歷七年
卷九十九 唐五十九
黃石公祠記有陰有側 大歷八年七月十五日
丁思禮豎心經碑記有側 大歷八年七月廿一日
文宣王廟新門記有側有陰 大歷八年十二月
干祿字書 大歷九年正月
盧朝徹謁嶽廟文 大歷九年三月
朝陽巖銘 大歷九年八月

卷一百 唐六十
王忠嗣碑 大歷十年四月
眞化寺尼如願墓誌 大歷十年七月
裴遵慶碑 大歷十一年
王履清碑 大歷十二年二月
高力士殘碑 大歷十二年五月
李元靖先生碑 大歷十二年五月
卷一百一 唐六十一
無憂王寺寶塔銘 大歷十三年
段行琛碑 大歷十四年閏五月

解進墓誌 元和五年
修禪道場碑 元和六年十一月十二日
晉周孝侯碑 元和六年十一月十五日
保唐寺燈幢贊 元和七年五月十五日
無垢淨光大陁羅尼呪石刻 元和七年五月
裴耀卿碑 元和七年十一月
李輔光碑 元和九年四月
盧公夫人崔氏墓誌 元和九年十月
卷一百七 唐六十七
使院石幢記 元和十二年

柳宗元龍城石刻 元和十二年
憲超塔銘 元和十三年
李光進碑
南海神廟碑 元和十五年
皇甫湜浯溪詩刻
朱孝誠碑 長慶元年
梁守謙功德銘 長慶二年
李良臣碑
卷一百八 唐六十八
修浯溪記 寶歷元年

李晟碑 大和三年四月
狀嵩高靈勝詩刻 大和三年六月十日
處州孔子廟碑 大和三年六月廿五日
東郡懷古詩刻 大和四年六月
吳達墓誌 大和四年十月廿日
湘中紀行詩刻 大和四年十月廿五日
甄叔大師塔銘 大和六年
阿育王寺常住田碑 大和七年十二月一日
寂照和上碑 大和七年十二月
林放祠記 大和八年

落星石記 大和九年正月
修龍宮寺碑 大和九年四月
卷一百九 唐六十九
開成石刻十二經 開成二年
開成石刻五經文字九經字樣 開成二年
卷一百十 唐七十
石刻十二經跋一
卷一百十一 唐七十一
石刻十二經跋二
卷一百十二 唐七十二

廣慈禪院殘牒 廣順三年
衛州刺史郭進屏盜碑 顯德二年
永興軍牒 顯德二年
廣慈禪院記 顯德二年
中書侍郎景範碑 顯德三年
大岯山寺准勑不停廢記 顯德六年

卷一百二十二 五代四 附十國吳 南唐 前蜀 後蜀 南漢 吳越 北漢

闕

大安寺鐵香爐欵識 吳太和五年
龍壽院光化大師碑銘 吳天祚二年

謙公安公構造殘碑記 南唐
大明寺殘碑 南唐保大七年
龍興寺鐘欵識 南唐乾德五年
本業寺記 南唐乾德五年
停空鏡銘 前蜀
毛詩石經殘本 後蜀
西鐵塔銘 南漢
東鐵塔記 南漢
金塗塔記 吳越
天龍寺千佛樓碑 北漢

堅牢塔記 闕

卷一百二十三 宋一

鳳翔府停廢寺院牒 建隆元年二月
慶唐宮延生觀勑 建隆二年
太一宮記 建隆三年正月
重修文宣王廟記 建隆三年八月
重修開元寺行廊功德碑 建隆四年
陁羅尼經幢三種 乾德元年三月
正定府龍興寺鑄銅像記 乾德元年五月
重修中岳廟記 乾德二年

卷一百二十四 宋二

夢英篆書千字文 乾德三年
京兆府重修清涼建福禪院記 乾德四年二月
三體陰符經 乾德四年四月
篆書千字文序 乾德五年
摩利支天等經 乾德六年
張仲荀抄高僧傳序 附乾德末
新修唐高祖廟碑 開寶六年七月
新修周武王廟碑 開寶六年十月
新修唐太宗廟碑 開寶六年十月

新修光武皇帝廟碑 開寶六年
新修嵩岳廟碑 開寶六年十二月
新修商中宗廟碑 開寶七年
卷一百二十五 宋三
重修龍興寺東塔記 開寶八年
福州重修忠懿王廟碑 開寶九年
常清靜等經碑 太平興國五年二月
上清太平宮碑 太平興國五年四月
扶風夫子廟堂記 太平興國七年
兖州文宣王廟碑 太平興國八年

上清太平宮鐘記 端拱元年七月
新譯三藏聖教序 端拱元年十月
鎮州龍興寺鑄像修閣碑 端拱二年
潭州鐵塔柱文 淳化元年
拜文宣王廟記 淳化二年四月
西京白馬寺記 淳化二年
四皓廟碑 淳化二年
卷一百二十六 宋四
贈夢英詩碑 咸平元年
昭應縣文宣王廟碑 咸平二年

梁顯李易直題名 咸平三年
保寧寺鐘款 咸平三年十二月
高紳韓見素等題名
高紳等題名 咸平四年
西岳廟乳香記 咸平六年
鳳翔府萬壽禪院記 景德二年正月
麗奎築三籙壇題記 景德二年十二月
□仲卿祭岳廟題記 景德二年
勅脩文宣王廟牒 景德三年
卷一百二十七 宋五
謝天書述功德銘 大中祥符元年十月廿七日

元聖文宣王贊 大中祥符元年十一月一日
封祀壇頌碑 大中祥符二年七月十五日
社首壇頌碑
封禪朝覲壇頌碑 大中祥符二年七月十五日
天貺殿碑 大中祥符二年十一月十七日
永興軍文宣王廟大門記
晉國大長公主設醮題記 日大中祥符二年十一月十八
沙門靜己書偈碑
卷一百二十八 宋六

華岳題名八十六段 起大中祥符三年迄建炎初

卷一百二十九 宋七

重刻旌儒廟碑 大中祥符三年五月

汧陽縣普濟禪院碑 大中祥符三年十一月

藍田縣文宣王廟記 大中祥符四年二月

龍門銘 大中祥符四年三月

老子度關銘并四字贊 大中祥符四年

石保吉碑 大中祥符四年十一月

石保興碑 大中祥符四年十二月

卷一百三十 宋八

中岳中天崇聖帝碑 大中祥符七年九月七日

賜陳堯咨勅 大中祥符七年九月九日

北岳醮告文 大中祥符八年

北岳安天元聖帝碑 大中祥符九年

朱昂等送陳瞻赴任詩 附大中祥符末

保寧寺鐘樓碑 天禧二年

教興碑 天禧三年五月

中岳醮告文 天禧三年九月

摩騰入漢靈異記 天禧五年正月

杭州放生池碑 天禧五年三月

卷一百三十一 宋九

增修中岳廟碑 乾興元年六月

永定陵采石記 乾興元年八月

虢縣重修至德常寧觀記 天聖五年

勸慎刑文

慎刑箴 天聖六年

文安公牡丹詩 天聖九年

絳州重修夫子廟記 天聖十年六月

解州鹽池新堰箴 天聖十年十月

卷一百三十二 宋十

零陵縣華嚴巖詩刻四段 明道二年五月

重脩昇仙太子大殿記 明道二年六月

玉兔淨居詩 明道二年八月

會聖宮碑 景祐元年

永興軍牒 景祐元年

永興軍中書劄子 景祐二年

文宣王廟講學堂記 景祐四年

零陵縣華嚴巖題名八段 景祐四年

浯溪詩詞刻四段 景祐五年

衛廷諤墓誌 寶元二年

棲霞寺碑 康定元年

卷一百三十三 宋十一

興慶池禊宴詩 慶歷二年

褒城縣文宣王廟記 慶歷二年

普通塔記 慶歷五年

澹山巖題名六十段 慶歷七年

飛白七字 慶歷八年四月

慈恩寺塔題名二十二段 慶歷八年九月

富平縣李太尉祠堂記 皇祐元年六月

敕賜終南山宮觀名額牒 皇祐元年十一月

卷一百三十四 宋十二

重修北岳廟記 皇祐二年正月 有陰

傳應法師行狀 皇祐二年五月

江寧崇教寺碑文佛塔記 皇祐二年八月

重修仙鶴觀記 皇祐二年九月

重修仙鶴觀實錄 皇祐二年九月

復唯識廨院記 皇祐三年

岱岳觀題名四段 皇祐四年

張遵等峴首題名二段 皇祐五年

李參等草堂寺題名 皇祐六年

京兆府小學規 至和元年四月

玉華宮詩 至和元年八月

零陵縣朝陽巖題名六段 至和二年

范文正公神道碑 至和三年二月

柳子厚祠堂記 至和三年二月

白水路記 嘉祐二年

萬安橋記 嘉祐五年

文潞公宿少林寺詩 嘉祐五年

祈眞巖題名五段 嘉祐五年

卷一百三十五 宋十三

澹山巖詩刻二十四段 嘉祐六年

李屯田勸農示 嘉祐六年

蘇文忠獨遊南山詩 嘉祐七年

韓愷墓誌銘 嘉祐七年

石林亭倡和詩 嘉祐七年

昌黎五箴 嘉祐八年二月

妙德禪院明覺殿記 嘉祐八年六月

仁宗飛白書帝字 嘉祐八年十一月十日

韓國華神道碑 嘉祐八年十一月十四日

卷一百三十六 宋十四

晝錦堂記 治平二年
宋球玉華山詩 治平三年
張珣玉華山詩 治平三年
游玉華山記 治平三年
浯溪題記十四段 治平四年
白龍池題記二十一段 治平四年
溫泉箴 治平四年
義田記
題觀魚軒詩

卷一百三十七 宋十五

周元公題名二段 熙寧元年
壽聖禪院勑牒 熙寧二年
江夏黃鶴樓雜詩 熙寧二年
瀧岡阡表 熙寧三年
湯陰縣嵇公廟記 熙寧三年
觀褚書聖教序碑題名七段 熙寧四年
善感禪院新井記 熙寧七年
唵字贊 熙寧十年
表忠觀碑 元豐元年八月
海公壽塔記 元豐元年九月

蘇頴濱黃樓賦 元豐元年九月

卷一百三十八 宋十六

渾王廟記 元豐二年
渾王廟牒 元豐二年 有側
龍井記 元豐二年
閻使君祠記 元豐三年
郭恕先神在二大字 元豐三年
孫眞人祠記 元豐四年六月
東坡集歸去來辭詩 元豐四年九月
興教寺玉峯軒記 元豐四年十二月

溫泉雙阜菼行 元豐五年
謝卿材饒益寺題名 元豐六年
方圓菴記 元豐六年
第一山字
李伯時陽關歸去來圖并淨休居士詩
韓魏公祠堂記 元豐七年
粟子山題名 元豐八年
惠明寺舍利塔銘 元豐八年

卷一百三十九 宋十七

薛紹彭書樓觀詩三段 元祐元年

東坡書上淸詞 元祐二年
寶月禪院龕銘 元祐三年四月
緱氏重修泰山廟記 元祐三年閏十二月
贈李方叔賜馬券 元祐四年四月
游師雄題六駿碑 元祐四年五月
奉天縣渾忠武公祠堂記 元祐五年三月
謁太史公祠題記 元祐五年四月
鄆州學田記 元祐五年九月十五日
京兆府學移石經記 元祐五年九月二十日
唐凌煙閣功臣畫像并讚 元祐五年

涇陽縣孔子廟記 元祐五年十月

卷一百四十 宋十八

草堂寺題名二十七段 元祐五年十月
遊師埪寺畱題 元祐五年十二月
觀音像并讚 元祐六年六月
伯夷叔齊墓碑 元祐六年六月
豐樂亭記 元祐六年十一月
蔡安持靈巖詩 元祐七年十月
魯公仙蹟記 元祐七年
郃陽縣學記 元祐八年正月

曹娥碑 元祐八年正月
宣仁后山陵採石記 元祐八年
游師雄玉泉院題名 元祐九年

卷一百四十一 宋十九

蘇軾雪浪石盆銘 紹聖元年四月
昭陵圖記 紹聖元年五月端午
高陵重修縣學記 紹聖元年五月十一日
石門題名十八段 紹聖二年二月
草堂寺詩刻二段 紹聖二年九月
王公儀碑銘 紹聖三年

關山雪月詩 紹聖三年
蘇氏墓誌 紹聖四年十月
游師雄墓誌 紹聖四年十月

卷一百四十二 宋二十

郃陽縣戒香寺碑 紹聖五年四月
韓宗厚墓誌 紹聖五年九月
眞武經 元符二年正月
韓宗道墓誌 元符二年七月
州學二大字 元符二年七月
鄠縣利師塔記 元符二年十月

永泰陵採石記 元符三年五月
二陵採石記 建中靖國元年三月
三十六峯賦 建中靖國元年九月
卷一百四十三 宋二十一
梅澤詩并題記 崇寧元年三月十四日
劉晦叔等題名 崇寧元年三月十七日
修唐太宗廟記 崇寧元年七月
淨相院詩刻 崇寧元年九月
楞嚴經偈 崇寧元年十一月
玉盆題名十二段 崇寧元年

武功縣學碑 崇寧二年四月
遊終南山雜詠 崇寧二年六月
褒城縣學記 崇寧二年六月
乾陵無字碑題字十二段 崇寧二年十二月
靜應廟記 崇寧三年九月
靜應廟敕告 崇寧三年十月
逍遙棲禪寺詩刻 崇寧三年十一月
蕪湖縣學記 崇寧三年
卷一百四十四 宋二十二
元祐黨籍碑 崇寧三年

元祐黨籍碑姓名考
卷一百四十五 宋二十三
元祐黨籍碑本末 總論
卷一百四十六 宋二十四
淨安寺鐘款 崇寧四年十月
感德軍五臺山倡和詩 崇寧四年十二月
張大亨米芾等題名 崇寧五年
長興萬壽寺閣圖并記 大觀元年
大觀聖作碑四種 大觀二年
孫鼇草堂寺詩刻 大觀三年

修三白石渠記 大觀四年九月
李挺過臨潼詩 大觀四年十二月十六日
河瀆靈源王廟碑 政和二年
崇恩園陵采石記 政和三年三月
范子嚴墓誌 政和三年六月
淨邱公廟靈泉記 政和四年五月
牛鼎銘 政和四年八月
孫漸遊驪山詩 政和四年十月
左丞侯蒙行記序 政和四年十月
圓測法師佛舍利塔銘 政和五年

韓蘄王碑 淳熙三年

潼川府學泮橋記

魏城縣通濟橋記 淳熙七年

友石臺記 淳熙十六年

卷一百五十一 宋二十九

漢陰鳳凰山神碑 紹熙二年

山河堰落成記 紹熙五年二月

石門道題記 紹熙五年四月

顏魯公送劉太沖叙 慶元五年

寧遠記 嘉定元年

溵山會靈廟碑 嘉定七年

羅池廟迎送神辭碑 嘉定十年

建康府教授西廳記 嘉定十六年正月

治平寺藏輪殿記 嘉定十六年七月

鄂州重修北榭記 嘉定十七年

卷一百五十二 宋三十

句容縣五瑞圖并題記 紹定二年

龍壽禪寺復田記 紹定六年

太學靈通廟記 端平三年

嘉熙題名 嘉熙三年

理宗道統贊 淳祐元年

太常大樂編鐘欵識 附淳祐末

太學忠顯廟勅牒 景定二年

景定鐘欵 景定五年

朱子書易繫辭

困齋銘

橋亭卜卦硯銘 附

卷一百五十三 遼

涿州雲居寺四大部經記 清寧四年

暘臺山清水院藏經記 咸雍四年

行滿寺尼惠照建陁羅尼幢并記 大康元年

京西戒壇寺陁羅尼幢并記 大康三年

憫忠寺石函題名

憫忠寺舍利函記 大安十年

涿州雲居寺續秘藏石經塔記 天慶八年

慈悲菴大德幢記 壽昌五年

卷一百五十四 金一

慈悲菴石幢 天會九年

皇弟都統經略郎君行記 天會十二年

沂州府普照寺碑 皇統四年

大安磚刻 大安二年
貞祐寶券 貞祐二年
楊振碑 貞祐三年
濟州李演碑 貞祐四年
進士題名記 興定二年
程震碑 正大元年
全真教祖碑 正大二年
京兆府學教養碑 正大二年
温泉風流子詞 正大三年
重摹唐太宗慈德寺詩 正大四年

濟瀆靈應記 正大五年
重修濟瀆廟記 正大五年

卷一百五十九 金六 齊

改建題名碑 正大七年
黃華老人詩刻 以下附金末
楊奐碑
國書碑
重置饒益寺石刻記 齊阜昌三年
孟邦雄墓誌 阜昌四年
勅祭忠武王碑 阜昌五年

禹蹟圖 阜昌七年四月
華夷圖 阜昌七年十月

卷一百六十 外國南詔 大理

南詔德化碑 有陰 贊普鍾元十四年
崇聖寺鐘欵 建極十二年
崇聖寺中塔題字
石城碑 大理明政三年
地藏寺梵字塔幢
護法明公德運碑贊
嵇肅靈峯明帝記 元亨二年

興寶寺德化銘 元亨二年
淵公塔銘 天開十六年

失目

泰山刻石 卷四
甘泉山漢刻殘字 卷五
周公輔成王畫像題字 卷二十一

右卷一百四十一

編目録終

金石萃編卷一

賜進士出身 誥授光祿大夫刑部右侍郎加七級王昶譔

周宣王石鼓文

鼓凡十每鼓約徑三尺餘其第一十一行行六字第二九行行七字第三四皆十行行七字第五十一行行六字第六十一行上半殘闕每行止存四字第九十五行行六字其七八十三鼓剝蝕過甚行字數俱不可紀今在國子監大成門左右

第一鼓

避車既工避馬既同避車既好避馬既
騂君子員邋員斿麀□速君子之求□
角弓弓茲以寺避敺其樸其來趩趩止邋即
即時□□速速其來大□避敺其樸其
□□射其豬蜀

避車既工避馬既同避車既好避馬既騂君子員員邋
邋員斿麀(鹿)速速君子之求(孫孫)角弓弓茲以寺避敺
其(時)其來趩趩邋邋籑籑即避即時(麀鹿)速速其來大
丨迠䧖其樸其(來遺遺)射其豬蜀

第二鼓

□殹沔沔烝淖淵□□鰋止君子□止
澫又鯊其斿□帛魚鱳鱳其盜氏鮮黄帛
其鯾又鱄又鮊□孔庶□□□止鱻汪□
□□□□隹□□□□□□止隹楊及
柳

(汧)殹沔沔烝烝淖淵(鰋鯉)處之君子(漁)之澫又鯊其
斿(趱)趱帛魚鱳鱳其盜氏鮮黄帛其鯾又鱄又鮊(其)胡
孔(庶臠)之𩤻𩤻汗汗(趞趞其魚隹可)隹鱮(隹鯉可以橐)
之佳楊及柳

第三鼓

田車□安鋚勒□□既簡左驂旛旛
驂騝騝避以隮于邍避□止陕宫車其寫
秀弓寺射麋豕孔庶麀鹿雉兔其邍又旃
其□趍大□出各亞□□吳□執而
勿射多庶趮趮君子逌樂

田車(既)安鋚勒(騂騂避㸚)既簡左驂旛旛右驂騝騝避
以隮于邍避(戎)止陕宫車其寫秀弓寺射麋豕孔庶麀
鹿雉兔其(邍)又旃其□趍大□出各亞□□吳□執而
勿射多庶趮趮君子逌樂

第四鼓

□□鑾車奉敕□□□弓孔碩彤矢□
□□馬其寫六轡□□徒馭□□□□
□搏□車□□□徒□□邍濕陰陽趍趍

□馬叙止𩷔□□□□□戰驚兔□□□
多賢迧禽□□□□□允異
□□鑾車奉軟眞□□弓孔碩彤矢□□ 四 馬其寫六
轡□ 驁 迂騝 孔庶 鄜□□搏㱿車 戟衍戎 迂如章遼灑
陰陽趍〻□馬射之𧶢〻□□ 如虎 獸鹿如□□□多
賢迧禽 避免 □□允異

第五鼓

□□□□靁雨□□□□□□□□□
□□□□□□□□□□□□□□□□
□□□□徒騝□□□乙亦戎□□多

極淺乙□□□□一方□□□□奠桼
□□□□□叓
□□□靁雨□ 淋迄湧〻盉渫□君子即涉〻馬□
淋汧殹泪〻萋〻□□舫舟□遠湯戶自鄜迂騕□□
隹 舟以衎或 陰或 陽極淺㠯□□ 于水 一方□□□ 止
其奔 其敔 □□ 其叓

第六鼓

上闕 猷乍遼乍 上闕 導遄我嗣 上闕 除帥彼阪
上闕 莽爲卅里 上闕 微微〻直罟 上闕 樂柞棫其
上闕 椶楷鳴〻 上闕 亞箬其華 上闕 爲所斿𢼸

上闕 盩衛言對 上闕 吾
猷乍遼乍 導遄我嗣 除帥彼阪 莽爲卅里
微微〻直罟 臯柞棫其 櫻楷肅〻鳴 亞箬其華
爲所斿𢼸 盩衛言對 吾

第七鼓

上闕 而 闕 滔〻是戴 闕 具奔 闕 來 闕 天子 闕後
而 師 弓矢孔庶 左驂 滔〻是戴 不具奪
後 具所 來 其寫矢具來樂 天子 嗣王始 古
我來

第八鼓 今本字盡剝蝕

𢾭 走騎〻馬薦 葬蓄𢾭雉立 其六一 之 心

第九鼓

遊水既□□導□□□□既止嘉尌則
里天子永寍日隹丙申□遊其□導
□蕭〻騂□□□左驂驜〻□
□馬既迆敎□□□□□□
□騝〻上□□□弋不□□□蘇霝□□
□公謂天□余多也□□虖不余入
避水既□ 避 導 既平避 □既止嘉尌則里天子永寧日
□丙申□□避其 用 導藥 馬既 迪敕 □康〻駕□□□
左驂驜〻 右驂 驜〻□□□□如不□□□□轙霚□□

□公謂天子余及如□□害不余及

第十鼓

前闕 闕 枆 闕 圞 闕 蔑 闕 七 後闕

吳人憐亟 敬 載卤載北勿□勿 而 用 大

祝佮享 䊷寓逢中 圖孔□□鹿□避□其□□

□□驑⺀大□□□□□求又□□□□□是□

□□□□□□□

附石鼓文音訓

共二石每石高廣俱三尺五寸三十二行分三列每列行十三字額題石鼓文音訓五字篆書音訓正書跋隸書今在石鼓旁

㮂山潘迪

避車既工避馬既同避薛氏音我工籀文攻字蘇氏石鼓詩亦作攻按詩車攻傳攻堅緻也同齊也物馬齊其力

避車既好避馬既驕驕从馬缶聲疑與阜音義同詩車攻田車既好四牡孔阜說者謂阜盛大也

君子員邋員斿員作鼎籀文也說文員音云益也有重文君子指從獵諸臣員員衆多也邋邋旌旗搖動貌斿旌之末垂者

麀鹿速速君子之求麀牝鹿速有重文速速疾行貌或曰鹿之足迹

○卤弓茲目寺卤郭氏云恐當作卤卤弓即庚弓也周禮庚弓利射侯與弋今按鼓文作卤目古以字下同寺諸家皆音時然下文别有時字或音侍

避敺

其時其來趩趩丑亦反有重文說文行聲也一日不行貌

邁夔邁音蠆夔作臭皆有重文其義未詳或日邁又意夔衆多也

卽遬卽時麀鹿趚遬與避小異疑非我字或音禦趚子亦反鄭氏云直離反有重文

其來大卽我敺其樸其○遺射其豬蜀遺徒鹿反犢也豬或作豶或音豚蜀恐犢字蓋蜀有獨音

右一薛氏次居八鄭氏次居三施氏次居一今按古文苑其序姑從施氏然舊說第五鼓言漁狩而歸第一鼓言治道涂似先後序若左右相易始於西北以第六爲第一第五爲第十則先後之序得矣然亦未可必也可讀者十有六句餘未詳凡六十四字此鼓舊墨本卤上有孫字遺上有來字今漫滅

汧殹沔王氏云汧音牽水名出扶風汧縣西北入渭殹即也字見詛楚文及秦斤鄭樵因此指爲秦物今按醫緊皆从殹已見古書非始於秦也郭氏曰讀如緊語助沔籀作泛有重文鄭氏云沔讀作緜蓋用平聲叶韻

烝眾淖淵烝見秦權有重文與烝通詩南有嘉魚烝然罩罩王肅云烝眾也眾籀文皮字或音彼淖淵水之淺處

鰋鯉處之君子漁之鰋鯉皆魚名鰋鄭氏音鰋鮎也處鄭氏讀作居蓋取叶韻籀文漁从寸今闕

澫又𩵦其斿𨘢鄭氏云澫即漫从萬通作曼疑有重文漫漫水之瀰莊處又通作有籀文省下同見詛楚文鯊今作鯊魚名所加反𨘢薛氏作散即蹴字有重文或音油叶平聲相干反

帛魚鱳其籃氏鮮鄭氏云鱳音洛集韻云白色也鄭氏云籃亦作菹讀與葅同施氏云按說文側余反醢也氏典禮反今按鱳字音樂白貌帛即白字言白魚鱳鱳然潔白登之於俎豆甚鮮也

黃帛其鯾又鱄又鰫鄭氏云鯾即鯿字畀連反或音蹁鱄今作鮒音附鰫舊音白今按叶韻音緜

其胡孔庶臠之毚胡施氏作豆今作肬乞及反博雅臘謂之肬鄭氏作豆𩰫籀文𦷹字或作絲變丑若反相如大人賦休變奔走或音使

坙趯坙有重文郭氏云籀文洋字鄭氏音汗今作滶遭有重文鄭氏音博或云遭字

其魚隹可隹鱮隹鯉可㠯○之隹楊

及栁隹通作維可通作何○舊作橐說文符宵反鄭氏云與標同愚謂橐从缶从橐省聲也包裹承藉之義非謂穿之也蘇氏爲作何以貫之恐誤

右二薛氏次居五鄭氏次居一十鼓中唯此完好然字多假借故義有難通今唯漁字全磨滅成文

者十有七句
凡六十字
𠁩車既安鋚勒馬○按詩傳輶車田獵驅逆之車取其輕捷也鋚郭氏云大幺反轡首銅也廣韻音條紒頭銅飾今按馬字非全文但偏旁从馬闕左邊當有重文或作馯二
避衆既簡簡選也
左驂旛右驂驛詩騶驛是驂傳驂兩騑也車駕四馬內兩馬謂之服外兩馬謂之騑郭氏云旛妨圓反旌旗總名旛取其輕舉貌驛居言反爾雅驛騵馬黃脊或云紀偃反壯健貌
避吕躋于邍躋升也邍古原字下同
避○戎舊有字
止陕陕疑作陸
宮車其寫秀弓寺射宮車輦車也周禮輦車用於宮中秀與綉同綉弓戎弓也穀梁傳弓綉質質靶也戎弓綉其質示武中存文言田狩之時宮車寫而不用戎弓用之於射也寫讀如卸
麋豕孔庶麀鹿雉兔言所獲多品
其邍又旆未詳
其○𣐈○鄭氏云𣐈今作弇或作走
大○出各亞亞古孝經作惡蓋二字通用
○○昊○昊未詳薛氏作畀字鄭氏云疑即思字碧落碑思作畀郭氏云恐是臭字古老反大白澤也白澤獸名

執而勿射多庶〓說文〓郎擊反動也走也鄭氏云與皪同或云郎谷反
君子逌樂逌薛氏作迺鄭氏作攸所也按漢書地理志酆水逌同五行志彝倫逌叙皆古攸字
右三薛氏施氏次居三鄭氏次居四可讀者十有五句餘不成文凡六十三字
○○鑾車郭氏云人君乘車四馬鑣八鑾鈴象鸞聲按經史多作鑾左傳錫鸞和鈴詩八鸞鶬鶬
𩇕敹眞○攀施氏云呼骨反疾也薛氏作華字鄭氏云郎拜字並見義雲章眞鄭氏云郎塡字亦作鎮說文敹即策字或音速
○弓孔碩彤矢○○按彤弓彤矢天子以錫有功諸侯詩彤弓詔今書文矦之命及春秋傳彤弓一彤矢百是也說者謂彤弓朱弓碩大也
四馬其寫六轡
○騺鄭氏云騺五到反
迂騻孔庶廓○宣搏迂即徒字騻鄭氏云音驟廓或云郎廓字薛郭作廓鄭氏作郭宣見詛楚文今作宣
〓車載衎〓鄭氏云郎酋字詩輶車鸞鑣田狩之車也𤔲籀文載字衎即道字
戎迂如章邍溼陰陽溼鄭氏云今作隰通作隰迂徒也如章言式徒整布如文章然邍高陸也隰卑溼也言高卑向背皆有陰陽詩公劉相其陰陽度其隰原
趍六馬
射之〓鄭氏云趍即趨字有重文七走反詩蹶維趣馬趣趣調和閑習也六馬天子所駕也〓籀文族有重文疑借作鏃
○○如虎獸鹿如○○○多賢迪迪鄭氏云今作徇
禽○○○○允異
右四薛氏施氏次居四鄭氏〓居五其文可讀者僅七句言田獵之事凡五十三字薛氏曰允異之上舊有禽避兔三字今按禽字下闕四字
○○○霝雨○𣐊○鄭氏云霝亦作零詩東山零雨其濛𣐊今省作流下同見說文
○○渫○皆磨滅不可辨唯渫字今僅存其半
○○○○○○○○此上二十餘字剝落不可考
○○自廓迂騻○○佳舟以衎或陰或陽

水北爲陽南爲陰或從水之陽或從水之陰皆可歸也或字下今闕陰或二字陽字僅存其半余家藏墨本尚有之
极溱吕○○于水一方极薛氏作枝鄭氏云郎楫字
○○○○其奔○○○○吏施氏云吏古文事字見說文今僅存下數畫
右五薛氏次居九鄭氏次居八舊說言漁狩而歸可讀者僅三句餘皆磨滅不成文凡二十六字墨本舊有蔞蔞迄湧盍濟君子郎涉流汧殹洎洎蔞蔞舫舟西遄湯湯戶二十餘字今皆不存
猷乍邍乍○籀文乍與作通
衜衜即道字
遹我𩕄○除從鄭氏云遹字𩕄今作治字施氏云按古文孝經治作𤔲與此小異
帥叜彼陫舊音序或曰阪字
○𦵔𦵔薛氏作莽字郭氏云恐是莽莽草之相糾者居蚪反鄭氏作莫未詳孰是
爲世里世三十也文曰爲三十里以三十爲世書家謂之會意蘇合反非世字也
○微𢼸薛氏作微鄭氏云𢼸未詳音義
𡈼䍧𦵔薛氏作栗尚書栗作𣗥與此相類說文省作𣗥
柞棫詩柞棫皆木名詩柞棫其拔
其○𣚍𣚍鄭氏云作槃

或作檝疑古樓字楉樓楉皆木名楉音咎又音舊庸薛氏作庸鄭氏云庸未詳音義或云遘字鳴
○亞箬箬籀文若字鄭氏作箬其罷薛氏作華又音夫○爲所斿鬈薛氏作鬈
憂鄭氏云今作夔盩郭氏作盩衛首對○酋音鄭氏云疑即酋字鼓文作吾恐昭字古从五
从日
右六薛氏次居七鄭氏次居二舊說言治道涂也凡四十一字每行僅存四字而上皆闕二三字蓋五代之亂散落民間穴中以爲臼故今所存皆斷續不成文鄭氏乃以猷作原作導遘我治除帥㕡陊莫寫世里十六字爲成辭蓋鄭氏所見不過墨本摹刻者而不知每行之上有闕文也
而以文理推之而字上當有闕文帥○○○○○滔滔下有重文是𢦏施氏云按
說文古𢦏字與此相類○○具奪磨滅不可辨○○後具肝肝奇薛氏作肝鄭氏作
肝音呼來○○○○○樂天子○○○○○○○○皆不可辨

右七。薛氏次居一鄭氏次居九舊有弓矢孔庶左驂不。其寫矢具來。子來。嗣王始古我來
二十字今剝落僅存十有四字皆不成文
敚敚說文與微同
右八薛氏次居六鄭氏次居七按施氏墨本所錄有敚走驛驛馬薦哲若䧢立其一之心十四字余家藏舊本止敚字存今漸剝落矣
避水既○避衜既平避○既止嘉樹則里天子永寧○
○日隹丙申○○○施氏云丙申下二字尚可辨避其用衜○馬既
申敕申重也敕戒也○○○左驂驖驖有重文施氏云五到反馬怒也
驖識○○○○如驖有重文鄭氏音遬不○○○䮘䮘鄭氏云籀文翰从飛
霸薛氏作霸郭氏云恐是籀文霸字○○○○公謂天子○余及如如通

作汝○○害不余及
右九薛氏次居二鄭氏次居十舊說言除道今皆剝落不成文可讀者唯七句凡五十二字
吳人憐亟王氏云吳通作虞鄭氏云汧水出于吳山故漁于汧而狩于吳也愚按二說王爲優施氏
云憐亦作憐○○○○𢦏卤𢦏北卤即西字鄭氏云見曾侯鐘北字今磨滅而○
用○亯享○執盜執薛氏作執字說文云執與藝同鄭氏云即社字盜寧同或作厲逢
中圍孔○籀文圍作圖見說文或云即田字○鹿○○遬○其○○○䮘
䮘鄭氏云即曈字見邾敦庬敦有重文大○○○○○求又○○○○
○○是○○○○○○○○○
右十薛氏次居十鄭氏次居六今僅存二十三字唯吳人憐亟𢦏西𢦏北二句可成文餘皆殘缺不可
讀墨本舊有勿奄勿伏。○而出。。用。。。。大祝𢊁十一字今皆不存

計見存三百八十六字
右石鼓文十其辭類風雅然多磨滅不
可辨世傳周宣王獵碣初在陳倉野中
唐鄭餘慶始遷之鳳翔宋大觀中從開
封靖康末金人取之已歸于燕 聖
朝皇慶癸丑始置 大成至聖文宣王
廟門之左右豈物之顯晦自有時耶鼓
之所自先儒辨證已詳固不敢妄議然
其文曰天子永寧則爲臣下祈祝之辭
無疑又曰公謂天子則侶是畿內諸侯

從王于狩臣下述其君語天子之言吁
鼓之時世雖不可必但其字畫高古非
秦漢已下所及而習篆籀者不可不宗
也迪自爲諸生往來鼓旁每撫玩弗忍
去距今纔三十餘年昔之所存者今已
磨滅數字不知後今千百年所存又何
如也好古者可不爲之受護哉閒取鄭
氏樵施氏宿薛氏尚功王氏厚之等數
家之說考訂其音訓刻諸石俾習篆籀
者有所稽云至元己卯五月甲申奉訓

大夫國子司業潘迪書
翰林侍　講學士通奉大夫知　制誥
同脩　國史兼國子祭酒歐陽廟諱承事
郎典簿尹忠承直郎博士黃溍奉議大
夫助教祁君璧從仕郎助教劉聞承務
郎助教趙璉從仕郎助教康若泰同校
府學生茅亮刻

籀文者周太史籀之所作也與古文大篆小異七畧
曰史籀者周時史官教學童書也與孔氏壁中古文
異體甄豐定六書二曰奇字是也其跡有石鼓文傳

焉蓋諷宣王畋獵之所作今在陳倉張懷瓘書斷
岐陽石鼓初不見稱於前世至唐人始盛稱之而韋
應物以爲周文王之鼓宣王刻詩韓退之直以爲宣
王之鼓在今鳳翔孔子廟中鼓有十先時散棄於野
鄭餘慶置于廟而亡其一皇祐四年向傳師求於民
閒得之迺足其文可見者四百六十五不可識者過
半余所集錄文之古者莫先於此然其可疑者三四
今世所有漢桓靈時碑往往尚在其距今未及千歲
大書深刻而磨滅者十猶八九此鼓按太史公年表
自宣王共和元年至今嘉祐八年實千有九百一十

四年鼓文細而刻淺理豈得存此其可疑者一也其
字古而有法其言與雅頌同文而詩書所傳之外三
代文章眞蹟在者惟此而已然自漢以來博古好奇
之士皆畧而不道此其可疑者二也隋氏藏書最多
其志所錄秦始皇刻石婆羅門外國書皆有而獨無
石鼓遺近錄遠不宜如此此其可疑者三也前世傳
記所載古遠奇怪之事類多虛誕而難信況傳記不
載不知韋韓二君何據而知爲文宣之鼓也隋唐古
今書籍粗備豈當時猶有所見而今不見之耶然退
之好古不妄者余姑取以爲信耳至於字畫亦非史

籒不能作也 歐陽修集古錄

世傳岐山周篆昔謂獵碣以形制考之鼓也三代之制文德書于彝鼎武事刻于鉦鼓征伐之勲表于兵鉞其制度可考後世不知先王之典禮猶有存者鑿山刻石自是昭一時功蹟唐世諸儒以石鼓爲無所据至謂田獵之碣葢未知古自有制也方唐之時其文隱顯未盡鈌落徵詞索事或可得之而韓愈韋應物徒知校獵受朝宣暢威靈懾讋夷夏故愈謂此爲宣王時應物以其本出岐周爲文王鼓當時文已不辨故論各異出也嘗攷于書田獵雖歲行之至于天

子大蒐徵會諸矦施大命令則非常事也故四王二公後世以爲絕典然則宣王蒐于岐山不得無所書或史失之其在諸矦國當各有記矣不應遂使後世無傳此其可疑也當漢之時見號奇字如甄豐輩定作史籒書實蒙以爲宣王獵碣而曰我車既攻我馬既同張懷瓘以此本車攻詩因考合前說且曰諷岐獵之所作也愈應物其書藉之則有據矣然爲諷爲美其知不得全于文義見也傳曰成有岐陽之蒐杜預謂還歸自奄乃大蒐于岐陽然則此當岐周則成王時矣方楚合諸矦求大蒐禮者不知宣王嘗狩于

岐山以合諸侯況小雅所美其地本東都又選車徒無大號令則不得爲盛節古者詩書不嫌同文其据以此便謂宣王未可信也呂氏紀曰蒼頡造大篆後世知有科斗書則爲篆爲籒漢制八書有大篆又有籒書張懷瓘以柱下史始變古文或同或異謂之爲篆而籒文葢其以名自著宣王世所作也如此論者是大篆又與籒異則不得以定爲史籒所書叔向曰昔成王盟諸侯于岐陽楚爲荆蠻置茅蕝當時以爲重禮故後世不得泯沒宣王蒐岐陽世遂無聞哉方成康與穆賦頌鐘鼎之銘皆番吾之迹然則岐陽惟

成王大會諸侯則此爲番吾可知書言成湯狩于亳故後世有亳亭宣王狩于敖其在地記則著敖亭詩曰選徒于敖其事可以考矣周書紀年于蒐狩之大皆書則合諸侯而盼大命亦一見于成王此其可信也當漢號史書以刻畫奇崛葢亦不得盡其文則其不見道固宜獨怪愈于唐中世得之乃謂勒勲以告萬世又恨聖人于詩不得見之石鼓之謌自杜甫尚嘆不知愈何以知其意謂編詩有遺也或曰此成王時詩則頌聲所存聖人不應去之果有豈不知耶曰辯之柔矣作洛皇門此周公作也詩書不得盡見將

一時所訓非禮亂所繫不足施後世者不得著也其
因後代亡之亦未可知也曰子信爲成王頌何前世
未有考者則其說使人盡得信乎曰蒐于岐陽書傳
再見而車攻之獵詩以爲敖此可謂無所據乎此余
攷于古而知之世亦安得異我說者知考古而索其
事自當有所得爾不待此以傳也董逌廣川書跋
周宣王石鼓歐陽文忠公以爲唐以來韋應物韓退
之嘗盛稱讚予謂不特二公老杜固嘗有李潮八分
小篆歌云陳倉石鼓文已訛況蘇勗載記亦言石鼓
文謂之獵碣共十鼓其文則史籀大篆則知石鼓稱

爲周宣王所創者在昔不止三公也吳曾能改齋漫錄
國朝崇寧中蔡京作辟雍取十鼓置堂後予嘗見之
辟雍廢徙置禁中而岐下有摹本殊失古意胡世將資古紹
志錄
古蹟記云史籀石鼓文不知徐浩何據也韋左司應
物歌云周宣大獵岐之陽刻石表功煒煌煌石如鼓
形數止十風雨缺剥苔蘚澀飛端委蛇相糺錯乃是
宣王之臣史籀作韓退之又從而作歌云周綱凌遲
四海沸宣王憤起揮天戈鐫功勒成告萬世鑿石作
鼓隳嵯峩辭嚴義密讀難曉如此至寶存豈多豈亦

以浩爲證乎歐陽公云言與雅頌同字古而有法非
史籀不能作言固同矣但篆畫行筆當行于所當行
止于所當止今位置窘澀促長引短務欲取稱如柳
帛君庶字是也意已盡而筆尚行如以可字是也十
鼓畧相類姑舉一隅識者當自神悟以器款惟字參
鼓刻惟何惟鯉之惟則曉然可見矣蓋字畫無三代
醇古之氣吾是以云前輩尚疑繫辭非夫子所作僕
于此書直謂非史籀跡也翟耆年籀史
開元以後張懷瓘韋應物韓退之直云宣王之鼓也
然詳考其語實皆臆度以言無有明著如予所見則

謂此鼓不爲宣鼓而當爲成王之鼓也左氏昭四年
椒舉言于楚子曰成有岐陽之蒐杜預曰成王歸自
奄大蒐于岐山之陽杜預之爲若言也雖不曰蒐岐
之有遺鼓而謂成蒐之在岐陽者即石鼓所負之地
也然則鼓記田漁其始成王之田之漁也與宣王固
嘗出鎬而東獵矣其地自屬東都故曰四牡龐龐駕
言徂東徂東云者以方言之則自鎬出洛也岐在豐
西三百餘里安得更云徂東也則鼓辭不爲車攻之
辭亦已明矣鼓辭既不爲車攻之辭則何據而云宣
王之鼓也故予惟椒舉之言既能明記岐蒐爲成王

之蒐則其不能明記此蒐之有鼓雖爲不備若較之專用籀體定爲宣王之物者其說差有本祖　古今常言刻石起于秦世泰山鄒嶧是其事矣然方秦皇之議刻山也其羣臣上議已曰古之帝者猶刻金石以日爲紀則刻石之與刻金其所自來皆在秦前若夫伐石爲鼓則意又可料矣田漁必用衆致衆必以鼓因其鼓之入用而斲石象之因以記事焉是其托物爲久正與鑄金刻金共一意也後漢橋元之廟石鉦石鉞以及石鼓而蔡邕與爲銘辭則曰是用鏤石作茲鉦鉞軍鼓陳之東階以勒公文武之勳焉邕之謂勳者葢橋嘗莅乎鮮卑也鉦鉞鼓三者皆軍旅間用器而三器同爲一辭則古來識事于石豈必專爲鼓形頤岐陽田漁其用在鼓而因用以著辭焉耳漢距三代未遠古制猶有存者邕最知古故能模肖古制與橋勳爲明而石鼓源流賴之以存也　紹興壬子福唐鄭昂得洪慶善所遺石鼓墨本其自跋曰昂貢隸辟雍時常徘徊鼓下以舊本校之字又差訛矣寇難以來不知何在莆田鄭樵著石鼓考其文多至數百千言謂鼓入辟雍及保和殿皆與昂同或得之於昂也樵之博固可重而語多不審予嘗論辨正之

文多不錄　東坡自記其所覽曰其詞云我車旣攻我馬旣同其魚維何維鱮維鯉何以貫之維楊及柳此六句可讀餘多不可通此二十四字葢東坡仕岐而於鼓上見之其曰何以貫之維楊及柳而鄭本乃作標葢疑鄭本不眞也（程大昌雍錄）

温彥威使三京得僞劉詞臣馬定國文云石鼓非周宣王時事乃後周文帝獵于岐陽所作也史大統十一年獵于白水遂西狩岐陽（姚氏殘語）

石鼓文周宣王之獵碣也歐陽修作集古錄設三疑鄭樵指以爲秦鼓馬定國指爲後周物近人稍有惑其說者故予不得不辨集古之一疑曰漢桓靈碑大書深刻磨滅十八九自宣王至今爲尤遠鼓文細而刻淺理豈得存予謂碑刻之存亡係石質之美惡摹拓之多寡水火風雨之及與不及不可以年祀之久近論也且如詛楚文刻於秦惠王時去宣王爲未遠而文細刻淺過於石鼓遠甚由始出於近歲戕害所不及至無一字磨滅者顏眞卿干祿字刻於大歷九年顯暴於世工人以爲衣食業摹拓爲多至開成四年纔六十六載而遽已訛闕由是言之年祀久近不足推其存亡無可疑者二疑以謂自漢以來博古之

士略而不道三疑以謂隋世藏書最多獨無此刻予謂金石遺文溷於瓦礫歷代湮沒而後世始顯者爲多三代彝器或得於近歲其制度精妙有馬融鄭元所不知者又詛楚文筆蹟高妙世人無復異論而歷秦漢以來數千百年湮沈泉壤近世始出於人間不可謂不稱於前人不錄於隋氏而指爲近世僞物也予意此鼓之刻雖載於傳記而經歷亂離散落草莽至唐之初文物稍盛好事者始加採錄乃復顯於世及觀蘇勗敘記尤喜予言之爲得也則夫隋之不錄又無足疑者況唐之文籍視今爲甚備而學者不敢

爲臆說自貞觀以來諸公之說若出一人固不特起於韋韓也而韋應物又以爲文王時鼓宣王時刻言之如是之詳當時無一人非之傳記必有可考者矣小篆之作本於大篆丞殹二字見於秦器固無害況丞字從山取山高奉丞之義著在說文字體宜然非始於秦也唐初去宇文周爲甚近事語尚在於長老耳使文帝鐫功勒成以告萬世豈細事哉宜時人共知之況蘇勗之祖邳公綽用事於周文物號令悉出其手豈得其賢子孫乃不知其祖之所作者乎其鼓有十因其石之自然粗具鼓形字刻於其旁石質堅頑類今人爲碓磑者其初散在陳倉野中韓吏部爲博士時請於祭酒欲以數橐駝輿致太學不從鄭餘慶始遷之鳳翔孔子廟經五代之亂又復散失本朝司馬池知鳳翔復輦至於府學之門廡下而亡其一皇祐四年向傳師搜訪而足之大觀中歸於京師詔以金塡其文以示貴重且絕摹拓之患初致之辟廱後移入保和殿靖康之末保和珍異北去或傳濟河遇大風重不可致者皆棄之中流今其存亡特未可知則拓本留於世者宜與法書並藏詎可輕議也哉紹興己卯歲予得此本於上庠喜而不寐手自裝治

成帙因取薛尚功鄭樵二音參校異同并攷覈字書而是正之書於帙之後其不知者姑兩存之以俟博洽君子而質焉王厚之復齋碑錄

歐陽文忠謂其書非史籒不能作但疑其自宣王至今實千有九百餘年理豈得存是不然也夫石刻之易漫者以其摹搨者多故也今石鼓委置草萊泥土之中兀然不動至唐始出以故完美如初況其石之質頑性堅若世爲碓磑者哉此不足疑一也鄭漁仲謂是秦篆因其以殹爲也見於秦斤以丞爲丞見於秦權其文有曰嗣王有曰天子天子可爲帝亦可謂

王秦自惠文稱王始皇稱帝以爲惠文之後始皇之前所作也余按易書經文無也字則知古轉用殹丕字正當從山取奉丕高意六月宣王之詩也曰王于出征以佐天子吉日宣王田獵之詩也曰天子之所曰以燕天子祈父刺宣王之詩也曰予王之爪牙此不足疑二也溫彥威使三京以爲後周文帝獵於岐陽所作蓋因史大統十一年西狩岐陽之語而云也尤爲謬妄夫自秦漢晉宋隋唐以來苟能書如斯冰瑗邕諸人皆名後世豈後周時有能書若此而不名乎況其詩詞嚴古尤非南北朝時所能到者且蘇勗

韋韓諸公去後周未遠不應謬稱如是此不足疑三也故今斷然以爲宣王田狩之詩而史籀之書也蓋宣王田狩岐陽之時從臣贊美刻詞出於一時若車攻吉日則田獵東都時所作者其詞多與石鼓同如我車既攻我馬既同修備之詞一也麀鹿麌麌麀鹿趚趚獸多之詞同也車攻曰四牡龐龐四牡奕奕吉日亦曰四牡孔阜蓋即石鼓起起六馬四馬其寫之謂也他如駕言徂東駕言行狩即我其用道之謂也曰之子于苗即君子之求之謂也曰遂徒䨻䨻徒御不驚即徒驐孔庶避从既簡之謂也曰建旐設旄悠悠旆旌即其斿鼎斿之謂也曰赤芾金舄即華勒塡塡之謂也曰會同有繹即來樂天子之謂也曰決拾既飲弓矢既調即秀弓孔碩彤矢䫨䫨之謂也曰兩驂不倚不失其馳即左驂旛旛右驂騝騝之謂也曰助我舉柴即我麀允異之謂也曰大庖不盈即我公謂大害不余及之謂也曰允矣君子展也大成以燕天子即君子乃樂天子永寧之謂也曰吉日維戊吉日庚午即日維丙申之謂也曰田車既好即田車既安我車既好之謂也曰從其羣醜瞻彼中原其祁孔有即我以隮于原我戎止射其來大有其來遺遺之

謂也曰儦儦俟俟即㥄田若反之謂也曰既張我弓既挾我矢即秀弓時射射之族族之謂也曰漆沮之從即于水一方之謂也曰殪此大兕即我敺其特之謂也又況石鼓漫滅者其詞繁而不殺不若車攻二詩嚴肅簡潔足該十篇之意故偶見刪削也古詩三千餘篇而夫子定爲三百十一篇此類是也若以不見收錄遽以是疑之則論語所引素以爲絢兮偏其反而之句皆逸詩也豈可以是而盡疑論語乎時洪武乙丑夏五月趙古則書（朱存理鐵網珊瑚）

右石鼓文宋代搨本洪武中藏於餘姚儒者趙古則

後歸予家石鼓昔人論之詳矣馬定國定爲宇文周
時所造元天台劉仁本爲石鼓論本之定國而斷其
非史籀之書二子謬妄固不俟言跋復謂蘇勗章韓
諸公去後周未遠不應繆稱如是而以其言爲可信
予觀應物退之其去後周似爲邈闊勗貞觀時仕吏
部侍郎視後周則誠未遠又按李嗣眞書後品張懷
瓘書斷亦皆以石鼓爲史籀書嗣眞高宗時人而懷
瓘老於開元則稱石鼓爲籀書者始於蘇氏繼於李
張而退之直據之耳　鄭夾漈謂石鼓至唐始出於
岐陽鄭餘慶取置鳳翔孔廟而亡其一皇祐四年向
傳師求於民間得之十鼓遂足王順伯謂五代之亂
鼓復散失司馬池復輦致府學其一鼓已亡向傳師
搜訪足之二說皆同予近見傳師跋乃知第十鼓其
先蓋嘗有僞爲者至傳師而眞鼓始復此皆王鄭之
所未及豈其未嘗見向跋邪鄭復謂大觀中鼓置之
辟雍復取入保和殿經靖康之變未知其遷徙與否
王則謂大觀中鼓歸京師詔以金塡其文靖康之末
保和珍異北去或傳濟河遇風棄之中流而存亡未
知後王子充題此謂金人入汴剔取其金而棄去之
至元乃輦至京師置於國學廟門之下予按資古錄

云崇寧中蔡京作辟雍取十鼓置講堂後辟雍廢徙
置禁中則置之辟雍者蔡氏而所謂禁中卽保和殿
也若王鄭之未知其遷徙存亡蓋當是時北方非中
國所有而二公又皆南人故云然也及觀之虞伯生
云金人得汴梁鼓亦北徙酉王宣撫宅宅後爲大興
府學伯生助教成均言於時宰得置之國學大成門
內則淪入濟河與夫金人棄之之說皆不足信不知
二王何從而得之也　余得唐人拓本於李文正先
生凡七百二字蓋全文也嘗刻之木以傳矣然都元
敬金薤篇劉梅國廣文選所收仍是殘缺四百九十
四字本蓋亦未見此也楊慎升菴外集
岐陽石鼓文有謂爲周宣王獵碣者惟董程二氏以
左傳成有岐陽之蒐證之皆鑿鑿有據其言眞如岳
峙不可復撼第廣川有其學有其識有其辯而無其
筆故不勝藤葛糾纏確論反晦耳鄭樵謂爲秦惠文
後及歐陽三疑皆贅說迷謬不足與辯韋應物謂爲
文王之鼓宣王刻詩眞如少君古強之徒會目睹其
事也馬子卿以爲宇文周時作益可笑郭宗昌金石史
石鼓文據楊升菴金石古文載其全文謂得唐人拓
本於李文正家予讀而驚歎已錄于京師古石考

然陸文裕深謂石鼓經博洽之儒如王順伯鄭漁仲搜訪靡餘力咸存斷缺歐陽公集古錄才四百六十有五字胡世將資古所錄僅多九字孫巨源于佛龕中得唐人所錄古文乃有四百九十七字近世吾衍子行自謂以甲秀堂譜圖隨鼓形補缺字列錢爲文以求章句又參以薛尚功諸作亦僅得四百三十餘字不知近日何緣得此十詩完好如楊用修之所從來果有的據固是千古一快如以補綴爲奇固不若闕疑爲愈今細讀十詩古致翩翩恐非用修所能辦然用修謂得之李文正家而文正懷麓堂稿絕不道及何也孫承澤庚子銷夏記

楊用修謂從李賓之所得唐人拓本多至七百有二字又言及見東坡之本入多惑焉愚攷第三鼓潘氏音訓有避眾既簡句古文苑脫避字有眾字用修不取易以六師二字第四鼓潘本有四馬其寫六轡口鶩句鶩上脫一字古文苑本鶩作重文用修亦不取更以六轡沃若第五鼓霝雨上古文苑有藻藻二字薛氏施氏本則有天字用修亦不取增我來自東四字夫車攻狩于東故云駕言徂東東有甫草若岐陽在鎬京之西豈得云我來自東乎至于第六鼓因民間窪以爲曰其上漫漶以諸鼓驗之每行多者七字少者六字此鼓行僅四字上皆缺二三字用修每行增一字強之成文又如第七鼓用修增益徒御嘽嘽會同有繹或羣或友悉率左右以燕天子咸與小雅同文不知鼓文每行字有定數難以增益尤有異者鼓有口文郭氏云恐是臭字古老反大白澤也用修遂以惡獸白澤入正文中其亦欺人甚矣攷賓之石鼓歌中云家藏舊本出梨棗楮墨輕虛不盈握拾殘補缺能幾何以一涓埃裨海嶽夫以歐陽薛胡諸家所見止四百餘字若賓之本有七百餘字拾殘補闕

亦已多矣賓之不應爲是言也子瞻之詩曰韓公好古生已遲我今況又百年後強尋偏旁推點畫時得一二遺八九模糊半已似瘢胝詰曲猶能辨跟肘子由和之有云形骸偃蹇任苔蘚文字皴剝因風雨字形漫汗隨石缺蒼蛇生角龍折股夫用修之本既得自賓之傳自子瞻是子瞻克見其全子由亦得縱觀子瞻子由又不應爲是言也杜子美詩有曰陳倉石鼓久已訛韋蘇州詩有曰風雨缺訛苔蘚澁而韓吏部歌曰公從何處得紙本毫髮盡備無差訛又曰年深豈免有缺畫則石鼓在唐時已無全文故吏部見

張生之紙本以爲難得也畏立夫詩亦云岐右石鼓天下觀駱駝載歸石盡爛夫以唐宋元人未見其全者用修獨得見之此陸文裕亦不敢信由石鼓而推之用修他所攷證吾亦不能已于疑無惑乎陳晦伯有正楊一編矣朱彝尊曝書亭集

石鼓古遺寶也古文苑云周宣王狩於岐陽刻石鼓文十篇風雅逸編云石鼓詩周宣王獵碣也鄭樵謂文是秦篆温彥威以爲西魏文帝所作王厚之趙古則皆力言其非斷以爲宣王之時史籀之書乃丹鉛錄又云岐本周地平王東徙以賜秦襄公自此岐地

屬秦秦人好田狩是詩乃作其字類小篆地秦地聲秦聲字秦字其爲秦詩何疑先舒按楊氏此論與逸編說異蓋自相牴牾耳程大昌雍錄極辯石鼓非宣王物當爲成王鼓先舒按稱石鼓詩之自出者四而余最服程氏蓋西魏之說固謬妄不足論即謂出於宣王及秦人者亦皆未詳本辭故耳然程氏辯覈雖精而未暢故人亦不甚信之余謂中興詩尚簡潔秦風辭多險峭而石鼓閎碩典雅頌近東山七月之遺響宜爲成王之詩一也以爲秦作則宜在乎襄文之間蓋襄公始命有田獵之事而文公嘗東獵至汧渭又伐戎收地至岐爾時秦未嘗稱王安得嗣王天子之名乎二也秦固保西垂地近鳥鼠若獵于岐陽是自西來東則不應言避來自東三也秦時才得列爲諸侯未離戎習獨以赤馬黃牛各三涖祀西畤寶雞之類安得有進獻用特歸格藝祖之禮四也且以爲宣王詩則是時猶都鎬而岐在鎬西自岐畋罷還鎬又不當云駕言西歸也五也蓋成王伐奄歸而蒐于岐奄在東方故曰避來自東淒淒零雨又曰駕言西歸此蓋追述歸時道路之艱苦有勞人恨士之思焉與東山極相類或即是周公作耳蓋當時始紬殷命

淮徐扇亂方用兵之際故東伐淮夷踐奄歸復蒐岐以耀兵講武其云告於太祝即周禮太祝之職所謂軍歸獻社則前祝是也且周公無逸以嗣王稱成王立政又云告嗣天子王矣則所稱來嗣王始允爲成王無疑諸說又何紛紛歟毛先舒思古堂集

古文籀文學者不能盡通諸家釋音不無傅會之失如君子員員邋邋員斿鄭潘說皆不了按古文斿游本一字云與員亦相通楊讀爲君子二云獵二云獵二云游蓋得之矣澫有𩵦潘氏讀𩵦爲鯊疑澫有重文愚意𩵦當是小魚二字小魚合爲𩵦字猶小大合爲尖字

也錢大昕潛研堂金石文跋尾

古文苑所載石鼓文乃章樵取薛尚功鄭樵王厚之施宿諸家之說集錄爲一編潘迪撰音訓多所採取而搜羅最備者莫如朱彝尊之石鼓考附于日下舊聞之後同時有南豐劉凝撰石鼓文定本所摹篆文以搨本爲之主而參以薛尚功鐘鼎欵識其例凡搨本全者用圓圍識之仿彿者無圍搨本所無以薛本補者用方圍并雜採詩文薈萃成書成于康熙乙巳在石鼓考之先視朱考稍畧然亦精審惟其用方圍處取今所行鐘鼎欵識校之亦不全合欵識係崇禎癸酉所刊恐非善本然定本亦未可盡據也又從舊帖中檢得胡正言所摹縮本石鼓文石刻乃本其師李登所輯薛尚功楊升菴二家之本細校之不但與今本欵識多互異之處即較之搨本亦有數字不同又金石圖列鼓形高廣次第皆備然七八兩鼓仍同音訓而與今位置不合且其所摹間有數字全缺而今搨本反分明可辨者亦有全存而今無一畫見者且有筆畫與搨本異者大抵諸家著書或但據舊本傳寫故竟無一書與今搨本脗合者朱文藻跋

第一鼓避敺其□薛鄭皆作孫字施氏宿云以碑本考之髣髴是時字燕昌按天一閣本孫字爲近爂鄭云今作爂未詳音義石本有重文潘云爂作炱同邑吳東發云爂作炱猶燊之省作柗玉篇炱煤烟塵也音臺其豣潘云或作豣或音豚吾邱氏衍按說文豣字省自耳以水切嘉定錢竹汀云按詩並驅從兩肩兮毛云三歲曰肩籒文或从豕耳潘說是吾讀爲獮似非

金石萃編卷一

第二鼓汧殹郭云讀如繫錢云秦斤以殹當也字按汧殹字兩見尋繹上下文當是水名不應作虛字訓疑即古池字春秋曲池亦作毆蛇池蛇古通用池亦有移音燕昌按爾雅汧水篇汧出不流郭注水泉出自停成洿池可證汧殹爲汧池矣淖淵燕昌按水經注汧水篇其水東流歷淵注以成淵正合丞敓淖淵之文又云潭漲不測出五色魚正合下鰋鯉處之帛負鱳鱳黃帛其鱑又鰟又鯙之文鰋章作鰋負二字錢云當是小負二字錢可盧云其句法與湆有多魚相同燕昌按爾雅鱦小負也郭注家語曰其小者鱦負也疏云負之大者名爲鱒小者名鱦此鼓旣曰小負又曰鱒是大小並陳應從錢氏釋小負爲得也其籃鄭云籃讀作藍與俎豆之俎同說文側負反臨也吾邱云此鼓甚完句曰其籃氏鮮鄭音是矣錢云當是筵字說文次即涎字則次與筵通籒文加皿又加一水耳其朐吾邱云郭云今作脏乞及反博雅膿謂之脏鄭作豆大無義理錢云即浩字

第三鼓止陝施云鄭本戎字作我下有陣止二字今攷碑本戎世二字上下相承不容陣止二字于其間又陝字鄭云今作陸薛作陝疑爲跌字潘云陝疑作陸吾邱云右邊乃矢字合作陝未詳句曰我戎止陝爲陸近是鄭瀕仲以陝爲陣又顛倒其文置止字下章升道則以止字誤世字施武子又疑陝爲跌于是字數溢出與鼓文不合矣又旆鄭云今作紳無據吾邱云謂音紳則可錢云讀旆爲紳文義可通

第四鼓飢衍章云即道字錢云此字兩見前協原濕陰陽後協或陰或陽當讀戶郎切即古行字𨑨□燕昌按此字今闕自宋以來模本俱作六字玩家藏宋搨本剝蝕中似作嵩與弟九鼓驂下一字作嵩相同乃知作六馬者皆非也況上文旣曰四馬其寫又曰六轡□□則此處斷無六馬之文天一閣本依古文苑釋文於別本割一六字補入割裂之跡可按也其

第五鼓深昌□施云薛鄭本昌下有戶字碑磨

滅不可辯同邑任文田云戶卽扈字古戶與扈通徐
鍇訓說文引春秋傳作扈蕩扈之吳兎牀云此處戶
字當是扈從之義上林賦扈從縱橫晉灼曰扈大也
此鼓雖多漫滅細繹上下文似言畋狩將歸而遇零
雨從臣多有涸水濟涉之事至以驢一背負物扈
從遠渡深水故曰极深以扈出于水一方也**第六**
鼓微口薛釋微章釋徵有重文吾邱云未詳趙魏云
石本作澂有闕泐諸模本作箴或作減存以
俟考吳東發云此疑是戫字廣韻直一切
集韻音秩說文丕也此从彳與辵走通用**斿䢅**薛作
憂鄭
云今作㜸錢云卽
游優與優游義同**首**薛音合鄭云疑卽龠字音響施
云上雖磨滅上从音尚可追尋
非从合也潘云恐是晒字古从𢆶从日踊凡夫云二
日五日並合文當格如泰盄和鐘銘小子酉夏四方
昌宜及他欵識二日三千之類並二字合格○章云
薛鄭本音下有孫字吾邱云真本及古者並無孫字
在音字下不知薛鄭何以增入必有誤燕昌按石本
無之蓋亦剜裂本爲也○燕昌又按施氏曰此鼓乃
向傳師皇祐間所搜訪而得之者每行僅存四字自
四字而上磨滅者傳師磨去刻當時得之之由故今

所存者皆斷續不成文今按石上截鑿作臼無傳師
跋及見天一閣本後有傳師跋云舊傳石鼓其數有
十乃韓文公詩具載其事傳師詳覽內第十鼓最小
其文亦不相類遂尋訪於閭里獲一鼓雖湮沒既久
文形半壞驗其書體真得其跡遂易而置之其數方
備皇祐四年七月日記凡七十八字與雍錄及金薤
琳琅所載相同乃知傳師所得者是弟十鼓非弟六
鼓也施氏始傳聞之譌耳又梅堯臣石鼓詩有傳至
我朝一鼓亡九鼓闕泐文失行近人偶見安碓狀云
鼓作臼剜中央心喜遺篆猶在旁以臼易臼庸何傷
之句則施氏所謂弟六鼓
者卽向氏所謂弟十鼓也**第七鼓尖**章云石本作尖
施云是小大二
字鐘鼎欵識多此類薛作尖鄭作矢朱云施氏以尖
爲大小二字小大具來郎曾頌無小無大從公于邁
之義鄭作矢固
非薛作尖尤謬**第十鼓勿口**章云石本作𪓑鄭云見
盄咊鐘通作掩吳東發
云奄通作掩禮曰大夫不掩羣伐過殺也書曰不愆
於四伐五伐六伐七伐乃止齊焉註少不下四五多
不過六七所以戒其貪殺也燕昌按
天一閣本有剝蝕與薛氏作𪓑相似**勿伐**章云石本
作戉薛作

代鄭作伏朱云勿𪓑勿代疑是勿翦勿伐盄咊鐘文
𪓑多二畫與此不同代字則薛本所書最顯也燕昌
按諸模本作代天一閣本作
戉張燕昌石鼓文釋存
謹按石鼓文相傳以爲成周獵碣自古著錄家如
書斷書後品述書賦注元和郡縣志法書苑法書
要夢英十八體書金石錄鐘鼎欵識諸道石刻錄
復齋碑錄風雅逸編能改齋漫錄九朝編年備要
古文苑止齋集伐檀集嵩山集格古要論金薤琳
瑯弇州文稿升菴外集金石存諸書並稱爲宣王
大狩所作其形諸詞賦者自韋韓蘇而外如梅聖
俞宛陵集蘇轍欒城集張耒宛邱集洪适盤洲集

揭徯斯秋宜集吳萊淵頴集宋濂潛溪集及文翰
類選載李丙奎賦燕都游覽志載羅會賦亦以爲
宣王之詩董逌程大昌郭宗昌孫和斗毛先舒諸
家則斷以爲成王時所作鄭樵因其文往往與秦
器相合因指爲秦刻楊慎丹鉛總錄從而和之全
祖望遂謂此鼓必不出于秦前而馬定國劉爲宇
文周時之說和之者又有溫彥威劉仁本焦竑顧
炎武萬斯同諸家陸友仁據北史亦以爲元魏時
所刻集古錄籀史二書則并疑其僞論斷紛紛殆
如聚訟攷其文與車攻吉日相類故指爲宣王時

者最多集古錄謂韋應物以爲文王時刻今韋詩尚在實作宣王且云宣王之臣史籀作則并非傳寫之譌歐氏誤以韋韓二說不同因而致疑其實韋未嘗與韓異也左傳成有岐陽之狩竹書大狩岐陽繫于成王六年則董程諸人堅執以爲成王時石理亦可通至謂爲秦周魏三朝之物則妄誕殊甚劉昭續漢書郡國志注云陳倉有石鼓山而不言其時代使石鼓果爲秦時所刻不應漢時即以名山劉昭去秦未遠當有確證亦不應闕疑不辨且昭在周魏之前何由先有石鼓山乎鄭樵生

後成周二千餘年僅據文字之間妄生異議楊慎和之適與升菴外集自相矛盾其謬奚待言哉金史馬定國傳謂石鼓自唐以來無定論定國以字畫攷之云是宇文周時所造作辨萬餘言出入傳記引據甚明今其辨不可得見然既云引據傳記而史不稱述僅云以字畫攷之其萬餘言中茫無實據亦不問可知且定國以西魏大統十一年十月西狩岐陽見之于史爲宇文時物據周書太祖本紀魏大統十一年西狩岐陽十三年太祖奉魏帝西狩於岐陽高祖紀保定元年狩於岐陽天和

三年行幸岐陽事凡四見至謂鼓文即蘇綽所作則大統十一年綽方爲度支尚書踰年即卒使鼓文果出綽手當在十一年之十月無疑今攷第九鼓有日惟丙申之文近人海寧俞君思謙以南北史記日推之是月無丙申即與鼓文不合足破千古之惑而博雅如顧萬諸公偶然失攷輒亦附會其說皆儒者好奇之過也鼓文歷久殘缺韓蘇二歌已有年深豈免有缺畫快劍斫斷生蛟鼉糢糊半已似瘢胝詰屈猶能辨跟肘之語歐陽氏所見四百六十五字趙夔所見四百一十七字胡世將

所見四百七十四字薛尚功所見四百五十一字潘迪所見三百八十六字孫巨源所見四百九十七字吾邱衍所見四百三十餘字劉梅國廣文選所錄與潘迪同馬驌所見三百二十字高士奇所見三百二十五字牛運震所見三百二十二字吳玉搢所見三百十餘字張養浩詩則以爲僅餘二百七十二惟都穆得見宋拓本有四百二十二字多寡亦不一也鄞范氏天一閣所藏北宋拓本最爲完備然亦止四百六十二字楊慎乃謂曾得唐拓本有七百二字之多馮惟訥古詩紀遂採入逸

詩中陸深金臺紀聞始疑其妄自補綴道庚子銷
夏記曝書亭集反覆辨之而其僞迹益顯近海鹽
張君燕昌又以北宋本參攷甲秀堂本上海顧氏
本重摹于石儀徵阮中丞元督學浙江時亦取天
一閣本重刻于杭州府學於是好古之士得以家
置一本心摹口誦蓋以見楊氏唐拓之說欺人甚
矣今就家藏現存拓本摹錄得二百八十三字半
泐者二十六字參攷宋拓暨諸家摹本補釋闕文
共得四百六十四字抱殘守闕期于徵信而已蓋
石鼓自鄭餘慶重遷之後流徙無定元明以來久

列國學乾隆五十五年
高宗純皇帝臨雍講學見石鼓原刻懼其歲久漫漶爲立
重欄以蔽風雨別選貞石摹勒十鼓之文俾海內
士人便於椎拓
御製重刻石鼓文序從韓愈詩定爲宣王時物洋洋
聖謨昭示萬古臣昶仰掌
恩賚得贈全帙誠
熙世之隆規藝林之盛事也臣謹敬什襲藏諸家塾爰
以石鼓冠是書之首志榮遇焉
又按音訓中間有攷證舛誤者如第一鼓茲邑寺

當是持字與下文秀弓寺射義同其來大卽案鼓
中卽字皆書作𨔨而宋本大字下尚存半字作𨔨
則非卽字第二鼓君子滭之案周禮漁作𩵫廣韻
𩵫同漁滭字疑卽𩵫𩵫二字省文籒文加水爾其
字當从攴篆文与與𢍏相似此云籒文𩵫从寸𩵫
說也第三鼓田車既安既字當从宋本作孔其口
𨑳口𨑳字下石本並無空字第四鼓彤矢口口矢
下止應空一字當是重文成句第五鼓𣶃口至自
𢈔中空十二字末云墨本舊有蔞蔞迄㴎盈濟君
子卽涉流汧殹洎洎蔞蔞舫舟西逿湯湯戶二十

餘字今按宋本作𣶃口（疑蘪字鄭云濟郭云濕）君子卽涉馬
口𣻦汧殹洎蔞口口舫舟口逿湯戶自𢈔中有二
十字迄㴎之前亦無蔞蔞二字逿上作㒰釋爲西
字恐亦未確第六鼓猷乍𩰪柞盩𢔶三行之上既
知其闕二三字則並應列一空格又除師𢨋𣲈今
本𣲈猶作阪第七鼓首行而字上應空數字後字
之下具肝之上應空二字第八鼓末云施氏墨本
有馬薦莕若等字按薦字宋本作𦿏說文薦獸之
所食艸也莊子齊物論麋鹿食薦此云馬薦當是
馬食之艸下二字應就艸言義故三字皆從艸說

文艸部末附諸字云左文大篆皆从茻此鼓蘼蘼二字及第五鼓蘼〻字並从四屮與許慎說合益信此爲大篆無疑也第九鼓丙申下應空二字驂下應空二字驂下今石本尚存半字作𩣡則非識字第十鼓載北之下尚有勿口勿代數字𢘑寍宋本寍作寓口鹿口口避口其口口𩥍鹿下應空一字其下應空四字此類皆潘氏之誤然其所釋較前人爲長況石刻久與十鼓同列國學後人藉以攷驗茲故附錄而條辨之其餘摹錄訓釋諸家傳于今者譌謬尚多不及深論也

金石萃編卷二

賜進士出身誥授光祿大夫刑部右侍郎加七級王昶譔

夏

岣嶁碑

諸家刻本高廣行字不等

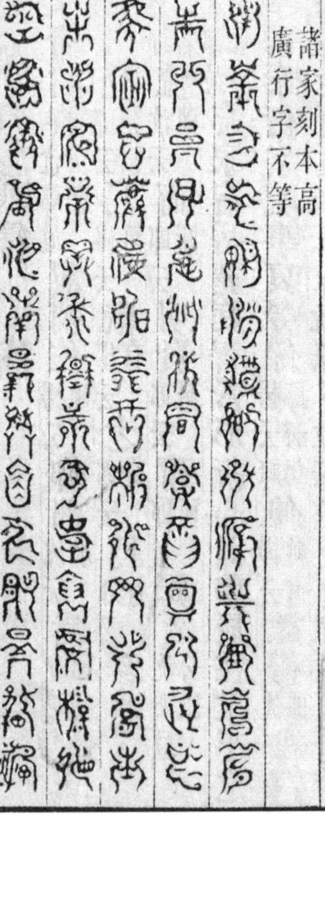

承帝曰咨沈郎並云嗟翼輔佐楊云頑卿洲沈云水渚沈云處郎云降與郎云輿登郎云發鳥楊云萬獸楊云有之郎云交門郎云行參身洪楊云魚郎云若流沈云池而郎云祈明發郎云癸爾郎云酉與久沈郎並云以旅沈郎並云此忘家宿岳麓庭智營形折心罔弗辰往求平定華岳泰衡宗疏事裒勞餘楊云祇郎云錫伸楊云神禋鬱沈云嬴郎云嬴塞昏徙南瀆沈云暴衍沈云昌亨沈云言衣制食備萬國其楊云宇郎云道寧楊云奠竄楊云鼠舞永沈云蒸奔

右楊愼釋文參採沈鎰楊廷相郎瑛三本

承帝令襲翼爲援弼欽塗陸登島瀉端鄉邑仔𥫗流船

跱歘遲眠郎夙訖冬次岳麓展(音田)陌裂岙祈䣎(音敫)罔璧蹮往求出窾華恒泰衡嵩陲事裒獻衸挺䄇鬱濬塾徒南暴幅員節別界聯魑魅夔魈竄舞蒸䗼(音隣)

右長山刻本釋文

劉禹錫寄呂衡州詩云傳聞祝融峯上有神禹銘古石琅玕姿祕文龍虎形崔融云於鑠大禹顯允天德龍畫傍分螺書匾刻韓退之詩岣嶁山尖神禹碑字青石赤形模奇又云千搜萬索何處有森森綠樹猿猱悲古今文士稱述禹碑者不一然劉禹錫蓋徒聞其名矣未至其地也韓退之至其地矣未見其碑也崔融所云則似見之蓋所謂螺書匾刻非目覩之不能道也宋朱晦翁張南軒遊南岳尋訪不獲後晦翁作韓文考異遂謂退之詩爲傳聞之誤蓋以耳目所限爲斷也王象之輿地紀勝云禹碑在岣嶁峯又傳在衡山縣雲密峯昔樵人曾見之自後無有見者宋嘉定中蜀士因樵夫引至其所以紙打其碑七十二字刻于夔門觀中後俱亡近張季文僉憲自長沙得之云是宋嘉定中何致子一模刻於岳麓書院者凡七十七字輿地紀勝云七十二字誤也(升菴集)

酈道元水經注云禹治洪水血馬祭衡山於是得金簡玉字之書按省玉字通水理也或曰此即金簡玉字之文云(升菴外集)

余來爲禮部尚書之明年傳聞衡山有神禹碑發於地中即欲往觀之而未能又明年爲嘉靖乙未之秋楚士有摹神禹碑來遺者快覩而諦觀之既不可識其中所云獨於碑末有小楷書右帝禹刻四字考韓昌黎岣嶁山詩劉禹錫寄呂衡州詩及盛宏之荆州記云南岳周回數百里昔禹登而祭之徐靈期南岳記云夏禹導水通瀆刻石書名山之高南岳文云高四千一十丈由數說合禹貢而觀之則大禹由岷山導江歷湖入海過南岳登祭而刻石此山即此碑無可疑者(湛若水甘泉文集)

禹碑釋文楊殿元靖陽生俱有刻矣但十餘字不同據游宦紀聞云癸酉二字難識二公皆未釋之然則癸酉二字無耶無則此碑今據紀聞而明紀聞亦僞者耶殊不知字特奇古非秦漢以下碑文之可證不過擬其形似者釋之耳如較廬山紫霄峯刻法帖禹書亦皆不類是所謂古書不必同文意也予因二字欠釋及以此二字楊釋爲久旅非古文語故擬其相似者更其十一字亦庶幾文義之通也(郎瑛七修類稿)

按峋嶁碑非篆非蝌世多疑其僞然路史云述異記
空同山有堯碑禹碣淳化閣帖云有禹篆二十字今閣
帖止出令聶子星記齊其尚九字羅氏不知何據輿地志江西紫霄峯下石
室中有禹刻篆文七十餘字止鴻荒漾余乃撵六字
可辨又云夏禹撰眞靈之要集天官之寶書以南和
繩封以金英函檢以元都印原禹之先得元女之法
開鑿洞天畫立五岳名山形撰靈寶文是則禹書閟
在名山者最夥今所見僅此雖已再模亦可寶貴庚子
銷夏記
按夔門觀中之本今已無存然稱七十二字則較嶽

麓本少五字嶽麓本乃自前明張季文僉憲長沙得
之蜀士未詳其名而後人遂以明之蜀士訛爲宋之
蜀士也周櫟園云嘉靖甲午長沙太守潘鑑得於書
院後小山草莽中郎宋人摹刻者其說不同未知孰
是至衡山本則自明嘉靖閒發於地中在今峋嶁峯
下雷祖殿後湛若水有記或云此亦摹本其眞者在
一山洞内須人仰卧搨之而知之者少故無流傳者
雖有此說其是否莫可定也至釋文亦不獨楊升菴
本尚有沈鑑釋者其中字多不同如𦘔洪流爲漁池
以永奔爲烝奔之類又有楊時喬釋者則不同處尤
多前半多以三言爲句因之用韻亦異又有郎瑛釋
者蓋升菴與沈異者十一字沈與郎異者二十二字
至楊時喬所釋同者僅十八字或云衡山本郎取岳
麓本翻刻其言出自潘稼堂果爾則其爲宋刻耶不
應得自山中而又刻諸山中其爲明刻耶不應同在
嘉靖閒而既刻之既埋之又郎發之湛記中何茫然
不知也恐稼堂亦是臆度耳汪師韓韓門綴學
按昶所藏峋嶁碑有四一在雲南昆明一在四川
成都蓋皆楊慎所摹慎蜀人又謫戍雲南故也一
在長沙不知何人重勒據顧璘跋乃明嘉靖初太

守潘鑑所得今在書院之旁一在西安康熙中毛
會建所刻昶皆親至其下摩挲審視拓而藏之後
見一拓本乃明安如山等依楊氏本所摹其石閶
在紹興禹陵石墨鐫華及金石存謂楊時喬嘗刻
於棲霞嗣後容璘刻于甘泉張襄刻于新泉精舍
見甘泉文集又有高氏刻本見墨林快事汲縣刻
本見黄叔璥重立峋嶁碑記康熙中通江李藩刻
于黄縣亦見所撰記則不止五石矣攷虞夏帝王
皆嘗南巡故舜葬蒼梧二妃沈於瀟湘洞庭閒而
今辰州大酉山爲夏禹藏書之所水經注亦謂禹

得玉檢於衡山證之昌黎道人登山偶見之語是岣嶁禹碑無可疑者第此碑自南宋始出故歐趙皆不著錄後來攷据家如楊愼楊時喬安如山郎瑛諸人深信不疑餘皆斥爲僞物今亦究無確證惟古今樂錄載禹治洪水上會稽山作襄陽操云嗚呼洪水滔天下民愁悲上帝愈咨三過吾門不入父子道衰嗟嗟不欲煩下民云云其文與此碑大旨相似然會稽衡嶽地既懸隔且三代樂章類皆後人附會未可援以爲據也蓋唐虞時去古結繩未遠周禮所載三皇五帝之書其形制已不可

攷卽較之科斗籀文亦當有異以四千餘年後之人欲辯四千年以上摧殘剝落之字豈能別識而好古者或附會穿鑿或塗改竄點致失本眞自所不免是書姑依時代編次其釋文以楊愼本爲正沈楊郎三家各有所長參注於下又近日錢唐姜氏家藏無名氏刻本按李藩碑記知石刻在濟南長山後列釋文當卽楊時喬所釋之本與諸家異者五十餘字則不能逐一分注附著楊釋之後以廣異聞

殷

比干銅盤銘

石高四尺九寸廣二尺四寸四行行四字下刻周思宸跋今在汲縣比干墓上

左林右泉前岡後道萬世之靈於焉是寶

書曰武王克殷封比干之墓若銅盤銘則傳自汝刻久矣元延祐間衞輝路學正王公悅曾臨摹石上推官張淑記之其釋文云左林右泉前岡後道萬世之靈於焉是寶此墓傷之舊刻也按一統志云墓在衞城北十五里卽武王所封有石題曰殷太師比干之

墓後魏孝文帝南□親幸弔祭刻文墓上又云一在偃師唐開元中縣人耕地得銅盤篆文奇古云左林右泉後岡前道萬世之藏茲焉是寶則是墓有二而文不同然亦未嘗無辨也大抵衞爲殷墟本商王所都比干葬此地里不遠無論漢魏以來歷代追崇而夫子亦嘗□而識之曰殷比干墓今石刻尚存則此墓爲無疑矣而況開元之前偃師未聞有比干之墓卽設若有墓則魏孝文之祭弔何于此而不于彼夫□銅盤以立疑似之□豈若求古來之墓爲眞耶卽中州通志亦云偃師之墓因銅盤以立信然哉今觀

斯墓前有土岡右有泉源則延祐石刻之釋文地形得之特字畫與汝刻稍異而剝落失眞斷碣已臥荒草間矣若藏兹二字據字形當從志釋此不必強爲之說今竝載之而重摹石上㫖萬歷十五年夏五月周思宸跋

比干銅盤銘張淑釋其文爲左林右泉前岡後道萬世之靈於焉是保高似孫緯略以右爲左左爲右前後二字亦如之靈爲寧保爲寶據篆文求之高說當不誤獨靈字當從張淑蓋篆文微近齡字齡之與靈寶之與保古字多借用耳吹景集

銅盤銘云左林右泉後岡前道萬世之寧兹焉是寶似非三代語第銘字頗類漢淮南王故宮所出古戈銘而輒謂武王封比干墓抑何據耶余故集金石古文彝器外斷自岐陽石始而不以鼓名他如衡岳壇山比干季札墓題諸書皆妄自附會不能隨人悲笑也金石史

衛輝府志曰周武王封比干墓銅盤銘碑石殘斷字畫失眞萬歷十五年知府周思宸重摹汝帖立石於墓前薛尚功鐘鼎欵識言唐開元中偃師縣土人耕地得此盤篆文甚奇古其釋文云左林右泉後岡前道萬世之藏兹焉是寶一作前岡後道藏一作靈一作寧兹一作於寶一作保今考之張邦基墨莊漫錄曰政和間朝廷求三代鼎彝器程唐李朝儒遣人於鳳翔府破商比干墓得銅盤徑二尺餘中有欵識一十六字獻之於朝道君皇帝曰前代忠賢之墓安得發掘乃罷朝儒退出其盤然則此碑之得自鳳翔不自偃師卽其爲何代之物不可知而比干殷人必無葬鳳翔之理也顧炎武金石文字記

比干墓在汲縣北十五里宣尼題字或出後人傅會魏孝文唐太宗碑文具在可證其不在偃師而薛氏

遂題爲封比干墓銅盤系之周時毋乃信之太過乎張邦基又謂政和中得自鳳翔按汝帖刻于大觀己丑已載此銘政和紀年乃在大觀之後其不足信明矣元延祐間衛輝路學正王公悅臨摹汝帖刻于墓上推官張淑記之公悅秋澗之子也墓之有此銘實始於元時今所傳者明萬歷中重摹本又非公悅之舊矣此銘文字奇古自非漢以後物其以爲封比干者則無確證潛研堂金石文跋尾

按諸書傳比干墓在汲縣而太平寰宇記云偃師縣比干墓在縣西北一十五里疑已譌傳鳳翔之墓尤

謬其文頗似李斯傳國璽䌛密茂美當是秦漢人所爲亦必非商物也畢沅中州金石記

按一統志及金石志以爲偃師有比干墓銅盤銘所謂比干墓者非殷比干乃漢何比干也偃師志何比干汝陰人漢武帝時廷尉墓中以銅盤爲誌出于唐開元中後傳自汝刻延祐開王公悅摹石張淑記之明周思宸又重摹上石皆在汲縣是誤以何比干故李濂通志以爲孔子手書梅鼎祚以爲武王所作皆非事實且嘯堂集古錄金石古文皆作右林左泉而汲縣石刻作左林右泉以爲按地形改正不知右林

左泉本偃師之地形不得妄改左林右泉從汲之地形也釋文集古錄作萬世之寧一統志作藏金石古文作靈集古錄作于焉是保餘俱作茲焉是寶河南府志

億按漢書百官公卿表武帝建元二年有大理信見表自此以下至後元二年凡爲廷尉者十九人皆不見何比干名字未審縣志何據武億偃師金石遺文記

億按何比干事附見後漢書何敞傳云六世祖比干武帝時爲廷尉正與張湯同時縣志引此脫正字敞傳注引何氏家傳惟載爲汝陰獄吏決曹掾後爲丹陽都尉又載本始元年自汝陰徙平陵家傳鋪揚事蹟容過其實而歷官占籍宜不致有誤是比干爲廷尉正果在徙家後上距張湯之自殺已四十二年焉得同時況先家汝陰後徙平陵其墓亦不當在偃師皆志附會之過也此意補自康少山云武億重修偃師縣志

散氏銅盤銘

盤高八寸五分深四寸五分圍六尺四寸銘十九行每行十九字今藏揚州徐氏

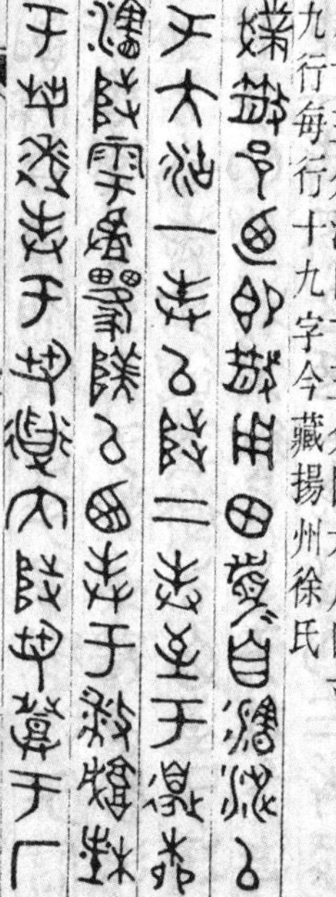

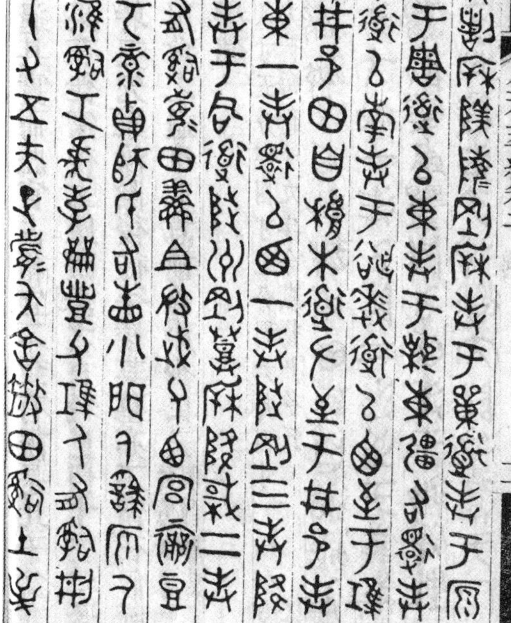

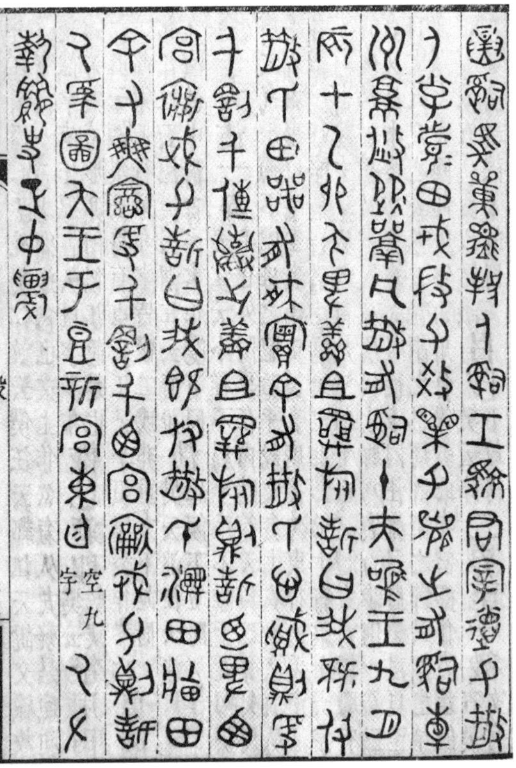

用江云周下同大𤕜孔樊江竝云僕汪云鄦江云說文𤞷放獵逐禽也文上作巛旁从犬疑是獵䄈
按獵字或作獦古从鼠字多作葛耑與葛形亦相似江說是也散邑酒即樊云既誤散用田
𪊨=孔云觀樊云䀠有重文江云季娟鼎麦作𡕥此銘第四行第九字皆緐二或非重文下竝同自淸
孔汪竝云濾樊云渭江云瀆說文瀆邑中溝古尚書作𣶃下同涉樊云洮汪云沖恐誤下竝同㠯南
至于大沽一弗表江云小雅不屬于毛不離于裏傳云毛在外陽裏在內陰箋云獨不得父皮
膚之气乎獨不處母之胞胎乎說文衾上衣也从衣从
毛古衣裘以毛爲表漢史晨孔廟後碑東行道表南北
各種一行梓是皆借毛爲裏也此銘弟十行弟十六字
孛孝也說文表从老省是丰即毛也周禮大司馬職有
司裘禡誓民又虞人衆所田之野爲表百步則一爲三
表又五十步爲一虞表大司徒王國注鄭司農云以夏至
日立八尺之表考工記謂之臬周髀謂之表又謂之竿
亦謂之表國語望祭山川有望表此弗當釋作表蓋既
正疆域宜立表以爲識耳樊云奉誤下竝同㠯陟樊云降下竝同二弗至于微石鼓文有

此字薛氏釋爲徵孔汪江竝云邊樊云澷桺江云說文柳小楊也从木丣聲此从丣與下乙丣同呉志虞翻
傳注古大篆丣讀爲柳古柳丣同字宋景文筆記謂丣
本柳字後借爲辰卯字詩召南昴與稠猶爲韻毛傳昴
畱也疏引春秋元命包昴之言畱言物成就繫畱也卯
柳聲一堯典昧谷或作柳谷是卯昧聲之轉也石鼓柳
作𦀚从卯𨩓復古从辵从彳之字通用涉濡陟雩𪊨鄘反文左从邑古文邑作㝵樊云祖江云
說文𢾭取也从又虘聲寅鼎許子鐘俱釋作𢾭
許子鐘作𧇧从在左反文與此銘同恐亦誤也瞏遼𨻰
樊云陵江云隊同墜下同㠯西弗于𢾭孔云𢾭說文古文播呉云𢾭樊云數汪云數江云黎史黎
此从攴當亦若或从卩从邑云篹黎作𪏰又作𪏰王庶子碑作𪏰𩫏城古文墉作𤖽說文从土之字義近
垣墉者籒竝从墉籒文城作𩫏猶垣作𩫢堵作𩫏也此𩫏字反文𣏟桂樊云柴誤木弗于癸
卽癸字與若同說文癸日初出東方暘谷所登癸木也
象形江云从艸从又右又通按說文若从艸右右手也
此或若字从右省口說亦通也孔云艾樊云孟竝誤下竝同𣵽江云說文述古文作𨘋禾鼎禾作𥝩此从
采加八疑是逃字按此字左旁从彳與辵通孔云迷樊云堵竝誤下同弗于癸癸尊內陟
癸癸𤼽說文登籒文作𤼽从炇下同于厂說文山石之厓巖人所居樊云岸消源孔云氿
弗劃都江云書序旅天子之命史記魯天子之命孔穎
逹云石經古文魯作𡉚說文𡉚古文旅古文以爲
魯𧶠之魯集古錄楊南仲云魯字古作表古衣旅皆作
𠅫而𦵏字用𡉚爲聲𦵏古文魯旅者三字通用𡉚當是
者字齊侯鎛鐘都作𪏰張仲卤諸作𥝩他如堵作𪁹諸
作𡉚皆可證此𪏰爲都字从卩或从另肖者耳䄈按此
說頗確晉姜敦譜字楊南仲釋爲諸孔云割誤麻孔樊竝云𢊁江云从斥木疑是斥下竝同𨻰陵=疑有
重文江云季娟鼎𡉚下亦緐二剛麻弗于鼎孔汪竝云𠐂樊云單江云說文單作單𠐂作冎此下
作个當是單字尊弗于原樊云厚誤下同尊弗于曹魯江云魯公鼎魯作囷孔吳竝云周
誤尊㠯東弗于𣓡旃東彊彊右𨛒還从彳反文下同弗于䴥尊
樊云徽誤㠯南弗于𨚵夅述樊云孟誤尊㠯西至于唯說文唯鳥肥大唯唯

也孔云郎鴻字樊云雍誤下同莫疑郎鄭虞井樊云邢江云毛父敦邢作井邑田自楫
槁夫高父簋高作冐孔云石鼓碧落高竝作㕯樊云稷誤木衜ナ左至于井邑𢍰衜
吕東一𡰥𩫖還吕西一𡰥陟剛三𢍰吕南𢍰于凧咸江云師
𩚳鼎咸作凧孔云同樊云右竝誤衜陟州剛𢍰登麻降棶棫樊云國誤二𢍰
大人有𤔲司江云說文司𤔲理也義通汪云辭誤下竝同虞田𦍌義汪云魏郡有𦍌陽鄉墨
翟書義从弗說文弗从丿从乀从𢆉省丿云左戾乀云右戾是𦍌郎義也下同且祖𢦚微江云說文𢦚
妙也妙眇古通玉篇引書序側微賤也媜氏鼎作𢦚𢦚䜌鼎皆然石經作𢾅樊云放誤戜樊云戒誤父
西宮廣韻西宮複姓見何氏姓苑𧞻襄孔云亖是衣字汪江同樊云僉下竝同䄄按寅簋牧敦襄作
僉南宮仲鼎褱作𧞻皆可爲亖字之証孔說得之豆說文豆古文作𣅀人𩔋虞樊云雞汪云娛竝
誤己丂反文孔云人吳云丁樊云下汪云考下同寮孔云克碧落文克作㮚江云𢼸仲駒敦作㬎虢

姜敦作㮚蔑敎鼎作㮚寶德鬲作㮚按江說是也貞貞樊云鼎江云籀文以鼎爲貞字貞一曰鼎省聲京
說房所師氏吳云千誤右𠀤相小門人䌛樊云辭誤原人𩔋虞樊云唯汪云
娛竝誤䓝芀孔云說文从艸之字大篆多从𦵧吳云芥樊云承江云莽竝誤淮𤔲司工借作
空下同吳云上誤鹿樊云爲誤孝𩱧𤔲江云說文𤔲从冊从口司聲徐鍇曰史讀其冊故从口孔云
龠樊云和竝誤豐父唯人有𤔲司刑己丂孔云云于月孔云丹疑本作月中漫漶耳樊
云圜江云己卯命彝月釋作圜戌十又樊云父五夫子汪江云足竝虞大舍𢼸
田𤔲司土土借作徒牧敦云先王既令女作𤔲土郎命女作司徒也考古圖釋爲治土誤吳樊汪竝
云上𦍌出樊云年𦥑未詳樊云齒𤔲司馬𩒨畀孔云單𡴎未詳樊云䍜邦孔樊云牧
誤人𤔲司工𩥉孔樊竝云馬誤君𡨦𨘢吳樊江竝云德父𢼸人𡴀說文子古
文作学从巛象髮也古文㮚字亦作㮚孔云二字合寫虞田戎孔汪竝云武誤𢦚徵樊云敢誤

父𢼸說文敎古文作𢼸汪云效㮚說文眛目不明此从兩目父𢼸未詳樊云旗恐誤之有
𤔲司東說文𩓳从𩓣省匋省聲符宵切樊云陶誤州㑹京𠙶樊江竝云攸遷江云從
萬鬲冄未詳孔云丹樊云父誤𢼸有𤔲司十夫唯王九月辰江云古文
奇字辰作𠩜才在乙卯大𤰈俾𦍌義樊云茲誤且祖𩔋疑㫃字下同旅
斷誓樊云新誤下竝同曰我𡰥江云既付樊云攸誤下同𢼸氏吳云千樊云乃竝誤下竝
同田器有𡖊爽樊云吳誤實𠓛余江云毛伯敦余竝作𠓛有𢼸氏心賊孔云
貸樊云咸竝誤𠟭則爰鍰樊云受誤下同千罰千傳𡎸誥說文誥古文作㸃之𦍌
義且祖𩔋旅𠟭則斷誓迺𤰈俾西宮𠷎武樊云戎誤父斷誓
曰我既汪云郎誤付𢼸氏濕說文濕水出東郡東武陽入海續漢郡國志有濕陰漢書地理
志作漯陰與下濕之濕有別樊云溪田𤅊孔云牆樊云將誤田𠓛余又有吳樊竝云父誤

爽𢇛變爰鍰千罰千西宮𠷎武吳樊竝云戎誤父𠟭則斷誓乂
孔云曰樊云久汪江竝云舉攷辛酉鼎舉作乂江說近之爲受樊云圖大王于豆豆新
宮東𠂤廷江云郙敦廷作𠭯又作𡗜牧敦作𠭯師𤪌敔作冊龍敦作且古文奇字作𠙶樊云入誤乂
舉孔云疑是久字借爲攷樊云左竝誤ナ左執右樊云右誤𦉭樊云史子汪江竝云足
中仲𦉜鬲
右釋文參採孔廣森吳玉搢樊明徵汪肇龍江德量
五本
十四行五字起唯王九月辰在乙卯大俾𢦚且𤰈旅誓曰我既未行十一
付𢼸氏田器有或實余有𢼸氏心賊則爰千罰千
字䅘天王于豆新宮東廷九行字䅘五𢦚且𢼸西宮和武父五字

顯倒登師氏右尾行補遺七字接及左執彝史正中十行第三字接見小
門人奚唯二字并原人虞寒淮錯入前行第十四字以下五字補接人虞丂
襄貞十六行第四字接傳誥之羮且爵旅則誓迺畀西宮和武
父誓曰我既付散氏濕田牆田余有爽竊爰千罰千西
宮和武父則誓乃爾圖十行十三字接司工虎之子二文并和豐
父唯乃有司刑考田此字旁添已漫井十有五夫正㯺二大舍
散田司土若𢍜司馬單𠨘昜生二文并入司工駝君宰德
父散入小子㯺二田戎敚父教果父𤕌之有司包州京
攸還嵩皿字形側散有司十夫接首行用太僕尾行補遺末二字接畫
爾散邑迺即散用田㯺二自濾涉以南至于大沽一封

巳陟二封至于徹柳復涉濾陟雩𣪘原㻌以西封于敾
城櫨木封于若迹封于若道內涉若登于厂源封都㭬
㻌陵上岡𣚍封于單道封于原道封于魯道以東封于
疑東疆右還封于㯺二道以南封于御迹道以西至于
鴻莫㯺上邢邑田自檮木道左至于邢邑封道以東一
封還以西一封陟岡三封降以南封于同道陟州岡登
𣚍降棫二封大入有司㯺二田

且代祖字　或同國　爰同鍰　雩同于　彝代法
字　丂同考　濕同隰　牆同壯肥也　爽古讃字
竊同舉　爾同治　工同空　鴻同鴻　㯺二乃境
上兩字　土同徒　駝同馳　君同羣　嵩同器
用同周

散氏本有邑益以十五夫之邑則成國故云有國十
五夫掌田井之官卑微故稱人奚唯原等皆邑聚名
邢邑五夫已具器皿故頒予十夫

古人質樸文中有遺佚字或行末或後二行或補于
尾往往銘辭有之尚書洛誥武成之不可讀亦此例
孫皓天璽碑猶踵爲之由臆見依文義定文如右未
敢云是定本也

右吳穎芳釋文

右古盤銘文疑者四字賁疑頤麻疑庠㲴疑豪牆疑
莊不見字書者二字沖騄文凡六章章末繫以分題
與文閒連書之曰二表曰十又五夫曰十夫曰𦍒祖
某旅則誓曰西宮襄武父則誓凡經傳篇內分題繫
章下題或別簡其不別簡者如禮記文王世子篇文
王之爲世子也句鄭君注云題上事教世子周公踐
阼注皆云題上事又荀卿子賦篇雲禮等漢書禮樂
志桂華美芳之類皆不別簡俗儒乃謂誤衍字句證
之此銘益可以識古書而袪其未㾕矣此蓋小邦諸
侯壤接而相與爭田亦若虞芮之爲者既而得講于

是正別疆域而盟焉盤則釁以歃血者文字邃古且記曰殷人作誓其亦殷季物與汪肇龍跋

銘文十九行三百四十八字歙方輔君任云器重四十斤銘在腹中德量棱銘文多不可強通其略葢虞田邢邑田皆散氏之田西宮襄𦵏祖敚二人始侵而復歸之散氏因表正疆域聚兩造之人於九月乙卯俾西宮襄𦵏祖敚誓而銘于器散氏未侵二人田故散氏無庸誓也自首至降𣙱二表記表田之事自瀆涉至虞乃虞田邢邑田至降𣙱二表乃邢邑田就其銘文迹之葢虞與邢邑壤接中界剛㶣邢邑殆在虞之北虞田南至大沽西至黎城枉木北至剛㶣東至粹邢邑田南至㓕道西至槁木東至道以東北不可知曰

涉涉水也曰涉降登隊皆原阜也虞田曰吕南吕西吕東東疆右還邢邑田曰左曰吕東曰還吕西曰吕南卽銘文反覆互證隱然可尋自大人有司至十夫記莅盟與盟之人𦵏祖敚西宮襄以下十五夫侵田之人足虞大舍散田以下十夫皆散氏之人葢兩造也唯王九月辰在乙卯記其時大僕以下記二人之誓辭舉爲圖大王于豆記表正田界之圖籍于器新宮東廷記其地末云執䰜史葢記作器之人散氏西宮武父皆氏也葢周畿內大夫因輯諸君釋文間有所見條記存之其不可識者不敢傅會求合也江德量跋

按銘中數見表字云一表二表三表葢立木爲表卽周禮土圭測土深正日景之法散于氏族不知其所出文有云散邑則以邑爲氏者也是銘爲散氏表正疆域而作故文中詳紀地至其見于經史者曰瀆漢志千乘馬車瀆水首受鉅定東北至琅槐入海水經注瀆水今淄水也今在樂安縣曰柳屬勃海今鹽山縣地曰鄌漢志作酇屬沛郡說文及江統徂淮賦作鄌與此同今永城縣地曰黎屬魏郡今濬縣地曰東疆疑卽棗疆屬清河卽今棗疆縣曰鄭屬涿郡今任邱縣地曰槁常山有鄗王子侯表作毃後漢書注今高邑縣也今柏鄉縣地曰槖漢志山陽槖莽曰高平臣瓚音拓後漢書東

平憲王傳作槖按州郡志高平前漢亦名槖莽易爲高平當以槖高聲近則槖字乃橐字之譌瓚音非也今鄒縣地曰鬲屬平原今德州地曰濕卽漯字又作隰左傳哀公十年趙鞅伐齊取犂注犂一名隰濟南有隰陰縣二十三年晉伐齊取犁邱注犂邱隰也今臨邑縣地漢志千乘又有濕沃今蒲臺縣地皆在齊魯燕趙之間又井邑字凡兩見井通作邢邢國亦卽今寧鄉縣地其餘諸名雖無從考見然總在近地可知葢是時諸侯封域互相侵奪故表正之以播告于衆殷人作誓此其證矣江

氏以爲周畿內大夫所作周都鎬京安得畿內有此地名乎孔吳樊汪江五家釋本皆就文著釋惟江本較爲精審茲並採之吳穎芳釋本以己意旋轉句讀謂古人文多如此然按古器款識往往有合并及左右讀字此商周簡易之識則然若文至數百字斷無淩亂參錯如此者至謂洛誥武成所以難讀則緣當時方策不一故前後易于倒置不得執以爲例也此說袒未敢信特其釋字亦有精確不可廢處因附錄焉

金石萃編卷二終

金石萃編卷三

賜進士出身　誥授光祿大夫刑部右侍郎加七級王昶譔

周

焦山鼎銘

鼎高一尺八寸深九寸一分圍一尺九寸六分銘十行行九字十字不等今在丹徒縣焦山寺

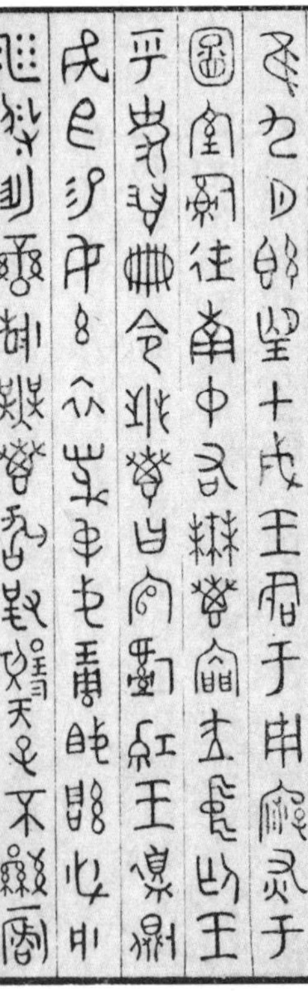

隹惟九月既望十甲戌王冋各古格字程注及還二字汪云還鄭云如並誤于廟周說文周从用口廟丙子二字徐云廟程云宓子叒于圖徐云周室嗣司桯云疑治征徒程云疑征南中仲右程鄭並云佑字佑顧云古佑字楙無顧鄭並云世下同賓叀古專字古文專叉作𠄔程顧鄭汪並云惠誤下同向徐云資顧鄭並云僉恐誤翁氏釋作內門二字合并其說較確當從之說文入內也內入也內字从入得聲古字亦通用立中廷廷王乎呼叓史䇂友程汪云受顧鄭云端林琮金石釋文云徐本釋爲友說文習古文友字則徐本是冊令爾雅令命也國語注命令也二字古通周禮則令爲壇三成儀禮注引作則命左傳令不及魯莊子先君之令經典釋文並云本作令北無賓曰官顧鄭並云宣嗣徐汪翁並云司程注司治二字顧鄭並云治接

古文孝經治作嗣紅徐云空顧鄭並云佐案此乃紅字古與工通見漢書酈食其傳董仲舒傳兩注嗣紅
者治工也一說司空也王臬徐云道顧鄭並云頗側徐云則戌徐云民顧周並云弗巳徐云
以程顧鄭汪並云作沪錫女汝幺玄衣黹屯帶束二字諸家釋爲東帶並誤倒也戈
青琱戟說文戟有枝兵也讀若棘戛棘也亦讀若棘二字音義同厚縞必古韠字彤沙
古矢字見宰辟父敦攸古通鋚勒古勒字象形䜌鑾此字與敔敦同旂旂籀文从㫃之字並
作岁無無叀敢敢對對揚揚天子不丕顯顯魯敷徐云膚顧鄭並云
敬休用乍作尊尊鼎用亯享于朕翁云朕剌烈考用匄周
盨簋程注簋簋二字壽萬年子孫永寶用
焦山鼎故京口某公家物分宜枋國時聞此鼎欲之
某公不卽獻因嫁禍焉鼎遂入嚴氏嚴氏敗鼎復歸

江南因置焦山寺中王士禎池北偶談
右周鼎銘詞曰惠敢對揚天子丕顯敷休其人莫致
曰王格于周曰司徒南仲殆周初器也其曰立中庭
按毛伯敢銘文亦有之薛尚功釋爲立而楊氏謂古
立位同字古文春秋書公卽位爲公卽立則是銘曰
立亦當作位程穆倩定爲立從薛氏讀也曝書亭集
焦山周鼎銘有曰司徒南仲疑亦宣王時物也銘文
與集古錄毛伯敢銘相類周人器物銘多用此體牛運震金石圖
翁方綱云此云宣王時者屬毛傳之說詩大雅常武篇毛傳云王命南仲于大祖皇甫爲大
師鄭箋云南仲文王時武臣也宣王之命卿士爲大將也乃用其以南仲爲太祖者今太師皇父是也命
將必本其祖者因有世功於是尤顯疏毛以爲王今命卿士南仲者於王太祖之廟又命爲太師之公者
皇父使此二人爲將爲監鄭以南仲爲皇父遠祖止命皇父一人而已㠯出車之篇言之知南仲文王時
武臣是今所命者皇父之太祖故本言之又小雅采薇篇疏昆夷之患文王於時事殷王也命其屬爲將
帥其屬謂南仲出車經稱赫赫南仲玁狁于襄又曰赫赫南仲薄伐西戎則南仲一出幷禦西戎及北夷
之難也又本篇君子之車箋君子謂將率正義曰將帥則命卿南仲南仲雖爲元帥時未稱王無三公亦
不過命卿也又漢書古今人表第三等於周宣王之世列召虎方叔南中中山父申伯尹吉父韓侯蹶父
張中程伯休父則班氏以南仲爲宣王大將矣
周鼎銘諸家釋文以爲九十三字蓋全蝕不可辨久
矣鎮江守門人謝蘊山屬工精拓得其全文則第九
行列考上隱隱有字詳其篆勢朕字也朱竹垞跋以

立爲位固無不可然銘辭本是立字不須假位且當
合上下文讀之又顧亭林跋以右爲佑此應以歐陽
永叔之跋邾敢正之也周官大宗伯注云王將出命
假祖廟立依前南鄉儐者進當命者延之命使登內
史由王右以策命之禮祭統云古者明君爵有德而
祿有功必賜爵於太廟示不敢專也故祭之日一獻
君降立于阼階之南南鄉所命北面史由君右執策
命之是二條皆右字立字之證所命者延登北面卽
所謂立中庭也內史由王右卽所謂右也稽古吉金
之文宰辟父右見于辟父敢邢伯右見于毛父敢毛

伯內門立中庭右見于邢敦永叔釋之謂中其庭立
𠂤祝與邢皆在其右此二語明晰甚矣穆公入右戠
立中庭北嚮見于戠敦𢆶入右牧立中庭見于牧敵
宰頵右寰入門立中庭北嚮見于伯姬鼎宰忽入右
彪立中廷見于彪敦王呼虢中入右見于何敦宰宏
右頌入門立中庭見于周司成頌寶尊壺諸如此類
有一是以知右之文對中庭而言之也蓋立於王之
右者宣王命者也入門北嚮立于中庭者承王命者
也立于王右者有宰有司徒有公有伯有內史不必
其一人也立于中庭者則惟茲作器之人爾立中廷

之上一字其爲內門二字合寫無疑矣而亭林乃從
諸家釋爲僉是衆人皆立于中庭豈不思大宗伯祭
統之文與歐陽集古跋尾是器也可以昭見周家假
廟祝冊之儀式補經訓所未言不特篆文之足寶矣
內門既爲二字若依釋者又謂丙子爲二字則是銘
凡九十五字也末行周簋周字旁作𠃌形則匕向內
之文象主鬯執匕之義蓋亦持刀立戈之類非別有
一字也故錄諸家釋而備論之林吉人得徐興公家藏釋文所釋惟賓字顯然非是餘則程汪所釋皆不逮也　程穆倩釋本於時最著而及還字佑字皆顯然之誤　金石文字記惟佑字僉字顯然之誤蓋亭林必先見諸家釋爲僉而遂仍之耳　汪堯峯釋文惟還字顯然之誤寺中石刻　鄒氏釋本內如字佑字皆顯然之誤　翁方綱焦山鼎銘考
宋人好辨識鐘鼎文字此銘獨未著於錄其出於何
時何地不可得而知矣古器銘多用鋚勒字惟石鼓
及寅簋文正作鋚勒伯姬鼎則作攸勒宰辟父敦又
作攸革薛尚功王俅諸家皆釋攸爲鋚此文亦但作
攸蓋古文之鋚勒即詩所云鞗革也詩鞗革凡四見
鄭氏箋或云轡或云轡首或云轡首垂毛公則訓鞗
爲轡革爲轡首說文無鞗字而有鋚字訓爲轡首銅
明乎鋚之即鞗也釋器云轡首謂之革郭景純曰轡
靶勒也詩如鳥斯革韓詩作勒明乎勒之即革也詩

鞗革有鶬爲金飾古文鞗从金與許叔重訓轡首銅
合孔疏謂以鞗皮爲轡首之革似未達古制矣伯姬
鼎師毀敦並有縞必字薛氏釋必爲韠案攷工記天
子圭中必鄭注讀如鹿車縪之縪是必縪古文相通
此銘亦作必與康成注合潛研堂金石文跋尾
昆守鎮江之明年拓此鼎銘呈覃溪先生踰月先生
以銘攷相示且曰卷中於詩僅錄數首者以其有關
攷據爾若薛鉉歌云千年自鎮隱君山一銘猶識宣
王字郭梅歌云維昔宣王振周紀頗側弗作天顏喜
湯之龍歌云憶昔周宣中興年吉甫爲作崧高篇方

叔召虎得見否圭瓚秬鬯今猶傳嘉爾世惠有成績
用作尊鼎藏圖室太史端冊跪陳詞九月既望惟甲
戌是竟以此鼎爲宣王時作矣今年夏袁州李奠基
進士謁選來京與其論此奠基博稽羣書謂此九月
既望甲戌是成王初年而愚終弗敢信也子肅爲我
跋之昆不敏因述來書語以爲跋乾隆三十八年謝
啟昆焦山鼎銘攷跋

按鼎銘九十五字其文有司徒南仲牛氏以爲宣
王時物翁氏著焦山鼎銘攷論其非是昶攷常武
詩王命卿士南仲太祖太師皇父毛傳誤解太祖

爲命將于太祖之廟故漢書以薄伐玁狁至于太
原數詩爲宣王征伐詩人美大其功所作古今人
表遂以南仲與召虎方叔並列宣王之世葢其沿
誤已久竹書紀年帝乙三年王命南仲西拒昆夷
城朔方尚書大傳四年伐犬夷逸周書文王五祀
西拒昆夷備玁狁帝王世紀文王受命四年昆夷
氏侵周後漢書西羌傳及通鑑前編引衛氏詩序
云昆夷玁狁之難命將遣戍皆文王時事足與鄭
箋孔疏相證又出車詩王命南仲往城于方傳云
王殷王也南仲文王之屬亦與采薇詩序鄭箋吻

合則毛氏之說矛盾顯然其爲文王時人無可疑
也是銘釋者甚多林佶得于徐勑家者不知何人
所釋程氏遂本見池北偶談汪氏琬本見堯峯集
顧氏炎武本見金石文字記鄒氏儀周本刻于焦
山寺合翁氏鼎銘攷中釋文共有六家今並採注
于下又有寺中重摹本字畫訛謬之處不可悉舉
則翁氏已詳辨之矣

壇山刻石

石高 尺 寸廣 尺 寸共四字右刻李中祐記額題吉日癸巳之記六字正書今在贊皇縣學

吉日癸巳

贊皇縣壇山上有周穆王刻石四字曰吉日癸巳筆
力遒勁有劍拔弩張之狀地□□□□數千年鮮有
知其奇古而往寓目者雨激風射日銷月鑠幾何其
不遂堙滅廣平宋公皇祐四年秋九月自亳社之鎭
陽趙其屬郡也過趙日嘗訪此字於士大夫間
郡守王君使縣人尋訪得之巖石之上令劉莊者因
督工鑿取輦置歸我時人始驚□觀者日盈集又從
而摹寫者亦何可支哉噫在寒山絕壁昧昧然人不
知識埋沒□千年因宋公一言今遂出幽晦取愛重
于時石雖不能言其亦感公之知□□□德氣中祐

昔聞其妙近李權守于此而覩其真且懼經歷久遠一旦圮剝或墜于地矣前古妙絕之迹湮俾闕石糊灰括以堅木鑱廳事右壁而陷置之覆蓋固護庶永存而無他時五年孟夏二十一日權郡事李中祐記

并題額

嘉祐己亥歲秋七月丁未望日□石于郡之廳□壁令趙□□誌　匠人王和刻字

吉日癸巳

右周穆王刻石在今贊皇壇山上壇山在縣南十三里穆天子傳云穆天子登贊皇以望臨城置壇此山

遂以爲名癸巳誌其日也圖經所載如此而又別有四望山者云是穆王所登者據穆天子傳但云登山不云刻石然字畫亦奇怪土人謂壇山爲馬蹬山以其字形類也集古錄

右吉日癸巳字相傳周穆王書案穆王時所用皆古文科斗書此字筆畫反類小篆又穆天子傳史記諸書皆不載以此疑其非是趙明誠金石錄

吉日癸巳四字趙明誠以筆畫類小篆爲疑今用周宣王時石鼓文攷之其字形多如小篆恐當時與古文科斗書兼行至李斯始以此擅其名爾明誠已信石鼓爲周人之書何獨於此而疑之邪濂既手摹刻於浦陽山房恐人惑也又不得不辯宋濂潛溪集

吉日癸巳四字余從博古堂得一紙乃政和以前搨本後又得三紙一爲贊皇翻刻本一爲中書謝從寧刻本一爲吳恭順惟英刻本聞宋景濂嘗刻于浦陽書院未見其本庚子銷夏記

晉衛夫人謂李斯見穆王書七日興歎益即此也宋仁宗皇祐四年九月尚書宋祁自亳社之鎭陽遣人求取此字郡守王君使人尋訪得之岩石之上州將劉莊因鑿取以歸龕置廳事壁間宋吳興施宿謂舊

石以政和五年取入內府則今所存者乃皇祐五年權軍事李中祐所刻別本也歐陽公集古錄謂宋公祁在鎭陽嘗摸此字今按李中祐記則摹石者乃李中祐非宋祁亦在皇祐中非慶歷也又顧炎武金石文字記謂石今移置儒學戟門西壁乃中祐所刻石非原石也曩于泉南秦太史道然齋閣見其所藏舊本謂是穆天子舊刻雍正辛亥春蔣繡谷出一紙見示吉日癸巳正與秦同而前有李中祐記記石平正而吉日癸巳四字石多鑱損始知向時所見乃是李本不復可得矣王澍虛舟題跋

按石刻本在贊皇山後爲劉莊輩至趙州廝李中
祐陷置廳事記中述之甚詳而集古錄以爲宋祁
所得葢誤讀李祐二字爲宋祁遂稱爲宋尚書潛
溪集又稱爲宋景文其輾轉傳譌如此中祐所刻
石今亦不存世所見者南宋重刻本也穆天子傳
載當時刻石有云升于弇山乃紀丌跡於弇山之
石郭璞注謂銘題之又傳紀癸巳日凡二一癸巳
至於羣玉之山一孟秋癸巳天子命重𨎸氏共食
天子之屬以其地證之皆與今刻不合傳又云乙
西天子西絕鈃隥注卽鈃山之阪一云癸巳游於

井鈃之山吉日癸巳皆注文 考井鈃在常山石邑縣
去贊皇尚遠其一云癸巳以下當是後人商榷之
詞非當時別本有如此者且傳稱吉日不一如天
子命吉日戊午吉日辛酉天子升於昆侖之邱吉
日甲子天子賓於西王母吉日甲申天子祭於宗
周之廟吉日丁酉天子入於南鄭吉日丁亥天子
入于南鄭吉日辛卯天子入于南鄭皆以四字成
文卽使傳有吉日癸巳之句亦與前後諸吉日同
例不必因刻石之後始爲此語也遍檢傳文皆無
確證惟云丁丑天子里圃田之路東至於房注云
房子屬趙國地有巑山按巑卽贊皇也漢以後皆
爲房子屬常山隋開皇中始析屬趙郡爲贊皇縣
至今猶仍其名壇山刻石當卽斯時其紀日不同
者是時穆王方於圃田爲苑囿置虞守盤游無厭
淹畱逾月計丁丑至癸巳不過十有六日或如弇
山故事題石紀跡而傳偶略之歟

曶鼎銘

鼎高二尺深九寸圍四尺銘三節二十四行行十七八字不等今藏鎮洋畢氏

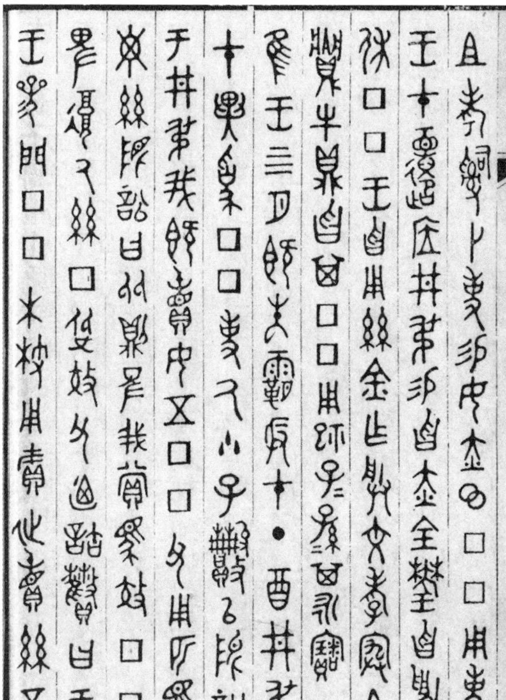

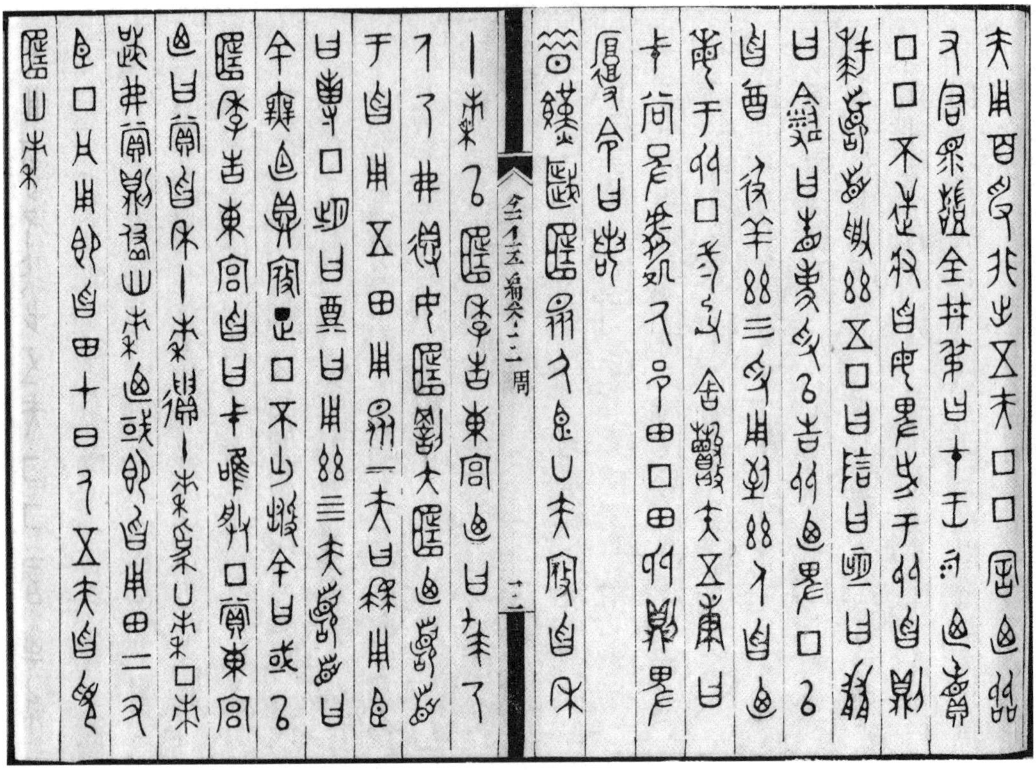

隹惟王元年六月既朢古朔朢字從臣望遠字從亾不同此用正字乙亥王
才在周穆王太口口此行十八字蝕兩字嵩許慎曰籀文叒字曰曶論語有仲
忽漢書古今人表作仲曶許慎說文解字無曶字有昌字曶應亦昌字古文令命古用令字女受
更乃且祖考𤔲治卜事易錫曶赤∞古爾雅以爲卽環字戠敦作∞同
口口同上用事王才在遷此字上從省文𡙇中作𠬪又從卩從口從㕛未能析辨或卽古
文遷字应居井鐘鼎家皆以井爲邢案周公子所封邢侯字從开從井者爲鄭地邢亭二字不同玫
穆天子傳有井利泰有井伯是古有井氏應讀本字叔易錫曶赤全禮天子用全純玉也[illegible]
卽瓏字三采玉名曶受休口口同上王曶用絲金𢀜作朕文孝考字
通用𡨥解字有宄云古文作𡧱此從宄從収収與叉同義當卽𡧱字之異文白伯𩰫玉篇云𩰫煮也
亦作鬺案解字有鬺然則𩰫卽鬺字古文牛鼎曶其萬口此行蝕一字用𣪘祀古示字
作不子子孫孫其永寶
右共八十一字蝕者七字存七十四字疑者一字
隹惟王三四月既生霸霸字從月從䨣所謂月始生䨣然也經典多借霸䰩字爲之此䨣
用正字辰才在丁酉井叔才在異應是地名而無考敢口口此行蝕二
字事乁玉篇云古文及小子䜌應是䜌字此字三書皆異而義總同以限訟于井
叔我既賣贖女五口口同上父用斤馬兩絲限訟曰比則
畀我賞古無償字卽用賞馬效口口此行十七字蝕兩字畀復乃絲口此字
蝕效父迺訟𢽴𢽴曰于王參門口口此行共蝕三字本枝用責
征徙賣贖絲五夫用百寽卽鍰字鍰者鋝也古者以二十兩爲三鋝故攷工記戈重
三鋝鄭康成注許愼說文解字云鋝鍰也今東萊或以
太半兩爲鈞十鈞爲鍰鍰重六兩太半兩呫案尚書呂

刑其罰百鍰僞孔安國傳六兩曰鍰陸德明音義馬融
云賈逵說俗儒以鋝重六兩周官劍重九鋝俗儒爲是
鄭不用六兩之義故以許書及東萊云云爲証許氏之
學卽出于逵故逵亦以六兩爲俗說馬融則直用之矣
小雅曰二十四銖曰兩兩有半曰捷倍捷曰舉倍舉曰
鋝鋝謂之鍰亦承馬融之誤史記周本紀鋝作率是借
字又平準書有白選漢書蕭望之傳有金選亦叚卽鋝
字尙書大傳云夏后氏不殺不刑死罪罰二千饌饌亦
與選字同葢饌卽選選率卽鋝而鋝與鍰同義也古者
贖罪每云鋝亦云鍰此小子㪤與井叔作罰罪之詞故
亦用此字耳寽卽别字出五夫□□同上罰酉□又君眔豈全井
叔曰才在王□此字蝕酉賣贖□□此行共蝕三字不迼造叔從屮
從又又與手同卽解字之𢪕字曶毋畏𢦔從戍下二疑戚字于比曶則拜䭬首
受丝王存乂切韻以爲卽茲字五□此行疑蝕一夫字曰𩫏卽墉字古庸字作𩫏曰亘
恒曰龍曰□此字未詳曰相事奚以告比酉畏□此行共蝕兩字以

曶尊迻仲偁父鼎有𨓎云古文及字與此同羊丝兹三爰鍰用到丝兹及
曶酉每借爲誨字于比□□此行十九字蝕兩字□□蝕字舍㪤㪤夫五
秉曰才在尚畏處處乃邑田比則畏復令命曰若諾
右共百有八十二字蝕者二十一字存百有六十一
字疑者一字
㫺昔饉歲匡眔及臣厶私夫寇曶禾十秭韓詩曰陳穀爲秭解字曰
數億及萬爲秭以匡季告東宮酉曰尨乃及乃弗退尚書我興受其敗解
字引作退女匡罰大匡酉䭬首于曶用五田用眔一夫曰棶
卽益字解字有嗌云籀文作菻漢書百官表伯益字亦作菻用臣曰尃專□朙恒曰
奠奠又古文以爲卽鄭字曰用丝兹三四夫䭬首曰余卽余字解字云余從

舍省聲以此論之是從古文余不必從舍省矣爽無酉則寇是□此字蝕不丏丐之字
𢦏此字未詳余曰或以匡季告東宮曶曰才在唯朕□此字蝕
賞償東宮酉曰賞償曶禾十秭遺十秭叡敢厶私秭□
此字蝕秭或弗賞償則□此字半蝕未詳山此字未詳秭酉或卽曶用
田二又有臣□此字蝕月伯庶父敦有月薛尚功讀爲舟字用卽曶田十
曰乃五夫曶受匡山此字未詳秭
右共百有三十七字蝕者四字半蝕者一字存百有
三十二字未詳者四字　鼎足作牛首形藝文類聚
引三禮鼎器圖云牛鼎容一斛者是也銘分三節第
一節葢因王錫曶赤環赤金璑等而用金作牛鼎以

祀文考究伯也第二節則小子㪤與井叔訟以金百
爰贖五夫曶受五夫而爲誓詞也第三節則匡眔寇
曶禾十秭曶告東宮因與匡季爲誓詞也合四百字
乾隆戊戌歲巡撫畢公得于長安屬坫爲釋文土花
歷錄不盡識也旣命工鏤剔字蹟顯露因以偏旁證
之古籀而可辨者咸得焉若夫字畫難稽或磨泐未
析則從闕疑之例云壬寅二月錢坫記
右曶鼎嘉定錢獻之釋文元案銘文第一節錫女赤
◎釋文誤女爲曶第二節乃絲下一字蝕尚有㝵字
未詳釋文闕㝵字臽疑從亶之省文釋文竟作𩫏非

也邑田下尚有田字釋文闕第三節𠦪是季字非𢊁字言歲時有季當卽償之否則女匡之罰大也𦚏从心從月恒之省文不從止丰疑非在字東哉弗償古𤸍字作𤻤東是𤻤之省文言歲歉不能償釋文以東爲秭以歲爲或非是丨凵山𡵂皆在秭夫字上皆其數目卽十二三四字也釋文丨作十是矣至于凵作私山𡵂皆云未詳是不然矣（畢沅阮元山左金石志）

高克尊銘

尊高二尺一寸深一尺八寸五分圍四尺銘十一行行五字

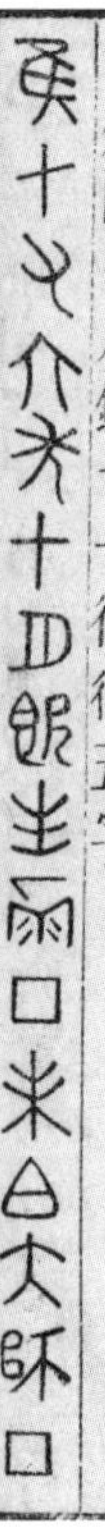

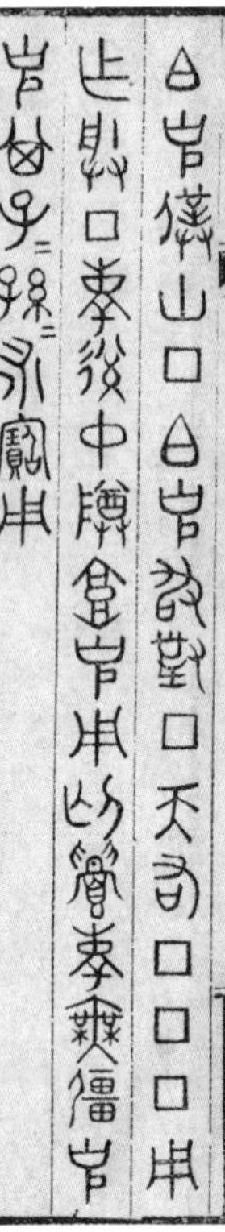

佳（惟）十又（有）六年十月既生雨（霸說文䨣雨濡革也从雨从革讀若膊霸月始生霸然也从月䨣聲周書曰哉生霸古文作朏此省文）日□（博古圖錄鐘鼎欵識並作乙）未白（伯）大師□（博古欵識並作沂釋爲錫）白（伯）𠧪（說文克作𠧪）僕山□（博古作夫）白（伯）𠧪叡對□（博古欵識並作曷釋爲揚）天右（佑）□□□（博古欵識並作王白友）用乍（作）朕□（博古欵識並作穆）考後中（仲）尊盨（碧落碑高作盨）𠧪用匃（博古云届）𩰪（眉）考無疆𠧪𠧪其子＝孫＝永寶用

右銘五十八字曰克敢對揚天佑用作朕穆考後仲尊高克用丏眉壽高克者不見於他傳惟周末衛文公時有高克將兵後奔奔於陳疑克者迺斯人歟若爾則是器蓋衛物也其曰作朕穆考則又言宗廟之制也蓋天子有三昭三穆與太祖之廟而七諸侯有二昭二穆與太祖之廟而五至於言考則不特止其父而已故謂其大父曰王考謂其曾祖曰皇考謂其高祖曰顯考此其言穆考之法也周室至於春秋諸侯分裂之時其世雖衰而至於典刑文物者尚在於是立言有如此者（王黼宣和博古圖錄）

按高克尊銘門人孫子星衍所貽拓本凡五十七字缺者八字其文皆突起與他器陰識者不同博古圖錄鐘鼎欵識並有此器大小相等文每行五字惟末行六字作永寶用享與此微異欵識所錄第九行眉考作眉耊釋爲眉壽其第八行穆考之考別作𡰥字今審銘文穆考眉考同書作𡰥顯是一字與博古同而博古釋爲考又釋爲壽則欵識摹寫之譌而博古釋文未當也壽字本从老省爾雅老壽也說文老考也考老也義得相通詩有眉壽之稱或古人亦有稱眉考者歟博古云周末衛文公時有高克是器蓋衛物䂓攷淸人詩序高克

好利而不顧其君文公惡而欲遠之不能使高克將兵而禦狄于竟此文公謂鄭文公也是時狄入伐衛鄭衛隣國懼其來侵故使高克禦狄閔三年左傳鄭人惡高克注高克鄭大夫也博古乃以克為衛人斷為衛物其誤顯然歟識引其說逕改衛字為鄭信有据矣鄭文公即位在惠王之世去周初不過四百餘年亦非周末也古器銘首誌年月多有惟王二字否或云惟某月某日此尊紀年而不稱惟王當是鄭文公之十六年後克帥師河上止四年耳克後奔陳或在陳所作亦未可知

卯敦銘

敦高　寸深　寸圍二尺四寸銘十二行行十二字

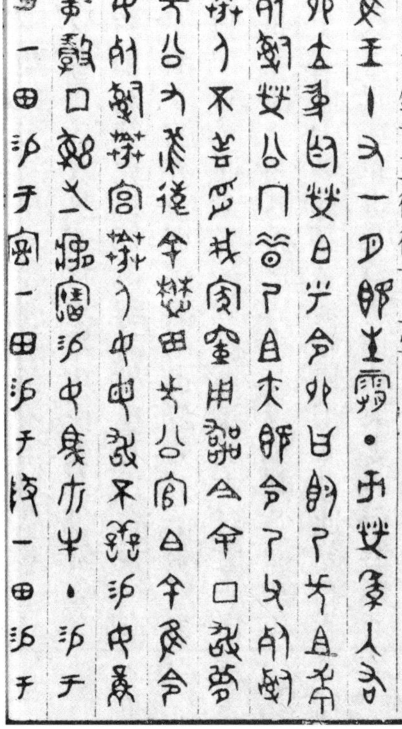

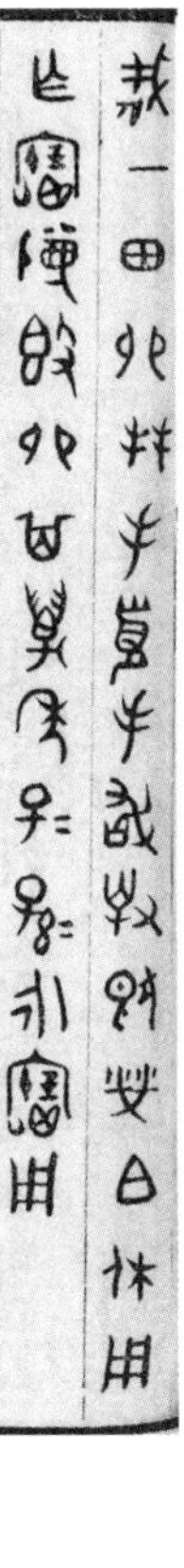

隹(惟)王十又(有)一月既生霸・丁丑(亥)共季入右卯立中廷共白(伯)乎(呼)令卯曰既乃先且(祖)考死嗣共公宀昔乃且(祖)亦既令乃父死嗣楚人不岩亞(並未詳)我家室用喪今令(余)口敢䝢(未詳)先公又(有)隹(惟)徝(未詳)令(余)懋田(未詳)先公官今令(余)隹(惟)令女(汝)死嗣楚宮楚人女(汝)毋敢不善沪(錫)女(汝)僕妾敦口彝弌𩰫(將鼎)寶沪(錫)女(汝)馬市(未詳)牛𠂆(十)沪(錫)于𠂎(未詳)一田沪(錫)于室一田沪(錫)于阪一田沪(錫)于𢦏(未詳)一田卯拜手𩒨(稽)手敢對𠩄(揚反文)共白(伯)休用乍(作)寶尊敦卯其萬年子孫永寶用

右卯敦銘百四十九字首云惟王十有一月既生霸又云卯立中作共伯乎(字)即呼令卯末云卯其萬年子子孫孫永寶用大約述其先祖考之勛令卯嗣厥職錫以彝器土田之詞其云拜手𩒨手即稽首春秋曹公子首二傳或作手聲同假借也(潛研堂金石文跋尾)

仲駒敦銘

敦高一尺六寸深九寸二分圍五尺一寸銘二文同一在蓋一在器蓋四行行四字

彔旁中仲駒父乍作中仲姜敦子孫永寶用享孝
仲駒父其國氏及世次皆未詳功臣表有騏侯駒左
傳有駒伯爲郤克軍佐則駒其姓也若曰齊景公卒
冬十月公子駒奔衛則駒其名也豈非公子駒以伯
仲而曰仲駒父耶檀弓云幼名冠字五十以伯仲稱
周道也子生三月父名之二十而冠尊其名而立其
字五十爲大夫則尊其字而呼以伯仲也仲姜者蓋
仲駒父之母或祖也或以爲仲駒父妻則禮曰夫不
祭妻是以知其爲母或祖也按春秋凡婦人皆以字
配姓伯姬仲子季姜之類是也仲姜亦字配姓也齊

許申呂皆姜姓此則未詳其何國女夫器有用器有
祭器凡銘有享孝追孝祀禪者皆祭器九嬪職云凡
祭祀贊玉齍而玉齍之制不見於傳注今宗廟中乃
與瑚璉是爲闕器豈鄭元所謂敦瑚璉簠皆黍稷之
器者歟宣和博古圖錄薛尚功鐘鼎欵識
按前後二銘文字相同前銘在蓋者皆反文左讀
後銘在敦口內者則正書也正書中駒字作䭾與
寅簋同此器流傳頗多博古圖錄鐘鼎欵識有三
品其二蓋器皆全　西清古鑑亦有此敦又有仲
駒尊銘文並同唯大小輕重不等耳山左金石志

載此敦云是方式則形製亦異矣仲駒之名不見
經傳博古圖錄引駒幾駒伯公子駒爲證是姓是
名不可遽定古者以字爲氏仲駒公子駒之後卽
可氏駒襄十四年左傳將執戎子駒支注云駒支
戎子名國君之名未必命氏且下文姜戎氏注云
四岳之後皆姜姓仲駒齊之公子亦出于姜同姓
無婚姻之禮則仲駒不得爲仲姜作敦當非齊戎
二國人也

豐宮瓦當文
瓦當徑六寸四方朱雀元武青龍白虎四形中一字今藏嘉定錢氏

𡴭
嘉定錢君旣勤得古瓦作𡴭字上下左右作四神形
甚奇古可愛並爲之考曰周豐宮之瓦𡴭卽聲引鄭
康成大射儀注證之斯言諒矣元謂說文此卷豐豐
二字注皆被後人刪改其義乃晦說文曰豐豆之豐
滿者也从豆象形此誤矣當云豐豆之豐滿者也从
豆凶象形𡴭聲說文曰豐行禮之器也从豆象形此
亦誤矣當云豐行禮之器也从豆凵象形丯聲二徐
尚不知𡴭之爲聲宜更不知丯之爲聲因而刪改耳
鄭君大射儀注云豐字从豆𡴭聲此正鄭君精于六

書之驗鄭注三禮多用說文此當許君舊說鄭引之也何以明䒑之爲聲也丯字古拜切古音與豐字同一部古音平聲脂微齊皆灰上聲旨尾薺駭賄去聲至未霽祭泰快夬隊廢入聲術物迄月沒曷末黠鎋薛皆同爲一部詩三百篇古韻朗然可按丯字雖未見於詩而害字從丯得聲如泉水三章二子乘舟二章蕩八章閟宮五章其用韻之處皆與上聲禮體澧鱧最近則豐字之从丯得聲也明矣不特此也耒部次于丯部許云从木推丯元謂此下亦當有丯亦聲三字徐氏不知而刪之耳耒與豐亦同部相近也从丯得聲者尚有夆㓞二字從㓞得聲者有齧挈契㸷絜恝六字皆與豐字同部豐豐从豆丯䒑皆聲凵凶爲象形凵凶與丯䒑原可不相聯屬故古文豐字無凵明可省去又說文豐字上六畫皆當左低右高作丯形今本作丰平畫者訛俗無以下筆舉此數證質之既勤審定之庶無蔡中郎不分豐豊之誚乎阮元揅經室文集

金石萃編卷三終

金石萃編卷四

賜進士出身　誥授光祿大夫刑部右侍郎加七級王昶譔

秦

嶧山刻石

石高八尺八寸廣四尺三寸十一行行廿一字後刻鄭文寶記正書今在西安府學

皇帝立國維初在昔嗣世稱王討伐亂逆威動四極武義直方戎臣奉詔經時不久滅六暴強廿有六年上薦高號孝道顯明既獻泰成乃降專惠親巡遠方登于繹山羣臣從者咸思攸長追念亂世分土建邦以開爭理功戰日作流血於野自泰古始世無萬數陀及五帝莫能禁止迺今皇帝壹家天下兵不復起災害滅除黔首康定利澤長久羣臣誦略刻此樂石以著經紀皇帝曰金石刻盡始皇帝所爲也今襲號而金石刻辭不稱始皇帝其於久遠也如後嗣爲之者不稱成功盛德丞相臣斯臣去疾御史大夫臣德昧死言臣請具刻詔書金石刻因明白矣臣昧死請制曰可

秦相李斯書繹山碑跡妙時古殊爲世重故散騎常侍徐公鉉酷躭玉箸垂五十年時無其比晚節獲繹山碑摸本師其筆力自謂得思於天人之際因是廣求己之舊跡焚擲略盡文寶受學徐門粗堅企及之志太平興國五年春再舉進士不中東適齊魯客鄒邑登繹山求訪秦碑邈然無覩逮於旬浹悁悵于榛蕪之下惜其神蹤將墜於世今以徐所授摸本刊石于長安故都國子學庶博雅君子見先儒之指歸淳化四年八月十五日承奉郎守太常博士陝府西諸州水陸計度轉運副使賜緋魚袋鄭文寶記

皇帝立國維初在昔嗣世稱王討伐亂逆威動四極武義直方戎臣奉詔經時不久滅六暴彊廿有六年上薦高號孝道顯明既獻泰成乃降專惠親巡遠方登于繹山羣臣從者咸思攸長追念亂世分土建邦以開爭理功戰日作流血於野自泰古始世無萬數陀及五帝莫能禁止廼今皇帝壹家天下兵不復起菑害滅除黔首康定利澤長久羣臣誦略刻此樂石以著經紀皇帝曰金石刻盡始皇帝所爲也今襲號而金石刻辭不稱始皇帝其於久遠也如後嗣爲之者不稱成功盛德丞相臣斯臣去疾御史大夫臣德昧死言臣請具刻詔書金石刻因明白矣臣昧死請制曰可

右鄒嶧山秦二世刻石以泰山所刻較之字之存者頗多而磨滅尤甚其趙嬰楊樛姓名以史記考之乃微可辨其文曰大夫趙嬰五大夫楊樛皇帝曰金石刻盡始皇帝所爲也今襲號而金石刻凡二十九字多於泰山存者而泰山之石又滅盛德二字其餘則同嶧山字差小又不類泰山存者刻畫完好而附錄于此者古物難得兼資博覽爾集古錄

右秦嶧山刻石者鄭文寶得其摹本于徐鉉刻石寘之長安此本是也唐封演聞見記云後魏太武帝登

山使人排倒之然而歷代模拓之以爲楷則邑人疲於供命聚薪其下因野火焚之由是殘缺不堪摹寫然猶求者不已有縣宰取舊文勒於石碑之上置之縣廨今人間有嶧山碑者皆是新刻之本而杜甫詩直以爲棗木傳刻者豈又有別本歟按史記本紀二十八年始皇東行郡縣上鄒嶧山立石與魯諸儒生議刻石頌秦德而其頌詩不載其他始皇登名山凡六刻石史記皆具載其詞而獨遺此文何哉金石錄

直長者爲眞本橫刊者爲摹本有徐氏門人鄭文寶依眞本式長刊者法度全備可近于眞但攸字立人

相近一直筆作兩股近李處巽于建康新刻甚謬吾邱衍學古編

右嶧山碑青社本斷裂多矣余得之習禮檢討嘗見陳思孝論嶧山翻本次第云長安第一紹興第二浦江鄭氏第三應天府學第四青社第五蜀中第六鄒縣第七然余於蜀中本未之見也楊士奇東里續集

唐封演謂魏大武登山排倒此碑有縣宰取舊文勒于石其後徐鉉得模本鄭文寶刻于長安自此刻者甚衆評者謂長安第一鄒縣最下而杜甫詩又云嶧山之碑野火焚棗木傳刻肥失眞據此數說則嶧山

舊石亡在開元之前其翻本或以石或以木矣則未知鉉所錄者縣令所刻石耶抑即肥失眞之本耶而鉉自謂得想于天人之際何也余所收二本一爲鄭文寶本正臨自鉉者僅存形似無復神情其一本則至元間翻刻據跋元祐中縣令張文仲又刻之矣此又當居文寶本之下原文二段後段乃二世詔文都元敬謂宜在石之傍文寶誤錄爲一而至元刻跋以爲皆二世頌始皇語尤可笑趙崡石墨鐫華

此碑自皇帝曰以下乃二世詔文在始皇刻石之旁予見泰山碑如此鄭文寶不見秦刻其所刻乃徐氏摹本故牽聯誤書然此碑非文寶之傳則後世不復再見文寶可謂有功於字學者而宋史列傳不言其能書殆以政事而掩之耳都穆金薤琳琅

嶧山石刻其文有云功戰日作當是攻字古人以攻功二字通用齊侯鎛鐘銘肇敏于戎功作攻周禮肆師凡師不功則助牽王車故書功爲工鄭司農讀爲功古者工與功同字金石文字記

前始皇詔一百四十四字後自皇帝曰以下二世詔七十九字微小較然分別都太僕云鄭文寶不見秦刻牽聯誤書非也史記二世東行郡縣李斯從到碣

石並海南至會稽而盡刻始皇所立刻石石旁著大臣從者名所謂盡刻始皇所立刻石者始皇六刻石各異其文二世刻此七十九字之詔于六刻石其文同也碑云窺軼遠方即親巡又云陀及五帝即他字楊升菴金石古文作施及五帝右旁他施雖相似而左旁方阜則不同宜從他爲近又云菑害滅除害字上無點篆形似周金薤琳瑯誤以爲周非又云刻此樂石封演見聞記曰刻此樂石八都不曉顏師古謂以泗濱浮磬作碑是也又云功戰日作功攻通用顧亭林已論之余所攷證者凡五字又二世詔曰丞相

臣斯左丞相也臣去疾右丞相也去疾徐廣曰姓馮御史大夫臣德其姓則不傳也按周史籀作大篆籀文秦李斯增損大篆異同籀文作小篆亦曰秦篆張懷瓘書斷曰李斯小篆之祖也當李斯覇秦滅六國學荀卿而性欺刻上書收去詩書百家之語以愚百姓其造書變古成一家法蔽絶後賢掩滅先軌使已得專精獨擅也斯秉政嚴酷卒被五刑其書雄傑竟爲百代典型太史所謂察其本乃與俗議之異而其傳則固有不朽者在也予又考始皇本紀三十四年李斯請史官非秦紀皆燒之非博士官所職天下敢

有藏詩書百家語者悉詣廷尉雜燒之觀此則博士官所職者未嘗燒又陳倉石鼓亦得免于煨燼二者乃前人所未發並附記之陳奕禧金石遺文錄

始皇嶧山石刻在二十八年而碑詞有廿有六年上薦高號之語與史不同按始皇紀始皇二十六年初并天下議帝號稱成功號曰皇帝故曰廿有六年上薦高號也至廿八年乃東行郡縣上鄒嶧山而立石焉上鄒嶧山爲始皇東巡之始立石嶧山爲始皇立石之始而史獨不載其辭不可解也虛舟題跋

金石文字記云古八功攻二字通用予又按荀子議兵篇械用兵革攻完便利者彊楊倞註攻當爲功國語辨其功苦韋昭註功與攻同吳玉搢金石存

史記繹作嶧金石刻因明白矣作刻石因明白矣中動作勭從童與婁壽碑固不勭心字同又校官碑董並街彈碑以府承董察古文尙書董之用威董皆作蕫檀弓鄰重汪踦注重當爲童張公神碑仙僮卽仙童古重與童本通也戎作戎从十十古文甲字戎早等字因之攸作攸說文解字曰攸行水也從攴人水省秦刻石作汥今此作攸蓋用水省之意優於許而與汥則不相合矣親巡作寴巡輙說文又曰寴至也輙

車約軜亦古字通也又強作强上變口專作専中變田建作逮下變乚數作數譌𢀖爲冐襲作襲譌𢀖爲巳者作㬜省右筆德作德省中筆此皆于六書之正不合或是古本磨泐鉉臨寫時以意增改未可知又壹作壹金作金氪作氪極作極逆作逆此雖互異猶未失籀篆之正者也碑於明時中斷畢沅關中金石記

按嶧山在今嶧縣東南十里水經注始皇觀禮于魯登此山命李斯大篆勒銘山顚名曰書門太平寰宇記李斯所刻石嶺名曰書門始皇乘羊車登之其路猶在卽刻石所也原石久毀世所傳皆後

人摹本東里續集載陳思孝論嶧山翻本有七今止存西安鄭文寶本江寧李處巽本紹興申屠駉本而已數者相較惟鄭模本尙餘古意因依其文錄之而二本從畧焉思孝所稱靑社本後有金人題字云嶧山秦刻磨滅久矣宋初惟江南徐鉉有摹本贊皇李建中傳寫得之遺余曾祖金紫公傳子孫四世踰百年靖康建炎兵火相尋舊藏文籍散落殆盡獨此刻僅存命善工勒於靑社郡舍阜昌甲寅河南李仲坦志共八十餘字載于欽齊乘楊士奇猶及見之𥙷屢詢土人屬其訪求是刻卒無可蹤跡也吳氏玉搢又云曾見李陽冰書嶧山碑較鄭本差小而力緩筋懈與陽冰他書絕異疑好事者轉臨鄭本假托陽冰耳今亦不知其處又按鄭文寶記稱是刻模本徐鉉晚年所得鉉按定說文末附篆文筆迹相承小異者十三字其中親言彳亍無長六字皆引李斯刻石爲證然所載旡字注云說文作旡李斯小變其勢蓋卽指刻石中旣字之旁猶親字ㄋ字皆舉其半言之然模本旣旁作旡而說文作旡必傳寫之譌

石高四尺九寸廣一尺四寸存字四行行十二字舊在泰山碧霞元君祠今毀

□□臣斯臣去疾御史夫臣昧死言臣請具刻詔書金石刻因明白矣臣昧死請

丞相臣斯臣去疾御史大夫臣德昧死言臣請具刻詔書金石刻因明白矣臣昧死請

按史記秦始皇帝行幸天下凡六刻石及二世立又刻詔書于其旁今皆亡矣獨泰山頂上二世詔僅存數十字爾今俗傳嶧山碑者史記不載又其字體差大不類泰山存者其本出於徐鉉又有別本云出於夏竦家者以今市人所鬻校之無異自唐封演已言嶧山碑非眞而杜甫直謂棗木傳刻皆不足貴也余友江鄰幾謫官於奉符嘗自至泰山頂上視秦所刻石處云石頑不可鐫鑿不知當時何以刻也四面皆無草木而野火不及故能若此之久然風雨所剝其存者纔此數十字而已集古錄

右秦泰山刻石大中祥符歲眞宗皇帝東封此山兗州太守模本以獻凡四十餘字其後宋莒公模刻于石歐陽公載于集古錄者皆同蓋碑石爲四面其三面稍磨滅故不傳世所見者特二世詔書四十字而

巳大觀間汶陽劉跂斯立親至泰山絶頂見碑四面有字乃模以歸文雖殘缺然首尾完具不可識者無幾于是泰篆字本復傳世間矣以史記本紀考之頗多異同史云親巡遠方黎民而碑作親輙遠黎史云大義休明而碑作著明史云垂于後世而碑作陲于後嗣史云皇帝躬聖而碑作躬聽史云男女禮順而碑作體順史云施于後嗣而碑作昆嗣史云具刻詔書刻石而碑作金石刻皆足以正史氏之誤碑既出斯立模其文刻石自爲後序謂之泰山秦篆譜云金石錄

泰山篆泰丞相李斯書慶歷庚子歲宋莒公惜其殘缺摹石於東平郡凡四十七字江隣幾治奉符患四方求者日至厭于供命則又刻其字於縣廨按其文泰二世詔也史記載始皇帝上泰山立石封祠下禪梁父刻所立石詔書其敘巡狩以時不書封禪事立石書詔非緣封禪發之疑史記自誤二世元年東行郡縣竝海南至會稽盡刻始皇所立石石旁著大臣從者名如此則泰山刻石始皇帝立始皇詔書刻其三面二世詔宜在其陰今石南面爲二世詔書始皇帝刻詔書乃在北西東三面蓋石仆而後人起立植

之以其一面稍完故立之南鄉此其故也考其詞窺親音輙鄉音遠黎民大義著明史作休明陲于後世史作垂于後世皇帝躬聽史作躬聖男女體順史作理順且刻詔書金石皆史誤以詞可得證之然昭格內外或謂爲融古字相借不然則格與隔不可兼用也陲爲邊陲若垂後世則當作垂說文甚辨愼不應爾見泰山篆字疑其字誤愼書雜以古字論撿押也曰施于後嗣石尤可考益爲昆字昔衛宏嘗謂古一字有兩名者就注之御史大夫則大夫也莒公亦曰夫中有大如千人書千千今考禮記檀弓曰夫夫是也則

字蓋如此此李斯所得据也大夫貫簪爲夫則大夫同文義亦可知廣川書跋

泰山刻石廣川作泰山篆金石畧作封泰山碑金石錄補

申徒駉會稽碑跋云行臺侍御史李處巽獲劉跂所摹本刻于建業郡庠楊東里集亦云應天府學有此譜刻石余得之張士謙應天府學卽今江寧縣學予嘗屢過其地惟見吳天發神讖碑及處巽所摹嶧山碑在遵經閣下而泰山譜莫有知者俟更訪得之金石存

聶劍光鈫泰山道里記云秦篆刻石先是在嶽頂玉

女池上後移置碧霞元君祠之東廡石高四尺四面
廣狹不等載始皇銘辭及二世詔書世傳爲李斯篆
字徑二寸五分宋人劉跂親爲摩拓得字二百二十
有三近年摹本僅存臣斯以下二十九字末有明北
平許□隸書跋乾隆五年廟災碑遂亡元藏舊拓本
筆意同瑯琊石刻惟字形較大首端界一綫中有裂
痕首行上泐二字下泐一字四行請字下有分書兩
行云岱史載秦篆碑僅存此二十九字余至泰山頂
上從榛莽中得之恐致湮没因□之□□以□□古
之遺跡云北平許□并題字徑一寸其城内嶽廟一

石乃從此翻出者眞優孟衣冠也山左金石志
按始皇刻石之辭具載史記本紀石本頌詞久佚
惟存二世從臣名四行後并殘石遭火矣昶得舊
拓本摹之其第二行止昧死言三字第四行提起
作臣請具刻云云與瑯琊刻石連接者不同疑當
時此處石已剝泐不能直書故爾金薤琳瑯又云
刻文起西面而北而東而南共二十二行其末行
制曰可三字復轉刻西南稜上則分行位置亦與
諸刻異矣

瑯邪臺刻石

石高三尺二寸五分廣三尺十三行行八字今在諸城縣瑯邪臺

五大夫 闕 五大夫楊樛
皇帝曰金石刻盡　始皇帝所爲也今
襲號而金石刻辭不稱　始皇帝其於
久遠也如後嗣爲之者不稱　成功盛
德
丞相臣斯臣去疾御史大夫臣德昧死言
臣請具刻詔書金石刻因明白矣臣昧
死請　制曰可

五大夫闕五大夫楊樛
皇帝曰金石刻盡　始皇帝所爲也今襲號而金石刻
辭不稱　始皇帝其於久遠也如後嗣爲之者不稱
成功盛德

丞相臣斯臣去疾御史大夫臣德昧死言臣請具刻詔
書金石刻因明白矣臣昧死請　制曰可
右秦瑯邪臺刻石在今密州其頌詩亡矣獨從臣姓
名及二世詔書尙存然亦殘缺熙寧中蘇翰林守密
令廬江文勛模搨刻石卽此碑也從臣姓名五大夫
作夫夫泰山秦篆亦如此或以謂古大與夫同爲一
字恐不然余家所藏古器款識有周大夫始鼎及秦

權銘黔首大安皆用大字蓋古人簡質凡字點畫相
近及音同者多假借用之別無它義東漢時碑刻尚
多如此金石錄
瑯邪臺在諸城縣治東南百六十里臺三成成高三
丈許最上正平周二百步有奇東南西三面環海迤
北爲登臺沙道臺上舊有海神祠禮日亭皆傾圮祠
垣內西南隅秦碑在焉以工部營造尺計之後言尺寸皆用此
石高丈五尺下寬六尺中寬五尺上半寬三尺頂
寬二尺三寸南北厚二尺五寸今字在西面碑中偏
西裂寸許前知縣事泰州宮懋讓鎔鐵束之得以不

頹碑之秦始皇頌詩及從臣姓名久剝去今所存者
二世從官名及詔書十三行八十六字字徑二寸其
首行五夫二 二行五夫二 楊樛皆二世所刻從官名
史記所言二世元年春東行郡縣李斯從盡刻始皇
所立刻石石旁著大臣從者名是也或指爲始皇從
臣姓名之末行誤矣自皇帝曰以下與史記文句無
少異石上下各刻一線爲界每行八字二行與三相
間少遠詔書與從臣名不相屬也三行止七字者爲
四行始皇提行地也後六行八行十三行並提行矣
末行三字漫漶特甚餘皆可指而識也別有熙寧中

蘇翰林守密令廬江文勛模刻之本在超然臺上相
距百餘里與此無涉都元敬金薤琳琅所載宋莒公
刻本十七字皆頌詩中語今亦無存山左金石志揅經室文集
按始皇本紀二十八年作瑯邪臺立石刻頌秦德
明德意凡七十二句末云維秦王兼有天下立名
爲皇帝乃撫東土至于瑯邪列侯武城侯王離列
侯通武侯王賁倫侯建成侯趙亥倫侯昌武侯成
倫侯武信侯馮毋擇丞相隗狀丞相王綰卿李斯
卿王戊五大夫趙嬰五大夫楊樛從與議於海上
云云張守節正義言王離以下十八人從始皇咸與

始皇議功德于海上立石於瑯邪臺下十八人名字
並刻頌今石刻頌詞全蝕二世詔書之前惟存二
行一云五大夫闕 一云五大夫楊樛據本紀則首
行闕處是趙嬰名也蓋十八人之名每行一人趙嬰
以前尚有八行皆始皇立石時與議之人非二世
從官所謂石旁著大臣從者名者卽李斯馮去疾
臣德之名與此無涉且以後十一行字迹亦頗不
類證之史記正義其與頌詞同刻顯然史載始皇
二十八年上鄒嶧山泰山登瑯邪二十九年登之
罘三十二年之碣石三十七年上會稽旬歲之間

立石頌功事凡六見二世效之不旋踵而已亡天下功德固安在哉自秦至今閱數千年之眾碣石之刻久已無傳嶧山會稽皆出後人重摹泰山石又毀于火而此石巋然猶存且一石中倂存始皇二世之跡金石不朽信有徵矣然安知非造物者屢留此刻以爲萬世好大喜功之主戒也

又按梁書竟陵王子良爲會稽太守范雲爲主簿雲以山上有始皇刻石三句一韻多作兩句讀之並不得韻又字皆大篆人多不詳雲夜取史記讀之明日登山讀之如流今觀嶧山刻石及史記載

泰山碣石頌詞皆以三句成韻與會稽同而琅邪臺刻石獨以二句且其詞冗長至有三十六韻之多亦與他刻有異

又按漢書藝文志云史籀篇者周時史官教學童書也與孔氏壁中古文異體蒼頡七章者秦丞相李斯所作也爰歷六章者車府令趙高所作也博學七章者太史令胡毋敬所作也文字多取史籀篇而篆體復頗異所謂秦篆者也今大篆有石鼓文尚存史籀之跡趙高胡毋敬諸作久佚不見世所存李斯書惟此數碑而已衛恒書勢江式論書表墨池編載庾元威論書唐旋度論十體書並以小篆爲李斯所作與藝文志合顏師古漢書注獨云小篆秦始皇使程邈所作謬矣書苑精華載韋續五十六種書小篆有二一曰周時所作漢武帝作汾陰鼎即其文也一曰李斯摹寫始皇碑敘皆用此體亦曰繆篆又有細篆書云亦秦始皇時所作夫既分小篆爲二又析李斯書爲二種并合繆篆小篆爲一鑿空牴牾莫此爲甚附辨其誤於此

瓦當文字 共四種

瓦當徑七八寸各種自一字至十二字不等

右瓦得之阿房宮東北土中其文僅一衛字按史記秦每破諸侯寫放其宮室作之咸陽北阪上又長安志云瓦作楚字者秦瓦也秦作六國宮室用其國號

以別之今衛字瓦當是秦爲衛國作宮室之瓦考史記索隱六國與宋衛中山爲九國又臣瓚云秦并六國衛最後亡漢書地理志始皇既并天下猶獨置衛君二世時乃廢爲庶人衛雖後亡當於六國並作宮室衛之爲衛猶楚之爲楚並爲秦瓦朱楓秦漢瓦圖記

朱氏云衛字瓦當秦爲衛作宮室之瓦也予得一片字殊不佳制作亦劣友人處獲觀其五大小精粗亦不一且有庸劣而近隸體者祖龍之世不應簡陋若此按漢書未央長樂甘泉建章諸宮皆有衛尉卿一人掌宮門衛士公車司馬令大誰長令衛士令衛士

長衛候衛司馬旅賁令丞尉主簿等二十二官皆屬焉考宗正都司空上林農官之屬皆有瓦當則衛尉寺近在宮掖亦應各有題字豈精者爲秦作衛國公室之瓦餘爲衛士屋宇之瓦歟申兆定涵眞閣秦漢瓦當圖說

右衛字七瓦秦漢瓦圖記云云敦疑爲不然若衛字爲秦宮瓦當得自咸陽北阪不應得自漢城又不應七瓦爲字大小及輪廓文飾各異攷漢百官表衛尉秦官掌宮門衛屯兵顏籀注引漢舊儀衛尉寺在宮內胡廣云主宮闕之門內衛士於周垣下爲區廬區廬者若今之伏宿屋也據此則衛字瓦當即衛尉寺并宮內周垣下區廬瓦也故形製不同如此程敦秦漢瓦當文字

蘭池宮當

右瓦得之漢城西考水經注云渭城縣有蘭池宮秦始皇微行逢盜於蘭池雍勝畧云咸陽縣二十五里有蘭池宮故定爲秦瓦其曰蘭池宮當當字未詳按三都賦云玉巵無當注云當去聲底也今當作底解未知是否再各志有上林儲胥亦爲漢瓦儲胥藩籬也宮底之與藩籬義亦相倣存以俟考秦漢瓦圖記

三秦記始皇引渭水爲長池築爲蓬萊山刻石爲鯨

長二百丈是爲蘭池元和志秦蘭池宮在咸陽東二十五里以地考之此蓋其宮室之瓦也涵眞閣秦漢瓦當圖說

右蘭池宮當趙文學得自咸陽考漢書地理志渭城有蘭池宮不言何帝所起又楊僕傳云受詔不至蘭池宮如淳曰蘭池宮在渭城文選李善注云咸陽縣東南二十里周氏陂南一里有漢蘭池宮據此則蘭池宮乃漢宮非秦宮也而三輔黃圖因史記始皇本紀有逢盜蘭池之說遂與阿房興樂並列而目爲秦宮矣本紀云爲微行與武士四人俱夜出逢盜蘭池夫曰微行曰夜出則不在宮中可知又曰逢盜蘭池

則無宮可知正義引括地志云蘭池陂即古之蘭池
在咸陽縣界亦不言有宮然則史言蘭池者特著逢
盜之地漢乃因池以建宮耳烏得爲秦宮哉黃圖又
云蘭池觀在城外此則別近漢城之觀與同名非此
蘭池宮也秦漢瓦當文字

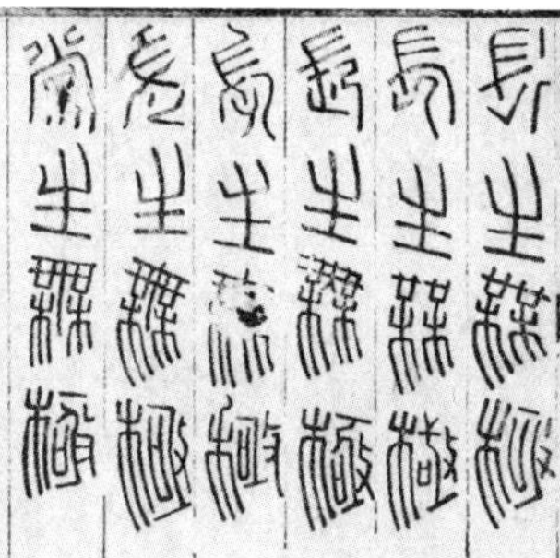

右長生無極自咸陽以南濱渭而東直抵驪山北麓
廢壘隴垣閒往往得之故土人目爲阿房宮瓦其文
大率與首三瓦相同而長作常極作檄者則不多見
長常古通借字極字說文從木亟聲敬從攴苟聲苟
自急敕也從羊包省從勹口勹口猶慎言也唐韻己力切
故極字可從敬得聲秦漢瓦當文字

文曰維天降靈延元萬年天下康寧近時土人得之
阿房宮故基涵貞閣秦漢瓦當圖說
右瓦三其二宋學博錢別駕得於長安市肆其一俞
太學得於咸陽篆法圓渾古妙諸君皆斷爲秦瓦或
當然與秦漢瓦當文字

金石萃編卷四終

金石萃編卷五

賜進士出身　誥授光祿大夫刑部右侍郎加七級王昶譔

漢一

魯孝王石刻

石高一尺五寸廣二尺三寸三行十三字
後刻高德裔記正書今在曲阜縣孔廟

五鳳二年魯卅四年六月四日成

直靈光殿基西南卅步曰太子釣魚池盍劉餘以景帝子封魯故土俗以太子呼之明昌二年　詔修孔聖廟匠者取池石以充用土中偶得此石側有文曰五鳳二年者宣帝時號也又曰魯卅四年六月四日歲者以漢書考之乃餘孫孝王之時也西漢石刻世爲難得故予詳錄之使來者有考焉提控修廟朝散大夫開州刺史高德裔曼卿記

魯孝王刻石今在孔子廟中五鳳二年者漢宣帝有天下之年也魯卅四年者魯孝王有國之年也上書天子大一統之年而下書諸侯王自有其國之年此漢人之例也三代之時侯國之爲史者則但書本國之年而不書天子之年春秋隱公元年者何自魯人書之也秦誓十有三年者何自周人書之也　漢時諸侯王得自稱元年漢書諸侯王表楚王戊二十一年孝景三年楚王延壽三十二年地節元年之類是也淮南子天文訓曰淮南元年冬者淮南王安始立之年也注者不解乃曰淮南王作書之元年又曰淮南王僭號此殆未讀史記漢書者矣　又考漢時不獨王也即列侯於其國中亦得自稱元年史記高祖功臣侯年表高祖六年平陽懿侯曹參元年孝惠六年靖侯窋元年孝文後四年簡侯奇元年絳侯世家上言侯建德十三年下言元鼎五年是也呂氏考古圖周陽侯甗鍑銘曰周陽侯家銅三習甗鍑容五斗重十八斤六兩侯治國五年五月國鑄第四呂大臨曰侯治國五年者自以侯受侯嗣位之年數也文選魏都賦劉良注文昌殿前有鍾其銘曰惟魏四年歲次丙申龍次大火五月丙寅作蕤賓鍾魏四年者曹操爲魏公之四年漢獻帝之建安二十一年也金石文字記

按德裔題記以此書爲石朱竹垞曝書亭集則云五鳳二年塼一出嵌曲阜孔廟前殿東壁篆文一行志塼埴之歲月則又以爲塼又其書極古質今雖模糊然斷是隸不是篆竹垞竟目爲篆皆不可曉王澍竹雲題跋

錢竹汀云魯孝王慶忌以後元元年嗣則五鳳二年

當爲孝王之三十三年方綱按魯共王餘以孝景二
年立爲淮陽王二年徙魯二十八年薨此魯共王餘
之二十八年者漢武帝元朔元年也史表書曰元朔
元年安王光嗣四十年薨則是安王光未逾年改元
也準此度之則孝王慶忌自必亦以未逾年改元矣
旣以元朔元年爲安王光之元年則自應以征和四
年爲孝王慶忌之元年而自征和四年計至五鳳二
年正是三十四年矣史表書曰後元元年孝王慶忌
嗣者據各國赴告之文書之非孟堅之失也蓋孝王
上承安王之制未逾年改元而其赴告於朝則曰後

元元年嗣位若逾年改元也者此或魯國臣下諱言
不逾年改元而爲此赴告之詞漢朝未能核正之耳
翁方綱兩漢金石記
按漢書諸侯王表魯孝王慶忌以後元元年嗣三十
七年薨則五鳳二年當爲孝王之三十三年與石刻
不合予因取表與本傳反覆校之如魯共王餘以孝
景二年立爲淮陽王二十八年薨表與傳並同計其
薨年當在元朔元年而表乃以爲安王光之元年表
稱文王畯十九年薨而傳作十八年則魯諸王嗣封
年歲史文固多牴牾此刻出於當時宜得其實也潜研

堂金石文跋尾
按此石以金明昌二年出土蓋章宗明昌元年三
月詔修闕里孔子廟二年春興廟工據役方記乃
知提控修廟者卽高德裔也靈光殿搆于景帝之
子共王餘此石乃餘孫孝王慶忌時刻不知其所
用金石錄補謂周亮工官山左時有人翻刻此石
易原石而去亮工所得拓本較俗本迥異今審石
本古質可愛定爲原刻其說益未確也近人高鳳
翰嘗鉤摹舊拓本餘姚張氏鐫之于木字畫譌誤
殆無足取

鴈足鐙款

鐙高六寸其槃圍一尺五寸建昭至故家四十五字旋于槃下令陽平十三字六行橫列槃側後大廚三字在底之[illegible]

建昭三年考工輔爲內者造銅鴈足鐙重三斤八兩護建佐博嗇夫福掾光主右丞宮令相省
中宮內者第五　故家
令陽平家畫一至三陽朔元年賜
大廚

建昭三年考工〻輔爲內者造銅雁足鐙重三斤八兩
護建佐博嗇夫福掾光主右丞宮令相省　中宮內者
第五　故家

今陽平家畫一至三陽朔元年賜
後大廚
乙巳秋陜西按察使王述菴昶札來以所得漢銅鴈足鐙款文拓本見寄或云此鐙卽揚州馬氏家所藏鴈樊榭詩所詠也予按其文與樊榭所詠馬半槎藏竟寧元年之鐙迴不相同其非一器無疑且以證予曩辨樊榭釋文之誤所益爲不少矣　薛尚功鐘鼎款識載漢銅雁足鐙二行鐙二內者鐙一鹿盧鐙一耿氏鐙一其款文皆止年月一條未有更起年月爲二文者獨是鐙造於建昭三年賜於陽朔元年一器之中有西漢文二焉尤重可寶也　後大廚三字著其庋置之地故家二字著其所賜之家此二文蓋皆陽朔元年所補鐫也詳驗故家二字筆如鐵綫亦與前文微有不同　予今得王述菴所寄建昭三年一鐙拓文以半槎所藏鐙拓本形模尺寸比較規圜相去不遠而建昭一鐙其盤樣徑圜視竟寧者稍弱耳固知竟寧之鐙三斤十二兩建昭之鐙三斤八兩無可疑也若依樊榭所釋四斤十二兩則二器不應如此懸絕致使後人必有疑漢世權量不符者矣又漢世官名有卒史而無衣史且此字拓本尚極分明是

卒字也此器之文凡五十一字而樊榭所釋乃誤其四可不慎乎且鐙槃下刻字記年與工名者第可謂之款識亦不得謂之銘　戊申冬述菴調江西布政使予適以試事在南昌借此器來諦觀古光凝澤槃仰庋覆中承以脛下卓三趾以建初尺度之其槃凡爲圜二重外一重圜逕五寸內圜逕二寸其周輪高八分厚一分底橢而微長前近趾處微寬後近跟處微殺横度之則前寬三寸一分後二寸六分也通計高六寸云以今營造尺度之通高四寸四分耳然此款文云重三斤八兩而以今權權之重一斤八兩則漢權之較今權殺不及半而漢度之視今度殺不及十之八此予親見其器而得其權度之槩如此者兩漢金石記

案元帝建昭三年造此器至成帝陽朔元年始賜陽平家陽平王鳳也鳳以永光二年嗣父陽平頃侯禁歷二十四年薨則銘云陽朔元年鳳于是時實被賜也考工二輔古者物勒工名制器之不苟如是漢有書佐今云律佐亦史闕文武億授堂金石跋

案隸銘所云漢書百官表少府屬官有考工室武帝更名爲考工中書謁者黃門鉤盾尚方御府永巷內

者宦官八官令丞皆屬焉漢時制器有屬尚方者世傳尚方鑑尚方劍尚方故治帳構銅三輔黃圖所稱作室上方工作之所是也有屬考工者臣瓚所謂冬官爲考工主作器械元康鐎斗所識考工工賢友及此器是也內者名附見少府下甘泉鐙內者字凡二見外戚傳稱許廣漢女嘗爲內者令歐侯氏子婦王莽傳天鳳元年莽欲行巡狩之禮詔內者行張坐臥師古注宣帝紀內謁者郭穰曰百官表云內者署屬少府是內者即內謁者省文黃圖云署在未央宮續漢書云掌宮中步帳褻物薛尚功云內者有令丞奄人之職知漢時服御器物皆由內者傳宣銘故云爲內者造兼以避至尊也護建佐書無明文綏和壺有護級掾元康斗有建護長疑當時鎔冶之職隨時而設故第見于諸器嗇夫之名不一外戚傳有暴室嗇夫張釋之傳有虎圈嗇夫韓延壽傳高陵有縣嗇夫王莽傳宗祀卜史官皆置嗇夫佐齊安爐有典官嗇夫元康斗有繕作府嗇夫當時在在有此職故表不遍載右丞宮令屬衛尉銘末云省者即上林鼎監工之義綏和壺曰寶省太官壺曰永省元康斗曰義省其旨同曰輔曰傳曰福曰光曰相者所謂物勒工名

以考其誠其例較周秦爲尤備已篆銘所云陽平家者鐘鼎款識有周陽侯家鍾武安侯家鈁西漢多此稱謂案恩澤侯表陽平侯有二陽平節侯蔡義昭帝元平元年封以宣帝本始四年薨陽平項侯王禁元帝初元元年封永光二年薨成侯鳳嗣成帝陽朔三年薨侯襄嗣又孝成帝紀即位以元舅侍中衛尉陽平侯王鳳爲大司馬大將軍領尚書事陽朔三年秋八月丁巳大司馬大將軍王鳳薨據銘所云按之宣帝紀詔賜丞相陽平侯義者時爲不合而鳳之沒又在陽朔三年洵爲王氏所刻無疑矣外戚傳載王氏之盛自鳳始成帝特重懿親斥先世之器以遺之銘云壹一至三是所賜不止一器而鳳遂鏤識以榮君賜後大廚三字刻以志所藏之地猶孝成鼎言長安廚好畤鼎言供廚金也飾以雁足挪始宣帝時鍾鼎款識有黃龍元年造者一永始四年造者一邢江馬氏有竟寧元年造者一 趙魏跋

大泉五十範

面徑四寸底三寸七分 左右列大泉面背各二

大泉五十

新莽閏位特重錢法錢凡六品刀凡二品布凡十品

既而以剛卯金刀合劉氏文乃禁佩剛卯除刀錢以大錢小錢二品並行防民盜鑄挾銅炭者入鐘官其時鼓鑄多故至今猶有存者若大錢笵竊疑排纂譜錄圖志諸家或未之見也笵形正方中央輪郭四共二有文曰大泉五十 曝書亭集

按錢笵之稱不見于古舊唐書作錢模與笵同義說文笵法也通俗文云規模曰笵漢書食貨志王莽居攝變漢制以周錢有子母相權於是更造大錢徑寸二分重十二銖文曰大錢五十又小錢徑六分重一銖文曰小錢直一次七分三銖曰幺錢

一十次八分五銖曰幼錢二十次九分七銖曰中錢三十次一寸九銖曰壯錢四十因前大錢五十是爲錢貨六品直各如其文此即大錢之笵以今所存莽錢較之大小分寸悉合前代著錄家如洪遵董逌諸人皆未之見也兩漢金石記載大泉笵有四器底皆有字一曰宜泉吉利一曰吉利史方一曰大吉一曰金錫而此器底平無字別是一種葢錢貨六品中大錢鼓鑄最多於此可見

孔林墳壇石刻二種

一橫廣七寸八分高六寸四行行三字

祝其卿墳壇居攝二年二月造

祝其卿墳壇居攝二年二月造

一橫廣九寸五分高六寸五分四行前二行行三字後二行行四字今並在曲阜縣孔廟

上谷府卿墳壇居攝二年二月造

上谷府卿墳壇居攝二年二月造

墳壇者古未有土木像故爲壇以祀之兩漢時皆如此 金石錄

趙氏有居攝墳壇刻石二其一曰上谷府卿墳壇一曰祝其卿墳壇皆居攝二年造趙云上谷郡名祝其縣名王莽時官名曰易史家不能盡紀不知府卿祝其卿爲何官予嘗於廣漢屬國造橋碑論之矣應劭

所云大縣有丞左右尉所謂命卿三人漢隸有吳郡府丞武開明碑而武榮碑中稱之曰吳郡府卿又沈子琚緜竹江堰碑云縣丞王卿則居攝墳壇所刻乃上谷府丞祝其丞也予未獲此二碑因說王莽侯鉦故并及之 洪适隸續仲曾造橋碑

按隸釋蜀郡屬國辛通達李仲曾造橋碑跋云漢志屬國置都尉一人丞一人又注引應劭云大縣有丞左右尉所謂命卿三人小縣一丞一尉者命卿二人𢑴刻有武開明碑終於吳郡府丞其子榮碑中書爲吳郡府卿沈子琚碑有云縣丞犍爲王卿諱某字季河掾史及碑則漢人葢有稱其丞爲卿者此題不顯題辛君爲都尉而謂之明府則季君稱卿葢是屬國丞也又隸續南安長王君平鄉道碑跋曰碑有丞什邡王卿尉緜竹楊卿姓名應劭云小縣一丞一尉所謂卿二人此碑丞

尉皆稱卿與應說合

二石龜龜椁四圍而鑿其中刻之於內祝其卿龜崇一尺廣二尺厚一尺五分其龜崇二以爲鑿崇以其三爲兩椁之崇十分其龜廣三而殺之以爲鑿廣鑿廣五寸五分餘以爲椁廣三分其椁廣一在左二在右以置其鑿弦鑿於龜上下中也以其厚之弱爲之鑿深上谷府卿龜崇與廣厚如祝其之數惟鑿廣十分其龜廣而三之六寸也他形制從同同在曲阜縣孔子墓前雍正十年廟官陳百戸移置孔子廟西齋徧所金石圖

張埴曰祝其縣東海郡新莽天鳳改名曰猶亭山此在居攝時故猶曰祝其非左傳杜注夾谷卽祝其縣泰山郡之萊蕪者也方綱按漢志祝其縣東海郡下泰山郡則無之葢左傳之祝其非漢之縣名矣兩漢金石記

近有以卿作鄉者謂漢時官制有鄉侯亭侯此省一侯字不知二篆實作卿非作鄉也古人省字義原顯明若鄉侯省侯字而止曰鄉則不詞矣山左金石志

趙德甫首著錄跋此不知府卿祝其卿爲何官洪氏推爲郎府丞縣丞水經注載陽嘉三年碑云府卿規基經始予以丞卿漢人通名之故蓋亦有自周官太宰立其兩註兩爲兩卿鄭司農云兩爲兩丞疏以其兩卿丞副其長先鄭以後代之官況之故云兩丞也然則丞卿品秩皆相比從古則云卿依漢制則云丞近人爲文好用古官名稱知府曰太守知州曰刺史亦猶是也若漢南安長王君平鄉道碑丞什邡王卿尉綿竹楊卿此又丞與尉並得云卿矣趙氏又云古未有土木像故爲壇以祀之案宋玉招魂所言像設居室及抱朴子云汲郡冢中書言黃帝旣仙去其臣有左徹者削木爲黃帝之像帥諸侯朝奉之故司空張茂先撰博物志亦

云黃帝仙去其臣思戀罔極或刻木立像而朝之據此則像設用土木古已有是矣授堂金石跋

開通褒斜道石刻

石橫廣一丈二寸寬前段三尺二寸五分中段四尺五寸後段五尺五寸共十六行行五字至十一字不等今在褒城北石門

永平六年漢中郡以詔書受廣漢蜀郡巴
郡徒二千六百九十人開通褒余道大守
鉅鹿鄐君部掾冶級王廟諱史荀茂張宇韓
岑等興功作大守丞廣漢楊顯將相用始
作橋格六百卅三口大橋五爲道二百五

十八里郵亭驛置徒司空褒中縣官寺并
六十四所凡用功七十六萬六千八百
餘人瓦卅六萬八千八百

附宋晏袤釋文及碑陰題記

漢鄐君修褒斜道碑字　南鄭令晏袤釋

永平六年漢中郡以詔書受廣漢蜀郡巴郡徒二千六
百九十八人口通褒余口太守鉅鹿鄐君部掾治級王宏
史荀茂張宇韓岑弟典功作太守丞口口楊顯將隕用
始作橋格六百二十三間大橋五為道二百五十八里
郵亭驛置徒司空褒中縣官寺并六十四所凡用功七

十六萬六千八百餘人瓦卅六萬九千八百四器用錢
百四十九萬九千四百餘斛粟九年四月成就益州東
至京師去就安隱

漢中郡太守鄐君修橋格碑壹百五十有九字漢明
帝永平六年刻於褒余谷中其紀號先已官鐵盆銘
一歲紹熙甲寅三月甲子南鄭令晏袤以堰口口口
褒谷獲此刻於石門局南險側斷崖中先是癸丑夏
秋積雨苔蘚剝落至是字畫始見口灋哥到古畲有
餘與光武中元二年蜀郡太守何君閣道碑體勢相
若建武永平去西漢未遠故字畫簡古嚴正觀之使

人起敬而暇答高皇帝興王漢中出褒入秦道由子
午塗路歧鬱自秦取蜀之石牛衜開通石門史雖不
書圖帝建寧五年衡宜掾仇審頌太守李翕郙閣碑
云嘉念高帝之開石門元功不朽則石門雖基於秦
而開於高帝明矣至威帝建和二年漢中太守王升
鐫碑石門中紀永平四年司隸校尉楊君孟文以詔
書鑿通石門則又從而廣之通道矣五十年至安帝
永初元年西夷虐殘橋梁斷絕復循子午凡十五年
至順帝延光四年詔益州刺史羅子午道復通褒余
則此路自秦漢以來通塞屢矣今碑刻於永平六年

載漢中郡以詔書受廣漢蜀郡巴郡徒二千六百九
十八人開通褒余道太守鉅鹿鄐君部掾治級王廟諱史
荀茂張宇韓岑弟典功作太守丞廣漢楊顯始作橋
閣六百廿三大橋五為道二百五十八里九年四月
成就刻石紀工器錢粟米數於崖壁中古石門不百
步惜乎崖傾碑斷字有亡闕今所鑿棧道石竅具存
適知楊孟文治石門於四年辛酉歲鄐君楊君治閣
道於六年癸亥歲而王升建和二年紀石門之功已
而及此橋格事今乃遇口壹千一百三十三年之後
物之顯晦蓋有定數如此鄐君楊君為民興此閣道

三年而後成曾而諱勞而史遊廿八名非苦辭封護至
今必為風雨所剝此名遂亦摩滅矣敬書碑陰俾來
者有以取信焉夏四月旬有六日臨淄晏袤書
宋紹熙甲寅帥章德茂始得此刻故婁氏字原載之
而隸續不及載也　晏所題記之前拓本尚隱隱有
字蓋別有晏所釋文一段也所謂九年四月成就云
云者當是其釋文之末一行而今拓永平刻文止有
一百廿四字較之晏所記者一百五十九字尚少其
三十五字又以今所見釋文末一行得見其末之十
有七字則尚少其十八字然晏記中又尚遺失原文

數字而以卌為廿又引楊孟文石門頌出散入秦語
作出褒入秦亦誤也晏既謂此文刻於永平六年又
云九年成就所以婁氏字原載此刻云永平九年立
此則非拓得其全文不可而今此拓本亦已艱致無
由而臆斷之或婁氏九年之說有所据依耳　鄐君
不著其名廣韻漢有東海太守鄐熙古今姓氏書辨
證云因官居焉望出東海者也橋格即橋閣字然閣
字本非其義格則枝架之名此格字當為正也兩漢金石
記

右碑歐趙洪三家俱未著錄宋紹熙末南鄭令臨淄
晏袤始得之為文記其事然其地崖壁斗峻落蘚阻
深自晏令作記後六百餘年罕有津逮而摹搨者今
巡撫畢公撰關中金石記乃搜訪而錄之文字古朴
東京分隸傳於今者以此為最先焉鄐本晉邑以邑
為氏鄐君惜未詳其名字也潛研堂金石文跋尾

開通褒斜閣道摩厓字徑三四寸體界篆隸之間甚
方整而長短廣狹不一余所見漢人書若諸城縣署
內延光四年刻石亦此類也其文共計一百二十四
字合之宋晏袤所云一百三十九字共少十一字當
是所紀歲月也袤文中似又有永平九年四月字樣

或此刻始于六年成于九年後刻此石也中褒斜作
余橋閣作格並古字通關中金石記

按是刻昶官陝西時所拓從前著錄家皆未見之
磨厓後有宋晏袤釋文并題記晏所釋全文可讀
知今本後尚有三十餘字為工人遺拓蓋鄐君受
詔興工在永平六年迄九年四月始成就也兩漢
金石記云晏記前尚隱隱有字九年四月當是釋
文之末行是翁氏僅見題記而不見釋文疑所謂
九年四月者即晏所題年月故所撰年月表亦此
碑於永平六年耳褒斜道即今之褒城据縣令倪

學洙云自襃城而西南凡三百餘里懸崖絕壁漢唐題字隱見於叢莽閒連綿不絕蓋宋以前路通興元棧道俱在山半故漢唐遺迹最多今棧道移而漸下遂不可摹拓矣又韓城朝邑河東山壁上石刻亦多而石淙南北摩崖尤不可勝紀又族弟敢昆云嘉陵江南北山壁上題字亦數百處然此種石壁古苔雜樹斫伐爲難必須長梯巨架所費不支并恐工人顛墜多傷民力皆未能羅致也并書于此以告後之訪碑者

慮俿銅尺

尺寸如其器今在曲阜衍聖公府

慮俿銅尺建初六年八月十五日造

慮俿銅尺建初六年八月十五日造

國子監博士孔尚任字東塘曲阜聖裔博雅好古丙寅丁卯閒從故工部侍郎孫屺瞻在豐治下河在江都得漢銅尺一上有文字曰慮俿云云孔自作漢銅尺記周尺攷周尺辨三篇極精核王士禛居易錄

建初銅尺與周尺同當古尺一尺三寸六分當漢末尺八寸與唐開元尺同當宋省尺七寸五分當浙尺八寸四分當明部定官尺七寸五分弱當今工匠尺七寸四分當今裁尺六寸七分當今量地官尺六寸六分當今河北大布尺四寸七分孔尚任跋

孔東塘云漢章帝時泠道舜祠下得玉律以爲尺與周尺同因鑄爲銅尺頒郡國謂之漢尺此或其遺歟又引郎瑛云劉歆銅斛尺後漢建武銅尺與周同自注云建初閒得周玉律以爲尺謂之後漢官尺疑其非漢武也按隋志列十五尺一周尺卽劉歆之銅尺建武之銅尺祖冲之之銅尺荀勖令劉恭所造之尺謂之晉前尺者是也二晉曰父玉尺則世說所稱田父於野中得周時玉尺者也此比晉前尺爲一尺七

釐矣四漢官尺卽以文學奚景所得舜祠下玉尺而度之與始平尺同此則比晉前尺爲一尺三分七毫未嘗明言得周玉律以爲尺謂之漢官尺也玉海所云相傳謂之漢官尺是後人謂之非漢人自謂也然建武銅尺卽晉前尺漢官尺卽晉始平尺今所見建初此尺則固可据以證建武及周尺者耳　後漢書郡國志慮俿縣并州太原郡前漢地理志注師古曰音盧夷建初六年爲章帝卽位之六年辛巳上距建武五十餘年矣然予嘗準此尺以度王莽時貨布及漢時諸器無不脗合者以此知建初尺與劉歆尺建

武尺皆不相遠而周尺之制亦可因以類推明矣曲阜桂未谷馥云許祭酒鄭司農尚不能定周尺沈冠雲乃居然据以分田制祿殊爲武斷江寧周暢亭榘云曲阜孔氏所弆銅尺重今廣法平十八兩面廣準此尺一寸側厚準此尺五分與沈冠雲周官祿田考尺同沈卽以此爲周尺且云沿傳十五等尺較之當以此爲眞周尺一切周官分田制祿悉以此推用矣愚按二君於沈氏之說疑信不同葢稽古以闕疑致愼爲主桂君之言自不可廢然沈冠雲著周官祿田攷所繪古尺圖實與此建初尺無二冠雲云右圖

摹宋秦熺鐘鼎款識冊所載冊又載尺底篆文銘云一周尺漢志鎦歆銅尺後漢建武銅尺晉前尺並同按高若訥依隋志定十五等尺第一爲周尺卽此也葢此於後人所定周尺中爲近古且最著云愚按冠雲所摹初非此建初尺而今驗其圖正相合則建初尺之卽建武尺尤爲足信矣兩漢金石記

按隋書律志載漢尺凡三一王莽時劉歆銅尺一後漢建武銅尺一漢官尺實比晉前尺一尺三分七毫蕭吉樂譜漢章帝時零陵文學史奚景於泠道縣舜廟下得玉律度爲尺今聖府所藏造於建初六年或卽用奚景所制未可知也梁武帝鐘律緯稱祖冲之用古尺較今尺一西京銅望臬一金錯望臬一古泉一建武銅尺惟西京望臬微弱其餘皆同荀勗晉前尺昶以莽時貨泉依漢書食貨志尺寸積十枚校驗此尺適合十寸知後漢之尺與莽尺無差矣王制云周人以八寸爲尺蔡邕獨斷夏以十寸爲尺殷以九寸爲尺周以八寸爲尺是三代度量不相沿襲鐘鼎款識謂周尺與建武尺同友人沈彤用秦熺所橅計算周官祿田多與古制合者此尺校建武尺豪釐無爽則亦與周尺

同也得周尺而夏殷之尺可以攷見矣昶嘗謂度量權衡皆有所起而莫不應黃鍾之管故漢書律歷志云度者所以度長短也本起黃鍾之長以子穀秬黍中者一黍之廣度之九十黍爲黃鍾之長一黍爲一分周宣帝時達奚震等議稱嘗以上黨羊頭山黍依漢志度之若以大者稱累依數滿尺實於黃鍾之律須撼乃容若以中者累尺雖復小稀實於黃鍾之律不動而滿計此二事之殊良由消息未善其於鐵尺終有一會且上黨之黍有異他鄉其色至烏其形員重用之爲量定不徒然正

以時有水旱之差地有肥瘠之異取黍大小未必得中按許慎解秬黍體大本異於常疑今之大者正是其中絫百滿尺即是會古實籥之外纔剩十餘此恐圍徑或差造律未妙就如撼動取滿論理亦通宋鄧保信縱絫百黍定爲樂尺丁度等言據保信黍尺二其一稱用上黨秬黍員者一黍之長絫百成尺與蔡邕合黃鍾管內秬黍千二百粒以黍長爲分再絫至尺二條比保信元尺一長五黍一長七黍又律管黃鍾籥一枚容秬黍千二百粒以元尺比量分寸畧同復將實籥秬黍再絫者校

之即又不同朱載堉律學新說又云絫黍有三法曰橫黍一黍之廣爲一分曰縱黍一黍之長爲一分曰斜黍非縱非橫而首尾相銜近胡彥昇樂律表微辨之云劉芳依漢志以一黍之廣爲一分橫黍之說公孫崇變古以一黍之長爲一分即縱黍之說元匡更出己意以一黍之廣度黍二縫以取一分乃是用一黍半周之廣爲一分初無斜黍之說據此言之則絫黍一事從無定準良由古法鮮傳眞黍難得且黍亦未必定中者即有中黍亦復稀稠不齊難于考驗故衆說紛紜若是善乎朱

載堉之言曰上黨秬黍佳者縱絫斜絫橫絫皆與大泉合得此等佳黍然後可用若或不滿九枚錢之徑者慎勿誤用歷代造律而致樂聲焦急其失坐在黍不佳也世有深明樂律之原者訪得羊頭中產積絫求之使無毫釐差忒以校古制庶不惑于繆悠之論乎因著錄是尺輒攷前人異同詮畧于此以俟復古者擇焉

王稚子二石闕

一石下闕存高四尺五寸廣一尺一寸碑陰宋人題記殘字二行正書

漢故兗州刺史雒陽令王君稚子之闕

一高廣與前闕同舊並在新都縣此闕今亾

漢故先靈侍御史河內縣令王君稚子闕

上闕于成都其石室在學官東漢循吏□□□□□□□□□□之新都其石闕在道傍下闕

右雒陽令王稚子二闕王君名渙其字稚子廣漢郪人也東漢循吏有列傳渙舉茂材歷温令兗州刺史侍御史洛陽令以和帝元興元年卒今成都新都縣有渙墓此墓前之雙石闕也趙氏云本傳稚子嘗爲温令而碑作河內令乃史之誤其說非也温者河內之邑河內是郡名無令也碑云河內縣令者以郡爲

尊葢謂河內之縣令爾郎溫也先靈之稱宅碑所無碑中縣字反系作緜洪适隸釋

崇禎十三年太倉黃翼聖知四川之新都縣余案隸釋以二闕字屬之至十七年解縣事歸出此爲贈云二闕已橫卧榛莽中各失其下半截矣此後四川兵戈雲擾人煙斷絕正不知二闕尚存否也洪趙所藏二闕俱有全文故知其名渙歐陽所藏止刺史一闕而又失去王君下二字遂不知爲何人止據稚字去水加隹爲光武以後字定爲後漢人耳苟非洪趙兩君子則今之見二闕者何從知其爲稚子哉丁酉正

月顧苓記黃易小蓬萊閣金石文字

漢王稚子石闕載洪趙二錄甚詳崇禎庚辰余之官新都郎古郫縣道傍二闕儼然在焉癸未余量移彰南命工搨數本以歸中間殘闕共十一字據葛君常云吳中藏本皆同其漫滅自何年已不可攷矣歲次屠維大淵獻如月望日攝六老人識同上

闕在新都縣北十二里官道西墓前高一丈五尺闊三尺厚二尺五寸字逕三寸五分東向按王君闕有二其一云漢故先靈侍御史河內縣令王君稚子闕雍正九年沒於溝水中金石圖

新城王文簡秦蜀驛路後記所錄西闕正面曰漢故先靈侍御史河內緜令王隸書其陰曰西漢循吏云云行楷直下書又云石闕闕字中畫已失之矣然此陰以今拓本驗之乃是雒陽令一闕之陰非河內緜一闕之陰也文簡葢偶誤記耳兩漢金石記

拓本楷書二半行乃王稚子闕之陰殘字也　國朝成都通判陳耦漁祥裔蜀都碎事載此文劉涇所爲也今錄於左

西漢循吏稱文翁葬于成都其石室在學官東漢循吏稱王稚子葬于郫縣郎今之新都其石闕在道傍

然石室依古禮殿得不磨滅而石闕獨暴露骨立可憐歷兩漢千二百餘年間二人爲古今吏師而遺跡亭亭勢參峨嵋氣凛雪山葢官學者所當臣于下風以幸教髣髴而至有未及者其不逮如此予訪古石類得秦石犀石笋漢石室石柱石闕凡物五若犀笋與柱無甚損益事而石闕苟不朽則實二人之甘棠也于是新都令王君天常趣古甚力得予說因請大尹莆陽蔡公爲稚子作屋書榜以昭昏昏按闕面有隸字三十一法度勁古過于鍾梁闕上下有衣冠鳥獸等象僅可辨氣韻精簡過于顧陸并以告來者

此文以今所得殘拓本依其字數度之當是十一行行二十三字也東都事略劉涇字巨濟簡州陽安人熙寧六年進士元符末除職方郎中卒有前溪集爲米元章畫友同上

王文簡所記王稚子二闕此其東闕也云此闕下方上銳疊石如累碁其巔如蓋覆之望之如窣堵波狀疊石凡五層二層刻人物之形三層象虎海馬五層師子也又記後人題字今錄于此

宛丘李昇符季士宏鄒詹權眉張剛壬午歲季冬廿四日龍舒陳□公觀此建中靖國元年洛陽張戩岷

江張剛汴西馬中行同迓大尹清源□行楷橫書在第三層

唐安張察先至

紹興八年秋八□伯疆□漢同徠八分橫書在第四層

建安吳栻□赴鎮明年二月□皆謁漢循吏王□城東秉同之澂□行書直下在第五層

若渥筍與桂□也於是新都□大尹莆陽□桂恐是柱之訛渥當是犀行楷書直下在第五層

金石錄云按後漢書循吏傳王渙字稚子嘗爲溫令而石刻爲河內令者蓋史之誤渙以元興元年卒然則闕蓋和帝時所立也朱竹垞云漢書河內郡有溫縣無河內縣所謂河內縣令者謂河內郡之縣令也史未嘗誤方綱按洪氏隸續已云謂河內之縣令爾即溫也碑中縣字反系作縣今以所見舊拓本驗之信然同上

王稚子闕洪氏隸續所錄凡三見其第五卷第十三卷皆各爲之圖一圖其闕式一圖其畫象也又其第二卷別出雒陽稚子一題云右先置雒陽稚子六字其大小與王稚子闕相若而波磔不越乎規矩之外亦刻於稚子闕上但殘闕不具無先後之序愚案此六字即其額也不應別出一題其置字蓋即霊字之

譌耳又新城王文簡秦蜀驛程後記詳錄闕上題記之文按文簡此記作於康熙卅五年丙子在黃子羽爲新都令倩工拓碑後之五十三年而其時不但雙闕具存且闕上所刻人物象虎海馬師子之形及逐層後人題記之字皆無恙則黃子羽作令時其完好更可知矣然此拓本漫漶太甚蓋出於工人之鹵莽若州字中直之岐出河字下點令字上半皆屬描失且其上數層之文皆置之不拓誠可憾也然洪氏所得拓本又在黃子羽之前五百年而已譌霊爲置則其剝泐已久又可知也前年門人陳和軒觀察入蜀

以拓本見寄則僅存雒陽令一闕及闕後陰之二半行耳然其拓法轉勝於此本以是歎善本之難得而此册雙闕具存尤可貴也予旣重感秋盦所獲之不偶因爲遍考前人著録之文臨寫于後翁方綱跋小蓬萊閣金石文字

王君有二石闕先靈一闕沒於溝水今二拓本並存又有文衲顧苓題記可貴也曰河內縣令者君先爲河內郡温令也曰故兗州刺史者由温令遷也曰先靈者猶言故也曰侍御史者坐考妖言不實罷刺史又徵拜侍御史也雒陽令者由侍御史還爲令也合

二闕而書君居官乃備予斷之曰此温與雒陽二縣民各爲君建一闕故各題其縣不然何以一人有二闕一闕只追書前官而不書卒於其位之官也華陽國志曰明廉侍御史洛陽令王渙字稚子郪人此只書卒於其位之官書法之應爾也書河內縣令而不書雒陽令書法之不應爾也予故曰先靈一闕是温縣民之所建也君之在温也其有放牛者輒云以屬稚子終無侵犯君不以字行而二闕題曰王君稚子者以放牛者猶知其字無人不知其字者矣君以元興元年病卒於洛陽民立祠安陽亭西絃歌以薦食

歌曰孝和帝在時洛陽令王君本自益州廣漢蜀人葢又人人無不呼爲王君者矣乾隆乙巳大雪前七日石公張塤上同

黃小松所藏舊拓本字尙顯存惟緜字損剝趙德甫釋緜作縣謂稚子嘗爲温令而刻石爲河內令者葢史之誤洪氏指河內縣令者以郡爲尊葢謂河內之縣令耳卽温也予以字証之温通作縕隸釋所存緜字卽縕字之轉今此拓本緜旣全沒葢當宋時必亦有殘蝕遂致誤認爲縣案詩飲酒温克禮器温之至也內則柔色以温之漢書義縱傳少温藉義並與蘊

藉同則石刻舊必作縕也稚子見古樂府亦言渙從温補洛陽證史爲非誤雲漢正義温字引定本作蘊授堂金石跋

漢王稚子雙闕今只存漢故兗州刺史雒陽八字餘不可得惟此雙闕拓本尙存二十字久在江寧龔鹿樵家乾隆丁酉董小池雙鉤一本寄贈易數煩石友求取原本越八年乙巳之夏嚴侍讀道甫爲易作緣遂歸小蓬萊閣子羽令新都時值蜀中雲擾讀蓮葢居士集中寇警諸詩想見干戈戎馬之苦幸得歸老江南優遊泉石其手拓片紙自覺可貴今復爲黃氏所有亦一奇也錢唐黃易識於祥符寓館小蓬萊閣金石文字

按二闕已亾其一昶家藏舊拓本先壐一闕尚存全蝕者惟四字耳稚子爲河內溫令而闕題河內組令金石家皆釋爲河內縣令曲爲之說武君億獨云緄卽縕字縕與溫通其論甚核隸書𥁕字作𥁕與梟相似石刻剝落遂釋縕爲緄指爲縣字反文謬也商周器物文閒有偏旁互寫如駒作鴝鄘作𨻳之類不可勝數漢魏甎瓦欵識亦多反文者良以字出模范易於顛倒漢碑皆由當時鐫刻應無此誤且漢人題名大辛郡縣並書碑陰中此例尤夥其有郡縣同名不嫌複出如孔彪碑博陵之

類從未見縣名之下復加縣字者益足見諸家所釋爲未確也蘊縕溫古並同聲詩小宛云飲酒溫克箋云猶能縕藉自持以勝正義云定本及箋皆作溫字舒瑗毛詩義疏云包裹曰蘊謂蘊藉自持含容之義經中作溫者蓋古字通用方言蘊崇積也廣雅薀崇積也說文薀積也引春秋傳云薀利生孽今本昭十年左傳作蘊利又昭二十五年左傳蓄而不治將薀薀蓄民將生心顏氏家訓引郭璞三倉注云䕸蘊藻之類也以薀蓄爲蘊蓄蘊藻爲薀藻皆緼溫相通之證東觀漢紀稱渙除河內

溫令商賈露宿人開門臥人爲作謠云王稚子代未有平徭役百姓喜蓋渙得民心如此

甘泉山漢刻殘字

石三段一豎兩橫據搨本豎者高二尺許廣八寸橫者一廣尺許高八寸一廣二尺許高九寸文各三四字體兼篆隸徑四五寸不等從甘泉山出土今嵌置揚州府學

中殿第廿

右一石四字若廿作二十讀則五字

第百卌

右一石二行橫列三字

口𢉖（下疑保字）

歲（疑歲字）

庚（疑庶字）

𢉖（不可識其文如此）

右一石四行文俱漫漶難辨摹其影迹姑識疑以俟詳攷

先世墓廬在雷塘形家以爲甘泉山之支脉偶於廬北溯二十餘里至山山有惠照寺中多古石尋得三石其有筆蹤可辨者一曰中殿第廿一曰第百卌其一漫漶姑釋其文以俟考江鄭堂云此漢厲王胥塚

中石也甘泉山舊爲厲王墓今土人尙呼爲琉璃王墳琉璃者劉厲之訛也沈約宋書樂志陳思王鼙鼓歌云中殿宜皇子中殿與東宮義相近然則更可證爲胥之物矣若然則是西漢之石攷其時當在五鳳後四年在墳壇之前矣因海內西漢石少而江南更不可得得此甚奇亟爲搨寄述庵先生補萃編所未備 阮元跋

金石萃編卷五終

金石萃編卷六

賜進士出身 誥授光祿大夫刑部右侍郎加七級王昶譔

漢二

永初洗文 洗徑一尺 一行五字

永初元年造

永初元年造

按永初爲漢安帝年號帝以清河孝王子入繼大統年方十三即位之初即頒明詔諸所造作非供宗廟園林之用者皆宜停止是器造于其年其爲宗廟園林之用無疑亦黃司馬見于濟寧者山左金石志

祀三公山碑 碑高六尺九寸五分廣二尺九寸十行行約二十字今在元氏縣

□初四年常山相隴西馮君到官承饑衰
之後□惟三公御語山三條別神迥在領
西吏民禱祀興雲膚寸徧雨四維遭離羌寇
蝗旱鬲我民流道荒醮祠希罕□奠不行由
是之來和氣不臻乃來道要本祀其原以
三公德廣其靈尤神處幽道艱存之者難
卜擇吉□治東就衡山起堂立壇雙闕夾

門薦牲納禮以寧其神神熹其位甘
雨屢降報如景響國界大豐穀斗三錢
民無疾苦永保其年長史魯國顏浮五官
掾閻祐戶曹史紀受將作掾王笧元氏令
茅匡丞吳音廷掾郭洪戶曹史翟福
工宋高等刊石紀焉

□初四年常山相隴西馮君到官承饑衰之後□惟三
公御語山三條別神迥在領西吏民禱祀興雲膚寸偏
雨四維遭離羌寇蝗旱鬲我民流道荒醮祠希罕□奠
不行由是之來和氣不臻乃來道要本祖其原以三公

悳廣其靈尤神處幽道艱存之者難卜擇吉與治東就
衡山起堂立壇雙闕夾門薦牲納禮以寧其神神熹其
位甘雨屢降報如景響國界大豐穀斗三錢民無疾苦
永保其秊長史魯國顏□五官掾閻祐戶曹史紀受將
作掾王笧元氏令茅匡丞吳音廷掾郭洪戶曹史翟福
工宋高等刊石紀焉

此與洪氏隸釋所載光和四年三公山碑不同光和
碑云常山相南陽馮巡字季祖此則云隴西馮君又
其長史令丞之名皆與此不同知非一時所立也碑
首惟初字可辨杭人趙晉齋魏跋此謂通鑑元初二
年先零羌寇河內詔常山作塢堠以禦寇云云然此
是後漢書西羌傳之文在五年春非二年也碑首初
字之上隱隱尚露其半諦視是元字馮君到官承蝗
旱之後乃是安帝改元元初四年丁巳之歲下距光
和辛酉乃有六十五年之遠以此知隴西馮君與南
陽馮君非一人明矣趙君又謂嵩山泰室石闕銘作
於元初五年此刻當與同篆同時按嵩山泰室石闕
銘乃元初五年非四秊而此刻雖是篆書乃是由篆
入隸之漸減篆之縈折為隸之逕直又不必以嵩山
石闕為徵者矣碑中有三條云云與白石神君碑同

三條云者當是玆山之實事而今莫可攷矣趙氏金
石錄云三條莫曉何語此自是闕疑之義而洪氏乃
引尚書正義北條南條中條之說以實之近人刻金
石錄者又以為崇飾之辭皆非也　河朔訪古記云
三公神廟在元氏縣西北三十里封龍山下廟曰天
台三公之廟廟有漢三公山碑一通縣西故城西門
外八都神壇亦有三公山碑一通漢光和四年常山
相馮巡所立按此所謂廟有漢三公山碑一通者即
此碑也　碑以冈為四領為嶺巟為不囂為薦禮為
醴熹為喜偏省其亻疾省其疒趙君云文中三公之

下疑是御字愚按三條下疑是别字醮祠下是希罕
口奠四字三錢上是斗字非外字又弟三行離字之
左半弟七行屢字之下半兼帶行艸之勢是篆隸所
絶無者兩漢金石記
乾隆甲午三通館方輯金石畧長吏搜古碑上之
朝闕西王君宰元氏得此刻在城外野坡石高四尺
二寸廣二尺字泐幾不可辨吳興楊君鶴洲詫其奇
命余辨識得一百九十字闕疑六字知爲漢口初四
年祀三公山文書法勁古與開母少室諸篆刻相類
是東漢中葉書集古金石二錄有漢三公山碑乃隸

書立於光和四年碑今不存此刻在隸碑之前尤可
貴黃易跋
漢元氏有名山六三公其一焉後漢書郡國志常山
國元氏注云有三公塞即此山集古金石二錄載有
三公山碑隸釋存其文凡六百四十餘言額旁又有
封龍君靈山君六大字碑立於光和四年元氏左尉
上郡白土樊瑋子義所立頌中兼美舉將南陽冠軍
馮巡字季祖時馮君相常山故也碑中已有德配五
岳王公所緒四時珪璧月醮酒脯之語蓋三公得法
食在光和二年二月戊子詔書出其縣錢給四時祠

具見無極山碑而樊君僅以得應廉選貢名王室感
恩立銘故不序三公詔祀知二年以前當有禋祀之
者特無明文可考耳今年春吾友黃君小松貽予元
氏古篆碑乃祀三公山文出光和前讀之驚且喜也
首云口初四年常山相馮君後列長史魯國顏校及
工宋高等九八名按西漢有太初東漢有建初永初
元初諸號西漢遭新莽碑石無存者且名例有禁碑
中皆單名知爲東漢無疑考通鑑漢安帝永初二年
先零羌寇河内百姓多奔渡河使朱寵將五營士屯
孟津詔魏趙常山中山作塢堠六百所以禦寇羌既

轉盛而緣邊二千石多内郡人無守戰意皆爭上徙
郡縣以避寇時運旱蝗飢荒而駈蹙刼掠流離分散
隨道死亡不可勝數今碑曰飢衰之後曰遭離羌寇
蝗旱而元氏又隸常山皆與鑑合殆無可疑永初之
後改元初計馮君到官在四年距羌寇後僅六年耳
特文中三公字之下二字疑作御語而後文治東字
之下又似作龍衡光和四年碑有封龍靈山字無極
山碑有龍靈字求之似皆不合豈今古異名耶漫漶
之餘不可臆說當於元氏志中互考之趙魏跋

嵩嶽太室石闕銘

銘高一尺三寸廣四尺六寸五分二十八行行九字惟第三行十字額題中嶽泰室陽城□□□九字篆書陽文今在登封縣

○惟中□□□崇高神君冡土□□岱氣
宸純春生萬物膚寸起雲潤施源流鴻濛
沛宣並天四海莫不蒙恩聖朝肅敬衆庶
所尊齋誡奉祀戰慄盡懃以頌功德刻石
紀文垂顯□□以傳後賢元初五年四月
陽城□長左馮翊萬年呂常始造作此石
闕時□□□○潁川太守京兆杜陵朱寵
丞□夏□陵□□監□府掾卩□□□□
丞河東臨□□□□□臨□張嘉□□昜
□□史□□□□鄉三老嚴壽□□□□
佐石副垂崇高亭長蘇重時臨少陽翟平
陵亭部陽陵格王孟功□車卿王文□潘
□□□□□共□□陽□□□□陽□□
□君□□循□□□□□人康□□□□
□□□人諸師□□□□□□眇下闕

闕在中嶽廟前漢安帝元初五年陽城長呂常造闕左有八分書字雖剝落尚可半識蓋銘詞也按通志金石略載堂谿典嵩高山石闕銘註云熹平四年或

卽是銘而時久剝落書人名氏並月日無可考矣予嘗遊闕下屢搴搨之自惟中至後賢凡八行八分書世傳漢篆而八分書亦復遒勁如此可寶也景日昣說嵩

太室石闕銘今在登封縣中嶽廟南百餘步銘八行年月及職官姓名共十三行完好未圯而其文剝蝕殆半若少室啟母二所卽闕亦隤矣　竝天普天也古人省文金石文字記

按銘詞崇高神君句金石文字記作嵩高按前漢書武帝祠中嶽改嵩高爲崇高後漢書靈帝熹平五年復崇高山名爲嵩高則安帝元初五年崇高爲是說嵩又作帝君□寸起雲句說嵩寸作方聖朝肅敬句說嵩肅作齋□誡奉祀句金石文字記說嵩俱作奉今搨本祇有首行中高三行春生寸起雲潤四行源流五行莫不肅入行顯賢九行四陽十行長始十二行川十三行朱十五行臨十八行壽副十九行崇亭蘇監少二十行陽亭部陽陵二十一行卿王二十四行君三十八字依稀可辨額凡九字三行前二行尚存中嶽奉堂陽城六篆字末行三字似磨損黃叔璥中州金石攷

太室石闕銘宋歐趙洪三家皆未著錄前明崇禎丁

丞虞山始見程孟陽所藏宋本槩跋其後然謂至正
時其石已毀今其闕巋然在中嶽廟前則知虞山之
說非也今顧寧人金石文字記謂銘八行年月職官
姓名共十三行顧南原隸辨因之余以雍正九年七
月得新搨一紙於郃陽褚千峯首有篆額兩行銘八
行年月及職官姓名十行則知二顧亦未嘗親見全
本其謂共十三行者亦非也然孟陽所藏紙墨精古
信是舊搨而剝蝕殆盡今余所得乃是新本且的是
一石而字之存者十得八九蓋不可解又可知顧氏
之云剝蝕殆半者亦非也虛舟題跋

按太室闕銘金石文字記惟中下闕二字則銘詞皆
四言經眼錄及說嵩惟中下闕三字則銘詞首句五
言餘皆四言婁機云史記載始皇凡刻石頌德之辭
皆四字句而泰山辭曰皇帝臨位二十有六年琅邪
臺頌曰維二十六年皇帝作始每稱年者輒五字嘗
見泰山祠石本則書爲廿有六年及得史記宋本皆
廿字此後人傳寫譌耳容齋隨筆嘗辯之韓文公作
孔戣墓志銘孔世卅八吾見其孫亦皆四字句俗本
作五字句皆譌今太室銘詞皆四言而經眼錄摹每
行皆九字對列整齊及得舊搨本每行有八字者有

九字者有十字者參差不對首行惟中下雖糢糊尙
彷彿闕二字四行源流下尙彷彿闕三字若如經眼
錄所摹不惟首句五言與通體不稱且四行源流下
宣字上但闕二字成三字句矣闕額中嶽泰室陽城
六字後闕三字篆書石刻陽文題額下又有篆書漫
漶不可搨泰室字金石攷說嵩作奉堂誤題名呂常
經眼錄作呂營亦誤河南府志
嵩山三闕惟太室闕字差小前銘後系官名各以一
圈標界於首亦金石文所罕見也三闕歐趙洪皆不
著錄近人顧亭林王虛舟吳山夫牛空山四家始錄

之而吳山夫金石文存有少室開母二闕獨無太室
闕牛空山金石圖槪以爲每行九字殊多舛誤顧氏
金石文字記所載太畧王虛舟改正岱祀二字甚允
若弟四行源流下一字王所錄亦未確也弟二行冡
字王亦未敢遽信今方綱諦審似是冡土二字然究
亦未敢質其必然也　並卽普字誠卽戒字崇卽嵩
字顧氏錄作嵩非也按說文有崇無嵩徐騎省新附
字乃有嵩字注曰中岳嵩高山也从山从高亦从松
韋昭國語注云古通用崇字息弓切兩漢金石記
右中嶽太室闕銘顧氏金石文字記始著於錄然所

見止十三行其釋文誤以崇作嵩祀作起近畢氏翁
氏所釋較爲詳審予諦視第十三行丞下似是江字
夏下似是西陵字第十五行河東臨下似是汾字而
第二行翁釋冢土岱氣四字未敢信其必然也少室
闕題名有將作掾嚴壽此有鄉三老嚴壽蓋即一人
由鄉三老辟掾也 潛研堂金石文跋尾
嵩高字作崇見漢時尚無嵩字地理志有崈高縣云
古文以崈高爲外方山也國語夏之興也融降于崇
山韋昭注崇崇高山也據此知經典有作嵩或作崧
皆後人所改矣竝天四海即以竝爲普竝普聲相近

于五音同爲羽也故說文普以竝爲聲徐鉉刪聲字
徐鍇繫傳本有云傳寫誤多之非也地理志崈高有
太室少室山廟賴有此闕以考其遺阯云 中州金石記
按闕陰銘詞崇高神君余至闕下觀闕陽題有中岳
太室及嵩高數篆字皆顯然無訛則當時嵩高崇高
蓋兩稱之韋昭注國語崇嵩字古文通用是也又中
岳泰室今指爲奉堂亦字形之訛闕後兩石人埋土
中僅露其首視之漢製也疑下胸背間必有銘刻屢
告當事者爲發出竟不可得此一憾也 授堂金石跋

嵩嶽少室石闕銘

銘高一尺三寸廣五尺九寸二十二行行四字額
題少室神道之闕六字篆書陽文今在登封縣

上闕 口鼓林芝 上闕 縣日月而 上闕 一行 三月
三日 上闕 郡陽城縣 上闕 興治神道 上闕 一行
君丞零陵泉陵薛政五官掾陰林戶曹
史夏效監廟掾辛述長西河圜陽馮寶
丞漢陽冀秘俊廷掾趙穆戶曹史張 空一
行 詩將作掾嚴壽廟佐向猛趙始

上闕 口鼓林芝 上闕 縣日月而 上闕 三月三日 上闕 郡陽城縣 上闕
興治神道 上闕 君丞零陵泉陵薛政五官掾陰林戶曹史
夏效監廟掾辛述長西河圜陽馮寶丞漢陽冀秘俊廷
掾趙穆戶曹史張詩將作掾嚴壽廟佐向猛趙始

此爲族兄登封令封字慕盧所貽且云在少室東邪
家舖西可摹者二十一行郡陽城縣推之郡字上似
應尙有潁川二字丞零陵以下與啟母闕題名參考
之雖大同小異竟無闕文皆在漢安帝時但有題名
而亡其銘詞其芝林至三月三日似屬所題之尾而
郡陽城一行則起手處也予將搨本校按跋語不可
解者有三蓋可摹者二十一行今缺三行一也闕之
勒字處恐不止四字之高郡陽城上應尙有字日月
上定有紀元或即在前所泐一行二也銘詞有無雖

不可考而興治神道即建闕之詞似以三月三日爲
治道之日未必爲所題之尾三也且末幅張字下全
闕則此闕之泐者多矣葉九苞金石録補
闕在少室東邢家鋪西三里許闕左亦大篆書銘盡
泐不可辨僅一石存諸人爵里姓名數十字與啟母
廟闕姓名相同蓋亦朱寵所建者嵩書曰兩闕石鐫
山水鳥獸之形古拙特甚若出一手所刻銘與題辭
文既簡質字體復毫髮不失古意固知非唐以後人
所能辨也舊志不載而嵩人亦無知此間有字者予
磨洗得之喜而且歎史載漢安帝建光元年大司農

朱寵肉袒上疏爲鄧騭訟冤詔許騭還葬次年改元
延光闕稱延光二年潁川守朱寵造寵或自內謫外
者與說嵩
此闕有銘辭而今僅存二行八字其可辨者五字又
云三月三日而上無年云郡陽城縣而上無郡名亦
亡其上一層矣金石文字記
闕建於漢安帝延光二年三月與開母廟石闕同時
碑亡其年而知是延光二年者以開母廟題名考之
皆同則其同爲一時所立無疑也碑後太室石闕五
年題銘名同者唯嚴壽一人嚴壽在當時爲鄉三老

此爲將作掾上層亡失將作掾三字適在其首未必
果是其官顧寧人竟作將作掾嚴壽恐未是或曰此
闕唯銘前有亡失日月以後俱無闕其曰三月三日
者開母廟石闕已列延光二年此闕蓋即同時所立
故不須復列其年也開母石闕不書日月此不書年
蓋互見也古人文字簡質如此題名以下以開母廟
題名校之官閥名姓皆同則知此以上無闕字也盧舟
題跋
右漢少室神道石闕銘今時拓本少最後三行恭壽
先生本首行多一蕺字次行多一緜字則又葉顧二

家所未及見者也嵩山三石闕太室以隸開母少室
以篆繹泰刻石而後此篆爲最古且係原石非他傳
摹者比金石存
蕺即叢字說文新附字蕺麻蒸也从艸取聲一曰蓐
也側鳩切然非此字兩漢金石記
地里志嵩高有少室山廟唐楊烱少室山少姨廟碑
云少姨廟者則漢書地里志嵩高少室之廟也其神
爲婦人像則故老相傳云啟母塗山之妹也即此圖
陽不作圖見漢時無圖字說文所以不載闕字从欮
此作欮从芊寶字从缶今从尒漢人不拘六書如此

中州金石記

顧亭林云此闕有銘詞僅存二行八字其可辨者五
字曰□□林芝□日月余案林字上實爲蕆字日字
上實爲緜字又戶曹史張此行下仍間一行字過損
脫不可諦識跳行乃接詩字今顧氏連張詩爲一行
非也 授堂金石跋
按此卽金石圖所謂西闕凡六橫額與文並在第
二橫額下第三橫畫走馬人第四橫畫兩螭龍文
下第三橫畫蹋踘及坐視者共四人自詩將作掾
以下三行在闕之側亦居第二橫後畫蟾兔杵臼
形其文大半剝蝕今止存二十二行每行亦止四
字耳昶以文義按之其闕第一橫當亦有字與下
接連今上橫殘闕已甚無一字可見然□蕆林芝
及緜日月而二行斷是銘辭中空一行者或上橫
尚有數字銘文已終因提行別書年月下文與治
神道一行亦此例也君丞一行尚是提行直寫以
後諸人題名乃於第二橫旁綴而下與開母石闕
銘居兩橫而題名止在下橫者其例相同並無缺
字也諸家題跋以蕆林二行爲所題之尾而云銘
詞全泐且云紀年已見開母故不復書皆曲說不

足信戶曹史張下空一行乃刻石時從正面轉至
西側故爲稍留餘地開母闕張詩直寫可驗也武
氏謂此下仍間一行跳行乃接詩字而以顧氏張
詩連讀爲非誤矣

開母廟石闕銘

銘二橫各高一尺八寸五分廣八尺九寸五分二十行行十二字下橫前多題名十行行七字今在登封縣

□□□開母廟興□神道闕時太守□
□朱寵丞零□京陵薛政五官掾陰林
戶曹史夏效監掾陳脩長西河圜陽馮
寶丞漢陽冀祕俊廷掾趙穆戶曹史張
詩將作掾嚴壽佐左福
□□□□□防百川柏鯀稱遂□□□
原洪泉浩浩下民震驚□□□功疏河
寫廟諱九山甄旅□□□文爰納塗山辛
癸之閒三□□入實勤斯民心屯濟阬
□□□正杞繒衞督又讚劉密□□□
亨於藹馮神獮徇飛雉□□其庭原祥
蓂瑞靈支挺生□□□化陰陽穆清興
雲降雨□□□丞宮□不歇所姓乾坤

福祿來返相宥我君千秋萬祀子子孫
孫表碣銘功昭眡後昆□□□□延光
二年　重曰□□□□作辟惪祥溢
而溥優□□□□政勳文燿以消搖
□□□□□雖皇極正而降休□□□
□□穎芬茲楙于圃疇□□□□□□蕳
木連理於芊條□□□□□盛胙日新
而累熹□□□□□化咸來王而會朝
□□□□清靜九域少其脩治□□□
□□福祀聖母虖山隅神□享而餄格
釐我后以萬祺于昌樂而罔極永歷載
而保之

□□□開母廟興□神道闕時大守□□朱寵丞零陵
泉陵薛政五官掾陰林戶曹史夏效監掾陳脩長西河
圜陽馮寶丞漢陽冀祕俊廷掾趙穆戶曹史張詩將作
掾嚴壽佐左福

□□□□□防百川柏鮌稱遂□□□原洪泉浩浩下
民震驚□□□功疏河寫元九山甄旅□□□文爰納
江山辛癸之間三□□入寶勤斯民同心濟阨□□□
正杞繒漸替又遭亂秦聖漢福亨於茲馮神翩彼飛雉

□□其庭原祥符瑞靈支挺生□□□化陰陽穆清興
雲降雨□□□盜守一不歇比性乾坤福祿來返相宥
我君千秋萬祀子子孫孫表碣銘功昭眡後昆□□
□延光二年　重曰□□□□作辟惪祥溢而溥優
□□□□政勳文燿以消搖□□□時雖皇極正
而降休□□□□穎芬茲淋于圃疇□□□蕳
木連理於芊條□□□□盛胙日新而累熹□□□
而□化咸來王而會朝□□□清靜九域少其脩治
□□□□新福祀聖母虖山隅神□享而餄格釐我后
以萬祺于昌樂而罔極永歷載而保之

闕在啟母石正南漢安帝延光二年潁川守朱寵造
其式以石條壘砌如堘而闕其中如門石質粗劣空
處刻雜花紋篆書題名凡三十二行葉封嵩陽石刻記
今在嵩山啟母廟南漢避景帝諱改啟之字曰開嵩
陽石刻記曰今見存篆書三十二行前題名十行行
七字內第三行止六字以少室石闕所列官名參考
之則此十行之上無闕文也後二銘共二十二行前
銘十二行年月一行每行十二字今止存六字後銘
今止存九行每行亦止存六字蓋亡其上一層矣後
銘覩嵩高志所載又闕四句歲屠維協洽莫春予親

至廟下視此石闕井叔所謂闕四句者今又得四行二十餘字以文多不能容故轉而刻於其旁仍亡其上一層也金石文字記

漢避景帝諱改啟爲開史記啟禹子其母塗山氏之女也尚書娶于塗山屈原天問焉得彼塗山女而通之于台桑呂覽禹見塗山氏女未之遇而巡省南土女乃歌曰候人兮猗實始作爲南音列女傳美其彊于教誨然則母也賢矣若夫禹化爲熊塗山氏化爲石石破生啟荒誕不經本于墨翟之徒隨巢子至漢流傳斯嵩山母廟南有石闕存焉也武緩宗爲兒造

闕用錢十五萬比立碑費十倍之洪氏隸續具圖闕狀顧啟母廟暨少室神道未之及者洪氏主于釋隸而二闕銘皆篆文故爾曝書亭集

郃陽褚峻千峯爲余道太室少室諸石闕刻文畫像之蹟甚詳至太室石闕者去中嶽廟前百步在登封縣東八里中嶽太室之神道闕也闕有二其一東闕無文字此其西闕也闕高八尺濶六尺厚一尺有六寸刻銘闕端刻石高八寸濶三尺三寸字徑一寸闕陽銘而陰額銘南向額北向額刻九字其文曰中嶽太室陽城□□□刻石高七寸五分濶八寸字徑二寸六分闕以元初五年陽城潁川諸守長造今其銘後題名可覩也由太室石闕而西過登封縣十里又西南三里許有兩崇闕峩峩東西峙田間西闕三面皆有刻文北面刻曰少室神道之闕知是少室石闕也少室廟今不可見存此闕云刻額高七寸濶七寸五分字徑二寸三分刻額下畫兩人走馬而舞爲角抵戲又畫兩螭龍一龍入於窗中一龍逐而銜其尾亦不知其所謂也銘與題名刻於闕之南面及西側凡十九行横濶三尺八寸並側爲四尺四寸縱高一尺字徑一寸四分銘文可識不可讀疑有斷文也西

側畫一環月爲蟾兔杵臼搗藥之形南面畫索毬而蹋踘者二人坐而睨視者一人跪者一人東闕去西闕五六步東闕畫一獵犬逐兔兔趯趯然可及也又畫一獨角獸一人左手引之而右持鉤鉤象者畫像下有一石刻高一尺濶六寸刻二十四字可見者十九字字徑一寸二分所謂少室東闕題名者也刻文寖下前人皆未及見見而表之者維陽董金甌相函金甌好古士善篆隸東闕刻文畫像之蹟皆北向凡少室東西兩闕高厚濶之數皆相等高八尺五寸濶五尺五寸厚一尺八寸凡兩闕畫像七八二馬一犬

一兔一象一獨角獸二螭龍及月中玉兔蟾蜍之屬諸像極古拙崇福觀者在登封縣北十里觀東二十步相傳爲開母廟舊址開母石闕者延光五年造題名而銘禹蹟銘文四言重曰以下六言儷如賦語別又有四言銘爲季度作所謂季度銘是也闕高八尺五寸濶六尺厚一尺六寸開母銘刻於其陰及東側高二尺三寸字徑一寸八分季度銘刻於開母銘下高七寸五分濶二尺三寸字徑一寸五分開母銘及季度銘刻文皆北向褚峻云開母石闕亦有東闕如太室少室雙闕者東闕無刻文非金石事所重故弗著金石圖

候官李雲龍藏本較顧亭林本前銘每行多三字後銘每行多二字較金石文字記刻本又增四十一字中州金石攷

通前後總計三十五行葉井叔以爲三十二行蓋未見後銘之末二行又未見其最前陽字之一行也王虚舟亦依井叔以爲三十二行者沿譌也予得此銘拓本三十五行之後即接圓欛畫象矣 靈支挺生支蓋借爲叓又借叓爲枝又借枝爲芝也累熹借熹爲熙也返之爲彶則說文注云春秋傳返从彳也又以慈爲茲以獮爲爾以胙爲祚至於挺之手旁作木靜之月脚作肉銘之名作名皆失六書之義當東漢時字學漸已放失此許祭酒所爲興嘆也𡳿字顧王二家俱闕未錄按說文𡳿少也讀若輟正當援是銘以詁義爾兩漢金石記

漢時篆書紕繆自秦隸既行六書之學日微此文鯀作鮌眂从氏條从彳俱別體廣韻作鯀玉篇又有作骸皆後世譌字云木連理于芊條芊亦竿俗字顧炎武以爲芊非也其文之合于古者惟德作悳用本字云則文燿以消搖不从辵按詩河上乎逍遙釋文云本又作消搖據此文則漢時尚不从辵後人改亂經文也云九域𡳿其修治說文𡳿少也讀若輟不知其用意所在廣韻屑凊也𡳿蓋屑之假音音固不必有義惟漢魏人知之 漢書武帝紀云元封元年春正月行幸緱氏詔曰朕用事華山至于中嶽見夏后啟母石應劭注啟生而母化爲石文穎注在嵩高山下元和郡縣志云登封縣東北七里今龕中鑿石像其石漢安帝延光三年立今崇福觀在縣北十里觀東二十步世傳爲啟母廟舊址其石存也又按安帝紀云延光三年潁川上言木連理今文云木連理於竿

條即其事也但紀言木連理乃在三年元和志亦言
立石在三年今石刻作二年甚明未知其故又唐崔
融啟母廟碑記云顧野王輿地志盧元明嵩記以爲
陽翟婦人即太平御覽引嵩高山記昔有婦女妊身
三十月生子五歲便入嵩高學道神明爲母立祠號
開母祠者也據此則非啟母然石銘稱述柏鯀及禹
治水之事其說又古不得爲非豈後世之事有適相
合者邪中州金石記
銘詞已剝落僅存數十餘字惟前題名時太守下闕
兩字下書朱寵案後漢紀朱寵字仲威杜陵人爲潁
川太守今兩字鈌文蓋宜書杜陵朱寵與下丞掾史
爲一例又紀載寵表孝弟理寃獄撫孤老功曹主簿
皆選明經高行者則此銘所記丞零陵泉陵薛政五
官掾陰林戸曹史夏效監掾陳修長西河圜陽馮寶
丞漢陽冀秘俊廷掾趙穆戸曹史張詩將作掾嚴壽
伍左福金石刻伍作佐文字記作伍誤皆一時之選也嵩陽石刻記
以少室石闕所列丞薛政等與啟母廟同顚亭林決
爲一時所立無疑石刻記云同爲漢安帝年間物無疑措詞自不苟顧氏引作一時所立失其指矣今案之啟母闕題名有監掾陳修而少室銘
作監廟掾辛述伍左福又作廟佐向猛趙始蓋其異
者如此則石亦間時而立顧氏或亦未之詳也然兩
銘並列西河圜陽馮寶劉寛碑陰門生石艮鄉長西河圜陽由楨君長于據
韋昭云圜當爲圁續郡國志及太康地理志並作圁
字也而此銘並作圜其承襲舊誤已不起于東漢地
理志圜陰注莽曰方陰師古云王莽改爲方陰則是
當時已誤爲圜字然所以致誤之由竟莫可推尋史
記晉文公攘戎翟居于河內圁洛之間徐廣曰圁在
西河音銀當太史公時字倘未誤三蒼圁作圜後又
檢索隱云鬫邑改爲恂邑圁陰變爲圜陰皆爲聲相
近字變故併志之以見文字轉訛之有自也授堂金石跋

金石萃編卷十八　漢二　三

按啟母石見于漢書顧野王等有陽翟婦人之說
蓋後人不攷漢時避啟爲開之旨有此附會耳楊
炯啟母祠碑云郭璞所謂陽城西啟母石李彤所
謂嵩山南啟母祠隨巢之說有徵鴻烈之言無爽
則啟母有廟其來已舊是時與治神道立闕置銘
觀此文益信輿地記嵩山志之未確矣銘字多剝
落同年畢君沅巡撫河南時命工精拓之尚能識
其十之七八從前諸家所釋舛譌不一如題名中
陳修之陳王澍誤爲修銘中□□□□□防百川
葉封釋作□□□工防䡆百川今審石本似當作

蓜防百川然防上止存車字半旁不敢遽斷爲蓜也震驚之驚牛運震誤作龔江山之江顧炎武黃叔儆及葉本並誤爲漢三□□入之入葉誤爲八王誤爲又杞繒之繒王誤爲繪獮彼之獮牛本及吳玉搢並誤爲搧原祥之原葉誤爲貞靈支之支葉誤爲芝相肩之肩葉誤爲肴表碣之表葉誤爲金黃誤爲念重曰之曰葉誤爲日芬茲淋于圃疇葉誤作芳花樹于圃疇淋字顧王皆誤爲林累熹之累葉誤爲景又如□□□□□□化此句化上石本全蝕葉云慕化黃云恭化二者要有一誤皆由

未見善本也翁氏兩漢金石記所摹最爲精確然杞繒之繒亦誤爲繪䌹謂繒與鄫同鄫亦姒姓之國慨禹後之衰故云杞鄫漸替其爲借用字無疑王氏且於繪下注云疑卽檜字何其疎歟碑又以柏爲百以歇爲竭

延光殘碑

碑高四尺二寸廣二尺五行字數不可紀今在諸城縣

上闕 是吾字安都 下闕 上闕 維思寡居廿年都 中闕 拜都官

中黃子弟長 中闕 萬業其功譽恒 上闕 元好延光四年八

月廿日庚戌造

文五行弟一行起處倘似延光四年字中間有琅邪二字下云是吾字安都弟二行上半有子字下云維恩寡居廿年弟三行首一字應從牛氏金石圖是都字下半云拜都官中黃弟四行上云子少□長少中間有平字下半云萬業其功譽恒弟五行依諸城志可見者十四字示好延光四年八月廿一日庚戌造

右漢延光殘碑諸城志云康熙六十年修超然臺得自土中移置縣治宅門外亦弗能珍也乾隆十二年壽光知縣宮懋讓勘災至縣辨爲漢隸椎拓以去越二十七年宮君來知諸城乃嵌於內堂之東垣構

小亭護之而碑顯矣碑字徑二寸或長或短塡其格無餘地其上橫三字則篆體矣蓋額也揣其文義似吏民頌長官之辭而不辨何者爲姓名可惜也方綱按其上有橫畫一線此上是五字非三字也又按是碑與近日元氏出土之三公山碑字勢相似蓋在篆初變隸之時是謂兼篆法之古隸碑額亦同諸城志獨以篆目其額尚未盡也又按漢安帝延光四年乙丑以安帝本紀是年三月戊午朔驗之通鑑目錄所載二月戊子朔六月丙戌朔九月乙卯朔皆合則八月廿一日必非庚戌矣然延光年與庚戌字皆極分

明月日亦皆無誤則又何也存以闕疑可矣兩漢金石記

元得舊拓本中間泐處尚有可辨者如第一行是吾上二字似神君第二行維恩上間二字是延平下一字作廿頭左旁从卩又下一字左旁亦作卩玩其文義此君之父卒於延平初其母寡居至延光四年適符廿年下稱曰我都官乃吏民頌述其子之辭惜姓氏無傳耳此碑類嵩山延光殘刻屈曲古勁若符印文所謂繆篆是也碑額橫書首似孔字山左金石志

金石萃編卷六終

金石萃編卷七

賜進士出身　誥授光祿大夫刑部右侍郎加七級王昶譔

漢三

孝堂山石室畫象題字

石室三間在肥城縣畫象共十幅石高廣尺寸不一今分注各幅之下無字者不錄其圖說已詳諸家跋中亦不贅述後皆倣此

第三幅 高三尺廣八尺題字二處

泰山高令明永康元年十月廿一日敬來觀記之

胡王

第六幅 高廣尺寸與第三幅同題字二處

安吉

手原濕陰邵善君以永建四年四月廿四日来過此堂叩頭謝賢明

第七幅 高三尺七寸廣八尺四寸題字一行

成王

第十幅 高一尺四寸廣六尺八寸題字一行

大王車

郭巨墓石室說見金石錄跋北齊隴東王孝感頌之文其文曰隴東王者胡長仁也武平中爲齊州刺史

道經平陰有古冢詢訪者舊以爲郭巨之墓遂命僚
佐刻此頌焉墓在平陰縣東北官道側小山頂上隧
道尚存惟塞其後而空其前與杜預所見邢山上鄭
大夫冢無異冢上有石室制作工巧其內鐫刻人物
車馬似是後漢時人所爲余自靑社如京師往還過
之屢登其上按劉向孝子圖云郭巨河內溫人而酈
道元注水經云平陰東北巫山之上有石室世謂之
孝子堂亦不指言何人之冢不知長仁何所據遂以
爲巨墓乎今以畫象拓本合趙氏此跋驗之則畫象
題字所謂來過此堂叩頭謝賢明者未識其果爲郭

巨墓否也顧亭林金石文字記未見隴東頌額遂
据其文直題曰孝子郭巨墓碑則尤失於考耳　郭
巨墓石室畫象題字平原濕陰云云廿六字又隸書
安吉二字永建是漢順帝（西涼李恂永建無四年）則此畫更在
其前其云來過此堂叩頭謝賢明者似是邑人故吏
過而感誦之詞中閒又有安吉二字亦過此者所刻
祝其安神之義也後漢書郡國志平原郡有濕陰濕
水所出也濕陰前志作漯陰應劭曰漯水出東武陽
東北入海師古曰漯它合反說文濕水出東郡東武
陽入海从水㬎聲桑欽云出平原高唐徐鍇曰漢書

濕水東北至千乘入海㬎乍合反故从㬎聲也濕俗
作漯字此與燥溼之溼迥不相同韓勑修孔廟禮器
碑有平原濕陰馬瑤元冀韓勑後碑有平原濕陰王
宣元威皆卽其地也　右畫三人中一人沖幼端拱
而坐左右二人夾輔拱向蓋周召二公也按周召分
陝之事或曰成王時或曰武王時或曰文王時史記
燕召公世家其在成王時召公爲三公自陝以西召
公主之自陝以東周公主之此成王之說也樂記武
始而北出再成而滅商三成而南四成而南國是疆
五成而分周公左召公右六成復綴以崇天子鄭氏

曰五奏象周公召公分職而治也故此經曰總干而
山立武王之事也發揚蹈厲太公之志也武亂皆坐
周召之治也此武王之說也鄭氏毛詩譜文王受命
作邑于豐乃分岐邦周召之地爲周公旦召公奭之
采地施先公之教於已所職之國正義曰文王旣遷
於豐而岐邦地空故分賜二公以爲采邑也言分采
地當是中半不知孰爲東西或以爲東謂之周西謂
之召事無所出未可明也知在居豐之後賜二公地
者以泰誓之篇伐紂時事已言周公樂記說大武之
樂象伐紂之事云五成而分陝周公左而召公右明

知周召二公竝在文王時已受采矣文王若未居豐則岐邦自爲都邑不得分以賜人明知分賜二公在作豐之後且二南文王之詩而分繫二公若文王不賜采邑不使行化安得以詩繫之故知此時賜之采邑也此文王之說也方綱嘗綜合而考之孔疏以爲周東召西事無所出則别無可證之條也而周書君奭正義又曰成王即政之初召公爲保周公爲師輔相成王爲左右大臣此條正與史記燕世家成王時分陝之說相合矣乃其爲詩譜疏則引樂記之文曰五成而分陝樂記之文固未嘗有陝字弟云周公左

召公右而已弟云周召之治而已蓋特舉以文止武言之而未嘗詳及於分陝之職至於書序乃曰召公爲保周公爲師相成王爲左右馬融云分陝爲二伯東爲左西爲右而孔疏又曰周官篇云立太師太傅太保茲惟三公則此實太師太保而不言太者意在師法保安王身言其實爲左右爾不爲舉其官名故不言太也經傳皆言武王之時太公爲太師此言周公爲師蓋太公薨命周公代之於時太傅蓋畢公爲之於此無事不須見也据此則周召之分左右東西實在輔成王之年其樂記於武王樂言之者乃統合

前後以文止武之義而詩譜分采邑乃其始事耳孔疏引樂記誤多陝字故辨之如此或曰此据大戴記云太公左召公右也此說亦通兩漢金石記

第一幅在石室南向正面之東畫像自右而左右刻方勝文錯綜如簟文横直二邊刻錢文二枚三枚相間以線貫之文界横直二線岑樓二層左右各有阿閣二層瓦櫛上俱綴鳥獸而左閣畫一鷹搏兎狀鱗瓦直文皆作曲筆樓之上層九人相向而坐下層中縣弧矢左右執版立者十二人右閣中層二人執版下層四人執簡策俱左向立左閣無之又左岑樓二

層形制同前秪存簷柱一邊上中下及柱外人物全存者十二人半存者三人最下一層車坐二人後隨一馬車前已闕樓下層縣弧矢處有定州王郡孫字左閣下柱有十二月十五日字左樓下柱有全文字蓋皆後來遊覽者所刻也　第二幅在石室南向正面之西似連前幅而左右仍分列也右邊樓下有孫相二三字左有室弋主三字右閣下柱有王字左樓下層七八中間有王回字左閣下柱有建字壁字左邊有而字生字亦皆後人題之　第三幅未詳所向畫自右而左上層中列五人俱峩冠盛服右三人左

八人皆執笏侍左首四人後有小八分三行題云泰山高令明永康元年十月廿一日敬來觀記之頗有褒斜道碑筆意如長戟快刀互相撐拄也又閒一人內題小字一行惟山陽二字可辨又左一人冠服立左侍三人右侍四人又左闕下半惟左右向者五人可見中層營帳數重皆有兵士執弓向左立又有乘騎出帳射者帳外坐一人背題胡王二字類曹全碑此與後幅成王相大王車確是初畫像時所刻餘俱後來續題也胡王前有一人執笏向跪旁有甲士三人執弓侍立後又二人相向坐中置一几各執二笏

上有物如珠餘皆作戰馬交馳戈刀擊刺狀又左一人右向坐三人反縛跪向之若鞫訊狀旁置一架插二斧縣三人頭旁有執刀立者下層畫出獵狀四人荷畢驅羣鹿一人在前似搏虎虎後一豕左二人乘車捕之一張弓一持戈又左殘闕但存五六人及簷柱形而已其後人題字則上段中幅有不彡牛字左三人內有汜字又有庾其連榷乃歸等字最左有北十里字　第四幅無題　第五幅在石室東閒西面東向畫升鼎故事中閒河道甚寬兩岸各四人曳繩岸側壘方石爲礀一舟二人一執櫂坐一持竿升鼎

鼎作傾側狀有足有耳左耳繫繩貫於河口植木之上穿闕楔孔而出四人曳之右耳已斷其耳尚在繩端穿於石岸木上四人曳之則寬無力矣又有三舟舟各二人左右舟皆持槳閒坐惟舟中作捕魚狀礀左飛五鳥又一鳥落地二人對坐中置弩弓礀右二鳥二獸鳥有雙頭有三人頭者獸有二人頭相對有二人頭在首尾相背者其上一樹花葉相交二鳥飛翔一人射之人旁題字一行云景明二年口月十二日口口口景明爲北魏宣武帝年號礀上平頂處右立二人左俯三人下層三車三馬皆無蓋右行車各

坐二人有執符者後從二人一騎一步前道三人二騎一步又一人執版向左俯迎步道二人後題一行云景明二年十月左邊從騎之後存一王字　第六幅在石室西閒東面西向中畫大橋有闌闌左右各植一竿竿頂方斗各集一鳥旁有數鳥隨之上銳處有二龍首下垂中坐一人周遶雲氣殆神佛也橋正中一車右行顛蹷一馬一人曳其繩衣冠者御者各一人俱墮橋下河中四舟舟各二人竝舉篙向上作救援狀舟旁羣魚繞之橋上馬前更有一無鞍馬空行蓋兩馬駕車而逸其一也橋右三騎向左行左五

騎向右行一人執戈步從五騎中執戈者三人橋下左邊題永建四年八分書七行字徑一寸永建漢順帝年號題云來過此堂則堂之建立已久矣橋下石題八分書安吉二字筆意同上亦一時所刻因見墮車者已得救援祝其安神之義然則畫象非永建時所刻明矣上圓堂內有後人題細字一行云山東濟南府濟南衞旁有郭祥字濟南稱府自金始也其右有南陽張字橋右闌有南陽字有尚字其右三騎上有安字有泰山安德與字　第七幅在右室西間東向橫列五層上一層二人向右一執物一兩手上舉

皆有雲氣繞之執物者右一人端坐又右左向二人手執物右向三人舉手者左有四人右向皆執物二層屋一楹簷口懸弧中坐一人執弓左柱內外二人相向立在內者手執物屋左一車右行中坐一人手執雙物如鎚其端有孔車上一索貫四星下覆車前四人曳行又一人足一屈一伸兩手執器而吹器作一榦八剌狀車後四人隨行內一人兩手舉盆以頭承之盆中栽物如蘭葉一人荷物如榦餘漫滅屋之右柱外二人執版向左立又二人手足桎梏右向其右四人皆相向有執刀者第三第四層從左起兩車

兩馬向右並行車中各坐二人騎從步從皆二人騎導步導皆四人又前一駝一象駝左立二人駝後立一人象左立四人俱執物如鉤象項下繫物如筐駝象前三人執弓步導四人騎導俱右向又前二人執版左迎內一人首題八分書相字與前幅胡王筆意正同此後又有執戈者四人執版者四人俱左向立第五層中一人正立上題八分書成王二字與上層相字同其右執笏分左右相向侍者十七人左執笏右向侍者八人十七人之右又一人彎弓右向旁立二童子其前一人負畢向右行又一人皆綴禽魚此

下尚微露車蓋馬蹄及廚傳雞魚影迹惜拓本未全其第二層四人曳車下有尻日二字三層車馬前有王瑑璋日十至六字四層二人執戈前導中有先天二年十月廿五日九字可辨五層成王左有來觀字人字又間三人有侯泰興口興二年三月三日字第八幅無字　第九幅中畫二車各二馬車中各坐三人二騎前導十二騎後從有佩弓矢者有吹器者後一騎執物似鎚馬上復植一器後車前各有一飛鳥後車前題十ネ二叟三月等字皆後人所爲也第十幅一車駕四馬有桯有蓋鏤刻工細車坐一人

一人執轡車蓋左題曰大王車與前成王諸題同騎
從四人騎導十二人前有二人步導手各執物近車
二導騎之前有一車駕二馬一人御車廂哆口如箕
中坐四人各相向如作樂狀車中植一柱擎物似鼓
下繫二鈴旁各立一人舉物作跳舞擱鼓狀柱端有
蓋二帶下垂此車前後亦有後人題小山上紆及來
遊等字　以上石室畫象凡十幅皆前泰安令江君
淸文子鳳彝親至祠下手搨以歸并繪圖記之有未
詳者蓋偶略耳郭巨埋兒事出搜神記但據北齊隴
東王感孝頌云分財雙季獨養一親客舍凶弭兒埋

福臻則當時埋兒別有客舍弭凶之事亦不似搜神
記所言矣縣志載孝堂山上有石屋漢孝子郭巨葬
母之所感孝頌又云郭巨之墓馬鬣交阡孝子之堂
鳥翅銜阜又似指爲郭巨葬所也陽曲申大令兆定
云孝堂山畫象舊說是郭巨石室案諸家金石書載
李剛魯峻武氏皆有石室畫象大都雕刻聖賢故事
及其人所歷官職如李剛刻云君爲荆州刺史時魯
峻刻云祀南郊從大駕出時又云爲九江太守時武
氏刻云此君車馬君爲都口時君爲市掾時爲督郵
時皆明證也此畫象中騶騎步卒大車屬車鼓車儀

衞甚都雖無題識要非郭巨墓中應有而斬馘獻俘
覆車墮河二段亦非無謂而作覆車著戒固是古人
用心然一車兩馬騶從如雲非泛常可比意者卽爲
墓中人實錄未可知也元案此論甚確前幅永建題
字有來過此堂叩頭謝賢明之語賢明乃感頌之辭
似非爲郭巨而作後人失傳以堂近郭墓遂皆沿爲
郭巨之墓耳山左金石志

敦煌太守裴岑紀功碑

碑高四尺二寸廣一尺八寸五分六行行十字今在巴里坤關帝廟前

惟漢永和二年八月敦煌太守雲中裴岑

將郡兵三千人誅呼衍王等斬馘部衆克
敵全師除西域之灾蠲四郡之害邊竟艾
安振威到此立德祠以表萬世

碑在西塞巴爾庫爾城西五十里地名石人子以碑
上銳下大孤筍挺立望之如石人故也雍正七年大
將軍岳鍾琪移置將軍府十三年徹師又移置漢壽
亭侯廟金石圖

是碑土人有重刻者其眞本多爲搨手描失故眞本
亦往往不同然必其有描失之痕者乃是眞本若其
無描畫之迹而有失誤者則非眞本牛眞谷云是碑

以篆爲隸然是由篆變隸之漸漢碑多如此　庂卽灾字變灾爲庂猶寓作庽也重刻本或譌作疢而金石圖誤因之牛氏又訛艾爲叉文義乖違此其最甚者也蓋摹本旣非一本如兵字之上半裴振表字之下半諸搨本往往有誤而未若牛氏所摹之尤甚耳

四郡者卽所謂河西四郡武帝所置也延光二年尚書陳忠上疏云敦煌置校尉增四郡屯兵以西撫諸國是也敦煌太守本以治西域事而呼衍王在北爲之犄角其在前則陽嘉四年呼衍王侵車師後部漢發兵救之掩擊於勒山不利者卽敦煌太守也其

後元嘉元年漢吏士四千餘人出塞至蒲類海呼衍王聞而引去漢軍無功而還者亦敦煌太守也惟是年雲中裴岑斬馘部衆爲前後罕見之績而史顧闕焉何也　是碑重摹之本亦在巴里坤未可以得自塞上者遂爲眞也長洲顧蘆汀文鉷重刻於濟寧者乃作立海祠蓋亦非從眞本出耳　兩漢金石記

按漢自安帝以後北匈奴呼衍王常展轉蒲類秦海閒專制西域共爲寇鈔及班勇爲長史破平車師西域稍通順帝陽嘉四年春呼衍王復將二千人攻後部破之當是時呼衍之勢日張岑能以郡兵誅之克敵全師紀功勒石可謂不世之奇績矣而漢史不著其事蓋其時朝多秕政妨功害能者衆而邊郡之文簿壅于上聞故也　潛研堂金石文跋尾

考漢書順帝永和二年二月鮮卑寇遼東護烏桓校尉耿曄率南單于擊破之六月西域長史班勇敦煌太守張朗討焉耆尉犂危須三國破之並無裴岑克敵之文夫將兵克敵誅其名王厥功偉矣乃見遺於史官功名顯晦豈非命乎　申兆定涵眞閣漢碑文字跋

按是碑在巴里坤城西北三里關帝廟前巴里坤今已譯改爲巴爾庫爾亦爲巴爾庫勒於前漢爲

匈奴東蒲類王茲力支地後漢屬伊吾盧地後魏屬蠕蠕隋屬伊吾郡後入突厥唐屬伊州伊吾縣明屬瓦剌詳見　欽定西域圖志中其地西北山麓檻泉競發分爲三支匯入於巴里坤淖爾卽漢蒲類海也碑稱永和二年爲後漢明帝十二年史傳不著其事蓋當時敦煌郡人爲裴岑建祠而立乾隆二十二年平定伊犂裘文達公奉　命按行其地親見是碑得拓本歸遂顯於世後求者頗衆戍卒模搨以爲利好事者惡其剜損刻一本以代之故近搨非眞本也祀在關中門人申子兆

定重摹一本勒石碑袜蒼勁幾亂眞故亦爲時所
愛申子又嘗重摹東漢仙集留題字卽刻于表岑
碑陰云

仙集留題 石高二尺五寸廣如之二行行六字又後人題字前後二行正書今在簡州逍遙山

東漢仙集

漢安元年四月十八日會仙友

留題洞天

余於吳國華故侯家得漢安元年四月十八日會仙友十二字書法妙甚其事雖未可信然非漢人手筆不能也未審其石在何所亦未見他書載其事存之以志異聞庚子銷夏記

右碑前正書東漢仙集四字另一行隸書漢安等十二字後正書留題詞三字按漢安爲順帝年號是時尚無正書此必勒在山崖斶壁後人增書之也碑在簡州逍遙山石室丹竈尚有存者金石錄補

此刻惟見於關中來濬金石備考云在四川簡州逍遙山石窟而王象之輿地碑目於蜀碑最詳亦未之及也漢安爲順帝改元壬午之歲所謂仙友者特道流之詞姑取以備漢隸一種爾兩漢金石記

按此碑余族弟啟焜所貽啟焜字南明由成都縣爲簡州知州嘗親至其下搨之惜石質麤劣搨不能工然爲漢人書無疑也東漢仙集留題洞天八字疑是宋元人所刻拓本甚清葉九苞未見天字釋爲留題詞誤矣

北海相景君銘

碑高九尺廣三尺三寸十七行行三十三字額題漢故益州太守北海相景君銘十二字篆書今在濟寧州學

惟漢安三年仲秋□□故北海相任城景
府君卒歍歔哀哉國□□寶英彥失疇列
宿虧精晚學後時于何穹倉布命授期有
生有死天寔爲之豈夫仁哲攸剋不遺於
是故吏諸生相與論曰上世羣后莫不流
光□於無窮垂芳燿於書篇身歿而行明
體亡而名存或著形像於列圖或數頌於
管弦後來詠其烈竹帛敘其勳乃作誄曰
伏惟　明府受質自天孝弟淵懿帥禮
蹈仁根道核藝抱淑守眞鳥白淸方剋己
治身寔深寔黜乃武乃文遵考孝謁假階
司農流惠元城興利惠民強衙改節微弱

蒙恩咸並澤宣化行如神帝嘉厥功授以
持命守郡益州路遐率親躬伦遜讓夙宵
朝廷建英忠讜辯秩東行璽追嘉錫援北
海相部城十九郡邦歸向分明好惡先以
敬讓殘僞易心輕黠踰竟鴞梟不鳴分子
還養元元厥慮蒙祜以寧蓄道循憲口祉
以榮紛紛令儀明府體之仁義道術明府
膺之黃朱邰父明府三之台輔之任明府
宜之以病被徵委位致仕民口思慕遠近
搔首農夫醳耒商人空市隨舉飲淚柰何
朝廷奪我慈父去官未旬病乃困危珪璧
之質臨卒不回歍缺賈絕奄忽不逮孝子
惸惸顛倒剝摧遂不可寤永潛長歸州里
鄉黨隕涕𣧑哀故吏咖怛歍欷傷佪四海
冠蓋驚惶傷襄大命所期宴惟天授明主
設位明府不就臣子欲養明府弗留餘歍
哀哉
亂曰孝積幽穸口口口兮口口口口翔議
郎兮再命庯將綏元元兮親英絜謨主忠
信兮羽衛藩屏撫萬民兮口口口口息彌

盛兮宜參鼎輔堅幹楨兮不永靡壽棄臣
子兮仁敷海口著甘棠兮口石勒銘口不
亡兮

碑陰 共四列各十八行惟第四列二行末二行行四十二字

故中部督郵都昌羽忠字定公
故門下督盜賊劇騰頌字射達
故門下議史平昌蔡規字中舉
故門下書佐營陵孫榮字卉榮
故門下書佐淳于逢訢字口成
故騎吏劇瞽麟字敬石
故吏朱虛孫徵字武達
故吏營陵薛逸字伯踰
故吏營陵慶鴻字中口
故吏都昌呂福字孟口
故吏都昌張暘字元暘
故書佐都昌羽質字孟衡
故書佐朱虛鞠欣字君大
故書佐平壽淳于闓字久宗
故書佐營陵徐曾字曾華

故書佐都昌張肜字翔甫
故書佐淳于孫悝字元卓
故書佐營陵鍾顯字槐寶
行義劉張斂字公輔
故書佐劉秉禹字佰度
故書佐東安平閭廣字廣宗
故書佐劉紀政字孟堅
故書佐淳于孫晄字威光
故循行都昌台丘遷字孟德
故循行都昌董方字季方

故循行營陵留恭字漢興
故循行都昌冀遷字漢久
故循行營陵是盛字護宗
故循行營陵多遷字武平
故循行營陵臨照字景耀
故循行都昌張駿字臺卿
故循行營陵淳于豈字豈成
故循行營陵顏理字中理
故循行營陵水丘郃字君石
故循行都昌呂興字孟興

故循行都昌逢進字孟安
故書佐劉徐德字漢昌
故書佐劉姚進字元豪
故書佐劉邴鍾字元鍾
故書佐都昌張翼字元翼
故循行都昌張耽字季遠
故循行劉中香字季遠
故循行平壽徐允字佰允
故循行淳于趙尚字上卿
故循行都昌殷晉字孟節

故循行都昌齊晏字本子
故午營陵是遷字孟達
故午營陵留斂字元成
故午淳于董紘字元祖
故午營陵繻良字孟騰
故午朱虛炅詩字孟道
故午都昌台丘遷字孟堅
故小吏都昌齊冰字文達
故小吏都昌張亮字元亮
行三年服者凡八十七人

豎建碑碣惟故臣吏愼終追遠諒闇沈思
守衛墳園仁綱禮備陵成宇立樹列既就
聖典有制三載已究當離墓側永懷靡既
文不可勝以義割志節著遺辭以明厥意
魂靈瑕顯降垂嘉祐

右漢北海相景君銘漫滅多不成文其可見者云惟漢安二年北海相任城府君卒城下一字不可識當爲景也漢功臣景丹封櫟陽侯傳子尚尚傳子苞苞傳子臨以無嗣絕安帝永初中鄧太后紹封苞弟遽爲監亭侯以續丹後自是而後史不復書而他景氏亦無顯者漢安順帝年號也君卒於順帝時蓋與遽同時人也碑銘有云不永麋壽余家集錄三代古器銘有云眉壽者皆爲麋薵古字簡少通用至漢猶然也集古錄

右漢景君碑陰按後漢書百官志注河南尹官屬有循行一百三十八人而晉書職官志州縣吏皆有循行今此碑陰載故吏都昌台邱暹而下十九人皆作脩行他漢碑及晉碑數有之亦與此碑陰所書同豈循脩字畫相類遂致訛謬邪碑陰又有故午營陵是遷等六人名姓莫知其爲何官又台邱不見于姓氏書

惟見于此者兩人云金石錄

右漢故益州太守北海相景君銘篆額濟州任城有景氏三碑皆不著其名字景君嘗爲司農宰元城刺益都相北海以順帝漢安二年卒其前已有誄曰其後有亂曰者亂省其乙也其文曰宜參鼎䡅字書無䡅字當是借作拂取輔拂之義趙氏云碑陰載故吏自都昌台邱暹而下十九人皆作脩行漢隸循脩二字頗相近恐是借用爾予蓋未見也碑以倉爲蒼以渘爲柔以衙爲禦以醳爲釋以憧爲慟以麋爲眉貭卽質字孌卽戀字恧卽惡字叔卽弃字裹卽懷字奔卽棄字隸釋

右碑陰三列故中部督郵故門下督盜賊故門下議史各一人故門下書佐二人故騎吏一人故吏四人故書佐十五人行義一人故脩行十九人故午六人故小吏二人第三列姓名之下又云行三年服者凡八十七人末以兩行刻四言韻語十八句循脩二字隸法只爭一畫書碑者好奇所以從省借用趙云故午者莫知其爲何官案百官志載郡縣吏屬自曹掾之下有書佐有循行有幹有小史此碑故午六人在循行小史之閒隸文幹字其旁从二从干或从一从午葢是幹字省文婁壽碑朱爵司馬亦官名也省爵爲时脩字皆省作攸亦此之類嗚呼三年齊斬天下

之通喪也西都以日易月羣下化之短喪廢禮薛宣謂三年服少能行之者兄弟相駮晔乖異同翟方進續母既葬三十六日除服視事薛翟二公當時皆在相位降及東都上下一律安帝始聽大臣二千石刺史行三年喪不四年復斷威宗嘗聽刺史二千石行三年喪不五年亦斷見之碑碣司隸魯峻以母喪乞身徒議郎則解組居廬僅行于下僚爾繁陽令楊君上虞長度尚以叔父憂西鄂長楊弼以伯母憂思善侯相楊著以從兄憂廣平令仲定以姊憂皆解官而歸趙圉令有兄之喪則不應司徒府之辟當其時二

千石已上不行三年之服而令長小 以下缺 隸續

趙氏謂後漢書百官志注河南尹官屬有循行一百三十人而晉書百官志亦有循行以爲循脩字畫相類遂致譌謬予謂景君碑刻于漢而後漢書舊皆出傳録則以脩爲循者特傳録之誤耳趙氏不信碑本而信漢書且復引晉書爲證殊不知晉書脩于唐其亦曰循行蓋仍漢書之誤而云然也 金薤琳琅

此碑殘缺幾不成文考集古録蓋自歐陽永叔時已然而都元敬乃録其全文只缺三十字不知何據元敬又云家藏漢碑不完者皆以洪丞相隸釋足之此是耶 石墨鐫華

北海相景君銘地志不載何年所立以予考之元天歷間幽州梁有字九思曾奉敕歷河南北錄金石刻三萬餘通上進類其副本爲二百卷曰文海英瀾于濟得漢刻九于泗水中葛邏祿迺賢寄以詩云泗水中流尋漢刻泰山絕頂得秦碑閱歐陽趙氏著錄斯碑本在任城其移置于學者必天歷間矣碑辭漫漶其陰旁右壁工以不能椎拓辭予廼南池三宿強令拓之題名有督郵督盜賊議史書佐騎吏吏行義脩行午小吏暨其云午者不載于續漢書百官志即趙

氏亦不知也廣韻詮邱字稱漢複姓凡四十有四引何承天姓苑漢有司隸校尉水邱岑而斯碑有脩行水邱部營陵人又有脩行都昌台邱遷故午都昌台邱遷則在四十四姓之外亦足資異聞也已 曝書亭集

王元美曰益州部當言刺史不當言太守額曰銘辭曰誄亦屬未妥予按漢人碑版多不可曉如孔彪已自博陵太守遷河東太守而碑額尚題漢故博陵太守孔君碑魯峻自司隸校尉遭母憂服竟拜屯騎校尉而碑額亦題漢故司隸校尉校官碑前有誄曰後又有敘曰與此碑額曰銘辭曰誄皆莫詳其故不知

潘昂霄金石例于此云何也　碑陰後有韻語一十八句中一行云行三年服者八十七人聖人制禮過不及皆非所宜三年之喪惟父母用之下此以漸而殺無敢紊焉顧漢人制服多有相反者元初開始聽大臣及二千石行三年喪至建光元年復禁不許肅宗時越騎校尉桓郁以母憂乞身詔公卿議皆以郁身爲名儒學者之宗可許之詔聽以侍中行服後其子焉爲太子太傅以母憂自乞聽以大夫行喪是三年之喪固不得盡人行之矣而繁陽令楊君則以叔父薨去官荊州刺史度尚以從父憂去官郃陽令曹

全以同產弟憂去官則又何也且更可異者三年之喪在位卿大夫不得致之于親而故吏故民又往往用之于其長如此碑云行三年服者八十七人費鳳之故吏戚忠縗麻扶杖魏元丕之故吏嚴較等不遠萬里斷制縗裳高頤之臣吏黎庶縗絰墳側其越禮過情有如此者（金石存）

右景君碑誄後亂曰宜參鼎𨋎洪氏云字書無𨋎字當作拂解按漢隸多通用如紱亦作紼此𨋎字應作軷鄭氏曰山行曰軷取封土爲山之象以祭神道也蓋騐景君之德望重如鼎高如山宜參云者應在台鼎之位樊敏碑模楷後生宜參鼎鉉者是也　按孝景將侯王氏修侯犯色師古曰脩音條地理志勃海郡脩市應劭曰脩音條脩條字畫相類亦致訛謬則循脩二字其因字畫傳寫之誤無疑兩漢官制郡國屬吏無名午者河南尹員吏有百石卒吏二百五十人碑稱故吏列于書佐後者卽此卒吏或謂午字乃卒字之訛予嘗至景君碑下詳審午字並無剝文金薤琳瑯釋此碑陰姓名遺行義劇張敏字公輔故書佐劇（下二字疑）字伯度而台邱遷則誤爲吕立遷何也韓勑碑有行義掾不知爲何官不稱故者惟敏耳古人

命官多因前代表志或緣其名或用其義因憶前書註漢官典儀職云刺史周行郡國以六條問事安知不以條行爲官名其職主于察治耶條侯條市皆訛爲脩則此或從條字而訛未可知也趙氏以台邱爲復姓之奇碑又有术邱鄭字君石其姓亦僅見耳（金石後錄）

碑文以麋爲眉以倉爲蒼以渘爲柔以醳爲釋以𨋎爲拂皆古字畫之通其以衙爲禦則古字音之通也有誄又有亂亦唐以後碑所希碑陰一通見於趙德夫所著錄而洪文惠公未之見乃予家三本皆有之

葢舊搨之完善者 全祖望鮚埼亭集

碑雖漫漶計其闕者二十三字耳而歐陽公遽以爲漫滅多不成文其名氏邑里官閥皆不可考不知碑實無其名氏邑里非因闕泐所致也　是碑前以歍歔爲嗚呼後又以歔欷連文亦其一證　碑陰人名淳于闓淳于登之淳于皆姓也淳于逢訢淳于孫悝淳于孫晄淳于趙尚淳于董純之淳于皆縣名也後漢書郡國志北海國有淳于永元九年復　碑陰人名之邑凡八劇營陵平壽都昌淳于平昌朱虛東安平皆隸北海國者也　百官志注漢官曰諸縣有書

佐有循行有幹有小史書佐幹主文書者也王文簡池北偶談乃引都元敬謂當信碑本以正漢書之誤是不知漢隸脩循二字通用也故午二字朱竹垞與王文簡皆不曉其義池北偶談至以爲阜隸賤役之屬尤誤矣且其所以不曉者乃尤在不知隸法干支巳午字未有作午者耳　碑陰隸釋無之其載於隸續者闕字尤多今以石本補數字所闕不甚多矣後文豎建下洪闕二字其上一字或作虎非也似是聿字聿說文音余律切所以書也楚謂之聿吳謂之不律燕謂之弗从聿一聲其下一字或是岩字然此二字尚未可臆斷要之此二字者上言筆之于書下言銘之于石也大意如此 兩漢金石記

右北海相景君碑王元美云益州當言刺史不當言太守予案漢時有益州又有益州郡郡有太守州有刺史刺史治廣漢郡之雒縣而太守自治滇池蜀漢建興三年始改益州郡曰建寧避州郡同名也此碑額題益州太守而銘稱守郡益州其爲太守非刺史明矣元美於史學未甚究心故有此失洪文惠謂景君嘗刺益部亦偶誤也銘辭云宜參鼎䡊洪氏謂字書無䡊字當是借作拂取輔拂之義案紱冕之紱古

書或作紼此鼎䡊當取朱紱之義而以䡊代紼爾碑陰題名凡五十四人而下云行三年服者凡八十七人則故吏之行服而不列名碑陰者尚多也碑末云諒闇沈思又云陵成宇立諒闇卽亮陰似非臣下可用而稱墓爲陵亦後世所宜回避也 潛研堂金石文跋尾

北海相景君碑上銳下方穿居其中按此碑雖甚殘缺然以今日洗石精拓之本與隸釋校勘細玩影迹所不辨者十數字而已亂曰碑文作𤔔或云辭字周牧敦銘辭字作𤔔不加辛碑葢仿此字原以此字爲辭又以爲亂隸釋則專釋爲亂从說文𤔔讀若亂也

銘內恩彌下是盛字斡禎上是堅字又仁毅海代諸家皆釋爲海外今按碑確是代字卽岱之省文也碑陰列臣吏姓名五十四人惟行義一人上無故字未曉何義後二行紀立碑之事亦作韻語三載下是已究二字不獨碑跡顯然義亦可通究終也謂裔墳三載則守制已終當離墓側也兩漢金石記釋爲五究乃沿張力臣之誤耳山左金石志

按後漢書列傳宗室四王齊武王縯子興建武二年初封爲魯王嗣光武兄仲二十八年徙封爲北海王此北海受封之始也興傳子睦睦傳子基立

十四年薨無子永元二年封睦庶子威爲北海王奉睦後立七年坐誹謗自殺永初元年封睦孫普爲北海王立七年薨子翼嗣立十四年薨子康王嗣無後建安十一年國除景君之卒在漢安二年則爲北海相正在康王嗣立之十餘年矣康王在位傳不詳其幾何年要之至建安而後國除此時尚屬康王之日也漢制皇子封王其郡爲國每置傅一人相一人皆二千石相如太守中興以來每國置相一人其秩各如本縣主治民如令長不臣也景君此時正居此職碑陰午卽干字干卽幹字

後漢書百官志河南尹官屬循行之下有幹小史二百三十一人此碑故午在循行之後小史之前其爲幹字無疑西狹頌乃刊斯石馮緄碑刊石表績祝睦後碑刊勒金石刊字左旁皆作午此午卽干字之証也鄭季宣碑陰有直事干四人卽直事幹也司馬整碑陰有諸曹干十三人卽諸曹幹也詩云公侯干城釋文云干音幹廣雅甲乙爲幹寅卯爲支史記歷書作干支古蓋省爲干惟韓勑後碑魯相門下幹則直書作幹矣金石錄所載學生題名有幹江陽趙嵩是東晉以後尚存此官名又畱𤆍字漢與隸續及漢隸字原

皆釋作岑昶謂此乃赤字漢尚赤故名赤而字漢與赤本作灻說文从大从火碑則變大爲火變火爲小耳碑又以核爲荄以竟爲境說文無境字經典通用竟

金石萃編卷七終

金石萃編卷八

賜進士出身　誥授光祿大夫刑部右侍郎加七級王昶譔

漢四

敦煌長史武斑碑

碑連額高一丈廣四尺五寸二十行行約四十字額題故敦煌長史武君之碑九字隸書今在嘉祥縣紫雲山

建和元年大歲在丁亥二月辛巳朔廿三
日癸卯長史同□□□□□□□敦煌
長史武君諱斑字宣張昔殷王武丁克伐
鬼方元功章炳勳藏王府官族分析因以

爲氏焉武氏蓋其後也商周遐藐歷世壙
遠不隕其美漢興以來尉位相踵□朝忠
臣君幼門顏閔之懋質長敦游夏之文學
慈惠寬□孝友元妙荀羅術藝貫洞聖□
博兼□□眈綜典籍□思□純束福不回
清聲美行闡形遠近州郡貪其高賢□少
請以□□歲舉□翼紫宮□□詔除光顯
王室有□於國帝庸嘉之掌司古□領校
祕鄭研□幽微追昔劉向辦賈之徒比□
萬矣時戎□□匡正一□□朝廷惟憂□

□有司□□舉君斑到官之日□癘吏士並
哮虎之怒薄伐□□□□□□□□□□□
百姓賴之邦域既寧久勞于外當還本朝
以敘左右以永嘉元年□月□曰遭疾不
□哀□於是金鄉長河間高陽史恢等追
惟昔日同歲郎署咸□為自古在昔先聖
與仁□□興暨□□人存生榮死哀是為
萬年伊君遺德□孔之珎故□不銘碑以
銓明德焉其辭曰
於惟武君允德允恭受天休命積祉所鍾

其在孩提岐嶷發蹤謙□守約唯詣是從
孝深凱風志絜羔羊樂是□□恬此榮光
孳孳臨川顯見□廧庇仰其首徽妙廟諱通
□然清邈□□□□□□升□為帝股肱
扶助大和萬民適蒙顯宗□□史官書功
昊天上帝降茲鞠凶晻忽徂逝□□□宮
不享耆壽大命□□百遼惟□后帝感傷
學夫喪師士女悽愴銓表金石令問不忘
垂□後昆億載歎誦
尚書丞沛國蕭曹芝□宣

成武令中山安憙曹秐□□
豐令下邳良成徐崇□□
故陳留府丞魯國魯□□□□
防東長齊國臨菑□
紀伯允書此碑
□嚴祺字伯魯

右斑碑者蓋其字畫殘滅不復成文其氏族州里官閥卒葬皆不可見其僅見者曰君諱斑耳其首書云建□元年太歲在丁亥而建下一字不可識以漢書考之後漢自光武至獻帝以建名元者七謂建武建

初建光建康建和建寧建安也以歷推之歲在丁亥迺章帝章和元年後六十一年桓帝卽位之明年改本初二年爲建和元年歲又在丁亥則此碑所缺迺建和元年也碑文缺滅者十八九惟亡者多而存者少尤爲可惜也故錄之集古錄

右武斑碑集古錄云云今以余家所藏本考之文字雖漫滅然猶歷歷可辨其額題云漢故敦煌長史武君之碑知其姓武而官爲敦煌長史也碑云君諱斑字宣張昔殷王武丁克伐鬼方元功章炳勳藏王府官族分析因以爲氏知其名字與氏族所出也又云永嘉元年卒知其卒之年月也金石錄

右故敦煌長史武君之碑隸額在濟州任城武君名斑字宣張從事梁之猶子吳郡府丞開明之元子執金吾丞榮之兄也以冲帝永嘉元年卒碑者後三年同舍郞史恢曹芝六人所立字小石損官壽殘失威宗建和之元年開明爲其兄立闕刻其傍云宣張仕濟陰年二十五曹府君察考廉除敦煌長史被病夭歿苗秀不遂闕以二月癸卯作碑以三月癸丑立相去浹辰之間爾碑云金鄉長河間史恢等追惟昔日同歲郞署歲字雖不瞭然考柳敏碑云縣長同歲犍

爲趙臺念素帛之義爲君立碑則知此爲同歲無疑蓋謂同年爲寮也漢碑多門生故吏所立至於同舍爲之者唯武斑及柳敏兩碑夫一死一生而寮友之好不變如此彼有並游誣其懷金身後不能淸酒者不可同日語也碑以假爲遐以壙爲曠以㫋爲游以鄉爲嚮以晻爲奄以遼爲寮隸釋

武斑碑銘詞與後銜皆提行書之銜名之末有云紀伯允書此碑此又漢碑具書人姓名之一事也小

歐陽集古錄目云嚴祺字伯會書今不見此文久矣据洪氏隸釋載是碑末云紀伯允書此碑下乃云嚴祺字伯魯會魯二字未知孰是然驗其文勢則書

者紀伯允而非嚴祺也紀伯允三字上有闕文或是
口紀伯允則紀字是其名伯允是其字未可知也今
不能臆定矣　武君爲吳郡府丞開明之長子仕爲
敦煌長史小歐陽以武君爲敦煌人亦誤也鞠訩此
作鞠凶鞠字上半泐不可辨或似有竹頭未可知也
按說文惟蹋鞠字从革或从㚔其𥷚窮字則專从㚔
盇窮理罪人義取㚔所以驚人㚔字从大从羊一曰
大聲是也洪氏釋作鞠恐未是又微妙妙字其半泐
不可辨今諦審之亦似目旁盇妙从女者非也茲未
敢遽定仍依洪本作女旁耳　碑陰武氏碑三字在

穿之下字極大是楷書盇後人所刻因其正面極泐
而刻此三字以識之也兩漢金石記
黃司馬易得此碑曾校正洪氏數處重摹付梓案洪
氏貪其高賢下缺二字今碑作力少疑力是幼字謂
貪慕其高賢尚幼少也漢順帝陽嘉元年初令郡國
舉孝廉限年四十以上其有茂才異行若顏淵子奇
不拘年齒據武氏石闕銘云宣張案斑字宣張仕濟陰年
廿五曹府君察舉孝廉云云此爲高賢幼少之證晻
忽徂逝下缺四字今碑第四字是宮字正與韻叶不
享口耇句今碑耇上作看是耆字士女悽愴下缺今

碑有旌字其下金門今碑作金石謂旌其行於金石
故下云令問不忘題名防東長一行下有嚴祺字伯
魯五字隔越甚遠凡此皆可補黃君所未備也山左金石
志
碑文云久伐鬼方據趙氏金石錄作克伐鬼方又官
族分析金石錄作官族析分朱文藻校訂隸釋存疑
按碑額稱武君之碑甚明白可辨集古錄題曰漢
斑碑而不著其姓則歐陽所藏之本不獨字畫糢
糊并其額亦未見也碑云追惟昔日同歲郎署同
歲郎後世之同年漢刻中惟柳敏碑亦同歲所立

考敏以本初元年爲郡太守察舉在斑後而其敦
同歲之誼則先後同也順帝末年匈奴背叛使中
郎將馬寔擊破之碑所云哮虎薄伐邦域旣寧者
殆指此事商周假藐卽遐邈說文無遐字華山碑
思登假之道楊統碑假邇莫不隕涕繁陽令楊君
碑假邇僉服皆遐字也列子黃帝篇而帝登假張
湛注假當作遐漢書禮樂志假狄合處顏師古注
假卽遐字其字从彳集韻云邈通作藐楊統碑勳
迹藐矣卽邈字歷世壙遠壙卽曠字孟子獸之走
壙也漢書李夫人傳託沈陰以壙久兮顏師古注

壙與曠同游夏之游作斿見於石經論語而周官大常十二斿及攷工記九斿七斿六斿四斿凡旌旗之旒皆省水作斿斿从㫃㫃與偃同故名偃者或字子游至孔彪碑浮斿塵埃之外武榮碑久斿太學斥彰長田君碑乃始斿學則又借爲浮游遊遨字矣領校秘鄉鄉字與奧通禹貢四隩既宅史記夏本紀作四奧既居爾雅釋宮西南隅謂之奧陸德明釋文云奧或作隩其見於石刻者譙敏碑深明奧隩柳敏碑隩處臧兮皆以隩爲奧而此碑則移阝於右也哮虎之哮卽虓字大雅闞如虓虎

風俗通引作哮虎費鳳别碑魏大饗碑皆作虓而此碑與武榮碑則皆作哮也晻忽之晻卽奄字晻日無光也借爲奄字平輿令薛君碑正與此同百遼之遼卽寮字漢碑以遼爲寮者甚多如高彪碑遼黨感慟楊統碑百遼歎傷謁者景君墓表百遼失氣夏堪碑官遼臨吊楊孟文頌百遼咸從李翊碑顯名遼疇皆是特字體有遼遼遼之不同也碑又云口翼紫宮者卽紫微宮春秋合誠圖云紫宮太帝室也下文云領校秘鄉則是司掌秘書之職秘書監官桓帝延熹二年始置此時未有專員殆卽郎舍人兼領之其地清要密近紫微似謂輔翼紫宮也銘辭云庶仰萁首微妙元通萁與箕同李翊碑其先出自萁子之苗字亦从艸此以箕山首陽況其高尚故下文卽云口然清邈也箕首並稱他文所罕惟見此碑

武氏石闕銘

銘高二尺二寸廣一尺八行行十二字今在嘉祥縣紫雲山

建和元年大歲在丁亥三月庚戌朔四日
癸丑孝子武始公弟綏宗景興開明使石
工孟孚李弟卯造此闕直錢十五萬孫宗

作師子直四萬開明子宣張仕濟陰年廿
五曹府君察舉孝廉除敦煌長史被病夭
沒苗秀不遂嗚呼哀哉士女痛傷

武氏有數墓在任城開明者仕爲吳郡府丞綏宗名梁仕爲郡從事宣張名斑皆自有碑 金石錄

案二石闕方徑二尺高一丈五尺許銘文八行趙氏有專條洪氏則附於武斑碑下斑碑未詳察舉之歲此言其年廿五則舉孝廉後除敦煌長史薄伐匈奴邦域既寧久勞於外當有數年之事卒時約在三十內外矣 山左金石志

右漢武氏石闕黃小松司馬搜得之按後漢書桓帝紀建和元年正月辛亥朔武斑碑二月辛巳朔此闕三月庚戌朔蓋承二月小月也綏宗名梁官從事有碑開明不詳何名官吳郡府丞見其子榮碑宣張名斑官敦煌長史有碑開明之元子榮之兄也宣張卒於永嘉元年其碑先闕十日立與闕同時起工故闕文牽連及之闕云曹府君察舉孝廉郎碑州郡貪其高賢闕云除敦煌長史郎碑到官之日癘吏士哮虎之怒薄伐云云闕云士女癒傷碑亦云士女悽愴也闕文載金石錄芺殁誤作云殁隸釋謂開明爲其兄

立闕今詳闕文乃開明兄弟四人爲父立者若爲兄立則始公何以稱孝子乎 桂馥跋

按武氏之有碑者梁也斑也榮也其見於此闕者則有始公綏宗景興開明其見於梁碑者有仲章季章季立子僑東漢武氏閥閱之盛略可概見而范書中無一語齒及良可怪也銘內有云孫宗作師子直四萬師子郎獅子此孫宗不知是石工姓名抑是孝子始公之子援武梁碑之例子僑稱孝孫此孫宗無孝字似非武氏之孫雙闕直十五萬而師子直至四萬費視雙闕得四之一其刻鏤必工疑其上亦有題字而不可見矣

司隸校尉楊孟文頌

石高九尺九寸廣七尺七寸二十二行行三十三十一字不等額題故司隸校尉楗爲楊君頌十字隸書今在褒城縣

惟坤靈定位川澤股躬澤有所注川有所通余谷之川其澤南隆八方所達益域爲充高祖受命興於漢中道由子午出散入秦建定帝位以漢詆焉後以子午塗路歮難更隨圍谷復通堂光凡此四道垓鬲尤艱至於永平其有四年詔書開

余鑿通石門中遭元二西夷虐殘橋梁斷絕子午復循上則縣峻屈曲流顛下則入冥廎寫輸淵平阿湶泥常蔭鮮晏木石相距利磨确磐臨危槍碭履尾心寒空輿輕騎遰礙弗前惡蟲蔽狩蛇蛭毒蟳未秋截霜稼苗夭殘終年不登匱餧之患卑者楚惡尊者弗安愁苦之難焉可具言於是明知故司隸校尉楗爲武陽楊君厥字孟文深執忠伉數上奏請有司議駁君遂執爭百遼咸從帝用是聽廢子由斯得其度經

功餝爾要敞而晏平清涼調和烝〻文寧
至建和二年仲冬上旬漢中大守犍爲武
陽王升字稚紀涉歷山道推序本原嘉君
明知美其仁賢勒石頌德以明厥勳其辭
曰　君德明〻炳煥彌光剌過拾遺厲清
八荒奉魁承杓綏億衙彊春宣聖恩秋貶
若霜無偏蕩〻貞雅以方寧靜烝庶政與
乾通輔主匡君循禮有常咸曉地理知世
紀綱言必忠義匪石厥章廞廓諱大節讜而
益明揆往卓今謀合朝情釋艱即安有勳

有榮禹鑿龍門君其繼縱上順斗極下荅
巛皇自南自北四海攸通君子安樂庶士
悅雍商人咸憘農夫永同春秋記異今而
紀功垂流億載世〻嘆誦
序曰明哉仁知豫識難易原度天道安危
所歸勤〻竭誠榮名休麗
　五官掾南鄭趙邵字季南屬褒中鼂漢
　彊字產伯書佐西成王戒字文寶主
王府君閔谷道危難分置六部道橋特遣
行丞事西成韓朖字顯公都督掾南鄭魏

整字伯玉後遣趙誦字公梁案察中曹卓
行造作石積萬世之基或解高格下就平
易行者欣然焉　伯玉即日徙署行丞
事守安陽長
右漢司隸校尉楊厥碑用字簡省復多舛繆惟以巛
爲坤以余爲斜漢人皆爾獨誤字未詳集古錄
余嘗讀後漢書鄧騭傳有云時遭元二之災人士荒
饑章懷太子注以謂元二即元元也古書字當再讀
者即於上字下爲小二字後人不曉遂讀爲元二或
同之陽九或附之百六良由不悟致斯乖舛今岐州

石鼓銘凡重言者皆爲二字明驗也其說甚辨學者
信之今此碑有曰中遭元二西戎虐殘橋梁斷絶若
讀爲元元則爲不成文理疑當時自有此語漢書注
未必然也金石錄
右故司隸校尉犍爲楊君頌隸額在興元碑云司隸
校尉楊君厥字孟文水經及歐趙皆謂之楊厥碑蜀
中晚出楊淮碑云司隸校尉楊君厥諱淮字伯邳大
司隸孟文之元孫也始知兩碑皆以厥爲語助此乃
后政頌其勳德故尊而字之不稱其名順帝紀延光
四年詔益州刺史罷子午道通褒斜路蓋從其所請

也子午者長安正南山名褒斜者漢中谷名高祖開
石門史策不書亦見鄐閣碑平帝時王莽以皇后有
子孫瑞遂通子午永平之詔史亦闕文安帝永初元
年先零叛斷隴道寇三輔入益州殺漢中守乃橋梁
斷絕時也自明帝永平四年通石門至永初幾五十
年自永初褒斜斷絕至延光四年凡十五年水經云
石門穿山通道六丈有餘即秦人取蜀之石牛道楊
君因而廣之蜀都賦岨以石門是也門在漢中之西
褒中之北褒水南歷褒口北出斜谷趙氏云此碑有
曰中遭元二若讀爲元元則爲不成文理予按漢刻
如北海相景君及李翊夫人碑之類凡重文皆以小
二字贅其下此碑有烝烝明明蕩蕩世世勤勤亦不
再出上一字然非若元二遂書爲大二字也又孔耽
碑云遭元二轗軻人民相食若作元元則下文不應
又言人民漢注之非明矣王充論衡云今上嗣位元
二之間嘉德布流三年零陵生芝草五本四年甘露
降五縣五年芝復生六年黃龍見大小凡八章帝紀
所書建初三年以后龍芝甘露之瑞皆同則論衡所
云元二者蓋謂即位之元年二年也鄧君傳云永初
元年夏涼部畔羌搖蕩西州詔隲將羽林軍五校士

擊之冬徵隲班師迎拜爲大將軍帝紀班師在二年十一月傳有脫字也
時遭元二之災人士荒飢盜賊羣起四夷侵畔隲
崇節儉罷力役進賢士故天下復安四年以母病求
還侍養則此傳所云元二者亦謂元年二年也安帝
紀書兩年之間萬民飢流羌貊叛戾又與傳同此碑
所云西戎虐殘橋梁斷絕正是鄧隲出師時則史傳
碑碣皆與論衡合建初者章帝之始年永初者安帝
之始年乃知東漢之文所謂元二者如此碑以余台爲斜谷充
爲衙詆爲抵㠊爲岨蔭爲陰遼爲寮蕳狩爲㹅獸僑
爲㯶縱爲蹤𢥞爲喜積爲積西成爲西城高即高字
𡐓即塗字斷即斷字睠即磐字遷即滯字㝵即碍字
悳即惡字彊即彊字㾓即㾓字醳即釋字繼即繼字
釋　隸
楊厥碑高祖受命平闕命字垂筆甚長所侵兩字許
又空兩字方書其下一句文十七行其次序曰別行
後一行低二字書趙邵等三人姓名又書王府君分
遣官屬事凡三行末行低七字書魏伯玉徙官每行
三十字或有疏密不齊者　宣和殿碑錄以碑爲鼂
漢彊書考其碑云五官掾南鄭趙邵屬褒中鼂漢彊
書佐西成王戒蓋三人主其事書佐則王戒之職非
鼂漢彊書也集古金石二錄與鄭樵金石略俱作楊
厥開石門頌隸續

水經注沔水上篇云褒水又東南歷小石門門穿山通道六丈有餘刻石言漢明帝永平中司隸校尉犍爲楊厥之所開逮桓帝建和二年漢中太守同郡王升嘉厥開鑿之功琢石頌德以爲石牛道一清按此碑載張鳴鳳西遷注彼所親睹者悳更齋狩是張蠱敍歎安危所歸是安危所繫可補隸釋之遺寰宇記云洵陽縣心山漢宣帝時北平楊厥爲漢中守經此山有棲遁意不之郡學道感瑞見金羊因易姓羊氏益傳聞之繆爾又晉書云山簡與譙郡嵇紹沛郡劉謨宏農楊淮齊名卽蜀中晚出碑其人也趙一清水經注釋

此頌磨厓刻於褒斜谷中洪氏隸釋所引楊淮碑今亦拓得之與此刻同在褒斜谷中洪謂此在興元彼在蜀益亦未之深考也頌爲建和二年漢中太守王升所立其主鐫石之役者鼂漢彊王戎二人頌後低格書之此已開碑後系撰書姓名之式矣鼂王皆承五官掾趙邰之屬故於頌後復紀王君造作石積事王君不特爲楊之鄉人而政績復能繼之一頌而二善備焉矣婁氏字原云斜漢隸皆作余犍爲皆作楗是益不獨此一碑爲然或以說文無犍字疑郡名當从木是則未知二字偏傍孰爲沿訛而木字篆勢與牛之上半相似所當存以資考異也又婁氏摘附字體謂漢隸命字垂筆有長過一二字者益指此頌然此處特因石理剝裂不可接書而垂下耳非可以律隸法也以漢誣爲洪謂誣是抵字愚按此誣字下無點與詆不同當是氏字猶費汎碑以蚳爲氏也碑云王府君造作石積此積字婁氏不錄顧南原隸辨引廣韻云積艸名類篇云一曰艸積詳碑文義益易艸積爲石也隸釋云以積爲積非是愚按此頌塗作蓫彊作薑炳作苪多有加艸之文則此積字或卽是積字加艸之體爾洪氏之言未可遽非也隸續云

碑文十七行今以石本核之全文凡廿二行此云文十七行者益序曰以後別討之也又按隸釋旣知厥爲語助詞而隸續仍曰楊厥碑益亦沿諸家之誤而亦因以見洪氏隸釋隸續之書非成於一時其中尙不能無揞拄處也又驗石本末一行書魏伯玉從官乃於前文之下空七格書之耳非此行低七格也兩漢金石記

文云高祖受命興於漢中建定帝位以漢誣爲誣卽氏字謂高帝興於漢中故定有天下之號曰漢猶陶唐氏有虞氏之例也洪文惠讀誣爲抵失其義矣搶

碭猶言槍唐古文唐爲碭碑又變爲碭其義一也股躬疑即股肱字垓高義與閣隔同 潛研堂金石文跋尾

碑云楊君厥字孟文故水經注稱爲楊厥碑攷之華陽國志則楊君名渙字孟文也洪适云厥實語助耳非名文內有云高祖受命興於漢中道由子午出散入秦以子午塗路歮難更隨圍谷復通堂光說與鄐閣頌嘉念高帝之開石門元功不朽云云合出散入秦者散關也碑爲漢中太守犍爲武陽王升立以犍爲犍用古字說文無犍字 關中金石記

按是刻書體勁挺有姿致與開通褒斜道磨崖隸字疎密不齊者各具深趣推爲東漢人傑作然石刻皆在褒斜谷中椎拓頗險臨池家或不盡得故近人學之者少碑中命字升字誦字垂筆甚長而命字幾過二格與李孟初碑年字相似皆漢隸所僅見者文云惡虫蔽狩蛇蛭毒蟃隸釋云碑以蔽狩爲獘獸袒謂敝獸惡虫對舉當是借蔽爲敝敝憋通用與敝壞之義有别後漢書董卓傳敝腸狗態注云續漢書敝作憋是憋與敝同方言憋惡也郭璞注憋怤急性也列子力命篇墨𡰪單至嘽咺憋懯四人相與游于世胥如志也窮年不相知情

自以智之深也廣雅亦云憋惡也高郵王君念孫疏證云釋名鷩雉山雉也鷩憋也性急憋不可生服必自殺也潘岳射雉賦山鷩悍害南山經基山有鳥焉其狀如雞而三首六目六足三翼其名曰䳋鵂郭璞注云䳋鵂急性廣韻䳋鵂鷩也䳋鷩亦鳥之惡者是凡言敝者皆惡之義也周官司弓矢句者謂之弊弓鄭注云弊猶惡也徐邈音扶滅反弊與憋聲義亦同故大司寇以邦成弊之故書弊爲憋矣廣雅又云痤惡也疏證引玉篇痤惡也恎惡性也方言注云瘢恎惡腹也恎與痤同恎又音大結反說文蛈蛇惡毒長也爾雅蛈蠆注云蝮屬大眼最有毒今淮南人呼蠆子釋文蛈大結反字亦作蛭楊孟文頌云蛇蛭毒蟃謂毒長也蛈與蛭蠆與惡聲義亦同袒案王氏之言甚核葢二語極言道中陰險之狀故多用惡毒字而借蔽爲憋借蛭爲蛈耳

孔廟置守廟百石卒史碑

碑高七尺八寸五分廣三尺七寸十八行行四十字後宋人題字二行今在曲阜縣孔廟

司徒臣雄司空臣戒稽首言魯前相瑛書言詔書崇聖道勉□藝孔子作春秋制孝

經删述五經演易繫辭經緯天地幽讚神
明故特立廟褒成侯四時來祠事已即去
廟有禮器無常人掌領請置百石卒史一
人典主守廟春秋饗禮財出王家錢給犬
酒直須報謹問大常祠曹掾馮牟史郭廟諱
辭對故事辟廱禮未行祠先聖師侍祠者
孔子子孫大宰大祝令各一人皆備爵大
常丞監祠河南尹給牛羊豕雞□□各一
大司農給米祠臣愚以為如瑛言孔子大
聖則象乾巛為漢制作先世所尊祠用衆

牲長吏備爵今□加寵子孫敬恭明祀傳
于罔極可許臣請魯相為孔子廟置百石
卒史一人掌領禮器出王家錢給大酒直
他如故事臣雄臣戒愚戇誠惶誠恐頓首
頓首死罪死罪臣稽首以聞　制曰可
元嘉三年三月廿七日壬寅奏雒陽宮
司徒公河南原武吳雄字季高
司空公蜀郡成都趙戒字意伯
元嘉三年三月丙子朔廿七日壬寅司徒
雄司空戒下魯相承書從事下當用者選

其年卌以上經通一藝雜試通利能奉廟諱
先聖之禮為宗所歸者如詔書書到言
永興元年六月甲辰朔十八日辛酉魯相
平行長史事卞守長擅叩頭死罪敢言之
司徒司空府壬寅詔書為孔子廟置百石
卒史一人掌主禮器選年卌以上經通一
藝雜試能奉廟諱先聖之禮為宗所歸者平
叩頭叩頭死罪死罪謹案文書守文學掾
魯孔龢師孔憲戶曹史孔覽等雜試龢脩
春秋嚴氏經通高第事親至孝能奉先聖

之禮為宗所歸除龢補名狀如牒平惶恐
叩頭死罪死罪上司空府
讚曰巍巍大聖赫赫彌章相乙瑛字少卿
平原高唐人令鮑疊字文公上黨屯留人
政教稽古若重規矩乙君察舉守宅除吏
孔子十九世孫麟廉請置百石卒史一人
鮑君造作百石吏舍功垂無窮於是始□
後漢鍾太尉書
宋嘉祐七年張稚圭按圖題記
按漢書元嘉元年吳雄為司徒二年趙戒為司空卽

此云臣雄臣戒是也魯相瑛者據碑言姓乙字仲卿漢碑在者多磨滅此幸完可讀錄之以見漢制三公奏事如此與羣臣上尙書者小異也又見漢祠孔子其禮如此集古錄

按華陽國志後漢書注皆云趙戒字志伯而此碑乃作意伯疑其避桓帝諱故改焉金石錄

右孔廟置守廟百石卒史孔龢碑無額在兖州仙源縣威宗永興元年立嘉祐中郡守張稚圭按圖經云鍾繇書碑載孔子十九世孫麟廉請置百石卒史一人掌廟中禮器魯相乙瑛書言之於朝司徒吳雄司空趙戒奏於上詔魯相選年四十以上通一經者爲之時瑛已滿秩去後相平復以其事上于朝予家所藏石刻可以見漢代文書之式者有史晨祠孔廟碑樊毅復華租碑太常耽無極山碑與此而四此一碑之中凡有三式三公奏于天子一也朝廷下郡國二也郡國上朝廷三也按孔僖傳云永元四年襃成侯損徙封襃亭侯子孫相傳迄于漢末龔襃亭之封者二人此碑與史晨碑皆在永元之後仍稱襃成又安帝紀延光三年賜襃成侯帛韓勑碑陰有襃成侯建壽郎損也疑損未嘗徙封傳之誤爾鍾繇以魏太和四年卒去永興盩七十八年圖經所云非也象郎豕字恭郎

赫字隸釋

碑兩元嘉三年及永興元年皆平闕司徒府司空府及讚曰亦平闕第八行制曰可高出一字司徒公司空公題名在制可雒陽宮兩行之下與碑之下一字齊貼碑者不曉古式多有翦去制字者亦有顛倒二相題名者隸續

攷之范史桓帝紀元嘉惟有二年碑云元嘉三年三月者葢是年五月始改永興至十月而雄戒亦罷免矣金薤琳瑯

此碑後刻云後漢鍾太尉書宋嘉祐七年張稚圭按圖題記按此碑永興元年造元常獻帝初始爲黃門侍郎距永興且四十年此非元常書明甚未知張稚圭所按何圖趙戒字志伯今云意伯戒袁宏又作誠石墨鐫華

勉字下隱起是學字葢崇聖道勉學藝詞理俱暢而人往往缺之盛時泰蒼潤軒帖跋

百石卒史者秩百石之卒史也漢書儒林傳郡國置五經百石卒史倪寬傳補廷尉文學卒史臣瓚曰漢注卒史秩百石是也若三輔卒史則二百石黃霸傳

補左馮翊二百石卒史因其秩有不同故舉其石之多寡以別之水經注載此爲後人不通者改作百夫吏卒金石文字記

按漢書儒林傳郡國置五經百石卒史臣瓚以爲卒史秩百石者劉昭注續漢書百官志引應劭漢官儀河南尹百石卒史二百五十八黃霸傳補左馮翊二百石卒史今本杜佑通典乃譌百石卒史爲百戸吏卒曝書亭集

書名不書姓者以位列三公皆知爲吳雄趙戒也唐宋告身章奏署名凡丞相不著姓者類此按范書百

官志東西掾四百石以下秩比命士爲百石屬其後辟除通爲百石但司徒公下凡祭祀掌省牲視濯則有令史屬三十六人司空公下凡祭祀掌掃除樂器則有令史屬四十二人而無卒史之名卒史見此碑金石後錄

集古作曾相置孔子廟卒史碑隸釋作孔廟置百石卒史孔龢碑金石略天下碑錄皆作司徒吳雄等奏孔子廟置卒史碑金石錄補

孔麟孔子十九世孫與泰山太守孔宙博陵太守孔彪皆弟兄行也令鮑疊曲阜令也乙巽姓也漢有南郡太守乙世前燕有護軍乙逸明乙瑄乙山也金石遺文錄

每見近日文移奏牘一事必再三繁複至於連篇累紙而不休竊怪何不省簡乃浪費筆墨如此今觀此碑乃知漢時其體便爾虛舟題跋

按百石卒史通典譌爲百戸吏卒三國志譌與通典同水經注譌爲百夫吏卒山東通志闕里志譌爲百戸卒史皆莫之正又康熙甲子
聖祖仁皇帝幸闕里謁廟畢由奎文閣至同文門觀門右漢碑孔尙任奏曰此漢元嘉三年曾相乙瑛置卒史

碑今謂之百戸碑
問何爲百戸碑尙任對曰歷代優崇之典廟廷設官四員典籍司樂管句百戸謂之禮樂兵農四司觀此知魯人亦譌以爲百戸也豈獨書籍傳寫之謬哉金石存

按闕里舊志載此碑文訛者不可枚舉如司徒臣雄作司徒臣雒後兩雄字皆作雒司空臣戒作臣允之臣美後兩戒字皆作美勉六蓺作勉六執百石卒史作百戸卒史後四石字皆作戸給犬酒直作給大酒直後犬字亦作大來行祠作夫行祠給牛羊分之下各一之上尙有磨滅者三字今作給牛羊豕各一脫

去三字給米祠作給未祠臣愚以爲如瑛言作臣愚以爲宜如瑛言多一宜字孔子大聖作夫子大聖三月廿七日作三月二十七日壬寅之下司徒之上碑有奏雒陽宮元嘉三年三月丙子朔廿七日壬寅十八字今全脫去選其年卌以上作選年四十以上後卌字亦作四十如詔書書到作如詔書到脫一書字行長史事卞作行長史事下敢言之司徒司空府碑係擡頭並無缺文今反注磨滅不知幾字爲宗所歸除龢補名狀如牒作爲宗所歸一除龢補名狀如牒多一一字死罪死罪上司空府作死罪上司空府脫

去二字若重規矩作名重規矩乙君作之君漢隸爲世所珍貴摹搨者衆後且益就剝蝕今尚有可辨者謹爲考正如此 孔繼汾跋

碑云孔子十九世孫麟廉請置百石卒史按廉者察也訪也麟是人名或讀麟廉二字爲人名非也 洪氏所釋給犬酒直犬字實與大字不侔而從來無言及之者以愚見度之似是犮字蓋即發字也既省發爲犮又省犮爲犬耳 碑稱孔龢脩春秋嚴氏經按公羊春秋有顏嚴之學下邳嚴彭祖眭孟之弟子也朱氏經義考云嚴氏流派史未之詳而其承師條下所列治嚴氏者於漢史外遍徵緐釋而獨不及於孔龢何也 兩漢金石記

碑載魯相平行長史事卞守長擅上公府書漢制王國相置長史一人猶郡守之有丞也卞爲魯屬縣故守長得上行長史事其云守者未正授之名也書首相長史並列其後祇相一人署名史晨碑亦如此式蓋漢時公牘之例然也前稱司徒司空府後祇稱司空府當時必有故事今不可考太常有祠曹掾史百官志亦失載碑云乙君察舉守宅除吏孔子十九世孫麟廉請置百石卒史一人蓋乙瑛有功於孔氏者

二事察廉一也請置守廟卒史二也洪氏謂麟廉請置百石卒史一人而乙瑛書言之於朝疑未然矣易說卦傳幽贊于神明釋文云本或作讚此碑正作幽讚神明可證陸氏之有本也 潛研堂金石文跋尾

韓勑碑云孔子近聖爲漢定道史晨碑臣伏念孔子乾坤所挺西狩獲麟爲漢制作此碑亦云孔子大聖則象乾坤爲漢制作許沖上說文表深惟五經之妙皆爲漢制董仲舒表春秋之義稽合於律無乖異者然則春秋漢之經孔子制作垂遺於漢春秋緐露春秋之聽獄也必本其事而原其志鹽鐵論春秋之治

獄論心定罪志善而違於法者免志惡而合於法者誅漢書淮南衡山反使仲舒弟子呂步舒治淮南獄應劭曰仲舒居家朝廷每有政議遣廷尉張湯問其得失於是作春秋決獄二百三十二事蓺文志春秋有公羊董仲舒治獄十六篇然則二碑言爲漢定道爲漢制作與諸書皆有合也 桂馥跋

吳斗南兩漢刊誤補遺云三王世家並載諸臣奏疏其著朔可爲後世法程曰三月戊申朔乙亥御史臣光守尚書令丞非下御史書到言丞相臣青翟御史大夫臣湯云云昧死上言臣請立臣閎臣旦臣胥爲

諸侯王云云制曰可四月戊寅朔癸卯御史大夫湯下丞相丞相下中二千石二千石下郡守諸侯伯前言戊申朔則乙亥爲二十五日矣前言戊寅朔則癸卯爲二十六日矣中興以後有司失其傳如先聖廟碑載三月丙子朔二十七日壬寅司徒雄司空戒下魯國又修西嶽廟碑載十二月庚午朔十三日壬午洪農太守臣毅頓首死罪上尚書 案魯相晨祠孔廟奏銘建寧二年三月癸卯朔七日己酉魯相臣晨長史臣謙頓首死罪上尚書亦與此同文 烏有知朔爲丙子庚午而不知壬寅壬午爲二十七日十三日者哉斯近贅矣今世碑記祭文蹿先漢故事可也余按中興之初猶存西漢遺制後漢書隗囂檄文云漢復元年七月己酉朔己巳言己巳則爲二十一日也吳氏之言信有本哉 碑首行司徒臣雄司空臣戒稽首言末言臣雄臣戒愚戇誠惶誠恐頓首頓首死罪死罪臣稽首以聞此卽漢制三公奏事之式與獨斷所云奏者亦需頭其京師官但言稽首下言稽首以聞相合然誠惶誠恐頓首死罪字蔡氏略之不書今以碑所載可証其有遺典也 授堂金石跋

按後漢書廷尉吳雄以明法律斷獄平起自孤宦致位司徒附見郭躬傳趙戒桓帝初以定策封廚

亭侯附見其子趙典傳質帝紀本初元年閏月司空趙戒爲司徒桓帝紀建和元年十月司徒趙戒爲太尉三年十月免元嘉元年四月光祿勳吳雄爲司徒二年十二月特進趙戒爲司空永興元年十月司徒吳雄罷司空趙戒免碑稱元嘉三年卽永興元年是年五月始詔改元故中隔兩月而紀元各殊也雄戒罷免亦在是年才三月後事耳戒以阿附梁冀傾陷忠良爲清議所不齒故范史於李固傳贊云其視吳廣趙戒猶糞土也而此碑因魯相尊師崇道循例轉奏列名首行亦爲金石之

玷讀者不可不知

宛令李孟初神祠碑

碑高四尺八寸廣二尺七寸十五行行約三十字今在南陽縣

故宛令益州刺史南郡襄陽李闕下字孟初
神祠之碑
□□舉孝廉除□郎中遷闕下史卒官□故吏
民追思德化闕下吏訊治立碑復祠下闕下垣
字樹木皆不闕下中大人共案文□□□□
文闕下永興二年——六月己亥朔十日□
宛令闕下部勸農賊捕掾李龍南部游闕下屋
有守祠義民令聽復無闕下時令瑯邪開陽
貫君諱咸□□□□□□□□□伯闕下
□河南雒陽䨓術字元博□□□□□□
□□□仲興闕下□掾吳定尉□功曹史
□□伯□□時嗇夫劉俊掾文佐闕下戶
□□□伯□吏佐□元舉□□□□時
賊捕掾李龍升高□□□京□甫闕下□□
□□供功曹史左治□□□□時亭長
張河尋海□□唐譚伯祖闕下

是碑歐趙洪以來著錄諸家皆未之及其當中穿處曰永興二年六月己亥朔十日以通鑑考之漢桓帝永興二年甲午四月己亥朔七月戊辰朔則六月爲己亥朔無可疑者碑以立祠爲主故不詳敘李君出處之蹟盇曾舉孝廉官郎中官宛令又官益州刺史卒於官吏民追思爲立祠也賊捕掾官名不見於史志碑文系於勸農則所謂各署諸曹掾史者史亦未之詳也貫君以下則立祠之諸官姓名其令則益州官也　婁氏漢隸字源云漢碑年字垂筆有長過一二字者然此碑婁所不載也楊孟文石門頌命字則以石紋斷裂適當垂處不遑寫下一字而引上脚使

長又與是碑年字不同兩漢金石記

此碑題首二行行約十五字文十三行行二十八字第一行故宛令益州刺史云云字大三寸其文字僅半之中有穿惜半摩滅不可復辨碑新出土故前此金石家多未及載今錄其可辨者如右益因李孟初官宛有德政義民因爲立祠也書法疏秀似韓仁銘當爲唐蔡有鄰所本中州金石記

百官志五官爲廷掾監鄉部春夏爲勸農掾今碑正與志合至云瑯琊開陽考地里志開陽屬東海至後漢屬瑯琊郡國志瑯琊國有開陽是也左傳哀公三

年城啟陽郎開陽以避諱易之中大人其案文字益以宦者監視摹勒上石亦猶袁逢華嶽廟碑遣郭香察書之比但一令長神祠至邀中貴爲之檢案亦莫解其殊寵之由也授堂金石跋

金石萃編卷八終

金石萃編卷九

賜進士出身　誥授光祿大夫刑部右侍郎加七級王昶譔

漢五

孔謙碣

碣高二尺六寸廣一尺七寸八行行十字今在曲阜縣孔廟

孔謙字德讓者宣尼公廿世孫都尉君之子也幼體蘭石自然之姿長膺清妙孝友之行禮述家業循春秋經升堂講誦深究聖指弱冠而仕歷郡諸曹史年卅四永興二年七月遭疾不祿

右漢孔德讓碑永興孝桓帝年號也其人早卒無事蹟可考余集錄所藏孔林中漢碑最後得此遂無遺者蓋以其文字簡少無事實故世人遺而不取獨余家有之也集古錄

右孔謙碣其名不甚可辨考孔氏譜得之所謂都尉君者太山都尉宙也孔融別傳云宙有七子融之次第六載於譜錄者惟有謙褒融三人褒之名見史晨碑隸釋

右孔謙碣甚小一穿微偏左有暈一重起於穿中復有兩暈在右其一甚短與它碑小異文八行行十字

後餘兩行續隸

東漢孔君碑及孔德讓碑皆在孔林中孔君孔子十九代孫名震官至河東太守德讓孔子二十世孫都尉君宙之子名謙德讓其字也歷郡諸曹吏宙震之弟（彭大翼山堂肆考）

碑云禮述家業脩春秋經此宙之第六子也愚已補載其爵氏於經義考承師門孔褒一條之後矣然据其文曰脩春秋經則德讓必自有纂輯之書未可概以嚴彭祖之師法泥之也　長膺淸下洪作妙按古無妙字或書爲眇然此石本今尚可見止一少字居

中其左竝無女目等字之偏傍或當日省作少即是眇字乎若直釋爲女旁之妙則非也（兩漢金石記）

碣文今益漫漶所存字少有完者惟後文年卌四顯據今集古錄訛卌作廿又脫四字洪氏亦訛卌作廿傳刻之過也流俗人謂此碣爲孔宏蓋失檢爾（授堂金石跋）

孔君墓碣

碣高三尺八寸廣二尺八行行十五字額題孔君之墓四字篆書今在曲阜縣孔廟

□永壽元年乚未青龍□□□□□□□
□□□孔子十九世孫□君□□好學□
□□□□履方約身□□□□□□□□
德施州里朝廷□□□五官掾守長
史蕪行相事所在如行□□□□□於
數哀□□□□□□吉安者□□□
芬刊石建□□示後□□字□□□□
此□□□

右漢孔君碣在孔子墓林中其額題孔君之墓文已殘闕其前云元年乙未而元年上闕二字按東漢自建武以後惟桓帝永壽元年歲次乙未其他有三乙未皆非元年然則此碣所闕二字當爲永壽也（金石錄）

右碑乾隆癸丑暮春錢唐何夢華元錫得於聖林牆外移置廟內別立碑以識其處元爲記之文中可辨者五十二字孔君名字無存惟云孔子十九世孫當是孔宙孔彪兄弟行也此碣規式異於諸碑自趙氏金石錄已云漫滅況又閱數百年宜其存字無多也（山左金石志）

按是碣自趙氏以後無著錄者文多漫漶然其世系仕履略可考見云孔子十九世孫則即孔龢孔宙之兄弟也百官志五官掾署功曹及諸曹事又皇子封王其郡爲國每置相一人相如太守有長

史如郡丞此云五官掾守長史兼行相事則孔君由五官掾爲長史兼行相事葢曾仕王國而不能詳其爲何王矣韓勑碑有魯相平行長史事與孔君以長史行相事者不同漢官兼攝之制葢如此

韓勑造孔廟禮器碑

碑高七尺一寸廣三尺二寸十六行行三十六字今在曲阜縣孔廟

惟永壽二年青龍在涒歎霜月之靈皇極之日魯相河南京韓君追惟大古華胥生皇雄顏□育□寳俱制元道百王不改孔子近聖為漢定道自天王以下至于初學

莫不驂思歎卬師鏡顏氏聖舅家居魯親里并官聖妃在安樂里聖族之親禮所宜異復顏氏并官氏邑中繇發以尊孔心念聖歷世禮樂陵遲秦項作亂不尊圖書倍道畔德離敗聖輿食糧亡于沙丘君於是造立禮器樂之音苻鍾磬瑟鼓雷洗觴觚爵鹿柤梪籩柉禁壺脩飾宅廟更作二輿朝車威熹宣抒(廟諱)汙以注水流治舊不煩備而不奢上合紫臺稽之中和下合聖制事得禮儀於是四方士仁聞君風燿敬詠其德尊琦大人之意逴彌之思乃共立表石紀傳億載其文曰

皇戲統華胥承天畫卦顏育空桑孔制元孝俱祖紫宮大一所授前闓九頭以升言教後制百王獲麟來吐制不空作承天之語乾元以來三九之載八皇三代至孔乃備聖人不世期五百載三陽吐圖二陰出讖制作之義以俟知奧於穆韓君獨見天意復聖二族逴越絕思脩造禮樂胡輦器用存古舊宇慇懃宅廟朝車威熹出誠造

□漾不水解工不爭賈深除(廟諱)汙水通□注禮器升堂天雨降澍百姓訢和舉國蒙慶神靈祐誠竭敬之報天與厥福永享牟壽上極華紫旁伎皇代刊石表銘與乾運燿長期蕩蕩於盛復授赫赫罔窮聲垂億載

韓明府名勑字叔節　潁川長社王(廟諱)君真二百　河東大陽西門儉元節二百

故涿郡大守魯麃次公五千　故會稽大守魯傳世起千　故樂安相魯麃季公千

故從事魯張嵩眇高五百　相主簿魯
薛陶元方三百　相史魯周乾伯德三百

碑陰共三列每列十七行

曲成侯王暠二百　遼西陽樂張普仲堅□百
河南成皐蘇漢明二百　其人處土
河南雒陽种亮奉高五百
故兗州從事任城呂育季華三千
故下邳令東平陸王褒文博千
故潁陽令文陽鮑宮元威千

河南雒陽李申伯百
趙國邯鄲宋瑱元世二百
彭城廣戚姜尋子長二百
平原樂陵朱恭敬公二百
平原濕陰馬瑨元冀二百
彭城龔治世平二百
泰山鮑丹漢公二百
京兆劉安初二百　故薛令河內溫朱熊伯珍五百
下邳周宣光二百　故豫州從事蕃加進子高千
河間束州齊伯宣二百

陳國苦虞崇伯宗二百
潁川長社王季孟三百
汝南宋公國陳漢方二百
山陽南平陽陳漢甫二百
任城番君舉二百
任城王子松二百
任城謝伯威二百
任城高伯世二百
相主簿薛曹訪濟興三百
相中賊史薛虞韶興公二百

薛弓奉高二百
相史下邳呂松□遠百
騶韋伯卿二百
處土魯劉靜子著千
故從事魯王陵少初二百
故督郵魯开煇景高二百
魯曹悝初孫二百
魯劉元達二百
故督郵魯趙煇彥臺二百
郎中魯孔宙季將千

御史魯孔翊元世千
大尉掾魯孔凱仲弟千
魯孔曜仲雎二百魯孔儀甫二百
處士魯孔方廣率千
魯孔巡伯男二百 文陽蔣元道二百
魯孔憲仲則百 文陽王逸文豫二百
尚書侍郎魯孔彪元上三千
魯孔汎漢光二百 南陽宛張光仲孝二百
守廟百石魯孔恢聖文千
襄成侯魯孔建壽千 河南雒陽王敬子慎二百

故從事魯孔樹君德千
魯孔朝升高二百 魯□子重二百
行義掾魯弓如淑都二百
魯劉仲俊二百 北海劇袁隆展世百
魯夏侯廬頭二百 魯周房伯臺百

碑右側 共四列每列四行

山陽瑕丘九百元臺三百
齊國廣張建平二百 其人處士
上黨長子楊萬子三百

處士魯孔徵子舉二百
魯徐伯賢二百
魯劉聖長二百
河南匽師骨鄴通國三百
河南平陰樊文高二百
河東臨汾敬信直千
河南雒陽左叔雲二百
東郡武陽董元厚二百
東郡武陽桓仲豫二百
泰山鉅平韋仲元二百 蕃王狼子二百

泰山費淳于陵季遺二百
故安德侯相彭城劉霸伯孝五百
故平陵令魯麃恢元世五百

碑左側 共三列每列四行

東海傅河東臨汾敬謙字季松千
時令漢中南鄭趙宣字子雎
故丞魏令河南京丁琮叔舉五百
左尉北海劇趙福字仁直五百
右尉九江浚遒唐安季興五百

司徒掾魯巢壽文后三百
河南匽師度徵漢賢二百
南陽平氏王自子尤二百
相守史薛王芳伯道三百　魯孔建壽二百
相行義史文陽公百燀世平百
魯傳兖子豫二百　任城亢父治真百
魯孫殷三百　魯孔昭叔祖百六廬城子二百

碑云永壽二年青龍在涒灘霜月之靈皇極之日永壽桓帝年號也按爾雅云歲在申曰涒灘桓帝永興三年正月戊申大赦改元永壽明年丙申曰歲在涒灘是矣云霜月之靈皇極之日莫曉其義疑是九月五日韓明府者名勑字叔節前世見於史傳未有名勑者豈自余學之不博乎集古錄

碑云爵鹿柤梪籩柉禁壺脩飭宅廟更造二輿所謂鹿者禮圖不載莫知爲何器又據字書柉木皮可爲索壺陳樂也亦非器名皆不可曉故并著其語以俟知者余後見復陽陳氏所藏古彝爲伏鹿之形近歲青州獲一器亦全爲鹿形疑所謂鹿者因其形而名之耳金石錄

右魯相韓勑造孔廟禮器碑無額其文雜用讖緯不可盡通呂氏春秋云有侁氏女採得嬰兒於空桑是爲伊尹蓋托之神物與履拇吞鳦同或曰空桑地名也此云聖母顏氏育於空桑不經之甚涒歎者以歎爲歎也聖妃者以妃爲配也雷洗觴觚爵鹿柤梪籩柉禁壺者以雷爲罍以柤爲俎也古爵三足而兩柱前若噣後若尾有爵之象趙曰青州近獲一器全爲鹿形此所謂鹿豈非肖其形因以名之乎說文木豆謂之梪柉音凡木名也皮可爲索禮器曰大夫士棜禁注云禁如今之方案儀禮鄉飲酒禮戶閒斯禁設篚于禁南注禁切地無足者壺與上下文符觚輿汙協韻當是壺字也胡輦者瑚璉也碑以伎爲暨驢音讀籩卽籩字涑卽漆字

右韓勑碑陰六十有二人不稱字者一人不稱名者二十一人漢人題名必書名字否則各有說也楊震碑陰孫定博諸人不名者非其門生也逄盛碑陰崔孟祖數人不名乃其父黨也題名於韓勑碑左凡八人魯之二廡一傳不名者別守相之尊也張納碑陰主簿白文已下不稱字者示其異於從事季元也史晨後碑五官掾孔暢六人不稱字者亦示其卑於長史李謙也孔僖傳云永元四年徙封孔損爲褒亭侯損卒子曜嗣曜卒子完嗣此碑有孔曜仲雅則永壽時曜尚未襲封所謂褒成侯建壽當是孔損之

字傳作襃亭其說在孔龢碑自永元四年至永壽二年亦六十五
年矣題名中孔族凡十四人有譜可考者曜及郎中
宙御史翊侍郎彪皆孔子十九世孫也建壽爵齒俱
尊而在子姓之間宜其不名餘人雖不見爵秩當亦
是一時耆老獨曲成侯王暠一人不稱字豈爵雖襲
而年尚穉者乎蘇漢明者已鐫而續書故以其人處
士識于下張普朱熊五人書體不同蓋後人所增者
隸釋
韓明府名勑字叔節歐陽永叔謂書傳無以勑命名
者秦制天子之命爲勑漢用秦法臣下不敢以勑名

考之字書勑字從朿誠也古者以勞賚爲勑勑爲賚
音其文爲徠別體當南齊時有劉勑爲始興內史則
古人名勑何世無之往昔文嘉謨作縣樓架勑書於
昌樂榜爲勑書蜀中縣多作勑者說文勑音策馬箠
也敕音奇木別生也嘉謨勛之子勛有書名其子不
能考古如此廣川書跋
右漢魯相韓勑造孔廟禮器碑說者謂其文雜用讖
緯不可盡通余觀東漢自光武以赤伏符即位篤好
圖讖臣下則而效之流獘浸廣至漢末而其說尤熾
見之金石者不特此碑然也帝堯碑云堯遊於元河

之上有龍授圖堯乃受命成陽靈臺碑云堯母慶都
遊觀河濱感赤龍交而生堯魯相史晨孔廟碑云孔
子乾坤所挺西狩獲麟爲漢制作皆怪誕恍惚不經
之甚金薤琳瑯
射禮有鹿中高一尺五寸爲鹿形背設圜箭以納筭
籌射畢以釋之器也又有乏如屏風所以爲獲者御
矢恐卽杙也其有木旁正猶俎豆之爲柤梪也錢穀校金
石錄記
歐陽永叔謂書傳無以勑命名者秦制天子之命稱
勑漢用秦法當時臣下豈敢以勑自名者是以勑爲

金石萃編卷九　漢五　十三

敕也詳廣川書跋第意有未明余更著之韓明府自
名勑從力來聲音賚勞也亦作徠倈來荅勸曰勞撫
至曰勑示有節也故字叔節以勑爲敕譌也敕從攴
朿聲誡也攴小擊也又有朿縛之義故爲敕命之敕
又攴旁加朿音策馬箠也朿讀若刺又𢾅從攴朿聲
音其木別生也攴持也與攴異四字易淆故詳著之
金石史
闕里孔子廟廷漢魯相韓勑叔節建碑二一前碑紀造
禮器後碑以志修廟謁墓碑陰兩側均有題名思夫
孔子既沒襃崇之典歷代有之世本王侯大夫莫不

有宗譜族牒聖人之後獨無聞焉厥後仙源宗子珍扈宋南渡金源立別子爲祖嘉熙雖仍錫文遠以爵而授之田里俾居三衢宋之亡也忽焉元人思復立大宗而宗子辭不受能以禮讓是人之所難也以余所見明嘉靖中孔門僉載一書先聖六十一代孫承德郎魯府審理正宏幹所撰有世表有宗系圖其於三衢一支棄而不錄奠系世辨昭穆者宜如是乎可爲長太息也矣勑前後碑陰載孔氏苗裔有襃成損建壽御史翊元世東海郎中訢定伯豫州從事方廣平故從事樹君德朝升高守廟百石卒史恢聖文文

學百石芝德英故督郵承伯序賴元夏進幼達祖史誧仲助術子佑贊元賓曜仲雅遵公孫旭連壽番安世太尉掾凱仲悌處士徵子皋巡百男憲仲則汎漢光凡二十三人而後碑稱碑是孔從事所立殆方也伏念聖人之後有賢子孫改修闕里志孔門僉載則宗子支子之流派及書名吏冊碑碣者具書之惟非其族必去非聖人之言必刪之庶乎其可已 曝書亭集

歐陽公云前世見于史傳未有名勑者予觀繁陽令楊君碑陰有故民程勑字伯嚴則漢時不獨韓明府名勑也勑字本音敕去聲今按二君之字皆作飭字解 金石後錄

此碑所用字古奧尤多今考訂一一詳之曰莫不驗思驗音驥集韻通作驗曰歎卬師鏡卬即仰華山廟碑日月星辰所昭卬也老子銘卬其生平劉熊碑莫不師卬鄭固碑卬號爲告詩瞻卬昊天史記帝紀卬而射之西漢刑法志天下所卬皆同仰也曰顏氏聖舅家居魯親里并官聖妃在安樂里乃啟聖公夫人顏氏宣聖夫人并官氏所居之地也闕里志云歷年久遠二里之名雖存而地不可考矣家語云孔子年十九娶于宋之开官氏六十六歲夫人开官氏卒曰

邑中繇發金錢琳瑯闕繇字碑文現存曰食糧亡子沙邱闕里志云秦始皇發孔子墓既啟見冢壁上刻文云秦始皇何強梁開吾戶據吾牀飲吾漿唾吾堂飡吾飯以爲糧張吾弓射東牆前至沙邱當滅亡葢用其語也曰尊琦大人琦卓犖貌曰逴璽之思逴音綽說文遠也璽即爾久也成陽靈臺碑廣漢長王君石路碑防東尉司馬季德碑俱作璽言諸君美韓明府造立禮器欲爲之立石垂示久遠也其文以四言爲句而首句獨五言加皇字于上高出碑文一字曰皇戲統華胥子謂於皇字下著一歎美之辭孫庶常

愷似修幸魯盛典載此碑以戲作羲謂伏羲承天畫
卦而啟孔氏之制作其說是也金薤琳瑯云皇字下
闕一字今碑戲字現存曰前闓九頭闓即開梁相孔
躭祠碑祝睦後碑俱有此字曰以升言教升漢隸字
源收入四十五厚作斗白石神君碑粟升五錢升字
亦如此寫曰以侯知輿金薤琳瑯知字下闕一字今
碑輿字現存趙子函以都楊二公錄闕七字喜得戲
輿二字遂載于跋語予所錄亦同趙本何都楊二公
反不及見也曰胡輦器用以輦作璉連上聲二字之
音本同張爾公云漢隸孔廟碑作胡輦非駁議而無

金石萃編卷九　漢五　一六

所援據恐漢人未受也曰上不爭貰貰價也曰永享
牟壽牟冒字之通也曰旁伎皇代予觀碑文伎似及
字而漢隸字源收作伎又收作暨暨字之義爲長也
慨自漢末崇尚讖緯文中如霜月之靈皇極之日華
胥生皇上合紫臺俱祖紫宮太乙所援前闓九頭三
陽吐圖二陰出讖等語皆本於緯書獨是韓君叔節
志存聖道造立禮器其爲樂之屬有四祭之屬十有
二準之于今雖略而未備然自君刱始至今享祀千
載不墜爲功猶多今廟中之有編鐘編磬應鼓雅瑟
頌瑟其即韓君當時所製乎何遂無簫笛瑟笙柷敔

埍甗之類也而觴觚爵鹿皆酒器罍者酒器亦盥酒
器洗則承水器桓籩之薦水上之品柤進肉之器壺
者亦于尊彝今皆具存廟中至所謂杸禁二器則無
之杸音凡博雅溫盃也集韻或作遙旺禁是陳酒尊
之器酒必有禁禁以承尊名禁者曰爲酒戒也二器
之爲用韓君既設于廟不知何時竟廢而不傳耶前
漢書罍尊作靁籀文也碑書罍爲雷從籀文雷字寫
法下從世而上似告亦奇并官氏并字上作二點後
碑陰魯开煇無二點柤桓字用木旁皆字體之變者
金石遺文錄

金石萃編卷九　漢五　一七

魯相韓勑修造孔廟禮器所立今謂之禮器碑集古
錄作修孔子廟器表金石錄作韓明府孔子廟碑天
下碑錄作魯相韓勑復顏氏繇發碑按碑云復顏氏
并官氏邑中繇發以尊孔心發屬下句讀且所復者
尚有并官氏而此碑又不爲復繇所立碑錄非也顧藹
吉隸辨
皇極之日洪範五皇極五日爲皇極日也洪容齋隨
筆謂月之五日皆可稱端午亦皇極之義也　范史
百官志王國每置傅一人相一人光武建武二年封
北海靖王興爲魯王此魯之所以有丞相也漢初其

官職傳爲太傅相爲丞相至景帝時吳楚七國反遂
改丞相但曰相太傅但曰傅此魯之所以不稱丞相
而但曰相也　并官氏聖妃按家語孔子年十九娶
于宋之亓官氏本注亓古其字又姓也或誤作开碑
書作并隸法小變耳隸辨以爲家語作并官氏與此
碑同而以作开者爲誤今家語正作开以并爲正者
隸辨誤耳聖妃者隸釋云以妃爲配按古者妃爲女
子通稱漢曹全碑大女桃斐婁即妃字魏書刑法志
河陰縣民張智壽妹容妃則知妃字正不必讀作配
也　按开字雖隸法有變不應書作并字今家語亦

正作并姓譜列并官氏于去聲敬韻引先賢傳亦正
作并官氏至亓官二字各書俱無可考惟字典載之
亦不言出何書碑陰有开煇其人者开不作并　復
顏氏并官氏里中繇發以尊孔心鄭芷畦云繇本作
徭史記高祖嘗繇咸陽應劭注繇役也發者禮王制
有發則大司徒教士以軍甲疏謂軍旅以發士卒也
　胡輦器用隸釋云胡輦者瑚璉也周禮大司徒鄉
師大軍旅會同正治其徒役與其輦輂注夏后氏二
十八而輦殷十八人而輂周十五人而輦故書輦作
連鄭司農云連讀爲輦禮記明堂位夏后氏之四連

釋文連本又作璉連璉輦三字古通用　勑說文勞
也從力來洛代切敕誡也臿地曰敕從攴朿讀作恥
力切兩字本不相通然經典相承皆以勑爲敕易噬
嗑先王以明罰勑法書臯陶謨勑我五典益稷勑天
之命康誥惟民其勑楙和多士勑殷命終于帝詩楚
茨既匡既勑皆以勑爲敕隸辨云敕者上命下之辭
自漢以來官長行之掾屬祖父行之子孫皆曰敕漢
史晨碑又勑瀆井復民漢書陳咸傳公移勑書而孫
寶之告督郵范史多用勑字　鄭芷畦云涿郡太守
樂安相之兄也省志志陵墓魯諸王墓下注云魯恭

王孫皆葬於此大墓二十餘石獸二石人三胸臆間
篆刻曰漢樂安太守麃君然則麃姓是魯恭王後也
　魯傳說見前魯相下此魯傳世起當是魯人之姓
傳名世起者非太傅之傅後左側魯傳兗子豫乃是
魯太傅其爵雖尊而無功於聖廟且出泉之次在後
故列于左側也或以魯傳名號相同焉知此非太傅
之傅按漢碑題名未有但書其爵而不著姓者此傅
世起以是會稽太守故列碑前若果魯傳則其爵尊
於會稽太守不當列於太守下矣　襃成侯猶今之
衍聖公也爲孔子後典主聖廟祀事范史孔僖傳世

祖建武十三年封孔志爲褒成侯志卒子損嗣永元
四年徙封褒亭侯損卒子曜嗣按孔和韓勑兩碑皆
後永元六十餘年徙封已久不應猶仍故封今百石
卒史碑載褒成侯四時來祠韓勑碑陰載褒成侯孔
建壽仍而不改當由史誤又隸釋稱孔建壽卽損之
字按損以永元四年徙封時年少至永壽二年
亦已老矣而子曜尚未襲封著於碑陰又曜旣爲損
子不應子列父前碑陰宜不失書其爲史誤的然無
疑矣　左側首書北海傅敬謙以是師傅之尊故首
列之且係北海郡官於魯爲客也下卽書令長丞尉

以是本郡官長故尊之也按范史縣萬戶以上爲令
不滿爲長丞各一人尉大縣二人小縣一人碑稱時
令則大縣也丞一人碑書故丞魏令向嘗爲丞今遷
魏令者也尉二人以是大縣故有左尉右尉也正與
史書合　此碑題名者凡百有七人多書出泉之數
唯韓明府及時令但列爵里名氏者韓明府功最大
非僅出泉者所可竝故首揭而大書之時令掌魯一
邑之政佐韓明府故亦不書出泉之數也　孔建壽
與碑陰重見碑陰稱褒成侯此但書魯碑陰書出泉
千此又書出泉二百豈旣出泉千而復出泉二百與

百石卒史碑宋張稚圭據圖經謂是鍾太尉書此
碑兗州府志亦云出太尉手按魏志繇以太和四年
卒上距永興元年尚七十八年距永壽二年亦七十
四年計此時繇尚幼冲決無能書碑之理今之談漢
碑者稍前必以歸之蔡邕稍後必以歸之鍾繇二碑
正當蔡邕之時或以歸諸邕尚有可據而云鍾繇決
無是理大段邕所書碑有據者唯鴻都石經繇所書
碑有據者唯勸進受禪表餘皆無據不足信也已
永興元年魯相平請爲聖廟置百石卒史到此遂有
守廟百石孔恢一人然前所請置者孔和也曾未兩

年遽易孔恢不解何故王澍虛舟題跋原
右漢魯相韓勑孔子廟碑天下碑錄題爲魯相復顏
氏繇發碑集古錄隸釋題爲魯相修孔廟禮器碑皆
得其一而遺其一不若金石錄但目爲韓明府孔子
廟碑之爲該也　家語孔子娶于宋幷官氏萬姓統
譜引先賢傳孔子娶幷官氏幷讀去聲皆與此碑同
今闕里志誤作亓俗讀如稽蓋形聲幷誤矣乃或者
不考反以作幷者爲非謬甚　趙氏云字書壹陳樂
也非器名不可解按趙氏誤引說文豈字之訓說文
豈陳樂立而上見也從屮從豆中句切碑字作壴與

豈廻別　兩側前第六八云相行義史文陽公百煇
世平百恭壽先生跋云文陽公爲一人煇世平爲一
人當是姓文名陽公或字陽公者非公矦之公也煇
世平不著郡望當與文陽公同里并同官者故即繫
文陽公下予按此說非也漢書地理志後漢書郡國
志汶陽屬魯國史晨後碑有文陽馬琮隸釋云以文
陽爲汶陽此碑之陰書文陽者凡三人皆汶陽也此
人亦隸籍汶陽公百其姓煇其名世平其字百乃所
出泉數耳古複姓有公伯氏魯論有公伯寮伯與百
蓋通用也若以文陽爲一人煇世平爲一人既與前

後書法不類況文陽公既無郡望煇世平之郡望又
何從知且姓氏書亦無煇姓也兩側後第一人云山
陽瑕邱九百元臺三百先生跋云瑕邱乃地名非人
名按范史屬山陽郡元臺亦當是山陽所屬之地予
按此說亦誤元臺之爲地名既無可考且他碑陰亦
從未有合一邑所出泉數而總記之者蓋九百非泉
數亦人姓名也列子有九方皐唐有九嘉宋有九眞
明有九焯九姓歷歷可數元臺則其字也先生于此
碑并陰及兩側考訂極詳此其小誤予特表而出之
金石存

碑云并官氏聖妃方綱謹按集韻增韻韻略諸書及
唐林寶元和姓纂皆不收此姓惟宋鄧名世古今姓
氏書辨證十四清內有并官複姓注引先賢傳孔子
娶并官氏生伯魚近日顧南原隸辨吳山夫金石文
存亦皆以并爲是方綱又於國學暨江寧府學見元
明加封詔書碑皆書作并楷隸相證愈無可疑王虛
舟乃以隸辨爲誤蓋未之考耳　何義門曰孔子娶
於并官氏自王伯厚姓氏急就篇及宋本東家雜記
皆作并而正義中反從流俗作开若非宋本何以析
疑張埧曰宋大中祥符元年鄆國夫人勑亦曰并官

氏　碑字別體洪釋尚未有盡者如廣韻𩣡同驥是
但爲驥字訓耳若專訓𩣡字則直當引禮記正義希
𩣡慕仰之義音義皆當主兾字不必主驥字也又如
土仁處土之土皆是士字又以粻爲糧以苻爲符以
頴爲穎以阠爲仲以亖爲卞以霦爲彪以皐爲臯以
佽爲戚皆假借通俗之漸也　虛舟先生於此碑考
核不遺餘力然其閒舛謬者不一而足如論人名一
條云舊說謂東漢承王莽制人無二名按二名惟後
漢書無之漢碑多有他不具論即此一碑二名者便
數十人可知前語無據方綱按此碑惟王暠孫殷二

人稱名不稱字其餘如麃次公傳世起以下凡二字
者皆其字非其名也碑側傳兗子豫亦是姓傳名兗字子豫而虛舟以爲太傅之官
亦誤又一條云右側惟蕃王狠子爲最尊然不以居首
而與安德侯相平陵令竝列然書特縱横於碑陰爲
絕異中外賓主之辨始終秩然也方綱按此蓋誤讀
蕃王二字爲外國之王耳不知蕃是邑名王其姓也
碑陰中列第六行謝伯威二百第七行高伯世二
百此二行下有細隸書三行云熹平三年左馮翊池
陽項伯脩來凡十三字方綱以滁陽顧苓云美所藏
舊拓本審定得之從來著錄家所未見也　韓勑後

碑亦見於隸釋隸續而今竟不見其石予屬曲阜桂
君再四訪覓弗獲也昔年金陵鄭汝器猶手拓其本
以遺朱竹垞見於曝書亭集何至今數十年閒乃湮
晦不見斯亦異矣据隸續所錄碑陰末一行云永壽
三年七月廿八日孔從事所立卽碑陰八名內云故
豫州從事魯孔方廣平五百者也按此與前碑陰內
處士魯孔方廣率當是兩人率字今微露右半是以
姑依洪氏作率字耳兩漢金石記
碑文云違壐之思違壐卽卓爾也云前闓九頭以什
言教後制百王獲麟來吐什言者十言也春秋正義

引易云伏羲作十言之教曰乾坤震巽坎離艮兌消
息碑蓋用其語上二句言贊易下二句言作春秋意
正相對婁機顧藹吉皆釋什爲斗文義殊難通矣自
皇戲統華胥而下五十二句句皆四言獨皇戲句五
言而皇特跳上一格書之不可解竊意此字後人妄
加非本文也　右碑陰題名六十有二人兩側三十
有二人碑之左方題名者八人有書名不書字者王
暠孫股是也有書字不書名者麃次公蘇漢明是也
有書名兼書字者西門儉元節种亮奉高是也有書
名書字而又殊其例者敬謙字季松趙福字元直是

也郡縣兼書如潁川長社河南成睪之類碑之常例
也有書縣不書郡者魯卞文陽蕃騶薛皆隸魯碑爲
魯相立不必更書魯國也東平陸隸東平國非同郡
而不書避重出也任城泰山彭城下邳京兆或不書
縣者郡所治也若泰山之鉅平任城之亢父彭城之
廣戚則郡縣仍兼書也惟曲成侯王暠郡縣俱不書
又例之變也碑有相行義史文陽公百煇世平百有
山陽瑕邱九百元臺三百此公百九百乃複姓非出
錢之數也何氏姓苑云昔岱縣人姓九百名里爲縣
小吏而功曹姓萬縣中語曰九百小吏萬功曹是古

有九百氏也廣韻公伯複姓有魯大夫公伯寮碑云
公百以百爲伯也文陽卽汶陽後漢書王梁傳擊肥
城文陽拔之注文音汶與此碑正同也碑陰有褒成
侯孔建壽碑側又有孔建壽古人命字多相同非一
人而再見也云守廟百石卽乙瑛碑所置百石卒史
也不云卒史者省文猶稱太守曰二千石也洪氏隸
釋有碑陰無兩側都元敬所藏搨本合碑左方碑陰
兩側爲一元敬不能詳考妄譏洪之誤不知隸釋所
載碑陰本無闕文也兩側題名不載於隸釋元敬自
以意讀之舛謬殊甚如以河南匽師爲河浦退師任

城亢父爲侯我交父皆大可笑也潛研堂金石文跋尾
禮器碑霜月之靈說金石者不曉霜月爲何語予謂
霜月者相月也爾雅說天篇七月爲相　禮器碑顏
育空桑隸釋引伊尹生空桑以爲不經之甚予謂空
桑者窮桑也左氏昭九年傳遂濟窮桑注窮桑少皞
之號也窮桑地在魯北定四年封于少皞之虛注少
皞虛曲阜也在魯城內顏母生于曲阜卽少昊之虛
故稱空桑空窮古書通用洪譏其不經殆未考左傳
耳錢大昕十駕齋養新録
碑云復顏氏并官氏邑中繇發以尊孔心按復讀如

瀆井復民之復免其賦役也禮記八十一子不從政
九十家不從政鄭注復除之後漢書光武紀幸南陽
復田租一歲父老願賜復十年王良傳詔復其子孫
邑中徭役王沈魏書老耄須待養者年九十以上復
不事家一人又云譙霸王之邦其復譙租稅二年魏
志杜畿傳舉孝子貞婦順孫復其繇役魏略顏斐爲
京兆聽吏民欲讀書者復其小徭江表傳樂從軍者
一身行復除門戶吳志劉繇傳有好佛者聽受道復
其他役呂蒙傳與守冢三百家復田五十頃陳武傳
初表所受賜復人得二百家潘璋傳賜田宅復客五

十家宋書嚴世期傳復其身徭役南史梁武紀詔蘭
陵縣修建二陵周回五里內居人賜復終身魏書太
宗紀所過復一年田租碑葢言復其終身且賜及邑
里也尊卽奠字奠定也奠尊聲相近說文奠或從寸
是形亦相近繇俗作徭說文作繇隨從也發謂調發
管子大匡篇野爲原又多不發朱長春曰不發是大
徭大役簡少其野多不發之衆樊毅復華下民租田
口筭碑每被詔書調發無差新序魯君命有司無得
徵發單父漢書嚴助傳是時征伐四夷開置邊郡軍
旅數發兒寬傳後有軍發後漢書韋彪傳賦發充常

調而貪吏竊其財續漢書劉寵爲會稽太守若耶溪父老送寵曰他時吏發不已民或夜行狗吠竟夕人不得安王沈魏書不得擅興發北史和平二年詔自項每因發調逼人假貸建德元年詔自今正調以外無妄徵發正始元年詔諸州蠲停徭役不得横有徵發魏志王修傳自爲營壍不肎應發調英雄記張咨不應調發吳志孫堅傳術踧踖即調發軍糧孫權傳至於發調者徒以天下未定事以衆濟駱統傳每有徵發羸謹居家重累者先見輸送北史魏宣武紀詔諸州蠲停徭役不得横有徵發晉陽秋劉宏爲荆州

刺史每有興發手書與郡國丁寧謹密故莫不感悅顛倒奔赴宋書沈攸之傳賦斂嚴苦徵發無度凡此皆繇發之事可爲碑作證者也　碑云籩柉禁壺隸釋以柉爲杸云音凡木名也皮可爲索又釋禁字引禮器大夫士棜禁馥按柉即棜字玉篇棜几屬也廣韻棜無足尊也柉木名可爲箭笴蓋隸體借柉爲棜也太平御覽禁一名棜乙去切引三禮圖棜長四尺廣二尺四寸深五寸無足漆赤中青雲畫陵苕華飾禁長四尺廣二尺四寸通局足高三寸漆赤中青雲畫陵苕華飾刻鏤其足爲褰帷之形據此則三禮圖

與玉篇几屬之訓相合禮器注云棜斯禁也謂之棜者無足有似於棜或因名云爾孔疏棜是轝名故既夕禮云設棜于東堂下注云棜今之轝也又注特牲云棜之制如今大木轝矣上有四周下無足今大夫斯禁亦無足似木轝之棜故周公制禮或因名此斯禁云棜耳大夫用斯禁士用棜禁如今方案楕長局足高三寸馥謂如今方案者亦几屬也廣韻以爲無足尊者即禮器天子諸侯之尊廢禁也特牲饋食禮壺棜禁饌于東序是則籩柉禁壺皆禮器韓君所造者也洪氏知引棜禁而不識柉字蓋疏於借體誤以柉字當之矣碑又云雷洗湯觚爵鹿柤梪凡八器雷罍也禮記魯祀周公於太廟尊用犧象山

罍是也湯鬺也說文鬺實曰鬺又云鬺受三升者謂之觚是也鹿角也漢角里先生一作祿亦作鹿鹿角聲相近儀禮主人洗角禮記舉斝角又云宗廟之祭尊者舉觶卑者舉角是也柤即俎字皆借體也桂馥跋

禮器碑瑚璉作胡輦按春秋傳曰胡簋之事明堂位曰夏后氏之四連易蹇之六四曰往蹇來連虞翻曰連輦也周禮鄉師輂輦注云故書輦作連先鄭云連讀爲輦巾車職云輦車組輓陸氏云輦本又作連音輦管子海王曰行服連軺輂漢書蓮勺孫如淳音輦酌則知連與輦音義皆同也莊子連字皆音輦說文

胡連字又作槤徐鉉云俗作璉則二字皆从玉旁俗所作也　禮文王世子大夫勤于朝卿士驗于邑孔穎達曰驗謂仰冀之也廣韻九利切集韻几利切汪照古石琅玕

呂氏春秋本味篇有侁氏女破空桑而得伊尹其說頗近荒誕禮器碑有顏育空桑語隸釋引呂覽伊尹事爲證譏其不經繹按是碑多用讖緯之文後漢書班固傳注引春秋演孔圖云孔子母徵在夢遊於大冢之陂黑帝使請已往夢與語曰女乳必於空桑之中覺則若有所感後生孔子於空桑之中碑云顏育空桑卽其事也錢繹小廬隨筆

按碑稱前闓九頭攷春秋元命包論十紀一曰九頭紀卽碑所本宋均注春秋命歷序九頭九人也路史前紀則云地皇氏逸子有人皇九男相像其身九章注云姓愷名胡洮字文生人面龍身九頭兩說各異宋說當近之碑又云制不空作承天之語亦本春秋緯演孔圖云聖人不空生必有制以顯天心邱爲木鐸制天下法是也碑末題名三行潁川長祉以下八人皆有出錢之數當與碑陰所題六十二人兩側所題三十二人合計之竝是助錢造器者姓名也朱君文藻嘗疑碑側姓名別是一次斂錢不與禮器同時之事蓋書體既不相類而褒成侯孔建壽已見碑陰復入碑側其非一時之事明矣孔子之後爵褒成侯至永元四年徙封褒亭此碑立於永壽二年距徙封已五六十年而猶稱褒成殆文字之閒不妨偶襲舊號耶御史孔翊元世或謂後漢書有孔昱傳昱亦字元世古人翊日多作昱日字本通用疑是一人然昱于靈帝時徵拜議郎補雒陽令以師喪棄官卒於家而碑於桓帝時已題御史且洪氏謂翊孔子十九世孫而

昱乃孔霸七世孫霸是十三世則昱當是二十世世次亦不合斷非一人也洪氏云蘇漢明已鐫而續書故以其人處士識于下然碑左側張建平下亦識其人處士四字豈亦續書者與碑又以士仁爲士人與金鄉長侯成碑同違越爲卓越猶卓爾作逴爾也

又按讖緯之作其來已久隋經籍志云河圖雒書以紀易代之徵其理幽昧究極神道先王恐其惑人祕而不傳說者又云孔子既敘六經別立讖緯以遺來世其書出於前漢有河圖九篇雒書六篇

云自黃帝至周文王所受本文又别有三十篇云
自周初至於孔子九聖之所增演以廣其意又有
七經緯三十六篇並云孔子所作云云攷公羊子
高受經於子夏其傳春秋多舍左傳而從春秋說
文見於何休注者甚衆則其書傳自孔門弟子無
疑其以爲出于漢初及起於西漢哀平之世者皆
非也緯書中間有事涉迂謬及後世之事疑皆妄
人附益而以之參驗六經殊足以資聞見故太史
公撰五帝本紀于世本國語三傳之外兼采及之
孟喜注易七日來復謂卦氣起中孚則用易緯稽

覽圖賈逵注左傳九郎稱孔子作春秋立素王之
法則用春秋緯趙岐注孟子論尚書百二十篇則
用春秋說題辭論命有三名則用孝經援神契許
愼撰說文解字引孔子云推十合一爲士禾入水
爲黍則用元命包引子欲居九夷從鳳嬉則用論
語摘衰聖而鄭康成禮注詩箋二書取緯書以資
發明者尤不勝舉且鄭于河圖易緯尚書緯尚書
中候禮緯禮記默房並爲之注可見緯與經實相
表裏不爲大儒所棄如此漢時且詔東平王蒼正
五經章句皆命從讖朱氏彝尊謂終東漢之世以

通七緯者爲內學通五經者爲外學其見于范史
者無論謝承後漢書稱姚浚尤明圖緯秘奧又稱
姜肱博通五經兼明星緯載稽之碑碣於有道先
生郭泰則云考覽六經探綜圖緯於太傅胡廣則
云探孔子之房奧于琅邪王傅蔡朗則云包洞典
籍刊摘沉秘於中郎周勰則云總六經之要括河
雒之機於大鴻臚李休則云既綜七籍又精羣緯
於國三老袁良則云親執經緯隱括在手於太尉
楊震則云明河雒緯度窮神知變於山陽太守祝
睦則云七典並立又云該洞七典探賾窮神於成

陽令唐扶則云綜緯河雒咀嚼七經於酸棗令劉
熊則云敦五經之緯圖兼古業覈其妙七業勃然
而興於高陽令楊著則云窮七道之奧於郃陽令
曹全則云甄極毖緯靡文不綜於槀長蔡湛則云
少耽七典於從事武梁則云兼通河雒於冀州從
事張表則云該覽羣緯靡不究窮於廣漢屬國都
尉丁魴則云兼究秘緯於廣漢屬國侯李翊則云
通經綜緯至于頌孔子之聖稱其鉤河摘雒蓋當
時之論咸以內學爲重及昭烈即位羣臣勸進廣
引雒書孝經緯文蕭綺所云讖辭煩於漢末不誣

也昶案唐制四部圖籍甲部爲經其類有十九曰圖緯以紀六經讖候故唐儒撰羣經正義亦知遵信讖緯而藝文類聚北堂書鈔初學記白孔六帖諸類書徵引尤夥蓋自漢以來博古之士多喜習之即有不能深信者亦未竟斥爲異端自歐陽氏有論九經請刪除正義中讖緯劄子而魏了翁作九經正義盡削去之自是厥後學者同聲附和而緯書遂致散佚僅有存者良可歎惜也夫讖緯中荒渺不經本所難免且其紀述兼及三代以上帝王受命發祥制作之事後人目不見上古之書無從辨其是非輒生訾毀固無足怪然即緯書之文證之六經亦無大異今試比而論之緯言伏羲氏有天下龍馬負圖出于河（尚書中候握河紀）黃帝出游雒水之上見大魚醮之魚流于海始得圖書（河圖帝視萌）蒼頡皇帝南巡元扈雒汭之水靈龜負書以授之（河圖玉版）堯沈璧于河元龜負書止壇舜沈璧于清河黃龍負圖出水（並握河紀）禹長于地理水泉九州得括地象（尚書刑德放）湯觀于雒沈璧而黑龜與之書（中候雒予命）武王觀于雒沈璧禮畢青龍臨壇銜元甲之圖吐之而去元龜負圖出雒周公援筆以時文寫之（並握

河紀）皆與易河出圖雒出書天垂象聖人則之書天錫禹鴻範九疇之義合天人感應理固有之而云伏羲德洽上下天應之以鳥獸文章地應之以龜書乃作易（禮含文嘉）奎主文章蒼頡效象雒龜曜書丹青垂萌畫字（援神契）又與易論包犧畫卦取象天文地理人倫鳥獸之語悉悉相符也緯言軒轅氏麒麟在囿鳳皇來儀堯即政七年鳳皇止庭巢阿閣讙樹伯禹拜曰黃帝軒提象鳳皇巢阿閣（並中候）舜受終鳳皇儀黃龍感（雒書靈淮聽）周公作樂而治蓂莢生（中候）非即書擊石拊石鳳皇來儀國語鸑鷟鳴于岐山禮記四靈爲畜之事乎緯言禹援啓握元圭刻曰延喜之玉受德天賜之佩（尚書璇璣鈐）非即禹錫元圭之事乎緯言禹將受位天意大變迅風雷雨以明將去虞而適夏（樂稽耀嘉）非即書烈風雷雨天大雷電以風之類乎緯言大節出雷澤華胥履之生伏羲（詩含神霧）少典妃安登遊于華陽有神龍首感之於常羊生神農（元命包）附寶出降大電生帝軒（孝經鉤命決）大節如虹下流華渚女節夢意感生朱宣（元命包）瑤光之星如蜺貫日感女樞於幽房之宮生黑帝顓頊（河圖）天大雷電有血流潤大石之中生堯母慶

都有赤龍負圖與慶都意感有娠生堯（春秋合誠圖）握登見大虹意感生舜（含神霧）修己山行見流星意感栗然生姒戎文禹（尚書帝命驗）扶始升高邱覩白虎上有雲如虎之狀感已生皋陶（元命包）扶都見白氣貫月感生黑帝湯太任夢長人感己生文王（並含神霧）即詩天命玄鳥降而生商履帝武敏歆之類而云堯母萌之元雲入戶蛟龍守門（易坤靈圖）堯母葭食不飢常若有神隨之者（合誠圖）亦與后稷鳥覆翼之牛羊腓字之事絕相似也緯言伏羲日角衡連珠（援神契）黑帝修頸黃帝兌頤（並論語摘輔象）倉帝四目（演孔圖）軒轅駢幹（元命包）帝嚳駢齒（河圖矩起）堯眉八彩（元命包）舜目四童（演孔圖）禹耳三漏皋陶馬喙湯臂二肘（並禮說）伊尹面赤色而鬚（春秋攷異郵）文王四乳武王望羊周公背僂（並禮說）非即左傳文公駢脅成公黑臀越椒蜂目豺聲之類乎緯言神農生而能言五日而能行七朝而齒具三歲而知稼穡般戲之事（元命包）附寶生軒胷文曰黃帝子（河圖握拒）蒼帝生而能書（元命包）非即左傳周靈王生而有髭魯夫人季友生有手文之事乎緯言燧人四佐伏羲六佐黃帝七輔（摘輔象）即論語春秋內外傳舜五人文王四友武王十亂之

類而風后天老五聖知命窺紀地典力墨七輔等名學者以無經傳可證斥爲僞托則書云朱虎熊羆殳斨伯與詩云皇父仲允番聚蹶楀諸臣亦不見于經傳而從無人議之者又何說也緯言五嶽吐精生聖人（鉤命決）非即詩惟嶽降神生甫及申之事乎緯言堯受圖書已有稷名在籙（中候苗興）堯夢白虎遺吾馬喙子皋陶爲大理（元命包）文王夢田獲熊而得太公望（中候雒師謀）赤雀銜丹書入節止昌再拜稽首至於磻溪之水呂尚釣涯下王下趣拜曰公望七年乃見光景於斯非即書高宗夢賚良弼說築傅巖維肖之類乎緯言孔子夜夢芻兒捶麟傷其前左足束薪而覆之孔子發薪下麟視之麟嘗其耳吐書三卷孔子精而讀之（援神契）非即孔子夢奠兩楹之類乎緯言顓頊氏有三子生而亡去一爲疫鬼一爲虐鬼一爲小鬼非即左傳實沈臺駘爲祟黃熊入于羽淵伯有爲厲之類乎緯又言太子發渡河中流火流爲烏其色赤（帝命驗中候合符后）武王得兵鈐謀東觀白魚入舟俯取魚以燎（璇璣鈐）按赤烏白魚二事即今文泰誓之文具見史記古文尚書旣不足信將因緯書而并疑今文可乎且也

五帝之稱始于三禮而緯書詳五帝靈威仰赤熛
怒含樞紐白招拒汁光紀五名與爾雅所載青陽
朱明白藏元英諸目何異西王母之名始于爾雅
而緯書述西王母於大荒之國得益地圖獻之于
舜帝命驗正合四荒之義且與空同丹穴太平大蒙
諸國均無經文可證也緯又言天皇九翼河圖括地象
人皇九頭命歷序及穿胸儋耳之國論語撰考讖從崑崙
以北九萬里得龍伯國人長三十丈以東得大秦
國人長十丈又以東十萬里得佻人國長三丈五
尺又以東十萬里得中秦國人長一丈河圖龍文蚩尤
兄弟八十一人並獸身人語銅頭鐵額河圖龍魚北東
極有人長九寸含神霧北極下有一脚人玉版核之春
秋三傳僑如焚如兄弟佚宕中國及國語防風氏
骨節專車之說是上古遐陬奇怪之事亦聖賢所
樂道而爾雅記鰈鶼卭蟨迭食迭望諸異亦皆當
時中國所無何以言之甚悉今比目魚海濱多有
之則其三者皆可確信既信比肩之民則穿胸儋
耳何獨疑之卽其所言後世事如祖龍來天寶開尚書考靈曜
河圖天靈卯金刀名爲劉中國東南出荊州赤
帝後次代周演孔圖帝劉之秀九名之世帝行德封

刻政河圖合古篇廢昌帝立公孫河圖籙運法代赤眉者魏
公子春秋玉版讖鬼在山禾女連言居東西有午兩日
並光日居下並易說此等語半出妄人傅會殊爲乖
誕然按左傳所引鸜鵒之謠傳自文成之世而已
知禂父宋父兩名卽龍尾謠云虢公其奔取虢之
旂亦必非事後之語而傳載列國占筮爻辭凡數
十百年以後之事無不先有主名鑿鑿可數則禮
所云至誠之道必有前知見乎蓍龜動乎四體者
聖人亦嘗言之以爲必無其事豈盡然與凡此之
類皆後人痛詆緯書所執爲口實者不知其說皆
可與六經互證緯可疑經則斷不可疑也更有取
者緯言舜以太尉受號卽位爲天子春秋運斗樞稷爲
司馬刑德放可廣唐虞司空司徒虞士諸名以考三
代官制緯言禱請山川辭云方今天旱野無生稼
寡人當死百姓何依不敢煩民請命願撫萬民以
身塞無狀考異郵可見古人祭祀皆有祝辭禮記祭
坊水庸論語子路誄孔子卽其證也學者苟能擇
而從之是亦博聞之助安見好古若晚耶至其論
天文日月五星變動之占及地理生物之殊異道
里之遠近顯者足配鴻範五行精者可以攷正歷

書地志之誤故蔡沈書集傳所稱周天三百六十五度四分度之一卽考靈曜及雒書增耀度之文黑道二去黃道北赤道二去黃道南白道二去黃道西靑道二去黃道東卽河圖帝覽嬉之文而朱子注論語伏羲龍馬負圖注楚詞昆崙者地之中也地下有八柱互相牽制名山大川孔穴相通並河圖之文雒書四十五點邵子以來傳爲秘鑰其法出于太乙九宮實卽易緯乾鑿度之文是有宋理學大儒亦不能盡棄其學而歐陽氏魏了翁輩欲皆去之眞所謂因噎而廢食矣漢時碑刻多用讖緯成文論今古者概譏其謬不知緯與經原無大異經所不盡政當以緯補之若以緯書荒渺則六經之言其似緯書所云曷可勝紀將盡删之可乎朱氏說緯一篇至爲精博而據譙敏碑語謂其學遠出譙氏京氏蓋非探原之論且不推本經義證明其說恐仍未能息羣喙也昶故復申其辨于此以袪淺見之惑

金石萃編卷九終

金石萃編卷十

賜進士出身 誥授光祿大夫刑部右侍郎加七級王昶譔

漢六

郎中鄭固碑

碑高六尺四寸廣三尺三寸十五行行二十九字額題漢故郎中鄭君之碑八字篆書今在濟寧州學

君諱固字伯堅蓍君元子也含中和之淑
質履上仁口口口孝友著乎閨門至行立
乎鄉黨初受業於歐陽遂窮究于典藉膺
游夏之文學襄冉季之政事弱冠仕郡吏
諸曹掾史主簿督郵五官掾功曹口入則
腹心出則爪牙忠以衛上清以自脩犯顏
謇愕造膝危辭加以好成方類推賢達善
逡遁退讓當世以此服之郡后珍瑋以為
儲舉先屈計掾奉我口貢清眇冠乎羣彥
悳能簡乎聖心延熹元年二月十九日詔
拜郎中非其好也以疾錮辭未滿期限從
其本規乃遘凶愍年卌二其四月廿四日
遭命隕身痛如之何先是君大男孟子有
揚烏之才善性形於岐嶷口口見於垂髫
年七歲而夭大君夫人所共哀也故建口

共墳配食斯壇㠯慰考妣之心瑀瑨延㠯
爲聖悳不紀財鍾鼎奚銘昔姬□□武弟
述其兄綿□□□□行於㒸陋猷昌敢忘
乃刊石㠯旌遺芳其辭曰
於惟郎中寔天生悳頤親謙弟叏恭竭力
敦我義方導我礼則傳宣孔業作𤴓模式
從政事上忠㠯自勵貢計王庭華夏歸服
帝用嘉之顯拜殊特將從雖意色斯自得
乃遭氛突隕命顛沛家去所怙國亾忠直
俯哭誰訴卬噓焉告嗟嗟孟子苗而弗穮

奉我元兄脩孝罔極魂而有靈亦歆斯勒

右漢郎中鄭固碑文字磨滅其官閥卒葬年月皆莫可考云延熹元年二月詔拜而不見其官惟其碑首題云漢故郎中鄭君之碑以此知其官至郎中爾中間又有逡遁退讓之語遁當作循錮當作固疑漢人用字多假借又疑以疾錮辭謂疾已堅固若云以疾篤辭覽者詳之集古錄

賈誼過秦論云九國之師遁巡而不敢進顏師古曰遁音千旬反流俗書本巡字誤作逃讀者因之而爲逃遁之義潘岳西征賦云遁逃以奔竄斯亦誤矣今此碑有云推賢達善逡遁退讓詳其文意亦是逡巡之義然二字決非一音蓋古人用字與後世頗異又多假借故時有難曉處不知顏氏何所據遂音遁爲逡乎金石錄

鄭君以曹掾事其郡將而云犯顏謇諤造膝詭辭漢人用事不拘礙如此秦紀引賈生云九國之師逡巡遁逃而不敢進陳涉世家則刪逡巡二字班史又作遁巡故顏師古讀遁爲逡而詆潘岳用遁逃爲非游俠傳逡逡有退讓君子之風此云逡遁退讓蓋用史記語歐讀遁爲循趙又惑於顏注予謂皆當讀如本字碑以愕爲諤以佹爲詭以錮爲固以幘爲楯郎賃字歇郎猧字畢郎曷字勛音檣隸釋

郎中鄭固碑其文有云逡遁退讓者逡巡之異文也管子桓公蹵然逡遁漢書平當傳贊逡遁有恥敘傳逡遁致仕周禮司士注王揖之皆逡遁既復位儀禮士昏禮大射禮公食大夫禮注辟逡遁鄉射禮注少退少逡遁也聘禮注辟位逡遁又三退三逡遁也又辟位逡遁又辟於其東面位逡遁也又退爲大夫降逡遁士喪禮注辟逡遁辟位也特牲饋食禮注辟位逡遁禮記玉藻注俛逡遁而退著屨也皆同此文顏之推匡謬正俗曰賈誼過秦論九國之師遁巡而不敢進遁者蓋取循聲以爲逡字當音七均切然余考

之古書亦多不同如晏子春秋有云晏子逡遁而對有云晏子逡循對曰漢書萬章傳章逡循甚懼外戚固讓皆以下字爲循而此碑及漢書禮注又以遁爲巡又如莊子忠諫不聽蹲循勿爭靈樞經黃帝避席遵循而却亢倉子荊君北面遵循稽首又逡循之異文而王莽傳後儉隆約以矯世俗師古曰後音千旬反退也其字從彳則又逡之異文也楚辭九章思美人遷逡次而勿驅兮漢書公孫宏傳有功者上無功者下則羣臣逡皆作逡　碑又書姚爲娎與堂邑令費鳳碑同而玉篇云娎必娟切女名此又後人之解也　漢人書有遁甲開山圖雲麓漫鈔曰世傳遁甲書甲既不可隱何名爲遁因引此碑證爲循甲言以六甲循環推數也今按遁字古人以代巡字者多當是巡甲太元經云巡乘六甲與斗相逢　此碑上有一大孔漢碑多如此劉熙釋名碑被也此本王莽時所設也施轆轤以繩被其上以引棺也臣子追述君父之功美以書其上後人因焉故建於道陌之頭顯見之處名其文就謂之碑也此後漢時人所見云爾不知周時固有碑矣檀弓公室視豐碑注云豐碑斵大木爲之形如石碑於椁前後四角樹之穿中於間爲鹿盧下棺以繂繞正義曰繂即紼也鑿去碑中之木令空於空間著鹿

盧鹿盧兩頭各入碑木以紼之一頭繫棺緘以一頭繞鹿盧既訖而人各背碑負紼末頭聽鼓聲以漸卻行而下之喪大記君葬用輴四綍二碑大夫葬用二綍二碑又曰凡封用綍去碑負引注云樹碑於壙之前後以紼繞碑間之鹿盧輓棺而下之此時棺下窆使輓者皆繫紼而繞要負引舒縱之備失脫也用紼去碑者謂縱下之時也此劉熙所指葬時施鹿盧下棺之碑也聘禮賓自碑內聽命又曰東面北上上當碑南注云宮必有碑所以識日景引陰陽也凡碑引物者宗廟則麗牲焉以取毛血其材宮廟以石窆用木祭義君牽牲既入廟門麗於碑注云麗繫也謂牲入廟繫著中庭碑也雜記宰夫北面於碑南東上此注家所指在宮廟之中一爲賓揖之碑一爲麗牲之碑者也碑之字本從石窆用木者取其便於事也其見於西漢人之書者淮南子盧敖見若士遯逃乎碑注曰匿于碑陰是也孫何碑解曰何始寓家於潁嘗適野見荀陳古碑數四皆穴其上若貫索之爲者問故起居郎張公觀公曰此無足異也蓋漢去聖未遠猶有古豐碑之象耳後之碑則不然矣予見漢碑皆高不過今之三尺餘可用以麗牲以木爲之可用以引棺今既失其穿中之制而碑之高大乃無限度與古人

之碑名同而體異也金石文字記

碑文有逡遁字顧寧人謂是逡巡之異文以予考之集韻逡遁逡三字牽連書之均七倫切音義則一說文釋辵字云乍行乍止也遁字雖音徒困切而配之以辵當讀如足縮〻如有循之循以爲假借則可不得謂之異文矣寧人作音論惜集韻不存未知是書尚存天地間故于諸書疑義未盡晰爾曝書亭集

碑云大男孟子有楊烏風七歲而夭配食斯壇蓋祔葬者亦金石文字中一例也鮚埼亭集

金石文字記云此碑書妣作𡜊與費鳳碑同今此碑妣字尚存并不作𡜊或亭林誤記他碑之字也劉太乙續金石錄云弱冠仕郡諸曹掾史歐本作諸今本諸字雖少漶漫然筆畫具在亦不作諸楊升菴云子雲本姓揚從手不從木碑云有揚烏之才謂童烏也字正從手升菴之言信爲有徵劉跋概書作楊誤矣又碑云頤親愛弟頤字作頙變臣爲正此與前姬字一作姬同皆隸變也劉作順親亦非金石存

右郎中鄭固碑亡其半僅存上節雍正六年有李鷗者於泮池左發地得一殘石刻高六寸闊一尺六寸存二十二字蓋鄭碑之下節云因移置碑旁顧不知其斷刻沉埋者何代也金石圖

昔姬下洪空二格以今諦審石本姬下是公字公下當是頌字此實石痕可髣髴非以文義度也　是碑自歐陽集古錄已目爲零落之餘而云其間有逡遁退讓之語今則逡遁字已不可見而以今日拓本次弟所收先後出土者核之洪氏所錄則所闕亦不甚多乃牛眞谷以爲碑亡其半顧南原以爲碑已中斷皆失其實矣顧又云家有拓本尚完而所摹諸字乃皆訛誤則是所謂有完本者亦未可信也　清眇眇字卽今妙字方言眇小也此當爲妙之正字凡書妙字者當以是碑爲據　張塤曰目疾錮辭目疾句法作讀豆錮辭之錮當作固其弟撰碑避其兄之諱也兩漢金石記

郎中鄭固碑詳其文義乃弟述其兄而作喪服傳不滿八歲以下爲無服之殤鄭君長男孟子七歲而夭乃建墳與固配食此禮之過而失其中者論語色斯舉矣斯乃語辭而漢魏人多用色斯字如王充論衡翔而後集色斯而舉費鳳碑色斯輕翔費鳳別碑色斯高舉元賓碑翻署色斯抱朴子外篇明哲色斯而幽遯內篇杜漸防微色斯而逝皆以斯連上讀若張

壽碑常懷色斯斥彰長田君碑色斯去官抱朴子外篇或色斯而不終日三國志崔琰傳哲人君子俄有色斯之志此碑亦云將從雅意色斯自得則竟以色斯當遠之意所謂歇後語也春秋晉侯詭諸李陸德明云左氏傳作佹諸今本左氏亦作詭惟石經猶是佹字此碑造膝佹辭爲詭則古書佹詭通用矣潛研堂金石文跋尾

鄉來拓本惟存上段自雍正六年州人李鷃得下段殘石於泮池其子東琪又於乾隆四十三年同藍別駕嘉瑄將此碑升高出土之上重立復出中段較洪

氏隸釋所缺無幾碑云造膝佹辭案玉篇佹戾也九委切此與上文犯顏謇諤之意正合又建口共墳建字下洪釋闕今驗拓本確是防字案爾疋釋地墳大防李巡云墳謂厓岸狀如墳墓名大防也孫炎云謂隄也墳之有防所以護衛兆域者此因孟子祔葬故云建防共墳其義自明又昔姃公口武弟述其兄姃卽姬字乃謂周公頌述武王於此見撰碑者爲鄭君之弟矣銘云頤親誨弟虔恭竭力教我義方導我禮則又云奉我元兄修孝罔極皆其明證又文內琦璿延以爲至德不詘云云琦瑤當是鄭君二子之名葢

其弟從兄子之請而撰此銘也山左金石志

碑多損磨其文云男孟子楊烏之才又銘詞嗟嗟孟子苗而弗毓案下又有元兄修孝罔極之文庶長曰孟此卽鄭君庶子之早夭者法言問神篇育而不苗者吾家之童烏乎九齡而與我元文碑葢襲用此語當時法言大行人傳爲學以見于文如此隸釋夏堪碑睎驥顏亦用法言學行篇睎驥之馬睎顏之人漢書揚雄傳其先出自有周伯僑者以支庶食采于晉之揚因氏焉左傳楊從木今碑楊烏亦從木漢之稱雄氏族者楊與揚兩用之其見于此碑可考也授堂金石跋

碑云先是君大男孟子有楊烏之才七歲而夭法言問神篇育而不苗者吾家之童烏乎九齡而與我元文注云童烏子雲之子也九齡而與楊子論元碑稱楊烏卽子雲之童烏楊字從木楊修稱吾家子雲今考沛相楊統碑高陽令楊著碑太尉楊震碑皆修之先人其字亦從木也文士傳桓焉坐有客爲詩曰甘羅十二楊烏九齡與碑稱楊烏同太平御覽三百八十五卷引劉向別傳疑是揚雄別傳揚信字子烏雄第二子幼而聰慧雄筭元經不會子烏令作九數而得之又疑易瓶芊觸藩彌日不就子烏曰大人何不云荷戟入榛讀

此始知烏是其字而法言亦稱烏父字其子猶曹孟
德稱子建又孫權母謂權曰公瑾與伯符同年小一
月耳我視之如子也汝其兄事之魏畧單固字恭夏
繫廷尉見其母不仰視其母字謂之曰恭夏隋書房
陵王勇字睍地伐皇后忿然曰睍地伐漸不可耐是
母亦字其子也桓譚新論揚子雲爲郎居長安素貧
比歲亡其兩男哀痛之皆持歸葬於蜀以此困乏雄
察達聖道明於死生宜不下季札然而慕怨死子不
能以義割恩自令多費而致困貧也 桂馥跋
按碑云以疾錮辭錮卽固字謂久固之疾也禮月

令國多固疾 文選求通親親表禁固明時注云錮與固通 漢書賈誼傳
必爲錮疾字又作痼後漢書光武紀痼疾皆愈又
周章傳羣臣以勝疾非痼皆固疾之證歐陽說得
之張舍人塤謂此句當以以疾爲讀非是碑又云
作世模式隸釋作幙式注云碑以幙爲模衵攷古
字從無以幙模通用者今審石本模字左旁作木
顯然从木洪氏見其結體與巾相類故誤爲幙也

蒼頡廟碑

碑高六尺一寸廣六尺二十四行字數不可紀

□流闕 劉君諱下闕 以省□流德教於千里
□禮樂之下闕 逢彡義立闕二字 親乃詠訪國
老下闕 彌久尊之□室於是乎艹作教告下闕
指寫彼鳥迹以紀時闕五字 蒼頡天生
德於大聖四目靈光爲百王作書以傳萬
嗣徇下闕 法度非書不明古今行事非品□
無以垂示三綱六紀下闕 地理卬覽縣爲俯
名山川五常之類含氣庶品非書不記下闕
靈闕三字 大表千秋闕四字 未生者皆闕二字 服
其教□爲德也莫下闕上闕二字 陰陽並兼然闕四字
乾行無已順環無端下闕上闕二字 三百選有

德聖齋以□之桒稷稻粱潔齋一□良辰
薦豕祀告闕三字 復民五家須□□禱祈雨降
子字闕六 盜賊闕 文下闕三字 潁川闕 訓古今
下闕上闕四字 歌之義疑闕五字 乃作頌曰 穆
穆聖蒼下闕 老名永久彌光無德不報闕二字
百行順禮下闕 聲休嘉孔融
劉府君大漢枝族應期佐弼宗下闕 禮崇樂
以化未造勸諧辭靡下闕 □稟□令問節高
□配聖德合苻出下闕又闕五行

碑陰

共六列每列二十四行首二行全闕

上闕陳下闕

上闕陳下闕千

故督盜賊人卩走屮千

故記史池陽吉闕二字二百

五官掾高陵闕二字千

奏轉掾池陽吉口千

上闕二字掾雲陽闕二字千此下闕一行

上闕千五百

上闕千此下闕七行

上闕千

口轉史蓮勺闕二字千

上闕池陽闕二字千

口倉曹史臨晉楊仲千

上闕雲陽闕二字千

口曹史下闕

議曹下闕

少府史下闕

教化史下闕

持事掾下闕

髙陵守下闕

持事掾髙下闕

故闕二字亭長下闕

上闕掾亭下闕

上闕池陽吉下闕此下又闕三行

上闕勺下闕此下又闕一行

上闕掾萬下闕此下又闕二行

上闕曹下闕

上闕掾曹下闕此下又闕三行

碑右側

共四列每列六行末列首行全闕

鄉令朔方臨戎孫羨約闕六七字從事永壽二

年 朔方太守上郡仇君察孝除郎中

大原陽曲長延熹四年九月乙酉詔書遷

鄉令五年正月到官奉見 劉明府立

祠刊石表章大聖之遺靈以示來世之未

生謹出錢千百口者下行自紀姓名

鄉守丞臨晉張疇字元德五百 守左尉

萬年長沙瑗字君平五百

鄉縣三老上官鳳季方三百

鄉鄉三老時勤伯秋三百
鄉主記掾楊綬子長三百
鄉門下功曹裴篤伯安三百
鄉門下游徼許愔功上三百
鄉門下賊曹白余子□三百
功曹史上官手□車三百
錄事史楊禽孟布三百
集曹掾馮津子孝三百
倉曹掾任就子字闕二百
故功曹郭字闕三三百

隶曹闕三百
軍假司馬鄉闕下
從掾位鄉闕下
從掾位鄉張闕下
故文學掾鄉李闕下
故文學丞闕下
碑左側
共三列第一列六行
第二五行第三四行
議曹史蓮勺楊土三千
功曹書佐頻陽成扶千

騎吏蓮勺任參六百
騎吏高陵□肆六百
騎吏臨晉□珠六百
□吏高陵張順六百
高陵左鄉有闕下
萬年左鄉有秩游智千闕下
萬年北鄉有秩果奮千五百
蓮勺左鄉有秩杜衡千五百
池陽左鄉有秩何博千五百
夏陽侯長闕下

夏陽侯長馬琪千
粟邑侯長何惲千
夋羽侯長闕下
碑額題字
字在碑額穿右五行行十字穿
左有宋人題字五行正書左讀
左馮翊東牟平陵衡君諱□字□外以熹
平六年五月廿八日於□□□□□□□
□祠出奉錢二百□□□之禮
嘉祐庚子五月
蒼頡祠下

喬岳同過
汲郡呂大忠華陰

萬年朱吉打碑記

右漢碑陰題名二有議曹功曹騎吏有蓮勺左鄉有秩池陽左鄉有秩池陽集丞有秩皆不知是何名號又有夏陽侯長祋祤侯長則是縣吏之名集古錄

按前漢書張敞以鄉有秩補太守卒史後漢書百官志鄉置有秩三老游徼本注曰有秩郡所署秩百石掌一鄉人注引漢官曰鄉官五千則置有秩風俗通曰秩則田間大夫言其官裁有秩爾然則有秩蓋亦

鄉吏名也金石錄

右漢蒼頡廟碑並陰碑兩側共四紙蒼頡廟蓋在御縣此碑頌乃御令孫羨奉劉明府之令爲之而碑陰兩側則備記孫仝出仕始末及其掾屬所出錢數也此碑自歐趙而外他家皆所未見 集古錄有朔方太守碑陰及碑陰題名二跋即此碑兩側題字也歐陽公未得前碑故其稱名不無錯誤金石錄有蒼頡廟碑又有蒼頡廟人名所謂人名亦即此碑兩側然又未嘗云有碑陰不知當宋時何以二公所得不全如此 金石錄云考其歲月蓋熹平六年立今碑于年月字已無可見予但以兩側有延熹五年字遂列之爲桓帝時刻金石存

按羅泌路史載是碑有云穆穆聖蒼又稱是碑以熹平六年立今碑刻并無此文字則是碑在羅泌時猶有可觀者金石圖

碑側書出錢者姓名有守左尉萬年長沙瑗字君平萬年縣也長沙乃覆姓此稀姓亦所僅見抱經堂文集

是碑御縣令孫羨奉教於劉明府而立此石劉蓋治左馮翊也後漢書地理志左馮翊有衙縣注皇覽曰有蒼頡冢在利陽亭南墳高六丈是也碑文首以劉

君諱口又云劉府君大漢枝族漢碑之體多以祀典推重其使君也 碑以未爲末凡二處碑正面十八行末造是末造又左側尚層未生是末生 又以偏旁王爲玉亦凡二處其碑側內任下一字吳作鱿歐作就似以就爲是兩漢金石記

右蒼頡廟碑在白水縣東北五十里之史官村其地於漢爲衙縣春秋秦晉戰於彭衙即此地續漢志左馮翊有衙縣注引皇覽云有蒼頡冢在利陽亭墳高六丈後人因建廟於此縣以彭衙得名兩漢志皆作衙字而碑作御猶曲江之爲曲紅西城之爲西成也碑文雖漫漶諦視之尚有可識者惜洪丞相隸釋未

著於錄不得其全文故不能通耳碑上穿之左有宋人題名四行呂大忠大防之兄嘗爲陝西轉運副使者也　右碑陰文更漫滅其兩側面各有字尚可讀其一云朔方臨戎孫羨云云歐陽集古錄題爲朔方太守碑陰者蓋卽此然碑所述者御令孫羨筮仕本末朔方太守仇君則孫令之舉將與立祠無異乃以朔方標題誤矣其一歐公亦有跋而不知其爲何碑之陰蓋碑本四面有字歐公僅得其兩側又誤分爲二趙德甫金石錄有蒼頡廟碑卽碑之正面又有蒼頡廟人名卽碑側之一面其又一面與碑陰則趙亦

未見洪文惠則全未之見 潛研堂金石文跋尾

趙明誠以爲熹平中立余案碑側已有永壽年號則非熹平可知 關中金石記

按碑在白水縣之史官村祠在西安聞其橫臥土中慮其日久斷毀因囑署縣顧令以牛車輦置學宮久而未報適令復至問以故則云碑在野田時屢奉上檄摩拓爲苦若移至儒學恐索者益衆不能悉應所求因言縣官及鄉民皆以古碑爲累蓋僻縣無善搨者必於省城延仿能手厚其工值下鄉又需差役同往官雖給以日用而人數既多勢必估住民居騷擾百姓于蔬果則强取之雞豚則抑價以買之且碑爲風沙所積須加洗拭方可椎拓拓時須避風雨必俟天晴竟有遲三四日始得一紙者上官誅求未已而地方重受其困故鄉民見有古碑輙相捂擊而官吏諉爲不知也昔顧氏炎武謂君子毋浮慕古以厲民豈深有見於此乎今是碑剥泐僅存二百三十餘字碑陰亦大半漫漶惟兩側題名差完善石之存否已不可知附書于此後有長官思博好古之名而弗恤民力者其以斯言爲鑑可矣

桐柏淮源廟碑 重刻本

碑文從褒本摹錄後刻吳炳記行書高廣尺寸行字數俱無可紀今在濟源縣

前翰林待　制吳炳重書 男嗣昌塡摹

延熹六年正月八日乙酉南陽大守中山
盧奴□君處正好禮尊神敬祀以淮出平
氏始於大復潛行地中見于陽口立廟桐
柏春秋宗奉灾異告想水旱請求位比諸
侯聖漢所尊受珪上帝大常定甲郡守奉
祀齋絜沈祭從郭君以来廿餘年不復身
至遣行丞事簡略不敬明神弗歆灾害以

生五嶽四瀆與天合德仲尼慎祭常若神
在君準則大聖親之桐柏奉見廟祠崎嶇
逼狹開祏神門立闕四達增廣壇場餝治
華蓋高大殿宇□齊傳館石獸表道靈龜
十四衢廷廟諱敬官廟嵩峻祗慎慶祀一年
再至躬進三牲執玉以沈爲民祈福靈祇
報祐天地清和嘉祥昭格禽獸碩茂草木
芬芳黎庶賴祉民用作頌其辭曰
泫泫淮源聖禹所導湯湯其逝惟海是造
疏穢濟遠柔順其道弱而能强仁而能武

□□晝夜明哲所取寔爲四瀆與河合矩
烈烈明府好古之則虔恭禮祀不愆其德
惟前廢弛匪躬匪力災害以興陰陽以忒
陟彼高岡臻茲廟側肅肅其敬靈祇降福
雍雍其和民用悅服穰穰其慶年穀豐殖
望君輿駕扶老攜息慕君塵軌奔走忘食
懷君惠賜思君罔極于胥樂兮傳于萬億
春侍祠官屬五官掾章陵劉訢功曹史安
衆劉瑗主簿蔡陽樂茂戶曹史宛任巽
秋五官掾新野梁懿功曹史酈周謙主簿

安衆鄧嶷主記史宛趙旻戶曹史宛謝綜
淮源廟爲國家崇奉尚矣漢延熹六年南陽太守躬
奉廟祀爲民祈福民用胥悅刻石頌德其辭邇雅韓
公作海南廟碑文疑取於此隸書之妙與劉熊碑如
一手書風雨剝食其僅存者漫不可讀昔人嘗正書
是文勒石廟側間有譌謬識者病之未有奮然以新
之者至正四年杜君昭字德明京師人以文學才敏
同知唐州旣修祠廟因以重刻舊碑謀諸僚佐動合
事宜上下協應以浚儀吳炳嘗習漢隸請重書舊文
於石乃參以隸釋更定其誤嗚呼漢碑之見於歐陽

氏集古錄趙明誠金石錄者所存寡矣洪氏蓬萊閣
本世不多見其僨於荒烟野草之間者蓋不數見桐
柏廟碑漢刻中之烜赫者也其壞而復完豈獨以文
字之妙可用垂不朽與抑淮源神靈陰有以相之與
然則頌之所謂天地清和嘉祥昭格靈祗之報祐
聖世崇奉明祀者宜無窮期也夫金石刻辭古人所
以傳遠託得其所必久而後壞雖壞矣得人焉亦且
復完旣爲重書乃記以告後觀者知是碑再刻由杜
君始亦將隨所遇而用其力焉則敎文斷碣之僅存
者庶幾有望於後之人矣至正四年三月前翰林待

制吳炳記　　　安仁大師何德洪刻

右桐柏淮源廟碑今在唐州載延熹六年南陽守躬祠淮廟事水經云廟前有碑是郭苞立又二碑延熹中守令所造此則其一也碑云奉祀䖍絜字書無䖍字以文意推之當爲齋戒之齋此碑又有一正書者如華蓋誤作萃豐晝夜誤作立式凡十數字婁壽亦有正書一碑州鄰誤作鄰里愛懷誤作盛德其難辨如朱爵及處謚字則以爲闕文予之費目力於此書良不少也 祁卽拓字萃卽華字祇卽祗字隶卽奔字 隸釋

桐柏廟碑無額有穿文十三行行三十三字末有兩

行題侍祠官屬以春秋二字題於兩行之上春四人秋五人中無空字 隸續

洪氏隸釋載此碑缺五字今拓本字畫完好而乏淳古之氣蓋唐人重刻者據朱長文碑帖考云是釋曠書釋曠開元時僧金石錄中有北嶽恒山碑亦其所書也 潘耒金石文字記補遺

右漢桐柏廟碑水經淮水出南陽平氏縣胎簪山東北過桐柏山酈道元謂山南有淮源廟廟前有碑是南陽郭苞立又二碑並是漢延熹中守令所造斯蓋其一矣考歐陽氏集古錄所載碑文中山盧奴君奴下闕一字斯碑云盧奴張君特未詳其名爾其曰春秋宗禁碑作宗奉災異告變作告愬而靈祇下碑闕報祐二字中云從郭君以來廿餘年不復身至集古錄闕其文郭君殆卽苞也獨怪歐陽氏謂其文字斷續而是碑甚完好疑爲後人重摹然流傳于世罕矣 曝書亭集

天下碑錄云在唐州卽今南陽府唐縣桐柏山在其境字原云或云在隨州棗陽桐柏鎮按一統志桐柏山南接隨州西接棗陽唐縣隨州皆有淮瀆廟或隨州別有一碑非卽唐縣之碑也集古錄目云在鄧州

恐誤 隸辨

右淮源桐柏廟碑漢刻久亡元至正四年吳炳重書炳子嗣昌塡摹上石炳分隸頗有法度而少漢人淳古之氣碑末記亦炳所述行書殊遒美中州罕拓碑手故流傳者寡而碑估之黠者往往剗去炳重書字及碑後記裝界成冊收藏家未見全文遂以爲眞漢刻矣朱錫鬯疑爲後人重摹而不得其主名潘次耕又疑爲唐人釋曠書蓋兩公所見者皆裝界之本耳但錫鬯謂碑闕靈祐二字此本却未闕又謂碑云盧奴張君今盧奴下闕一字非張字豈錫鬯所見者又

別一本耶潛研堂金石文跋尾

碑後有記畧云漢延熹六年南陽太守刻石頌德風雨剝食其僅存者漫不可讀昔人嘗正書是文勒石廟側間有謬誤識者病之是漢碑尚存但多漫滅後人又有正書碑炳又摹漢隸而書此碑也炳云有謬誤之碑即隸釋所云此碑又有一正書者今亦不存予問漢碑仆地即在吳炳碑之旁尚有數字可辨屬飭守令打本捜訪不得恐又爲近時修廟取作柱礎矣光州孫叔敖碑顧炎武亦見拓本今求之云湮沒甚可惜也吳炳見書史會要云字彥輝汴人身安猷

畝朝廷三聘不起工篆書予記憶其所書尚有河南行省增修堂廡碑記今求之不得云洪适又謂此碑奉祀齋絜字書無齋字案說文有齋字云緶也蓋齋衰本字借音爲齋絜耳中州金石記

金石萃編卷十一

賜進士出身 誥授光祿大夫刑部右侍郎加七級王昶譔

漢七

泰山都尉孔宙碑

碑高七尺三寸廣四尺十五行行二十八字額題有漢泰山都尉孔君之碑九字篆書今在曲阜縣孔廟

有漢泰山都尉孔君之銘

君諱宙字季將孔子十九世之孫也天姿醇嘏齊聖達道少習家訓治嚴氏春秋緝熙之業既就而閨閾之行允恭德音孔昭遂舉孝廉除郎中都昌長祗傳五教尊賢

養老躬忠恕以及人兼禹湯之辠己故能興朴□□彫幣濟廟諱㓛於易簡三載考績遷元城令是時東嶽黔首猾夏不□□□祠兵遺畔未寧乃擢君典戎以文脩之旬月之閒莫不解甲服罪□□□穚田畯喜于荒圃商旅交乎險路會鹿鳴於樂崩復長幼於酬酢□□□稔會遭篤病告困致仕得從所好年六十一延熹六年正月乙未□□□疾貴速朽之反真慕寧儉之遺制窀夕不華明器不設凡百卬高□□□

述於是故吏門人乃共陟名山采嘉石勒
銘示後俾有彝式其辭曰
於顯我君懿德惟光紹聖作儒身立名彰
貢登王室閭□是憂夙夜□□在公明明
乃綏二縣黎儀以康於亓時廱撫茲岱方
帥彼凶人覆 俾□□南畝孔饁山有夷行
豐年多稼稱彼兕觥帝賴其勳民斯是皇
疾□□□乃委其榮忠告殷勤屢省乃聽
恭儉自終盙簋不敶生播高譽殁垂令 名
永矢不刊億載揚聲　延熹七年□

月戊□造

碑陰

共三列每列二十一行額題門生故吏名五字篆書

門生鉅鹿癭陶張雲字子平
門生鉅鹿癭陶趙政字元政
門生鉅鹿廣宗捕巡字升臺
門生東平寧陽韋勳字幼昌
門生魏郡館陶張上字仲舉
門生魏郡館陶王時字子表
門生魏郡陰安張典字少高

門生魏郡魏孟忠字待政
門生魏郡魏李鎮字世君
門生魏郡館陶吳讓字子敬
門生魏郡館陶文儉字元節
門生魏郡館陶鄃瑱字仲雅
門生魏郡鄴暴香字伯子
門生東郡東武陽梁淑字元祖
門生東郡衛公國趙恭字和平
門生東郡東武陽張表字公方
門生東郡東武陽滕穆字奉德

門生東郡樂平乘演字仲厚
門生東郡樂平靳京字君賢
門生東郡樂平梁希字叔光
門生東郡樂平乘顯字伯異
門生陳留平丘司馬規字伯昌
門生安平下博張祺字紨松
門生安平下博張朝字公房
門生安平下博蘇觀字伯臺
門生安平堂陽張琦字子異
門生北海安丘齊納字榮謀

門生北海都昌呂升字山甫
門生北海劇秦麟字伯麟
門生北海劇如盧浮字遺伯
門生北海劇薛顗字勝輔
門生北海劇高冰字季超
門生濟南梁鄒趙震字叔政
門生濟南梁鄒徐璜字幼文
門生濟南東平陵吳進字升臺
門生甘陵廣川李都字元章
門生甘陵貝丘賀曜字升進

門生魏郡清淵許祺字升朙
門生魏郡館陶史崇字少賢
門生魏郡館陶孫忠字宥文
門生東郡樂平臺循字子節
門生任城任□□字景漢
門童安平下博張忠字公直
故吏北海都昌逢祈字伯憙
故吏北海都昌逄章字文理
故吏北海都昌魏稱字文長
故吏北海都昌呂規字元規

故吏泰山費魚淵字漢長
故吏泰山華毋樓觀字世光
故吏泰山南城禹規字世舉
故吏泰山南武陽蕭誨字伯□
故民泰山費淳于黨字季道
弟子北海劇陸運字孟輔
弟子陳留襄邑樂禹字宣舉
弟子下邳下邳朱班字宣□
弟子東平寧陽周順字承□
弟子沛國小沛周升字仲甫

弟子魯國文陽陳褎字聖博
弟子汝南平輿謝洋字子讓
弟子山陽瑕丘丁瑤字實堅
弟子魯國戴璋字元珪
弟子魯國卞王政字漢方

右泰山都尉孔君碑其辭有云躬忠恕以及人兼禹湯之罪己宙人臣而引禹湯以爲比在今人於文爲不類蓋漢世近古簡質猶如此也集古錄

孔宙北海父也見後漢書融列傳又據桓帝紀泰山都尉元壽元年置延熹八年罷宙以延熹四年卒蓋

卒後四年官遂廢矣金石錄
孔君名宙即融之父也威宗延熹六年正月卒碑以
次年七月立宙有七子曰謙曰裦皆見於碑誌凡漢
刻其首行即入詞無額者或題其前如張納樊安之
比亦甚少已篆其上復標其端惟此碑爾釋左傳者
以窀穸爲厚夜此云窀夕非借也碑以幣爲弊耨爲耨意爲億凱夔劓
乘光悳蘲皦即以夏則黍兕簠簋陳 漢碑多有陰然稀少有額獨此
刻以五大篆表其上凡門生四十二人門童一人弟
子十人故吏八人故民一人都昌者四泰山者五漢
儒開門受徒著錄有盈萬人者其親受業則曰弟子

以久次相傳授則曰門生未冠則曰門童揔而稱之
亦曰門生舊所治官府其掾屬則曰故吏占籍者則
曰故民非吏非民則曰處士素非所涖則曰義士義
民亦有稱議民賤民者逢盛碑有姓雄者二人趙氏
謂氏族書無雄姓此碑有都昌雄章則古來自有此
姓但譜者考之不詳爾漢人雖姓氏亦借用字如伍
爲五歐陽爲毆羊之類或是借雄爲解亦不可知也
麟即麟䙴即襄郝即邳字隸釋
碑曰躬忠恕以及人兼禹湯之辠己昔人謂漢世近
古猶簡質如此以禹湯用之泰山都尉亦自不類謂

辠己尤不得施於此也余讀屈原書以朕自況周秦
六國閒凡人相與言皆自臣也秦漢以後禁忌稍嚴
文氣日益凋喪猒猶未若後世之纖密周細求人功
辠於此也昔左氏書子皮即位叔向言罕樂得其國
葉公作顧命楚漢之際爲世本者用之潘岳奉其母
稱萬壽以獻觴張承謂其父柩大行屈道孫盛謂父
遐登蕭惠開對劉成其如慈旨竟陵語顧憲之曰非
君無以聞此德音鮑照於始興王則謂不足宣贊聖
旨晉武詔山濤曰若居諒闇情在難奪夫顧命大行
慈旨諒闇後世人臣不得用之其以朕自況與稱臣

對容自漢已絕於此況後世多忌而得用耶廣川書跋
碑在曲阜延熹七年立通志金石略嘗載其目云未
詳所在復載泰山太守孔宙碑云在兗州立於延熹
六年是漢有兩孔宙而碑復有二何其繆哉 右孔
宙碑陰前碑云故吏門人陟山采石勒銘示後則此
所載皆其人也金薤琳琅
孔宙融父也卒以延熹四年又後四年而都尉廢廢
三年而長子褒坐融匿張儉抵罪時融年十六宙卒
時僅九歲碑不載宙子名余故附記於後王世貞弇州山人四部稿

宙字季將隸書易辨而永叔集一作秀持不知何據石墨鐫華
孔宙融父也史作伷趙明誠歐陽永叔王元美皆謂
卒以延熹四年元美謂又四年都尉廢廢三年長子
褒坐融匿張儉抵罪時融年十六宙卒時僅九歲按
建寧二年張儉舉奏侯覽誣儉鉤黨刊章討捕時融
年十七非十六也又按碑宙以延熹六年正月乙未
卒甚明三公皆史家張杜謂四年何也又按融建安
十三年卒年五十六則是永興元年癸巳生至延熹
六年癸卯融正十一歲非九歲也金石史

按後漢書孔融父伷泰山都尉非也當依碑作宙三國志注引續漢書亦作宙其名伷者別自一人董卓傳以陳留孔
伷爲豫州刺史袁紹臧洪傳同符融傳薦達郡士范冉韓卓
孔伷等三人魏志武帝紀豫州刺史孔伷注引英雄
記伷字公緒鄭太傳孔公緒清談高論噓枯吹生九州春秋作胄乃獻
帝時人伷事略見許靖傳此泰山都尉乃融之父耳
又韓勅碑陰出錢數郎中魯孔宙季將千金石文字記
孔宙融之父也裴松之注魏志引司馬彪續漢書亦
作宙又韓勅碑陰山私錢數列郎中魯孔宙季將千
當以碑爲據而後漢書融列傳作伷考宙卒于靈帝

熹平四年而伷于獻帝初平元年拜豫州刺史籍本
陳留字公緒則是一人竊疑范史不應紕謬若是或
發雕時爲妄人所更後學遂信而不疑也曝書亭集
孔子四十七代孫傳官右朝議大夫于宋紹興中著
東家雜記云十九代宙郎中令碑云郎中按郎中令
秩二千石郎中二百石皆屬中尉宙初舉孝廉未能
即除郎中令而傳爲孔氏裔孫援據譜系不應舛誤
然碑爲當時所立更屬可信集古文云宙舉孝廉除
郎遷元城令百官志郎與郎中秩自不同蔡質漢儀
曰三署郎見光祿勳執板拜見謂主左右署及五官

中郎也他如尚書郎羽林郎黃門郎小黃門郎議郎
治禮郎通謂之郎而郎中之所屬者如五官謁者及
中尉而三耳似不得去中字以混于諸郎或文中省
文抑別有所據也顧寧人曰孔融傳父伷泰山都尉
非也名伷者別自一人按魏武紀豫州刺史孔伷英
雄記伷字公緒九州春秋作胄乃獻帝時人予從常
熟錢氏毛氏泰與季氏同里徐氏見宋刻善本皆作
宙未知顧之所據何本也金石後錄
碑云治嚴氏春秋光武立五經十四博士春秋二家
顏安樂爲春秋顏氏學嚴彭祖爲春秋嚴氏學也又

云都昌長都昌北海國屬邑第四又云遷元城令元城魏郡屬邑第五杜預曰縣東南有地名馬陵史記曰龐涓死處按後漢書桓帝紀延熹五年九月太山琅邪賊勞丙等復畔寇掠百姓冬十一月太山賊叔孫無忌攻殺都尉侯章十二月遣中郎將宗資討破之通鑑詔徵皇甫規拜太山太守規到官廣設方略寇虜悉平合諸碑所云是時東嶽黔首猾夏遺畔未寧乃擢君典戎則宙爲太山都尉在宗資破賊之後繼侯章任職與皇甫規同時文武相濟當延熹四五年因病致休卒于六年正月而史未列其人亦未詳

其事也後銘詩卅句上十四句一韻下十六句一韻漢碑中文理之最順者宙爲孔融父當時撰述或出北海之潤色耶　碑陰其郡邑中有曰衛公國者東郡屬國第十四本觀故國姚姓光武更名有河牧城有曰甘陵者本清河國班書清河郡厝縣安帝以孝德皇后葬于厝改曰甘陵范史于清河國屬邑甘陵下注曰故厝蓋自桓帝建和二年則又改清國爲甘陵也有曰貝邱者范史郡國志作具邱予觀碑字是貝邱非具邱可以正史之譌有曰華者前漢書地里志泰山郡屬有華縣後漢書郡國志太山郡屬無華縣今按此碑則桓帝延熹時泰山郡屬尚有華縣未嘗廢范史失載此縣也金石遺文錄

竹垞詰范史孔伷之誤是已然謂宙卒于靈帝熹平四年則亦未確蓋宙卒于桓帝延熹六年趙德夫以爲延熹四年亦譌而竹垞殆因延熹之譌又展轉潤熹平也鮚埼亭集

祗傅五教者卽尚書之敬敷五教也以祗易敬以傅作敷漢書文帝紀傅納以言宣帝紀傅奏其言師古曰傅讀爲敷　漢碑陰多不題額惟此及陳德鄭季宣碑陰有之隸釋云漢儒開門受徒其親受業則曰

弟子以次相傳授則曰門生未冠則曰門童此碑前列門生門童後列弟子如果親受業爲弟子而以次相傳授爲門生不應弟子反列門生門童之後隸釋此言雖本之歐陽集古錄恐終未可深信也金石存

後漢書融列傳云父宙太山都尉一本作伷顧氏金石文字記云三國志注引續漢書亦作宙其名或作伷者蓋板本偶異至於伷字公緒則別是一人朱竹垞曝書亭集亦同此說乃其所著經義考承師門內泰山都尉曾孔宙季將下復注云王粲漢末英雄記張璠漢記宙字公緒何也又其所据隸釋列於承師

條下之孔宙弟子暨其門人門童或以郡爲邑或以邑爲郡魏乃縣也訛作魏郡或以邑爲官北海劇劇訛尉或以邑爲姓任城任城下任城是邑名其姓闕數十人中訛謬非一則又何也兩漢金石記

碑文云天姿醇嘏醇嘏卽純嘏也云祗傅五教祗傅卽敬敷也銘詞以虔㦻二字叶陽唐庚青韻吳才老韻補所未取　碑陰題名三列凡六十有二人每人具書郡縣名字漢碑陰之最謹嚴者惟弟子魯國戴璋不書某縣未審其故漢志泰山郡有華縣續漢志無之方輿紀要以爲并入費縣按三國志稱臧霸太

山華人此碑亦有題泰山華者然則後漢元有華縣殆省併未久而復置耳通鑑獻帝興平元年劉備爲豫州刺史屯小沛胡三省注沛國治相縣而沛自爲縣屬沛國時人謂沛縣爲小沛由此今碑立於延熹末已有小沛之名疑當時縣名固有小字非土俗之稱也魏郡治鄴不治魏此碑籍魏郡魏郡者二人不稱小魏與沛國小沛書法迥異則小沛爲縣名審矣廣韻十九矦部婁字下引何氏姓苑云母婁氏今琅邪人此碑有母樓覬一人婁樓葢通也如盧複姓志氏族者亦失載潛研堂金石文跋尾

碑陰第三列平輿謝洋興字碑石凹下二三分葢刻時因誤鑿去復又補刻也碑有穿在篆額兩行之中碑首起四暈至篆字止碑左側題大中元年四月廿四日同邑大夫臧公謁先聖陵謹記正書三行左行字徑寸餘又題朝議郎前行蘇州常熟縣令上柱國蓨縣男食邑三伯戸賜緋魚袋高元度□□將仕郎前守宣州廣德縣尉裴章正書三行左行字徑寸許右側題太子中舍同判兗州梁之著作佐郎崔暨四十六代孫文宣公佑同謁先聖陵大宋天聖元年癸亥季秋望日進士劉炳題正書二行徑八分皆唐宋

人謁聖陵留題也葢此碑嚮在宙墓前于乾隆某年間始移置廟內耳元又案漢碑多有穿暈者此沿周制也禮記檀弓曰縣棺而封鄭氏注云不設碑繂不備禮又曰公室視豐碑三家視桓楹鄭氏又據周禮及喪大記爲注云豐碑斲大木爲之形如石碑于槨前後四角樹之穿中于間爲鹿盧下棺以繂繞天子六繂四碑前後各重鹿盧也四植謂之桓諸侯四繂二碑碑如桓矣大夫二繂二碑士二繂無碑孔沖遠疏云繂卽紼也以紼之一頭繫棺緘以一頭繞鹿盧既訖而人各背碑負繂末聽鼓聲以漸郤行而下之

據此數義知古人墓碑有穿以貫鹿盧其綍繞鹿盧橫而斜過碑頭碑頭爲此暈以限綍使之滑且不致外脫如今石井欄爲綆所漸靡之形矣漢碑有穿有暈此必效三代遺制其暈左垂者右碑也右垂者左碑也又國策曰昔王季歷葬于楚山之尾欒水齧其墓見棺之前和元謂前和卽前桓桓和古同聲其通借之迹甚多（漢書酷吏傳如淳注書和夷底績鄭注）言前和明有後和卽四植之義也（山左金石志）

孔君名宙字季將碑字顯然後漢書孔融傳云父伷泰山都尉案英雄記孔伷字公緒陳留人後漢符融

傳太守馬岱到官融薦孔伷爲計吏案融陳留人故與伷同郡漢名臣奏有司空掾孔伷碑稱宙舉孝廉除郎中不曾爲計吏及司空掾也魏志董卓傳周孔伷等出宰州郡許靖傳陳留孔伷爲豫州刺史張璠漢記鄭泰說卓曰孔公緒能清談高論嘘枯吹生案玉篇伷系也故伷字公緒若季將則與伷不相蒙矣范書譌謬賴碑可證（桂馥跋）

泰山都尉孔君嘗任此官案之桓帝紀初置泰山琅琊都尉官注二郡盜賊不息故置今碑所謂東嶽黔首猾夏不（缺三字）祠兵遺畔未寧乃擢君典戎以文修之典戎卽都尉職而注指盜賊不息者與碑懸合又應劭云每有劇職卽臨時置都尉事訖罷之攷泰山都尉置在永壽元年延熹八年卽罷蓋當孔君碑既成之明年而官亦遂以廢其爲因時權設信有據也然則百官志謂邊郡往往置都尉語豈有所漏與隸續劉寬碑陰故吏伊闕都尉在靈帝中平二年鄭季宣碑陰有故孟津都尉[illegible]中平三年此二地豈得謂之邊郡與余故以孔君碑質之益知應氏說爲定也（授堂金石跋）

西嶽華山廟碑

碑高七尺七寸廣三尺六寸二十二行行三十八字額題西嶽華山廟碑六字篆書石今毁

周禮職方氏河南山鎮曰華謂之西嶽
秋傳曰山嶽則配天乾巛定位山澤通氣
雲行雨施既成萬物易之義也祀典曰日
月星辰所昭卬也地理山川所生殖也功
加於民祀以報之禮記曰天子祭天地及
山川歲徧焉自三五迭興其奉山川或在
天子或在諸侯是以唐虞疇咨四嶽五歲
壹巡狩皆以四時之中月各省其方親至
其山柴祭燔燎夏商則未聞所損益周鑒

於二代十有二歲王巡狩殷國亦有事于
方嶽祀以圭璧樂奏六歌　高祖初興
改秦淫祀大宗承循各詔有司其山川在
諸侯者以時祠之　孝武皇帝脩封禪
之禮思登假之道巡省五嶽禋祀豐備故
立宮其下宮曰集靈宮壂曰存僊壂門曰
望僊門　仲宗之世重使使者持節祀
焉歲一禱而三祠後不承前至于亡新寖
用丠虛訖今垣趾營兆猶存建武之元事
舉其中禮從其省但使二千石以歲時往

祠其有風旱禱請祈求靡不報應自是以
來百有餘年有事西巡輒過亨祭然其所
立碑石刻紀時事文字摩滅莫能存識延
熹四年七月甲子廟諱農大守安國亭侯汝
南袁逢掌華嶽之主位應古制脩廢起頓
閔其若茲深達和民事神之義精通誠至
礿祭之福乃案經傳所載原本所由銘勒
斯石垂之于後其辭曰
巖巖西嶽峻極穹蒼奄有河朔遂荒華陽
觸石興雲雨我農桑資糧品物亦相瑤光

崇冠二州古曰雍梁馮于豳岐文武克昌
天子展義巡狩省方玉帛之贄禮與岱亢
六樂之變舞以致康在漢中葉建設宇堂
山嶽之守是秩是望侯惟安國兼命斯章
尊脩靈基肅共壇場明德惟馨神歆其芳
遏禳凶札揫斂吉祥歲其有年民說無疆
袁府君肅恭明神易碑飾闕會遷京兆尹
孫府君到欽若嘉業遵而成之延熹八年
四月廿九日甲子就袁府君諱逢字周陽
汝南女陽人孫府君諱璆字山陵安平信

都人時令朱頡字宣得甘陵鄃人丞張昉
字少游河南京人左尉唐佑字君惠河南
密人主者掾華陰王萇字德長　京兆
尹勑監都水掾陵土遷市石遣書佐新豐
郭香察書刻者潁川邯鄲公脩蘇張工郎
君懿

右漢西嶽華山廟碑其略云孝武皇帝修封禪之禮
巡省五嶽立宮其下宮曰集靈宮歐陽公集古錄云
所謂集靈者他書不見惟見于此碑爾余按班固漢
書地里志華陰有集靈宮武帝起而酈道元注水經

亦云敷水北逕集靈宮引地里志所載其語皆同然則不獨見于此碑矣而所謂存仙殿望仙門者諸書不載金石錄

右西嶽華山廟碑篆額在華州華陰縣威宗延熹四年袁逢守洪農郡以華嶽舊碑文字磨滅遂案經傳載原本勒斯石以垂後會遷京尹乃勅都水掾杜遷市石遣書佐郭香察書碑成於後之四年盖孫璆典郡時也逢者司徒安之曾孫太尉湯之次子嘗爲司空而卒史不載其歷洪農京兆乃闕文也東漢循王莽之禁人無二名郭香察書者察涖它人之書爾小

歐陽以爲郭香察所書非也碑云四時中月省方柴祭不讀中爲仲其義亦通至以宣帝爲仲宗則是借仲爲中說者謂漢世字少故多假借或曰漢人簡質字相近者輒用之予以爲不然亦好奇之過爾以帝者廟號而借以它字不恭孰甚焉碑云昭卬禮記作瞻仰亢即亢字旁即昕字香即香字卿即卿字又以瘢爲瘢女陽爲汝陽隸釋

昔歐陽公謂集靈宮惟見於此然漢武集靈宮見于太華漢志既書之矣桓譚嘗賦之酈道元曰敷水北逕集靈宮其事甚備永叔惜不得見也張昶序曰岱山石立中宗繼統太華授璧秦胡絶緒白魚入舟姬武建業賓珪出水子朝喪位布王五方則處其西列三條則居其中世宗又營集靈之宮於其下想松喬之儔然則集靈亦其盛哉三輔黃圖書其制度類聚亦書其名劉緦盖嘗言矣予因得考之信廣川書跋

歐陽文忠謂集靈宮者他書不見余嘗觀桓君山賦序云余少時爲郎從孝成帝出祠甘泉河東見郊先置華陰集靈宮宮在華山下武帝所造欲以懷集仙者王喬赤松子故名殿爲存仙端門南嚮山書曰望仙門竊有樂高妙之志即書壁爲小賦云然則文忠言他書皆不見豈偶忘君山之云乎沈休文詩旣表

祈年觀復立望仙宮能改齋漫錄

西嶽華山碑爲新豐郭香察書凡漢碑例不存書者名氏此小異耳至謂東京無雙名而云察書者監書也其言似亦有據然鄧廣德梁不疑成翊世鄧萬世王延壽謝夷吾蘇不韋費長房蘇子訓此何人也王世貞弇州山人題跋

西岳華山廟碑漢郭香察隸漢人碑多不書何人書姓名者獨此帖耳屠隆考槃餘事

漢魏碑例不著書刻人姓名獨此題郭香察書爲異洪适隸釋云東漢循王莽禁無雙名郭香察書者察

蒞他人之書又唐徐浩古迹記以爲蔡中郎書余按碑文云京兆尹勑監都水掾霸陵杜遷市石句遣書佐新豐郭香察書市石察書爲二事則洪公言似亦有據但書雖遒勁殊不類中郎郭香何人乃蒞中郎書耶且市石察書刻者皆著其名而獨無中郎名何也徐浩生唐盛時去漢近其人又深于字學不應謬妄至此皆不可曉至如楊文貞公跋遂以爲郭香書則察字無屬不成文理矣此碑嘉靖中猶在一縣令修岳廟石門視殿上碑題皆當時顯者恐獲責罰此碑年久遂碎爲砌石余從東壑商借舊本而書其後如此云石墨鐫華

碑舊在華陰縣西嶽廟中嘉靖三十四年地震碑毁華州郭允伯有此拓本文字完好今藏華陰王無異家其末曰京兆尹勑監都水掾霸陵杜遷市石遣書佐新豐郭香察書東漢人二名者絶少而察書乃對上市石之文則香者其名而特勘定此書者爾漢碑未有列書人姓名者歐陽叔弼以香察爲名殆非也勑者自上命下之辭漢時人官長行之掾屬祖父行之子孫皆曰敕考之前史陳咸傳言公移敕書而孫寶之告督郵何並之遣武吏俱載其文爲敕曰他如

韋賢丙吉趙廣漢韓延壽王尊朱博龔遂之傳其言敕者凡十數見後漢書始變爲勅而後人因之淮南子重九勲注勲音整形也六朝時勅字多改作勑故因之而變五經文字曰敕古勑字今相承皆作勑惟整字從此敕何曾傳人以小紙爲書者勑記室勿報則晉時上下猶通稱之也至南北朝以下則此字惟朝廷專之而臣下不敢用故北齊樂陵王百年習書數勑字而遂以見殺此非漢人所當忌也且蜀之秦宓字子勑見於國志矣歐陽公錄魯相韓勑修孔子廟器碑乃疑自古人臣無名勑者而陸德明言此俗字也字林作敕允伯以爲其來旁從力者別音賚故魯相得

名焉則不知此碑之作勑者又何說也沛相楊統碑孝以勑內仙人唐公房碑勑尉部吏收公房妻子皆此勑字今尚書皐陶謨益稷康誥多士詩楚茨易噬嗑大象之文並作勑而周禮樂師詔來瞽皐舞注云來勑也勑爾瞽率爾衆工奏爾悲誦肅肅雍雍毋怠毋凶鄭康成漢人也其訓來爲勑又何哉其曰左尉唐佑按百官志尉大縣二人小縣一人故橋元補雒陽左尉此言左尉亦以縣大而設之兩尉與史書合濟陰太守孟郁堯廟碑韓勑孔廟後碑殽阬君碑張公神碑三公山碑無極山碑皆有左尉風俗通有武當左尉又郡國志宏農郡下云華陰故屬京兆建武十五年屬而此碑袁府君逢先爲宏農

太守後遷京兆尹故所書丞尉一爲河南京人一爲河南畧人主者掾則華陰人漢時丞尉及掾俱用本郡人三輔郡得用他郡人宏農在後漢爲三輔故得用旁郡人爲丞尉而京兆尹所遣掾佐一爲霸陵人一爲新豐人則客也故别書於下而言京兆尹勑遣之以著袁君之已遷官而不忘敬于神也使其在本郡之官與掾則市石察書有不必言者矣又律歷志有太史治歷郎中郭香豈其人歟　婁機漢隸字源曰按繁陽令楊君碑陰有程勑則在漢非獨韓名勑也勑雖本音徠說文勞也考之碑韓字叔節鄭字伯

嚴其義非勞徠之徠當讀爲飭漢碑范史多用勑字葢是時上下皆通用初無拘也　考之博古圖諸書有孝成鼎銘曰工王襃造左丞輔掾譚守令史禾省大官銅鐘曰考工令史右丞或令通主太僕監掾蒼省綏和壺曰掾臨主守右丞同守令寶省上林鼎曰工史褕造監工黃佐李負𦇧言省言監郎察書之類也　考亶本號中宗而此碑乃作仲宗按孝廉柳敏碑五行星仲廿八舍柳宿之精是亦以仲爲中也以孝武之求神仙爲登假之道按列子黃帝篇曰天下大治幾若華胥氏之國而帝登假周穆王篇曰穆

王幾神人哉能窮當身之樂猶百年乃徂世以爲登假焉莊子德充符篇曰彼且擇日而登假大宗師篇曰是知之能登假於道也若此葢以爲千歲厭世去而上仙之意按曲禮告喪曰天王登假鄭氏注曰登上也假已也上已者若仙去云爾是漢人之解登假皆以莊子之言爲據也金石文字記

漢華嶽碑徐浩古跡記以爲蔡中郎書非也按邕傳云桓帝時五侯擅恣聞邕善鼓琴名之邕不得已到偃師稱疾而歸閒居翫古不交當世則無由至華[illegible]書碑可知宋洪适隸釋云郭香察者察莅他人之[illegible]

葢謂古碑例不書名且謂東漢無二名故也此其[illegible]當矣有駁之者謂光武中興後詎猶遵莽制邪雖[illegible]予觀東漢人二名絶少惟漢宗姓則有之如廣陵侯元壽廣川王常保清河王延平齊王無忌之屬皆二名也又其他劉姓間有一二如校書郎劉騊駼更始侍中劉能卿赤眉牛吏劉俠卿平原劇賊劉文河若庶姓則一名者十有九且以察書對市石於義尤合續漢書律歷志靈帝熹平四年五官郎中馮光等言歷元不正太史治歷郎中郭香劉固意造妄說云云此非即察書其人邪以靈帝熹平四年上距桓帝延

熹八年第十年耳十年之間由書佐遷郎中仕宦常理也馮景解舂集文鈔

顧亭林謂漢碑未有列書人姓名者歐陽叔弼以香察爲名殆非予考李翕郙閣頌列故吏下辨仇紼子長書此頌武班碑列臨菑嚴祺字伯魯書此碑漢碑何嘗無列書人姓名者金石遺文錄

碑云京兆尹勑監都水掾霸陵杜遷市石按金石文字記云勑者自上命下之辭愚攷諸碑勑字上下通用王純碑勑大司農楊著碑詔書勑留皆用之在上者也此碑與史晨奏銘又勑瀆井復民西狹頌勑衡

官有秩李瑾掾仇審唐公房碑勑尉部吏收公房妻子皆用之在下者也隸辨

玉篇有玊字音粟音鷫玉工也點在中畫上與玉字點在下音義各別韻會正韻諸書皆沿其說此碑玊帛之贊玉字點正在上義止是玉不可以他音他義釋也葢點之上下乃行筆小異不當從此妄生穿鑿金石存

漢西嶽華山碑篆額左右有唐大和中李衛公諸人題其下有宋元豐中王子文題幾無隙地鮚埼亭集

西嶽華山廟碑都南濠援徐季海古迹記以爲蔡中郎書趙子函云郭香乃蒞中郎書耶今雖不能遽定爲中郎然金石文字記及曝書亭題跋皆謂後漢書律歷志郭香卽此人攷郭香之名見于五官郎中馮光沛相上計掾陳晃奏中事下三府集議其時坐侍中西北與光晃相難問者卽蔡邕爾在熹平四年三月九日也邕可以理香之說則香何不可以察邕之書哉中郎集中楊秉碑正在延熹八年而秉又華陰人也若碑中字體奇正互出古今迭用非中郎隸勢所謂脩短相副異體同勢奇姿譎誕靡有常制者乎卽以一二字略言之如克字陵字皆加點與說文不

合而與古籀奇字體勢轉近夏承碑克字亦有點世或以夏碑亦出中郎雖難概信然其說正非無自也佩觿云李少監陽冰說蔡中郎以豐同豐又與此碑合矣凡此數者有一於此足以附質中郎之說而況有徐季海語可据乎　按今華嶽廟中趙文淵劉升八分諸碑上下左右皆有題識劉升碑有明河瀆李楷叔則題云地震後古碑大爲俗人所損所存於廟者寥寥數種耳据此則是碑毁於地震之說益爲可信　子聞全謝山所藏豐學士萬卷樓本今在寧波范氏天一閣中旣而知爲嘉定錢辛楣少詹事所得

未歸辛楣時海鹽張芑堂燕昌爲雙鉤其本寄予葢
未翦褾之全紙是以謝山有歷二百餘年不鈌不爛
之語篆額二行居中而微有迤向後之勢葢前空者
九行後空者八行而予向見褾本未之知也額右云
劍南西川節度使撿挍兵部尚書成都尹兼□吏大
夫李德裕判官□□□之□供奉崔知白□□使司
監察御史□(此間闕幾字不可知)度□(此間闕幾字不可知)賈□都團練
判官監察御史裹行李商卿大和四年十一月一日
此下又云大和五年九月十三日華陰縣(下闕此二段文皆自後而前)
左云銀青光祿大夫行尚書兵部侍郎李德裕

大和三年八月十六日自浙西觀察使檢校禮部尚
書兼御史大夫拜又云判官監察御史崔知白支度
監察御史崔瑨(唐書百官志監察御史十五人凡十道巡按以判官二人爲佐務繁則有支使)
巡官協律郎王式(此皆自前而後之文)碑內樂奏六歌句下
空石處云元豐乙丑歲戊寅月癸丑奉議郎知華州
軍州事王子文被旨設醮于嶽祠庚戌入內內侍□
內侍殿頭郝隨奉命躬詣致祭俱七日罷王子入內
□自內侍殿頭元易簡出使涇原朝謁會放齋宮子
文題皆正書也　此本明萬歷中嘗藏陝西東壂商
雲駒蔭商雲雛兄弟家尋以贈武平郭宗昌允伯允

伯命侍史史明靈偃輩重裝之時天啟元年正月四
日也一時名流書跋者十餘人入　國初華陰王宏
撰無異得之戒子孫不得輒乞人跋尾其後自北而
南歸歙之何氏上海黃文蓮星槎爲徽州學官乾隆
丙戌此本與山谷手書同時並獲癸巳余在江南將
北旋星槎自全椒來謁曰山谷書吾家物也此碑吾
與之數年俱足矣奇物當以歸公余乃攜之北行書
跋其尾按碑云高祖初興改秦淫祀史記封禪書高
祖詔曰吾甚重祠而敬祭今山川諸神當祠者各以
其時禮祠之如故也碑云太宗承循各詔有司其山

川在諸侯者以時祠之封禪書文帝即位始名山大
川在諸侯諸侯各自奉祠天子官不領及齊淮南國
廢令太祝盡以歲時致禮如故也碑云孝武皇帝巡
省五嶽禋祀豐備故立宮其下漢書郊祀志於是濟
北王以爲天子且封禪上書獻泰山及其旁邑天子
以他縣償之常山王有罪遷天子封其弟眞定以續
先王祀而以常山爲郡然後五嶽皆在天子之郡又
曰自封泰山後十三歲而周徧於五嶽四瀆也又考
武帝紀南嶽巡省惟見於元封元年之詔曰朕用事
華山至於中嶽餘不數書者則以宏農郡近在畿內

故也碑云仲宗之世重使使者持節祀焉歲一禱而三祠郊祀志宣帝五嶽四瀆皆有常禮惟泰山與河歲五祠江水四餘皆一禱而三祠也志又稱宣帝立三年尊孝武廟爲世宗行所巡狩郡國皆立廟告祠世宗而碑稱孝武不稱世宗至仲宗仲字通中見平帝紀元始四年安漢公奏尊孝宣廟爲中宗孝元廟爲高宗天子世世致祭此則恭舉之而東漢建武以後承尊之者也按碑所引漢制歷歷粲然與遷固書相發所謂徵而益信者與碑又云袁府君諱逄字周陽汝南女陽人按逄安曾孫後漢書袁安傳安子

京字仲譽京子湯字仲河湯次子逄字周陽也按湯桓帝初爲司空以豫議安策封安國亭侯食邑五百戶卒謚曰康侯長子成早卒次子逄嗣故碑稱逄曰安國亭侯也傳又稱靈帝立逄以太僕豫議增封三百戶後爲司空卒於執金吾贈車騎將軍印綬加號特進謚曰宣文侯碑載逄自宏農太守遷京兆尹在延熹八年越三年而靈帝入即位爲建寧元年時逄已以太僕豫議則是桓帝永康之末逄自京兆尹遷太僕其自京兆尹以前之官傳悉略而不載也然則此碑之足以補益范書者又如此若夫碑字之工爲

漢隸冠姑不必論今竊據六書以考是碑其可以見篆隸楷之遞變者有六一曰本字二曰古通字三曰與小篆合四曰變篆而意則存五曰變篆作俗書之偏六曰篆變而楷不从按虛爲本字而今作墟詩升彼虛矣爾雅有崑崙虛之璆琳琅玕可證也礿爲本字而今作禴公羊傳夏曰礿注薦尚麥魚初熟可礿揚雄箴東鄰殺牛不如西鄰麥魚可證也華爲本字而今作崋山海經大華之山削成而四方可證也憑爲本字而今作憑今經典所載惟尚書顧命憑玉几作俗憑字餘皆作馮可證也此本字一也壹與一通

詩壹發五豝是也脩與修通易脩辭立其誠是也假與遐通郊祀志假遡合處師古曰假即遐字其字從彳是也趾與址通左傳略基趾注城足是也亨與享通易用亨于天子是也摩與磨通左傳摩厲以須王出是也大與太通詩大無信也是也共與恭通詩序柏舟共姜自誓禮記是以爲共世子是也女與汝通漢書地里志汝南郡其縣女陽女陰師古曰女讀曰汝是也此古字通二也其侯字从人从厂象張布殷字从反身與字从同秦字从禾㚔字从止戈豐字从虺風字从凡凝字从冫𤴔字从矢从止从巳精字从

丹銘字从令从金在土中甘字从口奄字从申州字
从重川帷字从篆文心恭字从心尉字从灬陰字从
令从云隂字从臥从㠯省會字从古文囪此與小篆
合三也其寑字作寢而不作寑其字作其而不作其
秊字作丯而不作年農字作農而不作農利字作利
而不作制逢字作逹而不作逢巖字作巖而不作巖
荒字作巟而不作荒梁字作梁而不作梁離字作離
而不作雍展字作㞡而不作展斂字作斂而不作斂
香字作香而不作香此變篆而意則存四也至於周

从用而作周禮从示从豊而作禮出从中从一而作
之通从弓从用而作通气象形而作氣歲从步戌聲
而作歲夏从頁从臼从夊而作夏學从冖从収从子
而作承詔从刀从口而作詔時从㞢从寸而作時豐
从豆上象形而作豊僊从䙴而作僊脊从止在自上
而作前㠯从入而作亡鹵爲鳥在巢上象形而作西
深从穴而作深坐从土从聲而作垂亏从丂从一而
作于桑从叒而作桒彝从廾从聲而作彝遂从巷而
作漢兼从秝从又而作兼章从音从十而作章馨从
香而作馨吉从士而作吉䙴从㠯从聲而作無明从
日月而作明京从高省而作京陵从夌而作陵得从

見从寸而作㝵掾从彖而作掾德从直而作德勑从
朿而作勑潁从水而作潁此變篆作俗書之偭五也
又施作施是作昰虞作虞原作原峻作峻朔作朔數
作致此篆變而楷不从六也記曰瑕不掩瑜瑜不掩
瑕謂之君子之貴玉故具言此碑得失是非之不相
掩輒錄如右以質諸深於六書者考之 朱筠笥河文鈔
此碑世有兩本一爲商邱宋氏犖所藏一爲華陰王
宏撰所藏皆宋搨也宋氏本雍正初姜任修摹刻于
揚州郭本今爲曲阜孔繼涑所刻兩本字殘泐處悉
同世又有所謂全本則不足信 關中金石記

碑云延熹四年宏農太守安國亭侯汝南袁逢又云
袁府君會遷京兆尹又云袁府君字周陽汝南汝陽
人案後漢書侯覽傳京兆尹袁逢於旅舍閱參車云
云崔寔傳寔建寧中病卒太僕袁逢備棺槨葬具靈
帝紀光和元年屯騎校尉袁逢爲司空趙壹傳光和
元年舉郡上計是時司徒袁逢受計司徒當作司空
葢誤也荀爽傳司空袁逢舉有道不應袁術傳術汝
南汝陽人司空逢之子也術謂羣下曰吾家四世公
輔章懷注云袁安爲司空子敞及京京子湯湯子逢
並爲司空案延熹四年至光和改元凡十八年逢由

太守遷京兆歷太僕校尉而進司空史傳皆有明徵其卒官則執金吾也其亭侯則襲父湯爵也袁安傳湯桓帝初爲司空以豫議定策封安國亭侯食邑五百戶次子逢嗣逢字周陽以累世三公子寬厚篤信著稱於時靈帝立逢以太僕豫議增封三百戶後爲司空卒於執金吾朝廷以逢嘗爲三老特優禮之使五官中郎將持節奉策贈以車騎將軍印綬加號特進謚曰宣文侯此碑前賢著錄皆不及逢余謂建碑者逢也碑云京兆尹勅監都水掾霸陵杜遷市石遣書佐新豐郭香察書京兆尹卽逢也不可略因據范書著其世系官階於篇桂馥跋

碑云唐虞疇咨四嶽五歲壹巡狩皆以四時之中月各省其方親至其山柴祭燔燎夏商則未聞所損益質之鄭志鄭答孫皓云唐虞之時五載一巡狩夏殷之時天子六年一巡狩禮文殘缺雖于二代之制有所未定康成大儒其說必授自師承則損益在夏商已約略可按而碑既云未聞康成又云蓋以疑之亦以無正文不自爲斷制如此然則古之立言者蓋其慎也金石文字記證此碑香察非名因及於漢碑未有列書人名者案洪所收武斑與羊竇道碑並載書人姓名則漢碑固有之矣授堂金石跋

按額題西嶽華山廟碑虞書以華山爲西嶽至周都鎬京則華山轉在邦畿之東不得稱西故改吳山爲西嶽詩崧高正義引雜問志云周都豐鎬故以吳嶽爲西嶽而以華山爲河南豫州之鎮至周平王遷都雒陽因以華山爲西嶽而其山在秦晉楚三國之間亦無望祀之文至秦都咸陽漢都長安皆在山之西故自周至東漢一千一百餘年雖修禋祀而不以西嶽名至光武徙都洛陽始復其舊故是碑始稱西嶽也碑末丞張昮字少游隸釋云碑以昮爲昉昮昉二字皆說文所無徐氏新附昉字云明也按隱五年公

羊傳昉于此乎熹平石經作放鄭注攷工記旊讀如放此乎之放知經典本無昉字列子黃帝篇眾昉同疑釋文亦云昉或作放而碑有張昮益漢時俗字石經亦中郎所書而不作俗體古人慎守經訓如此郭香察書弇州跋據漢人鄧廣德梁不疑諸名謂東漢原有雙名辨察書之非是然古人多有以字行者且以察字命名姚察以前史不多見其卽律歷志之郭香無可疑矣此碑久毀拓本存于今者大興朱氏所藏卽明陝西東雲駒兄弟家藏以贈武平郭宗昌者此本後又歸商邱侯氏乾

隆初上海兵部侍郎淩公如焕督學河南得之黄
君文蓮與淩同鄉且有戚遂歸黄氏尋又爲同年
朱君錡所得也又錢詹事大昕得鄞縣天一閣所
藏全本並未經割裂其碑式可與隸釋互証最爲
可寶聞近亦失去剏終以未見爲恨云

華嶽廟殘碑陰

高四尺五寸廣一尺四寸第一列存者七行第二列惟四行有字可見餘皆斷闕今在華陰縣

民故益都大守□□□躬𢒼節
故功曹司隸茂才司空掾池陽郭旺公休
故功曹司空掾池陽吉䔢伯房

故功曹司空掾蓮勺田巳叔黨
故功曹司空掾池陽吉充叔才
故功曹大尉掾頻陽游殷幼齊
故功曹大尉掾池〻吉苗元𤁯
古
故督
故五
故

右武都太守等題名共七行稽其官制地名是漢時
碑陰無疑然攷隸釋隸續及金石集古等錄並無此

刻乾隆四十四年修理嶽廟五鳳樓下所出古碑殘
石甚多此爲稱最焉關中金石記

右華嶽廟殘碑陰七行兩列凡十一人下列殘破人
名不可識隸辨蓮字注以爲劉寛碑陰按劉寛二碑
一爲故吏李謙等所立一爲門生郭異殷苞李照等
所立此云故民故功曹自是李謙一碑惜其名不存
也近日錢唐趙晉齋親至二華搜求古刻所搨此種
僅存上列四十字并曼節郭旺等名不可得見然則
此搨猶爲世所希有可不益加寶惜哉涵貞閣漢碑文字跋

禹陵窆石題字

石高六尺廣五尺三寸行字數俱無攷今在紹興府禹廟

舊經云禹葬以此石爲窆之禹穴在龍瑞宫之側東萊
云大石中斷成罅殊不古殆非司馬子長所探也王象之方輿勝覽
予攷窆石之制不載於聶崇義三禮圖攷惟周官冢
人之職及竃共喪之窆器及窆執斧以涖鄭康成以
爲下棺豐碑之屬圖經禹葬於會稽取石爲窆之石本
無字迨漢永建元年五月始有題字刻于石此王厚
之復齋碑錄定爲漢刻殆不誣矣石崇五尺在今禹
廟東南小阜覆之以亭相傳千夫不能撼及歲在乙

酉有力士拔之石中斷部下健兒迭相助及拔陷地纔扶寸爾土人塗之以漆仍立故處載攷古之葬者下棺用窆盎在用碑之前碑有銘而窆無銘驗其文乃東漢遺字趙氏金石錄目曰窆石銘誤曝書亭集今窆石在禹廟東側南向頂上有穿狀如秤錘國朝康熙初浙江督學張希良嘗拓之以意屬讀得二十九字蓋漢代展祭之文尋其隅角當爲五行行十六字其下截爲元季兵毀依韻求之則其下當闕六字也今惟有玉石并天文等字隱隱可辨其旁有宋人分書題名一行據舊志所稱有楊龜山題名竟剝落無一字矣平恕新脩紹興府志

按窆石題字在石下方字大二寸許金石錄及圖經並以爲永康元年五月所刻而趙氏又誤釋作銘是宋時拓本已不甚了了張氏所讀二十九字其釋文今未得見昶以精拓本驗之惟日年王一并天文晦眞九字可辨耳右旁題字九行云□□

□□□□□□□從事郎吳□□□□□□□

□□□□□朝夫□祓命□□□□拜禹陵□

賦此詩以紀盛□云□□□□無暇日□□□見

聖躬勞古陌□□□□氣梅梁□海作波濤至今

遺迹衣冠在□□安□魑魅逃欲覓□陵尋窆石

山僧爲我翦蓬蒿凡一百四字正書當是宋元人所鐫而年月全蝕矣左旁宋人題名二行云會稽令趙與陛來遊男孟握侍凡十二字隸書後又有元人題名二行云員嶠眞逸來遊皇慶元年八月八日凡十四字行書

金石萃編卷十一終

金石萃編卷十二

賜進士出身 誥授光祿大夫刑部右侍郎加七級王昶譔

漢八

執金吾丞武榮碑

碑高七尺二寸五分廣一尺九寸五分十行行三十一字額題漢故執金吾丞武君之碑十字隸書陽文今在濟寧州學

君諱榮字含和治魯詩經韋君章句闕幘
傳講孝經論語漢(書)(史)(記)左氏國語廣學
甄微靡不貫綜久斿大學䫉然高廳鱻於
雙匹學優則(仕)(爲)(州)書佐郡曹史主簿督

郵五官掾功曹守從事年卅六汝南蔡府
君察(舉)(孝)廉□□郎中遷執(金)吾丞遭孝
桓大憂屯守(廟)(諱)武慼哀悲愴加遇害氣遭
疾(愼)(靈)□□□□君即吴郡(府)卿之中子
敦煌長史之次弟也廉孝(相)承亦世載(德)
不忝□□□□命□(不)(竟)(台)衡蓋觀德於
始述行於終於是刊(石)勒銘垂示無(窮)其
辭曰
天降雄彦資才卓茂仰高鑽堅允文允武
內幹三署外□陟旅□勒屯守(舊)(威)□(武)

旟旗絳天雷震電舉敷燿赫(然)陵惟孝廟
當遂股(肱)□之元輔(天)(何)(不)(弔)(降)(此)□(咎)
瘝乎我君仁如不壽爵不副德位不稱功
咸裹傷愴遠近哀同身(沒)□□(萬)(世)(諷)(誦)

右漢執金吾丞武君之碑隸額在濟州武君名榮吴郡君名開明敦煌君名斑榮之亡在靈帝初漢興魯申公爲詩訓故齊轅固燕韓嬰皆爲之傳又有毛氏之學故曰詩分爲四申公授瑕邱江公韋賢治詩事江公傳子元成皆至丞相孫賞以詩授哀帝至大司馬魯詩有韋氏學此云治魯詩經韋君章句者此也

闕幘者未冠之稱語在武梁碑中鱻古鮮字鱻於雙匹者鮮雙寡匹也隸釋

武榮碑集古錄載其名金石錄並不載然榮之父吴郡丞武開明兄燉煌長史武斑俱有碑載金石錄何以獨遺此碑耶庚子銷夏記

漢制執金吾一人丞一人月三繞行宮外戒司非常水火之事秩六百石緹綺二百人輿服導從光滿道路光武嘗歎曰仕宦當作執金吾而樂府古歌辭稱陛下三萬歲臣至執金吾蓋中興以後官不常置榮之本末惜碑文已漫滅年月無考僅存其廓落焉爾

曝書亭集武君治魯詩經韋君章句洪氏云漢興魯申公爲詩訓故齊轅固燕韓嬰皆爲傳又有毛氏之學故曰詩分爲四予考之傳志而知洪說之誤藝文志詩經二十八卷魯齊韓三家立博士河閒大毛公傳自子夏不得立儒林傳言詩于魯則申培公事浮邱伯爲訓故弟子瑕邱江公盡傳之韋賢治詩事博士大江公即瑕邱江公有韋氏學毛詩正義序曰漢氏之初詩分爲四申公騰芳于鄢郢毛氏光價于河閒貫長卿傳之於前鄭康成箋之於後洪氏用此語以申公轅固韓嬰毛萇爲四與正義乖矣後漢伏湛弟黯定齊詩章句杜撫定韓詩章句張匡作韓詩章句傳魯詩者如元王許生徐公王式張長安唐長賓褚少孫薛廣德龔勝龔舍高嘉嘉孫詡李昺魯恭李業魯丕包咸魏應陳重雷義皆無章句韋氏世學魯詩使有章句爲榮誦習豈遂遺於載記不與齊韓並存也耶然榮去韋氏未遠似亦不妄或魯詩亡于西晉并此章句失傳未可知也其曰痛乎我君仁如不壽春秋星隕如雨釋者曰如而也歐公于郭輔碑寬舒如好謂施于文章以如爲而者始見之而不知又有此碑也金石[illegible]

碑文有云遭孝桓大憂戚哀悲慟遭疾隕靈桓帝崩於永康元年十二月武君之卒必在靈帝初年也隸辨

漢書食貨志鹽鐵錢布帛五均賒貸斡在縣官師古曰主領也斡音管字從斗竇憲傳內幹機密劉向傳幹尙書字皆從干而音義與斡無異疑皆斡字轉寫之譌此碑內幹三署隸釋署字猶存幹字義亦作斡蓋其相沿已久譌斡爲幹有由來矣金石存

碑凡十行前叙後銘中界裁畢虛其半無文字它碑少似此形制金石圖

是碑叙武君家世父兄於卒後又稱其父兄之官而不稱名又稱其年卅六及其遭桓帝喪卒而不書某年月日是皆金石文之例所宜記者從來爲金石例者潘文僖不叙唐以前文王止仲墓銘舉例知有隸釋諸碑而未能一一溯其本始黃梨洲金石要例雖引及東漢六朝之文而於漢碑亦未之能詳也若以洪趙之書合之後來出土諸碑分門別類件系而條舉之庶幾於貞石文有所稽考也矣歎即歎字匹即匹字慟即慟字兩漢金石記

續漢書百官志元武司馬主元武門屬衛尉不屬執金吾此以執金吾屯元武者國有大喪備非常也漢

初舉孝廉無限年之令自順帝陽嘉元年用左雄之言令郡國舉孝廉限年四十以上諸生通章句文史能牋奏乃得應選其有異才異行若顔淵子奇不拘年齒由是廣陵徐淑以年未四十爲臺所詰而罷之矣榮年卌六爲汝南蔡府君察舉其才行必有過人者以非常格故碑特著其年也潛研堂金石文跋尾

碑末萬世諷誦誦字宜讀如容始與上句遠近哀同叶韻詩小雅家父作誦以究王訩又楚辭九辨自厭按而學誦信未達乎從容皆是也其云亦世載德者以亦爲奕也山左金石志

王宏撰以碑額作陰文凸起他碑所無余十餘年所集拓本多見之搨工未及全收額題後惟親往手摹如漢太室闕篆字正銘陰文凸起魏公卿上尊號碑額唐麓山寺碑額周公祠碑額王行滿書聖教序碑額宋仁宗御書飛白賜陳繹碑額並陰文凸起又龍門山老君堂一造像磨崖小碑題爲始平公者文皆用陰字此乃他碑所希見耳王君蓋未覩也隸續陳球碑篆額二行黑字王純碑篆額二行黑字淳于長碑篆額二行黑字 授堂金石跋

按執金吾者吾猶禦也應劭曰執金革以禦非常也執金吾屬本有式道左右中候三人車駕出掌在前清道還持麾至宮門宮門乃開中興但一人又不常置每出以郎兼式道候事已罷不復屬執金吾其秩執金吾一人中二千石丞一人比千石漢官秩則云比六百石所率緹綺二百八五百二十人輿服導從光滿道路羣僚之中斯稱壯矣碑銘云旌旗絳天雷震電舉敷燿赫然陵惟哮虎蓋形容其光滿道路之盛也後漢書禮儀志大喪登遐閉城門宮門近臣中黄門持兵虎賁羽林郎中署皆嚴宿衛宮府各警北軍五校繞宮屯兵黄門令尚書御史謁者晝夜行陳碑稱孝桓大憂屯守

元武者即繞宮屯兵之事也桓帝崩無子城門校尉竇武定策至河間奉迎靈帝入嗣大統自永康元年十二月丁丑帝崩之日至建寧元年正月庚子靈帝即位相距二十四日之久其時都城無主太后臨朝羣臣皇皇非尋常國喪可比宮城屯守之嚴責任非輕時又嚴寒勞勩倍至碑所謂加遇害氣遭疾隕靈者是也碑又云慼哀悲慬慼即慼字說文慼从戉从尗隸變从伐从卌楊統碑貴慼專權韓敕碑陰彭城廣慼慼皆作慽可證或釋爲哀慼非是顧氏隸辨慬字下引此碑云慼哀悲慬

感字下又引作感哀悲慟一語而兩歧之其誤滋
甚慟字說文所無古只作慟景君碑云驚慟此云
悲慟皆是徐鉉校定說文新附慟字贅矣

沛相楊統碑

碑文從裴本摹錄行字數俱不可紀額題
漢故沛相楊君之碑八字篆書石今毀

君諱□□□□□□□□□富波君之□
子也□天□性少有令問敦□孝目勑內
□名行目脩外謠□□烈隆構厥基既仕
州郡會孝順皇帝西巡目掾史名見帝嘉
其忠臣之苗器其璵璠之質詔拜郎中遷

常山長史換犍為府丞君雖詘而就之目
順時政非其好也迺翻然輕舉皐司累辟
應于司徒州察茂才遷鮦陽侯相金城太
守德目化圻民威目懷殊俗慕義者不肅
而成師服者變衽而屬疆易不爭障塞釋
事功顯不伐委而復為直南蠻蠢迪王出
師征目君文武備兼廟勝光戰拜車騎將
軍從事軍還策勳復目疾辭後遂徵拜議
郎五官中郎將沛相天吏之治副當神人
秩禮之選舉不踰賢故望大和則侯生毓

晧巖霜則畏辜戮欣悅竦慄寬猛必衷遭
貴戚專權不稱請求考績不論徵還議官
年五十六建寧元年三月癸丑遘疾而卒
朝廷愍惜百僚歎傷□民殺爾莫不隕涕
故吏戴條等追在三之分感秦人之哀顯
從贖其釋由庶考斯之頌儀遂鐫石立碑
刋銘鴻烈光于億載俾永不滅其辭曰
明明楊君懿鑠其德其德伊何吉忠官力
勤止厥身勛□靡草蕃茲英猶道目經國
班化黎元既清且寧武稜攜貳文懷徦寘

遠人斯服俗本充庭刑秉波得目和目平
勳速藉矣莫與爭光甘棠遺愛東征企皇
念彼恭人怒焉永傷立言不朽先民所臧
載名金石貽于无疆

右漢沛相楊君碑在閿鄉楊震墓側碑首尾不完失
其名字按後漢書震及中子秉秉子賜賜子彪皆有
傳又云震長子牧富波相牧孫奇侍中奇子亮陽成
亭侯又云少子奉奉子敷敷子眾務亭侯又有彪□
子修楊氏子孫載于史傳者止此爾不知沛相爲何
人也集古錄

右漢故沛相楊君之碑篆額碑缺不知其名髣髴有富波君字按楊震碑云長子牧富波侯相牧子統金城太守沛相則知此爲楊統碑也順帝以其忠臣之苗特召爲郎歷常山長史犍爲府丞鯛陽侯相金城太守車騎將軍從事議郎五官中郎將沛相以靈帝建寧元年卒故吏戴條等共立此碑其從昆弟高陽令著碑陰題名所云沛君者卽統也此碑辭翰俱妙以百寮作百遼以遐邇作假爾璵卽璵字續卽續字顯卽顯字官卽克字貳卽貳字迹卽迹字震子孫名見于史者數人富波相及其孫衛尉奇皆在焉統居其中而不見錄亦史策之闕遺也隸釋

楊統碑篆額二行有穿碑十四行行三十五字孝順皇帝平闕穿在九十十一行之上漢碑額惟暈式不同或在其中或在其左右惟穿則無不居中者此碑後有餘石打碑者去之非穿之偏也隸續

右沛相楊統碑字畫多與隸釋不合如宰作窜顯作顯无作兂皐燹作臯燹求作汖官作吕傢作份之類其尤不可解者委而復焉焉字竟作爲字觀其刻畫顯著與全碑神氣不侔直是後來俗工就其漫漶處以意刓劖之殊可恨也涵真閣漢碑文字跋

按此卽𥘿所藏宋拓楊氏四碑之一沛相不知其字亦不見于後漢書碑中所缺字數俱與隸釋不合想被裝潢手割損也碑云百僚歎傷口民報爾莫不隕涕僚字明从人傍而洪氏誤釋作遼且跋云以百寮作百遼不可解矣又云願從贖其爨由庶考斯之頌儀按閟宮詩說以爲史克所賦未云新廟奕奕奚斯所作毛傳鄭箋並以爲奚斯作廟而漢儒行文多誤解作字與家父作誦吉甫作誦寺人孟子作爲此詩之作同例楊子法言正考甫嘗睎尹吉甫公子奚斯睎正考甫後漢書曹褒傳昔奚斯頌魯考甫咏殷班固兩都賦序故皐陶歌虞奚斯頌魯王延壽魯靈光殿賦故奚斯頌僖歌其露寢又度尚碑於是故吏感清廟之頌嘆斯父之詩張納功德叙庶慕奚斯□□之義費汎碑感奚斯之義楊震碑頌有清廟故敢慕奚斯之追述劉寬碑有感殷魯述德之頌殺民校尉熊君碑昔周文公作頌宗成考父公子奚斯追美遺蹟紀述前勳曹全碑嘉慕奚斯考父之美張遷表奚斯讚魯考父頌殷及此碑並指正考甫公子奚斯而言後漢書文選兩注引薛君韓詩章句云奚斯魯

公子也言其新廟奕奕然盛是詩公子奚斯所作
也或東漢三家詩並行用魯頌者獨從韓詩因作
是解亦未可知因碑中考奚斯二字隸釋未揭其
義且洪氏但于楊震碑跋云奚斯所作蓋謂作廟
此及張納費汎碑皆誤用云云所舉多漏故申其
說頃見武君億羣經義證詳辨此義尙有陳思王
承露盤銘序一條亦承漢人之誤惟兩都賦序及
張納碑二條武氏未引餘與昶說同

竹邑矦相張壽碑

碑爲明人截爲碑趺僅存上截高二尺九寸廣三尺六寸五分十六行行存十五字今在城武縣孔廟

君諱壽字仲吾其先蓋晉大夫張老盛德
之裔世載口勳遵帥紀律不忝厥緒爲[illegible]
帶理義之宗君孝友恭懿明允篤信敦[illegible]
經雅習父東光君業兼綜六藝博物多[illegible]
略涉傳記矯取其用股肱州郡匡國達賢
登善濟可登斑叙優能正躬帥陪臨疑[illegible]
照確然不橈有孔甫之風舉孝廉除郎中
給事謁者贊衛王臺婁口忠謇上嘉其節
仍授命莢匡其京輦昭德塞違內平外成
舉無遺愆遷竹邑矦相明德愼罰縣奉采

土遭江楊剽賊上下口征役賦彌年萌于
口戈杼軸罄殫君下車崇尙儉節躬自菲
薄儲侍非法悉無所留弃官相領省倉口
小府御史朝無姦官野無滛寇教民樹藝
三農九穀稼嗇滋殖國無灾祥歲聿豐穰
皤白之老率其子弟以循仁義蛘賊不起
厲疾不行視事年載黔首樂化戶口增多
國寧民殷功刊王府將援轓邦對揚其勛
功曹周憐前將放濫君微澄清憐顧愆悔
過誓卸周紱承會表奉君常懷色斯舍無

宿儲遂用高逝老弱相携攀持車于人以
上沛相名君駱驛要請君捐祿收名固執
不顧民無所卬國違所賴上下同感州郡
聞知旌弓禮招復爲從事覬肅視不折
其節辟司徒府進退以禮含宏內光頤口
晧爾頤天不怫遘疾無瘳年八十建寧元
年五月辛酉卒嗚呼哀哉夫積脩純固者
爲天人所鍾功假於民者敘在銘典於口
訪諸儒林刊石樹碑式昭令徽其辭曰
亮元德於鈙君膺清莪體懿純超三署垂

令口甄聲號口寔臺嬌王業弼紫微彈羣
司清公口綏薄賦牧邦畿黎烝殷門荒饑
感邑臣哀其靈竭輕舉口來征民歎思曁
輿人宰府命遂遂口名振射口彌闡垂令
紀永不刊丐胄德深後昆

右漢故竹邑侯相張君之碑隸額張君名壽以孝廉爲郎嘗相竹邑靈帝建寧元年卒張君治功曹周憐之過反爲督郵周紘所窘至於捐祿而歸此風古今一也前史多以牟爲蠡海廟碑嘗借侔字隸釋

竹邑侯者彭城靖王恭之子阿奴明帝永初六年封

見熊方後漢書同姓諸王年表曝書亭集

張君諱壽晉大夫張老之裔而不言其籍里碑以習爲襲婁爲屢蚌爲蠡覞覞爲耽耽顋爲旻棃爲黎殿爲奠此音之假借者也以盬爲蓋忝爲忝㮛爲恭弘爲孔邑爲邑壄爲野老爲老樊爲攀㦗爲感弘爲宏皓爲皓怫爲弔昳爲疾哉爲哉弻爲弼肎爲胥則字體之加變也說文耽視近而志遠也引易虎視耽耽又耳下垂爲耽俗書引易誤作耽轉作躭不若此碑之覞覞其音相同使人皆知其爲借也夫金石後錄

碑以斑爲班字此洪氏所未舉者以婁爲屢則漢書多有之 碑字淳古與孔彪碑相類牛氏擬以白石神君碑謂開魏隸之法然是碑隸法實在白石神君碑之上也兩漢金石記

右碑僅存上一段每行十餘字中間又鑿去四十字即明時人斷爲碑趺者今在城武縣說文耽視近而志遠也覞內視也覞與耽音同而義亦相近先儒傳易皆作虎視耽耽此碑乃作覞覞是古人固通用矣王輔嗣釋耽耽以爲威而不猛碑云覞覞固視不折其節意亦相類也婁機云碑在單州城武宋時本隸單州也潛研堂金石文跋尾

案縣志鄉賢有張壽傳事蹟多本此碑惟云累官右諫議大夫尚書右丞則志所增也又稱卒葬文亭山後墓如陵阜今山在城西北一里又名雲亭山有古柏數株傳爲漢唐時物墓在與否無可考矣山左金石志

衛尉卿衡方碑

碑高七尺廣四尺四寸二十三行行三十六字額題漢故衛尉卿衡府君之碑十字隸書今在汶上縣

府君諱方字興祖肇先蓋堯之甾本姓口
口則有伊尹在殷之世號稱阿衡因而氏
焉口口口土家于平陸君之烈祖少以濡
術安貧樂道履詠顔原兼脩季由聞斯行

諸祖仁厲□□□□土階夷愍之貢經常
伯之寶位左馮翊先帝所尊垂名竹帛孝
廬江大守兄鴈門大守□□□孝長發其
祥誕降于君天資純懿昭前之美少以文
塞敦庬允元長以欽明耽詩悅書□□□
秋仕郡辟州舉孝廉除郎中即丘侯相膠
東令遷尹譯之邃保鄣二城參國起授斑
敘□□□本肇末化速郵置州舉尤異遷
會稽東部都尉將繼南仲邵虎之軌飛翼
翰之拴操參□□□綏來王之饗會衆太

夫人感背人之凱風悼蓼儀之劬勞腷聞
苫由仍留上言倍榮向哀禮服祥除徵拜
議郎右北平大守尋李廣之左邊恢疆
之和戎戎戢士佚費省臣億懷□□□□
靜有績還穎川大守循清淼信招拔隱逸
光大茅茹國外浮謎淡畀綏動氣泄狂□
□□□□歸來洙泗用行舍藏徵拜議郎
還大醫令京兆尹舊都餘化詩人所詠並
有亡新君□□□□隆寬慓鶡火先物隕
霜剿姦振滯起奮存亡繼絕恩降乾太感

肅剋以本朝錄功入登衛□□翼紫宮風
夜惟寅樟隮在公有單襄穆典謨之風諂
選賢良招先逸民君務在寬共順其文舉
巳從政者退就勑巾永康之末君衛尉孝桓
建寧初政朝用舊臣留拜步兵校尉霧六
師之隔維時假階將授緄職受任淶旬庵離
廟疾年六十有三建寧元年二月五日癸
丑卒詔遣使□□弔賻禮百官臨會莫不
失聲其年九月十七日辛酉葬盍雕頌興
而清廟肅中庸起而祖宗□故仲尼既歿

諸子綴論斯干作歌用昭于宣諡以旌德
銘以勒勳於是海內門生故吏□□□來
嘉石樹靈碑鐫茂伐祕將來其辭曰
峨峨我君懿烈孔純高朗神武歷世忠孝
馮隆鴻軌不忝前人寬猛不主德義是經
韜綜頭□溫故前呈攬英接秀踵迹晏平
初據百里顯顯令聞濟康下民暉武南會
邊民是鎮惟□□□憂及退身參議帝室
剖苻守藩北境□□有□有聲旋守中獄
幽滯以榮遷種舊京□□□□舍澤戴仁

□□洂寧剋長剋君不㚷不陽維□維允
燿此聲香能悊能惠剋亮天功入統□□
斜斜光光法言稽古道而後行競競業業
素絲羔羊誾誾侃侃鬱又昂昂蹈規履榘
金玉其相謇謇王臣羣公憲章樂旨君子
□□无彊銘勒金石□□□□問□□
萬世是傳門生平原樂陵朱登字仲□□

碑云慼昔人之凱風悼蓼儀之劬勞以蓼莪爲蓼儀他漢碑多如此蓋漢人各以其學名家故所傳時有異同也金石錄

右漢故衛尉卿衡府君之碑隸額建寧元年立趙氏誤以爲三年衡君名方歷郎中郎邱侯相膠東令會稽東部都尉召拜議郎爲右北平潁川兩太守再除議郎遷太醫令京兆尹碑有本朝錄功入登衛七字衛下闕文必尉字也又云永康之末君衛孝威建寧初政朝用舊臣留拜步兵校尉蓋靈帝初立更易朝士自九卿而作五校殆是左遷故碑首舉其尊者稱之碑云海內門生故吏采嘉石鐫靈碑末有小字門生朱登題名則其人也銘文甚温潤如云鶉火光物隕霜剿姦尋李廣之在邊恢魏絳之和戎唐人誌墓多用此體雖柳子厚少作亦然履該顏原謂顏子原憲也禕隋即委蛇出韓詩內傳碑以濡爲儒倍爲背淡爲痰縱爲㝅庵爲奄太即太字盧江爲門皆從疒隸釋

洪丞相謂碑云履該顏原即顏淵原憲子觀其下繼之云兼修季由蓋仲由一字季路季由即季路也金薤琳琅

履該顏原兼修季由洪氏以顏原爲顏淵原憲而都太僕以季由爲仲由字季路即是一人與兼修之義不協按史記仲尼弟子傳公皙哀字季次孔子曰天下無道多爲家臣仕於都惟季次未嘗仕遊俠傳季次原憲終身空室蓬戶褐衣疏食不厭死而已四百餘年而弟子志之不倦然則季乃季次也四人皆安貧守道之士故並舉言之其一字一名亦古文之所嘗有也金石文字記

碑述其先伊尹在殷號稱阿衡因而氏焉按趙氏金石錄載浚儀令衡立碑亦云出自伊尹合之應劭風俗通無異或云魯公子衡子孫因以爲氏則各有所本也曝書亭集

右碑趙錄云蓼莪爲蓼儀蓋漢人各以其學名家子按是碑以委蛇爲禕隋出韓詩內傳而知其所傳乃

韓氏學也漢碑字多假借大約其音相同未有如是碑之變者將授緄職以緄作兖庵離寑疾以庵作奄耀此聲香以聲作馨踏規履渠以渠作矩讀者須以意逆而得之銘云樂旨君子以盲作只顏氏干祿字書盲旨上俗下正盲字漢人用之而云俗何也金石後錄

右碑金石錄以爲建寧三年二月立洪氏已辨其誤金石文字記又爲三年六月亦誤也　碑云感背人之凱風悼蓼儀之劬勞趙德甫以蓼儀即蓼莪然矣至背人二字乃置不論予按背人即䣖人也廣韻䣖同鄁紂畿內地名碑以鄁作䣖克長克君作蔸能哲

能惠作悊非盡假借必當時經師所傳有此異本也隸釋云禕隋字出韓詩內傳內傳久不傳未知洪氏何據經典釋文引韓詩但作逶迤　容齋五筆言委蛇字凡十二變一曰委蛇二曰委佗三曰逶迤四曰倭遲五曰倭夷六曰威夷七曰委移八曰逶移九曰逶虵十曰蜲蛇十一曰遷迆十二曰威遲今此碑又作禕隋唐扶碑作逶隨劉熊碑作委蛇校乘兔園賦作委移博雅隇陝險也文選薛注周道威夷險也則隇陝亦委蛇之別體而字書尚有蟡虵蝛虵隝陭之異此二字固不止十二變洪公尚考之未盡也金石

存

碑在汶上縣西南十五里平原郭家樓前南向以建寧元年立雍正八年汶水泛決碑陷臥莊人郭承錫等出貲復建焉金石圖

此碑近時所搨以校隸釋所有尚不及其半焉中有云階夷愍之貢經常伯之寮謂其以孝廉察舉而爲郎中也夷謂伯夷愍謂閔子古閔愍通用如春秋諸侯之謚閔者亦作愍也碑中兩寮字金薤琳琅皆誤以爲賓豈傳錄之不審耶碑云感背人之凱風詩邶亦作鄁此併省去邑不虞不陽即不吳不揚參國起

按本之齊語下本肇末上缺一字必遵字也寑闇苦由下今缺一字而洪氏本則爲仍字其下所注缺字今本則頗似因字形碑云詔選賢良招先逸民君務在缺失順其文舉洪氏本如此余諦視碑則洪云缺者頗似寮字其失字上半剝泐實非失字乃英字也時詔書令選賢良務先逸民而衞君欲舉其寮之賢者又欲順詔書之文故下云已從政者退就勑巾蓋令其棄官而就舉也隸釋於含澤藏下注云缺六字其實止缺二字此則都氏本不誤也抱經堂文集

階夷愍句上土字是士非土也賓即寮字檻即攬字

也苦凶仍下是留字君務在下是寬字今倘皆隱隱
可辨洪以爲闕者亦拓本偶不見耳兩漢金石記
衡氏家于平陸祖父以來世爲大官范史不立公卿
表故方之拜罷年月無考祖左馮翊並佚其名矣云
恩隆乾太威肅剝巛太即泰字巛即坤字說文太古
文泰義無二訓故卦名亦可作太也云感背人之凱
風陸德明釋文邶本又作鄁顏師古注漢書亦云然
碑蓋从鄁而省其邑也云不虞不陽不吳不揚之別
古八吳虞多通用泰伯弟仲雍以居吳稱吳仲雍而
左氏傳論語皆作虞仲是其證也說文吳姓也亦郡

也一曰吳大言也是吳敖之吳與吳越之吳無別體
矣陸德明謂吳說文作吳又引何承天從口下大之
說毋乃誤讀說文乎孔氏詩正義謂鄭讀不吳爲不
娛人自娛樂必讙譁爲聲今此碑作虞虞娛亦通用
字也碑又以寬慄爲寬栗聲香爲馨香邵虎爲召虎
痝爲庬謳爲謐尅長尅君尅即兙字謇謇王臣謇即
蹇字樂旨君子旨即只字皆鄱陽洪氏所未及舉也潛研堂金石文跋尾
碑文云建寧元年二月五日癸丑卒二月當是三月
之訛据沛相楊統亦以是年三月癸丑卒又下文云
其年九月十七日辛酉葬合計小盡逆推至三月辛
酉日當在十三日正與五日癸丑合是又一證也校訂
隸釋存疑

高陽令楊著碑

碑文從裘本摹錄行字數俱不可紀額題漢故高陽令楊君之碑九字篆書陽文石今毁

□□□□□□□□□之情窮七道之
奠□綜書籍□□□賢仕郡歷五官掾功
曹司隸從事仍辟大尉遷定潁侯相特以
儒學詔書勑留定經東觀順廟諱丄之指謌
歷毋之疑天子異焉擢拜議郎遷高陽令

德以柔民刑以威姦是以勳庶愛若冬日
畏如靁昊恩洽化布未基有成頒甫班麗
方授銀苻閭毋氏疾病孝烝內發醳榮投
黻步出城寺衣不暇帶車不俟駕載馳□
□躬親嘗禱追遂會參繼迹樂正百行之
主於斯爲盛復辟司徒舉□□□治劇掾
思善侯相遭從兄沛相憂篤義忘寵飄然
輕舉位淹名顯□□□敦閭于下宜斡帝
室佐國輔臣上天不惠不我慭遺年五十
有三□□□年十月廿八日壬寅卒凡百

隕涕縉紳催傷門徒小子喪茲師范悲將
焉告印叫穹倉感三成之義惟銘勒之制
皆所已紀盛德傳無窮者也若茲不刊後
哲曷聞故樹斯石以昭厥勳其辭曰
廟諱乾鍾德于我楊君其德伊何如玉如瑩
烝烝其孝恂恂其仁躬尚節儉□□□□
□□□□□□□文經紀典謩□□□□

右漢高陽令楊著碑首尾不完而文字尚可識云司隸從事定潁侯相最後爲善侯相善上一字磨滅不可見蓋其中間嘗爲高陽令而碑首不書最後官者不詳其義也按楊震碑高陽令著震孫也今碑在震墓側 集古錄

右漢故高陽令楊君之碑篆額楊君名著太尉震之孫常山相讓之子碑缺其名得之于震碑仕歷司隸從事議郎高陽令思善侯相年五十三而卒石損亾其年漢之王國相則秩二千石侯國相纔與令長等耳思善者汝南之小國碑首題以高陽者蕞爾國不若壯哉縣也楊震碑亦稱著爲高陽爾晉宣溫薦譙秀表云敦在三之節李善引國語欒共子之言曰人生於三事之如一謂父生之師教之君食之也漢代銘誄類皆門人所立故用此語者頗多逢盛碑云感激三成一列同義楊震碑云綠在三義一楊統碑云追在三之分此碑云感三成之義三楊碑皆用之同出晉語也詩以圻父作蕲父此云頎甫蓋又借用碑以朱基爲朱碁醳榮投潵爲釋榮投紱師范爲師範穹倉爲穹蒼捧郎拜字𩀱郎秋字遯郎蹤字 隸釋

楊著碑篆額二行黑字碑十三行行二十八字穿在第二字之下第七八行各空三字不書楊氏四碑并陰皆作棋局之紋惟此碑微漫滅 隸續

碑無年號其中云遭從兄沛相憂去官繼之以不惠憖遺之語沛相以建寧元年卒考之長歷必建寧元年也 漢隸字源

按此碑昶所藏宋拓本已破裂潰斷損中間司徒舉下名顯下皆缺三格以碑式行數字數計之適當七八兩行卽洪氏所云第七八行各空三字不書者也著會拜思善侯相而碑額及楊震碑止書高陽令者聞拜之後卽以兄憂去官故仍稱前職如韓仁遷槐里令而銘額稱聞憙長古人金石之例如此洪以小國大縣解之臆說甚矣後漢書郭躬傳弟子鎮以冒犯白刃手劒賊臣封定潁侯子永建四年卒長子賀嗣著在桓帝時爲定潁侯相知

郭賀以後尚有紹封者而史未之載也碑云詔書
勅留定經東觀順元邱之指錮歷世之疑昶按石
經立學水經注以爲光和六年後漢書靈帝紀蔡
邕傳並以爲熹平四年隸釋云蓋諸儒受詔在熹
平而碑成則在光和今此碑年月已泐然著卒與
沛相同時定爲建寧元年無疑則所謂受詔定經
者乃桓帝時事尚在蔡邕堂谿典等奏求正定六
經文字之前可補范史所闕而著刊定之功亦不
必在邕典等下也碑又云孝烝內發又云烝烝其
孝語本尚書漢碑用烝烝者皆作蒸蒸惟此文作

烝耳高郵王君引之云堯典父頑母嚚克諧以孝
烝烝乂不格姦傳云諧和烝進也言能以至孝諧
和頑嚚昏傲使進進以善自治不至於姦惡訓烝
爲進雖本爾雅然以烝烝乂爲進進治則不辭甚
矣今案經文當讀克諧爲句以孝烝烝爲句乂不
格姦爲句列女傳云舜父頑母嚚父號瞽叟弟曰
象敖游於嫚舜能諧柔之承事瞽叟以孝蔡邕九
疑山碑云逮于虞舜聖德克明克諧頑傲以孝蒸
蒸是讀克諧爲句以孝烝烝爲句也列女傳又云
母憎舜而愛象舜猶內治靡有姦意是讀乂不格

姦爲句也經云以孝烝烝烝烝卽是孝德之形容
故漢魏人多以烝烝爲孝者陸賈新語道基篇虞
舜蒸蒸於父母光燿於天地後漢書章帝紀陛下
至孝烝烝奉順聖德和熹鄧后紀以崇陛下烝烝
之孝宋意傳陛下至孝烝烝張禹傳陛下體烝烝
之至孝馬融傳陛下履有虞烝烝之孝袁紹傳伏
惟將軍至孝蒸蒸發於岐嶷張衡東京賦蒸蒸之
心感物曾思躬追養於廟祧奉蒸嘗與禴祠蔡邕
胡公碑夫蒸蒸至孝德本也朱公叔墳前石碑孝
于二親蒸蒸雝雝續漢書祭祀志注引蔡邕議云

孝章皇帝大孝蒸蒸家語六本篇瞽瞍不犯不父
之罪而舜不失烝烝之孝蓺文類聚引魏弁蘭贊
述太子表云昔舜以蒸蒸顯其德周旦以不驕成
其名曹植鼙舞歌云古時有虞舜父母頑且嚚
孝於田隴烝烝不違仁廣雅亦云蒸蒸孝也則知
兩漢經師皆訓烝烝爲孝故轉相承用卒無異說
也謂之烝烝者言孝德之厚美也大雅文王有聲
篇文王烝哉韓詩云烝美也魯頌泮水篇烝烝皇
皇傳云烝烝厚也皇皇美也王肅云言其人德厚
美也昶案此說極確法言云德諧頑嚚讓萬國夏

俟湛鞞舞賦納和氣於兩儀兮克諧乎君臣兄與列女傳相證又晉書孝友傳序閔曾翼翼遵六教而緝貞規蔡董烝烝宏七體而垂令迹溫嶠侍臣箴思有虞之烝烝尊成周之翼翼翼翼烝烝言其忠孝亦足與廣雅諸書相證皆王君所未舉者然攷史記酷吏傳吏治烝烝不至於姦黎民艾安是以烝烝屬下句讀也楊孟文頌云清涼調和烝烝艾寧（艾即乂字）是以烝烝乂絶句也蓋當時師承非一故句讀各殊若是參攷衆說自宜以烝烝絶句者爲長此碑亦一証也

郭泰碑

碑高八尺四寸廣三尺三寸十二行行四十字

先生諱泰字林宗太原界休人也其先出自有周王季之穆有虢叔者寔有懿德文王咨焉建國命氏或謂之郭即其後也先生誕膺天衷聰睿明哲孝友溫恭仁篤慈惠夫其器量（廟諱）深姿度廣大浩浩焉洋洋焉奧乎不可測已若乃砥節厲行直道正辭貞固足以幹事隱括足以矯時遂考覽六經探綜圖緯周流華夏隨集帝學收文武之將墜拯微言之未絕于時纓緌之徒紳佩之士望形表而景附聆嘉聲而響和者猶百川之歸巨海鱗介之宗龜龍也爾乃潛隱衡門收朋勤誨童蒙賴焉用祛其蔽州郡聞德虛己備禮莫之能致群公休之遂辟司徒掾又舉有道皆以疾辭將蹈鴻涯之遐迹紹巢許之絕軌翔區外以舒翼超天衢以高峙稟命不融享年四十有二以建寧二年正月乙亥卒凡我同好之人永懷哀悼靡所寘念乃相與惟先生之德以

謀不朽之事僉以爲先民既沒而德音猶存者亦賴之于見述也今其如何而闕斯禮於是樹碑表墓昭銘景行俾芳烈奮于百世令聞顯于無窮其詞曰

於休先生明德通（廟諱）純懿淑靈受之自天崇壯幽濬如山如淵禮樂是悅詩書是敦匪惟摭華乃尋厥根宮牆重仞允得其門懿乎其純確乎其操洋洋搢紳言觀其高棲遲泌丘善誘能教赫赫三事幾行其招委辭召貢保此清妙降年不永民斯悲悼爰勒

兹銛摘其光燿嗟爾来世是則是效

介休縣有徵士郭林宗宋子浚二碑宋冲以有道司徒徵林宗縣人也辟司徒舉太尉以疾辭其碑文云將蹈洪崖之遐迹紹巢由之逸軌翔區外以舒翼起天路以高峙禀命不融享年四十有三建寧□年正月丁亥卒凡我四方同好之人永懷哀痛乃樹碑表墓昭銘景行云陳畱蔡伯喈范陽盧子幹扶風馬日磾等遠來奔喪持朋友服心喪期年者如韓子助宋子浚等二十四人其餘門人著錫衰者千數其碑文故蔡伯喈謂盧子幹馬日磾曰吾爲天下碑文多矣皆有慙容唯郭有道無愧於色矣酈道元水經注

此碑在介休縣余邑人王正己曾爲其縣令余從其家覓一紙乃正己重刻者深恨不得原刻近有晉人爲余言舊石曾在一秀才極愛之每往碑下摩挲累日一夕盜碑舁去縣令無柰重刻一石以應求者後又磨泐而王正己再刻之秀才所盜之石竟不得出異哉石墨鐫華

林宗墓在介休縣驛路傍介休碑作界休來齋金石刻考畧

天下碑錄云在汾州介休縣墓側又有郭有道碑云在太原府平晉縣蔡邕文并書在龍泉側按有道止一碑此其誤也 按此碑久巳不存歐趙亦未見隸釋云凡歐趙錄中所無者世不復有之矣今林宗墓側有一碑乃近人傅山所爲體旣杜撰跡復醜惡無知者以爲中郎書爭相傳拓可笑也聞鄭簠又書一碑與傅山並峙豈以傅山爲非其人而欲自擬中郎也以五十步笑百步則何如隸釋

按此碑今日所傳拓者凡有二本乃近人傅青主鄭谷口所重書字跡醜惡不足云矣愚所錄此本是乾隆七年如皐姜任脩摹本任脩字自耘號退耕後有自識云予從寒山趙氏拓本摹得又摹北海孫氏所

藏石經殘碑得中郎筆法以吳炳補桐柏碑之例重補此碑或比近人傅山鄭簠杜撰者差勝云愚按是本以亨爲享以遵爲隨以殷爲隱則皆見於劉熊碑者也以牆爲牆則見於石經論語者也又以権爲確以徲徲爲棲遲則皆見於婁壽碑者也劉熊碑世或傳爲蔡書亨遵殷三字洪氏亦嘗以假借釋之至婁壽碑則未有目爲蔡書者石經論語雖屬蔡書然牆権諸字則洪氏未嘗以假借釋之借非原石如此何以能闇合乎又或疑姜從隸辨摹入然若使從隸辨摹補亦焉能免參差集綴天吳袛禍之痕而予曾見

姜君所摹袁逢曹全諸碑手意莽鹵斷不能脫空摹擬而匀潔若此惟其不能自運是以筆蹤弱劣不稱漢碑骨格而要之典型具在非傅鄭二刻比也且其通體筆意與寒山趙氏所摹婁壽碑相似則其自出寒山諒非誑語矣　此本内以瑋爲緯顧南原隷辨之書不著于錄即此一條亦見姜氏此本非從隷辨來也　此本及傅鄭二本並云年四十有二以建寧二年正月乙亥卒蔡中郎集則云年四十有三以建寧二年正月乙亥卒水經注則云年四十有三以建寧四年正月丁亥卒三處互異後漢書本傳云建寧

元年太傅陳蕃大將軍竇武爲閹人所害林宗哭之慟明年春卒于家時年四十二考陳蕃竇武之死在靈帝建寧元年九月史不誤也然則林宗當生于順帝永建三年戊辰至建寧二年年四十二也惟是是年正月甲辰朔二月癸酉朔乙亥丁亥二日則正月皆無之若依水經作四年則其正月廿六日是丁亥然於史又不合是則所當闕疑者亦不得因有水經作四年而遽謂此本誤也　傅青主書此碑後有跋云此碑在南渡之前已不可見而今乃有藏此碑者吾從汾陽曹孝廉偉得一本不知近代何人補書陋甚不知青螺公所嘗識以爲漢碑者又何本也按此所謂青螺者郭子章也子章重刻郭林宗碑跋云介休王尹正己訪於汾故家得舊碑示余予近過許昌摹魏受禪文參之斯碑字體畫一其出蔡手無疑王乃命工鐫之貞珉据此云字體與受禪相類則是方整一種者矣此亦足證姜氏所摹之非無據也兩漢金石記

按太平寰宇記河東道汾州介休縣郭林宗冢在縣東南二十里周武帝時除天下碑唯林宗碑詔特留據此宜林宗之碑流傳最久乃自宋以來著

錄家皆未之及知此碑已亡于唐代或宋初矣今所錄者乃明傅山所書刻於林宗墓側字迹醜惡殊昧古意　國初鄭氏簠亦有重書之本皆不足觀翁鴻臚方綱云家藏别有姜任修本較傅鄭二家頗有根据然姜子恭壽孝廉與昶善言及此碑亦不信以爲眞也因其文尚與史傳及蔡中郎集文選諸書有資攷證處姑著于編識者自能辨之

六經集作六籍隨集集作游集絕軌文選作絕軌誤年四十有二集作四十有三凡我同好集選並作凡我四方同好惟先生之德集作推先生之德誤以謀不朽集作以圖不朽見述集作紀述樹碑集作建碑奮于集作奮乎幽滚集作幽濬至赫字漢隸亦有作赫者碑書赫赫二字爲芸芸竟與漢

字無異失古人省文假借之旨矣

金石萃編卷十二終

金石萃編卷十三

賜進士出身　誥授光祿大夫刑部右侍郎加七級王昶譔

漢九

魯相史晨祀孔子奏銘

碑高七尺廣三尺四寸十七行行三十六字今在曲阜縣孔廟

建寧二年三月癸卯朔七日己酉魯相臣
晨長史臣謙頓首死罪上
尚書臣晨頓首頓首死罪死罪臣蒙厚恩
受任符守得在奎婁周孔舊寓不能闡廟諱
德政恢崇壹變夙夜憂怖累息屏營臣晨
頓首頓首死罪死罪臣以建寧元年到官
行秋饗飲酒畔宮畢復禮孔子宅拜謁神
坐仰瞻榱桷俯視几筵靈所馮依肅肅猶
存而無公出酒脯之祠臣即自以奉錢脩
上案食醊具以叙小節不敢空謁臣伏念
孔子乾巛所挺西狩獲麟為漢制作故孝
經援神挈曰廟諱丘制命帝卯行又尚書考
靈耀曰丘生倉際觸期稽度為赤制故作
春秋以明文命綴紀撰書脩定禮義臣以
為素王稽古德亞皇代雖有褒成世享之

王家二字明初拓微損秋字尚存春字半滅秋字頂以損半筆已極

封四時來祭畢即歸國臣伏見臨辟雍日
祠孔子以大牢長吏備爵所以尊先師重
教化也夫封土為社立稷而祀皆為百姓
興利除害以祈豐穰月令祀百辟卿土有
益於民矧乃孔子廟諱德煥炳光于上下而
本國舊居復禮之日闕而不祀誠
朝廷聖恩所宜特加臣寢息耿耿精所思
惟臣輒依社稷出王家穀春秋行禮以共
煙祀餘口賜先生執事臣晨頓首頓首死
罪死罪臣盡力思惟庶政報稱為效增異

輒上臣晨誠惶誠口頓首頓首死罪死罪
上
尚書　時副言大傅大尉司徒司空
大司農府治所部從事
昔在仲尼汁光之精大帝所挺顏母毓靈
承敝遭衰黑不代倉口流應聘嘆鳳不臻
自衛反魯養徒三千獲麟趣作端門見徵
血書著紀黃玉響應主為漢制道審可行
乃作春秋復演孝經刪定六藝象與天談
鈎河擿雒卻揆未然魏魏蕩蕩與乾比崇

右漢魯相上尚書章其略云云於此見漢制天子之
尊其辭稱頓首死罪而不敢斥至尊因尚書以致達
而已余家集錄漢碑頗多亦有奏章患其磨滅獨斯
碑首尾完備可見當時之制也集古錄
右魯相史晨祠孔廟奏銘靈帝建寧二年立按永興
元年孔龢碑載吳雄奏用辟雍禮春秋饗孔廟出王
家錢給大酒直距此纔十有七年史晨復云到官秋
饗無公出酒脯之祠至於自用奉錢乞依社稷出王
家穀以共禋祀此蓋有司祟奉不虔旋踵廢格也孔
龢碑中吳雄奏章則云奏雒陽宮此亦奏牘乃云上

尚書者部國異於朝廷不敢直達帝所因尚書以聞
也樊毅復華下民租奏其式與此同碑以倉為蒼煙為禋汁為叶恪
郎怖字孛郎契字䜚古響字隸釋
飲酒畔宮者泮宮之異文也益州太守高朕修周公
禮殿記亦作畔宮金石文字記
後漢書張衡傳曰初光武善讖及顯宗肅宗因祖述
焉自中興後學者爭學圖緯兼復附以妖言衡以圖
緯虛妄非聖人之法乃上疏大略以為讖書始出蓋
知之者寡自漢取秦莫或稱讖若夏侯勝眭孟之徒
以道術立名其所述者無讖一言劉向父子領校祕

書閱定九流亦無讖錄成哀之後乃始聞之此皆欺世罔俗以昧勢位情僞較然衡貞儒者能昌言以闢之乃史晨碑中引用讖緯荒誕之語以贊述孔子傳會其文可見桓靈時其學猶傳習不衰碑云臣晨者魯相史晨長史臣謙其姓莫聞其云自以奉錢即俸錢也又云襃成世享之封後漢書孔昱傳七世祖霸成帝時歷九卿封襃成侯臣賢按孔霸字次儒即安國系也習尚書宣帝時爲大中大夫授太子經遷詹事高密相元帝即位霸以師賜爵關內侯號襃成君薨謚曰烈君今范書及謝承書皆云成帝又言封侯

皆誤也予按桓帝永興中魯相乙瑛請置孔子廟百石卒史碑云襃成侯四時來祠事已即去則東漢時本是襃成侯爵劉昭以范謝二書封侯皆誤者其說非是又云孝經援神挈挈去計切音器絕也契券或借用前漢書溝洫志內史稻田挈重其議減注挈收田租之約也又祠孔子以太牢上從宂又云百辟卿士士字竟作土寫禮器碑四方士仁華山亭碑卿士百辟周憬銘濟濟吉士皆作土又云寑息耿耿寑下從侵又云以供煙祀煙音因孔穎達尚書禋于六宗正義曰國語云精意以享禋也釋詁云禋祭也孫炎

曰禋潔敬之祭也周禮大宗伯云以禋祀祀昊天上帝以實柴祀日月星辰以槱燎祀司中司命飌師雨師鄭云禋之言煙周人尚臭煙氣之臭聞者也鄭以禋祀之文在燎柴之上故以禋爲此解耳而洛誥云秬鬯二卣曰明禋又曰禋于文王武王又曰王賓殺禋咸格經傳之文此類多矣非燔柴祭之也知禋是精誠潔敬之名耳據孔氏之疏惟鄭康成有禋之言煙周人尚臭之說若非柴燎以上之祭則不可以煙氣臭聞盡通禋字之義也賈公彥周禮大宗伯釋曰按尚書洛誥予以秬鬯二卣明禋注云禋芬芳之祭

又按周語云精意以享謂之禋義竝與煙得相叶也但宗廟用煙則郊特牲云臭陽達于牆屋是也天神用煙則此文是也鄭于禋祀之下正取義于煙故言禋之言煙也云周人尚臭煙氣之臭聞者此禮祀郊特牲之文也彼云殷人尚聲周人尚臭尚臭者取煙氣之臭聞于天引之者正煙氣也據賈氏之疏康成取義于煙與禋竝得相叶祭宗廟祭上帝皆有升煙報陽之意與孔疏各見異同今觀此碑竟書以供煙祀及樊毅修西岳廟紀書奠柴燎煙魏曹丕受禪碑亦竟書煙于六宗則知漢魏閒學者以煙氣臭聞解

禮者猶多傅稽旁採吾于鄭氏之說尤覺信而有徵矣又云庶政款稱報字從欠又云端門見徵端門在聖廟東南汁光之精金薤琳瑯汁作叶黃玉韻應古嚮字嚴發殘碑桓韻佐陳章金石遺文錄

金石錄云魯相晨有兩碑皆在孔子廟中其一云臣蒙恩受符守者即此碑也其一云相河南史君諱晨者即後碑也集古錄作史晨孔子廟碑天下碑錄作魯相晨等奏出王家穀祠孔子廟碑隸辨

東京隸墨其流傳於今者乙瑛韓敕史晨最為完善乙瑛碑祗敘奏而附以贊是碑祗敘奏而附以銘蓋法史記三王世家為髯翁表忠觀碑所祖但是碑銘詞以談然祟為韻吾甚訝之古韻有不可強通者如此等其一也鮚埼亭集

右漢魯相史晨孔子廟碑內缺二字自隸釋所錄已然闕里志餘下作胙字蓋因晨後碑有餘胙賦賜句也山東通志流上作周字闕里志又改周流為轍環通志遂刪去餘胙句皆妄不足據銘云昔在仲尼汁光之精又云承敝遭衰黑不代倉者以孔子為黑帝叶光紀之精而不得代周有天下也汁即叶字又云獲麟趣作端門見徵血書著紀黃玉韻應者公羊傳何休註云獲麟之后天下血書魯端門曰趨作法孔子沒周姬亡彗星出秦政起口破術書記散孔不絕子夏明日往視之血書飛為赤烏當時蓋有此說皆緯書所載漢人一時傳習往往見諸文字如禮器卒史諸碑言多相近至以孔子作春秋謂為漢制則尤傅會可笑矣　碑式云文十七行行卅六字顧氏隸辨云卅五字蓋行末各損壞一字顧氏但據今拓本故云卅五字也金石存

假借之字洪所未著者以稷為稷以土為士以款為報以畔為泮其云汁光之精者緯書黑帝汁光紀也

方言協汁也自關而東曰協關西曰汁其云黑不代倉者與班孟堅非是對仁不代母句法順逆不同此蓋謂周以木德王東方木為蒼色而孔子黑帝之精不得以水代木其義則與仁不代母同耳兩漢金石記

右碑前載史晨奏詞後為韻語贊孔子之聖也晨既奏言于朝以其副上太傅太尉司徒司空大司農府漢世郡國奏事之例蓋如此猶今時題本之有副又有揭帖也考是時太傅則南郡華容胡廣伯始太尉則沛國聞人襲定卿司徒則東萊牟平劉寵祖榮司空則潁川郾許栩季闕大司農卿則不知其人矣潛研

堂金石文跋尾

碑載漢郡國奏事之式其首言建寧二年三月癸卯朔七日己酉魯相臣晨長史臣謙頓首死罪上尚書洪氏隸釋云上尚書者郡國異於朝廷不敢直達帝所因尚書以聞也案無極山碑載太常臣耽丞敏頓首上尚後載尚書令忠奏雒陽宮是臣耽位太常亦同郡國矣漢制羣臣奏事多詣尚書上聞亦不盡限以內外之制獨斷所謂文多用編兩行文少以五行詣尚書通者也授堂金石跋

此碑下一層字嵌置趺眼鄉來拓本難于句讀自乾隆己酉冬何夢華將趺眼有字處鑿開從此全文復顯山左金石志

碑云百辟卿士以士爲士按韓敕碑四方士仁侯成碑遐邇士仁華山亭碑卿士百辟周憬功勳銘濟濟吉士楊君石門頌庶士悅雝士皆作土然漢碑中土字往往右旁加點正以別於士字也碑又引尚書考靈耀曰邱生倉際觸期稽度爲赤制按水經注引春秋演孔圖云鳥化爲書孔子奉以告天赤爵銜書上化爲黃玉刻曰孔提命作應法爲赤制孔子卒以所受黃玉葬魯城北後云黃玉韻應亦本此小廬隨筆

按此碑最完善可讀然從前拓本每行止三十五字後碑亦然蓋因最下一格陷近碑趺難于著墨故金石圖所摹兩碑三十五字之下即界橫格也末云增異輒上按通鑑漢靈帝徵董卓爲少府卓上書言輒將順安慰增異復上胡三省注引李賢曰如其更增異志當復聞上又引隸釋此碑及光和二年樊毅復華下民租口算奏後增異復上之文爲證此蓋當時奏文結束之常語蓋言繼今事有增於此者異於此者將復上也銘云承敝遭衰黑不代倉者孝經鉤命決云邱爲制法之主黑綠

不代蒼黃碑蓋用其語銘又云鉤河擿雒卻揆未然考藝文類聚初學記太平御覽竝引河圖稽耀鉤及河圖眞紀鉤文選注引又有河圖考鉤易通卦驗開元占經竝引雒書摘亡辟文選注初學記類聚御覽皆作摘亡辭則鉤河摘雒四字其即用二書之名乎全氏祖望以銘詞談然崇叶韻爲疑祀觀此銘上文皆用陽庚青諸韻中閒忽叶千字至此又用然字實不可曉至談字則急就章屈宗談已與上文尹李桑下文崔孝讓相叶不足疑也

史晨饗孔廟後碑

此文即刻於前碑之陰高廣尺寸並同十四
行行三十六字後刻唐人題記四行正書

相河南史君諱晨字伯時從越騎校尉拜
建寧元年四月十一日戊子到官乃以令
日拜謁孔子望見闕觀式路虔跽既至升
堂屏氣拜手祗肅屑僾髣髴若在依依舊
宅神之所安春秋復禮稽度廟諱靈而無公
出享獻之薦欽因春饗導物嘉會述脩璧
廱社稷品制即上尚書參以符驗乃敢承
祀餘胙賦賜刊石勒銘并列本奏大漢延
期彌歷億萬

時長史廬江舒李謙敬讓五官掾魯孔暢
功曹史孔淮戶曹掾薛東門榮史文陽馬
琮守廟百石孔讚副掾孔綱故尚書孔立
元世河東大守孔彪元上處士孔褒文禮
皆會廟堂國縣員冗吏無大小空府竭寺
咸俾來觀并畔宮文學先生執事諸弟子
合九百七人雅歌吹笙考之六律八音克
諧蕩邪反正奉爵稱壽相樂終日於穆肅
廱上下蒙福長享利貞與天無極
史君饗後部史仇誧縣吏劉耽等補完里

表字明初拓已半泐

公冢二字明初拓尚未損

中道之周左高垣壞決作屋塗色脩通大
溝西流里外南注城池恐縣吏斂民侵擾
百姓自以城池道濡麥給令還所斂民錢
材
史君念孔瀆顏母井去市遼遠百姓酤買
不能得香酒美肉於昌平亭下立會市因
彼左右咸所願樂
又勑瀆井復民餝治桐車馬於瀆上東行
道表南北各種一行梓
假夫子冢顏母井舍及魯公冢守吏凡四
人月與佐除

大周𠀑𥠢二𠡦二𠥱廿三𡆠金臺觀主馬元貞弟子楊
景靈郭希元奉　勑於東岳作功德便謁
孔夫子之廟題石記之內品官楊君尚歐陽智琮　宣
德郎行兗州都督府倉曹參軍事李叔度
前碑載奏請之章此碑敘饗禮之盛其補牆垣治瀆
井種梓守冢皆在饗廟之後字畫亦大小不等蓋史
君孔林中事不一書也碑以文陽爲汶陽濡爲燸麋即薦字允即冗字虙即牆字壞即壞字肉即肉字隸釋
余所收二碑在漢碑中頗爲完好前碑止缺十一字

後碑止缺一字按都元敬與楊用修所錄前碑缺二字而後碑乃缺三字且前碑上尚書後有時副言大傳大尉司徒司空大司農府治所部從事等二十字而都楊本俱無之後碑又較二公多一望見闕觀觀字一享獻之薦薦字豈都公所收偶是缺壞本楊公又從都公書中鈔錄不及以碑證耶 石墨鐫華

孔子時無闕里之名闕里首僅見漢書梅福傳東漢後方盛稱之葢緣魯恭王徙魯於孔子所居之里造宮室有雙闕焉人因名孔子居曰闕里或曰有徵乎余曰一徵于水經注孔廟東南五百步有雙石闕郎

靈光之南闕一徵於史晨饗孔廟後碑以今日拜孔子望見闕觀式路虔跽至既升堂爾時闕尚存可得其名里之由 閻若璩四書釋地

碑所云春饗晨以建寧元年四月到官則斯石亦當在二年之春也故今人皆謂之後碑自敘到官至與天無極備述史晨饗廟而并紀其會祀之人史君饗後至給令還所斂民錢財則書部史仇誧縣吏劉耽等自以道濡麥募力補道築牆作屋通溝之功史君念孔瀆顏母井至咸所願樂則又書史晨立昌平亭會市後又書晨勑瀆井復民飭治桐車馬道表種梓

又書假夫子冢顏母井舍魯公冢守吏四人竝一時當官尊聖之美績當是孔氏宗黨所立故稱之曰君也隸釋于今日拜字下闕一字予觀碑字猶存言傍當是拜謁孔子碑云祗肅屑僾屑先結切先入聲漢武紀用事八神屑然如有聞注屑與屑同僾音愛禮祭義祭之日入室僾然必有見乎其位陸氏曰微見也此卽髣髴若在之意以壁廱爲辟雍與史晨前碑同百石孔讚乃百石卒史也自桓帝永興元年魯相乙瑛請置守廟百石卒史至是已十六年處士孔褒文禮宙之子融之兄也褒字文禮融字文舉卽藏匿

張儉與融爭死者立碑之歲距其父宙之死方七年則褒年尚少便得列名于尚書太守之後其名稱必已表著矣又云城池道濡濡卽壖字還所斂民錢材隸釋材字作林於文義不能通予細觀碑刻材字如此寫乃材字材與財通也又云勑瀆井復民者復民之雜役專畜其力于瀆井以備開浸桐車馬者以桐木爲車馬史記孝武紀作木偶馬韓延壽傳曰賣車馬是也碑後有武后大周天穧二年馬元貞等題名穧卽授亦作穧見契苾明碑𡖁卽月亦作匨𠥃卽初皆金輪所製也又云孔瀆闕里志曰其址不可考想

相去顏母井不遠顏母井闕里志曰在顏母山中遺址猶存春祭尼山之日遺族人祭其井昌平亭闕里志曰以昌平山得名故址在昌平山下今廢金石遺文錄

史晨後碑又勑瀆井復民按玉篇敕今作勑易噬嗑先王以明罰勑法釋文云勑恥力反此俗字也字林作敕又釋文條例云來旁作力俗以為約勑字說文以為勞倈之字如此之字改便驚俗止不可不知爾六經正誤云此陸氏謂經文既用此字不敢改也然陸氏但知從來從力為勞勑字而不知約勑之勑本不從來蓋勞勑字從往來之來音力代反約勑字從朿從力音敕朿從兩入音棘往來之來從兩人音萊朿隸變為束又音刺重兩束為棗並兩束為棘自漢以朿誤以來為來故東方朔謂兩來為棗其舛久矣敕字雖見史記亦是從束非從約束之束也從攵者力之變也勑出於勑勑非俗字也愚謂正誤之說非也諸字書既無勑字并無朿字兩來為棗者隸譌朿為來而乃謂變朿為束棗從重束見於說文非從來也朿本作朿有似於來故致譌爾誡敕之敕說文從攴從朿擊馬之敕乃從朿本是兩字後人譌敕為敕又譌朿為來轉轉相譌遂以勞勑之勑為敕而乃謂敕出于勑從攵者力之變尤為荒謬又以敕字非從約束之束蓋未考說文敕與勑為兩字也敕之為勑譌於後漢說見後華山廟碑下易噬嗑先王以明罰勑法書臯陶謨勑我五典五惇哉益稷勑天之命康誥惟民其勑懋和多士勑殷命終于帝詩楚茨既匡既勑敕皆作勑者從石經之文也正誤謾為無稽之說以攻釋文不足依據隸辨

金石錄載二碑之外又有謁孔子冢文則史晨有三碑矣而又云魯相晨有兩碑何也且又稱其他文字雖完皆不可次第故其碑目將二碑前後易置金石史亦因之蓋因前碑之首云建寧二年後碑之首云建寧元年而誤也按史晨祀孔子在二年而到官則在元年後碑乃追敘其到官之期并檃括前碑之旨而備言之　前碑飲酒畔宮隸辨云周公禮殿記開建畔宮任伯嗣碑脩序畔校皆以畔為泮乾巛所挺按八卦坤從☷釋文云坤本亦作巛蓋即以☷而縱之耳孔和碑則象乾巛魏孔羡碑崇配乾巛與此略同衡方碑威肅剝巛堯廟碑乾巛見徵則又小異孝經援神挈隸釋云即契字詩邶風死生契闊釋文云契亦作挈爾雅釋天霓為挈貳釋文云挈或作契則

契挈二字古通用汁光之精字原云卽黑帝叶光紀也禮記月令迎冬者祭黑帝叶光紀釋文云叶本又作汁樊敏碑歲在汁洽又以協爲汁史記歷書作洽天官書作叶洽則協叶汁三字古亦通用後碑無公出享獻之蔓隸釋云蔓卽薦字韓勑後碑蔓薦十里靈臺碑先蔓毛血張公神碑歲聿再蔓費鳳碑上書而蔓君皆以蔓爲薦不能得香酒美肉隸釋云肉卽肉字越絕書陳音對越王斷竹續竹飛土逐宍宍正同肉顏母开舍集韻幵亦作开說文云薦物之开象形讀若箕今以开爲井蓋從井小變縮其兩直之首

耳虛舟題跋

韓敕二碑陰孔氏苗裔二十餘人以是碑合之惟故尚書翊河東太守彪已見韓碑處士褒則其父郎中宙見韓碑此外尚有五官掾暢功曹史淮守廟百石讚副掾綱而乙瑛碑亦有守文學掾龢史憲戶曹史覽皆屬闕里世系所當采者爰牽連及之鮚埼亭集

前碑畔宮以饗飮之地言故字从宮此碑畔官以文學之職言故字从官漢書諸經列於學官亦以黌序之地言之溧水又有校官碑亦言學校之官隸釋後碑亦作畔宮者訛也又末一行顏母开舍开字上二畫不伸出與前文顏母井字不同或以爲井字之別體則隸勢之變不可知耳

前碑東向而碑陰乃西向故孫退谷庚子銷夏記誤以後碑爲前碑也退谷又誤以戊子爲戊時予嘗得百年前拓本皆前後二碑每行三十五字耳竟覓下一字不得也乾隆丁酉曲阜孔譜孟戶部請假歸予屬其命良工洗濯諸碑而精拓之則每行下一字皆入趺嵌者寸許是以從來拓者莫能措手戶部命工八多力者舉而起之於是戊戌寄來之精拓新本皆每行三十六字計前碑凡多出十字後碑凡多出五字然今世所行僞翻本之絳帖內有

雅歌吹笙至與天無極四十字目爲蔡邕書其考字下確有六字絳帖是就淳化閣帖重摹豈得摹入是碑哉此必是明朝人所爲耳而其時是碑下一字尚有拓本可知矣又按是碑豐字爲豊克字有點與華山廟暨夏承碑同予嘗於華山碑跋詳論之然於是碑亦究未敢定其書人也

王虛舟謂金石錄有魯相晨謁孔子冢文云建寧元年三月十八日丙申又云其四月十一日戊子到官自丙申至於戊子相去五十二日三月十八日爲丙申四月十一日不得爲戊子此閒宜有閏月而後漢靈帝紀二月後不書三

月但書閏月以此碑證之知閏月之當爲三月且爲月小盡無疑也方綱按此在通鑑目錄何以虛舟弗之考歟今以通鑑目錄合之是碑列是年二月至五月月朔於此

漢靈帝建寧元年戊申

据通鑑目錄二月己酉朔 是月大盡

据史晨碑三月己卯朔十八日丙申 是月小盡

据通鑑目錄閏三月戊申朔 是月大盡

据史晨碑四月戊寅朔十一日戊子 是月小盡

据通鑑目錄五月丁未朔 兩漢金石記

漢書禮樂志桐生茂豫師古讀桐爲通言草木皆通達而生此碑云桐車馬于瀆上亦以桐爲通也 潛研堂金石文跋尾

碑稱守廟百石孔讚案闕里文獻考云二十代完襃封襃亭侯早卒無子以弟讚之子美紹封讚字元賓守廟百石卒史與此合文獻通考又以孔綱孔淮爲二十代孫又云河南尹晨字伯時亦爲二十代孫今碑稱史君諱晨字伯時豈誤以史晨爲孔氏耶 山左金石志

前祠孔廟奏銘飲酒畔宮此碑宮又作官顯繫非訛

案官與館通漢書王尊事師郡文學官注以郡文學之官舍如博士官然則畔官即文學館耳故文學先生咸在其中今刻隸釋作畔宮當未審也 授堂金石跋

碑言孔瀆顏母井按瀆當爲竇隸書假借今尼山下有石竇俗稱夫子洞是也東爲顏母山山前有顏母莊俗呼母莊古井在焉其西有魯顏莊俗諺魯源禮器碑謂顏氏聖舅居魯親里即此也碑言於昌平亭下立會市今昌平山在尼山之南中有沂水界之然則昌平亭當在水南矣吾友武君虛谷謂畔官洪氏誤釋作畔宮覆按前碑云飲酒畔宮此碑亦當爲宮碑作官者隸體宮字多書作官北海相景君碑陰營陵茲作營陵是也 桂馥跋

孝廉柳敏碑

碑高六尺一寸廣三尺十四行行二十六字

故孝廉柳君 諱敏 字愚卿其先蓋五行星仰世入舍柳宿之精也放象爲周縣設爲道口商家而禪口口口而王或閒生柳惠國大夫而深俗稱焉君父以孝廉除郎中口部府丞君追祖繼體歷職五官功曹守宕渠令本初元年太守蜀郡口君復察舉

君□命先𡗗君清節儉約厲風子孫固窮
守陋不□□堂無文麗墓無碑識建寧元
𡗗縣長同歲犍爲屬國趙臺公憤然念素
帛之義其二𡗗十月甲子爲君立碑傳于
萬基曰勒歎之厥辭曰
惟斯柳君天鑽鯁□龍祖□風行無遺闕
授政股肱諫爭匡弼奮威外困屬城震栗
宰守撥煩垂名所立表貢王庭望極爵位
可幸窮蒼官寵不遂予惟三六庶昔延李
建立斯碑傳于萬世子孫繁昌永不滅

嗚呼哀哉嗚呼哀哉辭曰
山陵廟諱室□斯邦兮先人猶質尚約清兮
汶飭不雕隕霣感兮季子信奮帶樹松兮
僑佁追歿激□揚兮亡而像存樂嘉靈兮
宗子于集咎其鳴兮四時烝嘗不廢亢兮

右孝廉柳君碑今在蜀中柳君名敏歷五官功曹宕渠令碑以孝廉稱之重其行也其父亦因孝廉除郎中碑字雖有漫滅考其文意蓋柳君以本初元年再爲郡守所舉不幸而死後二十三年縣令趙臺念其墓無碑識故爲立石時靈帝建寧二年也碑云敏之先乃二十八舍柳宿之精頗類張姓連天之說不典孰甚焉碑以星仲爲星中萬基爲萬朞淳卽漫字亢卽荒字隸釋

右漢孝廉柳敏碑漢隸字原云在忠州忠州今屬四川重慶府道路遼遠自宋時洪趙二家而外他人皆未見著錄近時不知何人始數致拓本江南藏碑者皆有之予審視再四疑後人用舊文刊刻不及細檢致多脫誤其可訾者數端隸釋錄此文固窮守句下存一不字不下注闕三字今此碑不下止闕二字以上下文義讀之自清節儉約厲風子孫固窮守陋以及堂無文麗墓無碑識皆以四字成句東漢文體自

是如此不應此句獨減一字也碑云因勒歎之隸釋作因勒銘歎之此句若無銘字成何文理漢碑雖多艱深古奧之辭然必不至此銘云天鑽鯁□字書無鑽字隸釋字原皆作天憤字原注云義作貪奮威外困二書皆作㮛字原上平咍韻懷字引此碑嗚呼懷哉今碑亦但作哀凡文字刊版者類不如石刻之眞故前人往往以碑本正書冊之訛然如此碑前二字脫落顯然後數字雖未知孰爲是非但洪婁二公皆精于考訂一字之異必證據確切詎有外㮛作外困獨置而不論之理至若鑽不作憤哀不作懷婁氏字

原又何從摹其隸體編入韻中乎予著此疑久而未決適錢塘黃松石過予因論漢碑出此相質彼言審視隸法亦無漢人淳古之氣斷爲僞作無疑予遂欲屏去不錄旣以此碑眞迹遠在蜀地實爲難得獲此本者鮮不珍之未必有細加推勘如此者因納之錄中而詳載其說于後（金石存）

碑文云二年十月甲子考金鄉長侯成碑建寧二年四月二日癸酉順數至十月不應有甲子當在九月十一月之下旬（校定隸釋存疑）

按此碑字體庸俗初無古意金石存以隸釋原文勘對辨其誤者數處知爲後人僞作昶諦審全碑而知其誤不止此也原文云蓋五行星仲廿八舍故洪氏謂碑以星仲爲星中今刻仲廿八三字爲仰世入不可通矣銘辭何辜穹蒼爲可辜庶昔延季爲延李建豎斯碑爲建立四祀烝嘗爲四時今刻皆誤其爲淺人重書勒石無可疑者又銘後哀哉之下繼以辭曰蓋用楚辭亂曰之體與北海相景君碑同例此刻作辭傳刻之誤今本隸釋亦譌爲辭則後人又據碑文校改也昶恐後人爲其所惑反以隸釋爲誤故依碑文錄之而申論其僞如此

淳于長夏承碑

碑高八尺一寸廣三尺九寸十三行行三十字後刻唐曜記四行正書石今在永年縣紫山書院

君諱承字仲兖東萊府君之孫太尉掾之中子右中郎將弟也累葉牧守印紱典據十有餘人皆德任其位名豐其爵是故寵祿傳于歷世策薰著于王室君鍾其美受性淵懿含和履仁治詩尚書兼覽群藝靡不尋暢州郡更請屈己匡君爲主簿督郵五官掾功曹上計掾守令冀州從事所在執憲彈繩糾枉忠絜清肅進退以禮允道篤愛先人後己克讓有終察孝不行大傅胡公歆其德美旌招俯就羔羊在公四府歸高除淳于長到官正席流恩褒善糾姦示惡旬月化行風俗改易輜軒六轡飛躍臨津不日則月皓天不弔殲此良人年五十有六建寧三年六月癸巳淹疾卒官嗚呼痛哉臣隸辟踊悲動左右百姓號咷若喪考妣咳孤憤泣忉怛傷摧勒銘金石惟以告哀其辭曰

於穆皇祖天挺應期佐時理物紹縱先軌
積德勤紹蕃于孫子君之羣遜血時縈祉
明明君德令問不巳高山景行慕前賢列
庶同如蘭意顯未止卑遭宪夭不終其紀
夙世霣祉早喪懿寶抱器幽潛永歸蒿里
痛矣如之行路感動黨魂有靈鑒沒不朽

建寧三年蔡邕伯喈書

右蔡邕書淳于長夏承碑在廣平府承不知何許人其仕與卒皆無當於廣平碑所自來莫可考竟永樂七年修歲久踣仆成化已亥前守秦公民悅復建愛古軒以覆之碑首有穿疑所以受綍懸棺而八分字畫奇古信爲漢物無疑迨今幾七十年海內賞鑒□□□矣嘉靖癸卯築城之後爲工匠所毁越二年□來守郡索諸瓦礫閒不獲乃取模本臨石置亭中予觀歐陽子集古錄至千卷自□爲多□碑錄所未載□其時已云漢隸難得況後此五百年復見古人未及見之完碑乃不幸而淪毁豈不可深惜耶今臨刻遒勁不失漢風骨足作佳觀宅時輿修者他山之石何限豈□茲□也哉嘉靖乙巳五月記唐曜

右漢淳于長夏承碑在今洺州元祐閒因治河堤得于土壤中余家所藏漢碑二百餘卷獨此碑最完金石錄

右漢北海淳于長夏君碑篆額此碑字體頗奇怪唐人蓋所祖述漢字有八分有隸其學中絕不可分別梁庾元威作書論載隸有十餘種曰芝英隸花草隸幡信隸鍾鼎隸龍虎隸鳳魚隸麒麟隸仙人隸科斗隸雲隸蟲隸龜隸鸞隸此碑蓋其閒之一體郭仲奇碑云有山甫之縱又云徽縱顯魯峻碑云比縱豹產趙圉令碑云美其縱高外黃碑云莫與比縱此碑云紹縱先軌皆以縱爲蹤字讀者乃爲蹤蹟之蹤非也據此數碑則漢人固多借用顏氏之注殆未然也碑以薰爲勳淹爲奄咳爲孩慼爲戚黨爲儻帶卽策字遝卽退字戀卽孿字隸釋

蔡邕書夏承碑如夏金鑄鼎形模怪譎雖蛇神牛鬼厖雜百出而衣冠禮樂已胚胎乎其中所謂氣陵百代筆陣堂堂者乎碑在今廣平府學王惲秋澗集

予承乏廣平見府治後堂有碑仆地閱之乃漢北海淳于長夏承碑建寧三年蔡邕伯喈所書八分體按古者天子諸侯士葬必斲木樹豐碑鑿孔貫繩綍以懸棺而下壙秦漢以下始易石臣子因書君父之功于其上今碑額有孔政古制也但碑之下截凡一百

一十字年久蘚蝕係後人摸刻覽者當自擇之秦民悅廣平志

碑後刻尚書蔡邕伯喈及永樂七年等字乃庸妄人所加楊文貞公集中亦有此跋謂近歲廣平府民因治河得此蓋廣平古洺地也所謂近歲恐即永樂七年予向官京師時廣平通判山西宋孟清爲予言府學復有一碑字與此類予益疑焉江陰徐子擴好奇士也嘗得舊刻雙鉤其字近以惠予與此絕異此云勤紹舊刻作勤約且其閒字之闕者四十有五而此獨完好則其僞不俟乎言　楊公跋又謂中書舍人

陳登以碑爲蔡伯喈書蓋不考王氏文集之故後公撰登墓志言永樂閒以篆書名者登之外有吳中滕用亨及四明王尹實觀此亦可以知其師矣金薤琳琅

碑稱夏君於建寧三年六月卒官而是時伯喈繇橋司徒府出長河平入爲郎中又其隸法時時有篆籀筆與鍾梁諸公小異而骨氣洞達精彩飛動疑非中郎不能也但蔡集不載而他書亦無可考姑闕以俟知者弇州山人四部稿

碑文云淹疾卒官臣隸辟踊百姓號咷知此碑是淳于治民所立後漢郡國志淳于北海國屬邑第六漢北海國今山東濟南迤西地與廣平接壤疑宋時治河得碑處即淳于故治不得謂承之仕與卒無當于廣平也碑云策薰著于王室以薰作勳從熏書薰省文也晧天不弔魏修孔子廟碑太晧遊龍以若世虞氏儀鳳以臨民皆以晧作昊堯廟碑恩如浩蒼則以浩作昊劉熙釋名夏曰昊天其氣布散皓皓也承以六月卒官其用皓字更宜咳孤憤泣以咳作孩說文咳古文從子作孩張爾公以孩非古文咳觀此讀書通引扁鵲傳注咳與孩同之說是也君之羣感以慼作戚譙敏碑寮朋親慼與此同黨魂有靈以黨作儻

漢書伍被傳黨可以徼幸讀作儻碑又云中曹冤叐玩碑字上作一畫第二畫從右轉筆而左起不平蓋夭字也音黝博雅不盡天年之謂夭韓文公韋夫人墓銘歸逢其良夫夫婦婦獨不以年而卒以夭又歐陽文忠蔡君山銘退之有言死孰謂天子墓子銘其傳不朽計簡文別作叐碑所書是也韓歐用字皆合古義而都太僕錄作冤友何其陋也金石遺文錄

臨汝帖以爲蔡邕書後遂仍襲弗疑今重刻者直書于碑末云建寧三年蔡邕伯喈書中郎之蹟傳于今者惟石經遺字爲有據而與此碑字體不類不足信

也隸辨
夏承碑字原云在洺州州衙洺州今北直廣平府也
王秋澗則云在今廣平府學今其石已亡不可得而
考矣成化己亥秦民悅跋云碑之下截係後人模刻
則成化間元碑下半已重刻矣至嘉靖二十四年知
府唐曜重刻于漳川書院跋云碑因取石築城爲工
所毀元碑于是全亡今世所行皆漳川本也較之元
碑不惟筆法全失并字畫之譌者三十有七至以勤
約作勤紹則又譌之最甚者矣元搨余曾見兩本一
則何屺瞻太史一則楊景西明府楊本闕字正與秦

跋合則猶是下半未補刻以前本比余至淮陰而楊
本已爲吾友畢既明鉤得然終以斷闕不全爲恨及
還二泉臨江刺史胡君玉笥亦有鉤本而一百十字
巍然竟完于是發意精摹一本碑首舊有漢北海淳
于長夏承碑九字篆額今本無之而何楊兩元本亦
未搨得故余所臨竟亦闕如也虛舟題跋原
銘辭始終一韻期列寶杇四字皆可與紙韻相通惟
動字不可强叶即毛初晴三聲兩界之說亦不可通
不知古人當作何讀法也金石存
碑在永年縣城內漳川書院二門外此碑凡有三本

金石錄云因治河隄得于土壤中者此一本也金薤
琳瑯云江陰徐公擴嘗得舊刻雙鉤其字以惠予與
此絕異者按此即成化間郡守秦民悅跋所言下截
爲後人模刻者此又一本也嘉靖間郡守唐曜取摹
本臨石置亭中此又一本也碑之存貯亦是三處府
治也府學也漳川書院也漢隸字源云在洺州州衙
秦民悅見府治後堂有碑仆地者應即此碑矣而元
王文定公惲秋澗集以爲蔡中郎書且云在廣平府
學然則成化時何得尚在府治竊謂元祐時並無人
指爲蔡中郎書而民悅跋中乃仍文定臆度之語與

今本碑末直書建寧三年蔡邕伯喈書者無異似乎
民悅所見已非原碑矣唐曜重刻跋云置亭中其時
漳川書院已建而跋云亭中似亭即民悅愛石軒之
舊趾又何人移入漳川書院乎至于古今搨本不同
不獨書法妍醜異也其款式字蹟之別亦有三端勤
約勤紹字之不同一也舊有碑額云漢北海淳于長
夏承碑九篆字今本碑額只夏承碑三篆字而銘詞
下刻一方圈內作楷書淳于長夏承碑六字標題之
不同又其一也舊本十四行每行二十七字今本十
三行每行三十字行數之不同又其一也隸釋碑圖云圭首之

上有暈二重自布周于左復有一重篆額三行黑字其文十四行行二十七字然則嘉靖本固非成化本而成化本亦非元祐本矣嘉靖二十三年碑爲築城工役所毁他時修城者斷石殘刻猶或遇之未可知耳又按北海者郡名也淳于者郡之縣也長者縣之官也春秋桓公五年冬州公如曹左傳作淳于公如曹杜注淳于州國所都城陽淳于縣也史記正義曰注水經云淳于縣故夏后氏之斟灌國也周武王以封淳于公號淳于國也漢書地理志淳于屬青州北海郡顔氏注云淳于公國之所都今考淳于故城在青州府安邱縣東北三十里而是碑乃

出廣平事有不可解者百官公卿表序云縣令長掌治其縣萬戶以上爲令減萬戶爲長夏承官終淳于長碑文甚明今之新縣志乃云夏承碑淳于長爲人姓名此乃前漢佞倖傳之名也訛謬甚矣乾隆三十三年永年縣修城急囑畱意此碑而竟不可得聞城一面有不必拆者豈正在此一面內耶汪師韓韓門綴學

漢人于碑碣中世系多不塡諱先儒已有非之者是碑于東萊府君不名獨太尉掾得列名而右中郎將又不名不知其何說也其謬不待詰而著矣是碑在趙德甫時完好又四百年明人重刻之盡失其本色予家有豐學士萬卷樓舊揭可寶也鮚埼亭集

乾隆甲午秋桐城姚夢穀郎中以雙鉤本見眎中闕三十字卽梁瑶峯尚書所從雙鉤雕木之本尚書自跋云是山陽吳山夫廣文從金壇王虛舟給事摹得者至今戊戌夏又從張晴谿吏部齋中得虛舟雙鉤本則此三十字具全虛舟自跋謂所見元搨則何屺瞻楊景西二本所見雙鉤則畢旣明胡玉筍二本詳翫虛舟之跋畢旣明鉤本卽楊景西本云闕字正與秦跋合是下半未補刻以前本也胡玉筍鉤本與何屺瞻本則虛舟亦未言其同異而其下云一百十字

巋然竟完以此度之壹似畢旣明本爲闕一百十字者矣然吳山夫金石文存云夏承碑予得雙鉤本于海鹽畢旣明後有豐道生跋蓋從宋搨影摹者中闕三十字蓋猶在一百十字未闕之前者今梁尚書本實闕三十字其爲畢旣明本無疑而何以王虛舟謂闕一百十字豈虛舟之誤歟辛丑春吳門陸謹庭孝廉恭以其所藏宋搨本來眎中闕化行以下三十字後有豐人翁楊景西二跋有景西及畢旣明印其爲山夫所見雙鉤本之所自出無疑顧山夫未見此拓本耳景西卽楊繩祖字則虛舟所見亦卽此本然虛

舟所雙鉤之一本則又別假自臨江刺史胡玉笥之雙鉤本是以較多三十字耳虛舟鉤本遠遜山夫然今見宋拓本始知其筆筆變化左右向背陽開陰閉之妙則山夫虛舟雙鉤二本皆全未夢見矣碑圖及額詳具隸續而虛舟誤作夏承碑不知漢人碑額無稱名者虛舟蓋未之考也（兩漢金石記）

碑云策薰著于王室薰即勳字考易艮九三厲薰心荀爽本薰作動蓋勳之譌孟子太王事獯鬻說苑太王有聖人之恩故事勳育史記周本紀作勳育此薰勳相通之證也沇州本因沇水得名今尚書沇州之沇作兗與沇水異文而說文無兗字篆書家不知兗字所从難以下筆予謂从允从水者或用立水如江河之類或用橫水如益頻之類沇本立水或用橫水作兖而隸變爲兗爾此碑與曹全碑俱作兖亦二之變文也（潛研堂金石文跋尾）

夏承碑余据趙氏金石錄洪氏隸釋婁氏漢隸字源及廣平志唐曜重刻碑後記斷爲自元祐閒至嘉靖乙巳四百餘年只原刻一碑重刻一碑兩石耳而兩石安置之處只一廣平府治耳至于碑在府學之說乃見于元王惲秋澗集按此碑出土于元祐復樹于成化前後竝在府治秋澗介乎其閒乃云在府學此必其集偶譌一學字耳明正德閒都穆著金薤琳琅而秦民悅之復樹在其前不及四十年唐曜之重刻在其後不及三十年亦前後竝在府治（唐曜刻据金石文字記今在漳川書院）都穆介乎其閒乃因秋澗集府學二字之云而問于曾任廣平之通判宜其順口荅以府學有之實則莫須有之言耳又按此碑初出土時完好如新久之剝落四十五字又久之剜刻下截百有一十字又久之并將勤約字剜譌爲勤紹此原石前後搨本不同之故其本皆十四行行廿七字唐曜重刻則取原碑已譌勤紹之搨本勒石全文不闕而改爲十三行行三十字此兩石之可考者耳後人未至其地未經目驗又不詳考諸家著錄徒以府學二字之譌遂有府學一碑與譌勤紹者字相類之說又有初翻本亦作勤約之說是原石未毀之前已先有兩覆本加以唐曜重刻共有四石宜其紛紛聚訟無所折衷也夫府學非僻地也秦唐兩郡守後先圖存漢碑又大彰明較著者也乃不知府治之外復有一碑志廣平者境內金石皆將求索無遺而近在府學有漢碑贗石獨逸之斯皆未爲近理必不然矣此本的真原石

舊搨下截初剜約字未譌去都穆所得雙鉤本當不至懸隔余限以每行廿七字驗之皆有接縫其所謂闕四十五字在下截者猶可數其殘損字數原石修於永樂七年卽定是本爲其時所搨雖不中不遠矣抑余于是碑更有說焉昔人謂此碑爲蔡中郎書猶在然疑之閒余以爲非中郎不能作中郎有九勢八字訣惟此碑無訣不具無勢不備當以此爲漢世諸碑字之冠中郎書超絕一代夌轢千古其九勢云惟筆軟則奇怪生焉然則中郎所謂佳書者在於奇怪也論者不明書道輒以此書奇怪而欲降格位置之

亦異乎吾所聞也程瑤田通藝錄

碑云兼覽羣藝其字从幸案王元賓碑□心藝術張表碑雅藝攸載孔龢碑經通一埶皆从坴丁魴史晨張壽陳球張遷景君堯廟諸碑省坴爲圭未有从幸者疑此碑重刻譌謬與約紹二字同也說文埶𠃓木不生也𡙇當爲埶不生當爲才生木部𣟴或从埶火部爇从埶徐鉉謂說文無蓺字當从火从熱省聲蓋不知埶譌作𡙇反致疑于从埶之字是戴假髯而攻武安矣說文才字多誤爲不菑才耕田也誤爲不耕暘才生也誤爲不生埶从丮坴埶穜也故訓才生旣穉矣何爲不生乎因此碑牽連及之桂馥札樸

列子林之南有炎人之國其親死必朽其肉而棄之然後埋其骨洪容齋曰朽音寡此碑垂後不朽廓朽字乃反其意非朽字也古石琅玕

陳德碑

碑止存上截高三尺八寸廣二尺八寸十行行存五字額題漢故陳君之碑六字篆書石今亡

君諱德字伯下闕建寧元年二下闕拜郎中以其下闕之牲蜀郡之下闕縣丞張公同下闕乃立斯碑佗下闕於惟我君從下闕之仁本自天下闕子子孫孫永下闕建寧四年三下闕

碑陰

共十一行行存五字額題故門下史人名六字隸書

故門下史口下闕
故門下史李下闕
故戶曹史孟下闕
故戶曹史王下闕
故功曹史陳下闕
故郡曹史申下闕
故功曹史高下闕

故功曹史田下闕
故門下史田下闕
故門下史王下闕
故門下史白下闕

右陳德碑并陰集古録金石志所不載歐陽公趙鄭諸君子皆未之見也碑在沂州東南數十里田開郃陽褚峻跡得之搨數本再往則土人埋之矣雍正六年以後是碑遂亡所在不可復搨金石圖

右漢陳君碑不知所從得但存其上截前有建寧元年後有建寧四年云云前似其出仕歲月後則勒碑

歲月也其餘字雖可識然無可句讀者碑陰亦有額此碑不見前人集録字尚不甚刓剝惜其斷折無從知陳君之行事也金石存

予初見是碑于牛氏之圖頗聞是碑乃人所僞造牛氏誤信而圖之也及見程荔江師意齋所藏碑陰拓本渾古圓勁則實漢刻無疑然則其碑之正面亦出眞石無疑矣是以姑依牛氏所圖之碑載於前而以予所見碑陰載於後是碑惟近日牛氏金石圖及吳山夫金石文存載之牛氏圖云褚峻跡得之搨數本再往則土人埋之矣師意齋藏本葢卽褚峻手搨數本之一也然是碑今聞之錢塘趙晉齋魏及予門人江秋史德量皆云確是褚千峯僞造秋史言其叔江賓谷昱云褚千峯嘗親説其僞造是碑之事是一董姓人所書卽寫黃初年孫二娘石刻之人也今姑附録於此兩漢金石記

元得舊拓本兩面俱全祗上段上銳下方額下有穿其字體渾厚圓勁洵漢刻中佳品也近人以此爲千峯僞造并云褚嘗親説其僞造之事無論字之古質非千峯所能作且使假托漢碑旋卽自吐亦何所樂而爲此乎揆之於理必無其事故爲辨之以諗好古者山左金石志

金石萃編卷十三終

金石萃編卷十四

賜進士出身　誥授光祿大夫刑部右侍郎加七級王昶譔

漢十

李翕西狹頌

磨崖在五瑞圖後高八尺八寸廣六尺二十行行二十字額題惠安西表四字篆書年月後題名高二尺七寸五分廣二尺三寸五分十二行

漢武都太守漢陽阿陽李君諱翕字伯都天姿明敏敦詩悅禮膺祿美厚繼世郎吏幼而宿衛弱冠典城有阿鄭之化是以三剖苻守致黃龍嘉禾木連甘露之瑞動順經古先之以博愛陳之以德義示之以好

惡不肅而成不嚴而治朝中惟靜威儀抑抑督郵部職不出府門政約令行強不暴寡知不詐愚屬縣趨教無對會之事徼外來庭面縛二千餘人年穀屢登倉庾惟億百姓有蓄粟麥五錢郡西狹中道危難阻峻緣崖俾閣兩山壁立隆崇造雲下有不測之谿阨笮促迫財容車騎進不能濟息不得駐數有顛覆隕隧之害過者創楚惴惴其慄君踐其險若涉淵冰歎曰詩所謂如集于木如臨于谷斯其殆哉困其事則為設備今不圖之為患無已勑衡官有秩李瑾掾仇審因常繇道徒鐉燒破析刻臽確嵬減高就埤平夷正曲柙致土石堅固廣大可以夜涉四方無雍行人懽悀民歌德惠穆如清風乃刊斯石曰

赫赫明后柔嘉惟則克長克君牧守三國三國清平詠歌懿德瑞降豐稔民以貨稙威恩並隆遠人賓服鐉山浚瀆路以安直繼禹之迹亦世賴福

建寧四年六月十三日壬寅造時府

丞右扶風陳倉呂國字文寶

門下掾下辨李虔字子行故從事

議曹掾下辨李旻字仲齊故從事

主簿下辨李遂字子華故從事

主簿上祿石祥字元祺

五官掾上祿張亢字惠叔故從事

功曹下辨姜納字元嗣故從事

尉曹史武都王尼字孔光

衡官有秩下辨李瑾字瑋甫

從史位下辨仇靖字漢德書文
下辨道長廣漢汁邡任詩字妨起
下辨丞安定朝那皇甫彥字子才
漢武都太守漢陽阿陽李翕西狹頌武都大守漢陽阿陽李翕字伯都以郡之西狹閣道通梁益緣壁立之山臨不測之溪危難阻峻數有顛覆霣墜之害乃與功曹吏李旻定策勅衡官掾仇審治東坂有秩李瑾治西坂鐉燒大石改高即平正曲廣陋既成人得夷塗可以夜涉迺相與作頌刻石其頌有二其所識一也其一立于建寧四年六月十三日壬寅其一是

年六月三十日立也又稱翕嘗令澠池治崤嶔之道有黃龍白鹿之瑞其後治武都又有嘉禾甘露木連理之祥皆圖畫其像刻石在側蓋嘉祐之間晁仲約質夫爲興州還京師得郙閣頌以遺余稱析里橋郙閣漢武都太守阿陽李翕字伯都之所建以去沉没之患而翕字殘缺不可辨得歐陽永叔集古錄目跋尾以爲李會余亦意其然及熙寧十年馬城中玉爲轉運判官於江西出成州所得此頌以視余始知其爲李翕也漢武帝元鼎六年以汧隴西南接於巴蜀爲武都郡及其後始分而爲興州爲成州則武都之上祿也郙閣立於建寧五年翕治崤嶔西狹郙閣之道有益於人而史不傳則頌之作所以備史之闕是則傳之亦不可以不廣也曾鞏南豐集

右西狹頌在成州今之階成興鳳皆漢武都郡也此碑靈帝建寧四年刻彼兩碑皆次年刻者歐得其一趙得其二天井一碑是時未出南豐曾子固跋此碑云云今集古之家惟有壬寅一碑李旻定策碑中不見天井吏屬郤有李旻姓名始知南豐非輕信異聞必是西狹第二碑所載近歲武都樵人斬刈藤蔓始見石上有天井刻字倚崖縛架椎拓甚艱寺僧或以

惡木蔽晦日後碑恐有此患碑以𠛬爲剖茬爲窄隧爲墜慵爲踊殖爲殖悪即惡字隸釋

西狹頌十九行行二十字末有一行書年月又有小字題名二行低四字許　右武都丞呂國十二人題名在天井磨崖之後其仇靖字漢德書文者揮翰遺詞皆斯人也郙閣題名云從史位字漢德爲此頌中間姓名刓缺得此乃知前碑亦仇所作漢志武都郡七城一曰下辨二曰武都道此一下辨道長任詩則漢志闕一道字隸續

翕諱君羨開平道路作磨崖頌漢建寧四年造今碑

在魚竅峽（天下輿地碑記）

西狹頌今所傳拓本皆止此二十行行二十字隸續云十九行者蓋不算年月一行故又云末有一行書年月也又云後又有小字題名二行低四字許按今隸釋刻本年月一行後有小字二行一曰丞右扶風陳倉呂國字文寶一曰故府掾（闕四字）孟字（闕二字）又按隸續第十一卷武都太守李翕天井道碑後有題名十二行云云今按此題名弟一行正與隸釋所載西狹頌後小字題名之弟一行相合惟隸釋所載弟二行故府孟三字與此不同豈石本與摹寫板本偶

有失誤耶以愚意度之西狹頌年月一行末有特府二字蓋謂是時府中之官丞某掾某也則此十二行題名必是接西狹頌後者無疑而隸續云在天井磨崖後恐洪氏兩得其拓本遂岐出耳以牛氏圖證之益信也今日適得趙晉齋從西安寄來此十二行題名拓本晉齋來札云此十二行實在西狹頌後頗與隸釋所載牴牾頌額有惠安西表四篆字五瑞圖下有下綵上辨題名三行見沔縣所拓全文一大紙然後知之詢之搨工云圖頌刻于山石轉角處下臨深潭艱于氊椎故從來無全拓者又聞天井磨崖尚在

已屬沔令往訪拓竢目竢之四方旡雍旡卽无字雍卽壅字言四方之人往來無壅塞也亦世賴福亦卽奕字此皆洪所未釋者後十二行題名末行字子才字今隸續板本作木誤（兩漢金石記）

西狹頌云漢武都太守漢陽阿陽李君諱翕字伯都云云續漢郡國志涼州部有武都郡禹貢嶓冢導漾東流爲漢鄭康成曰地里志漾水出隴氐道至武都爲漢至江夏謂之夏水見史記夏本紀集解文選張平子南都賦李善注案鄭引地志云云者前志文彼文冠以禹貢此古義也說文水部與志合至武都

上有東字與志相足也志又云武都郡武都縣東漢水受氐道水一名沔過江夏謂之夏水入江與氐道一條正相足與鄭亦合此碑郡西狹中道危難阻嶮兩山壁立下有不測之谿君踐其險若涉淵冰勑衡官有秩李瑾掾仇審因常繇道徒鐉燒破析減高就埤或卽東漢水所經矣續志漢陽郡本前漢天水郡明帝永平十七年更名此則李翕之本貫（王鳴盛蛾術編）

碑前有小字二行云君昔在黽池修崤嶔之道德治精通致黃龍白鹿之瑞故圖畫其像而碑文亦云三葯符守致黃龍嘉禾木連甘露之瑞蓋洪氏所謂黽

池五瑞碑者本與此碑首尾爲一五瑞圖像當在小字二行之前拓碑人不知而遺之可惜已李翕在武都吏民立碑頌德不一而足而後漢書皇甫規傳稱屬國都尉李翕多殺降羌倚恃權貴不尊法度規到官條奏其罪蓋後來治行或减於前而石刻亦容有溢美也潛研堂金石文跋尾

漢陽前漢爲天水郡永平十七年更名後有黃龍嘉禾白鹿承露人木連理五瑞圖圖後云君昔在黽池修肴嶔之道致此瑞因其地異故洪氏分爲二碑實非也肴阪謂之肴嶔者因公羊傳以爲嶔巖故也攷

說文亦謂之岑崟關中金石記

曾子固跋云其頌有二其所識一也其一立于建寧四年六月十三日壬寅其一是年六月三十日立以余今所得本與子固跋參校蓋爲有異子固跋云與功曹史李昊李昊隸釋作李旻定策勑衡官掾仇審治東坂有秩李瑾治西坂今此本但云勑衡官有秩李瑾掾仇審而已又不言與李昊定策則知子固所跋爲六月十三日立而余所見正爲六月三十日刻石者也百官公卿表水衡都尉屬有衡官又衡官亦屬少府百官志水衡都尉世祖省每立秋貙劉之日輒暫置水衡都尉漢官舊儀罷中二千石詹事水衡都尉又省水衡屬官則衡官屬水衡者自建武以來已去此制今頌乃云勑衡官或因有事興作亦暫置郡中耶容齋隨筆漢官多有不書于百官表而因事乃見者如行寃獄使者因張敞殺絮舜而見美俗使者因何並代嚴詡而見河堤使者因王延世塞決河而見直指使者因暴勝之而見豈非因事置官事已卽罷乎抑卽郡中所謂工官都官而製文者遷就爲之遂不悟其非制也授堂金石跋

李翕黽池五瑞圖

磨崖高六尺八寸五分廣四尺二寸圖上方左一龍右一鹿下方左二樹交枝盤結中一禾九莖右一樹樹下一人手執一物上承之象題字六處圖後題字二行圖下題名高一尺五寸廣一尺三行今在成縣

黃龍

白鹿

嘉禾

木連理

甘露降

承露人

君昔在黽池脩崤嶔之道德治精通致黃
龍白鹿之瑞故圖畫其像

上官掾上祿上官正字君選

□□□□上祿楊嗣字文明

口口口口下辨李京字長都

右李翕黽池五瑞碑李君昔治黽池蹊此瑞物及西狹磨崖因刻于前非碑陰也黽池有二穀屬洪農郡隸釋隸釋隸續皆題曰李翕五瑞碑實則即西狹頌磨崖畫象耳其字亦一手所書也蓋以別記其黽池之事故別爲標題也兩漢金石記

文云修嶠嶔之道按公羊傳嶠之嶔巖是文王之所避風雨者也文蓋用此跋丁杰

博陵太守孔彪碑

碑高一丈四寸廣三尺五寸十八行行四十五字額題漢故博陵太守孔府君碑十字篆書今在曲阜縣孔廟

君諱彪字元上孔子十九世之孫潁川君之元子也君少履天姿自然之正帥禮不爽好惡不衍考衷度衷脩身踐言龍德而學不至於穀浮游塵埃之外皭焉汜而不俗郡將嘉其所履前後聘召盖不口已乃翻爾束帶廟諱論窮理直道事人仁义有勇可以託六授命如毛諾則不宿美之至也莫不歸服舉孝廉除郎中博昌長疾病留宿口遷口京府丞未出京師遭大君憂泣踰皐魚喪過乎哀謹畏舊章服竟還署試拜尚書侍郎無偏無黨遵王之素蘪可黜否出口口度日恪位佇所在祗肅拜治書御史賡皐陶之廉恕口叅之口口口口口口律祇用既平口博陵大守郡阻山口口口以饑饉斯多草竊罔不口賊劉曼張丙等白日攻剽坐家不命君下車之初口五教以博口前四凶以勝殘乃口口口爰尚桓桓抍馬謅虜醜類已殫路不拾遺斯民

以安號施憲每合天心口之所惡不以強人義之所詠不以口口口口姓樂政而歸于德望如父母順如流水遷下邳相河東大守舉此口口君子風也未怒而懼不令而從雲行雨施口口大和海内歸公卿之任矣勞而不伐有實若虛固執謙惠以病辭官去位闔口以孝娟口餘暇犀虔彈琴擊磬口口口之味而不改其靜上帝棐諶天秩未究將據師輔之紀之細而疾彌流乃碩乃口口世九建寧四年七月辛未口

□□哀我魂神超邁冢兮寘寘(遺)孤物絶
于嗟想形□□哀(遠)念不欲生羣臣號咷
靡(所)復(還)夫逝往不可追兮(功)□□□識
惟君之軌迹兮如列宿之錯置易建八卦
揆脊較辭述而不佗彭祖賦詩皆讚(所見)
于時頌□□是□(吏崔)□□□王沛等伏
信好古敢詠顯□乃刊斯石欽銘洪基昭
示後昆申錫鑒思其辭曰
穆穆我君大聖之冑惇懿允元叡其廟(諱秀)
惟嶽降精誕生忠良奉應郡貢亮彼我□

克(明)王道辯物居方周□□□□也正名
朝無秕政直哉惟清出統華夏化以興成
□猾殄逬賢倚□庭(帝重)乃(勛)自□□征
(所)臨(如神)□□□□□□之翰先民是程
宜乎三事金鉉利貞而絜白駒俾世憤惻
當(享)眉耇莫匪爾極(大)□□□遐(矣)不意
于嗟悲兮□□□息淂淂無幾復焉所乃
咨乎不朽没而德存伊尹之休格于皇天
惟我君績表于月青(永)永無沂與日月并
于嗟□□于以慰靈

碑陰

(共十二行)

故吏司徒掾博陵安平崔烈字威考
故吏齊□博陵安平崔恢字行孫
故吏乘氏令博陵安平王沛字公豫
故吏司空掾博陵安國劉悳字伯桓
故吏外黄令博陵安國劉揚字子長
故吏白馬尉博陵博陵齊智字子周
故吏五官掾博陵安平劉麟字多公
故吏五官掾博陵安平王瑨字顯祖

故吏五官掾博陵安平孟循字敬節
故吏五官掾博陵高陽史應字子聲
故吏五官掾博陵南深澤程祺字伯友
故吏五官掾博陵南深澤程祐字元祐
故吏五官掾博陵安國劉機字□閣

韓府君孔子廟碑陰載當時出錢人名亦有尚書侍郎孔彪元上與此書正同惟孔君自博陵再遷爲河東太守而碑額題故博陵太守孔府君碑漢人多如此然莫曉其何謂也(金石錄)

右漢故博陵太守孔府君碑篆額趙氏云孔君自博

陵再遷河東而碑額題博陵莫曉其何謂予觀漢人題碑固有用前官如馮緄曾峻者俱自有說此碑陰有故吏十三人皆博陵之人也蓋其函甘棠之惠痛夏屋之傾相與刊立碑表故以本郡題其首也此碑作文多用經傳語考中度褒周語有之可以托六歌後甚矣史漢書宿留讀皆去聲郭林宗裔刺就謁仇覽請其留宿與此疾病留宿同碑以宥爲爻沂爲涯蘽卽蔦字冢卽宋字美卽美字拼卽拯字䌳卽蠲字毄卽繫字萛卽典字潯卽漫字徲大奚切徯與而切隸釋

右漢博陵太守孔彪孔子十九世孫與孔宙蓋弟兄行嘗爲尚書侍郎治書御史可謂顯矣闕里志世表

宗譜皆不見其名字而碑文類此亦不載向微搨本之存則後世不復知有彪矣金薤琳琅

孔彪碑文有云拼馬者易明夷六二渙初六皆曰用拯馬壯拯字子夏傳說文字林竝作拼音升一音承上舉也漢時所傳如此而今作拯者唐開成以後所定也又按方言拼拔也出休古溺字爲拼周禮職幣注振猶拼也大司徒注振窮拼救天民之窮者也新唐書楊子陵傳拼救貧民用此字又作撜淮南子子路撜溺而受牛謝注撜音蒸舉也升出溺人則撜與拼同爲一字矣古又有作承者列子使弟子竝流而承之金石文字記

是本曩見之于宛平孫侍郎宅文愈斷爛譌及字形模尚存乃宏治中修闕里志改彪爲震都少卿穆遂謂撰志者遺之不知震卽彪字之誤也孫氏所藏漢隸約三十餘種尚有張遷衡方夏承王純侯成戚伯著諸碑皆宋時拓本今盡散佚覩此如靚故人曝書亭集

洪氏云可以託六爲歌後之甚按其文仁必有勇可以託六援命如毛詩則不宿美之至也莫不歸服蓋用韻也金石後錄

碑云博昌長者博昌樂安國屬邑第五左傳齊侯田于貝邱杜預曰縣南有地曰貝邱今山東壽光相近

地後漢書百官志云縣滿萬戶者曰令不滿萬者曰長也又云還下邳相後漢地里志曰武帝置爲臨淮郡明帝永平五年更爲下邳國彪曾爲博陵太守考地里志有安平國下博而無博陵郡劉昭注曰案志猶有遺闕彪于桓帝時既爲是官豈後漢遂無博陵郡耶是則志之遺闕矣又云拯馬𦙶害張揖廣雅曰斜拼舉也曹憲音曰蒸之上聲四聲蒸拼證職又蹫拼拔也又扱拼收也又括拼㧖取也又拼陞也其取用音義各不同又云餘暇徲徲徲同遲徲同夷說文行平易也廣雅徲徲徲徲往來也又云乃碩碩同頎

春秋碩石子宋五也　碑陰故吏十三人惟崔烈最
顯而後漢書無傳靈帝紀中平四年四月司徒崔烈
爲太尉十一月罷按孔彪卒于建寧四年至中平四
年已十六年而崔烈自司徒爲太尉矣通鑑中平二
年二月以廷尉崔烈爲司徒烈寔之從兄也是時三
公往往因常侍阿保入錢西園而得之烈因傅母入
錢五百萬故得爲司徒及拜日天子臨軒百僚畢會
帝顧謂親幸者曰悔不少靳可至千萬程夫人從旁
應曰崔公冀州名士豈肯買官賴我得是□□反不
知姝耶烈由是聲譽頓衰通鑑時涼州兵亂徵發天

下賦役無已崔烈以爲宜棄涼州詔會公卿百官議
之議郎傅燮厲言曰斬司徒天下乃安烈爲宰相不
念爲國思所以弭之之策乃欲割棄一方萬里之土
臣竊惑之安平志云崔烈少有重名以薦入歷郡守
九卿則其生平馳譽亦一時表表者也而見于史傳
惟由阿保入錢拜司徒與議棄涼州二事其爲郡及
他官位政蹟莫得聞嗟乎此公立身之大節槩可知
矣碑陰云崔烈字威孝于此乃見烈字亦可補史志
之不足至云桑氏白馬二縣郡國志並不載又後漢
書中平四年十一月太尉崔烈罷獻帝初平三年六

月戊午董卓部曲將李傕郭汜樊稠張濟等反攻京
師陷長安城太常种拂太僕魯旭大鴻臚周奐城門
校尉崔烈越騎校尉王頎並戰歿據此距崔烈罷大
尉纔五年別補城門校尉竟死于傕汜之難猶可以
蓋前愆矣（黃百家曰此足以補崔烈傳矣但司徒太尉皆三公去城門校尉甚遠烈既爲太尉何緣左遷則城門校尉恐別是一崔烈也當更質之）　孔彪名字別見于漢碑
者二一韓勑碑陰曰尚書侍郎一史晨後碑曰河東
太守是碑則其博陵故吏爲之故繫諸博陵曰博陵
太守也（金石遺文錄）

洪所未著者以頴爲頴以旍爲游以絜爲潔至于徲

徲洪音徲大奚切徲與而切愚按漢碑中徲徥徲徯
皆棲遲之或體耳此二字今泐（兩漢金石記）

博陵太守孔彪碑并陰以洪本校第一行下修身踐
言少言字弟二行直道少道字葢下截少一字碑陰
弟五行字最明白故吏外黃令博陵安國劉楊字子
長少長字亦下截少一字也前漢地理志續漢郡國
志實無所謂博陵郡攷係桓帝時暫立未久即罷魏
晉以下乃復置之甚著且久說詳見十七史商榷第
三十三卷（蛾術編）

碑爲博陵故吏崔烈等所立故額題故博陵太守孔

府君碑文亦但述博陵治迹而已下邳河東故吏當别有碑今失其傳矣博陵郡不見於郡國志按桓帝紀延熹元年六月丙戌分中山置博陵郡以奉孝崇皇園陵司馬彪志郡國以孝順爲斷則延熹分置之郡例不當書而劉昭注竟不一及難免漏略之譏豈今所傳劉注亦有脫簡邪郡所領縣以碑陰證之則博陵也安平也安國也高陽也南深澤也此五縣之中唯安國舊屬中山若安平南深澤本屬安平國高陽本屬河間國則紀云分中山置者亦未核矣故吏題名十三人皆郡縣名字兼舉齊智題博陵者上爲

郡下爲縣諸史列傳中此類甚多洪氏隸釋本重出博陵俗刻本少兩字蓋校書者誤以爲重複而去之耳潛研堂金石文跋尾

彪河東太守而額題曰漢故博陵太守孔府君者以碑爲博陵故吏所建故題其前官也王渙先爲河內温縣令後爲雒陽令有一石闕只題河內縣令孚曰此温民所造闕故只題其前官人或不以爲確得博陵碑可證吾言之不謬張塤跋

遵王之素與古今尚書不同當卽遵王之路駁文也段大令玉裁尚書撰異未及采此山左金石志

碑文云遭大君憂集古錄則云遭太守君憂又四年七月集古錄作十月校訂隸釋存疑

豫州從事孔褒碑

碑高九尺八寸廣二尺七寸十四行行三十字額題漢故□州從事孔君之碑十字隸書今在曲阜縣孔廟

君諱褒字文禮孔子廿世之孫泰山都尉之元子□□□□□□□□以□□□□繼德前葉清和挺懿固天□□□□□□幽讃□□治家業春秋□綜枚□典藉靡遺□琦乡眇為淵為林博學多識□匪勞是□□□之徒□遠□来歴不州郡鱗

浮雲集□猶觀山采玉□□□□故□□世之名□□□之盟□□□□州□□高□□廡□之事□□□□□擅名之□之□爵固辭峻□以□□□□□□援為□□□□□□□□覽□□圖□元節所過夷□□□彝骨栗莫敢藏匿君□□□□□□□□遠□危令濟渡窮尼後會事覺□□□□臉難引□各爭授命□□□□□□□□□□□□□□喪子英彦㓛乎□□靡□同懷□□有勇臨難□□□□

□□□□□□□□□尚㝵有若□□□
□□魯相汝南陳府君□□之□□丙
□士□□□乃□□□碑昭示□□□
曰
□□□□□德□隆ま口舊燿□雲如□
□□□□□□□□□署□逢□百□
仁風既敷□義□□哉□□□□□公頌
□□□與□□□□□□□□□表闕下

右漢孔褎碑按三國志崔琰傳註引續漢書曰山陽張儉以中正爲中常侍侯覽所忿嫉覽爲刊章下州郡捕儉儉與融兄褎有舊亡投褎遇褎出時融年十六儉以其少不告也融知儉爲長者有窘迫色曰吾獨不能爲君主耶因留舍藏之後事泄相國以下密就掩捕儉得走脫登時□□□褎送獄融曰保納藏舍者融也融當坐之□□彼來求我罪我之由非弟之過我當坐之兄弟爭死郡縣疑不能決乃上讞詔書命褎坐焉碑雖不全大略無異泰山都尉者宙也宙有七子褎長融次第六又有謙皆有碑在孔子廟庭褎碑不知何時淪沒歷代載籍皆無可考錢塘金壽門語予云

憲皇帝時聞人何琦字禮康客遊曲阜得之郊外水濱因載歸于廟自題字于碑陰碑字已極剝蝕獨行首十餘字名字世系一一俱完亦一奇也金石存

此碑乃顧寧人金石文字記顧藹吉隸辨碑考二書俱未曾見者不獨歐陽趙氏所無也近又見郃陽褚峻千峯金石圖滋陽牛運震階平爲作圖說云碑出土僅及四十年所載尚有祝其卿及上谷府卿石龕燉煌太守裴岑勒石陳德碑蒼頡廟碑聞喜長韓仁碑魯王墓石人題刻皆兩顧先生所未見也至孔宙後漢書誤作伷王粲英雄記云孔伷字公緒陳留人陳留與魯地既不同而伷視宙計時亦較在後矣史有誤字如孔褎後漢亦作裒韓門綴學

碑出於縣東周公廟側廢田中雍正三年鄉民犁田得之以告廟官陳百戸驗是漢古文碑遒輦置孔廟褎泰山君元子見載于史晨碑今碑稱其繼德前葉清和□懿又曰□業春秋篇籍靡遺又曰□□务耿爲淵爲林則褎誠恭祖舊綜經術翩翩端明篤寔之賢公子也亦略可見矣金石圖

碑有云元節所過元節卽張儉之字也碑之立必在中平元年黨禁已解之後故得直書其事而無所諱

避也 抱經堂文集

右漢故豫州從事孔君之碑第一行諱字家世皆具知爲泰山都尉宙之長子也前叙後銘立石歲月不可知矣其額十字一行下有穿其文每行三十字其行數以今拓本審之可見者十四行耳然拓者紙稍窄每不見其後二行則僅見十一二行者有之　朱氏經義考於孔宙弟子皆載治嚴氏春秋此碑云治家業春秋則褒能世嚴氏之經無疑因据此碑補書豫州從事褒於承師門內 兩漢金石記

碑無年月可系今以其與弟融爭死事在靈帝年間故列于熹平之前額右有二暈起碑首額左第二字旁亦起二暈相連如半環與他刻異 山左金石志

碑剝缺文字皆不續屬惟首行載君諱褒字文禮孔子廿世之孫泰山都尉之元子案後漢書注引家傳褒字文禮又言兄弟七人融第六以此碑攷之文禮爲元子其行次可見如此碑內有業春秋篇籍靡遺字又有 缺 爵固辭字蓋文禮少傳世學而不以榮位自繫今攷史晨饗孔廟後碑所云處士孔褒文禮是其徵也 授堂金石跋

李翕析里橋郙閣頌

磨崖高七尺六寸廣五尺五寸二十行行二十七字今在略陽縣

惟斯析里處漢之右谿源漂疾橫柱于道
涉秋霖漉盆溢□涌濤波滂沛激揚絕道
漢水逆讓稽滯商旅路當二州經用衿沮
沮縣士民或給州府休謁往還恒失日晷
行理咨嗟郡縣所苦斯溪既然郙閣尤甚
緣崖鑿石處隱定柱臨淵長淵三百餘丈
接木相連號爲萬柱過者慄慄載乘爲下
常車迎布歲數千兩遭遇隤納人物俱隋
沈没洪淵酷烈爲禍自古迄今莫不創楚

於是
大守漢陽阿陽李君諱翕字伯都以建寧
五年二月辛巳到官思惟惠利有以綏濟
聞此爲難其日久矣嘉念高帝之開石門
元功不朽乃俾衡官掾下辨仇審改解危
殆即便求隱析里大橋於今乃造校致攻
堅□□工巧雖昔魯斑亦莫儗象又醳散
關之嶃漯從朝陽之平參減西□□高閣
就安寧之石道禹導江河以靖四海經記
厥績艾康萬里臣□□□勒石示後乃作

頌曰
□□□□降茲惠君克明俊德允武允文
躬儉尚約化流若神虔泯如□□□□均
精通晧穹三納苻銀所歷㒸勳香風有隣
仍致瑞應豐稔□□□□樂行人夷欣
慕君靡已乃詠新詩
□□□□亍川充之間高山崔巍亍水流
蕩蕩地既墝确亍與寇為隣□□□□
□以析分或共緒業亍至于困貧危危累
卵亍聖朝閔憐昆艾究□兮劣□□□□

□救傾亍全育□遺劬勞曰稷亍惟惠勤
勤黄邵朱龔兮蓋不□□□□充贏亍百
姓歡欣僉曰大平亍文翁復存
昔歐陽文忠公嘗疑醳散關之嶃漯從朝陽之平燯
按縣古文顯字濕川漢作濕讀謂川在卑濕書學至
今同文古字濕作䁞又作隰故漢人濕又作㬎然則
漯當作濕燥古文作燯蓋㬎與參同體其言醳則與
易同卜用醳亦易也至謂遭遇隤納則以傾隤地壞
自納於淵漢人文陋無足道然用字亦本古也廣川書跋
右析里橋郙閣頌隸額今在興州靈帝建寧五年立

後西狹碑一歲別有數行刻書撰人及石師姓名歐
公謂遭遇隤納及醳散關之嶃歐誤作嶃漯從朝陽之平
燯刻畫完而莫詳其義或是用字假借按碑言閣道
危殆車乘往還人物俱隳則隤納謂墜淵也燯即燥
字醳與釋同太史公書皆然楊著碑醳榮投黻景君
碑農人醳耒之類是也其云劬勞日稷蓋用穀梁子
日下稷之文靈臺費鳳碑亦有之碑以橫桂為橫注盆溢為溢溢行理
為行李厥續為厥績崔巍為崔嵬禍即禍字隸釋
歐陽跋云醳散關之嶃漯從朝陽之平燯莫詳其義
慎案醳古與釋通史記張儀傳杖而醳之韓信傳醳

兵北首燕路洪氏釋醳載漢碑文有云農夫醳耒又
云醳榮投黻漯本濟漯之漯漢人或寫漯借作濕字
用嶃漯即潮濕也燯與燥同分隸小異如操亦作摻
之例平燯謂乾燥言去濕而就燥也以此訓之可通楊慎丹鉛總錄
此碑相傳為蔡邕書碑中太守李君諱翕今板本集
古錄皆作李會或傳寫之誤唯鄭樵畧曰李翕與碑
合石墨鐫華
其文有云醳散關之嶃漯者楊用修以醳為釋嶃為
潮漯為濕是也歐陽永叔集古錄曰後漢熊君碑其

書顯字皆爲顯按說文顯從㬎聲而轉爲累其失遠矣莫曉其義也愚考㬎字从日从糸乃㬎之省（說文㬎从日中視絲古文借以爲顯字殺阮碑陰顯字再見皆作顯）而後人寫作田者誤也古人以㬎爲濕者不一說文濕水出東郡東武陽入海从水㬎聲他合切漢書王子侯表濕成侯忠師古曰濕音它合反功臣表駟望侯冷廣以濕沃公士師古曰濕音它合反功臣表有濕陰定侯昆邪霍去病傳王莽傳竝作漯陰地理志平原有漯陰縣而水經濕餘水亦漯字之異文荀子窮則棄而儑注儑當爲濕韓詩外傳作棄而累魏建成鄉侯劉靖碑隰字作隰惟其以日爲田此丞叔之所以疑也（金石文字記）

碑文已剝泐據隸釋盇溢下闕一字余驗碑是謟字隱隱可見又載乘爲下闕一字碑現存下字甚明又核致攷堅下闕三字今有明知縣申如塤補刻結構二字又減西下闕二字如塤補刻濱之二字又艾康萬里西下闕三字如塤補刻業鴻功三字又頌詞首句起闕四字如塤補刻上帝綏三字碑本有一字微損不可識又愛民如下闕三字如塤補刻子遐邇三字又豐稔下闕五字如塤補刻年登居民四字碑本有一字漫漶不可識又詩首句起闕四字第五字乃

兮字如塤補刻曰析里之四字第五字碑本有㕓字非兮字又輿寇爲鄰下闕六字如塤補刻西隴鼎峙兮東六字又聖朝閔鄰下尚有髦艾究三字下注闕而無字數又有兮幼二字下注闕五字方接敬頌兮句如塤從閔鄰下補刻分符析壤兮適命是君扶危十一字而無髦艾究及兮幼五字又全育下注闕而無字數予驗碑上現有子字又惟惠勤勤下有黃邵朱龔兮盇不七字下注闕而無字數如塤補刻拯溺亨屯兮瘡痍始起閭閻十一字而無黃邵朱龔兮盇不七字碑後亦無建寧五月十八日癸卯以下五行余得此碑搨本有知縣申如塤補刻共四十九字與洪氏隸釋所注序頌詩中闕字較對與隸釋所載髦艾黃邵等十二字碑上原有不可識者二字余所識出者謟下㕓子四字盇是漢碑經殘缺之後而申如塤補刻其缺處非重刻也筆畫妍媸所不待言若然自題重刻者下字冐昧之失也余恐世人不辨以爲近代翻摹是誠有害舊蹟故特爲詳著之至其所補字或如塤得舊搨而錄其原文或摹擬前後語義而竊取私篡均不得而知也乙酉正月遇金陵蔡岡南擎惠予鉤本且借予遠遷與周元龍亮登來話別元龍

攜二拓本稍舊是未經補刻以前物以寻新装者讐勘始明晰無遺　鄐閣列書撰人名氏此漢碑之創見也有列撰而不列書者石勛撰費鳳碑邊韶撰老子銘是也列書而不列撰者郭香察書華岳碑某伯允書武班碑是也漢德子長奇思横出製爲雄文運兹妙筆君臣懿美並傳來禩葢漢時郡守員吏至數百人各職其事通經察孝自辟所部知名之士以掌之故得盡一郡之能是以府中鈴下羅列英彦多收得人之效也碑之頌後有詩亦猶北海相碑誄後之有詞此漢人體裁今人不甚倣爲者金石遺文錄

額題云析里橋鄐閣頌六隸字爲二行碑式云頌後又有詩並别行又有數行刻年月及書撰人石師姓名余家有舊拓本無此數行重刻本有之其曰從史位□□□□□字漢德爲此頌者隸續證以天井題名謂卽仇靖是也其曰故吏下辨□□□□子長書此頌者天下碑錄以爲仇子長名紼未知何據豈作碑錄時其三字猶未闕耶隸辨

鄐閣舊在棧道中頌摩崖石在橋旁今棧道已徙他處石亦磨泐縣令重刻于石後旁書縣令申如塤重刻七字八分書其書皆模倣筆法亦略相似按集古錄作太守阿陽李君今碑稱太守漢陽阿陽李君重鐫之碑不應有誤當是集古錄脱去漢陽二字耳朱楓雍州金石記

改解危殆卽便求隱隱卽穩字說文穩安也從隱省古人通用安隱金石存

是碑近日顧甯人吳山夫皆未見原本然重刻本嶃濕嶃字亦不作嶃而顧氏沿集古錄之訛以爲嶃爾顧氏謂以日爲田此永叔所以致疑然濕陰之濕它合反與燥溼之字不同隸辨乃援濕陰地名以實濕濕本一字之說則誤矣　巛兌之間巛卽坤字諸本

皆作川非也晧卽昊字䓣卽雨字洪所未釋也䓣洪釋誤爲兩　隸釋所載碑後尚有五行其弟一行曰建寧五□□月十八日癸□下闕弟二行曰時衡官□□□仇審字孔信弟三行曰從史位□□□□□字漢德爲此頌弟四行曰故吏下辨□□□□子長書此頌五行曰時石師南□□□□□威明懸接衡官下闕据本碑當是掾下辨三字從史位下闕以天井題名考之當是下辨仇靖四字隸續云鄐閣題名從史位下刓缺得天井道碑題名乃知前碑亦仇所作是也顧南原云故吏下辨下闕三字天下碑錄以爲仇子長

名緋未知何據按小歐陽集古錄目郙閣頌條下云右不著撰人名氏漢仇緋隸書此以子長爲卽仇緋又其一證矣然題名固云漢德爲此頌子長書此頌而小歐乃云不著撰人名氏則歐陽藏本想已闕其後題五行者耶　建寧無五年建寧五年卽熹平元年也是歲五月改元正月丙辰朔三月乙卯朔此刻月上闕字而金石錄作二月据此則二月是丙戌朔其十八日是癸卯也既可以補通鑑目錄之未備而又以知趙洪所收石本有多出一二字者也兩漢金石記

按郙閣頌近代著錄家所見皆明申如塤重刻本後尚有建寧五口口月十八日及仇審等題名四行與隸釋合而原本已泐不得見良可惜已碑文斐然可誦書亦方正挺健出于漢德子長之手二仇葢皆深于文學者頌云三納苻銀按西狹頌稱翁三剖苻守漢官儀二千石用銀印龜紐翁爲太守秩二千石得佩銀印故云三納苻銀耳申本字迹庸俗文中闕蝕者大率憑臆增改陳氏奕禧辨之最詳今依原刻摹錄而以洪釋補其缺處洪所無者則仍闕如不敢以申本爲據也

金石萃編卷十四終

金石萃編卷十五

賜進士出身　誥授光祿大夫刑部右侍郎加七級王昶譔

漢十一

太尉楊震碑

碑文從裴本摹錄行字數俱不可紀額題漢故太尉楊公神道之碑十字篆書陽文石今亡

□□□字伯起□□□□□□□□□□□□□□□□□□□□氏爲聖漢龍興楊憙佐命克項於垓鍚□□□□公侯之胄必復其始是以神祇降祐乃生于公實履忠貞恂美且仁慱學甄微靡道不

詼又明尚書歐陽河洛緯度窮神知變與聖同苻鴻漸衡門郡英雲集咸共飲酌其流者有踰三千至德通洞天爵不應貽我三魚以童齡德遠近由是知爲亦由繼明而出者矣州郡虛己競以禮招大將軍辟舉茂才除襄成令遷荊州刺史東萊涿郡大守所在先陽春以布化後秋霜以宣威寬猛惟中五教時序功洽三邦聞于帝京徵旋本朝歷大僕太常遂究司徒大尉立朝正色恪勤竭忠無德不烇靡惡不形將

泉碑作伷（宋衍記）

玄

訓品物以濟太清而青蠅嫉正醜直實繁橫共構譖慷慨暴薨于時群后卿士凡百黎萌靡不欷歔垂涕悼其為忠獲罪乾臨孔照神鳥送葬王室感寤姦佞伏辜宏功乃伸追錄元勳蒯書慰勞賻賵有加除二子郎中長子牧富波侯相次讓趙常山相次秉寔能纘脩復登上司陪陵京師次奉黃門侍郎牧子統金城大守沛相讓子著高陽令皆以宰府為官奉遵先訓易世不替天鍾嘉祉永世罔極統之門人汝南陳

熾等緣在三義一頌有清廟故敢慕奚斯之追述樹（廟諱）石于墳道其辭曰

穆穆楊公命世而生乃台吐耀乃嶽降精明明天子實公是匡冥冥六合實公是光謇謇其直皦皦其清齡矣盛德萬世垂榮勒勳金石日月同炯

右漢故太尉楊公神道碑銘篆額楊公名震洪農華陰人安帝時為司徒垂四載為太尉閱半載以延光三年卒楊氏墓在陝州閿鄉所存隸碑凡四此碑乃其孫沛相統之門人汝南陳熾等所立碑中載楊秉陪陵則威宗延熹八年事也沛相以靈帝建寧元年卒此碑蓋建寧以後刻者去楊公物故時已四十餘年碑載其諸子官秩凡四人而傳云震五子誤也今之門下士旦握權則獻諛飾詐靡所不至夕失勢則相忘於江湖矣沛君已死而門人為其禰廟立碑漢人風義後世不可跂及奚斯所作蓋謂作廟此及張納費汎碑皆誤用（以棃爲黎 隸釋）

楊震碑篆額二行黑字有穿碑十八行行二十八字碑陰二十五行行九人穿在第二第三列之間凡複姓者十二人惟公王子舉上官仲祖信成君嚴三川

宣（闕）四人各高出其列一字（隸續）

碑云長子牧次讓次秉次奉傳五子止列牧秉奉而遺讓據碑云四子傳誤矣建寧中牧之子統為金城太守沛相門人汝南陳熾等立碑陰可識者河東孫定博以下百九十餘人皆其孫之門人也字而不名何耶（石小箋） 金

傳云舉茂才四遷荊州刺史不詳所遷者何官碑止除襄城令遷荊州其餘自太守至太尉皆同但震性剛言直違時罹禍如劾王聖救趙騰糾劉瓌黜耿寶地震封事尤爲愷摯碑無一字及之即關西孔子之

號王密暮夜之金無可忌諱而皆不及之何也傳五子碑牧讓秉奉凡四人當以碑爲正後復詳序牧子統金城太守沛相讓子著高陽令而不及牧孫奇奇子亮秉子賜奉子敷敷子衆又何也楊氏碑甚多皆在閿鄉縣墓中有繁陽令碑亦牧之少子惜遺其名

金石後錄

按碑字縹渺如游絲古質如蟲穿蝕兼有楷隸體昔人謂褚登善書如美女簪花或謂其出于漢隸觀此碑知非欺人之論也攷太尉七世祖喜以斬項籍封赤泉侯故云克項于垓大將軍者鄧騭

也喜字下从心古字通用碑皆與後漢書傳合惟除襄城令傳所未及然傳云四遷者碑亦未詳洪丞相隸釋云碑載其諸子官秩凡四人傳云震五子誤按新唐書宰相世系表稱太尉五子牧里秉讓奉碑所未及者里也是太尉實有五子里或未仕或早亾故不載爾碑稱長子牧富波侯相而世系表稱牧荊州刺史富波侯考楊氏二侯太尉孫賜臨晉侯曾孫衆先封宜陽侯更封蓩亭未聞侯富波者又考王霸以建武二年封富波侯十三年改封向侯而郡國志稱富波侯國永元中復則牧實相非侯新唐書誤也其稱牧荊州刺史殆亦承傳中高舒至荊州刺史之文皆當以碑爲正太尉卒後門生虞放陳翼詣闕訟冤得以禮葬而陳熾復爲樹述貞石蓋東漢人重師門篤氣誼名節所標可風後世如此云貽我三魚指冠雀銜三鱣魚飛集講堂事又云神鳥送葬者謂葬前大鳥集喪前悲鳴葬畢乃飛去也隸釋又載碑陰一百九十餘人皆太尉孫統之門人今不得見矣

司隸校尉楊淮表紀

摩崖高八尺三寸廣二尺二寸七行行二十五六字不等今在褒城縣

故司隸校尉楊君厥諱淮字伯邳舉孝廉
尚書侍郎上蔡雒陽令將軍長史任城金
城河東山陽太守御史中丞三爲尚書尚
書令司隸校尉將作大匠河南尹伯邳從
弟諱弼字穎伯舉孝廉西鄂長伯母憂去
官復舉孝廉尚書侍郎遷左丞冀州刺史
大醫令下邳相元弟功德牟盛當究三事
不幸早隕國喪名臣州里失覆二君清□
約身自守俱大司隸孟文之元孫也
黄門同郡卞玉字子珪以熹平二年二月

廿二日謁歸過此追述勒銘故賦表紀

右司隸校尉楊淮碑靈帝熹平二年同郡卞玉過其墓爲勒此銘叙淮及其弟弼前後歷官且稱其功德牟盛當究三事不幸早隕又云俱大司隸孟文之元孫也紹興中此碑方出歐趙皆未見之碑云楊君厥諱淮字伯邳益以厥字爲語助大司隸有石門碑亦云楊君厥字孟文今古皆以厥爲孟文之名得此始知其非凡稱元妃元子元兄元舅之類皆以長言之二楊俱曰元孫猶元士然以元爲美稱也華陽志淮者渙之孫孟文名渙李固薦累世忠直拜尚書陳蕃表爲

河東守遷尚書令奏治汝南孫訓南陽曹麻穎川曹騰三郡守罪訓者梁冀婦家子爲司隸劾冀叔執金吾忠不朝正人尊憚之隸續

漢司隸楊厥碑遂通石門遂字洪适亦不識爲何字愚按遂卽鑿字也鑿省作凿又作遂者以辶代匚如匝作迊匹作迉匣作運陋作陑謂之隸變古有此例干祿字書可考洪适蓋以六書求之而不得也唐人書葉法師碑宋人書杜詩禹鑿寒江之句皆以鑿爲遂楊慎墨池瑣錄

洪氏云元孫猶元士然以爲美稱也按淮稱弼爲從弟弼又字穎伯以其祖覗之俱爲諸子之長孫非美稱也至獨悼穎伯未登三公之位而卒故稱元弟以美之若國喪二語則總歎二楊之亡也淮爲司隸時劾治梁冀婦家子汝南太守孫訓見華陽國志金石錄補

此文亦刻於褒斜谷厓者不得謂之碑文尾明言表紀是也洪氏隸續云同郡卞玉過其墓爲勒此銘按此文與楊孟文石門頌皆刻於石門之厓故其文尾特書曰大司隸孟文之元孫此一句卽二碑之毌系也其云黃門同郡卞玉謁歸過此追述勒銘者當卽是過石門之地見楊氏開通石路之刻有感而詳述

其門閥非過墓之謂也勒銘銘字洪氏亦誤看銘者指乃祖開石路之刻言之卽前王升所爲楊孟文石門頌耳此下表紀字乃指此刻言之此刻固非韻語亦不得謂之銘也洪氏誤以爲過墓宜其題之曰碑矣洪氏所錄中丞下闕一字今驗石本是三字邅下是左字洪訛作注其表紀上一字洪錄作財今驗石本下多一點或是財字偶多一筆爾財卽纔裁通用之字謂至是始爲之表紀也文凡七行字畫皆因石勢爲之參差古拙款卽隸之省牟卽侔之省也兩漢金石記

楊淮碑字體與石門頌彷彿而疎蕩過之近沔大尹
李公衍孫寄精搨一本來自守上得約身二字門字
上得黃字郡字下得卞玉二字因以卞玉摩崖名之
涵真閣漢碑文字跋

繁陽令楊君碑

碑從裘本摹錄行字數俱不可紀額題漢故繁陽令楊君之碑九字篆書石今亡

上闕二十九字弟富波君之少子也生姿令喆長
履忠孝立仁行道實體彌隆由授尚書為
國師輔君述而好古少傳祖業兼苞載籍
靡不周覽英儒仰則景附其高德禮州郡

乃奉□覲察類暇爾僉服歸稱大駕省方
為郡功曹召見專對言應帝心擢拜郎中
除右都候闕整宮衛闌闠肅焉遷繁陽令
崇德尚儉以興政化和毓威恩以移風俗
撫龢姦回宿不命闇教學吏卒精橫侍者
常百餘人咸訓典論帥導以口鄰遠歸懷
爰集疆埸州郡嘉異並上絕速大司農劉
佑撫復表劾將有命授會叔父大尉公薨
委榮輕舉投紱如遺吏民攀轅老弱軿輪
追慕跂步蓋二千餘人續留守闕上書歷

年運穀萬斛助官振貧以乞還君自非慈
愛孰能若茲有司聾昧莫能識察君絜己
以体不愉禍求趨功顯弗有復入于林處
靖衡門童冠如雲故乃名問俞高休聲益
著三府競辟五入宰朝常登茂御復紹祖
烈旻穹不惠年五十一熹平二年三月己
丑卒國失其良民望永絕京夏凡百靡不
愍悼故吏臣綵叶天訴墜嗟兮何及哀矣
惟傷感惟既殁德之隆者莫盛不朽乃共
追錫嵌勳鐫石示後俾延億齡譽不翳隧

其辭曰
惟嶽降靈於我明君膺天鍾慶誕德孔醇
溫恭博敏貞皦蘊倫帝嘉忠懿乃詔寵光
俾侯禁宮夙夜是勤命出作宰清風穆神
委茂戚勳赴義長逝民思遺愛奔告于丕
闕不窗真莫肯慰楊澤泥樂志縉紳仰從
三公並招當為國暉壽不□□早葉隕林
朋徒潺湲士女愴悲顯百其身皇不我予
銘頌廟諱石下闕

右碑首尾不完文字磨滅可識者四百三十字不可

識者六十一字按漢書楊震子牧爲富波相君乃牧
子也叔父太尉者秉也出米乞令前史所無惜其名
字磨滅不可見矣集古錄

右漢故繁陽令楊君之碑銘篆額逸其名楊君者太
尉震之孫富波相牧之子太尉秉之猶子沛相統之
親昆弟高陽令著之從昆弟也自郎中除右都候遷
繁陽令以靈帝熹平三年卒漢公卿二千石父母之
喪不得奔赴荀爽對策詳矣度尙及楊君皆以期喪
去官可見漢代位高而創鉅者反奪情廢禮也守令
有美政百姓愛之如父母攀車截鐙不忍其去者固

有之楊君之行老弱跋涉其衆至於二千餘人守闕
上書其久至於歷年繁陽在河之北去漢京七百餘
里運穀助官乞還令君其多至於萬斛此事則未之
前聞史氏罔羅脫畧至後世不得其名惜哉今之俗
或投匭以借留或列陳於外臺葢有欺而不實者此
之輸粟萬斛則其出於誠心也作碑者再三歎惋斯
事其文云有司聳昧莫能識察說文生而聾曰聳其詩又云
顧不審眞莫肯慰揚嗚呼政令委靡淑慝無所甄別
在位者憒憒如聾瞽熹平之間不特此一事也碑以假爾
作退邇犆作特歔作欷俞作愈幹作齡戶郎克字速
郎迹字婁郎絜字徦郎退字陘郎地字遒郎乃字隧
郎隧字隸釋

繁陽令楊君碑篆額二行有穿碑十八行行三十字
碑陰二十二行每行六人第七列惟有一故民其中
書典作者姓字每列之下各虛一字有官氏字多者
則高出其上亦有下出者穿在第一第二列之間隸續

楊君以叔父大尉喪去官吏民二千餘人守闕上書
歷年運穀萬斛助官以乞還君集古隸釋皆謂此事
未之前聞葢以上書歷年輸穀爲僅事也豈知漢人
近古直道在人即前書魏相爲河南太守去官河南
卒戍中都者二三千人遮大將軍自言願留作一年

以贖太守而河南之老弱守闕上書者萬餘人古之
善教得民者爭欲得賢守令以父母之乞留之誠固
自不約而同也前後書如乞還楊君者屢見彼經年
留戍尙所不辭況輸穀乎今之猴冠虎翼者多入陳
乞輒引漢公卿二千石父母之喪不得奔赴爲例而
千萬吏中得一二循良反鋤而去之無一人敢攀號
者讀此碑能不太息乎金石後錄

漢繁陽令楊君其名既闕弟字上又闕三字乃沛相
之弟富波君之少子所云叔父太尉者乃太尉震弟
三子秉富波君之弟也以叔憂去官唯漢爲然潘寧跋

按楊君鈌其名字太尉震之孫沛相統之弟爲繁
陽令有善政而太尉碑中獨遺之故集古錄集古
錄目金石錄隸釋諸書俱未詳其名余攷唐書宰
相世系表富波侯二子長統少馥則沛相之弟乃
馥也碑爲宋時搨本共鈌三十四字尚在歐陽所
見六十一字本之前然與隸釋相校殊無增損知
洪氏所錄已據舊搨本矣首行殘泐不可見者二
十九字潘寧跋誤稱弟字上鈌三字殆由未攷碑
式耳碑云叫天訴墬墬郎地字籀文地作墬此省
从豕無極山碑與天墬俱生字與此同

司隸校尉魯峻碑

碑高一丈一尺五寸廣四尺五寸十七行行三十二
字額題漢故司隸校尉忠惠父魯君碑今在濟寧州
學

君諱峻字仲𡾊山陽昌邑人其先周文公
之碩胄□□伯禽之懿緒以載于祖考之
銘也君則監營謁者之孫脩武令之子體
純龢之德秉仁義之操治魯詩兼通顏氏
春秋博覽羣書無物不栞學為儒宗行為
士表漢□始仕佐職牧守敬恪恭儉州里
歸稱舉孝廉除郎中謁者河內大守丞喪

父如禮辟司徒府舉高第侍御史東郡頓
丘令視事四年比縱豹產化行如流遷九
江大守□殘酷之刑行循吏之道統政□
載穌若清風有黃霸召信臣在潁南之歌
以公事去官休神家衖未能一朞為司空
王暢所舉徵拜議郎太尉長史御史中丞
延熹七年二月丁卯拜司隸校尉董督京
輦掌察羣寮蠲細舉大権然疏發不為小
威以濟其仁弼中獨斷以效其節案奏□
公彈紏五卿華夏祗肅侫穢者遠遭母憂

金石萃編卷十五 漢十一 三

自乞拜議郎服竟還拜屯騎校尉以病遜
位守疏廣止足之計樂於陵灌園之契閉
門靜居琴書自娛年六十二熹平元年□
月癸酉卒明年四月庚子葬於是門生汝
南干商沛國丁直魏郡馬蹈勃海呂圖任
城吳盛陳留誠屯東郡夏侯廟諱等三百廿
人追惟在昔游夏之徒作謚宣尼君事帝
則忠臨民則惠乃昭告神明謚君曰忠惠
父息歔不十弱冠而孤承堂弗構斯薪弗
何悲蓼蕊之不報痛昊天之靡嘉損企有

紀能不號著刊石叙玄其銘曰
巖巖山嵒礧落彰較棠棠忠惠令德孔嬫
命口時生雅度廟諱綽允文允武厥姿烈逴
內懷溫潤外撮強虐督司京師穌然清邈
當口組職爲國之權匪究南山遐邇忉憯
凡百君子欽謚嘉樂永傳音齡暐矣旳旳

碑陰

共六列每列二十一人

故吏河內夏管懿方遠千
故吏九江壽春瞰龔伯麟五百

故吏九江壽春任琪孝長五百
故吏東郡頓丘許踰伯過五百
門生沛國譙丁直景榮千
門生勃海高成呂圖世階千
門生東郡濮陽敗敦登高千
門生汝南召陵千商朝公五百
門生南陽新野魏顯文臺五百
門生平原般路龍顯公五百
門生平原西平昌王端子行五百
門生陳留尉氏胡嵩永高五百

門生陳留尉氏胡昱仲表五百
門生濟陰定陶律真子然五百
門生任城樊兒雄大平五百
門生平原樂陵路福世輔三百
門生魏郡斥丘李牧君伯三百
門生魏郡繁陽王輔子助三百
門生任城任城吳盛子興三百
門生任城任城周普妙高三百
門生勃海重合梁悺捌節三百
門生河東蒲反李口口時三百

門生河東蒲反陽成口文智三百
門生汝南汝陽鄭立口節三百
門生東郡臨邑夏侯宏子松二百
門生東郡博平孫謙口口二百
門生東郡樂平邢顯口口二百
門生東郡樂平邢口李口二百
門生魏郡内漢馬萌子口二百
門生魏郡黎陽王口少口二百
門生汝南灈強尹德超口二百
門生汝南灈強尹顯樹口二百

門生勃海南皮劉扶節□□百
門生勃海南皮劉盛興□□百
門生河間𨱇成東鄉晨子□二百
門生河間𨱇成東鄉恭公□二百
門生平原西平昌劉本景高二百
門生平原般張謙伯讓二百
門生陳留尉氏夏統子思二百
門生濟陰乘氏許仁伯德二百
門生濟陰離狐周維元興二百
義士梁國寧陵史張張良二百

右漢魯峻碑文字粗完故得遷拜次序頗詳以見漢官之制如此惟云遭母憂自乞拜議郎又其最後爲屯騎校尉而碑首題云漢故司隸校尉忠惠父魯君碑二者莫曉其義集古錄

碑云君諱峻字仲嚴鄘道元注水經引戴延之西征記曰焦氏山北金鄉山有漢司隸校尉魯恭冢冢前有石祠四壁皆青石隱起自書契以來忠臣孝子貞婦孔子及七十二弟子形像像邊皆刻石記之今墓與石室尙存惟此碑爲人輦至任城縣學矣余嘗得石室所刻畫像與延之所記合又其他地里書如方

輿志寰宇記之類皆作峻惟水經誤轉寫爲恭爾金石錄

右漢故司隸校尉忠惠父魯君碑隸額歐陽公云峻遭母憂自乞拜議郎又最後爲屯騎而碑首題以司隸二者莫曉予嘗考漢代風俗相承雖丁私艱亦多以日易月鮮有執喪三年者故元初詔書始聽大臣二千石行三年喪至建光元年復禁不許李翊去官二交故銘文頌其考憂釋紼時則有居憂不釋紱者矣肅宗時越騎校尉桓郁以母憂乞身詔公卿議皆以郁身爲名儒學者之宗可許之詔聽以侍中行服後其子焉爲太子太傅以母憂自乞聽以大夫行喪二公纏陟屺之痛皆避劇就閒與魯君以議郎行喪同漢人所書碑誌或以所重之官揭之司隸權尊而秩淸非列校可比亦猶馮緄捨廷尉而用車騎也周官注云義儀二字古皆音俄詩以實惟我儀協在彼中河樂且有儀協在彼中阿太元亦以各遵其儀協不偏不頗左傳音蛾析作蟻徐廣音檥船作俄漢碑凡蓼莪皆作蓼儀此碑又作蓼義銘詩煥矣灼灼俱易火以目令德孔鑠又復从女若堂堂作棠棠則它碑亦有之碑以栞爲看縱爲蹤𣂺爲析䘙爲衮音爲億倲郎儒字緰郎細字婺郎絜字珽郎琴

字差即嗟字虘即虐字　隸釋
水經注以峻爲恭趙氏謂方輿志寰宇記皆作峻予
家舊藏此碑峻字明白可識趙氏果有其本何乃不
知而必欲證之以地里書也鄭夾漈又謂此碑書於
蔡邕按徐浩古迹記其叙邕書惟三體石經西岳光
和殷華馮敦數碑及考其他字書亦未聞邕嘗書此
不知鄭氏何所據也　右魯峻碑陰歐陽公趙明誠
皆失收錄至洪丞相隸釋於漢碑搜羅殆盡而亦復
遺焉　金薤琳琅
私謚起于春秋漢末尚節義故尚不廢荀秦既已非
古猶謚及隱逸唐朝臣尚加山林之號激貪厲競豈
曰罔碑今典三品京朝摸牀結舌循叙考終皆得美
謚外吏郎品亞六卿德牟夷惠非際時會竟以格置
夫錄勞則外瘁於內崇體則抔土長掩防大則殁無
虞掉此義人勞卿所以扼腕太息也乃知私謚所當
復古嗚呼今安得此門生故吏乎　金石史
歐陽公云峻碑首題司隸二字莫曉洪氏云漢人碑
誌以所重之官揭之司隸非列校可比也予至濟寧
碑下詳繹其文遭母憂自乞拜議郎服竟還拜屯騎
校尉以病遜位守疏廣止足之計樂於陵灌園之潔

似峻持服三年起拜屯騎而即歸未嘗在位故碑首
叙其實歷之官也百官志七校尉皆二千石如洪之
說以司隸爲權尊而特書之則朝廷官秩可任人去
畱者耶　金石後錄
右魯峻碑陰載故吏四人門生三十七人義士一人
按峻碑熹平元年卒明年四月葬于是門生汝南干
沸
沛國丁直魏郡馬萌勃海吕圖任城吴盛陳畱誠
屯東郡夏侯宏等三百廿人刊石叙哀而此載四十
餘人其脫畧者多矣隸釋載魯峻斷碑陰九十有一
人書姓氏而不名有郡者二人與此迥異洪跋云據
藏碑者以爲魯君碑陰度其石之廣與魯碑合所存
止尺有七寸乃其下之四橫橫二十有四人計其上
當有十橫也蓋洪在南宋與東齊阻絕不見此碑故
仍傳文之誤余則身至碑下乃爲可信即金薤琳琅
所載闕字以余家藏本較之可識者數十字更遺脫
平原王口子行以下八人少卿素稱博洽謬誤乃爾
豈當時所收殘失或鏤板脫落否則碑在濟寧並非
僻遠曷不稍加考較乎　金石錄補
魯峻延熹七年拜司隸校尉按漢書桓帝延熹九年
中二年帝御前殿命司隸校尉張彪率兵圍梁冀第

收大將軍印綬九年以黨人下司隸校尉李膺北寺
獄峻漢書無考其在彪之後膺之前耶大名府開州
志境內有頓邱邑令昌邑魯峻碑州東北有頓邱顏
師古曰因邱以氏縣衛風送子涉淇至于頓邱者也
然則峻昌邑人始爲頓邱令也碑今無矣來齋金石刻考畧
碑陰凡三列下一列漫滅存者二列每列二十一人
前有故吏四人餘稱門生最後一人稱義士凡四十
二人皆有郡縣名字及出錢之數碑載門生汝南干
商沛國丁直魏郡馬萌勃海吕圖任城吳盛陳留誠
屯東郡夏侯宏等爲之作謚立碑兩列中干丁馬吕

吳姓名皆在惟誠夏侯二人無之蓋在第三列也隸
續有魯峻斷碑陰跋云所存其下之四横横二十有
四人凡九十有一人書姓字而不名惟徐袁二人有
郡藏碑者以爲魯君碑陰雖無所據度其石之廣適
與魯碑合又字體與魯碑相類若無可疑今按此陰
凡三列隸續所載乃有四横今存者四十二人而乃
有九十一人又皆書姓字而不名無故吏門生義士
之稱亦誤以他碑之陰爲魯峻耳此陰至今尙存洪
氏何以未見隸辨
金薤琳瑯云碑文字粗完可讀今取石本較都公所

錄都本少八人其中誤釋者數十字又都本以爲殘
鈌而今本尙完好可識者十餘字蓋都公于分隸非
其所習又或所見本不清遂據以爲定爾金石存
洪氏引毛詩左傳周官太元諸書爲義莪通用之本
是固然已然此碑以蓼莪作蓼義義字从艸是又微
異耳又洪以栞卽看字顧南原嘗辨其誤謂卽栞旅
栞木之栞顧說是也蓋栞卽刊字猶筆削勘定之義
爾又洪以緄卽袞字按詩袞職注雖以毳冕爲訓然
玉篇緄古本切織成章也則緄字自亦可通　遐邇
忉惆顧南原云惆疑卽惆字非也按詩倬彼甫田陸

德明云倬陟角反韓詩作箌音同云箌倬也傳云倬
明貌疏云毛以爲倬然明大者可見倬字本有大義
矣爾雅箌大也注云箌義未聞然爾雅注云箌音罩
則是箌有卓罩二音矣疑當時方言惆與悼通也雖
輶軒絕代語所未採然似可備一說不必以去人之
界爲疑耳說文悼从心卓聲徐鼎臣謂悼當从罩省
卓非聲者誤也　奏字內非从夫其上一畫乃逆筆
予有舊拓本驗之乃知也何義門云奏字篆從本楷
書未知當何從也魯峻碑奏字稍與本字爲近耳案
今所行婁氏字原顧氏隸辨板本則皆逕作夫字矣

洪所未釋者傛卽佫衖卽巷也𨹧字益旁並變爲三猶从水也王士仕諸字中皆加小畫則隸體涉筆之偶變也　潁南之潁張函齋釋作从水然石實从禾隸體之未能盡繩者如此正多也至第五行除字五字實張氏臆斷石泐不可見矣延熹七年七字今止露半据洪氏作七年按通鑑目錄是年二月壬寅朔丁卯是月之二十六日則在七年無可疑矣年六十二二字石本今尚可見洪作一字非也　碑陰與碑文書者非出一人隸續云曾峻譙敏碑並云蔡中郎書蓋碑錄之云也洪以爲皆不足信是矣至碑陰

字體則高城阜城城皆省作成黎陽黎作䵍蒲坂坂作反壬端壬輔王皆作壬又與碑文王字中加小畫者不同蓋當時隸體多隨勢爲之矣　西平昌之邑後漢書郡國志平原郡條下無之而前志平原郡有平昌後志平原郡之次卽樂安國其下注云高帝西平昌置爲千乘句不可解千乘與西平昌自是兩地不應牽連書於樂安國之下恐是西平昌在平原郡下而錯簡耳　洪氏隸釋既不見是碑之陰故不知門生汝南千商之名而朱竹垞經義考承師門內亦止有千姓而無其名且所載至東海夏侯而止予今

盡取碑陰門生邑居姓氏以補之　隸釋云是碑陰凡三列下一列漫滅方綱向者執顧氏此說以謂既云三列則或下列尚有一二畫微露者尚未可知或是拓碑之工不肯用全石之紙以揭之耳今屬錢唐黃小松親到濟寧學宮碑下手拓其陰紙之高下與碑之正面相等而其下半實無一字並非拓工省紙有所遺失也且可以見牛氏所云高八尺五寸之訛當是五尺八寸耳蓋著錄之不可憑如此　戴延之西征記曾峻冢前有石祠堂中四壁皆忠臣孝子孔子及七十二弟子形象此條見水經注並見藝文類

聚而藝文類聚引此作曾峻水經注作曾恭是水經注所引偶誤也兩漢金石記

碑云有黃覇名信臣在潁南之歌覇守潁川信臣守南陽此稱潁南者各舉其一字也三國人多稱吳會稽二郡爲吳會亦類此蓋流俗之稱文人沿用而不察爾胡三省云太史公謂吳爲江南一都會故後人謂吳會予案史公貨殖一篇言都會者多矣何獨於吳稱會此胡氏之臆說而近人多取之何也　攷洪文惠隸續所載曾峻碑陰與此全別洪氏在南渡時未得親至碑所但據收藏家之說題之故猶疑而未

定而洪所指爲峻碑陰者世已失傳竟未審爲何人碑也潛研堂金石文跋尾

案碑云弸中獨斷說文弸弓彊貌言中有彊毅之性故遇事能斷也遐邇㤅𢜶翁閤學云詩倬彼甫田韓詩倬作箌箌有卓罩二音疑當時方言𢜶與悼通翁說是也倬字或作箌則悼字亦可通作𢜶倬罩悼皆从卓得聲古音卓聲到聲同在一部本與銘辭上下諸韻合或以爲字書無𢜶字以音義求之似與怛字同疎矣碑陰二列洪氏未見其中定陶棣箕張力臣釋爲棣箕亦非是山左金石志

歐陽棐集古錄目云高平昌邑人據碑文云山陽昌邑人校訂隸釋存疑

按碑額題忠惠父者其門人于商等所作私謚文云息獻不才弱冠而孤承堂弗構析薪弗何云云知其子爲文刊石以述其父此皆漢碑中創例何卽荷字論語荷蕢古今人表作何蕢說文何儋也儋何也徐鉉曰儋何卽負何借爲誰何之何今俗別作擔荷非是碑陰凡二列四十二人濟寧州志據張弨釋文錄入碑攷字多錯謬其尤甚者定陶棣箕志作肆箕攷字書無肆字通志氏族畧複姓游棣氏英賢傳游棣子著書一篇言法家事漢書作游棣萬姓統譜王莽時又有司馬棣並漢人謬篆多書棣字爲棣棣其姓也勃海重合志作量合據郡國志勃海郡有重合侯國可與碑證牛氏金石圖棣亦作肆重刻爲潼皆誤

熹平殘碑

碑上下右三面斷闕高一尺四寸廣一尺三寸存八行行約十三四字第五行無字今在曲阜縣孔廟

上闕貝時勞閭閾之中口下闕　上闕行成於内名

立畝著當獲自天之祥下闕　上闕八年廿有七

熹平二年十一月乙未下闕　上闕府君君國

濟民以禮閭風旌善表德下闕

上闕嘉珪璋其質芳麗其華敦書樂古如下闕

上闕君有命乂以疾辭何辜穹倉降此短下闕

上闕試

碑存字廑七十餘有云年廿有七熹平二年十一月乙未者蓋其卒之年月也又云府君君國濟民以禮閭風旌善表德當是曾任郡守者漢時惟郡國守相及都尉得稱府君也攷漢自陽嘉以後用左雄議孝廉年不滿四十不得察舉此君官至二千石計其入官踐歷當亦有年而卒之時廑廿有七豈陽嘉詔書

所謂有如顏回子奇不拘年齒者耶潛研堂金石文跋尾
此碑存字七行字徑一寸前四行爲序後三行乃銘
辭也乾隆癸丑十月元案試至曲阜適黄小松訪得
此石于東關外急告元命人掘土出之舁至試院秉
燭洗土審眎得七十三字不全者六字其熹平二年
十二月乙未下遘字存少半此卒之年月非立石年
月如魯峻卒於熹平元年□月碑立於二年四月也
因移置孔廟爲題識數語刻碑後焉山左金石志
碑石斷剝予釋其文蓋亦處逸守介不延其年于時
守斯土者表于墓也曲阜在兩漢並爲魯國今碑出

於此而文稱府君意其爲國相與韓勑修孔廟碑後
云魯相河南京韓君又云府君諱勑字叔節無極山
碑稱太常下郡國相南陽馮府君北海相景君銘故
北海相任城景府君安平相孫根碑稱皇矣府君趙
相雍勸闕銘稱趙國府君然則漢時稱國相與太守
同矣顧亭林謂府君晉漢時太守之稱蓋未旁推予
此也授堂金石跋

武都太守耿勳碑

碑高六尺六寸廣六尺二寸二十二行行二十二字今在成縣

漢武都太守右扶風茂陵耿君諱勳字伯

瑋其先本自鉅鹿戉有令名爲漢建功俾
侯三國卿守將帥爵位相承吕迄于君君
敦詩說禮家仍典軍歷難和戎武慮慷慨
吕得奉貢上計廷陳惠康安遏之謀上納
其謨拜郎上黨府丞掌令孝績有成苻英
乃胒熹平二年三月六日郎官奉宣詔書
哀閔垂恩猛不殘義寬不宥姦喜不縱慝
感不戮仁賞恭罰否異輿□流其於統系
寵存贈亡篤出至也歲在癸丑厥運淫雨
傷害稼穡率土普議開倉振澹身冒炎赫

火星出熱至屬縣巡行窮匱陟降山谷經
營拔涉草止露宿扶活□餐千有餘人出
奉錢市□□作衣賜給貧乏發荒田耕種
賦與寡獨王佳小男楊孝等三百餘戶減
省貪吏二百八十人勸課趍時百姓樂業
老者得終其壽幼者得吕全育甘棠之愛
不是過矣又開故道銅官鑄作錢器興利
無極外羌且□等怖威悔惠重譯乞降脩
治狹道分子效力役大小民得眾兆之歡
心可謂卬之若明神者已夫美政不紀人

無述焉國人僉嘆刊勒斯石表示無窮其
辭曰
赫崖惟岳神曜吐精育茲令德既喆且明
寔謂耿君天胙顯榮司牧莅政布化惟成
柔嘉惟則穆如風清勤卹民隱拯阸扶傾
匪皇啓處東撫西征赤子遭慈以活以生
山靈挺寶匈灾乃平愷悌父母民賴以寧
熹平三年四月廿日壬戌西部通橋掾下
辨李禊造

漢武都太守扶風茂陵耿勳爲守以熹平三年立碑
又同谷志云熹平三年太守耿勳政蹟記并題名記
并在封泉保魚竅峽（王象之天下輿地碑記）

右武都太守扶風茂陵耿勳碑靈帝熹平三年造蓋德政碑也造碑之人郎李翕天井碑中西部道橋掾李禊也壬子之夏李翕尚在武都次年暮春耿君到郡似是繼翕者碑云其先本自鉅鹿世有令名爲漢建功俾侯三國卿守將帥爵位相承按漢史雲臺功臣牟平侯耿純者鉅鹿人其三弟亦同時封侯好畤侯耿弇者茂陵人傳云其先武帝時以吏二千石自鉅鹿徙中興初其父況封隃麋侯弟舒封牟平侯所謂俾侯三國者謂隃麋父子也耿氏自中興後迄建安之末大將軍二人將軍九人卿十三人列侯十九人中郎將護羌校尉及刺史二千石數十百人所謂爵位相承者也好畤鴻烈與寇鄧齒其後有列傳者四人皆抱將帥之畧著邊徼之勳碑謂武都敦詩閱禮家仍典軍歷難和戎武慮慷慨陳惠康安遏之謀天子納而用之可謂能世其家者既貫茂陵則是隃麋之後裔也（碑以說爲閱以拔爲跋　隸續）

耿勳碑字與郙閣頌相類乾道間方出（漢隸字原）

右碑云其先本自鉅鹿則是耿純耿弇之後又云熹平二年二月到官又云歲在癸丑滛雨傷稼開倉賑贍身冒炎赫至屬縣巡行給餐千有餘人出俸錢賑衣賜給寡獨至佳小男楊孝等三百餘戸減省貪吏二百八十人百姓樂業云云按靈帝熹平二年癸丑卽勳涖任之年也給餐卽今設粥賑飢之類使勳止于撫循而不減省貪吏則民樂歲終身苦矣語曰去莠去其害苗者也錄是碑不無有感于末造已（金石錄補）

予今所得拓本已極泐缺矣然就其畫隱隱可見者諦審之全文尚粗可讀其中洪錄原闕而今無從別識者四字而已（七行流上一字十行作上二字十四行等上一字）洪有而今

闕者二十二字一行守鉅二行卿爵三行軍壓慮得六行詔猛七行奧八行運淫讓九行窮扱十一行餘貪十三行鑄器十六行政十八行胙至於洪闕而今辨出者則五行丏字七行系字十一行与字二十行匪啓處字二十一行灾字此凡七字可補洪氏所未備矣又洪誤而今正者五字莽字洪誤釋英十行市字洪誤釋兩作字洪誤釋振十六行僉字洪誤釋命二十一行丏字洪誤釋字此凡五字尤足關於考正者也莽即筭字蕩陰令張遷碑八月莽民卽此字苻莽乃胙者胙卽福祚之祚古通用也隸辨祚字下引四老神祚机字云胙與祚同說文新附字祚福也徐鉉曰凡祭

必受胙胙卽福也爾雅釋天夏曰復祚釋文祚亦作胙是也匪黃啓處者婁氏字原啓字下引靈臺碑匪皇啓居與詩不遑啓居同可證也又洪氏釋云碑以說爲閱按此碑敦詩說禮說與閱不同也兩漢金石記

右碑中有十數字經後人重開不無譌舛翁閣學金石記中辨之審矣唯苻莢乃胙二句洪氏隸釋闕乃字而莢字未誤翁謂洪誤釋爲英此刊本之譌予家藏鈔本猶未作英也莢與筴同卽策字漢時郡守賜虎符及策書故有苻莢之語翁釋爲筭恐未然耿君以熹平二年三月到官其歲歲在癸丑滛雨害稼而

後漢書靈帝紀續漢書五行志俱不言郡國滛雨事知史之失載者多也潛研堂金石文跋尾

碑內譯字作㪉字俗工刓劖所致或者謂是都字異文者非也獨柔嘉惟則則字碑竟作賊字雖漢人善于借用不應謬戾至此然筆勢自然絕非重經開鑿者涵真閣漢碑文字跋

按碑經後人重鑿字畫較洪氏所錄頗多譌舛其尤甚者第五行癸酉到官改爲六日郎官十二行勸勉改爲勸課十五行口如農改爲大小民大率淺人以意爲之無所依據也今於全改之字姑依

石本摹錄而辨其誤如此文云開倉振澹澹與贍同史記司馬相如傳澌沈贍菑漢書作灑沈澹灾漢書食貨志猶未足以澹其欲也師古注澹古贍字荀子物不能澹則必爭楊倞注澹讀曰贍鹽鐵論飢寒於邊將何以澹之又云哀元元之未澹張納功德叙卹澹凍餒亦以澹爲贍振與賑亦通碑作振澹皆借用字金石錄補直釋爲賑贍失其旨矣

金石萃編卷十五終

賜進士出身　誥授光祿大夫刑部右侍郎加七級王昶譔

漢十二

石經殘字（共十二段）

其或迪自怨
之勞爾先予不
能迪古我先后
與降不永於戲今
建乃家　取卜汝

惠
伻鴻水曰陳其五行帝
建用皇極次六曰艾用三德
潤下作鹹炎上作苦曲直
民二曰貨三曰祀四曰司空
極凡厥庶民無有淫朋人其
朋人之有能有為使羞其行
路毋偏毋黨王道蕩蕩
為天下王三德一曰
家而凶于而國人

乃心
道出于不祥於戲君　曰時我
厥月惠

右尚書盤庚六行洪範十行君奭二行

惟是褊心是以為刺　葛屨
汾一曲言采其藚　其之子美
誰知之蓋亦勿思　園有棘其
父兮父曰嗟予子行役夙
哉猶來　陟岵三章章
兮不稼　胡取禾三百廛

特兮彼君子兮不素食兮　飲
食我黍三歲貫女
蟋蟀在堂歲聿其逝今我不樂
句　山有蓲隰有榆子有衣
酒食胡不日　且樂
既見君子　易

右詩魏風八行唐風四行

東戶
卒爵坐奠爵拜執
人皿洗升媵觚于賓

上拜受爵于筵前
首公荅拜媵爵者立
媵爵者執觶待
公〻
郊請反命肆于
三人君命聘于
善于受上介幣
賜使者幣使者
上介坐六如之
練冠以

右儀禮大射儀七行聘禮六行
年女者可
鬼公曰百姓安子諸侯
之辭也 譖者可公
右春秋公羊隱四年傳三行
百道之以撫一
方我我對曰毋違樊遲
子夏問孝子曰色〻有
人焉廋 子曰温故
師斯害也已 子曰 女

為則民服孔子曰
書云孝于惟孝友于兄
於殷禮所損益可知
枉道而事人可〻去父母之國
待孔子曰若季氏 景公
子曰鳳兮鳳兮何德之衰也往 可
諫也來者猶可追也
執車者為誰子子路曰為孔丘曰是魯孔
丘與曰是是知津矣
若從避世之士哉耰而不輟子路以告子憮

然曰鳥獸不可與同
穀不分孰為夫子置其杖而耘子路拱而
一止子路宿殺雞
如之何其廢之也欲絜其身而亂大倫君
子之仕也行其義
志辱身矣言中倫行中慮其斯以乎謂虞
仲夷佚隱居
陽擊磬襄入于海 周公謂魯公曰君子
不施其親
不蔽簡在帝心朕躬有罪毋以萬方萬方

尚書　論語　儀禮　公羊

左傳

有□在朕躬

帚心爲所重民食喪　寬則得衆敏則有

功公則說

不驕威而不猛子　曰何謂惠而不費子

曰民之

寸尊其瞻視儼　而畏之斯不亦威

而不猛一

右論語爲政八行微子八行堯曰四行

長也

今兼藩之内盡毛包周無方

詔書與博士臣左立郎

右論語篇末識語三行

石經遺字古文篆隸三體凡八百二十九字後漢熹平中校定五經使蔡邕以三體書今其石亡失皆盡皇祐中有蘇望者得模本左傳於故相王文康家取其完者而刻之莫辨其眞僞也在雒陽蘇氏家　歐陽棐集古錄目

漢魏石經堙滅殆盡往年雒陽守因閲營造司所棄碎石識而取之凡得尚書論語儀禮合數十段又有公羊碑一段在長安尚書論語之文今多不同獨公

尚書　論語　儀禮　公羊

羊當時無他本故其文與今文無異然皆殘闕已甚　姚寬西溪叢語

予弟匋字仁宅博學好古石經跋尾云右石經殘碑在洛陽張景元家世傳蔡中郎書至魏正始中又爲一字石經相承謂之七經正字今此所傳皆一體隸書必魏世所立者然唐經籍志又有邕今字論語二卷豈邕五經之外復爲此乎據隋經籍志凡言一字石經皆魏世所爲有一字論語二卷不言作者之名而唐志遂以爲蔡邕所作則又疑唐史傳之之誤也蓋自北齊遷邕石經於鄴都至河濱岸崩石沒於水者幾半隋開皇中又自鄴運入長安未及緝理尋以兵亂廢棄唐初魏鄭公鳩集所餘十不獲一而傳拓之本猶存祕府前史所謂三字石經者即邕所書然當時一字石經存者猶數十卷而三字石經止數卷而已由是知漢石經之亡久矣不能若是之多也魏石經近世猶存尚書論語儀禮合數十段又有公羊碑一段在長安其上有馬日磾等名號者魏世用日磾等所正定之本因存其名耳案洛陽記日磾等題名本在禮記碑而此乃在公羊碑上蓋知非邕所爲也吾友鄭堯卿自洛陽持石經紙本歸靳然寶之如

尚書　論語
禮記

金玉而子又從而攷之其勤如是予二人亦可謂有志於斯文矣方勺泊宅編

近年雒陽張氏發地得石十數漢蔡伯喈隸尙書禮記論語各已壞闕論語多可辨每語必他出至十數語則曰凡章若干如朝聞道夕死可也如鳳兮鳳兮何而德之衰如執車者爲誰子子路曰爲孔丘曰是魯孔丘與曰是是知津矣如置其杖而耘等語較今世本爲異尙書高宗饗國百年今世本肆高宗享國五十有九年爲異甚初伯喈以經讀遭穿鑿謬妄自書立石雒陽太學門下至開皇六年遷其石於長安文字刓泐不可知詔問劉焯劉炫能盡屈羣起之說焯因羅飛章之毀予謂孔子自衛反魯一定詩書之冊至漢熹平六百年有奇已多謬失自熹平至開皇又四百年有奇自開皇至今代又五百年有奇其謬失可勝計耶又隋史既遷其石於長安今尙有出於雒陽者何哉邵博聞見後錄

右漢石經遺字者藏雒陽及長安人家葢靈帝熹平四年所立其字則蔡邕小字八分書也其後屢經遷徙故散落不存今所有者才數千字皆土壤埋沒之餘摩滅而僅存者爾按後漢書儒林傳敘云爲古文

尚書　周易
公羊　論語
禮記　詩
儀禮

篆隸三體者非也葢邕所書乃八分而三體石經乃魏時所建也又按靈帝紀言詔諸儒正五經文字刻石立于太學門外蔡邕傳乃云奏求正定六經文字既已不同而章懷太子注引洛陽記所載有尙書周易公羊傳論語禮記今余所藏遺字有尙書公羊傳論語又有詩儀禮然則當時所立又不止六經矣雒陽記又云禮記碑上有諫議大夫馬日磾議郎蔡邕等名今論語公羊後亦有堂谿典馬日磾等姓名尙在據邕傳稱邕以經籍去聖久遠文字多謬俗儒穿鑿疑誤後學乃奏求正定自書于碑於是後儒晚學咸取正焉今石本既已摩滅而歲久轉寫日就訛舛以世所傳經書本校此遺字其不同者已數百言又篇第亦時有小異使完本具存則其異同可勝數邪然則其不可惜也哉而後世學者於去古數千百歲之後盡絀前代諸儒之論欲以己之私意悉通其說難矣余既錄爲三卷又取其文字不同者具列于卷末云金石錄

臨漢石經與今文不同者殊多今畧記之書女毋翕侮成人今本女無侮老成人保后胥高保后胥慼女永勸憂汝誕勸憂女有近則在乃心今近作戕女比猶念以相從今作分猷各翕

中（各設中）爾惠朕曷祇動萬民以遷（今作爾謂朕曷震動）天既付
命（今付作孚）曰陳其五行（今汨陳）嚴恭寅畏天命自亮以民
祗懼（今亮作度以作治）懷保小人惠于矜寡（今人作民于作鮮）毋兄
曰（今作無皇曰）則兄自敬德（兄作皇）旦以前人之徵言（今前作受）
（徵作徵）是罔顯哉厥世（今哉作在）文王之鮮光（今作耿光）通因就
大命（今作迭殷集大命）論語意與之與（今意作抑）孝于惟孝（今于作乎）
朝聞道夕死可也（今也作矣）是曾孔丘與曰是知津矣（是魯）
（孔丘與曰是也曰是知津矣）耰不輟子路以告子憮然（耰而不輟子路行以）
（告夫子憮然）置其杖而耘（今置作植）其斯以乎（其斯而已矣）譬諸宮
牆（今諸作之）賈諸賈之哉（今賈作沽）又論語每篇各計其章數
其最後云凡二十篇萬五千七百一十字又記諸家
異聞之語若曰在于蕭牆之內盍毛包周氏于今論
語無盍氏毛氏書此石刻在洛陽本在洛宮前御史
臺中年久摧散洛人好事者時時得之若騏驥一毛
虬龍片甲今張燾龍學家有十版最多張氏壻家有
五六版王晉玉家有小塊洛中所有者止此予皆得
其拓本論語之末題云詔書與博士臣左右（劉本無臣字）
郎中臣書上臣下皆鈌當是著書者姓名或云此即
蔡邕書姓名既亡無以辨之獨刻者陳與姓名甚完
何其幸歟又有一版公羊不知誰氏所得其末云谿

典諫議大夫臣馬日磾臣趙䟫議郎臣劉宏郎中臣
張文臣蘇陵臣傅楨雜（雜未詳）下谿上鈌谿上當是堂
謂堂谿典也此盍鴻都一字石經然經各異手書不
必皆蔡邕也三字者不見真刻獨此一字者乃當時
所刻字畫高古精善殊可寶重開元中嘗藏拓本于
御府以開元二字小印印之與法書名畫同藏盍唐
世以前未錄前代石刻獨此見收其可寶如此（東觀餘論）
經廢於世無所傳聞久矣當秦未滅詩書其學已失
舊法世傳不可復求而得之況其在後世耶漢承秦
亡雖起而盡收於溝渠灰燼間然鈌殘湮淪無復全
學諸儒妄度聖人隨誤釋謬方將訓習章句不得其
序其能得之道全以求聖人之意而不失哉至其不
得於言則疑於經不得於經則疑於學師習各異黨
學相伐至改滋蔓周由等以就其學有不合者則私
定桼書以應其誤獨蔡邕鐫刻七經著於石碑有所
檢据隱括其失而周盡當時號鴻都三字其異文者
附見此於已殘之經得收其遺逸而僅存其可貴也
纔三十年兵火繼遭碑亦損鈌魏正始中又立一字
石經相承以爲七經正字後魏武定四年移洛陽漢
魏石經於鄴魏末齊神武自洛陽徙於鄴都河陽河

尚書 周易
公羊 禮記

岸崩遂沒於水其得至鄴者殆不得其半周大象中詔徙鄴城石經於洛時爲軍人破毀至有竊載還鄴者船壞沒溺不勝其衆也其後得者盡破爲橋基隋開皇六年自鄴京載入長安置於秘書內省議欲補緝立於國學會亂遂廢營造之司用爲柱礎貞觀初魏徵始收聚之十不一存其相承傳拓之本猶在秘府當時考驗至詳謂不盡爲邕如馬日磾數輩相與成之然漢隸簡古深於法度亦後世不及故兼存之

趙綽曰唐造防秋館時穿地多得石經故洛中人士逮今有之考當時所得已是漢世所遺沒而得者國

初開地唐御史府得石經十餘石此又唐末淪沒之所出也　秘書郎黃符以石經尚書示予爲考而識之蔡邕以熹平四年奏求正六經文字自書於碑大屋覆藏立太學門外號鴻都石經屋覆四面欄障開門於南河南郡設吏卒視之昔朱越石與兄書曰石經文都其碑高一丈許廣四尺駢羅相接太學在南明外門講堂長十丈廣三丈堂前石經四部本碑四十六枚元魏時西行尚書周易公羊傳十六碑存十二碑毀南行禮記十五碑悉崩壞東行論語三碑毀禮記但存諫議大夫馬日磾議郎蔡邕名當是時尚

有碑十八蓋春秋尚書作篆隸科斗復有周易尚書公羊禮記四部陽衒之曰石經尚書公羊爲四部又謂春秋尚書二部書有二經當是古文已出衒之出北齊謂得四十八碑誤也洛陽昔得石經尚書幾段殘破不屬蓋盤庚洪範無逸多士多方總二百三十六字其文與今尚書盡同間有異者纔十餘然則知古文尚書蓋已見於此或曰魏亦作石經安知此爲漢所書哉予謂魏一字漢爲三字此其得相亂邪且曰天命自度碑作亮惠鮮鰥寡碑作惠于矜寡迺逸既誕作迺憲既延治民祗懼作以民肆高宗享國五

十九年作百年以書考之知傳授譌誤不若碑之正也方漢立學官書惟有歐陽夏侯其書雖不全見今諸家所引與古文尚書全異不應今所存古文反盡同也疑邕既立二書則或當以古文自存矣王肅解書悉自孔傳便知魏去漢世未遠肅得其文不然不應又盡同也昔內史梅賾分舜典而當時猶疑知古經已廢于漢魏不爾肅得自私使世疑邪予知至晉其書已絕今考杜預釋左傳以古文爲逸書又知歐陽夏侯所傳殆異於古文其知者於此乎考之　石經今廢不存或自河南御史臺發地得之蓋論語第

一篇并第十四篇爲一碑亡其半矣其可識者字二百七十又自第十八篇至第二十篇爲一碑破缺殘餘得五之一其存字爲三百五十七以今文論語校之其異者若抑與之與爲意與之我未見好仁者惡不仁者作未見好仁惡不仁朝聞道夕死可矣作可也有三年之愛于其父母無乎字惡居下流而無流字年四十而見惡焉無焉字鳳號鳳號作何得之衰往者不可諫也來者猶可追也今本皆異執輿者爲誰而作執車者爲誰子是魯孔丘與曰是然後曰是知津矣比今書多二字穫而不輟作櫌夫子憮然植

其杖作置其斯而已矣作其斯以乎子游作子斿而在蕭牆之內作而在于蕭牆之內凡碑之所存校其異者已十五之一矣使鴻都舊書盡存則其異可知也夫以邕之所定雖未盡得聖人本書然漢儒學專其校定衆家得正譌誤多矣此猶是千歲舊書比今兵火之餘師學已久廢其庸得論當邪(廣川書跋)

石經尚書殘碑

命(孔本作身)何及相(闕)散(孔作儉下闕)言曰人維舊(孔舊上有求字下闕二字)殺(孔作求)舊(下闕)有志女毋翕侮成人毋流(孔作汝無侮老成人無弱下闕)各共爾事齊乃位度爾(孔作乃)口(下闕)民之承保后胥高(孔作慼)鮮以不浮(下闕)試以爾(孔作汝)遷安定厥國(孔作邦)亼(孔無)女不(下闕)其或迪(孔作稽)自怨(孔作怒下闕)朮(孔作誕)勸憂今其有今罔後女何(下闕)之勞爾先予不(下闕)于茲高后丕乃知(孔作崇)降弗疾曰(下闕)能迪古我先后(下闕)民女有近(孔作戕)則在乃心我先后綏(下闕)興降丕永於戲(孔作崇降弗祥嗚呼)今予(下闕)絕遠女比猶(孔作分猷)念以相從各翕(孔作設)中(下闕)建乃家　般(孔作盤闕一字)旣(下闕)衆曰女罔台民(孔作無戲怠)勖(孔作懋)建大命今我(孔作予下闕)凶德綏(孔作嘉)績(下闕)今(孔無)爾惠(孔作謂)朕(闕)楹(孔作震)動萬民以遷肆上(下闕)乘(孔作隱)哉予其勖(孔作懋)簡相爾念敬我衆朕不(已上盤庚三篇)民中絕命民有不若德不聽爾

天旣付(孔作孚)(已上高宗肜日篇)厥遺任(孔作王)父母弟不迪乃維四方(下闕)不啇于四伐五伐六伐七伐乃(已上牧誓篇)伊(孔無)鴻(孔作洪)水曰(孔作汨)陳其五行帝(下闕)曰建用皇極次六曰艾(孔作乂)用三德(下闕)潤下作鹹炎上作苦曲直作(下闕)食二曰偵三曰祀四曰司空(下闕)極凡厥庶民無有淫朋人無有(下闕)明人之有能有爲使羞其行而(下闕)路毋偏毋黨王道蕩蕩毋黨(下闕)爲天下王三德(孔三上有六)一曰正直二(下闕)家而(孔無)凶于而國人用(闕)頗辟(孔作僻下闕)乃心謀及卿(闕)謀及庶民(孔作人)(已上洪範篇)維天命元(孔元作無違)朕不敢有(下闕)爾時維天命王曰告爾(孔無)

告爾二字多（下闕）玆雒（孔作洛）亍維四方罔攸賓亦維爾（下闕）有
年于玆雒爾小子乃興從爾遷王（已上多士篇）嗇（孔作穡）之
艱難乃劮（孔作逸）乃憲（孔作諺）既延（孔作誕）不（孔作否）則侮厥
（下闕）中宗嚴恭寅畏天命自亮以（孔作度治）民祗懼（下闕）或怨
肆高宗之饗國百年（孔作享國五十有九年）自時厥後（下闕）功田
功徽柔懿共懷保小人（孔作民）惠于矜（孔作鮮鰥下闕）酒（孔作淫）
毋劮（孔作逸）于遊田維（闕）共（孔作無淫于觀于逸于遊于田以萬民惟正之供）
毋兄（孔作無皇）曰今日（下闕）厥丕聖（孔作聽）人乃訓變（孔變上有之乃）
亂正荆（孔正上有先王之）至于（下闕）則兄曰（孔作皇自）敬德厥衍曰
朕之衍允（下闕）公曰於戲嗣王監于玆（孔監上有其 已上無逸篇）

道（孔作終）出于不詳於戲君（闕）曰時我（已上君奭篇）我則
致天之（已上多方篇）常伯常任碑（孔作準下闕）亂（孔無）謀面用
（下闕）于厥邑其在（下闕）有會（孔作後）心以敬事（下闕）王維厥（孔厥
上有克）度（孔作宅）心乃（下闕）受玆（孔作此）丕丕其（孔作基）於戲（下闕）
旦以前（孔作已受）人之徽（孔作徽）言（下闕）則德（孔德上有于）是罔顯
哉（孔作在）厥世（下闕）王之鮮（孔作耿）光以揚武王（已上立政篇）
几乃（闕）召大保（下闕）通（孔作達）殷就（孔作集）大命在（下闕）非幾
玆師（孔作既下闕）黼衣（孔作裳已上顧命篇）右石經尚書殘碑
盤庚篇百七十二字高宗肜日篇十五字牧誓篇二
十四字洪範篇百八字多士篇四十四字無逸篇百

書 易
公羊 論語
禮記
魯詩
儀禮

三字君奭篇十一字多方篇五字立政篇五十六字
顧命篇十七字合五百四十七字熹平四年議郎蔡
邕所書者漢儒傳伏生尚書有歐陽大小夏侯之學
孔安國尚書漢人雖有爲之訓傳者然不立於學官
永嘉之亂三家之書並亡故孔氏傳獨行以其書校
之石本多十字少二十一字不同者五十五字借用
者八字鴻艾劮猶之類是也通用者十一字於戲毋
女之類是也孔氏叙商三宗以年多少爲先後此碑
獨闕祖甲計其字蓋在中宗之上以傳序爲次也但
云高宗饗國百年異爾碑高一丈廣四尺陸機洛陽

記云碑凡四十六書易公羊二十八碑其十二毀論
語三碑其二毀禮記十五碑皆毀北齊徙之鄴都至
河陽岸頹半没于水隋復載入長安有易一卷書六
卷魯詩六卷儀禮九卷春秋一卷公羊九卷論語一
卷未及補治而亂作營繕者至用爲柱礎唐初魏鄭
公收聚之十不存一則石經之散亡久矣本朝一統
時遺經斷石藏於好事之家猶崑山片玉已不多見
今京華鞠爲鐔蜀之鄉殘碑日益鮮矣予既集隸釋
因以所有鑱之會稽蓬萊閣（勖音愊勉也 劮亦逸字）
石經魯詩殘碑　惟（毛作維）是褊心是以爲刺　一　葛屨

下闕汾一曲言采其藚彼其之子美下闕之誰知闕一字毛誰上
有其之蓋亦勿思　園有棘其實之下闕父兮父闕一字毛無
曰嗟予子行役夙夜毋毛作無已尙毛作上愼下闕哉猶來
毋死　陟岵三章章六句　十下闕兮毛作猗　不稼不嗇
毛作穡胡取禾三百廛兮不狩不下闕特兮彼君子兮不
素食兮　欲欲毛作坎　伐輪兮下闕毋食我黍三歲宦毛作
貫女莫我肎顧逝將去女下闕宦女莫我肎勞闕將去
女適彼樂郊樂郊下闕蟋蟀在堂歲聿其逝今我不樂
日月其闕句　山有蓲毛作樞　隰有榆子有衣裳弗曳
下闕酒食胡毛作何不日皷瑟且以喜樂下闕既見君子云

胡其憂　楊下闕　右石經魯詩殘碑百七十三字魏
唐國風數篇之文也與毛詩異者如猗作兮貫作宦
樞作蓲數字又有一段二十餘字零落不成文惟有
叔于田一章及女曰雞八字可讀其間有齊韓字蓋
敘二家異同之說猶公羊碑所云顏氏論語碑所云
盍毛包周之比也漢代詩分爲四在東京時毛氏詩
不立學官隋志有石經魯詩六卷此碑既論齊韓於
後則知隋志爲然也

石經儀禮殘碑　東面主人下闕卒爵坐奠爵拜執下闕
入盥洗升媵觚于賓下闕上拜受爵于筵前下闕首公荅
拜媵爵者立下闕媵爵者執觶待于下闕公坐取大　右
石經儀禮殘碑四十五字皆大射儀之文也石磨滅
字畫比它經不明白靈帝紀云詔諸儒正五經文字
刻石立于太學蔡邕傳則云奏求正定六經紀傳旣
已不同陸機洛陽記所載但有書易公羊禮記論語
爾惟隋志云後漢刻七經於石碑皆蔡邕所書其目
有一字石經儀禮九卷乃漢史陸記之疎畧也未央
宮有曲臺殿天子射宮也西京無太學於此行禮故
后蒼著書說禮數萬言名曰曲臺記今禁中有遜德
殿蓋便坐觀射之地而淸閒之燕咨訪治道率在於

是殆與曲臺暗合古者射爲六藝之一儀禮一經說
射者兩篇後世非介胄之士則不習與古殊矣媵觚
媵爵云者媵蓋送也

石經公羊殘碑　翬者何公子翬闕一字　何以不稱公
下闕桓於是謂桓曰吾爲闕三字矣隱曰下闕之之辭也然
則孰立之石闕二字之石踖板本作碏立下闕美大之之辭也
棠者何濟闕一字之邑也曷爲下闕仲子板本有也字　桓未君
則曷爲祭仲子闕字　爲桓立故下闕諸侯四諸公者何
諸闕一字者何天子三公稱下闕相處乎內始闕一字諸公
放板本作昉於此乎前此矣前下闕其成也曰吾成敗矣吾

與鄭人未有成板本有也字吾下闕　爲年外取邑不書此
何以書久也下闕弟母兄稱兄凡闕五字之大夫也此下闕
之邑也天子有闕四字諸侯皆從泰山下闕而葬不日卒
赴而闕一字不告公曷爲與徵者下闕大夫之未命者也
十年此公子翬也何下闕外於外大惡書小惡不書
於內大惡諱小下闕國也何以不書葬隱之也何隱爾
試板本作弒也試下闕葬板本有以爲字不繫闕一字匡子闕二字薨何
以不地忍言已上隱公　何易之也易之則其下闕諱取周
田也諱取已上成公　十有四年何以闕一字記異也何異
下闕則至無王者則不至有以告者曰有麏而下闕乎隱

祖之所逯板本作逮聞闕一字所見異辭所聞異辭所下闕不
亦樂乎堯舜闕一字　君子也制春秋之義以已上哀公　有
傳桓公二年顏氏有所見異辭所聞異下闕何以書
記災也　世年顏氏言君出則己入下闕顏氏無伐而
不言圍者非取邑之辭也　十下闕谿典諫議大夫
臣馬日磾臣趙䟒議郎臣闕二字臣劉宏郎中臣張文
臣蘇陵臣傳楨雜　右石經公羊殘碑三百七十五
字自隱公四年至威公元年及哀公十四年之文也
所書者皆是公羊氏傳辭而無春秋正經又有顏氏
說石文斷續不可考蓋嚴顏異同之辨也以今板本

校之惟易四字省四字爾漢注引陸機洛陽記云禮
記碑上有馬日磾蔡邕名今此碑有堂谿典八人姓
名論語碑亦有左立二人姓名陸氏所記未之詳也
石經論語殘碑　鮮矣不好犯上而好佐下闕本本立
闕一字道生孝下闕曰道千乘之國敬事下闕使民以時
子曰弟子下闕而有信雖曰未學吾必謂下闕君子不重
則不威學則下闕與意板本作抑予之與子贛板本作貢曰夫子
闕五字以得之夫子之求之也下闕道斯爲美小大由之
有所不行知闕五字禮節之亦不板本有可字行下闕焉可謂
好學已矣板本作也已下闕而無諂富而無驕下闕告諸往而

知来下闕人之不下闕章已上學而篇　免而無恥道之以德
齊之下闕乎板本作于學世下闕孫問孝於我我對曰毋違樊
遲闕一字何下闕曰生下闕葬之以禮祭下闕以別子夏問孝
子曰色難有下闕勞有下闕孝下闕廋哉人焉廋板本有哉字
子曰溫故而知下闕子下闕器子贛問下闕乎異端斯害也
已　子曰下闕子下闕曰何爲則民服孔子對曰下闕之下闕
子曰書云孝于板本作乎惟孝友于兄下闕也周因於殷禮
所損益可知下闕已上爲政篇　曰人而不仁如禮何人而
不仁如樂何　林闕十一字與下闕與對曰不能子曰闕五字
山不如林放闕九字也射下闕曰起予板本有者字商也始可

下闕子曰下闕般禮吾下闕也知其說闕三字天下也其闕一字
示諸斯乎下闕如神在下闕於二代郁郁乎下闕大廟下闕子
知禮下闕禮下闕也下闕以柏周人以栗曰使民下闕往下闕門
國板本作邦君爲兩君之好有反闕一字管氏下闕知禮下闕吾
未嘗不得見也從者闕三字出曰下闕無道也久下闕觀之
哉　凡廿六章已上八佾篇　人　子曰苟志於仁矣無
惡板本有也字　子曰富與貴是人之所欲也下闕顛沛必
於是　子闕二字未見好仁板本有者字惡不仁者好仁者
無以尚之下闕過也各於其黨闕二字斯知仁矣　子曰
朝聞道夕死可也板本作矣下闕子懷刑小人懷惠　子曰

放於利而行多怨　子曰能以禮下闕曰唯子出門人
問曰何謂也曾子曰夫子之道忠恕而已下闕曰父母
在不遠遊遊必有方　子曰三年無改於父之下闕已
上里仁篇　有三年之愛於闕一字父母板本有乎字　子曰飽
食終日無所用心難矣哉下闕君子板本有亦字有惡乎子
曰有板本有惡字惡稱人之惡者惡居下板本有流字而訕上
者惡下闕之則不孫遠之則怨　子曰年卌板本有而字見
惡焉其終也已　凡廿六章已上陽貨篇　枉道而事人
何闕一字去父母之國板本作邦闕一字景公待孔子曰若季
氏下闕子曰鳳兮鳳兮何而板本無而字德之衰也板本無也字

往闕二字可諫也板本無來者猶可追也板本無下闕執車板本
作輿者爲誰子板本無子路曰爲孔丘曰是魯孔丘與曰
是板本有也曰二字是知津矣下闕若從避板本作辟世之士哉耰
板本作櫌有而字不輟子路板本有行字以告板本有夫字子憮然曰
鳥獸不可與同下闕穀不分孰爲夫子置板本作植其杖而
耘板本作芸子路拱而闕一字止子路宿殺雞下闕禮板本作義如
之何其廢之也板本無欲絜其身而亂大倫君子之仕
也行其義下闕志辱身矣言中倫行中慮其斯以乎板本
作而已矣謂虞仲夷佚板本作逸隱居下闕少闕陽擊磬襄入於
海　周公謂魯公曰君子不施其親下闕已上微子篇　交

於子張子闕一字曰子夏闕一字何對曰子夏曰可者闕四
字者距板本作拒下闕子夏曰雖闕五字觀者焉致遠恐泥是
以下闕其事君子學下闕子夏曰小人之過下闕曰下闕子夏
曰大德闕五字出入可也　子斿板本作游闕六字子下闕君子
之道焉可闕二字有卒者其惟聖人下闕仕而下闕曾子曰
吾聞諸板本有夫字子人未有自致也者板本作者也必也親
喪乎闕一字子曰下闕如得其情則哀矜而勿喜子贛曰
紂之闕一字善闕一字是其板本作之下下闕贛曰仲尼焉學子贛
曰文武之道未隧板本作墜於地在人賢者志板本作識其下闕
告子贛闕一字贛曰辟諸板本作之宮墻板本作牆賜之墻闕二字

窺見室家之好夫下闕尼不可毁闕二字人之賢者丘陵也闕二字踰也仲尼日月也下闕一言以爲不知言不可不愼也夫子之不可及也猶天之下闕已上子張篇不蔽蔄在帝心朕躬有爾毋板本作無以萬方萬方有闕一字板本有兩罪字在朕躬下闕歸心焉所重民食喪闕一字寬則得衆敏則有功闕一字則說下闕不驕威而不猛子闕一字曰何謂惠而不費子曰闕一字民之下闕尊其瞻視闕三字而畏之斯不亦威而不猛乎下闕已上堯曰篇凡廿篇萬五千七百一闕一字字賈板本作沽諸賈之哉包周闕四字盖肆乎其肆也闕一字周下闕曰言闕一字而在於蕭牆之內

盍毛包周無於下闕

詔書與博士臣左立郎中臣孫表

工陳興刻

右石經論語殘碑九百七十有一字前四篇後四篇之文也每篇必計其章終篇又總其字又載盍毛包周有無不同之說以今所行板本校之亦不至甚異其文有增損者其字亦有假借及用古者有字異而訓不遠若置其杖賈之哉者漢人作文不避國諱威宗諱志順帝諱保石經皆臨文不易樊毅碑命守斯邦劉熊碑來蘇我邦之類未嘗爲高帝諱也此碑邦君爲兩君之好何必去父母之邦尚書安定厥邦皆書邦作國疑漢儒所傳如此非獨遠避此諱也水經云光和六年立石於太學其上悉刻蔡邕名魏正始中又刻古篆隸三字石經蓋諸儒受詔在熹平而碑成則光和年也隋志有一字石經七種三字石經三種其論云漢鐫七經皆蔡邕書又云魏立一手石經其說自相矛盾新舊唐志有今字石經七種而注論語云蔡邕作又有三字石經古篆兩種蓋唐史以隸爲今字也觀遺經字畫之妙非蔡中郎輩不能爲以黃初後來碑比之相去不啻霄壤豈魏人筆力可到當以水經爲據三體者乃魏人所刻儒林傳云爲古文篆隸三體者非也史稱邕自書丹使工鐫刻今所存諸經字體各不同雖邕能分善隸兼備衆體但文字之多恐非一人可辦史云邕與堂谿典楊賜馬日磾張馴韓說單颺等正定諸經今公羊論語之後惟堂谿日磾二人姓名尚存別有趙䖍劉宏張文蘇陵傅楨左立孫表數人竊意其間必有同時揮毫者予詳玩遺字公羊詩書儀禮又在論語上劉寬碑陰王曜題名則公羊詩書之鴈行也黃初孔廟碑則論語之苗裔也識者當能別之隸釋

尚書 魯詩
儀禮 公羊
論語

石經漢熹平四年立在京唐魏鄭公收聚之十不存一尚書存一百三十九字魯詩存一百四十字儀禮存一百四十一字公羊存一百四十二字論語存一百四十三字漢隸字源

石經本末丞相洪公論載於隸釋詳矣洪公所未及者今麤見於此唐章懷太子引雒陽記注范氏漢書論石經凡四十六碑及高澄遷石經於鄴通鑑所書爲五十二碑自東漢歷魏晉宋數百年間洛陽數被兵此碑當有毀者其遷於鄴乃視雒陽記多六焉疑雒陽記未詳也碑製高一丈廣四尺六經文多必非

四十六碑所能盡者宋常山公河南志稱石經凡七十三碑常山公博物洽聞歐陽文忠每以古今疑事諮之河南所書必有依據矣後周伐齊毀碑以爲礮石方高緯昏亂兩陣勝負之頃猶需孽婦一觀遂以其國輸後周復何有於石經則此碑之殘毀亦宜也貞觀稽古止得石經數段其傳於今者亦可知其無幾矣蔡邕本傳稱邕自書丹於碑不言爲何體書今世所傳皆爲隸體至儒林傳序則云爲古文篆隸三體書法以相參檢注言古文謂孔氏壁中書以續考之孔壁所藏皆科斗文字孔安國當武帝之世已稱

尚書

科斗書無能知者其承詔爲尚書五十九篇作篆爲隸古定不復從科斗古文邕安能獨具三體書法於安國之後三百年哉漢建武時杜陵避地河西得古文尚書一軸諸儒共傳寶之一軸已爲世所珍如此熹平距建武又幾載乃謂六經悉能爲古文非事情也或者邕以三體參校其文而書丹於碑則定爲隸亦如孔安國之書傳耳儒林傳序疑字有誤者初邕正定六經與堂谿典等數人同受詔今六經字體不一當時書丹者亦不獨邕也姑識其末以俟博雅君子張績石經跋

金石萃編卷十六　漢十二　三

堂谿典官五官中郎將馬日磾趙䚟官諫議大夫劉宏張馴韓說官議郎張文蘇陵傅貞楊賜孫表官郎中單颺官太史令左立官博士並熹平中奉詔正定諸經者陶宗儀書史會要

洛陽石經晉末未嘗損失至元魏馮熙常伯夫相繼爲雒州刺史取之以建浮屠精舍大致頹落間有存者委於榛莽其後侍中崔光請遣官守視補其殘闕竟不能行而古迹泯矣視秦書之慘輕重不同其爲吾道之厄一也于慎行筆麈

宋初開地唐御史府得石經十餘石又嘉祐中宕民

尚書　論語

春秋　尚書

周易　尚書　公羊　禮記

治地得碎石洗視乃石經此本盖彼時所搨也雖所存僅百十餘字然先正典刑具存眞希世之珎也寻裝之硯山齋秘笈中庚子銷夏記

寻兩見此本一於鄒平張氏一於京師孫氏尚書盤庚篇三十餘字論語爲政篇七十餘字堯曰篇三十餘字以覩洪氏隸釋所存不過什之一而已按二體石經漢魏皆嘗立之熹平之立石見於後漢書靈帝紀蔡邕傳張馴傳儒林傳宦者傳正始之立石見於晉書衛恒傳而水經注則曰漢碑五經立於太學講堂前悉在東側碑上悉刻蔡邕等名魏正始中又立

古篆隸三字石經魏初傳古文出邯鄲淳石經古文轉失淳法樹之於堂西石四十八枚廣三十丈雒陽伽藍記則曰堂前有三種字石經二十五碑表裏刻之爲春秋尚書二部作篆科斗隸三種字漢右中郎將蔡邕筆之遺跡也猶有十八碑餘皆殘毀復有石碑四十八枚亦表裏隸書寫周易尚書公羊禮記四部又讚學碑一所並在堂前章懷太子引雒陽記則曰講堂長十丈廣二丈堂前石經四部本碑凡四十六枚少二枚西行尚書周易公羊傳十六碑存十二碑毁南行禮記十五碑悉崩壞東行論語三碑二碑毁

周易　尚書　公羊　禮記

禮記碑上有諫議大夫馬日磾議郎蔡邕名此皆當時親見其石而記之者也合而考之其不同有四焉一曰漢五六七經之不同二曰魏石經三體一體之不同三曰堂西所立石爲魏爲漢之不同四曰後魏所存石諸經之不同後漢書本紀儒林宦者傳皆云五經蔡邕張馴傳則以爲六經隋書經籍志又以爲七經此言漢五六七經之不同也衛恒傳言魏初傳古文者出於邯鄲淳至正始中立三字石經轉失淳法因科斗之名遂效其形水經注亦云三字石經在堂西而伽藍記以爲表裏隸書隋書經籍志則謂之

一字石經矣然則所謂效科斗之形而失淳法者安在耶此言魏石經三體一體之不同也金石錄曰漢石經蔡邕小字八分書後漢書儒林傳序云爲古文篆隸三體者非也蓋邕所書乃八分而三體石經乃魏時所建也伽藍記二十五碑爲三種字四十八碑表裏隸書水經注謂漢碑在堂東側而四十八碑爲魏經在堂西乃雒陽記不言東側有碑而云堂前有四十六枚上有馬日磾蔡邕名又不言字之爲三體一體無乃并水經之所謂魏者而指之爲漢歟此言堂西所立石爲魏爲漢之不同也伽藍記云周易尚書公羊禮記四部雒陽記則多一論語而金石錄言其家所收又

詩儀禮

有詩儀禮苟非其傳拓之本出於神龜以前則不應以宋人之所收而魏時猶未見也此言後魏所存石諸經之不同也凡此皆不可得而詳矣若夫魏書江式傳謂魏三字石經立於漢碑之西爲邯鄲淳書則不考衛恒之言而失之者也（胡三省通鑑注云魏碑以正始年中立漢書言元嘉元年度尚命邯鄲淳作曹娥碑時淳已弱冠自元嘉至正始九十餘年謂淳所書非也）孝靜帝紀武定四年八月遷雒陽漢魏石經于鄴北齊書文宣帝紀言有五十二枚視伽藍記所列東二十五西四十八之數僅失二十一枚耳而隋書經籍志言河陽岸崩遂沒於水得至鄴者不盈太半則不考北齊之紀而失之者也周書宣帝紀大象元年二月辛卯詔徙鄴城石經於雒陽隋書於劉焯傳言開皇六年運雒陽石經至京師而經籍志則云自鄴載入長安則自不考其列傳而失之者也此皆其乖誤之易見者也又晉書裴頠傳曰轉國子祭酒奏修國學刻石寫經而水經注諸書無言晉石經者豈頠嘗爲之而未成耶　又按宋胡宗愈重刻漢石經記曰茲來少城得墜刻於一二故家因以鑱之錦官西樓宇文紹奕跋言給事內翰胡公旁搜博訪合諸家所藏得蔡中郎石經四千二百七十字有奇以楷書釋之又

得古文篆隸三體石經遺字八百一十九並鑱諸石夫字至四千二百七十有奇三體之文又八百一十九可謂多矣而成都兵火之後此石恐已不存亦未見拓本（金石文字記）

按漢立石經蔡邕所書本一字惟因范史儒林傳云爲古文篆隸三體書法以相參檢樹之學門而陽衒之雒陽伽藍記北史劉芳傳因之唐竇蒙宋郭忠恕蘇望方勺歐陽棐董逌姚寬等均仍其誤獨張縯謂邕以三體參檢其文而書丹於碑則定爲隸其義爲允載考衛恒及江式傳酈道元水經注皆以一字爲漢石經趙明誠金石錄洪适隸釋隸續辨之甚詳足以徵信其載一字石經遺文後列堂谿典馬日磾等姓名使一字石經出於魏當更列正始中正字諸臣姓名亦何取仍列典日磾等諸人於經文之後哉又史家體例以時代爲前後隋經籍志列一字石經於前次魏文帝典論然後叙三字石經於後是一字爲漢而三字屬魏不待辯說始明其曰魏正始中又立一字石經相承以爲七經正字蓋雕本相沿偶譌三字爲一爾今漢石經遺字猶有搨本存者余嘗見宛平孫氏所藏雖經文無多而八分古雅定爲漢隸無

疑也又按元吳萊元夫漢一字石經歌云先聖去已久世傳惟六籍後儒各專門穿鑿多變易蔡邕在季漢章句攻指摘八分自爲書刊定乃勒石古碑四十六兵火空餘迹熹平歷正始洛土重求索衛侯思邯鄲三體精筆畫煌然立其西學者常嘖嘖史書竟舛錯一字幾不覿立夫之見亦以一字爲漢三字屬魏故節錄之朱彝尊經義攷

論語書云孝乎惟孝包咸注云孝乎惟孝美大孝之辭今石本乎乃作于然則孝于惟孝友于兄弟施于有政句法正相同也曝書亭集

按漢靈帝光和六年癸亥至魏廢帝正始元年庚申止五十八年石經應未毀魏人何故復刻豈董卓焚洛陽宮殿太學亦被焚并石經延及耶不然漢石經出中郎之手後人必無能及者使其一無所損魏人必不重立則其殘闕可知然五六十年之間何以遂致殘闕則必遭董賊之禍無疑也觀陸機洛陽記石經凡四十六碑毀者至二十有九此未經遷鄴之前已知此非遷鄴而沒于水也考獻帝西遷之後至陸機作記之前洛陽無大兵革其遭董賊之禍益可知獨恨陳壽魏志無一語言及而衛恒江式亦語焉不

詳後人無由知其故爾　按後漢書儒林傳及洛陽伽藍記並言漢立三字石經晉書衛恒傳後魏書江式傳及酈道元水經注并言魏石經亦然是兩朝石刻皆用古文篆隸三體無可疑矣乃隋書經籍志黃伯思東觀餘論董逌廣川書跋謂漢用三體魏止一體趙明誠金石錄洪适隸釋則謂魏用三體漢止一體而詆後漢書爲誤兩說矛盾如此將安適從愚謂儒林傳所言必不誣即陽衒之衛恒江式酈道元皆得之目睹豈有舛謬當是時漢碑雖多殘毀而魏碑無損諸儒生長洛陽觀覽已非一日安得反譏其誤

由黃董趙洪諸子止見殘缺之餘未獲見其全文故各持一說而不相合夫生數百年之後遥度數百年以前之事終不若目睹之眞衛江諸公皆出於目睹惟宋以後文人未見眞刻但考索于殘碑搨本曰此漢也此魏也不得其實而以意度之故有此紛紜之論其在于今石經遺字士大夫家多有之莫不詫爲中郎眞蹟豈知宋之中世胡宗愈刻之于成都洪适刻之于會稽得之者何嘗不覩爲異寶而不知非其眞也然則後人之疑漢疑魏豈若前人目睹之可據哉萬斯同石經攷羣書疑辨

公羊

尚書　禮記

論語　尚書

顧炎武石經考云隋書經籍志失載周徙洛陽一節以爲自鄴載入長安史書之疎也劉焯傳言自洛陽運至京師者爲信西溪叢語云石經堙滅殆盡往年洛陽守因閱營造司所棄碎石識而取之凡得尚書論語儀禮合數十段則營造司在洛陽隋書經籍志所云用爲柱礎者非載入長安後事亦其誤也西溪叢語又云又有公羊碑一段在長安此則載入長安之所遺耳廣川書跋云唐造防秋館時穿地多得石經故洛中人士逮今有之此蓋出之唐時者廣川書跋又云國初開地唐御史府得石經十餘石此又唐

末淪沒出之宋初者也東觀餘論云漢石經在洛宮前御史臺中年久摧散洛人好事者時時得之張燾龍圖家有十版張氏壻家有五六版王晉玉家有小塊此即宋初之所出後復摧散者也畫墁錄云嘉祐末得石經二段於洛陽城乃蔡邕隸書邵氏聞見後錄云近年雒陽張氏發地得石十數漢蔡伯喈隸尚書禮記論語俱已缺壞此又在御史府十餘石之外者也凡所得石經殘碑多在洛陽隋之載入長安者公羊碑一段而外不聞更有所得今此兩地之石已不知所在而拓本之存者僅有尚書論語百餘字藏

周易　尚書

魯詩　儀禮

公羊　春秋

論語

禮記

北海孫氏余從而摹得之宋之翻本有二洪适本在紹興胡宗愈本在成都曾慥石刻鋪敘云漢石經今不易得好古者所藏僅十數葉蜀中又以翻刻入石即其本也　石經之傳疑有二五經六經七經之不同也漢魏一字三字之不分也靈帝紀云詔諸儒正五經文字刻石立於太學門外儒林傳云正定五經刊於石碑宦者傳云與諸儒共刻五經文字於石盧植傳云時始立太學石經以正五經文字而蔡邕傳云奏求正定六經文字張馴傳云與蔡邕共奏定六經文字後漢書所載五經六經已自不同隋書經籍

志云後漢鐫刻七經著於石碑則又以爲七經其目有一字石經周易一卷尚書六卷魯詩六卷儀禮九卷春秋一卷公羊傳九卷論語一卷而蔡邕傳注所引洛陽記則有尚書周易公羊禮記論語而無魯詩儀禮春秋乃多一禮記則又不止七經矣考之金石錄與隸釋所載皆有魯詩儀禮金石文字記云苟非傳拓之本出於神龜以前則不應以宋人之所收而魏時猶未見此則洛陽記之疎略隋書爲可信也若禮記則本自有碑盧植傳云考禮記失得刊正碑文洛陽伽藍記載石經四部中有禮記邵氏聞見後錄

洛陽張氏發地所得亦有禮記而隋書失之者按洛陽記云禮記十五碑悉崩壞豈當時無傳拓之本故不得列於其目耶以愚論之靈帝紀儒林傳宦者傳盧植傳所云五經者葢以儀禮禮記爲一經春秋公羊爲一經與周易尚書魯詩而爲五經實則七經也唐開成時立石壁九經新唐書儒學傳序止云文宗定五經鑱之石張參是正訛文三卷亦曰五經文字葢禮兼三禮春秋兼三傳故曰五經漢之七經爲五經猶唐之九經爲五經也蔡邕張馴傳所云六經者益以論語而爲六也按舊唐書經籍志有今字石經

論語二卷蔡邕注隸書唐謂之今字隸釋載論語殘碑有盍毛包周有無不同之說此卽邕所注者葢當時詔定者五經邕乃奏定六經益之以論語張馴與邕共奏定六經故其傳亦曰六經也然則漢碑乃有八經而以五經六經七經爲疑猶爲未盡儒林傳序云爲古文篆隸三體書法以相參檢樹之學門魏書劉芳傳亦云昔漢世造三字石經於太學則漢石經爲三字矣晉書衛恒傳云魏初傳古文者出於邯鄲淳正始中立三字石經轉失淳法因科斗之名遂效其形魏書江式傳云邯鄲淳特善倉雅以書教諸皇

子又建三字石經於漢碑之西則魏石經爲三字矣洛陽伽藍記云漢國子堂前有三種字石經二十五碑表裏刻之作篆科斗隸三種蔡邕筆之遺跡也復有石碑四十八枚亦表裏隸書則又有一字石經矣隋書經籍志以一字石經七種三字石經三種皆爲蔡邕所書而云魏正始中又立一字石經則魏石經爲一字矣按水經注云漢碑五經立於太學講堂前悉在東側碑上悉刻蔡邕等名魏正始中又立古篆隸三字石經樹之堂西雖不言漢碑爲一字而於魏曰三字則漢爲一字可知矣唐宋以來所得石經殘

碑悉是隸書雖缺蔡邕名而堂谿典馬日磾等與邕共正定諸經者儼然尚存則可與之相證其云三字石經魏正始中立與衛恒傳合又云樹之堂西與江式傳合漢爲一字魏爲三字當以水經注爲據儒林傳序云爲古文篆隸三體者非也趙明誠洪适亦嘗非之而莫得其說張縯石經跋乃謂邕或以三體參檢其文而書丹於碑則定爲隸亦如孔安國之書傳恐未必然也按紀傳俱不言有三體獨於儒林傳序言之者相傳梁劉昭補後漢書十志而昭之自序云序或未周志遂全闕天才富博猶俟改具則昭不特

補志序亦有改具者儒林傳序豈昭之所改具耶漢魏俱立石經又俱在太學講堂前至南北朝大致頽落復徙鄴都亦顛倒茫昧漢魏莫辨故魏書於三字石經江式傳以爲魏建劉芳傳以爲漢造郎當時親見其石而記之者如洛陽伽藍記亦謂三字石經爲蔡邕遺跡昭生其時而仕於梁惑於傳聞奮筆改具遂成千古之疑耳洛陽伽藍記所謂表裏隸書者郎漢之一字石經而不敢亦定爲蔡邕遺跡傳疑也隋書經籍志則以一字石經爲蔡邕書是矣而又云魏立一字石經乃其誤也石經考云晉魏二書皆云立

三字石經此獨以爲一字則所謂因科斗之名遂效其形者安在耶若其以三字石經亦爲蔡邕書此承前之誤無足怪也隸續云近世方勺作泊宅編載其弟匋所跋石經爲范史隋志所惑指三體字者爲漢一體字者爲魏至公羊碑有馬日磾等名乃云魏世用其所正定之本因存其名可謂謬論以愚考之若曰漢魏所立皆爲三字而一字者立於何時若曰一字三字皆爲漢刻而正始中所立者何在若曰魏立者一字而公羊碑上乃有馬日磾等名諸史譌錯衆說舛謬惟趙明誠洪适皆以一字者爲漢三字者爲魏不易之論也金石文字記云伽藍記二十五碑爲三體字四十八碑表裏隸書水經注謂漢碑在堂東側而四十六碑爲魏經在堂西乃洛陽記不言東側而云堂前有四十六枚上有馬日磾蔡邕名又不言字之爲三體一體無乃并水經注所謂魏者而指之爲漢歟按伽藍記四十八碑寫周易尚書公羊禮記四部洛陽記少二碑而多一論語尚缺魯詩儀禮春秋四部經數未全又何論碑數耶四十八碑在堂西水經注以爲魏經證之江式傳似爲可信洛陽記世無傳本恐亦漢魏俱載章懷太子引注後漢書則專

取漢碑所云四十六枚未必指魏爲漢若伽藍記三體隸書漢魏尙且莫辨二十五碑亦不足信也隸辨

儒林傳序詔諸儒正定五經刊於石碑爲古文篆隸三體書法以相參檢伽藍記亦稱漢國子學堂前有三種字石經二十五碑表裏刻之寫春秋尙書二部作科斗篆隸三種字後魏崔光傳光爲祭酒請命博士李郁等補漢所立三字石經之殘缺劉芳傳云漢世造三字石經於太學江式傳亦云蔡邕採李斯曹喜之法爲古今雜形歐陽棐集古錄目亦稱石經遺字古文篆隸三體凡八百二十九字蔡邕書張舜民

畫墁錄郃伯溫聞見後錄乃據雒陽發地所得石經以爲蔡邕隸書趙明誠金石錄則又以爲蔡邕小字八分書而力辨儒林傳序古文篆隸三體之非黄伯思見公羊殘碑亦定以爲鴻都一字石經而唐書藝文志秖有蔡邕今字石經論語唐以隸爲今字也張縯又以爲邕不能具三體書法於孔安國三百年之後或以邕三體參檢其文而書丹於碑則定爲隸魏書江式傳云魏邯鄲淳建三字石經於漢碑之西其文蔚炳三體復宣校之說文篆隸大同而古字少異水經注及晉衛恒傳皆言魏正始中又立一字石經疑於乖謬然考其目三字石經秖有尚書春秋而一字石經有周易有尚書有魯詩有儀禮有春秋有公羊傳有論語有典論與漢所立者不合故正始之碑仍不得遽以三字爲斷胡三省注通鑑則又鑿指三字爲魏所立亦似有理而顧氏獨不之採今特取而備論之其言曰范蔚宗時三體石經與熹平所鐫並列於學宮故史筆訛書其事後人襲其謬錯或不見石刻無以考正趙氏雖以一字爲中郎所書而未見三體者歐陽氏以三體爲漢碑而未嘗見一字者杭世駿石經攷異

朱竹垞跋石經殘字云論語書云孝乎惟孝包咸注云孝乎惟孝美大孝之辭古文尚書脫孝乎二字以惟孝二字屬下句讀而施于作克施說經者毋以滋疑今觀石本乎作于然則孝于惟孝友于兄弟施于有政三語句法正相同也方綱按竹垞跋唐太極元年易州石浮圖頌云包咸論語注孝乎惟孝美大孝之辭碑同此讀攷陸氏釋文云包咸周氏並爲章句列于學官然陸氏尚不能舉包氏章句之卷數惟云以何晏集解爲主而已何氏集解則固明據包氏美大孝之辭云矣雖至邢疏云書言小異而論語孝于惟孝之讀如故也其稱注者乃後來刊本注疏對舉之詞包氏固未嘗有注之目也而其以惟孝屬下句讀者則唐人尚未嘗如此也　乾隆丁酉秋八月黄司馬易購得漢石經殘字尚書盤庚篇五行論語爲政篇八行堯曰篇四行方綱手摹屬海鹽張芑堂燕昌勒之石按黄長睿東觀餘論記漢石經云張燾龍學家有十版最多張氏壻家有五六版王晉玉家有小塊洛中所有者止此予皆得其拓本而黄氏所著諸句字間有一二較洪氏或多少者至金石文字記云熹平石經一見於鄒平張氏一見於京師孫氏尚書

盤庚論語爲政堯曰篇字以視洪氏隸釋所存不過
什之一而已吾鄉孫退谷硯山齋所藏本載於庚子
銷夏記者退谷謂是宋嘉祐時所搨而何義門云退
翁所藏乃越州石氏摹本今在華亭王司農家然卽
以亭林所見於張氏孫氏兩家者皆同是此二經三
段則焉有東漢元本至千數百年後恰在兩家同一
文者乎是其爲後人摹本可知矣今黃司馬所得之
三段又與此同其紙墨亦舊冊內有元人蒙古篆字
印一而無北海孫氏之印旣與張孫諸家所藏文同
自必非漢石元本矣至如尚書盤庚篇庚字論語堯

曰篇冠字尚皆微露一二筆爲政篇女字具全而洪
皆云闕則又知其非洪氏蓬萊閣重刻之本也愚旣
摹黃氏藏本于齋中其後三年門人吳榷堂孝顯於
華亭王氏摹寫孫退谷硯山齋本來相參校盤庚篇
多出半行凶德綏績四字冊後有戊戌八月退谷記
朱竹垞二跋林佶一跋按徐壇長圭美堂集載此本
云宋越州石氏刻帖首末不載年月姓名曾見華亭
司農以三十金質之孫北海此帖內有石經一段朱
錫鬯不察認爲蔡中郎原本石氏名熙明見施武子
會稽志其碑目則見於寶刻叢編愚按洪氏隸續云

稽山石邦哲熙明聚碑頗富今亡矣假之其子祖禮
故能成書於越據此則石氏所刻石經與洪氏蓬萊
閣本其時當不相遠也但吳生摹寫王氏所藏退谷
本而未見其搨蹟又後四年見如皋姜氏重摹退谷
研山齋本盤庚弟六行僅存一德字盎摹勒偶有詳
略之不同也又後三年始得見金匱錢氏所藏石經
殘字凡十段以合於前摹之三段而論語堯曰篇一
段正與前段上下接筍珠聯璧合於是摹爲一十二
段時方綱校士江西乃勒石於南昌學宮凡爲方石
塊其得六百七十五字雖未及洪氏所藏之半亦足

以追步張龍圖王晉玉之後塵耳兩漢金石記
漢石經尚書論語一百二十餘字黃通守易得之京
邸或以爲孫侍郎承澤藏本卽何氏焯云越州石邦
哲重摹者或按隸釋所載爲政篇由誨汝知之句多
一女字謂是熹平原刻予不得而定之持愛其文之
有關經學也今本尚書盤庚石刻作般庚丕石刻作
不論語人焉廋哉人焉廋哉石刻無下哉字猶文字
之小異耳至盤庚篇不其或稽自怒曷瘳石刻稽作
迪怒作恕迪進也言不進而遷居勝僞孔義多矣爲
政篇孝乎惟孝友于兄弟石刻作孝于攷釋文本亦

作孝于惟云一本作孝乎而已是唐時板本尚與漢合包咸注云孝乎惟孝美大孝之辭潘岳閒居賦引孝乎惟孝友于兄弟亦皆讀乎同于字雖改而意不易未嘗以孝乎斷句也堯曰篇簡在帝心石刻從艸作蕑者自是隸書之體古無蕑字惟詩云方秉蕑兮傳云蕑蘭也釋文云若作竹下是簡策之字耳不知蘭字亦以柬爲聲柬與簡通古人假借何不可以簡爲之乎予方著詩詁當引此以証詩字今世石經之存惟熹平此本及開成嘉祐宋高宗御書意蜀石經亦有存者而未之見 中州金石記

右漢石經殘碑五種尚書洪範篇七十八字君奭篇十三字魯詩魏風七十三字唐風三十一字儀禮大射儀三十七字聘禮廿八字公羊隱公四年傳十八字論語微子篇百七十字堯曰篇三十九字又盍毛包周有無不同之說及博士左立姓名十八字合五百餘字乾隆五十年七月偶得雙鉤本於舊簏中不詳何人所摹惜前後殘缺僅存此爾因取洪景伯隸釋考之皆與符合惟公羊十八字洪氏所未備也爰勒之石以俟博覽君子 錢泳跋

按後漢書蔡邕傳以經籍去聖久遠文字多謬俗儒穿鑿疑誤後學乃與堂谿典等奏求正定六經文字又儒林傳宦者傳並言諸博士試甲乙科爭第高下更相告言至有私行金貨定蘭臺漆書經字以合其私文者靈帝乃詔諸儒正定五經刊于石碑此即漢石經之緣起也自是以後傳注紛出或不遵太學所刻私自改竄迨雕板既行而輾轉傳譌益不可勝計其久而可據者惟石本耳顧石經始刻于東漢歷代論書家時齒及之而未有參校其文字之異同者至郘博趙明誠黃伯思董逌洪适諸家方始詳述其文後來學者藉以考見漢

時定本實賴有此惜所存之字無多耳然袒歷攷經傳諸書其引石經足廣郘趙諸家所未見者盖有數事焉尚書正義云蔡邕所刻石經尚書止今文三十四篇又正義序云今文則歐陽夏侯二家之所說蔡邕碑石刻之古文尚書堯典第一正義曰檢古本并石經直言堯典第一無古文尚書毛詩正義云三傳之文不與經連故石經公羊傳皆無經文隋書經籍志一字石經周易一卷（梁有三卷）尚書六卷（梁有今字石經鄭氏尚書八卷亡）魯詩六卷（梁有毛詩三卷亡）儀禮九卷春秋一卷（梁有一卷）公羊傳九卷論語一卷（梁有

二卷唐書藝文志作尚書六卷儀禮四卷論語二卷餘皆與隋志同此卷帙題識之可攷者也公羊傳昭公二十五年云人以為菑何休注云菑周埒垣也今太學辟雍作則字卽指太學石經而言也易繫辭洗心經典釋文云京荀虞董張蜀才作先石經同詩淇奧綠竹釋文引韓詩作藩音徒沃切石經同廣韻上聲四十五厚斗字注云說文作㪷有柄象形石經作斗此皆據漢石經而言也張參五經文字叙例云說文體包古今先得六書之要有不備者求之字林其或古體難明衆情驚懵者則

以石經之餘比例為助若宐變為宜晉變為晉之類說文宐晉八所難識則以石經遺文宜與晉代之今按張氏之書皆上列正字下列隸變之字正字多本說文隸變半從石經如卷上木部串省作木凡字從木皆放此桃作栤凡字從兆者皆放此築作築檣作樀敵凡滴之類從商摟作樓樟作梈手部手在左者皆作扌指作指爿部牆作牆米部粲作粲人部僑从喬彳部得作得復作復凡輹轉之類皆从復御作御辵部辵作辶迋作迂凡从于者皆放此又部乚作又宀部害憲省从士寡作寡寂作寂宜作宜日部冒从月目部睘作睘見詩

凡還擐之類皆从睘四部网作四凡罔四放此罰作罸肉部肉字作月偏傍从月者皆放此散作散月部朙作明舟部俞作俞自俞已下本皆从舟今並作月朕作朕凡縢勝之類皆从朕丹部青作青魚部魯作魯卷中艸部蔬作蔬荅作荅薛作薛廿部庶作庶竹部簋作簋革部鞏作鞏彡部弱作弱凡字从弱者皆放此彭部彭作彭凡从彭者放此心部也作心其在左者經典相承隸省作忄中又作小憖作憖見周書恐作恐犬部在左者皆作犭言部譱作善卩部鄰作郭阝部阝並省照卸變止作山卿作卿皀部皀作卩陰作陰刀部刅作刀凡字在右者皆省作刂斤部所作所戈部賊作賊門部門

作門内部禼作离凡摛離之類皆从离巛部𡿺作州凡字从州者放此卷下水部滊作瀩潭作淳淑从木入部會作會凡字从會者皆放此倉作倉幸部睪作幸食部食作食凡字在左者又省一畫作食凡从皀者鄉既之類皆同飴作飴女部婁作婁凡數樓之類皆放此見部覞作覞夂部夋作夋凡駿峻之類皆从夋夏作复凡復之類皆从复憂作憂凡優之類皆从此攵部支作攴又部叔作尗凡字从尗者皆放此書作書橐部櫜作囊一部丕作不見春秋傳北作丘龜部龜作龜歹部歺作歹日部晉作晉昝作昔曰部曹作曹凡字从曹者放此㫃部旌作旍虍部虎作虐血部盇作盍其八十五字張氏皆引石

經爲證其餘偏傍附見以類相推者不在此數也
又呂氏讀詩記載董氏之說所引石經異文如江有汜作洍擊鼓其鏜作鼞靜女愛而不見作僾芄蘭之支作枝青青子衿作䘳挑兮撻兮作岦葛屨摻摻女手作攕攕正月民之訛言作僞言或與唐石經不同而證之說文引經多半吻合疑亦據東漢石刻而言凡此之存皆有裨於學者安得以單辭隻字少之耶蓋石經碑成在光和中尋遭董卓之亂焚燒雒陽宮府官舍碑在太學恐已難免殘缺至後魏武定四年由雒陽移至鄴城周大象元年則從鄴城移至雒陽隋開皇六年又從雒陽徙至長安隋書經籍志作自鄴京載入長安今從劉焯傳轉輾遷移自多損壞不徒没於頹岸毀於浮屠也故唐初已有十不存一之歎而宋代諸家所見望漏尤多胡宗愈洪适皆嘗就當時所見重勒于石今亦無傳祖官京師時錢唐黃同知易出示宋拓本石經殘字尚書盤庚五行論語爲政八行堯曰四行紙光墨色古澤照人洵爲希世之寶後金匱錢君泳貽祖重摹雙鈎本據云檢篋中得之而不知其所自來翁鴻臚方綱又合兩家所藏彙摹其文刻於南昌官舍

硯 黃小松所得此本尚非孫氏硯山齋本也孫氏硯山齋本多四字今在孫淵如觀察家

石經殘字存者止此而讀其遺文猶可以見鴻都之舊則未始非經學之助矣顧氏靄吉隸辨序言於北海孫氏摹得石經殘碑蓋即祖所見黃氏本孫氏峴山齋本後流傳今戶部郎中董君元鏡所黃君見而借之會董方嫁女貧甚黃爲置奩具直白金數十兩董君無以償遂舉石經歸之董漢軍正黃旗人工分書嘗預修 西清古鑑先任大理寺評事爲祖屬官故道其顛末如此然攷隸辨採石經尚書惟平聲五支十一模於戲二字見孫氏本中餘所引尚書論語公羊魯詩儀禮其八十餘條皆孫本所無知顧氏所見止此其餘則皆從漢隸字源採出也
又按一字三字之異衆說紛然今攷後漢書紀傳詒立五經無一字三字之說惟儒林傳序稱石經爲古文篆隸三體書法魏書劉芳傳云漢世造三字石經於太學是一體爲一字所謂三字者古文爲一篆爲二隸爲三疑三體石經皆熹平中同時所刻故儒林傳有古文篆隸之語然隸書自宋以來略有流傳而古文篆字唐宋間無有見者隋書經籍志亦止存一字石經蓋因東漢已尚隸書古文篆字不爲世所通用而邕之隸書尤有重名當時鴻都車馬填咽摹搨古文篆字者少隸書者多則隸書歷久而猶傳宜矣洪氏适顧氏藹吉謂漢

石經止有一體並無三體皆無確切實據未敢據以爲信也至漢之光和逮魏之正始不過六十餘年而魏復重刻三體者亦因漢刻立石經之後不過八年而董卓以逼脅獻帝遷都長安宮闕宗廟盡爲灰燼何有於太學之碑想亦零落不全正始振興文教重書三體立石殆非無故特漢石經一字各自爲碑魏石經合三字連書之總於一碑微有不同耳

又按蔡邕於熹平四年奏請正定五經文字乃自書冊於碑而隸釋載公羊論語殘碑之後未見邕名却有堂谿典馬日磾諸人以爲其間必有同時揮毫者張縯亦云六經字體不一當時書丹非止蔡邕以昶得見宋拓殘字驗之尚書論語二經字體已有不同之處則諸經亦可類推蓋文字繁多原非一人所能手辦且石經立于光和六年去熹平四年受詔之時遲至六載始得告成而光和元年邕先坐論災異與家屬髡鉗徙朔方計邕在東觀止三年耳既徙之後尋遇赦還又復遜迹江海閲十二年是光和二年以後校經之事皆非邕所與聞安得再能書丹於碑乎陽衒之雒陽伽藍記

謂漢國子學堂前石經皆蔡邕遺跡而後來攷據家或專指以爲邕書者蓋緣奏刻石經邕實首創其議因即以邕統之亦如唐初五經正義詳審同官多至六十餘人而其後止知孔穎達賈公彥等名也至邕傳稱同奏者五官中郎將堂谿典光祿大夫楊賜諫議大夫馬日磾議郎張馴韓說太史令單颺等而公羊傳後別有諫議大夫趙䧛議郎劉宏郎中張文蘇陵傅楨論語後別有博士左立郎中孫表疑當時同與此事者尚多而史略不載也攷盧植傳植由廬江太守徵拜議郎與諫議大夫馬日磾議郎蔡邕楊彪韓說等並在東觀校中書五經傳記帝以非急務尋由侍中遷爲尚書是植奏請刊正尚書禮記得失之後亦嘗同校五經且是時楊彪已爲議郎亦在東觀又呂强傳稱汝陽李巡白帝與諸儒共刻五經文於石於是蔡邕等正定其文則刻經之議雖創於邕而其得蒙詔許實由李巡之功紀傳亦皆未及也今列司事諸臣姓氏於左疏其履貫以資攷鏡別爲蔡邕年表一篇凡事有與石經相涉者類列于表而諸臣歷官遷拜年月以次紀之讀者詳焉

蔡邕

堂谿典見延篤傳蔡邕傳先賢行狀云典字子度潁川人爲西鄂長篤傳堂谿作唐谿注云典爲五官中郎將唐與堂同

楊賜字伯獻宏農人官司空太尉震之孫秉之子附震傳

馬日磾扶風人官太傅南郡太守融族孫附融傳三輔决錄注云日磾字翁叔

張馴字子儁定陶人官大司農有傳

韓說字叔儒山陰人官江夏太守有傳

單颺字武宣湖陸人官尚書有傳

趙馘無攷

劉宏官司空見靈帝紀漢官儀云宏字子高安衆人

張文　蘇陵　傅楨　左立　孫表皆無攷

盧植字子幹涿人官尚書有傳

楊彪賜之子字文先官至太尉附震傳

李巡汝陽人靈帝時爲中常侍見呂强傳

年表

順帝	陽嘉	元年	三	四
		邕生 邕字伯喈陳留圉人		

永和	元年	二	三	四	五	六	漢安	元年	二

建康	元年	沖帝	永嘉	元年	質帝本初	元年	桓帝	建和

年	歲	事	金石
元年			
二			
三			
和平元年			
元嘉元年			
二			
永興元年	二十一歲		瑯邪王傅蔡朗碑
二	二十二歲		
永壽元年	二十三歲		
二	二十四歲		
三	二十五歲	初以小黃門爲守宮令置冗從右僕射官	元文先生李休碑
延熹元年	二十六歲		
二	二十七歲	梁冀伏誅封中常侍單超徐璜具瑗左悺唐衡五人爲縣侯尚書令尹勳等七人爲亭侯 中常侍侯覽上縑五千匹賜爵關內侯又托與議誅梁冀進封高鄉侯又封小黃門趙普趙忠等八人爲鄉侯自是權勢專歸宦官五侯尤貪縱傾動內外	中常侍徐璜等以邕善鼓琴白帝敕陳留太守督促發遣邕不得已行至偃師稱疾歸作述行賦 汝南周勰碑 陳留索昬庫上里社碑

年	歲	事	金石
三	二十八歲	宗正劉寵爲大鴻臚	濟北相崔君夫人誄
四	二十九歲	省冗從右僕射官 大鴻臚劉寵爲司空	
五	三十歲		
六	三十一歲	司空劉寵免	朱穆謚議 朱穆墳前石碑 朱穆鼎銘
七	三十二歲		
八	三十三歲	太尉楊秉薨	太尉楊公碑 王子喬碑
九	三十四歲		
永康元年	三十五歲	董卓以破羌功拜郎中 將作大匠橋元爲度遼將軍	
靈帝建寧元年	三十六歲	太后臨朝帝乳母趙嬈與中常侍曹節等諂事太后數有封拜曹節等奉帝殺太傅陳蕃大將軍竇武節等十八人皆封侯 度遼將軍橋元爲河南尹 八月宗正卿劉寵爲司空九月遷司徒	交阯都尉胡夫人黃氏神誥 陳留太守胡碩二碑
二	三十七歲	河南尹橋元爲少府尋爲大鴻臚 六月司徒劉寵爲太尉十一月免 太僕郭禧爲太尉	郭泰碑 處士圂典碑 童幼胡根碑 辭郡辟讓申屠蟠書 辟司空橋元府出補河平長 名拜郎中校書東觀遷議郎
三	三十八歲	太尉郭禧罷 大鴻臚橋元爲司空	東鼎銘 黃鉞銘 太傅胡公夫人靈表
四	三十九歲	帝始加元服大赦天下 三月司空橋元爲司徒七月免 越騎校尉楊賜爲少府	上始加元服與羣臣上壽表
熹平元年	四十歲	車駕上原陵 太傅胡廣薨 少府楊賜爲光祿勳	論上陵禮 太傅胡公三碑

二　四十一歲

二月光祿勳楊賜爲司空
七月免復拜光祿大夫
北海地震

彭城姜肱碑

三　四十二歲

四　四十三歲

五官郎中馮光沛相上計掾陳晃言
歷元不正太史治歷郎中郭香劉固
意造妄說詔下三府與儒林明道者
詳議太尉陳耽等以邕議劾光晃不
敬正鬼薪法詔勿治罪
博士盧植爲九江太史尋以疾去官
詔諸儒正定五經文字刻石立於太
學門外
盧植奏上尚書章句三禮解詁請
定得失列正碑文
使宦者爲令列於內署自是諸署悉
以閹人爲丞令
宏農三輔螟
太尉李咸薨

會司徒府議歷數
與五官中郎將堂谿典光祿
大夫楊賜諫議大夫馬日磾
議郎張馴韓說太史令單颺
等奏求正定五經文字
按傳稱正定六經文字靈
帝紀及儒林宦者傳皆作
五經今從之
上書請除三互法
中鼎銘
太尉李公碑

五　四十四歲

御殿後槐樹自拔倒豎
光祿大夫楊賜爲司徒
以盧植爲廬江太守

伯夷叔齊碑

六　四十五歲

市賈小民相聚爲宣陵孝子者詔皆
除太子舍人
南宮平城門內屋武庫屋及外東垣
屋前後自壞
大旱七州蝗
京師地震
鮮卑寇三邊先是鮮卑三十餘犯塞
護烏桓校尉夏育上言請徵幽州諸
郡兵擊之乃遣育與破鮮卑中郎將
田晏匈奴中郎將臧旻將南單于以
下三道出討鮮卑大司農經用不足
殷斂郡國以給軍糧三將無功還者
少半
詔羣臣各陳政要所當施行
徵拜盧江太守盧植爲議郎與諫議
大夫馬日磾議郎蔡邕楊彪韓說等
並在東觀校五經記傳補續漢記尋
轉侍中遷尚書
司徒楊賜免
帝從邕言是歲親迎氣北郊及行辟
雍禮
詔宣陵孝子爲舍人者悉改爲丞尉

諫伐鮮卑不從

上封事七條

光和元年　四十六歲

置鴻都門學敕州郡三公舉召能爲
尺牘辭賦及工書鳥篆者爲諸生有
至封爵者
二月己未地震　四月丙辰地震
流星犯軒轅第二星東北行入北斗
魁中
南宮侍中寺雌雞化爲雄
五月有白衣人入德陽殿門口稱梁
伯夏教我上殿與桓賢語言訖不見
六月有黑氣墮帝所御溫德殿中
七月青虹見御坐玉堂後殿庭中
八月彗星出亢北入天市中
尚書盧植上書爲蔡邕訟冤
詔中尚方爲鴻都文學樂松江覽等
三十二人圖像立贊尚書令陽球上
書諫止不聽
光祿大夫楊賜爲少府
光祿大夫橋元爲太尉

詔召邕與光祿大夫楊賜諫
議大夫馬日磾議郎張華太
史令單颺詣金商門引入崇
德殿使中常侍曹節王甫就
問災異及消改變故所宜施
行邕悉心以對凡八事
於特詔密問災異所由令以
皁囊封上書奏帝覽而歎息
會曹節宣講左右事遂漏露
其中被邕裁黜者皆側目思
報中常侍程璜乃使人飛章
言邕過失詔下尚書召邕詰
狀上書自陳遂下邕洛陽獄
劾以大不敬棄市書奏中常
侍呂强愍邕無罪請之有詔
減死一等與家屬髡鉗徙朔
方不得以赦令除
楊球使客敕邕又賂部主使
加毒害皆不果
上漢書十意疏
報楊復書
報羊月書
西鼎銘

二　四十七歲

大鴻臚劉郃爲司徒
太尉橋元罷
少府楊賜爲光祿勳
司隸陽球奏收中常侍王甫太尉段
熲殺之磔甫屍中常侍呂強上疏辭
封都鄉侯爲蔡邕段熲訟冤
司徒劉郃永樂少府陳球衛尉陽球步
兵校尉劉納謀誅宦者事泄皆下獄死
光祿勳楊賜爲司徒

帝覽邕所著十意嘉其才高
會大赦宥還本郡自徙及歸
凡九閱月將就還路五原太
守王智甫弟也邕慢智遂銜
之慮卒不免乃亡命江海遠
迹吳會往來依太山羊氏積
十二年

三　四十八歲

四　四十九歲

司徒楊賜罷尋爲太常

五　五十歲

太常楊賜爲太尉

京兆樊惠渠頌

六　五十一歲

石經刻成立太學講堂
前

中平元年　五十二歲

黃巾賊張角叛拜盧植爲北中郎將
討之
太尉楊賜免
中常侍趙忠夏惲等譖呂强殺之
太尉橋元薨
盧植遠破張角圍角等於廣宗小黃門
左豐譖之植坐減死
尚書張馴爲大司農

與何進薦邊讓書
太尉橋公廟碑
太尉橋公碑
司徒袁公夫人馬
氏靈表

年	歲	紀事	著作
二	五十三歲	九月特進楊賜爲司空十月薨	貞節先生范丹碑 司空文烈侯楊公三碑
三	五十四歲	前太邱長陳寔卒 按通鑑寔卒系于四年之冬集中兩碑皆作三年八月卒今從之	陳太邱二碑
四	五十五歲		議郎胡公夫人哀讚
五	五十六歲	射聲校尉馬日磾爲太尉 光祿勳劉宏爲司空 光祿少府楊彪爲太僕尋遷衛尉	陳太邱廟碑
六	五十七歲	太尉馬日磾免 四月帝崩王子辯即位大赦天下改元光熹封帝協爲渤海王尋徙封陳留王 上軍校尉蹇碩謀殺大將軍何進進先殺之 司隸校尉袁紹勸進盡誅宦官 侍御史鄭泰尚書盧植諫何進名董卓不從 卓聞名即如雒陽以誅宦官爲名 中常侍張讓段珪等殺何進於省 虎賁中郎將袁術袁紹等燒南北宮誅宦者二千餘人 讓珪等劫帝幸小平津 尚書盧植河南中郎掾閔貢追讓珪等斬數人餘皆投河死 帝還宮赦天下改元昭寧 董卓諷朝廷以久雨策免司空劉宏而代之 董卓欲廢帝盧植不從卓議卓怒欲殺植 侍中蔡邕議郎彭伯諫之乃止 九月卓遂廢帝爲宏農王弑殺何太后 陳留王協即位大赦改元永漢 董卓自爲太尉封郿侯十一月以卓爲相國 衛尉楊彪爲司空十二月遷司徒 詔除光熹昭寧永漢三號還復中平六年	董卓聞邕名敕州郡辟之稱疾不赴卓怒詈曰我能族人邕懼應命到署祭酒舉高第補侍御史又轉治書御史遷尚書三日之間周歷三臺遷巴郡太守復留爲侍中 薦太尉董卓表 讓尚書乞在閒冗表 巴郡太守謝表
獻帝初平元年	五十八歲	關東州郡悉起兵討董卓以渤海太守袁紹爲盟主 董卓使人酖殺宏農王 二月車駕西遷董卓留屯畢圭苑中悉燒宮廟官府居家二百里內室屋蕩盡 司徒楊彪免尋拜光祿大夫數遷大鴻臚少府太常以病免復爲京兆尹 三月車駕入長安 詔和安順桓四帝及恭懷敬隱恭愍三皇后並除尊號	拜左中郎將從帝遷都長安封高陽鄉侯 讓高陽鄉侯印綬符策二表 諫止董卓自稱尚父 按通鑑初平二年卓黨欲尊卓比太公稱尚父以邕諫止今從本傳 宗廟祝嘏辭 宗廟迭毀議
二	五十九歲	二月董卓自爲太師位在諸侯王上 後將軍袁術將孫堅攻董卓戰於同谷卓敗走洛陽遂發掘諸帝陵 四月董卓還長安 地震	諫董卓乘車踰制 卓剛愎自用邕憾其言少從欲遯之山東不果
三	六十歲	太常馬日磾爲太尉 四月司徒王允與中郎將呂布誅殺董卓夷三族以允錄尚書事總朝政 太尉馬日磾爲太傅錄尚書事 京兆尹楊彪爲光祿勳九月遷司空錄尚書事 尚書盧植卒	董卓既誅邕在司徒王允坐聞之驚歎允怒收付廷尉治罪士大夫多矜救不能得太尉馬日磾馳往謂允邕忠孝素著所坐無名誅之恐失人望可令其續成漢史允執不聽邕遂死獄中允悔欲止而不及遠近搢紳皆爲歛涕兗州陳留聞皆畫象頌焉

右表參採紀傳及律歷祭祀天文五行諸志繫年多據後漢紀資治通鑑二書五經立石次於光和六年則從水經注也按邕本傳董卓既誅邕在王允坐爲允所收死於獄中時年六十一然卓誅在初平三年壬申使是時邕年果已六十一歲當生於陽嘉元年壬申而光和元年尚書詰狀自陳書有臣年四十有六之語計至死年止六十歲則邕生實於陽嘉癸酉本傳誤矣蔡中郎集六卷本之陳留所刻其中頗有足據今以年月可繫之文次入表中俾好古者一廣見聞也

金石萃編卷十六終

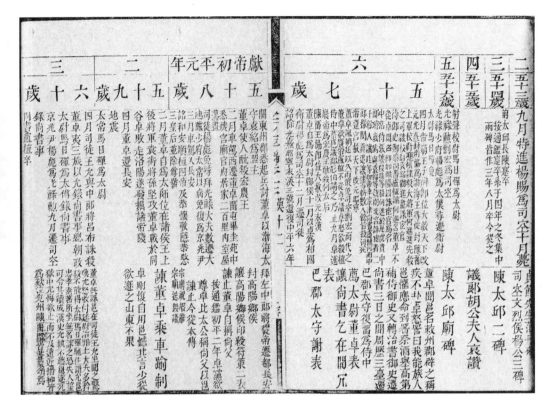

賜進士出身 誥授光祿大夫刑部右侍郎加七級王昶譔

漢十三

聞憙長韓仁銘

碑存上截高六尺九寸廣三尺八寸八行行存十九字額題漢循吏故聞憙長韓仁銘十字篆書後方刻金趙秉文跋又刻李獻能跋李天翼等題名並正書今在滎陽縣署

熹平四年十一月甲子朔廿二日乙酉司
隸(下闕)河南尹校尉空閣典統非任素無績
勳宣善(下闕)仁前在聞憙經國以禮刑政得
中有子產君子(下闕)尉表上遷槐里令除書

未到奄罹短命喪身為(下闕)祀則祀之王制
之禮也書到郡遣吏以少牢祠(下闕)勒異行
勖厲清惠以旌其美豎石訖成表言如律
(下闕)□□十一月廿二日乙酉河南尹君丞
憙謂京寫(下闕)□□墳道頭訖成表言會月
卅日如律令

此碑出京索間左氏傳京城太叔之地滎陽令李庚輔之行縣發地得之字畫宛然頗類劉寬碑書也韓仁漢循吏蚤卒不見於史而見於此非不幸也李庚亦能吏天其或者為李庚出耶抑偶然耶夫物之顯晦有時猶士之遇不遇也向使此碑不遇李庚埋沒於荒煙艸棘中得為礎為矼足矣吾聞君子之道闇然而日彰然自古賢達埋光鏟采堙滅無聞亦何可勝數抑有時而不幸也後千百歲陵谷變易獨此碑尚存李庚之名託此以不朽亦未可知也正大五年十一月廿一日翰林學士趙秉文題

兩漢重循吏而韓君之名不見于史則知班范所載遺逸者尚多此碑又復埋沒于荒榛斷壠中閱千載而人不識是重不幸也及吾友輔之滌拂蘚□□而樹之然後大顯于世其冥冥之中亦伸于知己者耶

輔之踈朗英偉初非百里才也乃能不以一邑為卑留心政事急吏緩民靄然有及物之意行見□□褒□踐揚□□其功名事業必將著金石而光簡冊蓋不待附見于此然則二君皆不朽人也無疑趙郡李獻能

正大六年八月 日奉政大夫滎陽縣令李天翼再立石 監立石司吏董□ 石匠王福

右聞憙長韓仁銘此其移下河南尹之令牒也法以上表下宜稱名故曰韓仁焉又銘者論譔其德善而明著之者也刊石以名仁之美斯銘稱焉矣雖其文

辭不叶于聲詩固無害其爲銘也金石圖

碑建於漢靈帝熹平四年金哀宗正大五年滎陽令李輔之行縣發地得之著於翰林學士趙秉文跋然康熙間修　佩文書畫譜復又見遺顧南原隷辨專搜漢碑不遺殘闕而亦闕如爲可惜也虛舟題跋

此碑金正大中出土而明時如都元敬趙子函　本朝如顧亭林顧南原輩搜輯古碑殆遍此碑近在京索間絕無知之者至劉太乙續金石錄始載之近乃遍粥於世矣　漢書地里志後漢郡國志皆作聞熹劉寬碑陰河東郡聞喜作憙與此碑同史記周本紀

無不欣憙漢書郊祀志而天子心獨憙師古曰憙讀曰喜急就章勉力務之必有喜皇象碑本作憙二字音義同　夼㚔䄈命即不幸短命也郙閣頌莫夼創楚不作夼此又因夼而變之與夼字無異說文幸字本作㚔其大下著羊者音逹漢隷多借用之曹全碑不㚔早世是也廣韻䄈同短逢盛碑命有悠䄈郭究碑不㚔䄈祚皆同　碑末云如律令此三字蓋漢人公移中語史記儒林傳序述所載詔書前漢書朱博傳博口占檄文陳琳爲袁紹檄豫州文東觀餘論所載漢破羌檄皆有此三字但見之碑刻者絕少金石存

碑以𤋲爲喜夼爲不䄈爲短窂爲牢㚔爲幸王任中皆加二小畫皆隷之通變也　碑自歐趙洪婁以來皆不著于錄吳山夫謂劉太乙續金石錄始載之至牛空山始爲摹圖而失摹李欽叔跋今日拓本則二跋皆有泐字矣兩漢金石記

右漢循吏聞憙長韓仁銘金正大中滎陽令李天翼得之京索間土中令石匠王福再立石趙秉文周臣李獻能欽叔俱有跋刋於碑之左方漢世重吏治而仁在聞憙刑政得中碑額稱循吏賢之也仁自聞憙遷槐里令除書未到而卒故額不云槐里令也仁既

殁司隷校尉愍其短命下河南尹遣吏祠以少牢豎石以旌其美于此見善政之效而校尉風勸良吏之意亦可尚已天翼字輔之固安人登貞祐二年進士歷滎陽長社開封三縣令所在有治聲終右警巡使潛研堂金石文跋尾

仁既遷槐里遂遭隕殁尹河南者猶表其墳道如此宜乎吏治之競勸也河南尹君丞攷百官志尹下丞一人不見有君丞之文唯陽朔元年銅雁足鐙銘亦列君丞則君丞自前漢已有之豈亦如令丞長丞之謂與漢時郡符下移縣屬如朱博傳口占檄文並言

如律令今道流符咒襲用此語世多昧其效漢制官
府文書爲之故爲附著于此 授堂金石跋

豫州從事尹宙碑

碑高八尺一寸廣三尺九寸十四行行二十字額二行殘闕止存從銘二字篆書今在鄢陵縣孔廟

君諱宙字周南其先出自有殷迺迄于周
世作師尹赫赫之盛因以爲氏吉甫相周
宣勳力有章文則作頌武襄獫狁二子著
詩列于風雅及其廟諱孫言多世事景王載
在史典秦兼天下侵暴大族支判流僊或
居三川或從趙地漢興以三川爲潁川分

趙地爲鉅鹿故子心騰於楊縣致位執金
吾子孫以銀艾相繼在潁川者家于傿陵
克纘祖業牧守相亞君東平相之廟諱會稽
太守之曾富波侯相之孫守長社令之元
子也君體溫良恭儉之德篤親於九族恂
恂于鄉黨交朋會友貞賢是與治公羊春
秋經博通書傳仕郡歷主簿督郵五官掾
功曹守昆陽令州辟從事立朝正色進思
盡忠舉衡以處事清身以厲時高位不以
爲榮卑官不以爲恥含純履軌秉心惟常
京夏歸德宰司嘉焉年六十有二遭離寑
疾熹平六年四月己卯卒於是論功敘實
宜勒金石迺作銘曰
於鑠明德于我尹君龜銀之冑弈世載勳
綱紀本朝優劣殊分守攝百里遺愛在民
佐翼牧伯諸夏肅震當漸鴻羽爲漢輔臣
位不福德壽不隨仁景命不永早即幽昏
名光來世萬祀不泯

右碑近日鄢陵地中得之嘉靖十七年通政鄢陵劉
訒以詒許吏部穀董生子元復以貽余者也 金石史

豫州從事尹宙碑豫字磨滅以其潁川人而言本州
知其爲豫州也　左氏襄公三十年傳有尹言多當
周景王之世漢書酷吏傳尹賞字子心楊氏人也以
右輔都尉遷執金吾卒官今碑曰楊縣按楊氏縣屬
鉅鹿郡於文不當省氏字河東郡自有楊縣又鉅鹿
之鹿不當從金位不福德福字亦副字之誤 金石文字記

按姓譜尹與伊衡皆本伊尹故云出自有殷也崧高
詩註云尹官氏也風俗通云師尹三公官也以官爲
姓銘云位不福德壽不隨仁福解作副按福音富與
從示者不同壽字隸法亦少異于曳壽張壽諸碑夫

漢碑莫備于隸釋而失載豈物之顯晦固有時也歟金石錄補

碑所述尹氏尹少昊之子封尹城又師尹以官爲氏此以官爲氏者舉其先世二人曰言多子心子心名賞前漢酷吏也碑有云支判流僊流僊者流遷也子孫遷移于三川趙地也家于傿陵傿字去邑從人前漢書傿陵師古注傿音偃本從人後漢書作鄢陵觀碑知後漢時仍作傿寫今范史乃俗學傳改之誤也銀艾相繼者銀章青綬所謂銀青也亦有云艾綬銀章者以青綬之色有似于艾葉古人用字之藻采也

立朝正色綱紀本朝指郡稱朝非朝廷也碑首題從銘二篆字近右方中有穿與從銘二字並此又題額之變從字不可知義余觀漢碑非墓碣則無穿中禮器出穀校官白石神君百石卒史等是也衡方景君武榮鄭固諸碑皆有穿中所以下綍懸棺者此碑雖不言葬額有穿中亦墓碑也金石遺文錄

金石文字記云豫字磨滅以其言本州知爲豫州今碑甚完好無一字磨滅惟云仕郡歷主簿督郵五官掾功曹守昆陽令州辟從事而已無豫字也或亭林所見之本傳拓不清以爲磨滅耳隸辨

顧寧人以鉅鹿之鹿不當從金顧南原云廣韻言鉅鏕郡名漢書只作鹿寧人謂不當從金非也又寧人以位不褔德褔字爲副字之誤南原云褔與副同廣韻褔衣一褔也今作副史記龜策傳邦褔重寶徐廣曰褔音副其字從衣俗本史記譌作福魏上尊號奏以褔四海欣戴之望副亦作褔虛舟題跋

宙以州辟爲從事而碑以正色立朝稱之葢郎指州治爲朝漢唐人皆如此宋以後不敢爲此語矣鮚埼亭集

碑額殘缺止餘從銘二字分二行篆書在穿之右吳山夫金石文存曰篆額二行今但存其下從銘二字

君歷官至從事而卒疑其額必題漢故某州從事尹府君銘十字今其上八字破壞不存故搨工但傳其下二字也方綱按金石文字記以其潁川人而言本州知其爲豫州也葢其額當云漢故豫州從事尹君之銘或曰尹君碑銘未可定也金石文字記作豫州從事尹宙碑金石文存作漢從事尹宙碑潛研堂金石文跋尾作州從事尹宙碑葢諸家皆未嘗見元皇慶三年一碑耳今附載于後其碑云忠顯校尉汴梁路鄢陵縣達魯花赤兼管本縣諸軍奧魯勸農事阿八赤自皇慶元年正月二十有四日下車蒞事欽奉

詔書追封孔子爲大成至聖文宣王立石判官所以彰聖恩重名教也公因物色碑材得片石于洧川蓋東漢熹平六年故豫州從事尹君諱宙者之碑也公捐己俸購石輦來鄢頫命匠刮磨將舍舊而新之既而幡然改曰碑歷一千二百餘年故物舉一廢一有所弗忍遂議更以新石併舊石附立廟廡于以見公好古尚賢成此美事鄢之士民咸頌公德爲之辭曰仁哉忠顯治績在鄢事師古始德崇哲先更新修廢二美得全寫之琬琰以永其傳皇慶三年春正月望日立石鄢陵縣儒學教諭李讐撰古洧歲寒野人王

克讓書丹按是碑記重立尹宙碑事明言其爲豫州從事可見元皇慶移置學宮時其額尚完也　碑立於熹平六年四月金石文字記以爲四年誤　碑以儇爲還以傿爲鄢以穎爲頴勛力有章句驗石是力字諸家並作功誤也顧氏文字記又以僊作僊又抄寫之訛　鉅鏕郡鏕字廣韻注云案漢書只作鹿是漢書省作鹿非鏕之加金也顧氏所校刊廣韻本亦如此兩漢金石記

碑云君東平相之元會稽太守之曾富波侯相之孫守長社令之元子稱曾稱元而去孫字亦緐例也云秦兼天下侵暴大族或居三川或徙趙地漢興以三川爲頴川分趙地爲鉅鏕按史記秦莊襄王元年韓獻成皐鞏秦界至大梁初置三川郡始皇十七年内史騰攻韓得韓王安盡納其地以其地爲郡命曰頴川頴川之與三川非一地矣漢初改三川爲河南郡而頴川則承秦舊未嘗以三川爲頴川也秦滅趙置邯鄲郡及鉅鏕郡亦非漢初所分作碑者殆誤矣金石文字記謂鉅鹿之鹿不當從金然廣韻明言鉅鏕郡名後魏弔比干碑陰有鉅鏕伯魏祐北史有鉅鏕郡守元道龍顧氏特未詳考爾潛研堂金石文跋尾

文首云君諱宙字周南其先出自有殷然證以漢書古今人表堯師尹壽則其世系所自遠矣而碑尚不無所遺蓋譜學難明如此又碑云位不福德顧亭林謂福亦副之誤不知福即副本字匡謬正俗文已詳言之然則福非誤也惟顧氏所指鉅鹿之鹿不當從金案玉篇鉅鹿俗作鏕蓋由漢人亦未能免此此伯喈刊正之功所爲不可以已與授堂金石跋

春秋遂滅偪陽疏云左氏經作偪字音夫目反詩小雅采菽云邪幅在下毛傳云幅偪也所以自偪束也一音逼近之逼釋文云偪音福惠棟曰案古今人表作福陽知古音福从彼力反

者非也穀梁漢書地理志及續漢志皆作傅陽案古福字亦讀作副豫州從事尹宙碑云位不福德是也傳本古敷字今亦讀作副古石琅玕

校官碑

碑高五尺七寸廣三尺二寸十六行行二十七字後方題名三列又年月一行額題校官之碑四字隸書今在溧水縣學

蓋漢三百八十有七載□□□于□□□□銘功著斯金石畀隸曰

溧陽長潘君諱乾字元卓陳國長平人蓋楚太傅潘崇之末緒也君稟資南霍之神有天□德之絕操髫髦克敏□學典謨祖講詩易剖演奧藝外覽百家眾儁挈聖抱不測之謀秉高世之介屈私趨公即仕佐上郡位既重孔武赳著疾惡義形從風征暴執訊獲首除曲阿尉禽姦戔猾寇息善歡履菰竹之廉蹈公儀之絜察廉除兹初廣清肅賦仁義之風脩□□之迹斷化放亭岐周流愛雙亭□□親臤實督進直退匿咎政優優令儀令色獄無呼嗟之冤楙無叩囟之結矜孤頤老表孝貞節重義輕

材制戶六百省無正繇不責自畢百姓心歡官不失實於是遠人聆聲景附樂受一廛既來安之復役三年惟泮宮之教反失俗之禮構脩學官宗懿招德既安且寧于庚用張籩豆用陳發彼有的雅容□閒鍾磬縣矣于胥樂焉乃作敘曰

翼翼聖慈惠我黎蒸貽我潘君平茲溧陽彬文赳武扶弱抑彊□对骾雄流惡顯忠洛疑元老師臤作孚脩學童冠琢質繡章宣天生德有漢將興尚旦在昔我君存今卽此龜艾遂尹三梁永世支百民人所彰子子孫孫卑尒熾昌

丞沛國銍趙勳字葛伯

左尉河內汲董並字公房

右尉豫章南昌程陽字孝遂

時將佐吏名

戶曹掾楊淮

議曹掾李就

議曹掾梅檜

戶曹史賀□

從掾位侯祖

主記史吳超

門下史吳訓

門下史吳翔

門下史時球

光和四年十月己丑朔廿一日己酉造

右校官之碑隸額靈帝光和四年溧陽爲其長潘君作紹興十三年溧水尉喻仲遠得之固城湖中碑今在溧水縣其閒用字剗省其刀賢去其貝干侯用張者周禮士以三耦射豻侯大射禮用干字尙旦在昔

者似謂太公周公也碑以葦爲黎罪爲俾𢓜卽從字盧卽厲字𡍮卽垂字晢卽智退卽退楙卽野賫卽責字蓴卽蔓字㑌卽房字 隸釋

漢校官碑宋紹興十一年溧水尉喻仲遠得於固城湖濱置之官舍今在孔廟之大門右長樂陳長方雖嘗碑其所得本末釋文則未之見碑以靈帝光和四年歲在辛酉造距今凡一千一百五十三年番易洪景伯先生出字爲之釋謂挈爲契葦爲黎罪爲俾楙爲野賫爲責剗去其刀賢去其貝干侯與豻侯通尙旦謂太公周公可謂精審有據其餘不可辨者尙有二十七字今觀首行自三百字以下上斯字凡十有六字比之洪氏作釋文時又皆不可攷且如第三行之字之下是禱字禱下闕一字有天字敏之上是克字衆之下是儁字退之下是懕字役之上爲復反之下爲失此之上爲卽皆隱隱可見洪則悉以爲闕又如旣安且寧則以爲旨寧梅檜則以爲桓檜豈當時誤於墨本而然耶溧陽志至謂元卓爲元貞是又以名乾而傅會也禧承乏于茲暇日與士友曹國傑摩挲久之得其二三因以洪先生釋文列於上僭附所見於其下勒諸樂石以補前修之所未及者餘尙俟博雅君子云至順四年龍在癸酉夏五月文學掾濟陰單禧謹識

碑在溧水縣學盎溧水卽漢溧陽地也予初得此碑而不知其有釋文近始得之乃元至順四年校官單禧所爲而刻之者也禧又有跋謂考訂碑文與隸釋不同者二十七字而復辨溧陽志之失可謂有功于文字者故備錄之 金薤琳瑯

碑光和四年立按四年之碑若逢童三公穀阮君無極山神敬仲蔡湛孫根凡七見于集古金石錄而獨此闕如者蓋紹興十一年始出在歐趙二公後耳 弇州山人續稿

宋趙彦衛雲麓漫鈔曰范曄後漢書永平十年閏月甲午南巡狩幸南陽祠章陵日北至又祠舊宅禮畢召校官弟子作雅樂奏鹿鳴帝自御塤篪和之以娛嘉賓則東漢時縣有校官矣　碑辭末云永世支百民人所彰子子孫孫俾爾熾昌宋吳棫韻補引之作彰字不知才老何所據而改爲瞻也才老時此碑未出或據類文才老自注云三十卷本朝陶内翰穀所編錄之耳金石文字記

碑首云蓋漢三百八十有七載或謂高祖己亥即位盡更始庚申光武建武乙酉至光和辛酉其三百八

十三年按高祖入關滅秦在乙未即代統更朔之年碑未嘗誤也後列丞尉曹掾等姓名而無故字知爲潘君在位時立夫生曰頌死曰誄而碑有其誄曰何耶溧陽志潘君字元貞當以碑爲正金石錄補

漢校官碑原在溧陽縣學光和四年立紹興十一年溧水尉喻仲遠始得之固城湖移置官舍至今得免于水侵上揜仲遠之力也蓋相去已九百六十二年矣時時見光彩弓兵循直或以褻衣頓於趺上必夢大龜逐而齧之乾道戊子有官告院吏出職爲尉顧此碑字多缺蝕以爲無用且厭人來觀呼隷史曾彦與謀將沉之宅後廢沼内一寓客素好古聞其說往詰止之邑宰陳容之爲徙之縣圃作屋覆焉至辛卯歲金陵守唐瑑作文一篇欲識石背遣匠來甫鐫兩字遭碎屑激入目旋易他匠皆然竟不能施工此說見洪邁彝堅志其碑之靈異知自有據矣番陽洪景伯爲之註釋至顧閒博士單禧始考訂而跋之因手書洪氏釋文而附所補于後可謂有功于此碑之文字者矣此碑本溧陽潘君而碑今在溧水學宫乃禧所移置曾得之固城湖中固城今屬高淳縣皆本漢溧陽地也今三縣志俱載其碑文并禧跋予更索得

彼地友人搨寄數本同出較對中多同異碑乃麻石其首有額直書校官之碑四字字下有圓孔可貫孔下即碑文首行缺十六字乃八十有七載□□于□□□□銘工著較溧水高淳二志所載原文補之今碑又缺斯金二字矣溧陽舊志以元卓爲元貞是因其名乾而傳之金志已改正其誤二行潛君溧陽志作潛公誤三行絶操溧陽志作純操誤祖講溧陽高淳二志作祖訓誤五行除曲阿尉高淳志落除字十行失俗溧水志作失谷誤十一行招德溧陽志作昭德十二行闕高淳志作閒十三行皇慈三志皆作聖慈十五行龜艾溧陽志作龜文誤後姓名梅檜溧陽高淳二志作桓檜誤時球溧水高淳二志

作求誤 又考碑字形通刑禽作會孤作菰竊以爲漢碑之文惟地志所載乃親見碑石其文自無訛謬可補他書記載之失以徵信也今三志爭載其碑文全不較覈其字跡況遠道未能手模其文以訛傳訛豈能更爲之考論哉 王著校官碑考

碑中用字類多假借洪氏釋之良是至云劉省其刀賢去其貝則有不盡然者按說文戔傷也六書略云擣傷也禽姦猾卽用本字于義固通不事借戔爲劉也說文臤堅也古文以爲賢字袁良碑優臤之寵與此碑正同葢用古文亦非故去其貝 昌黎詩押玲瓏爲瓏玲參差爲差參後人但以用之自公不敢致疑寔亦不知于古何本碑云惠我黎蒸亦倒用蒸黎字以押韻 漢廣漢屬國侯李翊碑銘云比列陵於隸釋云似倒用於陵以稱韻也亦與此用黎蒸同

左傳楚商臣立以潘崇爲太師此作太傅恐誤 王昀上居易錄云韓退之詩多倒用成字葢本諸三百孫季昭示兒編所拈如中林中谷中河中路中田家室裳衣衡縱稷黍瑟琴鼓鐘斯螽下上羊牛甥舅孫子女士京周家邦鼒鼎息偃之類皆是古人倒用成語以就韻如此之多但出自今人之手則斷斷不可耳 金石存

都元敬跋云單禧考訂碑文與隸釋不同者二十七字近日杭州汪氏刻本金薤琳琅跋云單君謂洪氏所釋外不可辨者尚有二十七字卽隸釋所注爲闕者是也單君於洪氏所闕者得八字又異同者二字今南濠乃以二十七字皆爲單禧所考定誤也方綱按單氏釋文卽洪氏釋文然如以挈爲契一句今日所行隸釋本竟無之首行于字下云闕四字今本乃誤作闕二字則單氏此碑猶得據以存洪氏原本耳若其所謂綌與十一年者則王象之碑目注引洪邁夷堅癸志作十三年而首行銘功功字則單亦沿洪之誤釋爲工也稟貪南口之下一字洪云闕單釋爲禱今諦審是神字衆之下一字洪云闕單釋爲儁汪氏新刻又以爲儁今諦審是推字又弟三行單以爲有天字十五行此字上單以爲卽汪以爲服今諦審之皆未敢定也又若賦仁義之風下一字諸家皆闕今諦審是修字旣來安之下一字諸家皆闕今諦審是復字與藝下闕一字諸家或釋爲外今諦審之非外字也又呼嗟訛爲吁嗟則單氏石本之誤也 金石文字記引雲麓漫鈔謂東漢時有校官此葢信潘

君之職爲校官也金石圖跋謂潘乾溧陽長而額題校官疑有斷文此蓋疑潘君之職非校官也以愚論之二說皆非也校官者學舍官職之統稱如漢書云某經列於學官是也潘君之職自是縣宰後漢之時亦不聞特設學校之官永平幸南陽所謂校官弟子者學舍之弟子耳後漢書百官志每縣邑道大者置令一人千石其次置長四百石小者置長三百石本注曰皆掌治民顯善勸義禁姦罰惡理訟平賊恤民時務然則縣宰之事不專在教而茲碑特頌其興學之事故其石刻于學舍云爾都南濠又稱單禧爲校

官殆亦同此誤者也又隸釋云費鳳別碑與前碑今並立于吳興校官之壁据此亦足證校官二字是學舍之名非職官之名也　漢書循吏傳文翁修起學官於成都市中師古曰學官學之官舍也招下縣子弟以爲學官弟子至武帝時乃令天下郡國皆立學校官按此條即此碑校官二字出處　曲阜孔戸部譜孟云學典謨之上是志字賦仁義之風下是備達二字雅字下是式字今並存之譜孟又云碑云漢三百八十有七載自漢高帝乙未改元至光和四年辛酉數符然蔡邕獨斷言從高帝至桓帝三百八十六年除王莽劉

聖公三百六十六年從高祖乙未至今壬子歲四百一十年呂后王莽不入數可證計漢歷者不併入呂后王莽聖公也是可疑矣愚按王莽合孺子嬰居攝凡十七年合更始二年爲十九年再合之呂后八年爲二十七年自高帝元年乙未至桓帝末年丁未凡三百七十三年若於中除二十七年則是三百四十六年矣安得云三百六十六年乎且壬子是靈帝熹平元年自高帝乙未至此是三百七十八年又安得云四百一十年而邕獨斷既云靈帝二十二年董卓立陳留王爲帝則是獨斷之書成於初平時邕死於

初平三年壬申上距熹平壬子已二十年又不當以壬子爲止也獨斷之紀漢年不可据以爲證明矣豈得轉因以疑是碑乎　金薤琳琅云碑在今南畿溧水縣學此與單氏跋謂在孔廟大門右者相合而王象之輿地碑目建康府條下云溧陽長潘元卓碑後漢光和四年今在尉廨又云校官之碑後漢光和四年立今在縣圃既分二碑又在兩地則是圖經沿訛又不止單禧所辨溧陽志之誤而已　洪景伯隸釋在元時當有善本卽此一碑單氏所引隸釋之文覺今日隸釋本不可信者寔多如垂之爲垂退之爲退

所之為房豈復煩於釋乎至若𢉖之為𢉖則碑本作𢉖與正楷何別而蕳之為蔓則又何待釋乎以愚論之蕳字非蔓字乃曼字也葢曼衍之義於勳字為近而是碑菰蔡皆从艸是以知之也臤之為賢洪所未釋而隸續云說者謂校官碑親臤寶智因篆下文从省今按碑中臤字凡兩見豈皆篆上下文耶不待援鄒氏鏡銘而後知其說之謬也　碑以前半叙事之文目曰誄而以後半有韻之文目曰叙亦變例也靈帝光和四年九月庚寅朔閏十月已丑朔此云十月已丑朔者閏十月也不言閏亦變例也兩漢金石記

右碑溧陽人頌其長潘乾構修學宮而作隋時割溧陽西鄉置溧水縣宋南渡初溧水尉得碑於固城湖中其後移置縣學碑遂為溧水所有矣釋名誄累也累列其事而稱之也廣韻誄壘也壘述前人之功德也誄本為哀死而作今縣民頌其長而稱誄雖亦累德之詞然失其義矣說文臤堅也古文以為賢字公羊經鄭伯堅卒釋文本作臤疏云穀梁作賢葢臤賢本一字古今文異爾今本公羊穀梁皆作堅與左氏同矣此碑親臤寶智師臤作朋皆从古文其書籩豆之籩為匴亦籀文之變也潛研堂金石文跋尾

碑首行云其誄曰錢少詹事云誄本為哀死而作今縣民頌其長而稱誄失其義矣予證以周禮太祝作六詞以通上下親疏遠近六曰誄注誄謂積累生時德行以錫之命主為其詞也疏此六詞者皆為生人作詞無為死者之事是誄之名施于死生而通之殆如考妣嬪可兼生稱也論語誄曰禱爾于上下神祇孔氏注云誄禱篇名說文引此作讄亦云纍功德以求福從言纍省聲推之此碑吏民頌其生君於義固無嫌哉碑稱布政優優詩以布作敷說文引書敷重莫席敷亦作布儀禮聘禮管人布幕於寢門注今文布作敷是布敷為古今字　碑首校官字東漢時縣有校官已見金石文字記案漢書韓延壽傳延壽于是令文學校官諸生皮弁執俎豆葢又在西漢時已然授堂金石跋

白石神君碑

碑高五尺四寸五分廣二尺三寸十六行行三十五字額題白石神君碑五字篆書陽文今在元氏縣

蓋聞經國序民莫急於禮禮有五經莫重於祭祭有二義或祈或報報以章德祈以弭害古先哲王類帝禋宗望于山川徧于羣神建立兆域脩設壇屏所以昭孝息民

轄寧上下也白石神君居九山之數參三
條之壹兼將軍之號秉斧鉞之威體連封
龍氣通北嶽幽讚天地長育萬物觸石而
出膚寸而合不終朝日而澍雨沾洽前後
國縣屢有祈請指日刻期應時有驗猶自
抱損不求禮秩縣界有六名山三公封龍
靈山先得法食去光和四年三公守民蓋
高等始為無極山詣大常求法食相縣以
白石神君道德灼然乃具載本末上尚書
求依無極為比即見聽許於是遂開拓舊

兆改立殿堂營宇既定禮秩有常縣出經
用備其犧牲奉其珪璧絜其粢盛旨酒欣
欣燔炙芬芬敬恭明祀降福孔殷故天無
伏陰地無鱻陽水無沉氣火無災燀時無
逆數物無害生用能光遠宣朗顯融昭明
年穀歲熟百姓豐盈粟升五錢國界安寧
尒乃陟景山登峥嶸采廟諱石勒功名其辭
曰
巖巖白石峻極太清皓皓素質因體為名
惟山降神髦士挺生濟濟俊乂朝野充盈

灾害不起五穀熟成乃依無極聖朝見聽
遂興靈宮于山之陽營宇之制是度是量
卜云其吉終然允臧匪奢匪儉率由舊章
華殿清閑肅雍顯相廟諱圖靈像穆穆皇皇
四時禋祀不愆不忘擇其令辰進其馨香
犧牲玉帛黍稷稻粮神降嘉祉萬壽無疆
子子孫孫永永番昌
光和六年常山相南陽馮巡字季祖元氏
令京北新豐王翊字元輔長史穎川申屠
熊丞河南李邵左尉上郡白土樊瑋祠祀

掾吳宜史解微石師王明
燕元璽三年正月十日主簿程疵家門
傳白石將軍教吾祠今日為火所燒
右白石神君碑篆額在眞定靈帝光和六年立前二
年盎高等授三公封龍靈山請于朝為無極山得法
食至是常山相馮巡元氏令王翊復具白石本末求
依無極為比朝廷聽許遂開祠殿宇琢石勒碑其文
有云居九山之數參三條之一趙氏莫曉三條為何
語按尚書正義曰從導岍至敷淺原舊說以為三條
地理志云禹貢北條之荆山則在馮翊懷德縣南條

之荆山則在南郡臨沮縣是舊有三條之說也故馬
融王肅皆以導岍爲北條西傾爲中條嶓冢爲南條
自岷山之南至敷淺原别以岷山爲首不與大别相
接則岷非三條也殽阬碑云中條之山者益華嶽之
體南通商雒以屬熊耳其文與正義合漢人分隸固
有不工者或拙或怪皆有古意此碑雖布置整齊略
無纖毫漢字氣骨全與晉魏間碑相若雖有光和紀
年或後人用舊文再刻者爾碑以番昌爲蕃昌祕郎拓字隸釋
右漢白石神君碑在無極縣立石者常山相南陽馮
巡元氏令京兆王翊與集古錄所載無極山神廟碑

略同文稱神君能致雲雨法施于民則祀之宜也然
所云益高者合之無極廟碑特常山一妄男子爾先
是光和四年巡詣三公神山請雨神使高傳言卽與
封龍無極共興雲雨賽以白羊高等遂詣太常索法
食越二年具載神君始末上尚書求依無極山爲比
卽見聽許益斯時巫風方熾爲民牧者宜潛禁于將
萌乃巡翊輕信巫言輒代爲之請何與非所云國將
亡而聽之神者與碑陰有務城神君李女神飄石神
君壁神君名號殆因白石而充類名之者碑建于光
和六年是歲妖人張角起矣曝書亭集

右碑趙氏云其文有居九山之數參三條之一莫曉
爲何語按水經有九山廟碑云九顯靈府君者本華
之元子陽九列名號曰九山府君也南據嵩岳北帶
洛溠云云殽阬神碑云中條之山者益華岳之體南
通商雒以屬熊耳洪氏謂與正義合予意無極三公
封龍諸山在嵩華之閒二碑皆從太華立說而有據
嵩嶽通商雒之語是卽此九山三條注脚也金石後錄
康熙廿九年予宰深澤崑山司寇公捜訪名刻于無
極縣求此碑益因碑中有無極山語而顧亭林金石
記又云在無極縣偏尋久之不獲其他州邑亦絕無

知者疑此碑已亡三十年眞定十州邑災余奉檄調
赴贊皇縣監賑抵元氏縣開化寺見後殿左側有一
碑其形如圭心異之急趨視乃白石神君碑也卽出
錢與元氏令劉君趣其搥搨此碑之顯寔自予始碑
云縣界有六名山攷本志三公山在今縣西七十里
封龍山在今縣西北五十里舊名飛龍唐改今名據
碑在漢已名封龍志所記非是靈山在今縣西北三
十里無極山在今縣西三十里上有無極神祠漢立
無極縣于此縣以山名也今無極縣乃移在眞定府
東六十里相距百八十里縣界又絕無山名存而建

置之意已失白石山在今縣西北五十里山多白石故名舊有白石神君祠卽漢時立碑處也所謂六名山者止有五山其一山無攷其稱相縣者常山相南陽馮巡元氏令新豐王翊也元氏爲常山國所治首邑相得據縣請轉上其文於尚書也抑予有疑者無極山在常山國境內因山置無極縣而范史無極屬中山國予歷中山疆域皆在常山東北無極則在常山西南境中隔常山所屬之眞定中山焉得越眞定而轄常山屬邑然則元氏縣志漢置無極縣于此之語不知果何所據而其遷移向東又不知在于何時

也兩漢書俱作毋極碑作無極今亦稱無極當以碑爲據碑額白石神君碑五字每字安一方空作陽文凸起與濟寧武榮碑同他碑所無其文殊古雅而用字典則如云開祏舊兆祏字徒各切音託字書張衣令大也張揖廣雅祏大也漢隸字源曰桐柏廟碑開祏神門無極山碑恢祠宮義祚拓本是開拓之義如云火無災燀燀逞延切闡平聲國語水無沉氣火無災燀碑乃用此語如云登峥嶸嶸同嶸揚雄甘泉賦似紫宮之峥嶸亦可省作嵤又云萬壽無畺卽疆字張公神碑畺界家靜呂君碑謹守畺易朱龜碑畺土

漢書王子侯表畺土過制與壃同永永番昌卽蕃字之省無極山碑草木番茂前漢書卜式傳隨畜牧番與此同又有云地無鱻陽漢隸字源曰說文新魚精也左傳曰冬無伏陰夏無愆陽鱻愆無通理此語未得其解錄之以俟博雅者金石遺文錄

漢白石神君碑始見于金石文字記云在直隸之無極縣寔未之見也丁亥秋陳香泉使君以此本易我座鶴銘余遂裝而藏之後題名有元璽字元璽者前燕慕容儁年號也楊賓鐵函齋書跋

碑文十四行空一行方刻銘又空一行書年及常山相長史丞尉掾史石師姓名共二行後空一行有燕元璽二年題字隸辨

隸釋云此碑雖有光和紀年或後人用舊文再刻者今按馮巡王翊等題名之後仍有隸字二行其一云燕元璽三年正月十日主薄某人刻字此碑重刻本有可攷燕公所收本偶無此字故但以書法定其時代然亦精于鑒矣又予細讀此碑并以三公無極二碑相比較恐此叙銘亦非漢人所作蓋其體輕而味淺亦無漢人蒼厚之致意厚碑已毀此亦元璽間人摹古爲之者非特其字爲重刻也然魏晉以後祭法

已壞此慕容時所刻猶能整齊如此　漢軹家釜斗字作升金石文字記云升音陞升音蚪昔人以其文易混故改升爲斗碑云年穀歲孰百姓豐盈粟升五錢此字當是斗字碑乃作升此筆畫小訛書鐫之過若粟升五錢又何足稱頌乎黍稷稻稂乃借稂莠之稂爲粱也今本隸釋或書作糧非是金石存

隸釋引郡國志注云有石塞三公塞石塞卽白石山也隸釋所載有三公山無極山二碑此則其後二年所立也河朔訪古記云元氏縣西北三十里封龍山下有漢刻白石神君碑是也是碑之爲漢刻無可疑

者其以爲後人重刻特出洪氏之疑而吳山夫乃云後有燕元璽三年正月十日主薄某人刻字定其爲重刻殊不知主薄下乃程疵二字其下亦非字字斯亦傅會之甚矣吳又辨粟升五錢是斗非升以爲書鐫之過不知石本寔是升字並非升也又挹損挹字趙氏金石錄明釋作挹而諸家皆訛作抱何也　碑末常山相馮巡元氏令王翊二人稱名與字長史申屠熊則稱名不稱字且在元氏令之後與三公無極二碑不同蓋勒碑時固無一定之例特偶有後先詳略耳卽如三公無極二碑丞亦稱字而是碑丞不稱

字可見其不必畫一矣想洪氏所收拓本必是裝界成冊而申屠熊之下恰空三格又或裝潢者誤置在前因而誤以長吏潁川申屠熊七字接上季祖之文而又云其下闕三字也今驗石本則並不如此又碑陰上方之末一行璧神君璧字吳山夫誤作祥又以上句萬字貫之云萬祥神君其誤亦坐裝褾之失耳予嘗謂收藏古刻必有其副而後可翦截裝潢正謂此也又碑陰上層第一行音上止闕一字再上是空石無字吳山夫謂闕二字非　僖三十一年公羊傳山川有能潤于百里者天子秩而祭之觸石而出膚

寸而合不崇朝而徧雨乎天下者惟太山爾據此傳文初無雲字唐人類書引此乃加一雲字曰惟太山雲爾誤也何休注曰言其觸石理而出無有膚寸而不合下文河海潤于千里注曰亦能通氣致雨潤澤及于千里據此則所謂出合者山之氣爲之也觀是碑上言幽讚長育下言澍雨沾洽信知公羊二語之不指雲矣兩漢金石記

碑列名者八人常山相馮巡元氏令王翊名字俱書他皆名而不字别于守令也王翊樊瑋二人郡縣兼書其三人書郡不書縣掾史石師則郡縣俱不書洪

氏隸釋移長史于元氏令之前且謂中闕三字葢洪
所得者裁翦裝潢之本而以意度之耳碑以幽讚爲
幽贊無畺爲無疆亦洪氏所未及舉潛研堂金石文跋尾
洪景伯既證明三條尤于九山未有所晰余攄淮南
王書墜形訓何謂九山會稽泰山王屋首山太華岐
山太行羊腸孟門今白石山亦太行之支麓也所云
居九山之壹者當謂此碑云兼將軍之號秉斧鉞之
威後又有燕元璽三年刻字亦稱白石神君山川之
神其有封號當漢季已如是而世儒謂沿于唐代非
其失檢也與授堂金石跋

尉氏令鄭季宣碑

碑殘缺止存半截高八尺二寸廣四尺二寸約十八行字數無攷今在濟寧州學

君□□字季宣□聘君之孫鄙君□度和
□淑□□五□之□□□□□□□□文
□□□□□□□□□□□有趙壹□□
振□□吳札之高□□□□□□□□□
□□□把□吕□□□□□□□東□□
守欽□□以備禮招陽□可躍□□□□
□□□□□□行父貞忠節□□□□□
□季□□觀國之光凱□□帝□□□奇

□□□□□□□□□□□臣死夜在公
弓斯□□□□□□□賦雲會威□□□
□我□□□□□□□□□□□□□□
季四月□□□□□社□□焉殉黨□□
□遠近□車未抗駕賊□□□□□□□
□□□□乾剛之□辨□□□□□□其
旅供□天□□□東鄙□□侵掠如豹□
□□□□□□□□□□爾乃□□□□
□□舍措九刑而□□齊□政似煥咻□
□□□□□□□□□以耕養慰存□

鰥獨靡困□績旣□□□□□□虞放觴
沙□□□□□□□□□□□□就涔憝
□□恭穢□□□遺則不□□□□□穆
□之中神人協□□□□□□□□之□
□□戜之害弦謌並□仁義交□□可謂
□嚴五典□□能惠者也當□□□儀鴻
□□□□□□□□春秋五十有七中平
二年四月辛亥卒于□□□□□是路無
軌□□□□□□□□□輿施來□弱睽
孤其三年四月辛酉□葬故吏□□蜚欲

子車之殉□□□□□□軹䜌方□吝父事
君慕衛鼎之不泯恩粤人之□□追頌君
德伐石銘碑擒□蘙□□□□□令問山
無□其辭曰
堂堂惠君明□□聲□□□□□□□□□
帝□□□□君我城討賊□如雷如霆旣
克有定丕心則寧民□賴祉□□□□□
□迹□□□□□□□顯奕世□□□厥成
伊產□繼岱宗之靈喬嶽瀆□景命不□
□□□□□□□□□□□石休有闕

碑陰

陰亦殘缺止存第一列及第二列上一二字每列二十行第一列首行已泐第二列七行以後全泐無一字可辨額題尉氏故吏處士八名八字篆書

故孟津者尉□處元□
闕內矦張□□詩
故方城長毛良□□
故孝□□□耽□虞
故從□□□堂永康
故從事□□□伯
故從事闕下

從事楊光子宮
故從事宗□仲□
故五官掾闕下
故五官掾郎鄲□□□
故守令呂嵩仲□
故□□任□□
故督郵郎鄲敬闕下
故督郵邯鄲璣元珪令司空掾
處□□□德源
處士□謙議直

處士□□步德
處士□□子朝
處士邯鄲□□□
處士呂林□□
處士呂贊□□
處士□楚□政
處士□□元
處士闕

右漢尉氏令鄭君碑其名已殘缺碑陰題尉氏故吏處士八名知其爲尉氏令金石錄

右漢故尉氏令鄭君碑篆額穹碑多有裂文字半湮晦少成章句有其字而亡其名官閥略不一見僅存卒葬年月其中數十言載殉賊侵掠事前稱其有吳札之高來叙故吏欲子車之殉碑陰姓名郄班班可考其間奇字如書飢作飢書夙作殀一蕟字未詳碑有放鵃之句上下文刓滅不可考鵃與鵰同音鶻鵃是鳩名恐是用趙簡子放鳩事　右鄭季宣碑陰以八篆橫刻其上曰尉氏處士故吏人名上下凡四橫其中督郵邯鄲璣名字之下細書四字云今司空掾末有直事干四人亦是以干爲幹語在景北海司馬

整碑陰最後空十餘行有一行刻字似是造碑者所識隸續

鄭季宣碑名已殘缺季宣字耳碑以飢爲飢殀夜在公之殀卽夙字放鵃之鵃與鵰同音鶻鵃是鳩名棊卽棊字纒卽纏字碑陰橫刻篆八字於上曰尉氏處士故吏人名漢隸字源

應劭曰古獄官曰尉氏鄭之別獄也臣瓚云鄭大夫尉士之邑顏師古曰鄭大夫尉氏掌獄之官故爲族耳按古之治獄官曰理月令命理瞻傷注治獄官夏曰大理或曰李皐陶爲大理又獄官曰士尚書汝作士周禮士師注士察也主審察獄訟之事未聞春秋時以獄官爲尉氏也瓚說得之金石後錄

洪氏謂書飢爲飢按說文飢讀若載玉篇飢咨代切始也尚書九載績用弗成鼂公古文尚書載作飢字又石鼓文酋車飢道音訓云飢古文載見義雲章作飢叠隸書从丮者皆書作凡故誤以爲飢耳其謂鵃鵰同音鶻鵃是鳩名恐是用趙簡子放鳩事亦誤也按書古文訓放驩兜于崇山作鵃吺今碑文放鵃上有虞字其爲驩字無疑隸辨

右漢尉氏令鄭季宣碑殘字此其上半拓本予所舊

藏者約計十八行除第一行無字可見其略可見者四十八字又半字三而已牛氏金石圖著錄者才三十五字中間脫漏第八行而第十二行能下一字今日舊拓本尚見其上半牛氏乃只著其下半心而闕其上半何也至洪氏隸續所著錄凡二百七十許字則其所見拓本較今日增倍可知矣而以愚今日諦視殘搨所著之字與洪同者才三十八字洪誤而今正者五字七行挽洪誤折九行仪洪誤以煥洪誤俾十三行秀洪誤乎是洪誤之洪闕而今補者四字又半字三九行晞十二行徵惠能十三行辛五行干辛則又何也　丁酉秋曲阜孔莊谷戶部繼涵以所爲是

碑全圖艸本見示存余篋者五年矣今審定釋文重爲考次依洪氏著錄之本加以方綱所審訂正爲圖仍依本書各卷釋文之例書之然洪氏所錄以今日所可見者核之已多楮柱則今日所不可見而僅得之洪錄者其可盡信也耶今既無他本可據則亦不得已而洪錄是依也世尙有執洪氏之書以摹漢隸者則吾不知也　右洪氏隸續所載鄭季宣碑以今所存殘字位置度之大約是十八行其前十五行是叙而後三行是銘也叙似三十七字爲一行而銘則三十五字爲一行不可得而臆斷矣隸辨援古文尙

書鵃吺字卽驩兜愚謂此說亦非也廣韻鴅鳥名人面鳥喙鴅四凶名鴅兜也古文尙書作鴅此二字無論其是二是一要之是从丹非从舟也說文鳩鶻鵃也又云鵃鶻鵃也从鳥舟聲張流切玉篇鵃止遙丁交二切鶻鵃也是从舟不从丹也洪氏所援趙簡子放鳩事愚固未敢斷其是否然以本有从舟之字而乃强引从丹之字以實之蓋顧氏所見殘拓本此下已模糊疑其下是吺耳婁氏字原又云綦卽棋字愚按綦字洪所不著不知在何處可見婁所据之拓本與洪氏小有不同惜未得其釋全文耳　洪婁所未

釋者嗅咻字左傳昭三年民人痛疾而或燠休之注燠休痛念之聲正義曰賈逵云燠厚也休美也服虔曰燠休痛其痛而念之若今時小兒痛父母以口就之曰燠休代其痛也杜云燠休痛念之聲其意如服言也愚按下文云其愛之如父母則正義以口就之其說精矣咻字說文不收玉篇許主切嗅咻痛念之聲也又許流切廣韻咻口病聲也觀玉篇嗅从口則燠休休字之从口更於聲意皆無可疑者矣說文挩解挩也他括切　洪氏隸續云漢故尉氏令鄭君碑篆額据此則是碑有額無疑而金石圖竟云無額卽

使下半埋土中而其額之有無豈可誣乎予得小松寄來所拓碑與陰皆用極寬長之紙四邊留空中間石本凡高四尺六寸橫寬三尺而正面穿上之額竟不可見蓋穿以上皆全泐無復石膚矣小松札云其額處石泐凹入寸許且云石質最鬆施椎卽落拓時本欲去其下座升高驗下半有字否因石質一動卽損不敢更張也下座乃兩石夾嵌外低內高所以拓本正碑短而碑陰長也　右鄭季宣碑陰今見存字九十一又半字五第四行毛下隸續作武誤今石本是毛字第五行耽字張氏釋文作羣誤今石本是耽

寧字慎字太過糢糊恐只末篇也丞若十四行首莫故二字則並兩漢金石記已引洪釋而今拓未明白耳

字第十六行元瑾張氏釋文作元璣誤今石本是瑾字第十八行直字隸續作眞今石本是直字第十九行德字上張氏釋文作子今石本是孝恐當是孝上以正誤五處第一行下列今石本尙露首一字是處第二行下列今石本尙露首一字是處第三行下列今石本尙露首二字是處士第四行下列今石本尙露首一字是處第五行下列今石本尙露首一字是處第七行伯字隸續所無今補第八行綵續全漏去今補二字第九行容字綵續闕今補第十九行下列首一字是主字洪張皆無今補第二十行下列首一字是議字洪張皆無今補以上補遺十處兩漢金石記

此碑文字行次翁閣學言之甚詳並著爲圖今細玩碑文十一行神人協下有寧字之半徽五𢍰上有右旁眞字似愼字十四行首有彝故二字可辨皆翁所未及也山左金石志

按是碑歐陽父子所未見至金石錄始有跋尾然僅能辨其年月餘已斷續不成文理無怪近日剝蝕如是之甚也碑中飢字殀字洪氏皆以爲奇𩓿字洪亦未詳昶謂飢與載同實非飢字顧氏藹吉辨之甚核說文夙早敬也徐鉉等曰今俗書作夙譌是夙字本應作夙碑作殀者字體小變猶飤書爲飢非奇字也𩓿字左从香卽香右从頁者古老子復字作𢔦則𩓿是古文复字以此釋之定爲馥字無疑馥字見韓詩說文所無漢隸有此字碑云恩粤人之□□恩卽思字又云杳父事君四字今已全泐然借杳爲資洪亦未舉碑陰篆額八字横書隸續及漢隸字源作尉氏處士故吏人名皆誤據隸續原碑題名凡四列五十九人今就現存有字者摹之餘皆弗錄也

金石萃編卷十七終

金石萃編卷十八

賜進士出身　誥授光祿大夫刑部右侍郎加七級王昶譔

漢十四

郃陽令曹全碑

碑高七尺六寸廣三尺七寸二十行行四十五字今在郃陽縣

君諱全字景完敦煌效穀人也其先蓋周之胄武王秉乾之機翦伐殷商既定爾勳福祿攸同封弟叔振鐸于曹國因氏焉秦漢之際曹參夾輔王室世宗廓土斥竟子孫遷于雍州之郊分止右扶風或在安定

或處武都或居隴西或家敦煌枝分葉布所在為雄君高祖父敏舉孝廉武威長史巴郡朐忍令張掖居延都尉曾祖父述孝廉謁者金城長史夏陽令蜀郡西部都尉祖父鳳孝廉張掖屬國都尉丞右扶風隃麋侯相金城西部都尉北地大守父琫少貫名州郡不幸早世是以位不副德君童齔好學甄極毖緯無文不綜賢孝之性根生於心收養季祖母供事繼母先意承志存亡之敬禮無遺闕是以鄉人為之諺曰

重親致歡曹景完易世載德不隕其名及其從政清擬夷齊直慕史魚歷郡右職上計掾史仍辟涼州常為治中別駕紀綱萬里朱紫不謬出典諸郡彈枉糾邪貪暴洗心同僚服德遠近憚威建寧二年舉孝廉除郎中拜西域戊部司馬時疏勒國王和德弒父篡位不供職貢君興師征討有吮膿之仁分醪之惠攻城野戰謀若涌泉威牟諸賁和德面縛歸死還師振旅諸國禮遺且二百萬悉以薄官遷右扶風槐里令

遭同產弟憂棄官續遇禁冈潛隱家巷七年光和六年復舉孝廉七年三月除郎中拜酒泉祿福長訞賊張角起兵幽冀兗豫荊楊同時並動而縣民郭家等復造逆亂燔燒城寺萬民騷擾人裹不安三郡告急羽檄仍至于時聖主諮諏羣僚咸曰君哉轉拜郃陽令收合餘燼芟夷殘迸絕其本根遂訪故老商量儁艾王敞王畢等恤民之要存慰高年撫育鰥寡以家錢糴米粟賜癃盲大女桃婓等合七首藥神明膏親

至雝亭部吏王皐程横等賦與有疾者咸
蒙瘳悛恵政之流甚於置郵百姓繦負反
者如雲散治廬屋市肆列陳風雨時節歳
獲豐年農夫織婦百工戴恩縣前以河平
元年遭白茅谷水災害退於戊亥之間興
造城郭是後舊姓及脩身之士官位不登
君乃閔縉紳之徒不濟開南寺門承望岸
嶽鄉明而治庶使學者李儒欒規程寅等
各獲人爵之報廓廣聽事官舍廷曹廊閤
升降揖讓朝覲之階費不出民役不干時

門下掾王敞録事掾王畢主薄王歴戸曹
掾秦尚功曹史王頴等嘉慕奚斯考甫之
美乃共刊石紀功其辭曰
懿明后德義章貢王庭征鬼方威布烈安
殊巟還師旅臨槐里感孔懷赴𢀖紀嗟逆
賊燔城市特受命理殘圮芟不臣寧黔首
繕官寺開南門闕嵯峨望華山鄉明治恵
沾渥吏樂政民給足君高升極鼎足
中平二年十月丙辰造
碑陰

共五列第一列一行第二列二十六行第三列八行第四列十八行第五列四行
處士河東皮氏岐茂孝才二百
縣三老商量伯祺五百
鄉三老司馬集仲裳五百
徵博士李儒文優五百
故門下祭酒姚之宰卿五百
故門下掾王敞元方千
故門下議掾王畢世異千
故督郵李諲伯嗣五百
故督郵楊勳子豪千

故將軍令史董溥建禮三百
故郡曹史守丞馬訪子謀
故郡曹史守丞楊榮長孳
故鄉嗇夫曼駿安雲
故功曹任午子流
故功曹曹屯定吉
故功曹王河孔達
故功曹王吉子僑
故功曹王時孔良五百
故功曹王獻子上

故功曹秦尚孔都二
故功曹王衡道興
故功曹楊休當女五百
故功曹王衎文珪
故功曹秦杼漢都千
璉
故功曹王詡子廟諱
故功曹杜安元進
元
孔宣

前仲謀
故郵書掾姚閔升臺
故市掾王尊文憙
故市掾杜靖彥淵
故主簿鄧化孔彥
故門下賊曹王翊長河
故市掾王理建和
故市掾成播曼舉
故市掾楊則孔則
故市掾程璜孔休

故市掾扈安子安千
故市掾高頁顯和千
故市掾王瓌季晦
故門下史秦竝靜先
起
故賊曹史王授文博
故金曹史精暢文亮
故集曹史柯相文舉千
故賊曹史趙福文祉
故法曹史王敢文國

故塞曹史杜苗幼始
故塞曹史吳產孔才五百
□□部掾趙炅文高
□□曹史高廉吉千
義士河東安邑劉政元方千
義士侯裦文憲五百
義士潁川臧就元就五百
義士安平祁博季長二百

萬歷初郃陽縣舊城掘得此碑中平二年造內稱全
爲戊部司馬征疏勒王和德攻城野戰謀若涌泉威

牟諸貲和德面縛歸死還師振旅諸國禮遺且二百萬悉以簿官按范史西域傳和德射殺其王自立涼州刺史孟佗遣從事任涉將燉煌兵五百人與戊己司馬曹寬西域長史張宴將諸國兵合三萬人討疏勒攻楨中城四十餘日不能下引去二說不合且司馬爲曹寬非曹全豈即其人范史傳寫誤耶即紀功者張大其詞而面縛歸死似非虛飾抑又何也碑又稱光和七年史光和止六年葢七年冬十一月始改元中平耳碑文隸書遒古不減卒史韓勑等碑且完好無一字缺壞眞可寶也（石墨鐫華）

銘言三字爲句甚醇古且用二足字相連明手足之足與滿足之足可各押也（安世鳳墨林快事）

大女桃婓揚雄反離騷昔仲尼之去魯兮婓婓遲遲而周邁師古曰婓婓往來貌也列仙傳江婓二女則竟以爲妃之異文（文選左思蜀都賦娉江婓於神遊吳都賦江婓於是往來五臣並作妃其字亦可作婔眞誥江婔登濁而解佩）按魏書刑法志有河陰縣民張智壽妹容妃則固有以民間女而稱妃者　凡亭舍之去郡縣遠者謂之離亭猶曰離宮也其在郭內者謂之都亭　此文乃王敞王畢等相與爲之而自稱爲儁艾無乃自譽耶　處士者德行可尊之人義士則但出財之人而已今人出財布施皆曰信士宋太宗朝避御名凡義字皆改爲信今之信士即漢碑所稱之義士也（金石文字記）

按碑文全爲隃麋侯相鳳之孫鳳嘗上書言燒當事得拜金城西部都尉屯龍者而全以戊部司馬討疏勒又定郭家之亂信不媿其祖矣時人語曰重親致歡曹景完葢其孝友之性尤人所難能也嗚呼今之爲吏者雖遭父母之喪必問其親生與否投牒再三始聽其去而全以同產弟憂得棄官歸以此見漢代風俗之厚其敦孝友若是全以禁綱隱家巷者七年

而以補後漢史黨錮諸人之闕史載疏勒王臣磐爲季父和得所射殺而碑云和德弑父簒位德與得文亦不同史稱討疏勒有戊己司馬曹寬而不曰全又云其後疏勒王連相殺害朝廷亦不能禁而碑云和德面縛歸死司寇葢范蔚宗去漢二百餘年傳聞失眞要當以碑爲正也（曝書亭集）

全爲永昌太守曹鸞兄鸞以上書棄市禁錮黨人五屬全遭同產弟憂棄官後遇禁綱潛隱家巷七年弛禁全得復官其年月與碑悉合顧炎武引揚雄反離騷列仙傳魏書刑法志謂固有以民間女而稱妃者

又漢郭先生碑銘有娥娥三妃行追太姒碑爲季女所立直以爲妃而比之太姒何也金石錄補

范史西域傳叙云元帝置戊己二校尉屯田于車師前王庭明帝時置都護戊己校尉建初元年章帝不欲疲敝中國迎還戊己校尉和帝永元三年復置戊己校尉又置戊部候順帝永建六年置伊吾司馬又云自高昌壁北通後部金滿城五百里此其西域之門戶也故戊己校尉更互屯焉靈帝熹平四年于闐王安國攻拘彌大破之殺其王死者甚衆戊己校尉西域長史各發兵輔立拘彌侍子定興爲王劉攽注

曰案文多己字但是和帝以後事並多此一字也疏勒傳云戊己司馬曹寬劉攽注云案文亦多己字按西漢元帝時有事西域置戊己二校尉東漢明帝章帝和帝時或置或罷和帝又置戊部候順帝置伊吾司馬則建置無聞焉劉攽注戊己校尉云己字但是和帝以後事並多此一字其注戊己司馬亦云多己字則知戊部校尉己部校尉本二官和帝以後止置戊部校尉一官又置戊部候其戊部司馬疑是戊部校尉所屬而史未詳也　碑有云敦煌效穀人也前漢書師古注曰本漁澤障也按孝武元封六年濟南

崔不意爲漁澤尉教力田以勤效得穀因立爲縣名杜林曰古瓜州地效穀敦煌屬邑第三又云武威長史東漢書百官志郡當戍邊者丞爲長史古今注曰建武十四年罷邊郡太守丞長史領丞職凡秩二千石丞長史六百石又云巴郡朐忍令朐忍巴郡屬邑第三又云張掖居延都尉乃張掖居延屬國都尉也每屬國置都尉一人比二千石丞一人凡比二千石丞比六百石又云夏陽令夏陽左馮翊屬邑第十按碑叙述全高祖敏曾祖述祖鳳三世皆舉孝廉皆爲敦煌鄰郡武威張掖金城北地長史都尉丞太守等

官全復舉孝廉拜西域戊部司馬立功疏勒眞所謂易世載德不隕其名也又云右扶風槐里令槐里右扶風屬邑第一又云酒泉祿福長祿福酒泉屬邑第一又云郃陽令郃陽左馮翊屬邑第九大雅在洽之陽元和志曰縣在郃水之陽郃水卽水經之瀵水也此其官位郡邑之可攷者也至于書法所當攷者如廟土庠竟郎斥境庠彰長碑庠字亦如此寫又和德弒父篡位弒字從戈又兖膿之仁兖卽吮字前上聲說文嗽也亦作敓蔡邕釋誨泯泯庶類含目兖滋又威牟諸賁賁音彬後漢崔寔諫議大夫箴處有訓誦

出有旅賁又續遇禁罔郎綱字去糸又人裹不安郎懷字又賜痒盲痒郎疲癃之癃又安殊亢亢字無草頭周憬功勳銘亢忽柳敏碑不癈亢兮費鳳碑絡于大亢沈子琚江堰碑田卬亢皆如此寫說文亢水廣也此碑予所考證九字九字既解庶幾無遺義矣金石遺文錄

右曹全碑并陰字徑九分陰字徑七分在郃陽縣孔子廟東角門內西向　碑慢郎快字金石圖

靈帝紀黃巾賊張角以中平元年二月反碑云七年三月按靈帝光和但有六年無七年其七年郎是中平元年張角以是年起兵豈當時邊報流傳亦復不實碑僅據流傳者書之耶抑王敞王畢等爲諛詞以媚官長故爲是文飾之語以張之也　又史作和平元年碑作河平元年虛舟題跋

按碑陰第一行縣三老金石文字記作故三老誤其處士超出第一層之上書之可想見當時處士之尊此碑文止八百四十餘字而碑陰有四百四十餘字惜乎搨工不搨碑陰使好古者不得盡見之也雍州金石記

右碑銘辭後空二三行許然後書年月一行又復書於行末今搨工惜紙別搨年月一行不知當置何所予見舊搨未斷全本乃知其式如是　銘云吏樂政民給足君高升極鼎足安世鳳云二足字可各押予謂二足字本非一義其可連押何疑昌黎詩之重用韻亦郎本此更考古人有連用韻而并非異義者如詩雲漢三章曰周餘黎民靡有孑遺昊天上帝則不我遺兩遺字連押焦仲卿妻詩此婦無行節舉動自專由吾意久懷忿汝豈得自由兩由字連押亦用韻一奇例也前人從未有論及者姑識于此　陽曲傅山先生云謝承後漢書予家有之明永樂間揚州刊本初郃陽曹全碑曾以謝書考証多所裨益大勝范書以寇亂亡失矣今碑中如攻西域擢黨禍及戊部司馬之類皆與范書不合安得謝書一印証之　右曹全碑陰凡四列共五十七行內第一層一字者一行第二層一字者一行二字者一行上一字今缺三字者一行第三層左一字者一行又第一層故功曹秦尚孔都下但一二字而無千百之數審視拓本初無剝泐之迹似當時原未書鐫或有所闕疑故空而未刻也金石存

碑以兆爲吮而兆豫之兆仍作兆又以痒爲癃以斐

爲妃以七爲匕以暈爲量以裹儴皆爲懷　碑初出
時止缺一因字後乃中有斷裂又後乃乾字中日有
穿連之直畫矣今日得乾字未穿者爲舊本也又中
間咸曰君哉咸字咸内口上一畫是彎曲倒折之筆
今石泐而其旁一小直畫不可見遂成二小横畫矣
戰字威字皆闕末筆此與碑陰人名僅存一二字
又秦尚孔都下有二字而無千百等字皆似書丹時
偶然空闕不能臆爲之説矣　顧寧人以遂爲遴盍
出偶然審視之誤至巴郡朐忍令則朐忍縣名載於
後漢書郡國志巴郡條下其文無異而顧氏以爲别

體字則不可解矣兩漢金石記
右郃陽令曹全碑漢時重清議故雖邊方人士猶知
敦孝友以立名譽若全之重親致歡見於鄉諺亦其
一也其稱季祖母猶言庶祖母也官府所居曰寺碑
云幡燒城寺又云開南寺門又云繕官寺開南門皆
以寺爲官廨之稱也漢書地理志酒泉郡有禄福縣
續漢志作福禄晉隋唐諸志皆因之此碑云拜酒泉
禄福長魏志龐淯傳及皇甫謐列女傳載龐娥事云
禄福趙君安之女又云禄福長尹嘉然則魏漢之間
猶稱禄福其改爲福禄蓋在晉以後史無明文以知

之矣碑末題中平二年十月丙辰造同年紀編修昀
嘗疑其僞云後漢書靈帝本紀是年十月有庚寅距
丙辰前二十六日天文志十月有癸亥距丙辰後七
日其間不得有丙辰日恐是後人妄作寺以四分術
推之是歲入庚子蔀四十一年積月五百有七閏餘
二積日一萬二千九百七十二小餘一百三十三天
正壬申朔加朔實十一得十月丙申朔丙辰月之二
十一日癸亥月之二十八日是月無庚寅庚寅乃九
月二十四日本紀誤而碑不誤也今攷定中平二年
三年朔日于左

中平二年正月辛未朔　二月庚子朔本紀二月己酉月十
日五行志二月有己酉庚戌庚戌月十一日又五行志二月癸亥廣陽城門外屋無故自壞月
二十四日本紀作己亥誤　劉寬碑二月丁卯月二十八日　三月庚午朔
譙敏碑三月九日戊寅以歷推之恰合　四月己亥朔本紀五行志俱有四
月庚戌月二十日鄭季宣碑有四月辛亥月十三日　五月己巳朔
六月戊戌朔　七月戊辰朔　八月丁酉朔
九月丁卯朔　十月丙申朔　十一月丙寅朔
十二月丙申朔
三年正月乙丑朔　二月乙未朔本紀二月庚戌月十六日
三月甲子朔　四月甲午朔鄭季宣碑四月辛酉月二十八日

五月癸亥朔本紀五月壬辰晦五行志同以歷推之恰合　六月
癸巳朔　七月壬戌朔　八月壬辰朔　九月
辛酉朔　十月辛卯朔天文志十月戊午月二十八日
右碑陰列出錢人名有鄉三老鄉嗇夫門下祭酒門
下掾門下議傳督郵功曹門下曹市掾郵書掾門下
史塞曹史法曹史賊曹史集曹史金曹史皆縣屬掾
史也處士竣茂別爲一行不與掾史並者共其部民
也義士五人亦別爲一列在掾史之下無職故也潛研堂金石文跋尾
朱竹垞云史載疏勒王臣磐爲季父和得所射殺而
碑云和德弒父德與得文亦不同予嘗推之漢一字
石經論語何得之衰今文得作德史記孟嘗君傳齊
湣王不自得索隱曰得一作德是湣王遣孟嘗君自
言己無德故也漢書項羽傳吾爲公得晉灼曰或作
德然則得與德古字通也後漢書靈帝紀中平元年
春二月鉅鹿人張角自稱黃天其部帥有三十六萬
皆著黃巾同日反叛今碑云光和六年所記與史不
同蓋靈帝以七年十二月改元中平碑惟就其始書
之三國志魏武帝紀亦云光和末正與碑符而典略
誤爲光和中東方有張角史家不知詳推動貽舛謬

如斯類者可勝指耶授堂金石跋
碑云巴郡朐忍令張納功德叙西嶽華山亭碑雍勸
闕亦作朐忍漢地理志巴郡有朐忍縣小顏音劬晉
書地理志巴東郡有朐䏰縣後漢書郡國志與地理
志同吳漢傳作朐䏰注引十三州志云其地下濕多
朐䏰蟲因以名縣徐鍇說文新附朐字注云朐䏰蟲
名漢中有朐䏰縣地下多此蟲因以爲名从肉句聲
攷其義當作潤蠢如順切䏰字注云朐䏰也尺尹切
三國志注引英雄記屯朐䏰裴音云上蠢下如振反
戴侗六書故云蚯蚓古謂朐䏰又謂曲蟮蚯朐曲同
聲馥按玉篇肉部無朐䏰二字其爲後世俗作無疑
顏戴說與碑合徐氏謬也廣韻上聲準部朐字音尺
尹切注云漢朐䏰縣名䏰音閏去聲稕部䏰字音如
順切注云漢朐䏰縣名朐音蠢此與徐氏閏蠢之音
倒互集韻朐字注云朐䏰縣名或从句俗作朐非是
此又沿襲廣韻而加武斷者桂馥跋

蕩陰令張遷表

碑高九尺五寸廣三尺二寸十六行行四十二字第十四行空末有一字額題漢故穀城長蕩陰令張君表頌十二字篆書今在東平州學

君諱遷字公方陳留己吾人也君之先出

自有周周宣王中興有張仲以孝友為行
披覽詩雅煥知其祖高帝龍興有張良善
用籌策在帷幕之内決勝負千里之外析
珪於留文景之間有張釋之建忠弼之謨
帝遊上林問禽狩所有苑令不對更問嗇
夫嗇夫事對於是進嗇夫為令令退為嗇
夫釋之議為不可苑令有公卿之才嗇夫
喋喋小吏非社稷之重上從言孝武時有
張騫廣通風俗開定畿寓南苞八蠻西羈
六戎北震五狄東勤九夷荒遠既殯各貢

所有張是輔漢世載其德爰既且於君盖
其繵縺纘戎鴻緒牧守相係不殞高問孝
弟於家中謇於朝治京氏易聰麗權略藝
於從畋少為郡吏隱練職位常在股肱數
為從事聲無細聞徵拜郎中除穀城長蠶
月之務不閉四門臘正之僚休囚歸賀八
月筭民不煩於鄉隨就虛落存恤高年路
無拾遺犁種宿野黃巾初起燒平城市斯
縣獨全子賤孔蔑其道區別尚書五教君
崇其寬詩云愷悌君隆其恩東里潤色君

垂其仁邵伯分陝君懿于棠晉陽珮瑋西
門帶弦君之體素能雙其勛流化八基遷
蕩陰令吏民頡頏隨送如雲周公東征西
人怨思奚斯讚魯考父頌殷前喆遺芳有
功不書後無述焉於是刊石豎表銘勒萬
載三代以來雖遠猶近詩云舊國其命惟
新
於穆我君既敦既純雪白之性孝友之仁
紀行來本蘭生有芬克岐有兆綏御有勛
利器不覿魚不出淵國之良幹垂愛在民

蔽沛棠樹溫溫恭人乾道不繆唯淑是親
既多受祉永享南山千祿無疆子子孫孫
惟中平三年歲在攝提二月震節紀日上
旬陽氣厥析感思舊君故吏韋萌等僉然
同聲債師孫興刊石立表以示後昆共享
天祚億載萬年

碑陰

共三列每列十九行

故安國長韋叔珍錢五百

故從事韋口口錢五百
故從事韋元雎錢五百
故從事韋元景錢五百
故從事韋世節錢五百
故守令韋術遠錢五百
故守令范伯犀
故吏韋金石錢二口
故督郵范齊公錢五百
故吏范文宗錢千
故吏范世節錢八百

故吏韋府卿錢七百
故吏韋季考錢七百
故吏韋伯臺錢八百
故吏范德寶錢八百
故吏韋公儁錢五百
故吏氾定國錢七百
故吏韋閏德錢五百
故吏孫升高錢五百
故吏韋公逴錢七百
故吏韋排山錢四百

故吏范巨錢四百
故吏韋義才錢四百
故吏韋輔節錢四百
故吏韋元緒錢四百
故吏韋容人錢四百
故從事原宣德錢三百
故吏韋公明錢三百
故吏范成錢三百
故吏韋輔世錢三百
故吏范國方錢三百

故吏韋伯善錢三百
故吏氾奉祖錢三百
故吏韋德榮
故吏范利德錢三百
故吏韋恙章
故吏騶術義
故吏韋宣錢三百
故吏韋孟光錢五百
故吏韋孟平錢三百
故守令韋元孝錢五百

右漢蕩陰令張君碑云故吏韋萌等刊石立表蓋其去思碑也字特完好可讀漢碑中之不易得者攷之東漢地里志蕩陰屬河內郡即今彰德府之湯陰縣已二屬陳畱郡即今開封府之夏邑縣（金薤琳瑯）

張君碑文辭翩翩有東京風獨敘事未甚詳覈耳至謂其先有曰㝅曰釋之曰騫者按㝅韓人釋之南陽堵陽人騫漢中人宗系絕不相及文人無實乃爾（弇州山人四部稿）

其文有云荒遠旣殯者賓之誤中謇於朝者忠之誤而又有云爰旣且於君則暨之誤古字多通而賓旁加歹已爲無理又何至以一字離爲二字也歐陽趙洪三家皆無此碑山東通志曰近掘地得之豈好事者得古本而摹刻之石遂訛謬至此耶（金石文字記）

碑銘書薇芾棠樹爲蘮沛按堯母祠睦魏元丕三碑其書薇字略同而芾作沛則此碑所獨也碑陰卒錢從事二人守令三人督郵一人故吏三十二人昔賢謂東漢鮮二名者是碑范巨范成韋宣而外自韋叔珍下皆二名或書其字然邪（曝書亭集）

金石文字記以碑中賓誤殯忠誤中暨誤旣且疑好事者摹刻按以殯爲賓見禮記曾子問以中爲忠與

魏呂君碑同說在第一卷東眞二韻惟以旣且爲暨有不可解然字畫古折恐非摹刻也（隸辨）

右張遷碑金薤琳琅載其文闕者五字以此碑按之徵拜下是郎字燒平下是城字流化下是八字開下作𡷈當是𡷈通作泛孔蔑下是二字若爾則爲全文矣又張㝅善用下釋作蕭何碑是籌策穀城長下釋作𧰼碑是蠶字晉陽珮下釋作璉碑是瑋字吏民頡下釋作顛碑是頑字于是刻石下釋作整碑是豎字此則南濠公之偶誤存恤高下釋作年字孔蔑下釋作貳字碑皆湯滅難識此則南濠公之意測子子孫下有一字不可識而不釋此則南濠公之刪削碑曰閒禽狩所有當是禽獸爰旣且於君當是旣祖古字相通也（金石評攷）

孫石雲跋是碑辨之詳矣然以八基爲子賤以下八事則未知基與期通八基謂八年也　碑云張是輔漢是即氏字韓勑後碑於是作於氏漢書地里志云至元孫氏爲莊公師古曰氏與是同三國志吳有氏儀孔融嘲之曰氏乃民無上儀遂改姓是　藝於從政諸家皆作從畋非也此蓋用魯論求也藝于從政乎何有句政字左畔微有損壞遂與畋字疑似覺釋

作畋于義不通　韓非子觀行篇云西門豹之性急
故佩韋以緩己董安于之心緩故佩弦以自急碑云
晉陽佩瑋西門帶弦顛倒用之豈別有傳耶抑筆誤
耶　碑額題爲表頌銘文子子孫孫句之下方有一
字上半不全下截似是表字豈卽所謂表頌之意耶
隸釋所載廣漢王君治石路碑亦以一表字表其首
但彼書于前而此書于後則又有不同者　右漢張
遷碑陰凡四十一人二名者多葢皆書其字也惟范
巨范成韋宣三人則又名而不字隸釋云漢人題名
必書名字否則各有說也楊震碑陰孫定傅諸人不

名者非其門生也逢盛碑陰崔孟祖數人不名者乃
其父黨也題名于韓勑碑左凡八人曾之二應一傅
不名者別首相尊之也張納碑陰主薄白文以下不
稱字者示其卑於從事李元也史晨後碑五官掾孔
暘六人不稱字者亦示其卑於長史李謙也洪公之
言其詳盡如此獨此則同是故吏而或名或字有異
又不知當有何說以定之也　氾字音梵字本作氾
與氾字音杞者形聲各別皇甫氏曰本凡氏秦亂避
地于氾水改姓氾漢有氾勝之著書十八篇言種植
事碑有氾姓二人非范之省文也又其字書作氾與

音杞之字無別遂讀作杞亦非存金石
白石神君碑張遷碑昔人皆以爲僞也或曰魏人翻
舊碑爲之綜其實不然予觀張遷碑之端直朴茂與
衡方碑大相類其爲先漢法物無可疑者白石神君
書體少劣於遷碑要亦謹飭有法　郃陽褚峻語予
曰張遷碑後行刻一衣字於表字側不知其所謂峻
嘗見舊搨本無此側刻半表字迺知爲後人匿設殆
厭碑刻表字非隸體矯而是正其旁斯爲沾沾不勝
喜事者耳金石圖
右張遷碑陰韋氏二十六人范氏十人氾氏二人孫

氏原氏騶氏各一人前碑云故吏韋萌等刊石立表
而此是故安國長韋叔珍以下皆從事守令及吏而
不名何也不署郡邑豈皆蕩陰之人仕于外如安國
者非必張君之所屬耶然故吏范巨范成韋宣忽書
名又何也止載助錢之數別無文字故不可深考爾
金石録補
碑云巷其纏縺卽蟬聯也碑又以禽狩爲禽獸以賓
爲賓以張是爲張氏相係爲相繼中謇爲忠謇珮瑋
爲佩韋蔽沛爲蔽芾羈卽羈字蠶卽蠶字僚卽際字
其卽箕字其紀立碑歲月在中平三年歲在攝提之

二月蓋丙寅歲也若唐鄜州寶室寺鐘銘云大唐貞
觀三年攝提在歲云云案是歲爲己丑次年乃庚寅
而亦云攝提何也此尚有碑陰紀出錢姓名余皆有
之都氏不載疑并額皆未之見也文後忽贅詩云舊
國其命維新二語不曉所謂漢時風俗固不知有忌
諱類如此抱經堂文集
碑額二行居碑文弟八行至弟十三行之間蓋碑文
偏右而空其左也碑文十五行而十三行後空一行
方接弟十四行也弟十四行末刊石立表句表字之
旁又刻衣字褚千峰云嘗見舊搨本無此牛氏圖据

此說以謂此牛表字殆後人所刻方綱按此牛字實
是原石所有褚氏牛氏之說非也其碑陰下列無字
處之末尾有楷書付訖二字此則後人妄鑿非原碑
也　碑以蕭爲策狩爲獸稷爲稷羈爲羈殯爲賓是
爲氏中爲忠瑋卽韋因佩而加玉也雖从虫今乃从
呂與言相似隸之小變也秝卽祚變示从禾漸開後
人行楷之假俗矣集韻纏卽纏字纏陵延切纏縷不
解也此蓋以爲纏繇字也顧云美釋羈爲羅釋来爲
來羈固非羅字来亦恐非來字　吳山夫云藝於從
政諸家皆作從畋非也愚按此說於文義極通然恐

吳氏所藏本此字紙墨壞耳今以精拓之本與舊拓
本相對諦審明白是畋字並非政字左畔因損而疑
似也然吳氏之說頗有理以此推之則是碑撰文之
人未必卽書石之人想東漢時能書胥史之類固不
乏人竟似草稿審視未明而茫然下筆者如此則爰
之爲爰暨之爲旣且以及来字之類或皆誤筆未可
執一以論矣　碑云治京氏易而朱竹垞經義攷承
師門以歐趙洪氏所弗錄遂不及之也愚已載入經
義攷補正卷中　碑合表頌僅五百言而其叙張氏
先世事乃至三之一亦似太煩此固不可以入潘昂

霄王止仲之例者矣頌文無頌曰字而碑尾紀年月
後又若頌詞者則是文與書皆不可以常格論爾
碑陰玠卽琇字吳山夫作玲非也故守令范伯犀故
吏韋德榮韋武章騶叔義此四行下原石皆無字吳
山夫皆謂闕三字又於韋武章下多出錢字皆非也
其上列弟二人亦姓韋但其名二字不可識凡韋氏
者二十六人吳山夫云廿五人亦非也氾定國錢七
百韋孟平錢三百牛氏金石圖皆譌作五百兩漢金石記
右張遷頌出於近代金薤琳琅嘗載其文都氏攷稽
未審釋文多誤如以籌策爲蕭何之類八人筭八見

後漢書皇后紀碑云八月筭民不煩于鄉筭作莫盎
省文而都氏釋作莫字亦誤也碑云張是輔漢世載
其德爰旣且於君詳其文義謂張氏仕漢世世有德
後有興者且于君也顧甯人讀作爰曁于君以旣且
爲曁字之誤釋爰爲爰雖本都氏尚在疑似之間以
旣且爲曁乃由臆斷遽詆碑爲訛謬豈其然乎漢制
大縣置令小縣置長後漢書王堂傳遷穀城令而此
云穀城長蓋縣之大小亦時有更易也　右碑陰四
十有一人皆字而不名古人命字有祇一字者此范
巨范成韋宣三人當亦其字也范伯口韋德榮韋武

章騶叔義四人不言出錢之數曹全碑陰亦有類是
者潛研堂金石文跋尾
案碑遷爲穀城長多惠政後遷蕩陰令吏民追思其
德立石紀之考東漢時東郡置穀城東阿二縣北齊
省穀城爲東阿宋時凡三遷明時乃遷于穀城鎭卽
今東阿縣治今東阿屬泰安府在唐宋元皆隷東平
府舊志云此碑明時掘地得之未詳其處意必漢時
穀城舊境也碑中通借字近時諸家言之詳矣惟爰
旣且於君旣且二字顧甯人以爲曁字之分遂疑是
碑爲後人摹刻殊屬非是元案旣終也且始也詩終

風且暴終溫且惠終和且平終其永懷又窘陰雨終
皆當訓旣詩鄭風溱洧女曰觀乎士曰旣且且往觀
乎旣且卽終始之誼與此可相證也詳元所撰釋且
篇山左金石志
碑載張君除穀城長蠶月之務不閉四門臘正之傺
休囚歸賀桂未谷說傺卽蔡之異文余謂傺釋作蔡
句內臘正無所屬矣傺指祭祀之祭漢正臘日有此
舊典續漢書季冬之月星廻歲終陰陽已交勞農夫
享臘以送故初學記引今本無以送故三字獨斷臘者歲終大祭從
吏人宴飲是也後漢書虞延傳每至歲時伏臘輒休

遣徒繫各使歸家並感其恩應期而還華陽國志王
長文傳試守江原令縣收得盜賊長文引見誘慰時
值臘晦皆遣歸家獄先有繫囚亦遣之此皆因臘縱
囚與碑所稱正合癸丑二月過桂君于歷下舉是以
質君曰子言良是向所證誤也因附記於此　其文
歷叙君之先出自有周張仲並列及漢張良張釋之
張騫獨引釋之事以約漢書爲文而語尤拙滯張釋
之傳上登虎圈問上林尉禽獸簿令碑作苑令百官
志上林苑令一人苑令自後漢始有此名又傳惟云
尉而故易作令爲文選就皆於事爲失其實傳云詔

釋之拜嗇夫爲上林令碑云進嗇夫爲令是矣若云令更爲嗇夫反多贅此一語何也其下更云釋之議爲不可苑令有公卿之才尤爲謬會釋之釋絳侯東陽侯以是二人爲長者足副公卿耳碑乃以宛令當之其亦粗涉史傳好以意爲之遂不悟其謬也崇碑後又言詩云舊國其命維新經句亦可裁節便以成文愈爲巨謬矣惟舊國今作邦疑亦非避諱或漢時所傳本如此樊毅碑劉熊碑皆直書邦字可證也碑向爲歐陽趙洪所未目及獨近世始著錄其外誤爲亭林氏所指者尚遺略不及於此余故特著之然顧

氏所指中爲忠之誤中忠自通用非誤也授堂金石跋

碑云臘正之僚休囚歸賀都氏釋僚爲際案僚字不見於書僚卽祭之異文隸書偏旁隨意增減如孫叔敖碑以湶爲泉孟郁修堯廟碑以欄爲闌此類不可枚舉小爾疋蔡法也尚書禹貢二百里蔡鄭康成注蔡之言殺減殺其賦春秋左氏傳周公殺管叔而蔡蔡叔注蔡放也釋文云上蔡字說文作𥻦玉篇云𥻦書作蔡字漢書宣帝紀元康三年詔骨肉之親粲而不殊昌邑王傳作柝而不殊晏仁傑曰粲當作𥻦說文𥻦散之也散與柝同義此碑蓋謂張君治穀城末減獄頌省刑釋囚故下文云尚書五教君崇其寬詩云愷悌君隆其恩是則僚之爲蔡無可疑者都氏何据而釋爲際邪桂馥跋

金石萃編卷十八終

金石萃編卷十九

賜進士出身　誥授光祿大夫刑部右侍郎加七級王昶譔

漢十五

魯王墓石人胸前題字二種

一長三尺三寸五分廣一尺八寸五分一行四字

府門之卒

府門之卒

一長三尺二寸廣一尺九寸二行行五字今竝在曲阜縣魯共王墓前

漢故樂安太守麃君亭長

漢□□安大守麃君亭長

右前東側一石人介而執殳高五尺腰圍七尺刻曰府門之卒一石人晁而拱手立頷下裂紋如滴淚痕高五尺五寸腰圍七尺五寸胸刻漢故樂安太守麃君亭口十字兩石人竝肩而西向相去者五六步金石圖

予初得二拓本諦審之其一云府門之下一字是卒字其一云漢故樂安太守麃君亭下一字是長字既而又拓得一本則并其弁首眉目皆拓出之牛氏雖云自腰以下陷土中不見然今所拓字實已全具非其下尚有字也　按漢書地理志樂安本千乘和帝永元七年更名樂安是此刻爲東漢時字無疑吳山夫金石存据鄭芷畦說山東省志載魯恭王孫皆葬此因謂麃姓出於魯恭王之後亦未然也兩漢金石記

漢制諸郡置太守王國稱相和帝永元七年改千乘爲樂安國質帝本初元年以樂安國土卑溼租委鮮薄徙樂安王鴻封勃海自後無封樂安者蓋已罷爲郡矣此稱樂安太守其在桓帝以後乎麃姓不詳其所出韓勑碑有故涿太守麃次公故樂安相麃季公皆魯人也則麃固魯之名族矣季公故樂安相桓帝永壽二年猶存此刻所云麃君豈卽季公乎季公王國相而造稱之曰太守猶荀淑爲朗陵侯相而文若傳稱朗陵令也潛研堂金石文跋尾

千乘國漢高帝置王其國者三人賢也此一人前漢建也伉也萇子寵嗣和帝永元七年改國名樂安王其國者二人寵也嗣寵者鴻也質帝立本初元年徙王鴻於勃海此後王樂安者不聞焉國既無侯不應有相而桓帝永壽二年韓勑碑有故樂安相魯麃季公題名其曰故者則在質帝之前或爲寵相或爲鴻相而罷歸者也既無侯無相當罷爲郡則應置太守陸續之中子逢爲樂安太守者是也此石人字曰樂安太

守鹿君者爲李公之後裔或族人而不可即傳會爲
李公也張塤跋
右二石八年久傾側其一已斷敲火礪角不護將毀
元於甲寅春飭教授顏崇榘縣尉馮策以牛車接軸
徙置今所洗拓其文於門下見卒字亭下見長字皆
金石圖未備者按水經注載漢酈食其廟亦有石人
胸前銘云門亭長此稱亭長門卒殆同義歟山左金石志

仙人唐公房碑

碑高八尺八寸廣三尺三分十七行行三十一字額題仙人唐君之碑六字篆書今在城固縣

君字公房成固人蓋帝堯之□□□□□
□□□□□之□能舉家□□□□□去
上陵至耀統御陰陽騰清躡浮命壽無疆
雖王公之尊四海之富曾□□□□□毛
天地之性斯其至貴者也耆老相傳以爲
王莽居攝二年君爲郡吏□□□□土域
啖瓜旁有真人左右莫察而君獨進美瓜
又從而敬禮之真人者遂與□期聟谷口
山上乃與君神藥曰服藥以後當移意萬
里知鳥獸言語是時府在西成去家七百
餘里休謁往來轉景即至闔郡驚焉白之

府君從爲御吏鼠齧車被具君乃畫地
爲獄召鼠誅之視其腹中果有被具府君
□賓燕欲從學道公房頃無所進府君怒
敕尉部吏收公房妻子公房乃先歸於谷
口呼其師告以危急其師與之歸以藥飲
公房妻子曰可去矣妻子戀家不忍去又
曰豈欲得家俱去乎妻子曰固所願也於
是乃以藥塗屋柱飲牛馬六畜須臾有大
風廟諱雲來迎公房妻子屋宅六畜翛然與
之俱去□□松崔白皆一身得道而公房
舉家俱濟□矣傳曰賢者所存澤流百世
故使婿鄉春夏毋蚊蚋秋冬鮮繁霜癘蠱
不遐去蝗螟百穀收入天下莫斯德祐之
效也道牟群仙德潤故鄉知德者鮮歷世
莫紀漢中太守南陽郭君諱芝字公載脩
北辰之政馳周邵之風歆樂唐君神靈之
美以爲道高者名邵德厚者廟尊乃發嘉
教躬損奉錢倡率群義繕廣斯廟□和祈
福布之兆民刻石昭音揚君靈譽其辭曰
□□□□□□□□□□□□□□□□□

遂享神藥超浮雲兮翱翔

右仙人唐君碑篆額漢中太守郭芝立今在興元唐君字公房王莽時人也博物志云城固縣壻鄉有唐公昉得道雞犬皆升仙惟以鼠有惡不得去鼠自悔每月一吐其腸胃更生謂之唐鼠總仙錄所引博物志又云鼠至空中自墮腸出一月三易故山中有掩腸鼠水經云智水川有唐公房祠公房入雲臺山合丹服之白日升天雞鳴天上狗吠雲中以鼠惡留之鼠乃感激以月晦日吐腸胃更生公房升仙之日壻行未還不獲同階雲路約以此川爲居言無繁霜蛟

虎之患其俗因號爲壻鄉二說唯鼠事小異神仙錄則云神仙李八百爲公房家傭僞爲惡瘡使公房夫婦及三婢舐之又索美酒三十斛浣瘡因以餘酒浴公房夫婦顏色更少授以丹經一卷公房入雲臺山作藥藥成服之仙去其說俱異惟鍊丹雲臺與水經同爾後漢志云褒中有唐公昉祠蓋隸法房字其戶在側故人多不曉或作防或作昉皆誤也羡郎莽字挐郎壻字胥郎鼠字孿郎戀字 隸釋

昔葛稚川謂仙人可以盡求其言劉向所說列仙傳自刪秦大夫倉書中出之洪又采其遺者中黃仙人石光康鳳子崔文劉元藥子長李文尹子張子垺主柱董君異衞叔卿梁伯而謂李八百爲唐公昉作傭客後八百僞病公昉爲廢數千萬不以爲損又作惡瘡公昉與其妻妾舐之其瘡盡愈以丹經授公昉公昉入雲臺山中合丹丹成仙去洪之傳如此不聞其與六畜俱逝然碑立於漢而洪爲書在後洪不取此知其謬也洪嘗論藥可歛牛馬鳥獸令其不死則如公昉事正洪所欲得而不以言則知當無其傳彼果有傳人亦不以信也 廣川書跋

華陽國志云壻以城固爲樂城碑與水經合第六期

壻字作聟字而漢隸智字亦近聟字如碑云眞人期聟谷口山上及後聟鄉當皆作智字使公房有壻與眞人相期碑必詳言之矣夫水曰智水谷曰智谷則鄉爲智鄉無疑所謂壻鄉者乃妖妄之說予故全錄碑文以證之 金石後錄

右唐公房碑歐陽集古錄作公昉碑趙氏金石錄作仙人唐君碑洪氏隸釋作仙人唐公房碑碑篆額云仙人唐君之碑六字在碑額之偏右其篆字分二行君字在次行之首據隸續是君字今不可辨矣其弟一行弟三字篆書唐字甚分明今隸續刻本誤 又

按歐陽集古錄謂不載其姓蓋歐陽公未見此碑額耳唐公房祠見於水經注華陽國志諸書隸續所引後漢書志卽華陽國志文也兩漢金石記

按碑稱公房以王莽居攝二年與眞人期于塉谷口山上則是公房未升仙之日其水與鄉已號曰塉矣并無塉行未還之說道元不知何所據也關中金石記

碑文云是時府在西成去家七百餘里據集古錄作是時府君去家七百餘里疑隸釋所載碑文訛君爲在而衍西成也校訂隸釋存疑

魯相謁孔廟殘碑

碑上下俱殘缺存高四尺四寸廣二尺六寸九行行十六字今在曲阜縣孔廟

上闕許□帝命莢授俾相亐魯吉月令辰欽

謁下闕上闕兆龜□藏寶覽鴻基之曠蕩觀林

木之窮下闕上闕揚美風而動物和陰陽以興

雨假爾彼仰下闕上闕□訪之儒彥稽之典謨

聖德設章先民有下闕上闕□在質樸春秋烝

嘗幾以獲福答在周人下闕上闕□□成共立

碑石因而銘之咸自紀籍夫下闕

上闕□□□□□□□□□

上闕□史字叔德東海祝基人

上闕□□儒字仲雎東海郯人

右無名碑首尾上下皆碎裂餘石纔有數行詳其辭非是誄墓中人者亦非頌德政紀工役之事前有帝命策授俾相于魯吉月令辰欽謁十四字又云春秋烝嘗幾以獲福蓋是謁廟之文後有訪之儒彥稽之典謨聖德設章及昔在周人之句似皆是鋪張孔子也中云覽鴻基之曠蕩觀林木之窮深似指孔林而言或題爲駐蹕亭前斷碑此亭蓋在闕里趙氏著錄有魯相謁孔子碑而無其說疑卽此也末有叔德仲雅題名皆東海人而亡其姓碑以祝基爲祝其乃春

秋夾谷之地又以假爾爲遐邇質卽質隸釋

按魯相史晨孔子廟後碑卽前碑之陰而闕里舊志失載又廟中有斷碑一通志亦失載文字漫滅不可卒讀滋陽牛運震著金石經眼錄說題爲孔宏碑今就其字畫之猶可辨者證以隸釋所載無名殘碑文頗相合則題爲孔宏碑者誤矣孔繼汾跋

右孔宏碑土人名吉日令辰碑又曰魯相謁孔廟殘碑今第一行尚可辨日令辰字牛氏金石圖云碑剝落如孔謙碣姓名漫不可辨讀金石籍据舊搨本得知是宏碑也方綱按此碑雖與孔謙碑製小而多泐

相同然不得援孔謙以例此者孔謙上下穿暈分明碑式碑文可按隸釋而定之則與碑文明白者無以異也此碑則上半之字前行之字皆不可識則未審其上別有缺落與否而中間露出諸字皆無地里爵氏可据乃其六行文後別隔一行列二行云云則是二人之鄉貫又與碑後題立碑出錢之式不同則實未敢定爲何等碑矣且此碑之名爲孔宏者僅見於牛氏金石圖牛氏所云讀金石籍据舊搨本者隱約其辭竝不確指出於何書且果有舊搨本則所摹碑圖亦必較今日所拓明白處略多數字而以予得今

日洗搨稍精之本亦已較牛氏多識出其十許字則牛氏未見舊拓本可知矣是以吳氏金石文存竟置是碑弗著予則姑依牛氏題目著之而竊附其說如此　第四行第五字牛摹作與第九行八上一字牛摹作㕣皆訛凡牛氏圖中全字三十有五方綱所釋者全字四十有四凡碑中可見之字除中間空一行無字外其有字者前後八行前六行行十三字後二行行七字　後漢郡國志東海郡有祝其縣又有鄉縣此碑後另起二行其第二行是東海鄉八無疑其第一行則海上一字不甚分明未敢臆定爲東字海下二字上一字或近於祝下一字其字下似多二小畫者亦未敢遽定爲東海祝其人也然其爲二人鄉貫則確不可易耳他碑此例甚少兩漢金石記

右碑見洪氏隸釋今人題爲孔宏者其誤蓋自牛空山金石圖始耳碑陰洪氏失載鄉來搨本亦俱無之乾隆己酉冬錢唐何夢華洗滌孔廟諸碑始爲剔出并得碑側有唐人題名云門人徐泗節度掌書記殿中侍御史內供奉賜緋魚袋杜兼童子高質大唐貞元七年辛未春二月八日凡四行左行碑文存六十六字較諸家所釋爲多茲因碑陰未有著錄故并載

之假爾卽遐邇已見隸釋兒基卽祝其與鄉皆屬東海郡也山左金石志

碑在孔廟卽俗傳孔宏碑按孔門僉載河東太守孔宏碑建寧四年立隸釋已言不可見矣趙魏竹崦盦金石目錄

按此碑見隸釋第十七卷洪氏讀其文定爲魯相謁孔廟殘碑所釋凡八行行十六字今碑九行而第七行無字可見實亦八行也金石圖誤爲孔宏碑翁鴻臚深以爲疑并據土人稱爲吉日令辰碑謂碑首尚見吉日令字而不知隸釋已載且碑作吉月竝非吉日甚矣考古之難也孫嘗之嘗牛譌

爲魯翁亦仍之今驗碑作嘗字與洪釋合碑云覽
洪基之曠蕩此句覽之蕩三字分明可見蕩上在
旁尚露日字其爲曠字無疑翁乃于之字下摹作
山旁兩半字亦未深考

竹葉碑

題名共二列存第一列十一人第二列十八人今在曲阜縣孔廟

□□書□薛夏侯
□□□□蔣□
功曹史薛書嘉
中部督郵蕃郭尚

南部督郵文陽侯脩
北部督郵魯王壽
守□卿大陽張耽
左戶曹史魯孔元
右戶曹史薛□□
□□史□□叐
□曹史□□□
奏曹史下□□□
辤曹史文陽□□
□曹史蕃仲□

中賊曹史薛荀珞
左賊曹史□□□
右賊曹史□韓□
左決曹史□虞□
右決曹史文陽馬宗
□曹史□□□
□曹□□□□

右漢碑陰載吏人官爵姓名似亦報德題名之爲而頗剝裂不可讀正面無文字莫考其所謂然觀其碑形隸法足知其爲漢矣是碑曲阜顏樂清懋倫得之藏置其家碑兩面隱隱有竹葉文或謂之竹葉碑云

金石圖

碑上有穿穿之上隱隱似有字者右一行末微露川左一行末微露日然御在其陰而其正面益不可知矣陰凡十一行行十六字牛氏金石圖所摹者纔四十八字而已乾隆壬辰秋揚州羅兩峯聘持是碑拓本請予及錢辛楣同審定後數日見海寧陳竹厂以綱釋文後四年丙申秋曲阜孔莊谷繼涵以精拓本見贈於是合前後所見諸本及釋文重加審釋凡得可辨之字九十有八半字三而碑陰之文幾全矣其

缺泐處則實不能定其所缺字數耳故第就圖式書之陳竹厂釋者凡六十餘字其跋曰其職則有中南北督郵奏曹辭曹中左右賊曹左右決曹諸吏皆屬吏也其貫則有魯薛蕃汶陽皆魯國也考漢人碑陰脩廟者有出錢數墓碣則加門生故吏字且貫雜他郡惟紀本郡長官功德則不然張納馮煥二碑其例也此碑人不出屬吏貫不出魯國而書法與張馮二碑不異則魯國長官德政碑也後漢百官志曰都尉分縣治民者比郡其監屬縣有五部督郵曹掾又曰皇子封王其郡爲國每置傅相相如太守則有五部

督郵者知不僅太守矣魯國也無太守及都尉則有此督郵者非魯相而何陳跋又云其人姓名惟存郭尚王壽二人而方綱今所審釋則縣名又得卞卞亦魯國屬也其人姓名又得曹嘉侯脩張耽孔元荀瑤五人而孔之名又足補隸釋所記孔氏譜牒人名之所未及不可謂非幸矣乙未四月屬曲阜顏運生拓此無字之正面來精心諦審其正面穿下約有文十三行則其陰十一行者或亦旁有未辨之字未可知也第一行隱隱審度其字似是□□□□字□□□此一字似是沛國□沛國有向縣此一字或當似之人也第二行第三字似

是漢第三行第二字是造餘則無字碑矣此碑洪氏所未見然即洪所已錄而今未見者尚多則山巔水涯井竈屋址片石隻辭可摩挲諦視者知復何限神物之遇合顯白當自有時願天下學侶凡遇舊迹名區一瓦一礫毋輕視之而督工繕役職有攸司者又不待言矣因跋此碑而重有感焉兩漢金石記

右碑嚮來祗見碑陰題名二列乾隆己酉冬何夢華洗石精拓始知陽面有字七行漫漶殊甚惟首行第七字是之二行第六字是祖三行第二字是造餘皆不可辨矣碑陰存百餘字當是魯相紀德碑也山左金石志

按碑本在曲阜顏氏近始移置孔廟所存字曰奏曹史曰辭曹史曰功曹史曰中部南部北部督郵曰中左右賊曹史曰左右決曹史曰左右戶曹史漢置督郵之官行部郡縣舉劾有法田延年爲河東太守尹翁歸徙署督郵部汾南所舉應法長吏莫敢怨東漢時許慶家貧爲郡督郵乘牛車鄉里號曰輅車督郵皆是也百官志戶曹主民戶祠祀農桑奏曹主奏議事辭曹主辭訟事賊曹主盜賊事決曹主罪法事皆爲太尉公屬此碑陽今皆爲

竹葉文所掩無一字可辨必其人曾任都尉執法之官者故立碑之人皆其屬官曹史之屬但紀姓名里貫不載錢數非有事于率錢也陳氏以綱定爲魯國長官德政碑其論最核予爲申其說如此 文陽郎汶陽

朱君長題字

碑高三尺三寸上廣二尺一寸下廣二尺七寸一行三字刻於碑下右方今在濟寧州學

朱君長

此石向在兩城山下乾隆壬子四月黄司馬易審爲漢刻移置州學乙卯春元按試過此細玩石面多樵斧痕其製頗類曲阜墳壇二刻上有鑿齒一棱似從他處脫筍而出者想亦是墓閒殘石耳 山左金石志

殷比干墓題字

石高二尺四寸廣二尺二寸二行行二字今在汲縣

殷比干墓

右殷比干墓四字水經云殷大夫比干冢前有石銘題隸云殷大夫比干之墓所記惟此今已中折不知誰所誌也大觀中會稽石國佐有此四字比水經又闕其三字畫清勁乃東漢威靈時人所書收碑如歐趙皆未之見 隸釋

水經云云今只四字石公弼跋云殷比干墓四字在今衞州比干墓上世傳孔子書然隸始于秦非孔子書必矣字畫勁古當是漢人書 漢隸字原

按衞輝府舊志云殷少師比干墓在汲縣西北一十五里墓前有殷比干墓四字碑年深石斷字畫不全世傳孔子所書今此碑現存竊觀其體勢與周穆王時書吉日癸巳石刻相類其爲古筆無疑謹用摹鐫以暴于世云 曹安太師比干錄

比干墓碑隸釋漢隸字原辨其繆然比干爲三古殺身之第一人而尼父是其族孫爲之標識宜也以疑傳疑存之亦無不可 劉青藜續金石錄

右殷比干墓四字字逕五寸許按洪婁二書所引水經及石氏語大略相同據水經則曰殷大夫比干之墓據石氏則曰四字而已若謂七字闕其三則殷字下當有泐裂之迹而今所見拓本則殷比二字連接自爲一行干墓二字連寫自爲一行與水經所云不同矣墓字下半泐去及其字勢之清勁則皆與洪婁所云又無以異也而吳山夫又云字不類隸之批法疑是先秦西漢人書此則强作解事者仍以洪氏所云當是東漢人書者爲正 兩漢金石記

子斿殘碑 存字十二行

上闕允字子斿於傳載下闕

上闕奚之難扶危翊旅文下闕

上闕載不隕以傳于下闕

上闕今名書不倦是下闕

上闕事人犯而勿欺下闕

上闕寇廣延術士永初下闕

上闕小惠可不之間是下闕

上闕庶閔悼遠近同哀歎下闕

上闕而貴不朽之名故勒其下闕

上闕徹我漢道靡徹伊何消下闕

上闕在聖漢有莒有荊君下闕

上闕□□□名下闕

右漢子斿殘碑斷剝僅存文十一行首行載允字子斿不見其氏下言於傳載缺奚之難扶危翊旅此當表其上世故文云□載不隕以傳於缺是其義也屬句者右書不倦犯而勿欺及廣延術士子斿事跡略可推見如斯然於廣延術士下有永初字似子斿當永初時有功績可紀聞行乃逃遠近同哀則其卒之歲未必在永初中矣銘詞曰在聖漢有莒有荊考孟子以遏徂莒詩皇矣作旅旅與莒同毛傳旅地名也疏言旅地名則毛意以旅爲周地周此時在西莒固近周之地亦必在西漢永初中西寇最甚者見於後漢書安帝本紀元年六月先零種羌叛斷隴道大爲寇掠遣車騎將軍鄧騭征西校尉任尚討之二年春正月車騎大將軍鄧騭爲種羌所敗於冀西冬十月征西校尉任尚與先零羌戰於平襄尚軍敗績十一月先零羌滇零稱天子於北地遂寇三輔東犯趙魏南入益州殺漢中太守董炳三年春正月遣騎都尉

任仁討先零羌不利羌遂破沒臨洮四年三月先零羌寇褒中五年二月先零羌寇河東遂至河內蕃積歲爲患搖蕩西州疑銘所謂莒指叛羌也及元初二年十二月武陵澧中蠻叛州郡擊破之三年秋七月武陵蠻復叛州郡討平之此卽銘云有荊然則子斿之沒蓋于元初後矣碑前云廣延術士亦見永初元年詔文三月癸酉日有食之詔公卿內外衆官郡國守相舉賢良方正有道術之士明政術達古今能直言極諫者各一人又見五年令三公特進侯中二千石二千石郡守諸侯相舉賢良方正有道術達於政

化能直言極諫之士各一人於時子孫必承詔禮
延之備薦舉也又敵我漢道敵即補字碑石出土日
爲妄人斷毀又鑿其撇捺都失舊觀然盤拏倔強之
趣故在也嘉慶三年四月徐方于宣訪得之於豐樂
鎮西門君祠內輦歸移置縣孔廟戟門下碑埋土中
久灰沙盤互字畫塡結累日剔治始見全文後人宜
善護惜之　按此碑及劉君元孫正直碑凡大小五
石同棄毀于西門君祠當是土人之狡黠者侵種壙
側荒田欲滅其跡而舁置此間遂致椎鑿至此碑爲
古今著錄家未能收採竊度斷石尚有埋沒土中者
冀其精靈間世復出予亦拭好古苦晚之淚也趙希璜安陽縣志

字徑建初尺寸許第四行右上當是琴九行遺上當
是而勒下當是斯末行半字當是昭按說文游字在
㫃部从㫃汓聲此碑作旂蓋省文後人去水加辵則
失六書之指矣瞿中溶跋

劉君殘碑

存字六行

上闕口||丰百

上闕春秋博覽

上闕卌百人以

上闕乚臣約身

上闕口歸高四

上闕口不

又一石

存字五行

上闕其肎ㄖ一下空行

上闕國之裔兮蕑□ㄅ心凡之下闕

上闕丂爲國之□□□兮當宀下闕

上闕以人去□□□凵凵哀哉戌下闕

上闕内歲兮下闕

碑側

存字一行

上闕歲在辛酉三月十五下闕

右漢劉君殘碑鑿斷穿孔龕置西門君祠大門左右
作門關縣吏添仕麟偕工拓朱馬需修祠碑于門側
嘗見拓之以歸其一石文凡六行又一石文五行前
春秋字博覽字常百人字及蕑□□心民人去□字
蓋有位而顯以澤於民者也國之商兮商當是裔字
旣稱爲國裔於漢爲劉氏矣碑側歲在辛酉三月十

五東漢辛酉凡三見明帝永平四年安帝建光元年靈帝光和四年明帝太遠疑在安帝靈帝時也安陽縣志

右殘碑二石皆方尺餘中爲大孔其一文六行其一文五行第一行乃其辭曰三字後空一行第二行心上當是帝又上一字以意度之必是在也三行爲上當是分四行人上當是艮五行歲上當是萬二石字皆徑八九分結體亦無異然第一石文在上方自孔以下皆無字第二石又與第一石行款文句俱不接且兩石後半竝無字不可曉也歲在辛酉三月十五八字字徑二寸強較前碑字大倍之又結體與前碑絕不相類武君謂是劉君碑側未審然否瞿中溶跋

元孫碑 存字四行

上闕 □□徹遺孙耒㑊小糸子 下闕又空三行

上闕 一人大兄元孫早終 下闕

上闕 凶二子名重字元 下闕

上闕 下一子ㄣ 下闕

右漢元孫碑棄置西門君廟壖田閒徐方子偕柴望之景堂趙仲原敞尋出僅得遺字四行前云遺孤奉承字蓋述其家之式微故繼以大兄早終是爲可哀也書之秀蘊當奉爲神品安陽縣志

右殘碑可見者十四字字徑七八分第一行後似空三行二行人下空一字云大兄元孫早終蓋敘其兄弟三行云二子名重則又敘其子孫也瞿中溶跋

正直碑 存字八行

上闕 正直是以揚名於州里眾 下闕

上闕 部職究由□□糸君守曲 下闕

上闕 爲冢所□□□且考爲 下闕

上闕 終丰卝□□□□□丰三 下闕

上闕 佳咎亏□□□□彖喪廞 下闕

上闕 □慘悽不□□□莫不 下闕

上闕 □□款六辭曰

上闕 □□□□□□女友言 下闕

右碑字幾二寸餘中鑿大圓孔毀殘元文最多凡得字八行第一行正直是以詩小明作正直是與考儀禮鄉射禮執弓各以其耦進注以猶與也今文以爲與則詩所謂與者今文此碑所據古文也後文六辭曰集韻其古作六是碑足以證明古文字如此舊埋棄西門君祠外額坊下康熙某年建坊毀爲柱石今

柱已折矣而碑猶存殘字若干古物淪毀自吾儕剔治磨拭出之碑復光顯于世其亦有奇緣與此與子游殘碑同日自方于得之故益可喜也碑無可題識即以首行正直字題曰正直碑安陽縣志

碑字徑二寸許第三行眾下當是所考上當是祖七行亓上當是動末行二字當是孝信瞿中溶跋

按以上四碑已爲後人鑿毀方圓無準尺寸字數俱不可紀今竝在安陽縣孔廟縣令趙君希璜向在西安爲余屬官能詩文好金石及至安陽搜訪漢唐舊刻不遺餘力因得諸碑于西門豹祠中昶在京師趙君拓以見貽以無時代可系故盡錄此卷之末云

金石萃編卷十九終

金石萃編卷二十

賜進士出身　誥授光祿大夫刑部右侍郎加七級王昶譔

漢十六

武梁祠堂畫象題字

畫象共三石今在嘉祥縣武宅山

第一石高七尺二寸廣五尺九寸畫五層題字者三層隸書

第二石高七尺三寸廣六尺畫五層題字者三層隸書

第三石高七尺三寸廣九尺五寸畫五層題字者三層隸書

第一石第二層

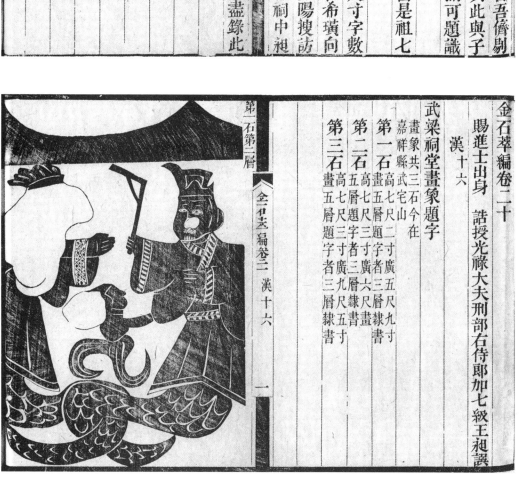

伏戲倉精初造王業畫卦結繩以理海內
祝誦氏無所造為未有耆欲刑罰未施
神農氏因宜教田辟土種穀以振萬民

黃帝多所改作造兵井田垂衣裳立宮宅
帝顓頊高陽者黃帝之孫而昌
子

帝俈高辛者黄帝之曾孫也
帝堯放勳其仁如天其知如神就之如日望之如雲

帝舜名重華耕於歷山外養三年
夏禹長於地理脈泉知陰隨時設防退為肉刑

第一石第三層
夏桀

子騫後母弟
子騫父
曾子質孝
以通神明
貫感神祇
著号來方
後世凱式
母投杼

老萊子楚人也事親至孝衣服斑連嬰兒之態令親有驩君子嘉之孝莫大焉
閔子騫與叚母居愛有偏
移子騫衣寒御車失棰

萊子父
萊子母

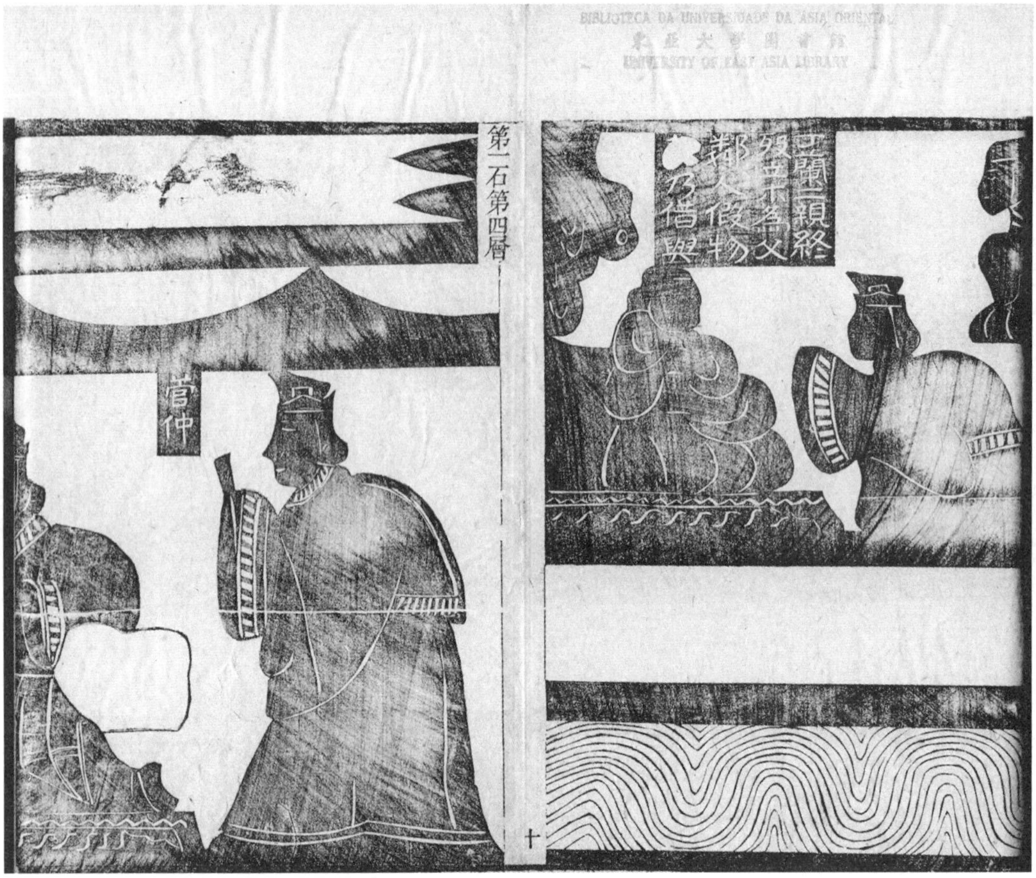
第二石第四層
管仲
十

魯莊公
曹子劫桓
齊桓公

二侍郎
專諸炙魚
刺殺吳王

荊軻
吳王

第二石第二層
第一石止
十四
秦王
秦武陽

梁節姑姊
長婦兒
使者
十五

姑姊兒
追吏騎
姑姊其室失火取兄子往輒得其子赴火如亡示其誠也

齊繼母
前母子
後母子
死人

第二石第三層
怨家攻者

孝孫父
孝孫
趙㣌

第二石第四層
王慶忌
要離
孝孫祖父

豫讓殺身以報知己

韓王

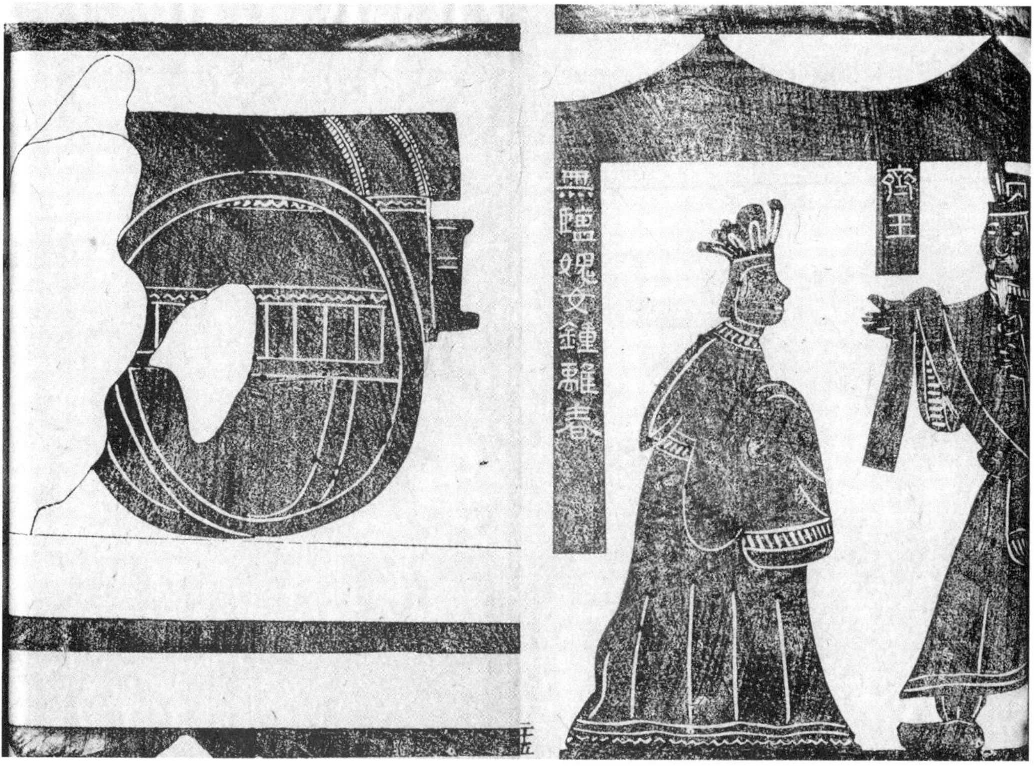
無鹽媿女鍾離春
齊王

縣功曹
處士
二六

第三石第二層
梁高行
第二石止
二七

使者

義姑姊
魯秋胡

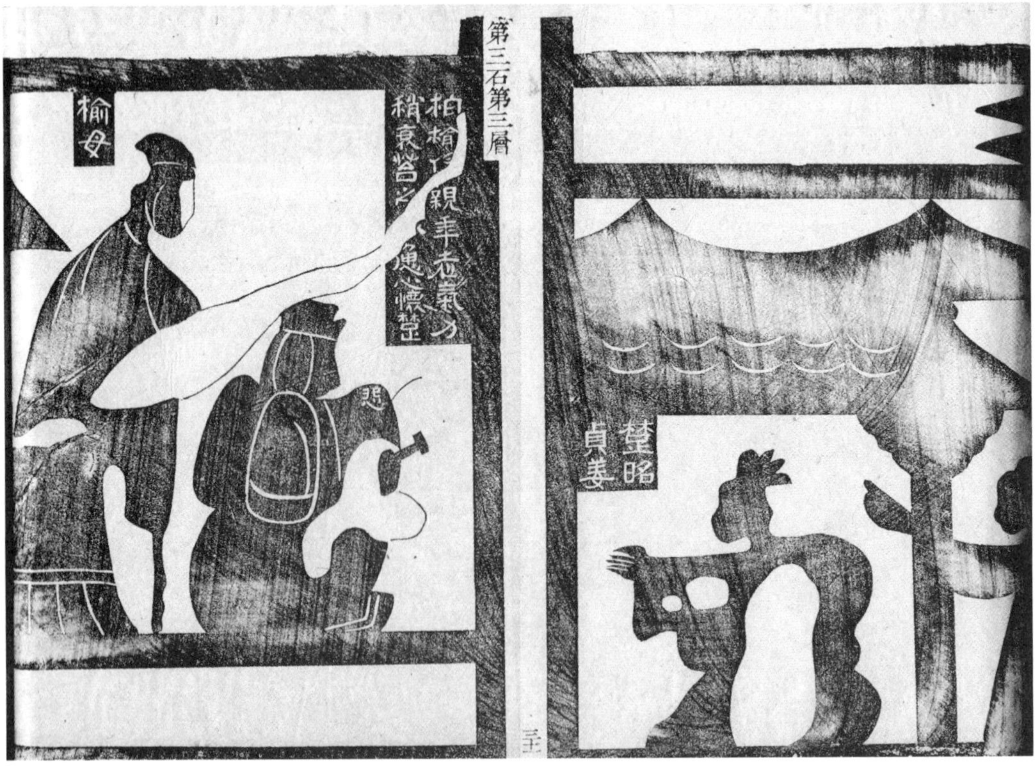
第三石第三層
榆母
楚昭貞姜

渠父
邢渠哺父

朱明弟
朱明
章孝母

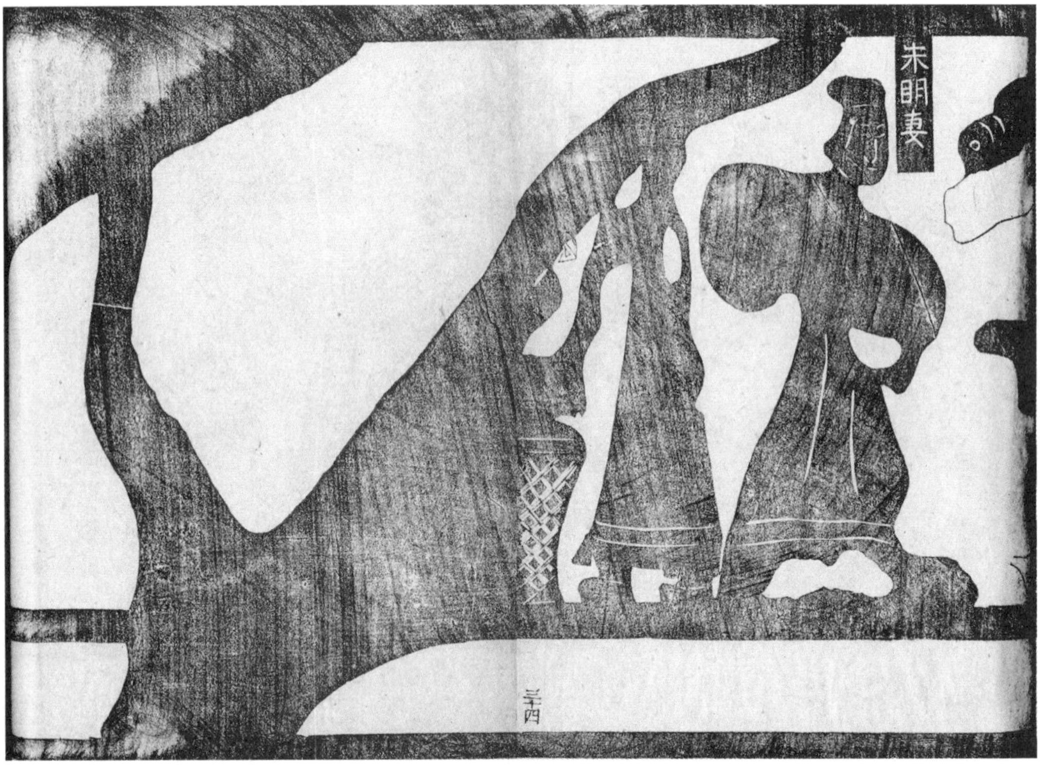
朱明妻
三十四

第三石第四層
騎都尉
三十五

右武氏石室畫像五卷武氏有數墓在今濟州任城墓前有石室四壁刻古聖賢畫像小字八分書題記姓名往往爲贊于其上文詞古雅字畫遒勁可喜故盡錄之以資博覽金石錄

右武梁祠堂畫像爲石六其五則横分爲二梁高行藺相如二段又廣於它石所畫者古帝王忠臣義士孝子賢婦各以小字識其旁有爲之贊文者其事則史記兩漢史列女傳諸書合百六十有二人有標題者八十七人其十一人磨滅不可辨又有鳥獸草木車蓋器皿屋宇之屬甚衆水經云金鄉有司隸校尉魯恭冢冢前有石祠自書契以來忠臣孝子貞婦孔子及七十二弟子形像皆刻之四壁今此碑無闕里聖賢知其非魯君石祠中物也又云鉅野有荆州刺史李剛墓其石室三間四壁雕刻爲君臣官屬龜龍麟鳳之文飛禽走獸之像今此碑不畫四靈又知其非李剛石壁也趙德夫雖云嘗得魯君石室所刻而

題其所藏碑則云武氏石室畫像其跋云武氏有數墓在濟之任城墓前有石室四壁刻古聖賢像趙君東人當知其實而不能辯此畫爲武氏誰人冢前者金鄉鉅野皆隸山陽與任城接境必是東州仕宦當時競有此製予案任城有從事掾武梁碑以威宗元嘉元年立其辭云孝子仲章季章季立孝孫子僑躬脩子道竭家所有選擇名石南山之陽擢取妙好色無斑黄前設壇墠後建祠堂良匠衛改雕文刻畫羅列成行攄騁技巧委蛇有章似是謂此畫也故予以武梁祠堂畫像名之後之人身履其壤會能因斯言

以求是先儒說三皇五帝者不一太史公采大戴禮嚳少昊而不錄經傳皆云帝顓之後黎爲祝融蓋高辛之火正也惟莊子以祝融氏與戲農赫胥同辭白虎通既依史記五帝之序遂以戲農祝融爲三皇至論五行則又以祝融爲南方之神初非通論此碑以祝誦爲祝融而介於戲農之閒則白虎通之說也帝王世紀稱上古聖人牛首蛇身之類亦猶孔子四十九表所謂龜脊虎掌世之言相者有犀形鶴形之比俗儒作圖譜遂有眞爲異類之狀者此碑所畫伏戲自要以下若蛇然亦非也碑以樊於其爲樊於期秦武陽爲秦舞陽媿女爲醜女凱式爲楷式斑連爲斑斕者即借字刧即劫字漿即漿字魏即魏字　隸釋

右武梁祠堂畫記自伏戲至于夏桀齊公至于秦王管仲至於李善及萊子母秋胡妻長婦兒後母子義漿羊公之類合七十六人其名氏磨滅與物無題識者又八十六人得之括蒼梁季珩　范史趙岐傳云岐自爲壽藏圖季札子產晏嬰叔向四像居賓位自畫其像居主位皆爲讚頌以獻帝建安六年卒家在荊州古郢城中漢人圖畫於壙墓閒見之史冊者如此水經所載則有魯恭李剛碑碣所傳則有朱浮武梁此卷雖具體而微可使家至而人皆見之畫繪之

事莫古於此也魯恭郎魯峻　隸續

余大父武陽府君好古博雅生平精於篆隸行草殘碑斷刻靡不搜訪自集隸格一冊以補洪景伯漢隸之闕其中有一節云東州冢閒得三碑高廣各五六尺皆就石室壁閒刻古聖賢義夫節婦及車馬人物其質樸可笑然每事各有漢隸數字字止五六分筆法精隱可爲楷式生平所閱漢隸未有若是之小者而完好如新蓋不爲風日所剝泐且模印者尚寡故也乾道丁亥五月子堅書余每閱之恨不得見其碑石之正在何所然甚愛其伏羲神農黃帝帝堯之贊及曾子老萊丁蘭之贊文旨精嚴簡古非後世所及如祝誦氏不知其爲沮誦或祝融帝嚳氏作帝佶殊可以証古辨今後因護漕攝憲梓部行部至資州則此碑在州宅博雅堂下經兵火之後刓闕多矣制梱又輩運寘之明新士夫殊無識者余奉祠歸過渝爲學官言其事且以祖父所隸摸本付之令補完又未知其果否也史繩祖學齋佔畢

右漢從事武梁祠堂畫像傳是唐人拓本舊藏武進唐氏前有提督江河淮海兵馬章後有襄文公順之暨其子鶴徵私印梁祠人物最多洪适隸續具摹其

形今是冊存者僅帝王十人孝子四人而已由黃帝至舜圖皆服冕禹手操掘地之器冠頂銳而下卑殆士冠禮郊特牲所云毋追者是觀此可悟聶崇義三禮圖之非集以人爲車故象坐二人肩背隸續所摹失其眞矣曝書亭集

乾隆丙午秋八月自豫還東經嘉祥縣署見志載縣南三十里紫雲山西漢太子墓石亭堂三座久沒土中不盡者三尺石壁刻伏羲以來祥瑞及古忠孝人物極纖巧漢碑一通文字不可辨易訪得搨取堂乃武梁碑爲武斑不禁狂喜九月親履其壤知山名武

宅又曰武翟歷代河徙塡淤石室零落次第剔出武梁祠堂畫像三石久碎而爲五八分書四百餘字孔子見老子畫像一石八分書八字雙闕南北對峙出土三尺掘深八九尺始見根脚各露八分書武氏祠三大字三面俱人物畫像上層刻鳥獸南闕有建和元年武氏石闕銘八分書九十三字武斑碑作圭形有穿橫闕北道旁土人云數十年前從坑中拽出此四種見趙洪二家著錄武梁石室後東北一石室計七石畫像怪異無題字惟邊幅隱隱八分書中平等字旁有斷石柱正書曰武家林其前又一石室畫像

十四石八分題字類曹全碑共一百六十餘字祥瑞圖石一久臥地上漫漶殊甚復於武梁石室北剔得祥瑞圖殘石三共八分書一百三十餘字此三種前人載籍未有因名之曰武氏前石室畫像武氏後石室畫像武氏祠祥瑞圖又距此一二里畫像二石無題字莫辨爲何室者漢人碑刻世存無多一旦搜得如許且畫像樸古八分精妙可謂生平奇遘按武氏諸碑惟武榮碑植立濟學武斑碑武梁祠像武氏石闕銘今已出土餘武梁碑武開明碑二種未見安知不盡在其處嘉祥漢任城地趙氏云任城有武氏數

墓所指甚明何縣志訛爲漢太子墓然土人見雕石工巧呼爲皇陵故歷久得不毀失未始非訛傳之益也今諸石縱橫原野牧子樵夫豈知愛惜不急收護將不可問古物因易而出置之不顧實負古人是易之責也武斑碑宜與武榮碑並立濟學而石材厚大遠移非便易惟將孔子見老子畫像一石移至濟寧與劉刺史永銓敬置學宮明倫堂其諸室之石大而且多無能爲役州人李鐵橋東琪家風好古按碑之功最著洪洞李梅村克正南明高正炎善書嗜碑勇於成美與之計畫宜就其地剏立祠堂壘石爲牆第

取堅固不求華飾分石刻四處置諸壁開中立武斑
碑外繚石垣闢雙闕於內題門額曰武氏祠堂隙地
樹以嘉木責士人世守地有古碑官搨易擾宜定價
賫其利而杜其累立石存記爲久遠之圖是役也非
數百金不辦易與濟寧數人量力先捐海內好事者
聞而樂從捐錢交鐵橋梅村明高董其役易與司土
諸君成其功求當代鉅公撰碑垂後仿漢碑例曰某
人錢萬某人錢千詳書碑陰以紀盛事漢人造石室
石闕後地已淤高興工時宜平治數尺俾碑石盡出
不留遺憾有堂蔽覆椎搨易施翠墨流傳益多從此

人知愛護可以壽世無窮豈止二三同志飽嗜好于
一時也哉乾隆丁未夏六月黃易修武氏祠堂記略
昔歐陽子集古錄以漢魏以來古刻散棄于山崖墟
莽閒未嘗收拾爲足惜又自謂荒林破冢神仙鬼物
詭怪所傳莫不皆有然而漢武氏祠象之文則錄所
未著也至東武趙氏始有武氏石室畫象五卷而其
錄弗傳惟鄱陽洪氏乃圖且釋之凡四百餘字而已
當宋南渡時已謂重刻本爲可珍而況逮今又六百
年乎錢塘黃子秋庵旣于濟寧州學扶升尉氏令碑
得拓其全石已而復于嘉祥縣南之紫雲山得敦煌

長史武斑碑洎武氏石闕銘遂盡得武氏石室所刻
畫像又得孔子見老子象及祥瑞圖石刻視洪氏所
著功蓋倍之矣於是敬移孔子見老子象一石于濟
寧州學而萃其諸石即其地爲堂垣砌而堅之牓曰
武氏祠堂俾士人守焉往者予與黃子考訂金石遺
文每以是碑舊本不獲賞析爲憾今吾二人十年以
來心營目想之狀一旦遘其眞而予適按行鄱陽廬
阜閒遠懷文惠洪公千里關山所悵結而三歎者也
後之摩挲斯石者當何如護惜之翁方綱重立漢武氏祠石記
右武梁石室畫象婁機云在濟州乾隆丙午錢唐黃

易小松于嘉祥縣南三十里紫雲山得之嘉祥本析
鉅野置宋時故屬濟州也以洪氏隸釋隸續證之文
字大略相同惟榆母之前洪云闕一人名者今驗石
刻有榆□親年老氣力稍衰笥之□癒心懷楚十有
六字而上下尚有闕文蓋圖伯俞事以榆爲俞也錢
唐何夢華云榆上一字尚存木旁當是柏字漢書古
今人表多以柏爲伯也范且之後又有魏須賈一人
賈字雖泐其上半猶可識戰國秦漢人多以且爲名
讀子余切如穰且豫且夏無且龍且皆是且旁或加
隹如范雎唐雎文殊而音不殊也胡身之注通鑑輒

音范雎之雎爲雎是誤以爲目旁矣據此碑可證胡注之誤（潛研堂金石文跋尾）

武梁石室畫像第一石第三層題云曾子凡六行內著子來方子字舊釋爲灵黃司馬易云以灵爲靈後人俗體而曾子之孝亦不必言著靈玩其筆法當是子字著子者著曾子之孝名也此說較長車前坐一童子爲閔子後母弟車後坐一人爲閔子之父曾子後一幅題云閔子騫下云御車失棰棰諸家皆釋爲稤字謂與鞅同今黃君小松云是棰字與上句移字爲韻葢即鞭箠字也从木與从竹同意　第四層一

人冠服坐題齊桓公左一人俯身向右持七首作刦刺狀題曹子刦桓右一人執笏侍立題管仲又一人立曹子左冠服同齊桓公題魯莊公案曹劌（史記劌作沫）刦桓時魯莊公未嘗在列此畫魯莊者葢許反侵地時魯莊亦與盟也次一人手執兵器題吳王前跪一人兩手捧魚魚下似藏七首胸及臂有物相夾兩幹甚長後有二人曳之上題二侍郎又題專諸炙魚刺殺吳王案左傳云門階戶庭皆王親也夾之以鈹此二人所曳者殆即鈹也不云王親而云侍郎與左傳異吳王之右有一器陳於座前意即受食物之具也專

諸本名鱄設諸吳越春秋云吳王嗜魚之炙專諸乃去從太湖學炙魚三月得其味故云專諸炙魚也次一人作散髮狂奔狀榜題荆軻一人兩手反背夾持其腰地有一篋啟葢內盛人頭題樊於其頭旁伏一人題秦武陽左有一柱柱閒一刀下墜史記所謂荆軻引其七首以擿秦王不中中銅柱者是也柱左一人作驚避狀榜題秦王秦王祇存右半左已泐矣其一人無題榜殆即侍醫夏無且歟其即期字案孔子閒居夙夜其命宥密注詩讀其爲基士喪禮度茲幽宅兆基注古文基作期是基其期古皆通用武陽即

舞陽左傳蔡侯獻舞穀梁作獻武是舞與武通也王即王字見魯峻碑陰　第二石第二層屋瓦鱗次柱右一人右向左一人手持物如節麾榜題使者次一屋右柱一兒仆地題長婦兒一婦人被髮從左柱入右手欲援長婦兒題梁節姑姊後一婦人兩手援梁節姑姊之左手榜題救者救者上角二小兒兩手相攜橫題姑姊兒案此事見列女傳長婦兒者長婦是梁節姑姊之嫂兒則姑姊兒子也室既失火兒子與己二子俱在室中亟往援之先得己子次欲援兒子火勢已危故救者力援之出而姑姊不忍兒子之死

所剤赴火如亡也次一人佩劍乘馬榜題追吏一兒
蹏舉手作求訴狀題後母子一人被髮臥地榜題死
人一人執物立題前母子一婦人題齊繼母案列女
傳有齊義繼母者齊二子母也宣王時有人鬬死於
道者吏訊之被一創二子兄弟立其旁兄曰我殺之
弟曰非兄也迺我殺之期年吏不能決言之於相相
不能決言之於王王召其母問何所欲殺活其母泣
而對曰殺其少者少者妾子也長者前妻子也其父
疾屬妾善視之妾曰諾今豈可忘人之托而不信其
諾耶王美其義高其行皆赦不殺而尊其母號曰義

母據此但稱吏而不云追吏且吏訊二子時母未嘗
在旁也此畫蓋合前後總繪之其云追吏必有所本
列女傳略之耳前母子手執之物似即致死之械傳
所謂被一創者是也次一室室中一牀臥一人題京
師節女柱外一人撲入室中舉手向臥者榜題怨家
攻者案京師節女長安大昌里人之妻也有讎人欲
報其夫劫其妻之父使要其女爲中譎父呼女告之
女計不聽則殺父聽之則殺夫乃曰旦日在樓上臥
者則是矣妾請開戶牖待之還告其夫使臥他所自
開戶牖而臥夜半仇家至斷其頭去明而視之乃其

妻也仇家痛其有義遂釋其夫事見列女傳　第三
層左右二人相向中一人題三州孝口也次一人旁
置一甕上有瓢題義漿羊公左一人與羊公手相接
題乞漿者案搜神記有楊雍伯義漿事此作羊字與
彼異次一人拱立執物左向榜題湯父左跪二人一
髮尚鬆髻一題魏湯次坐一人題趙口者右一童子
手拊坐者左肩叉樹一叢棲一鳥榜題孝烏次一人
左向立橫題孝孫父前一童子執一器有二足榜題
孝孫左坐一人題孝孫祖父　第四層有檻如舟檻
外伏一人檻上一人以手捽其髮橫題王慶忌伏者

榜題要離慶忌左右有二人執戈夾侍案要離刺慶
忌事詳呂氏春秋及吳越春秋皆以慶忌爲吳王僚
之子出亡在衞闔閭使要離如衞殺慶忌涉江拔劍
刺之慶忌捽要離投之於江未死要離歸吳遂自殺
此當云王子慶忌而直稱爲王慶忌所未解也次一
車中坐二人前一人榜題趙襄子後一人殆御者也
馬作驚躍狀旁一人仆地而無首榜題豫讓殺身以
報知己豫讓右一人執劍意即襄子環侍之兵也事
詳戰國策次一人狀甚雄偉榜題韓王案國策史記
聶政所刺者爲韓相俠累此題韓王與彼異前跪一

人左手執劒右手執物如琴㮄題聶政其後又跪一
人案史記云聶政杖劒至韓直入中階不言有人偕
行亦不言更執何物也又一人執劒俯身向聶政作
欲殺狀史記所謂持兵戟而衞侍者甚衆左右大亂
云云此從省祇圖一人耳次立一人左袖披物如帨
巾㮄題齊王左立一女子㮄題無鹽媿女鍾離春案
媿卽醜字鍾離春齊無鹽邑女也貌甚陋年四十無
所容自謁齊王謂有四殆王歎納之見列女傳隸續
誤分爲二以右一人跪者爲無鹽媿女左一人立者
爲鍾離春不知跪者本屬前幅在聶政後屬此無謂

洪氏辨之未審耳　第五層一車向左行車中人泐
不可見㮄題處士士卽士字左一車中坐一人是御
者車前跪一人手捧物如書幣是迎處士者題縣功
曹　第三石第一層一婦人左手援鏡右手持刀㮄
題梁高行右一人執物如旗左一人捧物跪向右㮄
題奉金者從立一人手執節旄㮄題使者案列女傳
載梁高行蚤寡貴人多爭娶之不能得梁王使相聘
焉高行乃援鏡操刀以割其鼻曰妾已刑餘之人殆
可釋矣王高其節號曰高行此圖其事與節姑姊一
幅並屬漢之梁國也次一車左有桑樹一婦人採之

下承以筐首左顧左一人冠服向之㮄題秋胡妻魯
秋胡案列女傳載秋胡娶婦五日去而官於陳五年
乃歸見路旁婦人採桑悅焉婦人採桑不輟秋胡遂
去至家與婦至乃嚮採桑者也婦曰子束髮辭親往
仕五年乃悅路旁婦人以金予之是忘母也好色淫
泆是汚行也妾不忍見子改娶矣妾亦不嫁遂去而
投河死此畫其途遇事次一婦人題義姑姊右手抱
一小兒㮄題兒子左手下垂援引一童子橫題姑姊
兒其左一車中坐二人後一人手執節旄題齊將軍
按列女傳齊攻魯望見一婦人攜一兒抱一兒而行

軍且及之棄其所抱抱其所攜而走于山兒隨而啼
婦人遂行不顧齊將追之問所抱者誰也所棄者誰
也對曰所抱者妾兄之子也所棄者妾之子也力不
能兩護故忍棄子而行義不能無義而視魯國于是
齊將按兵而止曰魯未可伐也婦人猶知持節而行
義況于朝臣士大夫乎魯君賜婦人束帛百端號曰
義姑姊次左一室中坐一人題曰楚昭貞姜其右一
人執一旗又一人侍按貞姜楚昭王夫人越女也昭
王出遊留夫人漸臺之上而去此所畫一室是也江
水大至使使者迎夫人忘持其符夫人不行使者還

取符水大至臺崩夫人流而死此畫執旗者卽取符
之使者也昭王嗟曰守義死節不爲苟生處約持信
以成其貞乃號曰貞姜　第二層柏榆母執杖拄地
柏榆跪聳兩肩受母笞其首似俯而思象其楚悲之
意榜題榆母又題柏榆兩行未落悲字不能容另書
於柏榆之右肩亦古碑補遺之一例也有此悲字方
與衰字叶韻翁閣學云柏榆上闕幾行幾字不可計
今案拓本此二行已逼右角其上卽是橫線無闕文
也其事見說苑云韓伯瑜有過母笞之泣曰他日得
罪笞嘗痛今母之力不能使痛是以泣也伯瑜今碑

作柏榆次一室室中坐一人榜題渠父左一人跪一
手撫坐者之肩一手舉雙筯榜題邢渠哺父邢渠事
古今記孝行者遺之次一車一人坐轅上榜題永父
左一人背立向地取物榜題董永千乘人也次一婦
人榜題章孝母一人冠服拄劒立榜題朱明一人題
朱明弟一小兒橫題朱明兒左一婦人右手援兒題
朱明妻次多殘泐惟存一人左手撫筐內小兒兒上
題榜半存孤字案隸續尚有李氏遺孤四字考列女
傳東漢李固以梁冀肆惡遺子基茲燮歸里燮年十
三姊文姬爲同郡趙伯英妻密謀豫匿託言還京師

人不之覺難作州郡收基茲皆死獄中文姬乃告父
門人王成曰妾委君以六尺之孤李氏存滅其在君
矣成保全之將燮乘江東下入徐州界變姓名積十
餘年梁冀誅乃還鄉里追行喪服姊弟相見悲感旁
人桓帝詔求固後得燮焉以隸續合之意卽此事次
一室室中一人題騎都尉　第三層一人冠服佩劒
手奉璧榜題口相如趙臣也奉璧於秦左一人亦冠
服佩劒榜題秦王次一人榜題范且左跪一人榜題
魏須賈范且前一人俯立手援須賈殆張祿門下人
也自此至左皆有畫無題揚州馬秋玉曰琯家藏唐

拓本祇伏戲至曾子二列視今所得三石不及十之
二三且較之洪氏所錄又增補七十餘字具載翁閣
學兩漢金石記翁書有失檢處更爲校正之漢人畫
像莫古如此其中人物器具皆圖繪所未備故纂錄
諸石不厭其詳也山左金石志
按武梁祠畫象三石石首圓下方畫連圓處橫列
五層有題字者皆三層題字皆隸書徑四五分漢
隸之最小者始見于此其字數多寡不等有單題
人名者有紀其行事作韻語爲贊者畫皆黑文凸
起所畫人物衣冠車馬室屋臺殿樓閣鳥獸花木

之類細筆鉤勒極工緻而又極古樸且能狀其情事神吻畢肖諸金石書著錄者惟洪氏隸釋載其題字隸續全摹此畫于碑圖中又隸續云始予聞建康寓舍有此碑嘗託連帥方務德訪之未至而書已成方亦刻之郡齋地遠歲久殆將亂眞也据此則宋時尚有方氏刻本在建康郡齋而久無傳矣又金石錄云武氏石室畫象五卷所謂五卷者是以三石搨本分裝爲五卷也又史氏學齋佔畢述及此碑前云東州冢閒得三碑是指此碑後云護漕攝憲梓部行部至資州則此碑在州宅博雅

堂下經兵火之後刓闕多矣云云此另是一種畫象竝非此碑蓋刓闕既多一時不及細辨遂誤以爲卽此碑耳　本朝所傳搨本一冊稱爲唐搨者康熙閒爲海寧查氏仲安所得前後題識極多亦間有考證內如朱竹垞跋一則載曝書亭集者壘蹟亦在此冊中後爲揚州汪雪礓所藏吳門陸貫夫先就此冊手摹一本翁閣學覃溪聞雪礓本索觀不可得後得陸貫夫摹本俾安邑宋芝山倩趙君鋟木行世此乾隆癸卯事也然所搨祇十四幅起自伏羲迄于丁蘭乃三石中之一石而又一石中之二三兩層以全碑計之祇十之二也至丙午歲濟寧黃同知小松親至嘉祥縣紫雲山武氏舊墓所在發土得武氏石室等碑凡四十餘石于是移一石于濟寧州學孔子見老子畫象餘則醵貲搆屋于碑所爲武氏祠堂環以周垣碑悉立于堂內四壁中奉武氏四人栗主而扃其門附祠有地十餘畝就近畀玉皇閣道士種植收息主守祠碑有謁祠搨碑者司其啟閉拂拭茶飲頓宿之事其爲碑立法亦周矣爰命工椎搨分遺同好碑皆畫象畫中題字最多者莫如此三石未幾雪礓所藏唐搨亦

歸黃同知同知復鉤摹畫象并錄諸跋鋟板行世然後翁閣學乃取諸跋更合三石全搨統加辨證詳載兩漢金石記中今按三石所畫有題字者大率帝王忠義孝子列女事蹟皆足以資考稽而寓激勸若僅詳其說而不見其畫則其說雖極精審而覽者茫然不能得其髣髴必待搨本以覈其全則穹碑鉅幅張之壁閒玩索亦費目力且購覓搨本殊非易事好古者徒付諸追摹神往而已因倣隸續之例全刻三石中畫象之有題贊者餘無字者不與焉三石之圓首一層第二石之第五層處士車之前一幅畫閒傳烹魠之事第三

石之第三層魏須賈後畫樓閣神人花鳥及第四層車騎之屬今皆不載此外若所謂前石室後石室左石室祥瑞圖石柱等既無題贊且恐如洪氏所稱不皆武氏祠堂之物至嘉祥以外山左各州縣所得漢畫又不下數十石皆不徧及舉此三石以概其餘又此編雖仿洪氏之例而有不同者洪氏僅取畫縮爲上下兩列三石牽連不甚分晰其所摹人物粗具形迹與碑參校全失其眞又題字另詳于隸釋而于碑圖但列人名二三字是畫與贊離而爲二觀者不能瞭然玆悉依碑畫贊全摹而於後跋中不復重列至每石五層

各層之上下界畫處有山形水紋棗核等畫雖無關係亦依樣竝摹以見古碑刻畫之式皆洪氏所無者又第二石內有要離王慶忌一幅洪氏全佚今搨所有亦可補前人之闕也凡洪圖分明而今搨已泐者則闕之以存其眞見石本之逾久而有損也

金石萃編卷二十終

金石萃編卷二十一

賜進士出身　誥授光祿大夫刑部右侍郎加七級王昶譔

漢十七

武氏左石室畫像題字

畫象共十石惟第一石有題字石高三尺三寸廣五尺四寸畫二層題字九榜今在嘉祥縣武宅山

顔淑獨處飄風暴雨婦人乞宿升堂入戸燃蒸自燭懼見意疑未明蒸盡摍芒續之

此榜二行

彦淑握火

乞宿婦

公子□□魏信陵君坐左□□□□□□□

侯嬴□□□侯朱亥言語□□□□□□不

攺

此榜二行

侯嬴

王□□□獲拾楚陵為漢□與項相距母見漢使曰□□長者曰伏劍死以免其子

此榜二行

右第一層五榜

義士范贖陳留外黃兄下闕贖諸寺門求代考軀兄下闕

此榜二行

外黃獄吏
范贖兄考
右第二層三榜
武氏左石室畫象第一石首有雲文已泐下界一橫線中刻棗核形下刻山形畫分二層自右起上層一室二柱簷角飾二獸室中一婦人拱跪榜題乞宿婦三字右一人仰面右手執火左手向屋角抽薪榜題并氵握火四字上二字半泐柱左旁題二行凡三十二字詩巷伯傳云顏叔子獨處於室鄰之嫠婦又獨處於室夜暴風雨至室壞婦人趨至顏叔子納之使

執燭放乎旦蒸盡縮屋而繼之卽其事也惟此云燃蒸自燭又云摍茬續之皆與彼異案茬卽笮字錢辛楣少詹云何休注公羊云禮取毀廟室笮以爲死者炊沐則笮可爲薪矣摍之言抽抽屋笮以當蒸燭二文相須其義乃備左一車一馬蓋下坐一人車後一人半泐榜題侯嬴二字前後綴二鳥車左榜題二行凡三十三字泐十六字蓋圖魏公子迎侯嬴及嬴下車見朱亥事事見史記次一人惟存半身及肩上一獸右榜題二行凡三十一字泐五字前漢書王陵傳云陵沛人也漢王還擊項籍陵以兵屬漢項羽取陵母置軍中陵使至東嚮坐陵母欲以招陵陵母既私送使者泣曰願爲老妾語陵善事漢王漢王長者毋以老妾故持二心妾以死送使者還伏劍而死此卽其事蔓猶攫也謂陵母爲楚所攫執也　下層一人鬆髻左向屈左膝右脛間繫一木左手案之右手舉向左一人俯首曲身手執小木作欲擊狀上一人左向榜題范贖兄考四字右一冠服者俯身手向左指榜題外黃獄吏四字一人執版隨之右榜題二行存十七字范贖代兄事不見記傳主卽士字考與詩山有樞弗鼓弗考同皆爲攷之假借說文攷敂也敂擊

也今俗作拷字次一室有二柱一人冠服左向坐右手向左指左手拊几一榜上半已泐存一令字右柱外一人執物侍立左柱外一人冠服執版向右跪次又一室祇露右柱一人執版向左立兩室間橫一獸前後足與兩簷角相接下有一獸作向上攀拊狀
右武氏左石室畫像乾隆己酉秋李鐵橋等平治祠基時所得翁閣學兩漢金石記未及載入小松又得武祠畫像殘石二一高四尺廣六寸餘中一小馬右題此口口金口口可辨者祇二字一高三寸八分廣四寸餘中一婦人殆一室之物也今製爲硯坿記於

此山金石志

武氏前石室畫象題字

畫象共十五石三石無字今在嘉祥縣武宅山尙有後石室畫象九石祠南道旁祠東北墓間畫象各一石皆無題字不錄

第二石高五尺三寸廣九尺畫三層題字者二層共四榜

子路

右第二層一榜

洀泚車

此丞相車

門下工言

右第三層三榜

第三石高三尺廣六尺六寸畫三層惟一層有題字三榜

君車

門下功曹

門下游激

右第三層

第四石高二尺二寸廣一丈四尺三寸畫二層一層題字五榜

主簿車

令車

門下功曹

門下游激

門下賊曹

右上層

第五石高五尺一寸廣九尺一寸畫四層惟一層有題字七榜

此亭長

主記車

主簿車

此君車馬

此

此騎吏

調間二人

右第三層

第六石高四尺二寸廣九尺一寸二層題字共七榜

功曹車

尉卿車

右第一層二榜

游激車

賊曹車

功曹車

主簿車

王記車

右第二層五榜

第七石 高四尺一寸廣一丈三寸畫四層題字者二層共十八榜

亣狄

義𠂇

義婦親子

孝子邢口

邢渠

之宣蓋車

右第一層六榜

伯游也

伯游母

老萊子

萊子父母

乳母

口子載 此二行合一榜

康叔封

口寸象

蔡叔度

周公旦

武王發

伯邑考

文王

右第二層十二榜

第八石 高二尺七寸廣九尺一寸畫三層惟一層有題字五榜

此秦王

侍郎

魯秋胡

秋胡婦

齊王

右第二層

第九石 高二尺七寸廣九尺一寸畫三層題字者二層共四榜

此齊桓公也

右第二層一榜

君為都口時

五官掾車

君為市掾時

右第三層三榜

第十石 高一尺三寸廣五尺四寸畫止一層題字三榜

王簿

爲晳郄時

行亭車

第十一石高二尺九寸廣四尺二寸畫三層題字者二層共四榜

荆軻

秦武陽

闕上也

右第一層三榜

行亭車

右第三層一榜

第十二石高二尺九寸廣三尺三寸畫四層題字者二層共二榜

道吏車

右第三層一榜

主簿車

右第四層一榜

第十三石高二尺九寸廣三尺三寸畫四層惟一層有題字一榜

賊曹車

右第四層

武氏前石室畫象第二石第一層上銳下平居中一人冠六稜左右二稜各綴三珠約冠有贊肩翼飛起右手拊膺左手案膝趺坐左有一物捧其座右一人鳥形者橫托之一人肩有翼執物如錐後一龍有翼一獸上半已泐又三人二作鳥形一有二首又蟾蜍二一有鳥尾皆橫繞向左左一人肩有翼執盂跪後三人皆鳥身下有小鳥又一人有二首相向一鳥三首又一鳥有手執物左角又一小鳥皆橫繞向右此下橫界二線中刻棗核形仁和朱朗齋云西洋各畫亦有人首而鳥翼者正與此同又濟寧火德廟所藏明人水陸功德象中亦作雙人首而鳥身者是西方異物皆出佛經漢人當亦本此乃知碑中所坐者爲佛無疑矣沅案山海經一書所言鳥獸多與此合經

云似人形者不過略有相似未嘗言怪也碑或據此以圖其異遂乃怪怪奇奇靡所不有余校刊山海經嘗論及此書作於禹益非後人所能及朗齋拾此而遠引外域佛經未免失檢然其說不爲無據姑坿存之　第二層上刻山形中列十九人皆冠服拱立向左亦有回首右顧及執物舉手者似皆孔門弟子中惟一榜題子路二字子路冠作雞形揎袂執簡有韤履頗似武裝　第三層一車一馬向左行車有蓋中坐二人在前者執版題榜存一車字上泐二字導騎二人執物如曲尺後綴一獸次一車一馬蓋有五柱

中坐二人在前者執版榜題此丞相車四字車字已
泐步導二人執符執桿後綴一小樹次一車一馬葢
下坐二人前者執版榜題門下功曹四字下二字半
泐騎導二人後綴一鳥次一人執版右向立冠有縷
文此下橫界二線中刻鳥獸雲龍文下刻山形

第三石上兩層上下橫二線前段岑樓二層左右阿
閣二層規制宏麗下層用柱上層及阿閣之柱皆鏤
人物揞拄之樓脊飾以鳳閣簷飾以龍及鳥獸闌檻
斗栱罘罳承霤扉不工緻樓中坐一人似女冠五梁
左右各侍三人捧盤盂者三執符者一拱立者二柱

外各立一人左者執物綴三珠右者以手接柱中之
人似皆女子右閣外一人一手上舉一手接柱中人
之手下層中施帷帳坐一冠服者貌甚雄偉右手拊
膺左手案膝下橫一物如琴中有五弦右侍一人右
手執符左手執物如箭帛柱上一人首鳥身者以尾
蟠之坐者左侍一人似捧盤盂次一人冠服執版俯
立左柱外一人亦執版立皆右向後段合歡樹一本
枝葉蟠結上有衆鳥一人射之樹右綴一獸下停一
車車葢立一獸一人擧轅立者殆御者也旁蹲一犬
樹左一馬似將駕車者車轅二木有轡下垂案諸象

祇用一木爲轅者葢從省耳　下層一車一馬向左
行葢有四柱中坐二人一執符一御者榜題君車二
字步導二人皆執符桿騎導二人執戈次二車二馬
葢下皆坐二人一題門下功曹四字一題門下游徼
四字

第四石祇二層上下皆橫界二線下刻人物龍蛇鳥
獸之形中間自右而左一車一馬榜題主薄車三字
薄字从艸隸變也葢下坐二人御者在前主薄在後
車後一人左手執版右手擧向主薄騎導四人前二
人執物如曲尺有鏤文上綴二鳥下綴二小樹次一

車一馬榜題令車二字葢有四角中間一柱坐者二
人在前者執符步導二人皆右手執符左執木桿右
綴一小樹騎導二人皆執戈馬前綴一犬馬後一鳥
次一車一馬葢下坐二人在前者執版榜題門下功
曹四字上綴一鳥次一車一馬葢下坐二人榜題門
下游徼四字車後一獸向空舞次一車一馬葢下坐
二人榜題門下賊曹四字騎導二人皆佩劍冠皆有
細鏤文車後綴一獸馬後綴一小樹前一人冠帶執
版向右左角一鳥祇露前半

第五石第一層上銳下平一人中坐上半已泐坐下

蟠以交龍龍首昂上右作人物游龍異獸左作雙兎
搗藥狀中有蟾蜍捧臼雲氣周繞次二人雲繞之叉
一人肩有翼橫飛右向下有鳥二魚二此下橫界二
線中刻棗核形　第二層上刻山形下列二十二人
俱冠服拱立左向亦有回首右顧及執物舉手者惟
右一人泐去後半中有四榜無題字　第三層一車
一馬向左行榜題主記車三字蓋下坐一人執版車
後坐一人步從一人執版榜題此亭長三字次一車
一馬中坐二人榜題主薄車三字騎導二人皆泐次
一車一馬中坐一人執符榜題此君車馬四字一人

半泐一榜祇存此字右半騎導二人各執戈榜題此
騎吏三字步導二人亦執兵器榜題調間二人四字
此下橫界二線中鏤鳥獸雲龍之象若近世雕闌式
惜多闕泐下作山形俱橫貫右邊
第六石上層一婦人向右跪衣袂皆有緣右武士一
人左執兵器拄地如弓中有柄右手舉向婦人一人
執刀盾向左後橫臥二人已逼右邊祇存下半皆有
械如弓執其柄以兩足抵其空內一人右手執物如
箭一榜無字婦人左一車一馬無蓋向左行車坐一
人面顧右兩手分張一人似鳥橫飛馬項有繩一人

牽之手執刀柄圜有垂帶前一人執干盾向右立一
人乘馬執刀叉二車二馬俱向右行一榜題功曹車
三字蓋下坐二人御者在前執版者在後一榜題尉
卿車三字蓋下坐二人執符者在前御者在後車後
綴一小樹騎從三人內一人執物如箭帛左角一鳥
半泐下層一橋有闌中平左右斜殺橋上車馬奔馳
有男子婦人亦有步卒如交戰狀皆執刀盾干戈弓
矢之屬中一器如弩兩端上曲中凸起銳首如錐凡
車六馬十三叉二馬半泐男婦凡三十五人題榜五
右三曰游徼車賊曹車功曹車左二曰主薄車主記

車榜各三字左綴一鳥右有小樹二中一人露其上
半左似一人無首臥橋右角橋下亦有男婦兵士水
戰者或乘舟或涉水兵器悉如橋上凡二舟舟各二
人戰者凡五人中一人貌甚雄壯餘雜畫魚鳥有二
鷺啄魚叉設魚罶二漁者二人此段翁閣學失記蓋
山取字而不取畫也此下橫界二線中刻棗核形下
刻山形
第七石第一層一人冠服持節旄向左立後一人亦
持節旄長幅下垂中有鏤文左榜題齊將二字半泐
前一婦人抱兒向右跪榜題義婦二字婦字泐旁有

一兒榜題義婦親子四字次一車一馬向左行車有蓋前坐一人車後二人相向一立一跪立者拊跪者之背殆即閔子御車事後又隨二人皆泐前後凡三榜俱無字次殘泐祇存帷帳似有二人一右向坐一左向跪右一人手捧盤盂半泐左榜存刑渠二字右榜存孝子刑三字刑即邢字蓋邢渠哺父事也次一車一馬左行蓋下坐一人榜題ㄔ宣蓋車四字上一字泐車後一人向右立一人跪地拊器如缶上半皆泐　第二層一婦人長服冠五梁向右立手向右指榜題伯游母三字右一人佩劍跪向左榜題伯游也

三字後一人向左拱立下半泐左綴一鳥次男婦二人並坐向右上施帷幕榜題萊子父母四字左綴一獸右一人跪向左手持杖杖頭橫飾鳩鳥右手向地下有盤盂榜題老萊子三字次一婦人手持節旄向左立前一兒拱手回顧一榜二行首題乳母二字次題口季載上泐一字季字半泐案此即文王子冉季載也史記管蔡世家云同母昆弟十人冉季載最少此與後康叔封等稱名同婦人右一人執版向左拱立次男婦二人並坐向右上施帷幕一榜題文王二字左一人侍立右立九人皆有題榜而泐其三存者

惟伯邑考口王發周公旦蔡叔度口ㄔ毛康叔封六榜而已毛上是叔字蓋即霍叔處　第三層三人並坐向右內一人舉手作指顧狀座前羅列尊俎盤盂前跪二人一向缶舉勺一以手指俎一人長袖起舞兩足立礎上一人兩手據礎兩足向上倒垂其首一兒橫伏於上中間一盆蓋燕饗樂舞之事也次四人左右相向立次車馬各三有蓋有廂皆向右祇見御者三人餘殘泐前後四榜俱無字　第四層作庖廚事有一器如桶二人並立各以手拊之上飛二鳥次男女二人向井汲水綆繫木架上架端一鳥架旁一

人執物如犬倒垂左一人舉手似相助者一盆內盛雁鶩二人對立同向盆中焊之上綴一鳥次一大盆盛一豕左右對立二人一案其首一執其蹄上有大鳥垂翼向下次一人左手執物右牽一牛向右行上綴一鳥尾有三羽次皆泐此下有橫線刻棗核形第八石上層左二獸右一龍一鳳一鳥又二人皆鳥身餘泐　中層一人右向坐左手指右右手執劍榜題此秦王三字後一人執弓矢侍立前跪二人一撫琴一拍掌皆左向右侍一人執刀盾又一人手曳其衣上半已泐空處綴一鳥次二人一冠服一常服相

向立榜題侍郎二字郎字已泐次一人冠服執物向左立榜題曾秋胡三字前有二婦人皆舉手向左又一婦人有兒曳其衣榜題秋胡婦三字胡字从古漢鏡銘嘗有之兒上有小鳥一次一人冠服向左立榜題齊王二字齊卽齊字左一婦人相向祇露其首下有一物祇存上半齊王右侍姬二人又一人執版拱立　下層一車一馬左行蓋下坐二人一執版一御者騎導一人中綴小樹車後一人已泐次左一車一馬蓋下坐二人有榜無題騎導一人次一車一馬車有蓋下坐二人有榜無題騎導一人次一車一馬車

有蓋有廂祇露執符一人騎導一人左一人執版向右立

第九石上層中坐一人肩兩翼座下雲氣繞之左一人以手搏其肩右侍一人執符身俱有翼又左右向四人橫飛皆鳥形有一龍一鳳左角一大鳥半泐

中層一人冠服左向立一手上舉一人亦冠服卧地膝間一物似兵器榜題此齊桓公也五字卽曹子刧桓事右執弓執矢執劍者各一人執版者三人俱左向立左冠服者一人右手執弓左手向右指後隨三人一執版一兩手空舉一曳舉手者之袂俱右向一人左向立回首右顧一手指向左左三馬具鞍轡無人上有小鳥下有小樹右角似有一人如獸半泐

下層一車一馬左行車全泐祇露執符者之袖榜題君爲都口時五字都下似中字車後似有二人步導二人俱一手執符一手執桿次一車一馬蓋下坐二人一執符一御者榜題五官掾車四字騎導一人次一車一馬蓋下二人皆泐榜題君爲市掾時五字步導四人二執符桿二執節旄皆泐下半

第十石上下橫界二線一車一馬左行蓋下坐二人榜題主薄二字車後一人執版隨行次一車一馬左

行蓋有四柱左右有廂中坐一人執符榜題爲督郵時四字右角一鳥長尾口啣物左角一鳥向上步導二人皆執符桿一榜存數筆似二卒二字不類諸題蓋後人所刻也次一車一馬左行蓋下坐二人榜題行亭車三字騎導二人車左二獸一半泐馬左一鳥此石翁閣學失錄

第十一石上層殘泐略見雲龍形次一人舉手向左榜題荆軻二字一人在後挾制之手向右指右一人執刀盾向左荆軻足旁一人伏地榜題秦武陽三字左立一柱柱間一匕首柄有垂帶下虛縣一物蓋所

絶之袂也柱左虛設一座鏤刻甚細座前有雙履上一人執刀盾向右立前一人左奔右手執物高舉左無袖殆秦王也一榜上泐祇存也字次二人執戈臥地　中層一車一馬左行車有篷祇露御者有榜無題騎導一人後綴一鳥次一車一馬左行車有蓋有廂廂有屬前坐一人後坐一人有榜無題　下層一車一馬左行蓋下坐二人榜題行亭車三字一人執版俯隨上有一鳥下有小樹次一車一馬左行車廂上覆五㡡祇露御者一人手似執物有榜無題

・第十二石第一層作人獸雲龍文　第二層二婦人

捧一盤左右相向跪下置一物乃承盤者右跪三婦人皆執鏡奩盥盂左跪三婦人皆右向　第三層一車一馬左行蓋下前一人執版後一人弢弓佩劍榜題道吏車三字道卽導字車後一小樹車前一人如鳥騎導二人上綴一鳥　第四層二車一馬左行蓋下坐二人榜題主薄車三字車前一獸騎導三人皆模糊此石翁閣學亦未錄

・第十三石第一層一人作鳥形右一鳥三首而又有一首如馬左一大鳥雙首又一小鳥皆左向　第二層賁羮一本十五葉右一人摘之次一樹六椏椏各一葉下垂次一大樹枝葉甚茂右一人摘之次石裂一臺臺中一苗向上獨葉如焦右一人以刀斫之左一人兩手攀臺身皆有翼上有二鳥皆具人形左右橫飛　第三層上施帷幕一婦人左向坐一人跪持匕筯作哺食狀左一人捧盂右向立次上施帷幕下有座如土阜左一人拱跪一婦人拱立一樹六椏垂四實　第四層一車一馬左行蓋下坐二人榜題賊曹車三字騎導二人左一人右向立捧物如幣

右武氏前石室畫象十五石黃小松以始獲時在武梁畫象之前卽定爲前石室今嵌於武氏祠壁間原

次難考營立時隨意標刻數目以便識記今姑仍其次入錄然如第五石形製同第二石其二層列二十二人亦是孔門弟子不應分間也內有刻古帝王忠孝烈士奇跡皆同武梁畫象亦用分書題識其名惟不作韻語耳此刻隸釋不載山左金石志

武氏石室祥瑞圖題字

畫象共二石今在嘉祥縣武宅山

第一石高三尺七寸廣九尺七寸畫三層題字共十六榜

狼井下闕

上闕息此榜二行惟存首行末一字餘闕

神鼎不炊自孰五味自成
口不刳胎殘少則至
上闕金
上闕同時下闕
不漉池如漁則黃龍游於池此榜二行
蓂莢堯時下闕
右第一層八榜
六足獸謀及衆則至
白口口口者口口則生
上闕莢下闕

上闕女日下闕
右第二層四榜
白口口土者不暴戸口白口仁不害人此榜二行
上闕白口如事下闕
上闕不方下闕
白口口王者口口則至
第二石高三尺六寸廣九尺七寸畫三層題字者二層共二十三榜
上闕王者上闕則至此榜二行
口馬口沓清明尊賢口口口口口來口此榜二行
三者下闕
上闕山口此榜約四行惟存首行一字餘闕
玉英五常立口貝口口此榜二行一行闕
赤羆仁姦息下闕
木連理王者德純治八方爲一家則連理生此榜二行
璧流離王者不隱過則至
廟諱圭水泉流通四方會同則至此榜二行
比翼鳥王者德及高遠則至此榜二行

比肩獸王者德及鰥寡則至此榜二行
白魚武下闕津入于王舟此榜二行
比目魚王口明無不衙則至此榜三行
銀甕刑法得中口至
右第一層十四榜
上闕盈王者清廉門出
上闕則口
上闕山手后稷
皇帝時辛〻乘鹿來獻三腸
口口王下闕

渠扌來

白馬朱鬣□𡰪□□良刂□此榜二行

澤馬王者勞來□□扌□此榜二行

玉券王者下闕

右第二層九榜

武梁石室右一石平露殘泐最甚其旁又得殘石三刻人物鳥獸有小八分書標題與武梁石室題字如出一手其語句孫氏瑞應圖及宋書符瑞志所載約略相同東漢崇尚圖讖故圖刻乃爾石背若瓦脊是爲石室之頂其內題刻可以仰觀也是刻前人著錄

所未及嘉祥縣志云石室內刻伏羲以來祥瑞所指卽此因名之曰武氏祠祥瑞圖黃易跋

武氏石室祥瑞圖第一石第一層蓮臺一座右一人右手拊之一人在下左手撲地右手執物如鍬箝閒有垂帶右題一行惟存浪井二字案宋書符瑞志云浪井不鑿自成此左旁不从水未詳次巳殘闕下題二行亦泐首行存一息字二行𡈼則至三字次一鼎左題一行云神月□炊自孰五未自□㓨四字孰卽熟字此與符瑞志神鼎不炊而沸五味自生同義次一獸如麟左向在神鼎下題榜一行云□不刳胎殘少則至泐一字符瑞志麟不刳胎剖卵則至據此首當是麟字也次一物圓形有莖似垂三椏左題一行巳泐末似至字次磨泐無存次一榜微露山字次一龍形尾巳泐左題二行云不漉池如漁則黃龍游於池凡十一字如讀曰而古而如通漉竭也月令仲春毋漉陂池謂不竭池而漁也此左又接一行題云蓂莢堯時下缺左蓂莢一株一莖直立左右各七莖皆有圓實共得十五莢也蓂莢日生一莢至十六日一莢落此象其十五日生足之時也右有樹一株在龍腹下樹分數椏未詳其名左榜惟存周時二字　第

二層右泐左一獸首如馬而前有三足後半泐上題一行云六足獸謀及衆則至凡八字惟至字半泐次似一獸殘泐莫辨右題一行云白□□□者□□則至泐五字次全泐次草數莖莖各有葉巳殘闕右一榜祗存英字次亦全泐似有二榜一無文一存攴日二偏旁次一鳥在上巳闕　第三層一獸蹲伏左題二行云白□□王者不暴□□□至仁不害人泐五字符瑞志云白虎王者不暴虐則白虎仁不害物孫氏瑞應圖云白虎者仁獸也一名騶虞卽此次一鳥餘皆殘泐左有二榜一存白□如事三字一存不方

二字又一榜存白□王者□□則至五字
第二石第一層首一獸祗存二足一尾右繞脊有毛
榜二行存□□王者□□則至四字次一榜二行存
□馬□者清明尊賢□□□□來□七字畫全泐案
瑞應圖云王者清明篤賢則玉馬出殆即此也左一
榜半泐其字莫辨次一物方形榜題玉英五常□□
則□泐三字案瑞應圖云五常並修則玉英見是方
形即玉英也下一獸微露首及前二足題榜一行存
赤羆仁姦息五字此石自赤羆至後比肩獸碎裂爲
三綹拓本赤羆有題無畫今合之始知玉英下獸即

屬此也次一樹穠葉同本雙枝左題二行云木連理
王者德純洽八方爲一家則連理生凡十七字次一
璧中作圓孔面有方罫文左題一行云璧流離王者
不隱過則至凡十字流離同琉璃次一圭上銳下方
面有斜斗文左題二行云元圭水泉流通四海會同
則至凡十二字海字半泐次一鳥二首二足左右二
翼尾有四羽上題二行云比翼鳥王者德及高遠則
至凡十一字次一獸惟存後二足前已泐上題二行
云比肩獸王者德及鰥寡則至凡十一字次一魚右
題二行存白魚武津入於王七字符瑞志云白魚武

王渡孟津入於王舟又二魚相並各一目上題三行
云比目魚王□明無不衙則至泐一字衙即御字次
一甕右題一行云銀甕刑法得中□至泐一字瑞應
圖云王者宴不及醉刑罰中則銀甕出是也　第二
層右殘泐僅餘二榜一存盈王者清廉則出七字一
存則至二字次一人右向立冠分四丫下衣露其緣
次一人左向立左手掮膺右手向左其左作雙禾向
上形右題一行存[illegible]圭后稷四字次一獸祗存後二
足次一鹿祗存其首前一人乘鹿冠有雙丫衣如鳥
翼手執一竿竿端有物纏繞如幭巾右題一行云皇

帝時南夷乘鹿來獻巨暢凡十一字夷字半泐案符
瑞志云黃帝時南夷乘白鹿來獻秬鬯又云巨鬯三
禺之禾此蓋以皇帝爲黃帝以巨暢爲秬鬯也鹿首
上似有題榜一行殘泐莫辨乘鹿者前題一行云渠
扌來三字符瑞志云渠搜禹時來獻裘据此則第二
字爲搜字無疑也此榜在裂縫處初拓時尚存今重
立殘損矣次一馬已泐微露首及前二足上題二行
云白馬朱鬣□□□□良則至泐四字符瑞志云白
馬朱鬣王者任賢良則至此以獵爲鬣也次一馬後
足泐右題二行云澤馬王者勞來□□則□泐三字

次一物形似方勝翁閣學所謂一物上下圓各兩翅中有直柄者也右題一行玉券王者四字玉字下初拓本右旁作券疑是勝字符瑞志有金勝此或是玉勝也　第三層無題字首作人物大半殘泐次二人右向立又一人祇露下半左一車一馬向左行車坐一人導騎三人次一人向右迎立右有物作方斗文

右祥瑞圖二石其第二石初出時拓本已裂爲三翁閣學黃司馬釋之頗多舛錯然自重立之後畫象題字更有泐蝕處益知初拓可貴也小松云此刻石背若瓦脊是爲石室之頂其面題刻可以仰觀今以拓

本案之伏戲三石當屬右室其前後左右次序全備當日石室規模儼如在目矣山左金石志

周公輔成王畫象題字

畫象共三石惟第一石有題字高三尺九寸廣一尺八寸畫三層下層題字共三榜今在嘉祥縣劉村

成王

周公

魯公

一首層一人拱立二人散髮一跪一立桂縣一繩立者右手曳之一人蹲身兩手抱桂口中噴氣若火然二層縣一輪輪下如月鈎反覆向背一人曳鈎一人執物向鈎作劖削狀其左有三缶一缶中有横木一缶有人承之三層中一人正立冠五稜垂紳兩袖下垂身甚微小題曰成王左二人曲身拱立袖亦下垂一題曰周公一題曰魯公右二人一執蓋下覆一執圭左向立皆無題案漢武帝嘗畫周公負成王朝諸侯圖以賜霍光畫本流傳爲後世祖述此像朝儀端肅周公立成王右上言左者就今日觀拓本而言凡著錄畫像皆仿此成王南面則周公東面矣古人以西爲上臣列東向爲尊此可驗矣四層一樹枝葉甚茂形如合歡下繫二馬山左金石志

案禮記明堂位昔者周公朝諸侯于明堂之位天子負斧扆南鄉而立注天子周公也負之言背也斧依爲斧文屏風于戶牖之間周公於前立焉据是畫成王中立則記言天子者成王也康成氏解天子爲周公義過曲矣漢隸字源載成王周公畫像多齊魯間漢公卿墓中物近小松得之汶上兩城山足徵婁氏說非誣授堂金石跋

周王齋王畫像題字

畫象共二石今在嘉祥縣焦城村

第一石高二尺六寸廣二尺三寸畫三層惟上層有題字一榜

周王

此齋王也

第二石高二尺六寸廣四尺八寸畫三層惟中層有題字一榜

畫像四石二石有題字一上層中立王者冠五稜端拱南面榜題周王二字左右各侍二人中層一車一馬車坐二人一人荷戈步導下層二人負畢有雉兎前奔　一上層樓二層左右有夾室二重規制甚古簷脊飾以鳥獸上樓縣一方圖圖中有文形似蝙蝠檻內坐二人左右柱外各侍一人夾室柱外似有二鶴下樓左向坐者一人右向伏地者一人左右執版

侍者六人右柱題云此齋王也四字齋卽齊字與武氏祠前石室畫象同下層中停一車右休一馬左一人執笏立右二人執物立山左金石志

孔子見老子畫像題字

石高一尺三寸廣七尺題字共三榜今在濟寧州學

老子

孔子也

孔子車

右孔子見老子畫象人物七車二馬三標牓四惟老子後一牓漫滅孔子面右贄鴈老子面左曳曲竹杖中間復有一鴈一人俛首在鴈下一物拄地若扇之狀石有裂文不能詳辨侍孔子者一人其後雙馬駕車車上一人馬首外向老子之後一馬駕車車上亦一人車後一人回首外向史記魯昭公子孔子一乘車兩馬一豎子同南宮敬叔適周問禮於老子此畫聖輿兩驂似是據此隸續

此文及畫象人物車馬之數皆具於隸續惟以爲人物七者則脫少二人葢洪氏僅言老子車後一人回首向外而不言其後復有人也今驗拓本則車後之二人回首向外者其後復有二人拱而向內必有此向

內之二人乃足明車後一人所以向外之故而洪氏所得拓本葢失拓此段二人耳兩漢金石記

孔子見老子畫象黃司馬易自嘉祥武宅山得之以是聖像敬移州學史記魯昭公與孔子一乘車兩馬一豎子同南宮敬叔適周問禮于老子但言適周問禮而不言見於何地碑狀孔子與老子皆下車相對致敬葢途遇也案周禮大宗伯以禽作六贄大夫執雁士執雉孔子是時尚未爲大夫所執者當是雉矣空中又有一鳥鳥下一人石文已泐難辨姑闕之孔子後一人鋭首若未冠狀殆卽豎子敷車中人似南

宮敬叔以弟子而執御也老子車亦有御者車後徒步三人皆捧簡冊榜有四曰老子曰孔子也曰孔子車其一無題山左金石志

按以上諸畫象拓本皆錢塘黃司馬易所貽今依原石題榜摹其文如右憶甲寅乙卯間司馬所貽漢刻畫象尚有二十餘種其在曲阜者聖府後門及顏氏樂圃各一石在濟寧州者普照寺一石李家樓二石晉陽山六石兩城山十六石在嘉祥者縣署東華林村七日山紙房集四處各二石劉村及湯陰山各一石在汶上者城垣二石關帝廟四石在新泰者師曠墓四石皆無題字可見概不著錄又曲阜白楊店一石有諸從官楚口少平二榜四氏學一石有周公二字嘉祥縣隨家莊二石第一石有大富二字鄒縣白楊樹村一石題食齋祠圃四字隸體極古質定爲漢人原題然皆無關攷據亦置不錄附見其目于此

寶應縣孔子見老子畫像題字

畫象共二石惟一石有題字高五尺四寸廣二尺一寸畫三層上層題字共三榜今在寶應縣射陽聚

弟子

孔子

老子

江南寶應縣地名射陽者有古墓焉土人呼爲夷齊墓蓋傳訛也墓有漢刻石二其一上層孔子見老子像孔子在中面左老子在左面右弟子在孔子後手執束幣八分書題三行曰孔子曰老子曰弟子中層模糊不可辨下層三人并食器亨魚者脇鼎者其一高與闊稍殺之亦三層上層大鳥中層獸首銜環下層一人執刀楯者禮明堂位疏曰舞者左執楯右執斧謂之武舞此蓋其遺意與周禮夏官司兵掌五盾註云五盾干櫓之屬其名未盡聞也詩秦風蒙伐有苑疏龍盾是畫龍於盾則知蒙伐是畫物於伐左傳蒙之以甲以爲櫓櫓是大盾故伐爲中干干伐皆盾之別名也蒙爲雜色知苑是文貌今見此畫其亦干戈櫓盾之類與大約此刻畫像與洪氏隸續所錄沈府君江原長諸刻相近兩漢金石記

案此象爲門人汪子中所貽汪子來書云寶應東七十里射陽聚爲漢射陽古城多古墓曰雙墩者有石門畫像遂取歸拓之以公同好蓋自淮以南東南至于海西南至于徼外漢刻之存者惟溧水校官碑及此石耳而此石有先師遺像尤可寶貴

今汪子久沒已不知石之所在矣其畫意與黃司馬所得孔子見老子畫像相同題曰寶應縣者所以別于濟寧州學之碑也

朱長舒墓石室畫象題字

畫像共二十五幅惟第十九幅有題字高五尺一寸廣一尺七寸題字一行又四行行約十九二十字今在金鄉縣

朱長舒之墓

漢朱氏□□始約闕六字鮪約闕四字嘉下闕上闕十餘字

相下闕上闕共約十二三字与可𢀚□分約闕四字豫約闕四字

渠萬約闕二字祥

朱長舒畫象之末幅下有八分一段隱隱可辨者數字向求搨本多紙剝成一冊逐行審辨僅露數筆新得拓本一紙比前清朗漢鮪可萬祥等字灼然無疑相傳為朱鮪墓不得其實今得一鮪字孫淵如云鮪字頸長也長舒或即鮪之號亦未可定黃易跋

右朱鮪墓石刻按朱鮪墓見於水經注朱鮪墓石壁刻人物見於夢溪筆談以其畫像驗之與夢溪所說不甚合兩漢金石記

朱鮪墓石室畫象本皆連屬拓者分為二十五幅每幅有帷幕列屏及杯盤尊勺皆燕饗賓客之事凡男

子冠有端冕者有紗帽者有如僧帽二層者有如巾子雙梁者有裹幘向前如鄂纓者有上仰作盂形者有下圓上銳者種類不一衣領及袖皆有褶無緣女象首有冠髻形圓而平或分二鬟三髻髻上飾釵股間有綴珠者惟一幅上有八分書題朱長舒之墓五字夭斜不工下又有八分書四行字徑三分祇存數字精勁獨絕惜剝落太甚文義難詳案濟寧州志云漢平狄將軍扶溝侯朱鮪墓石室畫象洗存中載入夢溪筆談以為真漢制今以拓本驗之其中人物衣冠蕭疎生動頗類唐宋人畫法或是扶溝後人追崇先世而作耳山左金石記

大風歌

碑高一丈一尺廣四尺四寸四行行八字今在沛縣

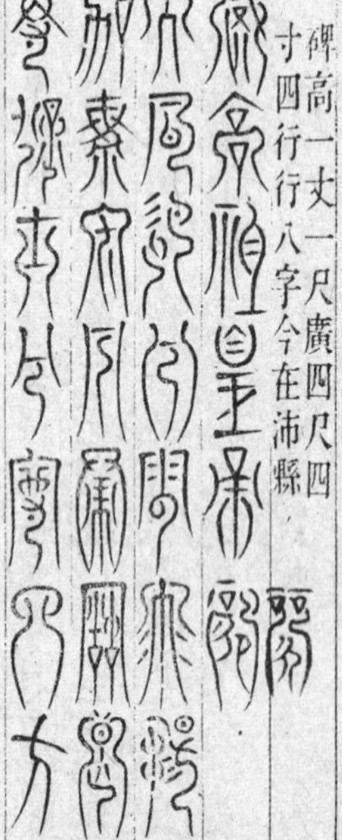

漢高祖皇帝歌

大風起兮雲飛揚威加海內兮歸故鄉安得猛士兮守四方

右漢大風歌碑徐州志歌風碑在沛縣歌風臺碑有二一豎于東不知年代西則元大德間摹刻者舊碑中斷束以鐵汪蛟門歌風臺記云元大德間摹刻于石者邑令羅士學也予按此碑不知刻自何時相傳爲漢曹喜書亦無可據碑自大德中已經重刻其舊碑即非漢刻亦必唐宋人所爲何近在彭城而歐趙皆不收録也金石存

按大風歌首見於史記本紀此碑首題漢高祖皇帝字且篆體亦不類秦漢人書其非當時原刻無疑蓋後人以沛爲高祖發祥之地而歌內有歸故鄉之文遂書其文刻之於石耳或指爲曹喜書亦無確據今姑置之漢末云

金石萃編卷二十一終

金石萃編卷二十二

賜進士出身 誥授光祿大夫刑部右侍郎加七級王昶譔

漢十八

瓦當文字 共三十三種

瓦當各種徑六七八寸一字至五六字不等

長樂未央

長樂未央

長樂未央

長樂未央

長樂未央

長樂未央

長樂未央

長樂未央

長樂未央

長樂未央

長樂未央

長樂未央

長樂未央

長樂未央

長樂未央

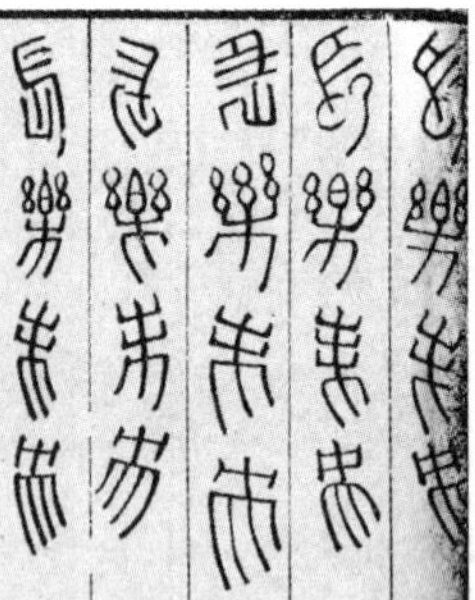

漢未央宮諸殿瓦其身如半筒而覆簷際者則其頭有面外向其面徑五寸圜一尺六寸強有四篆字字凡六等曰漢并天下曰長樂未央曰儲胥未央曰長生無極曰萬壽無疆曰永壽無疆面至背厚一寸弱其背平可研墨唐宋以來人得之即去其身以爲硯

故俗呼瓦頭硯也洪武辛亥夏余留長安校官馬懿張袆以此瓦相遺其字曰長樂未央於是爲千六百年物矣乃貯以梓寶而用之嗚呼物之用固繫其遇也哉（王禕忠文公集）

右長樂未央瓦得之漢城東隅長樂宮故基也按關中記長樂周二十餘里有殿十四故瓦多小異（秦漢瓦圖記）

漢書高帝紀五年九月治長樂宮史記高帝紀七年長樂宮成八年蕭丞相營作未央宮九年未央宮成據此長樂未央本兩宮此瓦文合而一之亦取吉祥語意配合成文耳非必某宮即用某字瓦也他宮殿瓦文意亦放此又詩庭燎正義未央者前限未到之辭故漢有未央宮古詩有樂未央也蓋蕭丞相因秦興樂宮在長安鄉故治秦宮而易名長樂即取樂未央之義以銘瓦後再作宮于西南隅遂以未央名之覩古人銘器欵識不曰千萬年即曰子子孫孫永寶用可見吉祥語意靡所弗施矣（秦漢瓦當文字）

長生未央

長生未央

長口未口

長生未央

瓦當篆長生未央四字按三輔黃圖甘泉宮一曰雲陽宮史記秦始皇二十七年作甘泉宮及前殿築甬道自咸陽屬之宮周圍十餘里漢武帝建元中增廣之周十九里師古曰秦林光宮在磨石嶺嶺側有甘泉故漢武建甘泉即取爲名漢書云烽火逹甘泉以帝不常居長安故邊警烽火兩通之也巫蠱事起帝亦居甘泉宮成帝永始四年行幸甘泉歷今二千餘年王迹久湮不意於幽僻處搜獲此瓦何異商周鼎彝來齋金石刻攷畧

或有問於予曰昔王子充作漢瓦硯記言未央宮瓦凡六等其面背皆有字無所謂長生未央者得毋僞乎予曰不然彼所云者未央宮瓦也林子所謂者甘泉宮瓦也未央作於高帝甘泉則作於武帝時之相去將百年未央在今咸陽甘泉則在今淳化地之相去又二三百里宜其制有不同也安得執彼之說疑

此之僞乎子充記謂瓦之面徑五寸圍一尺六寸强厚一寸弱質之林子之瓦其制皆合則其爲漢物何疑或又謂未央之瓦乃篆字此則隸字何以不同予曰隸即今楷書也當高帝時去秦未遠隸書止行於民間故用篆字至武帝則朝廷上下悉用隸書故製瓦者即用其體書之也羣書疑辯

林子出其兄同人所藏甘泉宮瓦頭硯相示上有長生未央四字余家有季孫行父所城口古瓦二葉其質甚堅瓦口有籀文一曰千秋一曰萬歲字畫圓潤可愛叩之作金石聲今觀此瓦正與相類其爲甘泉舊物無疑李澄中跋

右得之淳化縣甘泉宮故基按林吉人瓦圖記云長生甘泉今曰長生未央微有不同淳化志載甘泉宮有萬壽無疆上林儲胥等字猶未央瓦其文不一也秦漢瓦圖記

漢書高帝紀五年九月徙諸侯子關中治長樂宮七年蕭何治未央宮伯厚王氏曰未央在漢城西隅長樂在東隅元和志云兩宮相去止隔一里今考之地里悉是朱氏以長樂未央主長樂宮長生未央主未央宮云得之二宮故基未免過泥涵真閣秦漢瓦當圖說

右十三瓦首一瓦林侗朱楓皆目爲甘泉宮瓦乃青
浦王公收得者此瓦出於淳化秦漢瓦當文字

與天無極

與天無極

與天無極

與天無極

與天無極

與天無極

與天毋極

與天中正

右與天無極瓦亦出自漢城此瓦應與長生無極同意然攷漢書武帝紀元封元年上登封泰山注應劭曰刻石紀績其辭曰事天以禮立身以義事親以孝育民以仁四守之內莫不爲郡縣四夷八蠻咸來貢職與天無極人民蕃息天祿永得據此則與天無極者亦頌禱之通辭耳或乃疑此爲郊廟祠室之瓦不知郊者壇而不廟獨郊祀志載文帝用新垣平言作渭陽五帝廟帝親拜霸渭之會以郊見五帝郊之有廟惟此然志又稱五帝廟臨渭其北穿蒲池溝水云云則廟在渭北不在宮城可知又志載漢諸帝祠室

甚多俱作於雍及甘泉諸處亦無在宮城者則此瓦總不得爲郊廟祠室之瓦也秦漢瓦當文字

億年無疆

億年無疆

此瓦亦未央故宮土中所出涵眞閣秦漢瓦當圖說

右億年無疆瓦不知所施或引漢書王莽妻死謚曰孝穆皇后葬渭陵長壽園西令永侍文母名陵曰億年故以爲莽妻陵瓦然攷秦漢宮殿之以年壽命名者若祈年長年延年永壽益壽步壽萬歲壽安壽成之類甚夥率皆取頌禱之辭億年無疆亦卽此意以爲莽妻陵瓦恐拘泥已甚所不取也秦漢瓦當文字

延年益壽

延年益壽

延壽益壽

上林□壽

延壽益壽

長年益壽

延壽益壽

延年益壽

延年益壽

漢書孝武于甘泉宫作益壽延壽館史記又作益延壽觀東觀餘論所載首作益延壽三字者與史記正合排山瓦圖所載益壽存當與郊祀志亦合此瓦文曰延年益壽似與諸書所載無涉按三輔黄圖漢畿内千里内外宫館一百四十五所西都賦云前乘秦嶺後越九嵕東薄河華西涉岐雍宫館所歷百有餘區由此觀之此瓦亦千秋萬歲與天無極之類必以延壽益壽館瓦當之則鑿矣 涵眞閣秦漢瓦當圖說

右延年益壽瓦當是甘泉宫益壽觀瓦又有延壽萬歲瓦見後又未央宫有延年殿見宋次道長安志引殿記 秦漢瓦當文字

延年瓦中作飛鳥形俞竹居所收錢獻之摹刻諸瓦以爲飛鴻延年當是延年殿瓦 蛾術編

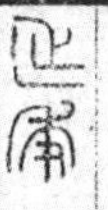

右延年半瓦錢別駕得自漢城此與後上林二半瓦皆非殘缺乃瓦當中具此一種適用耳平列延年二字殆卽殿記所謂延年殿瓦與 秦漢瓦當文字

右延壽萬歲瓦當亦萬歲殿或延壽觀瓦史記索隱引漢武故事云作延壽觀高三十丈又案東觀餘論二館辨云漢郊祀志武帝因公孫卿言僊人好樓居於是令甘泉作益延壽觀師古曰益壽延壽二館也予案太史公記作益延壽觀而近歲雍耀閒耕夫有得古瓦其首作益延壽三字卽此觀當時瓦也然則當以史記爲正但一觀名益延壽三字耳顔說非是敢謂黄氏以所見瓦證小顔之誤是矣然今所得瓦旣有延年益壽又有延壽萬歲安知非二觀之瓦況郊祀志因封禪書之文益下已增壽字云作益壽延壽館是其說已不始於小顔而漢武故事又有作延壽觀云云則黄氏之辨亦未可據爲定論也 秦漢瓦當文字

千秋萬歲

千秋萬歲

千秋萬歲

三輔黃圖未央宮有萬歲殿王氏宮殿記西漢有萬歲宮以長樂長生例之或是萬歲宮殿之瓦涵真閣秦漢瓦當圖說

右千秋萬歲瓦亦出於漢城案長安志引三輔黃圖未央宮有萬歲殿此即其殿瓦與秦漢瓦當文字

仁義自成

右瓦爲仁義自成四字出於漢城不知所施攷漢書

宣帝紀及三輔黃圖有昆德宣德等殿長安志有昆德殿又引漢宮闕名有温德觀是皆以昜成君德爲名有類斯瓦文辭之旨大戴記踐阼篇稱武王受丹書之戒於盤几戸牖悉爲之銘後世人君居處宮室師法此意著爲嘉言以垂雅訓或以數字見義或取篇章成文世禩遥遠史書佚載遂不可攷以斯觀之漢瓦銘辭殆難意擬矣秦漢瓦當文字

宜富貴當 劉

右瓦得之淳化甘泉宮故基其中央有文曰劉秦漢瓦圖記

右宜富貴當一中有字從金右旁漫漶不知何字或說金旁作卯爲劉字乃漢宗室府第瓦也歎案漢鏡銘及古錢文皆有長宜富貴等字此瓦銘或即其意中劉字作鉚無所據姑闕疑焉可耳秦漢瓦當文字

中間一字江氏藩謂是千金二字兩漢金石記

萬物咸成

右萬物咸成瓦漢后宮長秋殿瓦也攷三輔黃圖云后宮在西秋之象也秋主信故以長秋長信爲名後漢馬后紀注稱長秋者皇后所居宮也長者久也秋者萬物成孰之初也故以名焉又漢百官表有中長

秋大長秋皆皇后之官師古曰秋者秋成之時長者常久之義以斯言之是皇后所居宮及屬官皆以秋成爲名取萬物成孰之意故知此爲后宮殿瓦黃圖又云長樂殿西有長信宮長秋殿長安志引關中記云長樂宮有長秋永壽永寧長定四殿蓋長秋等殿本在長樂宮中後因太后居之遂分以爲長信宮而太后亦恒居長樂故百官表有長信少府又有長樂少府張晏謂以太后所居宮爲名是其證矣又未央宮有長秋門亦以太后所居得名見漢書衛太子傳秦漢瓦當文字

長毋相忘

右長毋相忘瓦長安賈人云得於漢城此瓦不知所施敦疑爲後宮殿瓦漢書外戚班倢伃傳云爲倢伃居增城舍應劭曰後宮有八區增城第三三輔黃圖云武帝時後宮八區有昭陽飛翔增城合歡蘭林披香鳳皇鴛鸞等殿長毋相忘者或卽合歡鴛鸞之屬殿瓦銘與然長安志引漢宮殿名有相思殿不知所在又漢書敘傳有宴昵殿張晏曰親戚宴飲會同之殿也瓦銘四字亦類此等存以俟攷焉 秦漢瓦當文字

[illegible]

右瓦卽鳥蟲書書幡信者俞太學以漢書董賢傳云賢女弟爲昭儀位次皇后更名其舍爲椒風以配椒房據此釋爲椒風嘉祥云椒字作赤反書風字上加虎形取易風從虎之義錢別駕寓書和成其說敦謂椒字卽作赤反書亦不類風上虎形取易義亦太穿鑿案漢書楊雄傳云甘泉本因秦離宮而武帝復增通天高光迎風宮據此當卽迎風宮瓦也迎字小篆作䢔與首一字相似風字上著蟲形此篆每每如是不必取易義也嘉祥二字甚明白然筆畫亦有所加增又何取義耶姑存二說以俟能擇焉 秦漢瓦當文字

永奉無疆

永奉無疆

永奉無疆

有漢郊祀之禮文帝以新垣平而增制至武帝時會神君于上林又有少君繆忌少翁欒大公孫卿粵人勇之公玉帶之徒大言虛誕淫祠幾滿天下宣帝踵之所祠凡六百八十三所哀帝時增至七百餘所而宗廟之制亦世立一廟不列昭穆不定迭毀此瓦文曰永奉無疆其爲漢京故物無疑 涵真閣秦漢瓦當圖說

右永奉無疆瓦皆得於漢城錢別駕說爲漢太廟瓦

秦漢瓦當文字

便

右便字瓦攷漢書武帝紀六年四月高園便殿火小顏曰凡言便殿便室便坐者皆非正大之處所以就便安也園者陵上作之既有正寢以象平生正殿又立便殿爲休息閒宴之處耳說者不曉其意乃解云便殿便室皆是正名斯大惑矣敦案韋元成傳注如淳引黃圖高廟有便殿是中央正殿也小顏之說卽駁此注然元成傳云京師自高祖下至宣帝與太上皇悼皇考各自居陵旁立廟園中各有寢便殿日祭

於寢月祭於廟時祭於便殿據此則便殿之設他陵廟皆有之不獨高廟爲然黃圖特因武帝紀有高園便殿火之文遂爲高廟正殿其誤不辨自明此瓦不知出自何陵要爲便殿瓦無疑也又諸瓦當字文皆突起此獨汚下爲異 秦漢瓦當文字

右黃山瓦俞太學得自興平攷漢地理志槐里有黃山宮孝惠二年起此即其宮瓦與長安志云興平漢黃山宮在縣西南十里 秦漢瓦當文字

右瓦文曰狼干萬延俞太學得於長安賈人不知所從來攷斷爲郎池觀瓦案長安志引關中記云上林苑有郎池觀三輔黃圖云西陂池郎池皆在古城南上林苑中陂郎二水名陂郎晉灼引作波浪是郎池又呼浪池矣史記張良傳稱秦始皇東游至博浪沙中漢書作博狼據此則狼浪二字古葢通用故定爲郎池觀瓦也易云鴻漸于干經典釋文引鄭說干水旁故停水處又引陸說水畔稱干葢觀作於狼池之干故有狼干之稱又揚子方言云延永長也凡施於衆長謂之永據此萬延當即萬年之意與 秦漢瓦當文字

右瓦上有三鹿形下甲天下三字右行書乃俞太學走書於淳化友人處索得者不知所從來太學自說爲天祿閣瓦敦案天祿異獸名字亦作鹿漢書西域傳烏弋山離國有桃拔獸孟康曰一名符拔似鹿長尾一角者或爲天鹿兩角者或爲辟邪今鹿形兩角又短尾非天鹿可知攷長安志引關中記上林苑中二十二觀有衆鹿觀此瓦畫三鹿者非一之意甲天下亦云多也豈衆鹿觀瓦與 秦漢瓦當文字

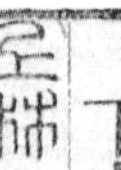

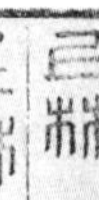

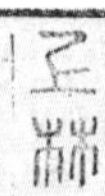

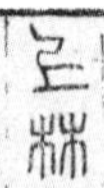

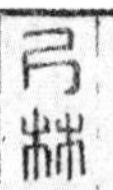

右瓦得之漢城承露臺基旁按秦有上林苑至漢武帝則廣開上林玆瓦之爲秦爲漢未可以臆斷而漢之上林地廣於秦故屬之漢云 秦漢瓦圖記

關中記上林有苑三十六宮十二觀二十五宜乎瓦當極多乃所見者僅朱氏三二爲半瓦趙氏二錢氏

一子一而已 涵眞閣秦漢瓦當圖說
右上林瓦攷史記秦始皇本紀三十五年營作朝宮
渭南上林苑中又漢書楊雄傳武帝廣開上林南至
宜春鼎湖御宿昆吾旁南山而西至長楊五柞北繞
黃山瀕渭而東周袤數百里又東方朔傳使中大夫
吾邱壽王與待詔能用算者二人舉籍阿城以南盩
厔以東宜春以西提封頃畝及其賈直除以爲上林
苑屬之南山據此則秦漢皆有上林苑漢特因秦益
開廣之耳然上林苑中宮殿極多各有主名此特門
署或垣衞之瓦也班孟堅西都賦曰上囿禁苑繚以

周牆四百餘里又司馬子長上林賦曰離宮別館彌
山跨谷二賦所稱皆可據矣 秦漢瓦當文字

宗正官當

右瓦得之漢城中按史記魏其武安侯列傳灌夫頗
不讐欺謾劾繫都司空索隱曰案百官表云宗正屬
官主詔獄也正義如淳云律司空主收及罪人是都
司空爲宗正屬官宜在禁中故附未央宮末 秦漢瓦圖記
右宗正官當申朝邑得於漢城攷漢書高帝紀七年
二月置宗正官以序九族又百官表宗正秦官掌親
屬又史記文帝紀正義漢置九卿七曰宗正又應劭
說周成王時彤伯入爲宗正是宗正猶不始於秦也 秦漢瓦當文字

都司空瓦

都司空瓦

都司空瓦

右都司空瓦趙文學得於漢城攷漢百官表宗正屬
官有都司空如淳曰律司空主水及罪人又少府屬
官有左右司空見後 秦漢瓦當文字

司空

右右空瓦攷漢百官表少府秦官掌山海池澤之稅

以給共養屬官有左右司空據此當是右司空瓦與 秦漢瓦當文字

上林農官

右漢上林農官瓦攷漢百官表水衡都尉武帝元鼎
二年初置掌上林苑有五丞屬官有上林均輸御羞
禁圃輯濯鍾官技巧六廄辯銅九官又衡官水司空
都水農倉又甘泉上林都水七官長丞皆屬焉所屬
共十六官無農官又史記平準書楊可告緡錢上林
財物衆乃令水衡主上林上林既充滿益廣乃分緡
錢諸官而水衡少府大農太僕各置農官據此則上

林之有農官或置於此時此瓦當卽農官治事處之
瓦與秦漢瓦當文字

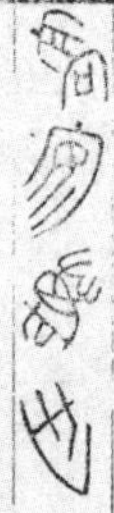

漢書董賢傳賢字聖卿美麗自喜性柔和便辟善媚初爲太子舍人哀帝卽位寵愛日甚封高安侯代丁明爲大司馬時年二十二歲妻父爲將作大匠詔爲賢起大第北闕下重殿洞門柱檻悉衣綈錦此葢其私第之瓦也涵眞閣秦漢瓦當圖說

右高安萬世瓦錢別駕得於漢城自署曰漢大司馬董聖卿第瓦

右有萬憙三字瓦先是錢別駕於漢城獲一不全瓦但有萬憙二字後申朝邑於長安市上獲半瓦有一有字半萬字上下文藻皆相合因摹放成之然此瓦不知所施或說爲民舍瓦說文喜樂也憙說也漢書喜悅字多有作憙者後人乃喜憙通用秦漢瓦當文字

右金字瓦錢別駕得於漢城三輔黃圖云金廐輅軨廄大廄果馬廐軶梁廄騎馬廄大宛廄胡河廄騊駼廄在長安城內此瓦旣出於漢城輪廓小而字不甚美其金廄瓦與以此類推兪太學所得之大字或卽大廄瓦也漢百官表太僕屬官亦有大廄令丞尉秦漢瓦當文字

右瓦兪太學得於鳳翔文曰冢當萬歲篆法頗美非漢人所及葢先秦墓舍間物有讀爲萬歲冢當者然瓦背之迹具存歲冢二字在其上方故不可倒讀也秦漢瓦當文字

右瓦文曰樂當大萬兪太學得於汧隴之交古隃麋

地乃神祠瓦也萬者舞名詩邶風簡兮傳云以干羽爲萬舞謂之大萬者凡樂皆以大稱周官大司樂云雲門大卷大咸大磬大夏大濩大武又漢亦稱大樂官後漢改大予樂皆稱大也樂當大萬者指樂舞極盛而言萬舞卽八佾之舞非尋常神祠所可用故以爲稱漢地理志云隃麋有黃帝子祠豈卽其祠瓦與秦漢瓦當文字

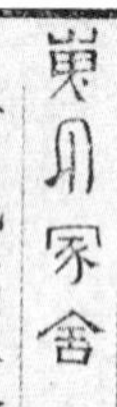

右鬼氏冢舍瓦文與漢人碑刻隸書相同錢別駕得於馬嵬所謂嵬氏者古無此姓殆魏字省文長安志

引孫景安征途記稱馬嵬是人名觀此可證其繆漢
書游俠傳云原涉自以先人墳墓儉約迺大治起冢
舍初武帝時京兆尹曹氏葬茂陵民謂其道爲京兆
仟涉慕之買地門道立表署曰南陽仟人不肯從謂
之原氏仟益當時風尚如此故斷壂殘甍猶有嚭遺
至今者 秦漢瓦當文字

此瓦已著於秦漢瓦圖記朱氏釋爲益壽存富四字
錢趙諸君疑爲僞作之瓦以益下皿字不應多爲曲
折如此又富上不應加𠂉也丁未正月敦於長樂鐘

室阯南檢得一瓦懷歸沃洗用膠黏合拓出即此文
也因攷漢書郊祀志王莽二年興神仙事以方士蘇
樂言起八風臺於宮中臺成萬金作樂其上因此知
爲八風壽存當乃八風臺瓦也八風壽存本可成文
緣八字筆畫疏少故與風字合爲一遂增當字以配
合之而當字𠂉下作冂一筆分爲二筆使上半加長
亦欲與首八風二字相配於此益見古人繆篆分布
之妙又莽更名未央宮曰壽成室更霸館爲長存館
壽存二字正與莽一時宮館命名相合故知爲莽八
風臺瓦無疑也或謂說文云榭臺有屋也則臺無屋

矣又安得有瓦然郊祀志有神明臺水經注謂神明
臺上有九室俗謂之九子臺又三輔黃圖長樂宮有
鴻臺秦始皇築上起觀宇云云據此二說則臺亦未
可盡云無屋矣 秦漢瓦當文字

右大字瓦俞太學得於漢城不知所施 秦漢瓦當文字
瓦當者宋李好文長安圖志謂之瓦頭葢屋瓦皆仰
當兩仰瓦之際爲半規之瓦以覆之俗謂之筒瓦漢
筒瓦長二尺餘兩端皆有筍距至覆檐際之瓦一端
下嚮爲正圓形徑五六寸有至七八寸者其面篆書

吉祥語意或宮殿門觀之名有十二字五字四字三
字一二字不等篆文皆隨勢詘曲爲之間有方整者
以當藻飾謂之瓦當者以瓦文中有蘭池宮當宗正
官當宜富貴當八風壽存當是秦漢時本名說文解
字云當田相值也韓非子外儲說玉巵無當注家謂
當底也瓦覆檐際者正當衆瓦之底又節比於檐端
瓦瓦相値故有當名關中爲秦漢故都去西安城西
北十餘里俗名楊家城即漢舊城也從此直抵咸陽
境上延袤二三十里居民數十堡盡其地漢城闕宮
殿基阯隱隱尚存瓦礫雜塵土中滿目皆是其仰瓦

之背橫縱作繩痕故舊相傳用以函泥有此痕者悉爲漢瓦瓦當有華有字字者至爲難得耕夫牧豎偶然値之則收弃於家賈人鬻以入市字中最多者爲長生無極長樂未央次則長生未央與天無極上林衛字等其他則不數覯然同文之瓦而字又有不同處蓋當時非一人一手所造至三原耀州淳化亦往往有得者終不及漢城之多瓦當文字不著於宋歐陽文忠公集古錄蓋當時人猶未之見逮元祐六年寶雞縣民權氏濬池得古瓦銘曰羽陽千歲乃秦武公羽陽宮瓦其事載王闢之澠水燕談錄瓦當文字

之見於記籍始此後　好文著長安圖志所見有長樂未央等七瓦號爲至多又黃伯思東觀餘論稱有益延壽三字瓦自是而後闃無聞焉　國朝康熙間侯官林侗游甘泉宮阯得漢瓦文曰長生未央一時知名士爲文賦詩者幾徧宇內乾隆初浙人朱楓以其子官關中獲瓦當三十異文者多至十六七因作秦漢瓦圖記瓦當文字之有專書始此乙巳丙午間歙客西安友人仁和趙文學魏愛搜集古金石銘識獲瓦二十餘獨珍祕之不輕示人旣而嘉定錢别駕坫亦出重値購瓦三十餘以與趙君相抗厥後兩君

皆去全椒俞太學肇修耽好尤甚故獲瓦四十餘爲獨多三人各爲拓本皆有識別不相系也其時舊朝邑令陽曲申君兆定亦深好古篆籀之文得瓦之多不及三君然一瓦出即用舊磚摹放其字能使豪髮無差繆雖塵坌滿前錐鑿之聲丁丁達夜分不息不自以爲苦也以故三君所得瓦苟有異文奇字申君皆放而弆之靡有遺者敦與四人者皆友善是以有其拓本特備先是鎭洋畢公巡撫陝西著關中金石記采瓦當文字十餘入記中幕府之士若吳縣張舍人塤獲長毋相忘瓦　宋學博葆醇獲十二字瓦

後俱攜入都門一時　鉅卿皆爭先睹爲快久之青浦王公爲按察使亦獲瓦十餘而海內通博之士依兩公以游陝者歲不乏人亦往往獲瓦以去若錢趙諸君乃其最著者也逮兩公相繼遷移而諸人皆已星散瓦當之後出者率爲申俞二君所有近亦不可多遘蓋物之顯晦有時誠有莫知其然者歟以諸君聚之不易無所記載久恐散亡爰剌取其文之不同迄文同而字異者都爲一卷每文之下著所從獲更爲覆檢羣籍知秦漢宮殿門觀所施用以遺世之嗜古者題爲秦漢瓦當文字而目不著秦漢字者蓋

疑以傳疑不敢以臆見斷也秦漢瓦當文字

案瓦當始見於澠水燕譚錄及長安圖志東觀餘論等書至　國初林佶乾隆中朱楓而搜采日多四十八年昶按察西安與同年巡撫畢公均有金石之好而趙子䰄在幕中申子兆定孫子星衍爲予門人與錢子坫俞子肇修程子敦極意搜求共得三十餘種予皆見而撫摩之搨成兩冊而程子好之尤摯恐其日久散佚因編考史漢志傳疏其出處爲瓦當文字刻之臨潼書院大抵如長樂長生未央上林延年等宮苑之瓦也宗正都司空

右空農官官署之也鬼氏冢舍壚墓之瓦也其餘則皆宮府通用者然古人於奉御之物亦必規勸儆意如仁義自成長毋相忘視三代盤盂几杖必勒箴銘者正復相同益可寶貴也至格古要論稱員外王鉉云有太極未央一等今未之見則淪落不傳者尚多矣瓦當制度大小行欵約畧相等其工整有法則當時士大夫之書也其仳離破碎者則出于工匠之手也當之下如竹筩之半今所存皆殘缺不可修飾故好事之流往往斲磨爲硯其後僞造者頗多然堅緻薛暴文亦庸劣識者猶能辨之又門人孫子星衍所得甘林甘泉上林平樂宮阿三種昶皆未有並附識之

金石萃編卷二十二終

白魚武王度孟津中流入于王舟 石刻乏中流字

木連理王者德澤純洽八方會爲一則生

石刻作木連理王者德澤純洽八方爲一家則連理生

比目魚王者德及幽隱則見 石刻亦同

浪井不鑿自成王者清淨則應

金石萃編卷二十三

賜進士出身誥授光祿大夫刑部右侍郎加七級王昶譔

魏一

上尊號碑

碑高八尺七寸廣七尺三寸三十二行行四十九字額題公卿將軍上尊號奏八字篆書陽文今在許州繁城鎮

相國安樂鄉侯臣歆太尉都亭侯臣詡御史大夫安陵亭侯臣朗使持節行都督督軍車騎將軍□□侯臣仁輔國將軍清苑鄉侯臣若虎牙將軍南昌亭侯臣輔輕車將軍都亭侯臣忠冠軍將軍好畤鄉侯臣秋渡遼將軍都亭侯臣柔衞將軍國明亭侯臣洪使持節行都督督軍領西將軍東鄉侯臣真使持節行都督督軍領揚州刺史征東將軍安陽鄉侯臣休使持節行都督督軍征南將軍平陵亭侯臣尚使持節行都督督軍徐州刺史鎮東將軍武安鄉侯臣霸使持節左將軍中鄉侯臣郃使持節右將軍建鄉侯臣晃使持節後將軍華鄉侯臣靈匈奴

南單于臣泉奉常臣貞郎中令臣治衛尉
安國亭侯臣昱大僕臣大理東武亭侯
臣繇大農臣霸少府臣林督軍御史將作
大匠千秋亭侯臣照中領軍中陽鄉侯臣
楙中護軍臣陟屯騎校尉都亭侯臣祖長
水校尉關內侯臣淩步兵校尉關內侯臣
福射聲校尉關內侯臣質振威將軍湼鄉
亭侯臣題征虜將軍都亭侯臣觸振武將
軍尉猛亭侯臣當忠義將軍樂鄉亭侯臣
生建節將軍平樂亭侯臣圃安衆將軍元

就亭侯臣神翼衛將軍都亭侯臣衛討寇
將軍成遷亭侯臣慎懷遠將軍關內侯臣
巽綏邊將軍常樂亭侯臣俊安夷將軍高
梁亭侯臣昺奮武將軍長安亭侯臣豐武
衛將軍安昌亭侯臣褚等稽首言臣等前
上言漢帝奉天命以固禪羣臣因天命以
固請陛下違天命以固辭臣等頑愚
猶知其不可況神祇之心乎宜蒙納許以
福海內欣戴之望而丁卯制書詔臣等曰
以德則孤不足以時則虜未滅若以羣賢

之靈得保首領終君魏國於孤足矣若孤
者胡足以辱四海至乎天瑞人事皆
先王聖德遺慶孤何有焉是以未敢聞命
臣等伏讀詔書於邑益甚臣等聞易稱聖
人奉天時而論曰君子畏天命天命有去
就然後帝者有禪代是以唐之禪虞命以
在爾虞之順唐謂之受終堯知天命去已
故不得不禪舜知歷數在躬故不敢不受
不得不禪奉天時也不敢不受畏天命也
漢朝雖承季末陵遲之餘猶務奉天命以

則堯道是以願禪帝位而歸二女陛
下正於大魏受命之初抑虞夏之達節尚
延陵之讓體所枉者大所直者小所詳者
輕所略者重中人凡士猶為陛下陋
之歿者有靈則重華必忿憤於倉梧之神
墓大夏必鬱邑於會稽之山陰武王
必不悅於高陵之廟諱宮矣是以臣等
敢以死請且漢政在奄宦祿去帝室七世
矣遂集矢石于其宮殿而二京為之邱虛
當此之時四海蕩覆天下分崩武王

親衣甲而冠胄沐雨而櫛風為民請命則
活萬國為世撥亂則致升平為民而立長
築官而置吏元元無過罔於前葉而始有
造於華裔　陛下即位光昭文德以
丕功勤恤民隱視之如傷懼者寧之寒者
休之寒者以煖飢者以充遠人以德服寇
敵以恩降邁恩種德光被四表稽古篤睦
茂于放勳网漏吞舟裕于周文是以布政
未朞人神並和皇天則降甘露而臻四靈
后土則挺芝草而吐醴泉虎豹鹿兔咸素
其色雉鳩燕爵亦白其羽連理之木同心
之瓜五采之魚珍祥瑞物雜遝於其間者
無不畢備古人有言微禹吾其魚乎微大
魏則臣等之白骨既交橫于曠壄矣伏省
羣臣內外前後章奏所以陳叙　陛下
之符命者莫不條河洛之圖書授天地之
瑞應因漢朝之款誠宣萬方之景附可謂
信矣著矣口矣裕矣高矣邵矣三王無以
及五帝無以加民命之懸於魏邦民心之
繫於魏政卌有餘年矣此乃千世時至之

會萬載壹遇之秋達節廣度宜昭於斯際
拘攣狹口不施於此時乆稽天命罪在臣
等輒營壇場具禮儀擇吉日口昭告昊天
上帝秩羣神之禮須禋祭畢會羣寮於朝
堂議年號正朔服色當所以施行臣謹拜
表朝堂臣歆臣詡臣朗臣仁臣若臣輔臣
忠臣秋臣柔臣洪臣真臣休臣尚臣霸臣
邵臣晃臣遼臣靈臣京臣貞臣洽臣昱臣
夏臣繇臣霸臣林臣照臣楙臣陟臣祖臣
淩臣福臣質臣題臣觸臣當臣生臣圖臣
神臣衢臣慎臣異臣俊臣禹臣豐臣楮誠
惶誠懼頓首頓首死罪死罪

右魏公卿上尊號表唐賢多傳爲梁鵠書今人或謂非鵠也乃鍾繇書爾未知孰是也集古録

右公卿上尊號奏篆額在穎昌相傳爲鍾繇書其中有大理東武亭侯臣繇者乃其人也曹氏父子睥睨漢祚非一朝夕勢極事就乃欲追大麓之蹤竊箕山之節後世果可欺乎又自比嬀汭納漢二女豐碑至今不磨所以播其惡於無窮也當時內外前後勸進之辭不一此蓋刻其最後一章魏志注中亦載此文

有數字不同非史臣筆削之辭也皆當以碑爲正碑自造于華裔之後石理皴剝字跡晻昧今世所傳者多是前一段耳（隸釋）

魏公卿上尊號奏篆額二行文三十二行行四十九字先王及高陵兩武王三陛下皆平闕有奕局之紋自陛下即位後十行刻于碑陰二陛下亦平闕篆額黑字（隸續）

公卿上尊號碑拓本殘缺按此文當在延康元年而刻於黃初之後（金石文字記）

梁鵠字孟皇安定人以善書爲比部尉後依劉表及

荆州平曹購募求鵠鵠懼自縛詣門署軍假司馬使在祕書曹常縣其所書帳中或釘壁上玩之（庚子銷夏記）

漢紀延康元年十月乙卯冊詔魏王禪代丕上章辭讓再四尚書令桓階等奏亦再四此表則相國安樂侯歆等最後之奏蓋在延康未革命之時趙目列于受禪表後似誤或因黃初中刻石故後之耶（金石後錄）

右魏上尊號奏亦名勸進碑不書立石年月顧寧人云此文當在延康元年而刻於黃初之後按後漢書獻帝紀建安二十五年三月改元延康冬十月乙卯皇帝遜位魏王歐陽公集古錄謂魏志是年十一月癸卯猶稱令者當是十月衍一字也方綱考通鑑目錄是年十月癸卯朔歐陽子之言信矣然延康是漢年非魏年通鑑目錄既不著延康之號而魏志書於文帝紀正恐覽者或未之詳耳　洪文惠云碑自造於華裔之後石理皴剝字跡晻昧近日吳山夫金石文存亦載至華裔句止至近今數年拓碑者始知併後段拓之雖極剝泐然尚略辨其槩但與受禪碑俱已模糊不若華裔句已上前半石本尚筋骨具備耳　桂郎柱字倉郎蒼字泉郎泉字至於光被四表則漢末之文亦已如此建安黃初閒爲將相者必非臨

文時甫就經師取料則其爲東漢以來傳誦如此之本可無疑者而戴東原必謂古文堯典作橫被四表橫轉寫作桄桄又脫誤爲光以此矜言復古其亦可以不必矣　吳禪國山碑亦有格于上下光被八幽之文去此碑不遠亦可相證也愚嘗平心論之借使古本有作橫被者亦當兩存以相參質不必定斥光字之非況於義理光字更爲足乎（兩漢金石記）

碑載勸進之詞裴松之注三國志有其文按碑云可謂信矣著矣□矣裕矣高矣卲矣志作可謂信矣省矣碑云民命之懸於魏邦民心之繫於魏政志作民

命之懸於魏政俱是傳寫脫文餘文亦稍有異當以石刻爲正中州金石記

碑中賈詡証之本傳文帝卽位以詡爲太尉今在碑當勸進時已書太尉顧亭林云碑當刻于黃初之後以此也又三國志註載首勸進者惟相國歆太尉詡御史大夫朗及九卿今考碑題額作公卿將軍上尊號則當時武臣皆因劉若首唱而蟻附之矣授堂金石跋

碑云宜蒙納許以褔海內欣戴之望今本隸釋作福祿之福顏氏匡謬正俗云副貳之副字本爲褔從衣畐聲張平子西京賦仰褔帝居東京賦順時服而設褔傳寫譌舛衣轉爲示讀者便呼爲福祿之福失之遠矣馥按裴松之魏志注載獻帝冊魏王詔曰王其速陟帝位以順天人之心副朕之大願語意正與碑同漢隸分韻屋部福字下有褔字從衣注云魏臣奏蓋隸釋元作從衣之褔轉寫誤從示廣韻褔敷救切衣一褔亦不應收入屋韻申鑒政體篇云好惡毀譽賞罰參相褔也褔亦當從衣史記龜策傳邦褔重寶徐廣音副尹宙碑位不褔德武榮碑爵不副德是褔卽副也桂馥跋

按碑前段所列諸臣銜名微有剝落然證之隸釋尚可全讀四十餘人中著於魏志紀傳者云相國安樂鄉侯臣歆卽華歆太尉都亭侯臣詡卽賈詡御史大夫安陵亭侯臣朗卽王朗使持節行都督督軍車騎將軍□□據本傳當是陳侯二字臣仁卽曹仁衛將軍國明亭侯臣洪卽曹洪使持節行都督督軍鎭西將軍東鄉侯臣眞卽曹眞使持節行都督督軍領揚州刺史征東將軍安陽鄉侯臣休卽曹休使持節行都督督軍征南將軍平陵亭侯臣尚卽夏侯尚使持節行都督督軍徐州刺史鎭東將軍武安鄉侯臣霸卽臧霸使持節左將軍中鄉侯臣郃卽張郃使持節右將軍建鄉侯臣晃卽徐晃使持節前將軍都鄉侯臣遼卽張遼郎中令臣洽卽和洽衛尉安國亭侯臣昱卽程昱太僕臣夔卽何夔大理東武亭侯臣繇卽鍾繇少府臣林卽常林督軍御史將作大匠千秋亭侯臣照卽董昭武衛將軍安昌亭侯臣楮卽許褚皆有傳云虎牙將軍南昌亭侯臣輔者鮮于輔渡遼將軍都亭侯臣柔者閻柔也並附公孫瓚傳冠軍將軍好畤侯臣秋者楊秋也見郭淮傳大農臣霸者袁霸渙之弟也附渙傳忠義將軍臣生者溫生恢之子也附恢傳

懷遠將軍臣巽者傳巽叚伯父也見叚傳及武帝
紀注輔軍將軍淸苑鄉侯臣若者劉若也亦見武
帝紀注輕車將軍都亭侯臣忠者王忠也見王粲
傳注又有匈奴南單于臣泉即武帝紀建安二十
一年秋七月匈奴南單于呼廚泉將其名王來朝
者是也餘如使持節後將軍華鄉侯臣靈疑即朱
靈見文帝紀奉常臣貞疑即邢貞見程昱傳領軍
中陽鄉侯臣楙疑即夏侯楙惇之子附惇傳屯騎
校尉都亭侯臣祖疑即郭祖見張旣傳長水校尉
關內侯臣凌疑即王淩有傳步兵校尉關內侯臣

福疑即任福見文帝紀注射聲校尉關內侯臣質
疑即吳質附王粲傳征虜將軍都亭侯臣觸疑即
焦觸見武帝紀建節將軍平樂亭侯臣圖疑即閻
圖見張魯傳翼衞將軍都亭侯臣衢疑即趙衢綏
邊將軍常樂亭侯臣儁疑即李儁皆見楊阜傳然
其生平官爵與碑不甚相合或本非一人或史有
漏略不敢質以爲實也至中護軍臣涉振威將軍
湼鄉亭侯臣題振武將軍尉猛亭侯臣當安衆將
軍元就亭侯臣神討夷將軍成遷亭侯臣愼安夷
將軍高粱亭侯臣曷襄武將軍長安亭侯臣豐此

八人者并無姓氏可見所當闕疑以俟博攷也其
各傳及帝紀所載黃初初諸臣歷官封爵與碑微
異者賈詡傳云進爵魏壽鄉侯而不書其先封都
亭鮮于輔閻柔傳但云進封縣侯而不書其先封
南昌都亭張郃傳云進爵都鄉侯而不書其先封
中鄉侯程昱傳但云進封安鄉侯而不書其先封
亭侯董昭傳但云太祖表封昭千秋亭侯轉拜司
空軍祭酒文帝即王位遷將作大匠而不書拜督
軍御史許褚傳但云進封萬歲亭侯而不書其曾
封安樂皆可據碑以補史闕也徐晃爵建鄉侯傳

作逯鄉王朗爵安樂亭侯夏侯尚爵平陵亭侯傳
皆作鄉侯董照傳作董昭許楮傳作許褚皆傳寫
之譌當以碑爲正是碑制書及表文臣等伏讀以
下具載裴松之注中文句稍有同異亦由板本刊
誤皆不足據表進于延康元年顧氏炎武以爲當
刻于黃初之後偃師武君億舉賈詡傳文帝即位
以詡爲太尉而勸進時已作太尉以實亭林之言
昶細檢紀傳而知其說之未允也華歆王朗曹仁
曹眞曹休臧霸張郃徐晃張遼鍾繇等傳所書文
帝即王位所拜之官與碑悉合碑云布政未朞神

入竝和則當時羣臣勸進去文帝即王位將及一
年是時諸臣之職除授已久魏志于詡傳即位之
上偶遺王字武氏遂以即位為踐阼不知曹洪傳
亦云文帝即位為衛將軍此皆傳刻者脫誤而欲
執是以為口實失之遠矣況文帝受禪改元黃初
之後相國御史大夫等官皆經改易今歆朗等稱
官猶仍漢制不稱司徒司空豈刻石時獨于詡洪
前官為之竄改此亦理之必無者惟公孫瓚傳稱
文帝踐阼拜鮮于輔虎牙將軍閻柔渡遼將軍夏
侯尚傳稱文帝踐阼遷征南將軍領荊州刺史假

節都督南方諸軍事常林傳稱文帝踐阼遷少府
許褚傳稱文帝踐阼遷武衛將軍今碑已稱虎牙
渡遼征南少府武衛等官則又陳壽紀事之誤讀
史者所宜知也

受禪碑

碑高八尺四寸廣四尺六寸二十二行行四十九字額題受禪表三字篆書陽文今在許州繁城鎮

維黃初元年冬十月辛未 皇帝受禪
于漢氏上稽儀極下考前訓書契所錄帝
王遺事義莫顯於禪德美莫盛於受終故
書陳納于大鹿傳稱歷數□□□是以降
世且二百年幾三千堯舜之事復存于今
允皇代之上儀帝者之高致也故立斯表
以昭德□義焉 皇帝體乾剛之懿姿
紹有虞之黃裔九德既該欽明文塞齊光
日月材兼三極及嗣位 先皇龍興饗
國撫柔烝民化以醇德崇在寬之政邁愷
悌之教宣重光以照下擬陽春以播惠開
禁倉散滯積冢臣□□□□之錫衆兆
陪臺蒙賙餼之養興遺勳繼絕世廢忘之
勞獲金爵之賞襁褓之孤食舊德之祿善

無徵而不旌功無細而不□□□戎士哀
矜庶獄罷戍役焚丹書囹圄虛靜外無曠
夫廟諱澤雲行風不沾渥若夫覆載簡易剛
柔允宜乾巛之德陰陽□□□□□類
育物膺庸造化之道四時之功也寬容淵
嘿恩洽羣黎皇猷之質堯舜之姿也孜孜
業業邁德濟民伯禹之勞□□□□□叡
智神武料敵用兵殷湯之略周發之明也
廣大配天地茂德苞衆聖鴻恩洽於區夏
仁聲播於八荒雖象胥所□□□□□□

和而来王是以休徵屢集和氣烟熅上降
乾祉下發珍天關啓閶闔四靈具臻涌醴
横流山見黃人所以顯受命之□□□□
□之期運也其餘甘露零於豐草堅蠶繭
於茂樹嘉禾神芝奇禽靈獸窮祥極瑞者
朞月之間蓋七百餘見自金天以□□□
□□嘉祥之降未有若今之盛者也是以
漢氏覩歷數之去已知神器之有歸稽唐
禪虞紹天明命釐嬀二女欽授天位
皇帝謙退讓德不嗣至于再至于三於是
羣公卿士僉曰　陛下聖德懿侔兩儀
皇符昭晰受命咸宜且有熊之興地出大
螻夏后承統木榮冬敷殷湯革命白狼銜
鉤周武觀□□□□□方之今日未足以
喻而猶以一至之慶寵神當時紹天即祚
負依而治況於大魏靈瑞若茲者乎蓋天
命不可以辭□□□□□以意距大統不
可以久曠萬國不可以乏主宜順民神速
承天序於是　皇帝乃回思遷慮肅觀
厤徵上在璿機筮之周易卜以守龜龜筮

龍吉五反靡違乃覽公卿之議順皇天之
命練吉日□□□□唐典之明憲遵大鹿
之遺訓遂於繁昌築靈壇設壝宮蹕圭璧
儲儀牲延公侯卿士常伯常任納言諸節
岳牧邦君虎□□□□匈奴南單于東夷
南蠻西戎北狄王侯君長之羣入自旗門
咸旅于位　皇帝乃受天子之籍冠通
天龍袞龍穆穆皇皇物有其容上公薦祝
燔燎棫樸告類上帝望秩五岳烟于六宗
徧于羣神□□□晏祥風來臻乃名有司
大赦天下改元正始開皇細闡帝載殊徵
幟革器械脩廢官班瑞節同律量衡更姓
改物勒崇垂鴻創□作則永保天祿傳之
罔極

右魏受禪碑世傳爲梁鵠書而顏眞卿又以爲鍾繇書莫知孰是按漢獻帝紀延康元年十月乙卯皇帝遜位魏王稱天子又按魏志是歲十一月葬士卒死亡者猶稱令是月丙午漢帝使張愔奉璽綬庚午王升壇受禪又是月癸酉奉漢帝爲山陽公而此碑云十月辛未受禪於漢三家之說皆不同今據裴松之

注魏志備列漢魏禪代詔册書令羣臣奏議甚詳蓋漢實以十月乙卯策詔魏王使張愔奉璽綬而魏王辭讓往返三四而後受也又據侍中劉廙奏問太史令許芝今月十七日己未可治壇場又據尚書令桓階等奏云輒下太史令擇元辰今月二十九日可登壇受命蓋自十七日己未至二十九日正得辛未以此推之漢魏二紀皆繆而獨此碑爲是也漢紀乙卯遜位者書其初命而略其辭讓往返遂失其實爾魏志十一月癸卯猶稱令者當是十月衍一字爾丙午張愔奉璽綬者辭讓往返容有之也惟庚午升壇最

爲繆爾癸卯去癸酉三十一日不得同爲十一月此尤繆也禪代大事也而二紀所書如此則史官之失以惑後世者可勝道哉集古錄

右魏受禪表篆額在潁昌所謂表者蓋表揭其事非表奏之表也碑以摯爲埶以烟熅爲絪縕以烟于六宗爲禋于六宗隸釋

魏受禪碑篆額一行文二十二行行四十八字先王及陛下五皇帝皆平闕亦有爽局文篆額黑字隸續

受禪表黃初元年立在潁昌府臨潁縣魏文帝廟劉禹錫嘉話王朗文梁鵠書鍾繇鐫字謂之三絕漢隸字源

右魏受禪表一通劉禹錫以爲王朗文朗字景興東海郯人也史稱其文博而富贍觀此碑蓋可見矣潛溪集

右魏受禪表云惟黃初元年冬十月辛未皇帝受禪於漢氏蓋紀受終踐阼月日也魏志庚午王升壇卽阼歐公據裴松之注及此碑證庚午之誤固矣漢獻帝傳曰辛未魏王登壇受禪公卿列侯諸將匈奴單于四夷朝者數萬人陪位燎祭天地五嶽四瀆遂制詔以延康元年爲黃初元年夫改元在卽位以後事不應初受禪時竟書黃初意者與嗣君卽位踰年改元不忍沒其親之殘年不同耶其文有云堯舜之事

復存于今是言漢獻下禪于魏也魏氏春秋曰帝升壇禮畢顧謂羣臣曰舜禹之事吾知之矣是言己之受禪于漢也丕直以己無媿于舜禹故爲此言而是時公卿大臣又以天下後世爲可欺復勒此表說文云表識也所以揭其事而記之也成湯放桀曰予有慚德恐來世以爲口實魏之君臣良心陷匿至于乃爾遂借堯舜爲口實唐虞受禪果若是乎金石後錄

右魏受禪碑小歐陽集古錄目云碑不著所立年月今按辛未是黃初元年之十月晦也　洪所未釋者機卽璣字鹿卽麓字照卽昭字至若乏之字上作橫畫

允於反正之旨相合此最有益于六書者而婁氏字
原不收近日顧氏隸辨收之乃訛作上撇何也　古
文苑載聞人牟準魏敬侯碑陰云魏羣臣上尊號奏
鍾元常書魏受禪表衛覬金針八分書方綱按此二
碑實出一手書蓋純取方整開唐隸之漸矣兩漢金石記
碑文不載子史水經注云繁昌城內有三臺時人謂
之繁昌臺前有三碑魏文常受禪於此故其石銘曰
遂於繁昌築靈壇也於後其碑六字生金論者以爲
司馬金行故曹氏六世遷魏而事晉卽此碑及尊號
碑漢隸字源云碑在潁昌府臨潁縣魏文帝廟內今

爲漢獻帝廟者後人毀斥文帝像復爲之也中州金石記

孔子廟碑

碑高六尺二寸廣三尺五寸五分二十二行行四十字額題魯孔子廟之碑六字篆書今在曲阜縣

維黃初元年大魏受命廟諱軒轅之高縱紹
虞氏之遐統應廟諱數以改物揚仁風以作
教於是揖五瑞班宗彝釗衡石同度量秩
羣祀於無文順天時以布化既乃緝熙聖
緒昭顯上世追存二代三恪之禮兼紹宣
尼褒成之後以魯縣百戶命孔子廿一世
孫議郎孔羨爲宗聖侯以奉孔子之祀

制詔三公曰昔仲尼姿大聖之才懷帝
王之器當衰周之末而無受命之運口生
乎魯衛之朝教化乎洙泗之上栖栖焉皇
皇焉欲屈己以存道貶身以救世當時王
公終莫能用乃退考五代之禮脩素王之
事因魯史而制春秋就太師而正雅頌俾
千載之後莫不宗其文以述作仰其聖以
成謀咨可謂命世大聖億載之師表者已
遭天下大亂百祀墮壞舊居之廟毀而不
脩褒成之後絕而莫繼闕里不聞講誦之

聲四時不睹蒸嘗之位斯豈所謂崇化報
功盛德百世必祀者哉嗟乎朕甚閔焉其
以議郎孔羨爲宗聖侯邑百戶奉孔子之
祀令魯郡脩起舊廟置百石吏卒以守衛
之又於其外廣爲屋宇以居學者於是魯
之父老諸生遊士睹廟堂之始復觀俎豆
之初設嘉聖靈於髣髴想貞祥之來集乃
慨然而歎曰大道衰廢禮學滅絕廿餘年
皇上懷仁聖之懿德兼二儀之化育
廣大苞於無方口恩淪於不測故自受命

以來天人咸和神氣烟熅嘉瑞踵武休徵屢臻殊俗解編髮而慕義遐裔越險阻而來賓雖大晧遊龍以君世虞氏儀鳳以臨民伯禹命(廟諱)宮而為夏后西伯由岐社而為周文尚何足稱於大魏哉若乃紹繼徵絕興脩廢官疇咨稽古崇配乾巛允神明之所福社宇內之所歡欣巳並徒魯邦而巳哉爾乃感段人路寡之義嘉先民泮宮之事以為高宗僖公蓋嗣世之王諸侯之國耳猶著德於名頌騰聲乎千載況今

聖皇肇造區夏創業垂統受命之日曽未下輿而褒崇大聖隆化如此能無頌乎

乃作頌曰

煌煌大魏受命溥将并體黄虞含夏苞商降釐下土上清三光羣祀咸秩靡事不綱嘉彼(廟諱)聖有邈其靈遭世霧亂莫顯其榮褒成既絕寡廟斯傾闕里蕭條靡歆靡馨我皇悼之尋其世武乃建宗聖以紹厥後脩復舊堂豐其甍宇莘莘學徒爰居爰處王教既備羣小遙沮魯道以興永作憲矩洪聲登假神祇來和休徵雜遝瑞我邦家內光區域外被荒遐殊方(重譯)溥拊揚歌於赫四聖運世應期仲尼既沒文亦在茲彬彬我后越而五之並于億載如山之基

魏陳思王曹植詞

梁鵠書

宋嘉祐七年張稚圭按圖謹記

右魯孔子廟之碑篆額魏志黄初二年正月詔以議郎孔羨為宗聖侯奉孔子祀令魯郡修起舊廟置吏卒守衛碑云元年而史作二年誤也後漢孔僖傳注

以羨為崇聖侯亦誤也文帝履位之初首能尊崇先聖知所本矣使其味素王之言行六經之道則豈止鼎峙之業而已哉魏隸可珍者四碑此為之冠甚有石經論語筆法大饗碑葢不相遠若繁昌兩碑則自是一家亦有以為梁鵠書者非也(碑以烟熅為絪縕終軍傳辨髮作編髮)

隸釋

魏修孔子碑篆額二行有穿文二十三行行四十二字制詔皇上聖皇三行皆平闕(隸續)

梁鵠字孟皇學書于師宜官舉孝廉官至選部尚書梁靈帝重之曹孟德愛之王逸少學之梁武評其書

云龍威虎震劍拔弩張是其書亦可重者此碑結法古質遒健未知果爲鵠書否碑後題曹植詞鵠書出張稚圭亦曰按圖記與卒史碑同殊不可曉（石墨鐫華）

胡三省通鑑注曰漢平帝元始元年封褒成君孔霸曾孫均爲褒成侯奉孔子祀王莽敗失國光武建武十三年復封均子志爲褒成侯志子損和帝永元四年徙封褒亭侯世世相傳至獻帝初國絕魏文帝黃初二年封孔子二十一世孫羨爲宗聖侯邑百戶（金石文字記）

洪氏以是碑文稱黃初元年而魏志作二年謂誤在史考魏王受禪在漢延康元年十一月既升壇卽阼事訖改延康爲黃初而碑辭敘黃初元年大魏受命應歷數以改物秩羣祀于無文既乃緝熙聖緒昭顯上世則詔三公云云原受禪之始歲且將終碑有既乃之文則下詔在明年二月史未必誤（曝書亭集）

隸釋字原作修孔子廟碑金石略作封議郎孔羨爲宗聖侯碑（金石錄補）

碑有云咨可謂命世大聖億載之師表者已咨歎聲一字爲句東魏孔廟李仲璇碑亦有咨可謂開闢之儒聖無窮之文宗者矣意當時文體如此虞書二典用咨發端者甚多古人重其事重其詞則爲嗟歎之聲以聳人聽非若後世之用噫嘻吁等字止于悲凉感慨也（金石後錄）

隸辨云文廿三行行四十二字此本凡二十行行四十字與顧氏所記不同然文字完美無甚缺壞此必隸辨誤記也　爾雅釋詁茲斯咨呰已此也邢昺疏云咨與茲同碑云咨可謂命世大聖億載之師表者已漢隸字原云義作茲蓋非假借咨實有此義也（金石存）

碑以縱爲蹤揖爲輯斑爲班㚖爲賚愘爲恪霧爲瞀咨爲茲大皓爲太皞　尋之爲尋蓋涉偶移左右耳至於世代之世則下横畫右出與卅爲三十字之廿旁加丨者迥不相同今諦審石本卅餘年卅字右邊直畫垂下之勢宛然此亦講隸法者所宜知也隸辨第引武榮碑年卅六之字以爲與世代字無別而不知引此碑也其可以魏人之隸而少之耶　中間慨然而歎下一段有韻育與測爲韻卽可知杜屋職同用之理矣　汝帖摹集此碑之字因題曰梁鵠書雖不必其果足徵信然其書實自遒勁不必盡以漢隸一概律之孫退谷嗤其矯厲方板過矣（兩漢金石記）

按表乃表揚其事特標黃初元年斯頁魏受命之第一件事也較之大饗碑公卿上尊號奏行於漢延康未改新號時尤大彰明較著乃陳壽盡削不載所載惟漢帝冊文不及百字若蜀志於先主爲漢中王羣下上漢帝表全載之約六百三四十字爲漢中王先主上言漢帝亦全載之約五百字即皇帝位君臣述符命上言亦全載之約八百字即位告天下亦全載之凡二百字共二千二三百言此其全予蜀以繼漢甚明陋儒尚言壽全以正統與魏而斥漢爲蜀豈不謬哉 蛾術編

碑文稱追存二代三恪之禮兼紹宣尼褒成之後魏志祇載封孔子後詔書而不及存三恪事乃史之闕漏爾 潛研堂金石文跋尾

碑中假借變體字具載諸家著錄惟揖五瑞與今尚書輯五瑞不同段若膺大令尚書撰異云揖唐石經以下作輯當是衞包改也王肅尚書注揖合也五帝本紀作揖正義曰揖音集漢書郊祀志揖五瑞字從手凡揖訓合凡輯訓和似同實別玉篇廣韻皆曰輯和也不言歛也按此說甚精今諸家以此碑揖字與輯同是不知揖輯二字絕不相通且不知尚書本作揖字其作輯者唐以後譌本也 山左金石志

碑以太昊作太皓漢石刻淳于長夏承碑皓天不弔冀州從事郭君碑皓天不弔外黃令高彪碑恩如皓春李翕析里橋郙閣頌精通穹皓義並作昊然則昊與皓文皆通用也又荀子成相篇皓天不復楊倞註皓與昊同楚詞遠遊歷太皓以右轉兮注皓一作皞劉熙釋名夏曰昊天其氣布散皓皓也幽都賦昊爾太虛服虔曰守死善道不染流俗是謂浩爾太素用是知漢人于文字通義有所依據如此羨封爲宗聖侯事在黃初元年碑所言羨孔子二十一世也史記

正義魏封二十二代孫羨爲崇聖侯既差數多一世而又誤宗爲崇不知改封崇聖當北魏太和之十九年正義于此宜不致此舛謬或亦傳刻者誤也碑書黃初元年胡三省通鑑注乃以二年宋史孔宜傳亦云羨仕魏爲議郎黃初二年封宗聖侯其疎與胡氏同凡此皆宜依碑爲正 授堂金石跋

黃初殘碑

碑共三石第一石二行第二石三行第三石二行字數皆不可紀今在郃陽縣許氏

少昊

國爲

疾病卒
九以黃初五
煢煢靡所瞻
我君
授退丰美
乾隆初土人取土得碑土中僅十二字中有黃初五
三字故定爲魏碑其書法絕類漢人又有六字與此
碑如出一手字之大小行之疎密皆同應同爲一碑
屈君耕野珍藏於家搨以遺余屈君邑庠生博學好
古於古人碑版嗜之尤篤余記秦中金石相助爲多雍州金石記

魏殘碑在夏陽許孝廉秉簡家乾隆初年許隣人發
土得之雍州金石記云在屈氏蓋從屈購得搨本遂
誤謂在屈氏耳關中金石記所云是承雍州金石記
之誤也屈耕野先生余之蒙師許則余之表兄故知
其由來如此康强跋

十三字殘碑
石高廣各四寸許文四行今在郃陽縣康氏
秋弟故
脩德義休

牧伯納
康事以
辛酉之冬白下鄭谷口寄予札云故人王山史從華
陰來篋中有東漢殘碑十三字高妙醇樸書體酷似
酸棗令他碑不及也吉光片羽幸入補錄特摹寄上
適山史游吾郡攜此札訪之出搨本相校不失毫髮
谷口始得漢隸之神者耶金石錄補
十三字碑書法與曹全碑相似宰莘退食記云郃陽
十三字漢碑向置曹全碑旁今亡矣不知康氏移歸
珍藏耳屈君耕野搨以遺余可愛玩也又有六字疑

爲一碑書法古勁當爲漢人所書亦藏康氏雍州金石記
十三字石乃是夏陽人家支竈物得之最後康强跋

膠東令王君斷碑
碑止存上截高三尺三寸廣一尺七寸十八行行九字今在濟寧州學
自王氏之先出口季下闕
九世口口乃復開聲下闕
衆勝邯鄲之圍強下闕
其爵者曰侯曰王景武下闕
溺而濡足至孝昭二季下闕
夏甫舉孝廉武口令下闕

喑字卌恭博士徵陽下闕
已後塟于京師者五世下闕
陽大守自高平就學下闕
宗直道者率困而後下闕
子勃海府丞次子尚書郎下闕
茂舉孝廉爲譙令去官下闕
仇牧之忿奮大顧難名下闕
弱弟居荒亂之中口鯨下闕
爲郡功曹去家拜下闕
令口所宰莅馳化如神

辰也季卌有一黃初五下闕
張氏祔于光姑仰堂宇下闕
右漢故膠東令王君之廟門十隸字爲額予新獲此
全碑其中白紙相去數字許如石斷裂之狀上段十
八行是敘事之文下段少一行是四字韻語判然非
一碑必是二石毀缺好事者匯而一之藏碑之家隨
行翦貼故文意錯亂不可曉解其所敘有兩人舉孝
廉者有以博士召者有丞勃海者有爲太守爲尚書
郎爲譙令爲郡功曹者其一人名字可辨曰喑字叔
恭下云凡所宰莅馳化如神年四十一黃初中卒韻

語有身歿名立及剖符字益謂最後之人張氏祔於
先姑疑其匹也勃海丞尚書郎則其子也所謂上世
有鄁鄘之功者秦之王翦也韻語初云字闕二魏后實
天所授繼云文好俎豆武侯膺揚朱旗乃舉充成帝
宇則其人仕於魏初也中云伊漢中葉皇極不建又
云沖質闕祚炎闕中微又云仇牧之忿奮不顧難則
是述其先世前朝之事也碑云葬于京師者五世所
敘既非一人又載婦姑相祔而以廟門題其額必是
昭穆宗兆者碑中雖有景武孝昭沖質之文卻有魏
后黃初之字而題額以漢者豈膠東是其祖廟沒於

漢代者乎隸續
隸續不言碑所在婁氏字源謂在濟州按宋濟州治
鉅野亦不知在濟州何處也今濟州學舊有漢碑五
在戟門內門之西北大成殿西階下有古樹根空而
片石楮拄與樹相銜不可脫其來久矣鐵橋李子東
琪疑此石有異洗之無所有其內向一面不可見探
手辨之覺有文遂以紙墨摹之得隸書四十餘字稽
之洪氏書知其爲膠東令碑較隸續所存僅十之一
矣隸續所載敘其世系有葬於京師五世及太守自
高平就學之語按高平故治在今鉅野金鄉之間與

任城爲𦺇當今濟州即古任城也豈太守以前居京師以後就學因居高平而廟因在任城耶婁氏云碑在濟州者以任城爲州屬邑而統稱之耶抑本在鉅野而移於此耶不可考矣康熙時淮陰張力臣曾摸濟州學碑釋文惜其未見此石續而釋之自在我鐵橋矣 盛百二跋

漢隸字源云喜義作熙蓋熹字古通熙是碑因又以喜通也其云克成帝宇者僅見於洪錄雖未知拓本若何然按之文義字體均當是克字洪釋作充誤矣克肩也从屋下之象本从人不从十也 碑有黃初五云云則是碑立于黃初五年之後是魏碑也以其著錄猶云漢故膠東令故附于漢洪氏隸釋採趙氏金石錄謂膠東令廟門碑以其非東漢而出之然隸續仍載此 兩漢金石記

文中述舉廉凡二見一在孝昭二年後爲其先世一敘于勃海府丞尚書郎二子之後似亦其子也 山左金石志

按碑在宋時所存已止上截洪氏初以他殘碑爲此碑之下段而牽連說之後乃自知其誤隸釋曰錄云隸釋成書十年再因考古始知膠東廟門是兩碑是也隸額十字今不復存洪氏猶及見之疑是另爲一石跨廟門之橫梁者額題曰漢而文有黃初五口字當爲立廟之年其仕于魏初者即立廟之子若孫耳碑敘王氏家世甚詳惜斷缺不可盡讀

金石萃編卷二十三終

金石萃編卷二十四

賜進士出身　誥授光祿大夫刑部右侍郎加七級王昶譔

魏二

盧江太守范式碑

碑僅存上截高三尺廣二尺一寸十二行行約十五六字額題故廬江太守范府君之碑十字篆書今在濟寧州學茲據宋拓裒本摹錄其全石高廣不可紀矣

君諱式字□□□□□□□功孝有夏
寔日御龍□胙商周世昭其隆晉主夏盟
有士會者光演廟諱謨翼崇霸業錫邑命族
實爲范氏則其後也君稟靈醇之茂度體

廟諱亮之殊髙徽柔懿恭明允篤恕九德靡
爽百行淵備廟諱道耽藝恢韜墳籍探嘖研
機罔深不入若乃立德隆禮樹節實真忠
諒足以綱國篤友足以輔仁用能昭其洪
懿聲充宇甸接華彥於汝墳潤枯斃於荊
漢超管鮑之遐蹤言靈評乎柄煥是以□
化泉流芳□鴻奮燿仁闡於權輿濟俗倖
乎皇訓羣公偉焉弓旌盈路再讓考□□
三府舉高第侍御史拜冀州刺史糾剔瑕
慝六教允施翰飛肅於鷹揚典刑□□軌

□帝□其勳遷廬江太守擬泰和以陶化
昭八則以隆治彌□廟諱畧惠訓亡倦□□
協□□□齊□□清源之深閣寶疏氏之
至順以疾告辭韜光潛燿詠琴詩以寧□
□□□□□□□□其猶充洽外內寔紹
德之奧藪而儀民之淵表也耒亮三事□
□□終□□□□□□常山相暨子汜孫
而廟諱嗣罔繼學青龍三年正月丙戌縣長
汝南薛□□□□□□感靈墠之不饗
思隆懿模以紹弈世乃與縣之碩儒洛典

謨之中□□同宗□□□之胄昭告祖考
俾守廟祀本支著宣融之祚人神協休茂
之慶焉禮也於是鄉□□上計掾翟循州
部泰山從事史翟部等僉以為君雖燀名
載籍光颺前列而靈墳亡□儀問靡述遂
相與略依舊傳昭撰景行刊銘樹墓以聲
百世其辭曰
於昭上德實唐之廟諱誕表靈和蹈規履信
窮神周覽班道之訓邁德徽猶鴻漸奮浙
穢砈夸毗實此醇懿以文會友以仁翼□

敦化濟殖羣生以遂永言孝思民之攸塈

如何昊天不信其軌明德不報廟諱胙亡紀

爰輯訓典詢爾髦士育兹焚□以永遐祉

詒厥孫謀燿于萬祀

碑陰

共四列第一第二列各十八人第三列十一人第四列六人

□八㐌

□孝節

□子千

嚴德蘭

郗文則

翟公遠

嚴公儀

壬子則

陳文信

□公道

范文直

王文舒

夏侯文千

□宣禮

江德和

夏侯聲發

段休甫

魯糸武

毛子堅

郗公然

□文靄

王儁伯

郗德威

魯倉舒

王文規

壬狀財

龐文千

□文陽

張孝信

張文碑

馬子文

何文幹

翟孝成

翟仲榮

口文皿
翟文卩
巖子口

右碑法書要錄云蔡邕書今以碑考之乃魏青龍三年立非邕書也金石錄

右故廬江太守范府君之碑篆額在濟州任城魏明帝青龍三年縣長薛君鄉人翟循等所立范君仕漢至廬江太守傳書張卲陳平子孔嵩三事甚詳至治郡則云有威名而已此碑辭勝而事寡雖曰略依舊傳聆撰景行但云篤友足以輔仁超管鮑之遐蹤爾

未足以光颺盛德也傳云爲荆州刺史而碑作冀州以新野之事證之則碑誤也此碑雖不及延康黃初四刻在魏隷它碑中可取爾唐李嗣眞作書後品乃云蔡公諸體惟范巨卿碑風華艷麗古今冠絶甚矣藻鑒之謬也嘖郎贖字䔑郎赫字隷釋

范式碑篆額廬內之由變而从囟范內之巳變而从巳此在隷體之變則可而在篆則不可是六朝以後書體之濫觴也　是碑依洪氏所釋似是十九行行三十三字第一行君諱第二行士會第三行之殊第四行不入第五行句接第六行鴻奮此間似再有一行者第八行盧江第九行清源第十行其猶第十一行常山第十二行咸應第十三行昭告第十四行翟循第十五行述遂第十六行于昭第十七行彼夸第十八行昊天第十九行謀權然鴻奮至侍字正合一行三十三格之數而䙡本侍字不斷直至御字始斷則是此間尚有闕也又再起一行若史字至遷字纔三十一格而䙡本廬江之上又尚靈三半字皆洪所無者則此間又有闕矣恐洪氏所据亦是當日䙡本有割棄處未可知耳是以每行三十三格之數可定而通計若干行之數則究未能定也　命族句下有實字當是實此洪氏所闕者今補之寶眞句下是忠字洪氏誤作志今正之　今年夏曲阜桂未谷書來云於歷城郭氏見范巨卿碑蒻䙡

本可辨者三百三十字而已結體在衡方韓仁之間與漢石經絶不類李嗣眞乃定爲蔡書無論立碑年歲不符卽筆法亦大相遠矣其秋是碑爲小松所得寄京俾予與同人題之予既爲響搨一本又爲補未谷所未辨之字十有一正洪氏誤字一忠諒洪訛作志諒潛心坐卧其下者三日而知未谷之鑒弗確也蔡中郎卒于初平三年壬申是碑立於青龍三年乙卯相去四十三年此非他碑在漢末所立可以傅會蔡書比也稍有知識者不至謬誤如此况李嗣眞在唐初負蓺苑盛名其肯自蹈於後人之譏議乎自趙明誠始

駁嗣眞之誤洪文惠婁彥發以至近今凡著錄金石者無不以此爲口實于是未谷又增一語以爲與石經不類而李嗣眞之謬妄爲千人共指者矣予乃取李嗣眞書後品之文讀之知李嗣眞不誤而諸家之誤也書品此條乃論列梁蔡皇衛諸家之書其言曰毋丘興碑云是蔡書比蔡石經無相假借蔡公諸體惟有范巨卿碑風華艷麗古今冠絕詳李此言之意葢合同時諸家與蔡相衡校而漢碑多不著名氏漢末一時隸法大都習蔡之體者居多惟有毋丘興一碑云是蔡書則其意以范巨卿碑爲不知何人書可

知矣其上句云比蔡石經無相假借是專指蔡書石經之一體也所以下句轉出蔡公諸體謂同時學蔡書者不止學其石經一體耳葢隸之爲勢非一而蔡之結體公私鉅細其應千變如當時英體亦或以爲蔡書是也蔡書之體既非一端而學蔡書者亦非一人就其中蔡體之善者莫善於范巨卿碑耳此言極易明白猶之後人品唐碑亦云歐體顏體豈可即指爲率更魯公之書乎　洪云嘖即賾字非也易繫辭傳聖人有以見天下之賾賾字九家作冊京作嘖嘖訓情也虞翻曰嘖謂初也楊雄太元曰化在嘖也范望注云陽氣潛在地下養萬物之根荄故云化在嘖準此二訓正與探字義合　錢唐黃秋盦既得是碑宋拓本之後六年竟得此石於濟寧州學而重立之拓其本貽予時予兩漢金石記刊板已竣爰補圖於其後　此即洪氏隸續誤以爲魯峻斷碑陰者今在范巨卿殘石之背可以斷然不惑者矣所存字纔及洪錄之半而可以補洪氏所闕者十一字又正其誤者二字且今日重刻隸續此諸人名皆順下直寫更無復知其原石行次之式今見此拓本乃知洪氏所錄人名前後次弟皆就本碑之橫書者爲敘也隸續

此跋闕而未完愚前据諸書以補綴之未得及此條也今得是本乃知所謂石之廣與魯峻碑合又字體與魯碑類者皆不可以爲信爾兩漢金石記

乾隆丙申歲膠州人崔儒眎初得是碑篆額於濟寧龍門坊水口遍求碑身未得越五年黃司馬易得泰安趙相國家藏宋拓本雙鉤付梓又六年州人李鐵橋竟獲原碑殘石于學宮雖存字不及宋拓本之半而碑陰四列即洪氏所誤載之魯峻斷碑陰也山左金石志

碑陰題字名氏可全讀者第一層都文則嚴公儀邱

子則二層江德和郝公然三層倉舒邱叔則四層何文幹餘尚一二字可見惜以磨滅不具錄也此爲歐趙洪三家所未收而鐵橋獨搜得之益爲可珍又洪氏以傳云爲荊州刺史而碑作冀州以新野之事證之則碑誤按碑前文已有潤枯斃于荊漢其爲書刻傳訛無疑也授堂金石跋

李嗣眞以此碑爲蔡中郎書吳念湖以鄭氏通志所載一廬江太守范式碑注云蔡邕書濟州一魏范式碑注云有碑陰青龍三年未詳是范式實有兩碑則李嗣眞所指不爲無據或以爲前人著錄往往一碑

複見通志亦未可信然碑中范君行實甚略自因别碑已詳兹不重叙耳小蓬萊閣金石文字

按水經注金鄉有范巨卿冢名件猶存今嘉祥縣東南二十里有范山縣志云相傳范巨卿故里有祠爲巨卿奉其父母並張元伯之所其地有來范村今名來范里攷元伯卽張劭字後漢書獨行傳式少游太學爲諸生與張劭爲友二人並告歸里式謂元伯曰後二年當還過拜尊親見孺子焉乃共刻期至日巨卿果到升堂拜飲盡歡而别據此則劭家汝南而式往見並非劭至式家况傳稱元伯卒後巨卿夢元伯與語便服朋友之服投其葬日馳往赴之既至畱止冢次爲修墳樹然後乃去則巨卿奔喪之事亦在汝南碑云接華彥於汝墳正指前事與傳適合顯屬縣志之誤然以此碑與本傳校之亦復詳略互見傳云式字巨卿山陽金鄉人也一名氾碑稱常山相暨于氾孫而允嗣丕繼則似氾是巨卿之子孫非其别名也傳云後到京師受業太學時諸生長沙陳平子亦同在學平子病亡屍埋巨卿戶前云云碑但言潤枯斃於荊漢而已枯斃謂平子埋屍荊漢則巨卿送喪於臨

湘也傳云長沙上計掾史到京師上書表式行狀三府並辟不應碑則云三府舉高第而無不應之語傳云舉州茂才四遷荊州刺史下卽詳載行部到新野孔嵩爲導騎之事碑云侍御史拜冀州刺史攷新野屬南陽郡惟爲荊州刺史始得行部到此然傳云四遷則或者巨卿初爲刺史本是冀州後乃遷至荊州傳詳荊而略冀碑舉冀而略荊各有體要未可云孰非也碑陰四列洪氏所錄有九十一人今存者三十七人字而不名亦無故吏門生郡邑等字與他碑不同洪氏誤爲魯峻碑陰蓋

由僅得拓本未嘗親見斯碑耳

王基斷碑

碑高四尺五寸廣四尺十九行前三行行二十二字餘行二十一字今在洛陽縣

子有成父者出仕于齊獲狄榮如孫湫違
難爲萊大夫遂闕下稟天素晧爾之質兼苞
五十九德之茂慈和孝友既著於闕下景山
林元本道化致思六經剖判羣言綜析無
形文辯贍
采民忠正足以格非兼文武之上略懷
濟世之讜規恕闕下舉孝廉司徒辟州輒

請留以自毗輔後辟大將軍府拜闕下國
典惟新出爲安平安豐大守敷崇惠訓
典刑惟明四闕下躬以兄帝命遷荊州刺
史揚武將軍又遷使持節鎮南闕下內朱
旗所麾前無交兵寇敵獲儁斬首萬計
彤爵關內闕下亹諸夏震蕩王師雲集公
翼亮
無遺策舉無廢功故能壁戰則飛肅摧
翼圍城則鯨鯢闕下於九有也比進爵常
樂亭安樂鄉東武侯增邑五千戶闕下之

葬延有獨克之威而忠勤之性乃心帝
室屢奏封章闕下彌留年七十二景元二
年四月辛丑薨公天姿高素與闕下上則
令儉斂以時服於是
將矩奉冊追位司空贈以東武侯寮印
綬送以輕車不闕下泰山之速續恨元勳
之未遂府御哀歎永懷慘悴以爲闕下帝
鑴石表墓光示來裔其辭曰
塞憲章墳素昭此物則居則利貞在公
畢力化流二邦闕下寧民是用息升降順

道德讓靡武冒不愁遺我闕下

右王基碑碑中斷存下半近洛陽民墾土得之以歷
官及薨之年月攷之其爲基碑無疑碑云年七十二
而魏志本傳遺之其遷荊州刺史加揚武將軍而本
傳作揚烈亦誤廣韻東萊王氏殷王子比干爲紂所
害子孫以王者之後號曰王氏此碑云有成父者出
仕於齊獲狄榮如孫湫違難爲萊大夫然則東萊之
王系出王子成父成父豈殷之後乎伯興東州名士
康成高弟叙述先世當有傳授韓退之撰王仲舒神
道碑云王氏皆王者之後在太原爲姬姓春秋時王

子成父敗狄有功因賜氏厥後世居太原按太原之王皆祖王子晉成父在子晉之前旣祖子晉不得更祖成父矣退之誤也潛研堂金石文跋尾

按碑近世出土故載其全文以續隸釋所不及王基陳壽魏志有傳以碑證之多合惟碑云又遷使持節鎭南下闕當是將軍云云在克敵獲儁賜爵關內侯及毋邱儉文欽作亂之前史則云欽等已平遷鎭南將軍亦在擊吳賜爵之後未知何也其小異者碑云克敵獲儁斬首萬計史云隨征南王昶擊吳虜安北將軍譚正納降數千口或碑有浮詞碑云增邑五千戶史云增

邑千戶并前五千七百戶碑蓋合前舉大數言之耳史云基母卒詔祕其凶問迎基父喪合葬洛陽今碑出于是者知基祔父母家而方志鈌載也基之死旣贈官封子孫又賜其家奴婢而此碑云萊鐫石表墓則亦奉勑所立而史鈌載也世傳碑之出土僅刻其半下截朱字宛然應手而滅本非殘鈌未知審否中州金石記

碑石出土僅刻其半土人傳云下截朱字隱然惜無人辨識付之鐫工遽磨拭以沒今存者凡得三百七十字姓名俱不見近假得吾鄉張九六先生拓本題

曰魏王基碑余質之三國志基本傳良然案碑云子有成父者子上鈌文當作王此溯基命氏之始下云孫湫違難爲萊大夫遂字下鈌以基本傳作東萊曲城人則碑亦述其占籍所起此可以意推者也碑載基歷官勲閥薨歿皆與傳合而亦少有闕誤傳云黃初中察孝廉除郎中是時青土初定刺史王凌特表請基爲別駕下云司徒王朗辟基凌不遣而碑言舉孝廉司徒辟州輒請留以自毗輔殆謂此也傳云大將軍司馬宣王辟基未至擢爲中書侍郎卽碑所謂後辟大將軍府者其下遷安平太守公事去官大將

軍曹爽請爲從事中郎出爲安豐太守碑亦云爲安平安豐太守其尤異者碑言朱旗所麾前無交兵克敵獲儁斬首萬計賜爵關內下鈌攷之本傳惟載基別襲步協于夷陵又虜平北將軍譚正納降數千口下遂書賜爵關內侯與碑符而碑列斬首萬計史于此武功竟沒不見錄何也豈碑溢美非其實歟碑寰宇下諸夏震蕩依傳文當謂毋邱儉文欽作亂而闕無遺策數語亦指基代景王籌畫至傳言進封常樂亭侯又進封樂鄉侯又進封東武侯下追贈司空亦皆與碑侔而碑敘增邑五千戶傳云增邑千戶并前

五千七百戶所載亦異碑非全錄今不可考耳傳書
景元二年云云下言是歲基薨史官例于人卒不得
其月日者往往付之傳末云是歲今以碑言景元二
年四月辛丑薨則傳亦失詳矣碑前言忠正足以格
非忠義作中漢碑多如是顧亭林於封孔羡碑引宋
書禮志以爲終魏之世略無紀功述行之文當亦由
未見此碑故也授堂金石跋
按碑字僅有半截然所敘官職大約與魏志本傳
同傳稱高貴鄉公卽尊位進封常樂亭侯及領豫
州刺史進封安樂鄉侯都督揚州諸軍事進封東

武侯而碑率稱進爵常樂亭安樂鄉東武侯連次
敘之轉不如傳之詳晰也傳稱散騎常侍王肅著
諸經傳解及論定朝儀改易鄭元舊說基據持元
義常與抗衡今考隋書經籍志載基撰毛詩駁一
卷七錄五卷又有毛詩荅問駁譜合八卷陸德明
云基字伯興東萊人駁王肅申鄭義卽此書也王
應麟云王肅引周書言茉苡如李出於西戎基駁
云遠國异物非周婦人所得采可謂鄭氏功臣惜
書不傳而志與碑皆未及故著之於此

李苞通閣道題名二

磨崖三行前有晉潘宗伯韓仲元題名一行
高五尺九寸廣五尺六寸今在襃城縣石門

潘宗伯韓仲元以泰始六年五月十日造
此石木口
景元四年十二月十日盪寇將軍浮亭侯
譙國李苞字孝章將中軍兵石木工二千
人始通此閣道

附宋晏袤釋文并碑陰

釋魏潘宗伯韓仲元李孝章碑字
潘宗伯韓仲元以泰　六年五月十日造此石木女
景元四年十二月十日盪寇將軍浮亭侯譙國李苞字

孝章將中軍兵石木工二千人始通此閣道
魏潘宗伯韓仲元李孝章通襃余閣道碑陰
潘宗伯韓仲元記造橋閣十九字紹熙甲寅始見於
石門之南崖其泰字下一字不顯此有六年以下字
至此字下三字又不能識微有偏旁漢魏兩晉以泰
紀年者凡七惟魏明帝有泰和六年晉武帝有泰康
十年餘皆一二年或四三年則知此爲泰和六年明
矣是歲蜀建興十年先是太和四年魏司馬懿伐蜀
五年蜀諸葛亮圍祁山魏詔司馬懿拒之雖七月亮
復軍明年亮休士作木牛流馬故魏人得入襃谷治

橋閣矣後題景元四年三十八字者魏陳留王年號自泰和六年至此凡三十有三年副此二號皆魏之紀年竊疑其書盪寇將軍云者蜀張嶷亦有此將軍號魏盪寇將軍浮亭侯李苞字孝章復通此閣道於景元四年即蜀炎興元年冬十一月魏鍾會鄧艾率衆伐蜀至江油降馬邈至綿竹斬諸葛瞻劉禪詣艾降巴蜀皆平十二月魏分益州爲梁州褒余閣衛於是乎通矣慶元元年中秋日率鄭令臨淄晏袤書

晏袤記云云愚按諸葛武侯以建興九年復出祁山以木牛運糧大破司馬懿射殺張郃其時武侯屢修

斜谷之道豈有魏人得大書年號于石門者兒魏明帝太和晉武帝太康皆是太字非泰字金章宗泰和年乃是泰字今諦審此石本隱隱尚有畫痕可辨確是始字非和字也晉武帝泰始六年則西路通闢已久治此石道爲理之可信者王象之輿地碑目有太康元年與元新路記其時亦去此不遠皆可以補史傳所未及也盖座上先有景元之題而潘韓復題於其右耳晏記以爲皆魏刻非也兩漢金石記

文稱泰和六年晏袤以史證之斷爲魏明帝年號但史作太和而石刻作泰泰太本一字古今文異爾予邑南翔寺石幢書太平興國號亦作泰　右盪寇將軍李苞開閣道碑在潘宗伯題字之後距太和壬子盖三十一年其年十一月蜀漢亡故有閣道之役也盪寇盖漢魏所置雜號將軍之一沈約宋書作蕩寇張遼滿寵皆嘗爲之晏袤碑陰記但舉蜀張嶷一人所謂知其一未知其二也潛研堂金石文跋尾

吳

天發神讖碑

碑斷爲三故俗稱三段碑凡寸已不可攷第一段廿一行諾遺一行行六字大吳一行行七字餘行皆五字第二段十七行行七字第三段十行行三字上刻宋胡宗師石豫二跋今在江寧縣學

上天帝言天 闕下

下步于日月 闕下

帝曰大吳一□歲方中中丙日 闕下

未化中平□□天元于山川 闕下

天發神讖文

天璽元年□己酉朔十四日壬 闕下

步中郎將丹 闕下

然發寇廣省□乃是天讖廣多□天解解

省十二字自□巳廿三白書□□解文字

金忠建忠中 闕下 將會稽陳治 闕下 □ 闕上 解十

三字治復□□未解以八月一下闕

詔遣中書郎行□將軍裨將軍關內□上闕江

費字行視更□□二字合五十來□字與

西部校尉姜□□絡典校臯儀備□梅□

章咸李楷賀□吳寵建業丞許□□番約

等十二人吏□並共觀視深甄歷□永歸

大吳上天宣命昭□太平文字炳朗天□在諸

石上故銘下闕　上闕刊銘敷垂億下闕此下又空

一行

蘭臺東觀令下闕　上闕吳郡

巧工九江朱下闕

功東海□侯下闕

上天帝言天□□□□□□□□□□下步于日月

下闕　帝曰大吳一□萬方甲午丙日□□□□才仁

中兮予□人元示兮山川下闕

天發神讖文

天璽元季來月己酉朔十四日壬□□□武中郎將丹

陽□□□□□□□□□然發刻廣省□乃是天讖

廣多□未解解者十二字日來月廿三日遣□□解文

字令史建忠中郎將會稽陳治□□□解十三字治復

有□未解以八月一日　詔遣中書郎行大將軍裨將

軍關內侯九江費宇行視更得□二字合五十來字字

與西部校尉姜□□絡典校臯儀備□梅允章咸李楷

賀□吳寵建業丞許□尉番約等十二人吏從並共觀

視深甄歷□永歸　大吳上天宣命昭　太平文字

炳朗天□在諸石上故就□□□□刊銘敷垂億下闕此處

又空一行

蘭臺東觀令□□□□□□吳郡□□巧工九江朱

□□□□□江東□□功東海夏侯下闕

予因遊府南天禧寺寺門之外有石三段半埋於土

竊疑以爲天璽元年巖山紀吳功德段石岡之碣因

觀之果耳人多傳皇象書稽之實八百十有五季字

雖損缺而猶有完者寺僧不善護持歲月之久風雨

所暴必至泯滅因葺置漕臺後圃籌思亭時辛未元

祐六年三月二十六日轉運副使左朝請郎胡宗師

題

余奉使計臺侍親遊此得天璽斷碑視之筆力高□

而文辭殘缺不可讀也悲夫崇寧元年中秋日轉運

判官石豫安正題

秣陵縣南三十里有巖山山西有石室山東大道左

有方石長一丈勒名題贊吴功德孫皓建宋明帝太
始中建平王休祐從巖山射雉卽此　巖山東有大
石碣長二丈折爲三段因以名岡丹陽記
案吴錄其文東觀華覈作其字大篆未知誰書或傳
是皇象恐非在今縣南四十里龍山下許嵩建康實錄注
皇象書人間殊少惟建業有吴時天發神讖碑若篆
若隸字勢雄偉相傳乃象書也張懷瓘目以沉著痛
快眞得其筆勢云東觀餘論
象書獨步漢末兒體兼篆籀□□宜居周鼓秦刻之
次魏鍾繇諸書無論也其石四方面背濶書各八行

兩傍□書□□行其文書滿三方而虧其一辭雖不
可讀□□識者八十餘字末後別書曰蘭臺東觀令
曰巧工九江曰吴郡曰東海夏侯葢列與事之臣子
正文之後華覈爲東觀令是必華覈也戚光集慶續志
今江寧縣有段石岡葢舊立碑處據丹陽記晉宋時
已折爲三段內一石上有轉運副使胡宗師刻字言
此石在府南天禧寺門外半埋於土因輦置轉運司
後圖籌思亭時宋元祐六年此石歷八百十有五年
矣葢又不知何年自巖山徙至城南也轉運司今府
治此石在紬書閣前後又徙錦繡堂前碑刻中歸府

後改臺治此石欹仆於地其一段缺壞葢嘗爲人鑿
以他用而不果也其第二段處有襄陽米芾四字亦
爲人磨礪幾盡至治□年臺掾楊益得之廨草中與
教授湯弥□訓導李東戚光言于中丞石公珪治書
郭公思□募民舁至廟學門內之左張鉉金陵新志
吴後主立碣紀吳功德吳錄云其文東觀令華覈作
其字皇象書也明一統志
考吴志天冊元年吴郡言掘地得銀上有年月字遂
改明年爲天璽元年是年鄱陽言歷陽上石文理成
二十字云楚九州渚吴九州都揚州士作天子四世

治太平始又吴興陽羨山有石寶之瑞又改明年爲
天紀以協石文此碑不見於志考其文有天發神讖
等語則亦當時瑞應之事然天紀四年王濬遂入吴
矣楊士奇東里集
天發神讖碑吴皇象書又定爲蘇建周暉金陵瑣事
案諸書俱以爲皇象書周暉獨言又定爲蘇建建無
能書名亦不知爲何時人考孫皓封禪國山所立碑
文末有東觀令史邱信中郎將臣蘇建或暉誤引此
邪周在浚天發神讖碑考
碑文相傳爲華覈所作葢本張勃吳錄而許嵩建康

實錄注戚光集慶續志因之以嚴嘗爲東觀令而碑復有蘭臺東觀令字遂以實之也考嚴爲東觀令時犯顔數諫號稱直臣又其免官在天册元年則碑之所云蘭臺東觀令别是一人嚴既免官又素伉直必不復藉符瑞取媚未可遽信爲嚴之文矣文曰天璽元年桼其下葢有月字揚雄太元經曰運諸桼政王莽候鉦文曰重五十桼斤咸書七爲桼而吳興國山碑有云神女告徵表祥者世有七與是碑先後建立則爲七月無疑耳（曝書亭集）

天發神讖碑集慶續志云辭不可讀可識者八十餘字數其釋文僅七十一字客座贅語載與志同俱誤以中書郎行在關內侯下吳郡在九江朱下未有釐正之者今石三段排尊經閣下上段置中央中段置左下段置右共字一百九十有六因洗剔段石攷證舊搨連接三段正其舛合且就剝落思維補三十一字則辭意貫通可讀矣仍有偏旁字脚不可識者五字并載以竢攷古君子（王槩跋）

右石凡三段第一段廿一行中空一行共存全字一百有七半字一第二段十七行中空二行共存全字八十五半字九第三段十行中空一行共存全字二

十半字二總計三段廿一行凡存全字二百十有二半字十有二　乾隆四十四年秋方綱親到江寧府學尊經閣下手量是石中段爲第一石高三尺五寸圍八尺九寸其頂宛然鐘形截去上角者截痕尚可辨也東爲第二石高二尺三寸三分圍八尺六寸此石末工東二字乃是半字自此以下削去是以此半邊有似方形西爲第三石高二尺六寸二分其圍則上濶下東亦以削去之故側出方稜耳上圍六尺八寸三分下圍六尺三寸七分　按王槩天發神讖碑賦自記云是碑凡二十二行然實是二十一行其以爲二十二行者連空行計之也又謂補三十一字是二十一字之譌二十一字者第三行上段之下補統字（此未可知）第四行中段之頂補元字（非）第六行上段之下補月字（此當是）第七行上段之下補陽字（未知）第八行中段之頂補于字（非）第九行上段之下補桼字（未知）中段之頂補月字（今從之）下段之頂補解字（今從之）第十行上段之下補郎字（當是）第十一行中段之下補日字（未知）第十二行上段之下補大字（未知）下段之上補侯字（當是）第十三行上段之下補解字（未知）中段之頂補十字（非）中段之下補字字（當是）第十六行上段之下補往字（未知）

中段之下補歷字當是第十七行中段之項補大字從
之第十八行中段之項補刻字非中段之下補萬禩
字未知而反遺失數字如第六行中段末之中字第七
行中段末之山字第十四行中段末之備字皆拓本
見全者而皆失之其所總計行數字數概不可憑不
特近日金石經眼錄所圖三段之尺寸皆已差舛而
竹雲題跋所計行數字數亦皆不足據也　吳山夫
云此碑非一石所折今驗其東段第二石之項爲人
磨平刻一喬字字大於掌而不能泯其鑱鑿之痕是
一石折爲三無可疑者兩漢金石記

按孫晧天璽元年屢有石函石室諸祥書于本紀
傳碑云天讖廣多又云上天宣命則亦是時紀符
瑞者碑斷折三段合之止數尺許山謙之丹陽記
云長二丈者妄也張勃吳錄以爲華覈撰文皇象
書許嵩建康實錄注董逌廣川書跋黃長睿東觀
餘論說皆從之近朱氏彝尊據吳志辨其非覈所
作祀攷國山碑以旃蒙協洽之歲乙未月次陬訾之
舍十二月重光大淵獻之日辛亥受天玉璽於柔兆涒
灘丙申月正革元郎爲天璽元年而告祭刊石中有
國史瑩覈名意覈雖因微譴免官猶在左右遂命

以撰文未可遂定爲非覈且并疑象書也象字休
明廣陵江都人張懷瓘書斷云象工章草小篆入
能或卽指此等篆書而言然書斷及張彥遠法書
要錄並以象爲官至侍中梁書及南史皇侃傳並
云青州刺史惜吳志不爲立傳不能定其孰是矣
仁和袁明府枚舉此冊以贈因記所疑于簡末

禪國山碑

碑高一丈圍一丈共四十三行行二十五字今在宜興縣

□□□□□□□□□□□□□□□□
□□□□□□□□□□□□□□□□

□□□□□□□□□□□□□□□□
□□□□□□□□□□□□□□□□
□□□□□□□□□□□□□□□□
□□□□上下祭礿八幽□□□□□□
□仁是故□□□□□□□□□□書□
□□□□□□□□□□罔□□□□□
□□□□□□□□□□□□□□□□
□□□□□□□□□□□□□□□□
□□□□□□□□□□□□□□□□
□□□□□□□□□□□□□木□□

□□□□□□□□□□□□□□□□
□□□□□□□□□□□□□□□□
□□□□□□□□□□□□□□□□
□□□作佪□此□□大宮王火□□□
□□清□氏子來京日□□□□□□□
□□□□□來□□□□涓泉泉□緑日
杲京□□□□□□□□□□□□□□
□□□大録朱光閭出東觀□□□□□
□□□□□□□□□□化□幽不闡□
禾德寶□寓衙宮□□□□□□□□□
□□□□□朽枯上而感亦□□□□□

此□人□□□□□□□圓王璽啓自
禓靈禓乃摺撝□冊有王□□四日月牛
我以乃星見者弌十弎弌五帝瑞氣黃□
□□□□□□□同之牛者弌十弎之节
鳥□龍從□負書卌□□有□白□用□
□彩鳥卌弎二白□白□□白□白虎卌弎
二白雉白□白□白九弌十弎之炙烏炙
雀卌弎四白雀白燕卌弎卜卜社八吐□白
狸從沿者二靈品之禓品論綏原野者三嘉
朱秀穎白龜□三大十弎五味甘緯理大

百六十弎三四夕火珠璧流離卌弎大大
□□□□□□弎五大寶禓璧以青穀
璧卌弎八王□王羊王九□□□□出
禓□裏根禓寫卌弎穴石室山石閭石邑
□□□巛□□□而□彰石鏡光者弌十
弎弌羽□頌歌靈雨□示者三□□□□
巛巛門胡威讖合謠者五禓□□儒璽猗
禓皮牛衍志祥者卌弎赤璽黃啓讖禓乃
稱書篆今□□者十祿□□文王叔紀□
者三王乃王邑文案明發者八□□二瑚

王瓚王王王金王耕味緯果邑者卌弎三
王酉王盈王監王嬰潔槃光力者九列子
河伯子多王□辛而至陸成而子出東
門毀者四大負司馬徽寓都推步圖緯甄
璽啓咸從多興緯會者二其餘飛光出□
朴出出倫系古厂觀命改徐奇不杜瑞命
中篇者不可稱而□廿り是小篆勿治出
□夕浣既此出日日雉鳳光大淵獻從□
□□□□□外□□虞周易寶箓誥曰
上而王璽文曰昊真皇帝王□□□□理

洞微靈祀懿同符惟寅大大德宜報大
命□□乃□□八淵八出歲錄著乙而尹
正革元紀而祭地紀號而□□□□命於
是丞相沇大尉璆大司徒燮大司空朝執
金吾脩□□大尉□屯騎大尉𢍰尚書令
忠尚書昏直晏昌國史瑩覈等□石□而
省廟諱曰石瑞惠眞今衆瑞畢至三表納貢
幽荒百蠻浮□□化九垓八□罔不咸澤
率按典錄宜先行禪禮紀勒天命遂□□
□□山之卩□□刊石以對揚乾命廣及

埍流副恖而下隅□□□□
中□東□□□太卜中□□□之所由
□丁□□何敘

附吳騫釋文

□□□□□□□□□□□□□□□□□□□□□□
□□□□
右第一行凡雲麓漫鈔及荆溪外紀所闕之字並
作□其二書所有而今碑文漫滅莫辨者於字外
作◯以別之
□□□□□□□□□□□□□□□□□□□□□□

□□□□□
右第二行
□□□□□□□□□□□□□□□□□□□□□
□□□□
右第三行
□之□□□子茲格于上下光被八幽蠉飛蝡動無不
歸仁是故
右第四行漫鈔載碑文從之字起闕廿六字葢以
第三行爲第一行也
□□□□□□□□□□□□□□路□□□□□□

□上尊□
右第五行
□□□□□□□□□□□□□□□□□□□靡不
遑假民用
右第六行外紀自民用字起
不犯於是□□□□□□□丞相沇□□□□□□□
□□奉禮
右第七行不犯湯抄作丕作外紀作不犯於是□
一下漫鈔作臣丞相沇兼太常處奉迎凡十字外紀
一作於是臣丞相沇曰以下闕六十三字並誤今據

碑文移上三字餘七字莫可辨者缺之

㑺儀尊敬□□□□□□□□□大□□□□□

□□宮□

右第八行儀俗本漫抄作義

□□□□□□□□□□□□□□□□□□□□

□□□□

右第九行

所臨□徘徊於此遂基大宮玉燭□□□澤□淸萬民

子來不曰

右第十行於此漫抄作西巡萬外紀作庶

□□□□□延頸跂足率土來庭柔服百神經緯庶

務日昃不

右第十一行延頸跂足外紀作頑嚚乃止庭外紀

作獻百神湯抄作以仁

暇□觀六經旁貫百家思該道根數世陵遲大繇未光

闔立東觀

右第十二行暇外紀作食根外紀作數數世陵遲

外紀作頻十陵道繇未光外紀作昏朱光

□紀實言建設墳典采詢微闇窮神極化無幽不闡舉

逸遠侒覓

右第十三行設湯抄作論窮神極化外紀作實感神化

罪宥刑守道尚功嘉善矜弱哀賤愍凶□□杍杍[illegible]愿應□□

右第十四行守漫鈔作尊外紀作惡並誤

□□□踐阼初升特發神夢膺受籙圖玉璽啓自神匱神人指授

右第十五行□□踐阼初升外紀作箕箝降祉利

丰膺受籙圖外紀作靈璽鎮國

金冊靑玉符者四日月抱戴老人星見者弌十有弌五

帝瑞氣黃

右第十六行靑玉符外紀作有玉筒抱戴外紀作

明朗帝外紀作天

旗紫蓋覆擁宮闕顯著斗牛者弌十有九麟鳳龜龍銜

圖負書卌

右第十七行擁漫鈔作被外紀作擁下注㢧同斗

牛漫鈔外紀作牛斗並誤十三十茲悉正之

有九靑猊白虎丹鸞彩□鳳廿有二白鹿白麞白麀白

兕卌有二

右第十八行猊漫抄作蛇外紀作蜺虎外紀作兕

丹鸞彩□鳳漫抄作丹鸞彩鳳魚鳥外紀作丹角

黑□□鹿漫鈔作虎麢漫抄作麞外紀作麢下注

力丁切大羊也麀外紀作麀兕外紀作鹿誤

白雉白烏白鵲白鳩弍十有九赤烏赤雀廿有四白雀
白燕廿有
右第十七行燕漫抄作鸞誤
桼神魚吐書白鯉騰舡者二靈絮神蠶彌被原野者三
嘉禾秀穎
右第二十行桼漫抄外紀作七並誤魚外紀作虎
蠶外紀作絮誤
甘露凝液六十有五殊榦連理六百八十有三明月火
珠璧流離
右第二十一行璧流離俗本漫抄作拱璧琉璃誤

按宋書符瑞志曰璧流離王者不隱過則至
卌有六大貝餘蚳餘泉桼十有五大寶神璧水青穀璧
卌有八玉
右第二十二行餘蚳餘泉俗本漫鈔作餘貾餘孚
小山堂本作餘貾餘孚外紀作餘口榦泉按爾雅
說貝曰餘蚳黃白文餘泉白黃文蚳又作貾穀璧
漫抄脫璧字
燕玉羊玉鳩者三寶鼎神鐘神璧亘柷神鬲卌有六石
室山石闓
右第二十三行燕外紀作兕鳩外紀作螐者字外
紀闕閭俗本漫鈔作門誤
石印封啟九州吉發顯天讖彰石鏡光者弍十有弍神
口頌歌廟
右第二十四行封啟俗本漫抄作封石按晉書五
行志曰吳時歷陽縣有巖穿似印咸云石印封啟
天下太平九州吉發顯俗本漫抄作羊口口石口
口外紀作九州吉發顯惟九州二字略可辨弍十
有弍俗本漫鈔作弍十有七誤
靈口示者三幾民惟紀湖澤闓通應讖合謠者五神翁
神僮靈母

右第二十五行闓漫鈔作門靈母漫抄作雲母並
誤
神女告徵表祥者卌有桼靈夢啟讖神人授書著驗口
口者十秘
右第二十六行神女外紀作靈女誤
記讖文玉版紀德者三玉人玉印文采明發者八玉口
王琯玉璜
右第二十七行記外鈔作略讖外紀闕德漫抄作
眞三字漫鈔闕人俗本漫抄作璽小山堂本作刀
並誤采外紀作彩明漫抄作光誤

玉玦玉鉤玉稱殊輝異色者卅有三玉尊玉盌玉盤玉
瞿清絜光
右第二十八行玦俗本漫抄作瑗小山堂本作瑗外紀作玦按宋符瑞志曰漢桓帝永興二年光祿勳吏舍夜壁有青氣得玉鉤玦今此下連玉鉤而字下不可辨故且從外紀絜漫鈔外紀作潔竝誤
眼者九孔子河伯子胥王口寶言天平墜成天子出東
門鄂者四
右第二十九行口別江南通志作蒯口漫鈔云闕外紀作靈寶小山堂本漫鈔作宣天一閣舊拓本作寶郎宣字
大賢司馬微虞翻推步圖緯甄匱啟緘發事與運會者
二其餘飛
右第三十行微俗本漫抄作徽小山堂本作微外紀作徽事外紀作若與漫鈔作輿誤案以徽作微盖書者之誤
行之類植生之倫希古所覩命世殊奇不在瑞命之篇
者不可稱
右第三十一行殊漫鈔作珠外紀作殊下注殊同
而數也於是旃蒙協洽之歲月次陬訾之口日惟重光
大淵獻行

右第三十二行陬訾之口俗本漫鈔及海鹽縣圖經日知錄作娵訾之舍並誤翁方綱曰歲正月孟陬作陬字从卩十二次娵訾娵字从女此碑以娵爲陬盖猶沿漢碑假借之習
文曰吳眞
年所值實惟玆歲帝出虖震周易實著遂受上天玉璽
右第三十三行周漫鈔作因誤
口帝玉質青黃鰓理洞徹䅸受祇筵夙夜惟寅夫大德
宜報大命
右第三十四行鰓漫抄作解外紀作鰓今碑泐闕半字筵小山堂漫鈔作悉外紀作悚夫外紀作而誤

宜彰乃以柔兆涒灘之歲欽若上天月正革元郊天祭
地紀號天
右第三十五行彰外紀作欽
璽用彰明命於是丞相沇太尉璆大司徒燮大司空朝
執金吾脩
右第三十六行用漫抄作實
城門校尉歆屯騎校尉悌尚書令忠尚書昏直晃昌國
史瑩覈等

右第三十七行

〔僉〕〔以〕〔爲〕天道〔元〕〔嘿〕〔以〕瑞表眞今衆瑞畢至三表納貢幽荒百蠻浮

右第三十八行僉外紀作亦嘿外紀作嚋三漫鈔作四浮俗本漫鈔作薄下二字並誤

海慕化九垓八埏罔不被澤率按典繇宜先行禪禮紀勒天命遂

右第三十九行慕化外紀作口川

於吳興國山之陰告祭刊石以對揚乾命廣報坤德副慰天下喁

右第四十行

喁之望焉

右第四十一行外紀無焉字按漫抄載碑文凡三十九行通計之止九百餘字蓋趙氏僅就碑之東北邊行讀起不知正北一面左方尚有二行文雖不能讀而筆跡尚未全泯總而計之共得千餘言正與金石錄之數相符若盧熊沈敕牛運震諸家所紀行數多寡益參錯不足憑矣

中書東觀令史立信中郎將臣蘇建所書

右第四十二行立俗本漫抄及周在浚天發神讖碑文考作耶並誤立信中郎將雖不見於三國志及續漢書百官志等書觀元劉大彬茅山志云杜契杜陵人孫權用爲立信校尉是吳官有立信之號矣又吳志陸抗傳赤烏中遷立節中郎將吳九眞太守碑又有立忠都尉皆其類也臣俗本漫鈔在將字下偏右建俗本漫抄及天發神讖碑攷作徤並誤書字漫鈔闕

刻工殷政何赦

右吳國山碑者孫晧天冊元年禪于國山改元天璽

因紀其所獲瑞物刊石于山陰是歲晉咸寧元年後五年晉遂滅吳矣集古錄

右碑其前敘孫晧即位以後郡國祥瑞凡千餘言金石錄

說文桼象形如水滴而下賈山云桼塗其外是也而漆枲絺紵椅桐梓漆之類經傳已多借用至今反以桼爲古字漆沮之漆却有省其木者韓勑碑書漆作桼候鉦銘云重五十桼斤者隸法小變而借用作七也吳天璽年國山碑云神女告徵表祥者卅有桼唐裴談司刑寺佛跡碑云長安貳季漆匝夫豈無據乎

惟北齊文宣以七爲漆而誅上黨王渙則寃哉虐也
數目有壹貳至於玖拾莫非假借鄙俗無他訓若仿
古而用漆豈不韻勝（隸續）
吳志天璽元年吳興陽羨山有空石長十餘丈曰石
室郡表爲瑞遣兼司徒董朝兼太常周處封禪國山
大赦改明年爲天紀即前所云水洞是也山後有封
禪碑土人目爲囤碑以其石圓八出如米廩云字畫
奇古歲久多磨滅訪得舊刻以今文寫之碑中大槩
言符瑞初無可取姑備錄之以見晧之亡有自矣（雲麓漫鈔）

蘇建官至中郎將其書與皇象同所書禪國文（國下疑脫山字）
在宜興善卷山中（書史會要）
按三國志金陵實錄孫晧因國山有石立遣司空董
朝太常周處封禪刻石碑字三面可辨惟東面剝裂
糢糊葢無屋芘之也碑詞載所遣人姓名而無周處
史氏誤矣（周必大泛舟遊山錄）
碑自丞相而下十四人獨有大司空朝而無處名按
處傳處仕吳止東觀令無難督無有兼太常之事豈
史氏見處爲陽羨人輒附益耶當以碑爲正（咸淳毘陵志）
按碑云旃蒙協洽之歲月次陬訾日惟重光大淵獻

遂受玉璽文曰吳眞皇帝乃天冊元年乙未正月辛
亥又云柔兆涒灘之歲月正革元郊天祭地紀號天
璽先行禪禮紀勒天命則歲丙申矣太尉璆即宏璆
曲阿人祖咨孫權外甥璆官至中書令太子少傅大
司空朝史稱兼司徒董朝國史瑩覈即光祿勳薛瑩
東觀令華覈熊叅攷傳記葢以吳郡掘銀而改天冊
海鹽玉璽有文曰吳眞皇帝而改天璽歷陽山石文
字而改天紀碑云湖澤開通即臨平湖開之事石室
山石開發即海鹽陽羨之事當時海鹽亦屬吳郡舊
有六里山石篆刻其畧曰栴蒙協洽之歲得玉璽文

曰吳眞皇帝與此碑合疑陳壽之所書石函小石刻
皇帝字誤合臨平湖開之文史云於歷陽刻銘今世
亦不見有此文字如嚴山神讖海鹽玉璽國山刻文
史家不能備載此文歐趙二家皆有著論矣其字畫
形勢絕與神讖相似第石質堅頑土人就其上鐫刻
故行款廣狹長短微有不同宋黃伯思謂皇象書字
勢雄偉殊不審皇象在孫權時與嚴範鄭嫗等號八
絕則神讖碑亦蘇建無疑也東漢碑碣多尚隸書獨
此二篆有周秦遺意神讖險勁峻拔國山純古秀茂
可與崔子玉書張平子碑相頡頏若永建麟鳳贊魏

石經中篆文弗足論也盧熊跋

晧碑言神鼎靈璽金冊鳳凰與夫黃旗紫蓋湖澤開通天讖神謠之類皆見于吳志陵道之啟謂石室開遂基大宮謂作昭明宮晉避文帝諱後稱顯明宮石印封啓九州吉則信歷陽使者之謬語耳按江表傳曰歷陽表言石印封吳騭云疑脫發字晧遣使者吳云疑脫祭字以大牢作高梯上觀印文使者詐以朱書石作二十字司馬微善論運命歷數才元蜀吳云蜀上疑脫使字得之增飾其辭以獻晧取媚虞翻五世學易尤明象要故引此二人爲證若河伯子胥王靈圖亦皆當時讖緯之書

自丞相以下紀名凡十四人如宏璆董朝滕循張悌丁忠岑昏薛瑩華覈皆見於志餘莫可攷碑模見詞翰朱昱成化毘陵志

自三國鼎立天光分曜而後文人多舍年號而稱甲子吳後主國山封禪文旃蒙協洽之歲月次陬訾之舍日惟重光大淵獻日當言辛亥而冒用歲陽歲名則又失之日知錄

據碑言似因封山而後改元天璽據吳記則陽羨石室之瑞在天璽元年因封禪國山明年又改元大赦則改元者天紀也大抵此時無歲無瑞亦頻歲改元先後之間固有不及細詳者矣碑云三表納貢三籀文四字金石錄作三非是金石存

愚按是碑侈陳符瑞詞多誣誕即後人或取以考核史志前後年月究無確據皆無關於著錄之大者惟篆勢遒勁爲三國孫吳時之蹟是爲古物可翫耳是碑玉皆書作王一皆書作弌四或作亖七皆作桼皆古體之僅存者桼字則洪氏嘗說之矣廿卅字則古本左傳已然惟筵字篆勢不甚可解而又極分明姑從諸家錄作筵耳兩漢金石記

碑形微圜而椭東西二面廣南北狹四之一字徑二

寸文起東北而南而西訖于西北凡千餘言碑首上銳而微窪石色紺碧風雨剝蝕東與北二面文字尤多漫滅南面下方石碎脫去十餘字而西面上截泐紋尤深更歷歲月當折一角矣吳志言天璽元年臨平湖開通又于湖邊得石函中有小石刻上作皇帝字於是改元大赦秋八月鄱陽言歷陽山石文理成字又吳興陽羨山有空石名曰石室乃遣司徒董朝兼太常周處至陽羨縣封禪國山明年改元大赦以協石文按志所紀合之碑文頗多疑義志於臨平湖得函改元大赦下歷陽山石成字又云改元大赦兩

言改元葢上所云乃改本年爲天璽元年下所云明
年改元則改次年爲天紀元年也據碑旃蒙協洽乙
未之歲得玉璽文曰吳眞□帝以柔兆涒灘之歲改
元天璽是以海鹽六里山得石璽在天冊元年而改
次年爲天璽元年非因臨平石函而改本年爲天璽
元年臨平湖事碑中故有之第言湖澤闓通却未因
之以改年也兼司徒董朝碑作大司空兼太常五字
疑亦美文葢當日寔秪遣董朝一人至陽羨封禪國
山觀碑後列諸臣名而處獨不預可見處素剛正必
不藉此以阿其主既見泛舟錄毗陵志等所說多同

其諸家辨說中盧公武跋攷覈較詳第謂此碑字畫
絕與神讖相似則仍踵長睿之論所不解也至若碑
所列諸臣名自宏璆至華覈諸人外如執金吾修當
卽滕循循與脩古通故三國志晧傳作滕循而呂岱
傳注及晉書並作滕脩隸釋謂二字止爭一畫恐非
餘若丞相沇大司徒燮城門校尉歆尚書直晃昌俱
未見於國志惟晉書杜預傳有吳都督孫歆甘卓傳
父昌吳太子太傅此城門校尉歆尚書昌豈卽其人
乎俟更考之 吳騫國山碑考

按神讖國山刻碑之事不載吳志惟裴松之注於

晧傳歷陽山石文理成字之下採江表傳有刻石
立銘語其碑今已不見甚矣金石之與史相表裡
也然後漢書祭祀志注引陽羨封禪碑云神魚吐
書白鯉騰船者二靈絮神蠶彌被原野者三梁書
許懋傳亦論及國山封禪事則唐以前此碑甚顯
而陳志裴注皆遺之何哉志紀當時符瑞止吳郡
得銀臨平湖得石函歷陽山石諸異而碑中所叙
者至一千二百八十有一葢晧溺酗殘虐大命將
墜天出反常者以戒之而侈然自喜妄意爲太平
之兆于是羣臣百姓造作奇詭爭相獻媚以至繁

夥不可勝數理必然矣國山距宜興西南五十里
此碑寔在其上太平寰宇記述陳暄記云土人相
傳碣下埋金函玉璧銀龍銅馬之屬晧疑有王氣
故以此物鎮之俗呼爲董山以董朝所封故耳吳
志稱封禪之役朝與周處奉使宋周必大史能之
諸人並以碑無處名斷史之誤近海鹽吳君騫著
國山碑攷因謂處素剛正必不藉此阿主且謂史
有美文誤矣柤少時嘗至碑所審其方位前十四
行文爲碑起處卽周所謂碑字東面剝裂模糊者
也今拓文前半雖多缺蝕而雲麓漫鈔載丞相沇

下有兼太常處奉迎之文則處名自見前幅後不再署者或緣事中返或未與議禮因而從略不得于此致疑也碑以璧流離爲琉璃與武氏石室祥瑞圖同

葛府君碑額

額高一尺八寸五分廣一尺二寸五分三行行四字正書今在句容縣

吳故衡陽郡太守葛府君之碑

右碑額三行云吳故衡陽郡太守葛府君之碑楷書徑三寸許衡陽孫吳所置郡漢世稱郡國守相爲府君魏晉猶然予收藏孫吳石刻如谷朗及此碑皆以太守故得府君之稱非若後人之泛用也潛研堂金石文跋尾

右碑在句容城西門外五里梅家邊土人呼其地爲石碑岡碑圭首有穿攷吳志三嗣主傳太平二年以長沙西部爲衡陽郡與碑正合法苑珠林稱葛祚爲衡陽太守郡境有大槎橫水能爲妖怪祚將去官乃大具斧斤將伐去之明日當至其夜居民聞江中洶洶有大聲非常旦往視槎移去數里駐在灣中自此無患卽其人也碑用粗沙石正似天璽碑其不爲後人見取作碑材亦以此石經二千年始見于世前金石諸家俱未及載後之好古者得之當無忘予與朱筠谷搜訪之力也楷書之見于法帖者則有程邈最先然不足信其見于碑碣亦始于此良足寶也孫星衍跋

金石萃編卷二十四終

賜進士出身　誥授光祿大夫刑部右侍郎加七級王昶譔

晉

任城太守孫夫人碑

碑連額高九尺二寸廣三尺九寸共二十行行三十七字今在新泰縣

晉任城大守夫人孫氏之碑

夫人濟南孫氏之中女也實曰□姬其與□同姓别閭族遂以為氏父列卿光祿大夫建德亭侯以儒雅稱世濟其休夫人少有淑質純静不□寬仁足以容衆明敏

足以辯物九歲喪母少為父所見慈撫終喪哀毁至不易位雖有隱括傅母之訓又以加父時未□繼室長沙人桓伯序有寡妻伏氏魏文帝以用妻之伏氏柔少有國色□非所好而顧違尊命莫之能定夫人謂父曰何不以嘗同寮辞之父意乃寤文帝詔李之曰生敬其人死辞其室追遠敬終違而得道者也父悦入謂之曰昔臧武仲先犯齊莊不令與己邑今我不犯尊而蒙優詔同歸殊塗介□□代伯序為侍中

父為侍郎此為同寮故夫人□□父為勃海大守十餘年政化大行孤宣□□□□□意時夫人見□在家止父令留而謂之□□感而退雖天之遺然事君不懟□能□□聞□□□為吏部尚書多用老成先帝舊臣舉之□□□父不忘君□而□舉君為侍中夫人□而□過窮理盡情為父所異皆此類也夫人在羊氏□□有□度承上接下衆皆悦之任城非□□□□生夫人由此相帥李□加之謙勤戰戰臨深

惟恐不逮是以明姑嘉其淑婉娣姒宗其德音□夫人為婦卅餘載言無口過□無怨惡故也□□且感慈□□□□□下惟詩人刑于之言瞻前□後率由弗違以御于家邦終始以孝聞□□夫人之□□□□□□□□二□小子□明弘哲□□□□不奉早亡子孫皆仁厚振振有麟止□化皆是義形□□□□□□□□□□八年□月庚寅□十二月甲申□嗣子迅哀懷永絶□□又極追惟□□□□□□□

□力不肅之訓□□歎曰古者鐘鼎□□
所以章君父之令德也又有號諡□□□
□□□□□我先妣立□□德同之不
朽可没而無稱我於是乃退而□□爲之
辭曰
奐乎文母于我夫人潛神内識叉不弥綸
和樂色養□□□□□□□□□□是勤
昧旦□□問日新哀難弘多仍羅□□
翼翼□心惟□用老□□□□□□□
□□□惟□□□□物物遺孫辟踊靡及
曰古□□□□□何以告哀

右碑在新泰縣新甫山下向來未有著錄者乾隆甲寅秋阮詹事芸臺搨以見詒文多剝落而點畫嚴整頗似范氏碑筆意任城太守不見其姓名世系據文有夫人在羊氏語知其姓羊也又有庚寅十二月甲申字以干支求之當是泰始六年也又云昔臧武仲先犯齊壯不令于邑蓋用左氏傳齊侯將與臧紇田事壯與莊古書往往通用其云長沙人桓伯序者桓階也魏志階字伯緒此碑作序古人名字多相應當以序爲正潛研堂金石文跋尾

按魏志列傳桓階字伯緒碑以緒爲序爾疋釋詁序緒也是古字通故也階傳言劉表辟爲從事祭酒欲妻以妻妹蔡氏階自陳已結婚拒而不受因辭疾告退是當爲階元配如碑載伏氏年少似是其繼室也階身殁而遺事可見近杭大宗三國志補注蓋未捜及之碑言伯序爲侍中父爲侍郎此爲同寮按階傳魏國初建爲虎賁中郎將侍中而夫人之父官侍郎亦同其時其後父歷官侍郎渤海太守吏部尚書侍中則位亦顯矣然史不爲立傳碑亦不書名按盧毓傳文帝以毓爲吏部尚書使毓自選代乃舉阮武孫

邕帝於是用邕按碑言父爲吏部尚書其時正與相近疑其爲孫邕也又魏志齊王芳紀注引魏書公卿上表列名四十六人中有光祿大夫關内侯臣邕邕又見論語集解序光祿大夫關内侯臣孫邕碑所題光祿大夫者正相合建德亭侯蓋由關内侯遞封至此耳碑云夫人在羊氏按羊氏當晉時泰山南城門閥最著任城太守爲羊氏之族惜碑不見其名遂莫可稽也晉書職官志王國改太守爲内史以宗室傳證之景王陵太始三年轉封任城王之國是任城爲王國不宜稱太守蓋當云内史而淆亂往往相易不

可遺數如桓彝見武帝紀稱宣城內史及按桓溫傳則亦稱太守皆此類也碑年號已損惟第十五行有十二月甲申字逆推前文有庚寅字又上有八年字据是則爲太始六年歲次庚寅也但微於六字殘其上耳碑以仲爲中太爲大莊爲壯趾爲止皆古通用字乾隆癸丑江君秬香在新泰張孫莊搜得此碑拓一紙屬予及門張璞斯轉致之授堂金石跋

昔見新泰縣志有晉任城太守李夫人碑求之弗獲乾隆甲寅江子秬香鳳彝搨此碑寄觀額曰晉任城太守夫人孫氏之碑始知志載誤孫爲李也洪景伯

跋廣漢屬國侯夫人碑云漢婦人墓銘見于文士集中固不一石刻存者獨此一碑耳晉碑本少婦人墓銘則尤少況文古書莊不減漢魏夫人父孫夫羊均失其名八年之上殘闕莫辨惟知二子宏明宏哲及嗣子揚迅耳夫人父位列卿封建德侯夫官任城太守爵已不畢史傳宜有紀載當再考之傅母之訓下一字潛神內識下一字與罔極之罔同魏受禪表罔不沾渥省文作冈此作又也殊塗尒下作 年隱隱似羊字疑代伯序爲侍中者是羊君父爲侍郎此爲同寮故云云疑其父與羊君同寮因與婚姻夫人會事舅姑其舅當在碑中或叙及在前所以後文止云夫人在羊氏不復云何年于歸也惜剝落難辨不敢臆斷耳黄易跋

碑及額皆八分書額無太守姓碑云夫人在羊氏晉書諸羊傳無任城太守未詳其名夫人之父魏志亦無傳碑云爲吏部尚書又云舉君爲侍中按盧毓傳毓爲吏部尚書使毓自選代乃舉阮武孫邕帝於是用邕管寧傳侍中孫邕薦寧覆謂邕歷官與碑同疑即邕又鮑勛傳帝屯陳留郡界太守孫邕見按碑言父爲渤海太守不云陳留此其異矣魏文帝典論光

和中北海王和平亦好道術自以當仙濟南孫邕少事之據此則邕爲濟南人碑稱濟南孫氏或是也碑又云昔臧武仲先犯齊莊不令與己邑考左傳齊莊公將爲武仲田與之言伐晉武仲以鼠爲喻遂不與田碑指此事諡法武而不遂曰莊此莊字本作壯晉時左傳尚作齊壯公後改爲莊耳漢趙充國蜀漢關羽魏曹休桓階許褚張郃龐德徐晃文聘州泰並諡壯侯朱文藻曰碑有八年十二月甲申字八年之上漫漶莫辨夫人在魏文帝時年已長成自文帝初元迄元帝禪晉已歷四十六年夫人當逾六旬則入晉

歷年不久終西晉之世有八年者武帝之太始太康
惠帝之元康考元康八年距晉初已三十六年夫人
恐不逮此按元康八年十二月戊戌朔甲申在十一
月太康八年十二月壬寅朔甲申亦在十一月惟泰
始八年十二月庚午朔十五日爲甲申碑當是泰始
八年夫八年垂七十矣桂馥跋

齊太公吕望表

石連額高五尺四寸廣三尺一寸二十行行三十字今在汲縣太公廟

太公吕望表
齊太公吕望者此縣人□□□□□□天其

□□大晉受命□□□□□□四海一統大康
二年縣之西偏有盜發冢得竹策之書書
藏之年當秦坑儒之前八十六歲其周志
曰文王夢天帝服□禳以立於令狐之津
帝曰昌賜汝望文王再拜稽首大公於後
亦再拜稽首文王夢之之夜大公夢之亦
然其後文王見大公而訓之曰而名爲望
乎荅曰□□望文王曰吾如有所於見汝
大公言其年月與其曰且盡道其言臣此
以□□也文王曰有之有之遂與之歸以

爲卿士其紀年曰康王六年齊太公望□
□考年數蓋壽百一十餘歲先秦滅學而
藏於丘墓天下平泰而發其潛書□□所
出正在斯邑蓋皇天所以章明先哲著其
名號光于百代垂示無窮者矣於是大公
之裔孫范陽盧无忌自大子洗馬來爲汲
令般谿之下舊有壇場□令隨廢荒而不
治乃洛之碩儒訪諸朝吏僉以爲大公功
施於民以勞定國□之典祀所宜不替且
其山也能興雲雨財用所出遂脩復舊祀

□名計偕□□勒□以章顯烈俾萬載之
後有所稱述其辭曰
於鑠我祖時惟大公當殷之末□德廟諱通
上帝有命以錫周邦公及文王二夢惟同
上帝□命若時登庸遂作心膂寅亮天工
肆伐大商克咸厥功建國胙土俾侯于東
奮乎百世聲烈弥洪般谿之山明靈所託
出雲降雨爲膏爲澤水旱癘疫是禳是禜
來方禋祀莫敢不敬報以介福惠我百姓
天地和舒四氣通正災害不作民無夭命

嘉生蕃殖□□遠邇迄用康年稼穡茂盛
凡我邦域永世受慶春秋匪解無□茲令
大康十年三月丙寅朔十九日甲申造

河北道衛州汲縣太公廟在縣西南二十五里水經云汲城東門北側有太公廟廟前碑云太公望者河内汲人又有太公泉 樂史太平寰宇記

史記謂東海上人西伯與語大說曰自吾先君太公望子久矣故號之曰太公望又曰呂尚處世隱海濱西伯拘羑里散宜生閎夭素知而招呂尚言呂尚所以事周雖異然要之爲文武師蓋不得其詳迺廣微

異說其謂東海上人則得於孟子其先君望子則得於墨子至拘羑里則戰國辯士之論也灼龜而得兆立以爲師令緯書有之曾不知諸侯無太師而東海時避紂爾則得以爲卿士其說是也詩曰維師尚父則知爲武王師也竹書最古當魏安釐王時國史則所書宜可信其言服元襪而說文無此字惟曰漢令改衣耕謂之襄而衛宏字說與昭卿字指則有之如許慎所遺古文衆矣昭卿因宏以有記非得之是碑豈知宏之爲有據哉晉記言咸寧五年盜發汲郡冢與此碑異知史誤也 廣川書跋

水經注縣故汲郡治城西北有石夾水飛湍濬急人亦謂之磻谿言太公嘗釣于此也今其文曰般谿之山明靈所託般卽磻之異文 水經注又言縣民故會稽太守任宣白令崔瑗曰太公生於汲舊居猶存君與高國同宗今臨此國宜正其位以明尊祖之義遂立壇祀又言城北三十里有太公泉泉上又有太公廟晉太康中范陽盧無忌爲汲令碑立於其上此碑是无忌所立無字作无而自稱爲太公之裔孫然則崔盧二姓皆出太公其後人之門第可謂盛矣

表云其紀年曰康王六年齊太公望卒蓋壽百一十

餘歲宋王應麟困學紀聞謂尚書顧命稱齊侯呂伋則成王之末伋已嗣太公爲齊侯以太公爲康王時卒者非矣開寶中詔修先代帝王祠廟而以鬻熊配文王召公配武王周公唐叔配成王太公畢公配康王蓋因此碑而誤 金石文字記

碑云太公此縣人攷之四書釋地以後漢琅邪國海曲縣劉昭引博物記注云太公呂望所出今有東呂鄉又釣于棘津其浦今存則當日太公辟紂居東海之濱卽是其家漢崔瑗晉盧无忌立齊太公碑以爲汲縣人者誤余謂不然水經注言縣民故會稽太守

任宣白令崔瑗曰太公生于汲舊居猶存任宣所徵去古未遠當得其實而太公旣生居是土迫近朝歌之墟不堪其困然後辟居于東則汲固其邑里海曲乃流寓耳碑溯其始而閻氏輒以爲誤不亦甚歟授堂金石跋

案此碑稱太康二年盜發冢出周志郎所謂汲冢周書也其詞有文王夢天帝云云今不在逸周書中可證知後人以逸周書爲汲冢所出之謬矣孫星衍三國六朝金石記

案去汲縣治西北二十五里崇岡巉崿林木叢茂

有泉滃然其下距泉復二里許相傳齊太公呂望墓在此故名其泉爲太公泉土人卽其地建廟以祀焉考裴駰引皇覽云太公墓在臨淄城南十里鄭元注檀弓則云太公望受封于齊留爲太師五世之後歸葬于齊酈氏水經注亦云太公河內汲人正與碑合公墓在汲良可信也盧氏本出太公之後通志氏族略云齊文公之子高高之孫傒食采於盧因邑爲氏唐京兆曹盧若虛錄太公後四十八姓刻石於太公廟禮部員外郎崔宗之爲製銘盧氏與焉通志又云秦有博士盧敖子孫家於涿水之上遂爲范陽涿人无忌其卽盧敖之後歟

關中侯劉韜墓志

碣高一尺八寸廣七寸凡五行行十字今在偃師武氏

晉故使持節都督青徐諸軍事征東將軍
軍司關中侯劉府君之墓君諱韜字泰伯
[illegible]孝處士君之元子也夫人沛國蔡氏

右征東將軍軍司劉韜墓版文其石廣僅二尺餘字題爲墓版文未知其然否也軍司之名不見于晉志而紀傳屢見之文帝紀帝奉天子西征是時魏諸王侯悉在鄴命從事中郎山濤行軍司事鎭于鄴義陽

王望傳置太尉軍司一人南陽王模傳遣軍司謝班伐賈疋譙王承傳王敦詐稱北伐請承以爲軍司傅祗傳齊萬年舉兵反以祗爲行安西軍司汝南王亮傳舉軍司曹冏上言節度之咎由亮而出東海王越傳以尚書曹馥爲軍司謝元傳時遣軍司鎭慰荒離劉允傳爲平南軍司衛瓘傳以本官持節監鍾會鄧艾軍事行鎭西軍司給兵百人李熹傳司馬伷爲寧北將軍鎭鄴以熹爲軍司羊祜傳爲都督荆州諸軍事嘗欲夜出軍司徐胤執戟當營門曰將軍都督萬里安可輕脫劉寔傳杜予之伐吴也實以本官行鎭

南軍司王濬傳臣復與軍司張收等共入觀晧宫王
戎傳趙王倫子欲取戎爲軍司王衍傳東海王越之
討苟晞也衍以太尉爲太傅軍司蔡謨傳太尉郗鑒
疾篤出謨爲太尉軍司金石錄晉光祿勳向凱碑嘗
爲北中郎軍司是軍司固軍中要職山濤衛瓘李憙
之軍司皆在魏朝則魏已有此官竊意軍司即軍師
晉時避諱改師爲司史人并魏之軍師亦追改之非
魏時本稱也潛研堂金石文跋尾

億案志向爲土人掘井出之已二十餘年仍棄置一
民家乾隆癸卯余自杏園莊假之而歸石以今尺量

度不過二尺餘上銳下齊作圭形無年月可考字皆
完好無缺劉君官不爲卑然於功狀竟無所鋪叙古
人之不溢美尤爲可愛如此誌所言關中侯證之金
石錄晉光祿勳向凱碑有賜爵關中侯晉鴻臚成公
重墓刻有守鴻臚關中侯隸續晉右軍將軍鄭烈碑
賜子一人爵關中侯與此符合或曰關中侯即關內
侯之異文余謂不然魏書置名號侯爵十八級關中
侯爵十七級皆金印紫綬又置關內外侯十六級銅
印龜紐墨綬五大夫十五級銅印環紐亦墨綬皆不
食租與舊列侯關內侯凡六等見三國志注引晉書武帝紀
五等之封皆錄舊勳本爲縣侯者傳封次子爲亭侯
爲鄉侯爲關內侯亭侯爲關中侯然則旣有關中侯
又置關內侯其爲二爵顯然而世多混同爲一此古
制之存僉以失考也又晉書苻堅載記馬建降于萇
遂攻據害之及其軍司席勒碑軍司之名同此誌石
出自杏園墓亦當在是然無可尋矣　陳龍正家矩
誌石岩防發掘須令易見若準家禮合字於背外用
鐵束是掩之也雖掘者見石何由知爲其冢而遽歇
手乎冀其斷鐵開諦察詳觀抑又難矣宜仰字於面
但以瓴覆之離壙前數尺淺埋之案此石由掘井始

出土蓋即當日誌墓之石埋於壙中者制亦如漢碑
式而形制特小奩不復用瓴甋之家矩以意爲之者
更有據也禮家宜倣爲後人埋銘定式偃師金石遺文記

保母磚志

高一尺一寸廣一尺一寸十二行行十字行書

郎耶王獻之保母姓李名意如廣漢人也在母家志行
高秀歸王氏柔順恭懃善屬文能草書解釋老旨趣年
七十興寧三年歲在乙丑二月六日無疾而終仲冬旣
望葬會稽山陰之黄閍岡下殉以曲水小硯交螭方壺
樹雙松於墓上立貞石而志之悲夫後八百餘載知獻

之保母宮于茲土者尚口口焉
右晉興寧三年王獻之保母墓碑嘉泰二年夏六月
山陰農人闢土得磚於黃閍岡卽是碑也時有曲水
小研俱出焉色黝而潤後有晉獻之三字旁有永和
二字以志文觀之葢殉葬時物也碑字十行斷缺之
餘其文可讀今歸錢清王畿家畿字千里好文博古
乃三槐文正之後得所歸矣碑云後八百餘載知獻
之保母宮於茲土墓輒之出實八百三十八年獻之
前知如此異哉閏十二月旣望會稽太守豫章李大
性跋

錢清三槐王畿得晉大令保母志并小研於稽山樵
人周二物予皆親見之志以磚刻輒四垂其三爲錢
文皆隱起已斷爲四歸王氏又斷爲五凡十行末行
缺二字不可知第六行缺十二字猶可考曰中冬旣
望葬會稽山陰之黃閍硯背刻晉獻之字上近右復
有永和字乃畫成甚淺瘦永字亡其礫和字亡其口
硯石絕類靈璧又似鳳咮甚細而宜墨微窪其中自
興寧距今八百三十八載異哉物之隱顯亦有定數
而古之賢達皆能前知之歟又按晝記大令以晉孝
武太元十一年年四十三乃終上推至乙丑歲年廿

二其神悟已如此言語翰墨之妙固不論也　保母
志有七美非他帖所及一者右軍與懷祖王述同家
越右軍郞邪族懷祖太原族故大令首言郞邪所以
自別古人之重氏族如此二者世傳大令書除洛神
賦是小楷餘多行草此乃正行備盡楷則筆法勁正
與蘭亭敘樂毅論合已外雖東方贊黃庭經亦不合
也三者蘭亭敘世無古本共寶定武本定武本刻於
數百年之後寧不失眞此乃大令在時刻筆意都在
求二王法莫信於此四者不惟書似蘭亭文勢簡秀
亦類其父又與叔夜伯倫淵明遠公所作同一標致

五者定武蘭亭乃前代巧工所刻嘗以他古本較之
方知太媚此刻甚深惟取筆力不求圓美雙字之掠
夫字之磔載字之戈志字之心再三刻削乃成妙畫
葢古之能書者多自刻鍾元常刻受禪表李北海之
寓名黃仙鶴伏靈芝之類此輒亦恐是大令自刻不
然何其妙也六者意如婦人而能文善書入元乃知
當時文風之盛婦人可稱者不獨楊皇后魏夫人衛
茂猗謝道蘊輩又知古人教子旣使之外從師友退
居于內亦使之婦人之能文藝知道理者與之處宜
乎子敬爲晉名臣也七者預知八百餘年事雖近於

異然古之賢達如此者衆伊川之爲戎楞里之知葬此出於神明虛曠自然前知豈必運式持籌而後得之哉但此字較之蘭亭則結體少疏當是年少故耳右軍書蘭亭時年五十一多大令卅年工夫也數日與諸名公極論因備著之　保母志與蘭亭同者廿四字之三年在各二文能老趣與歲丑日終以曲水於悲夫後者與右軍他帖同者十八字行秀王懃書善七十三二月六無小口貞而二其嘗見於大令雜帖者三字獻二寧而見於蘭亭叙右軍帖者大令帖中亦多有之此刻大都百五字其可以他帖驗者凡

四十五字餘六十字如保歸柔恭屬解釋交螭墓志等字尤精妙絶倫晉宋以來書家所未有也壬戌十月余故人丁洪濛師攜墨本自錢淸來示余且言六月六日過王君有野人自外至出小硯以饋王君之子云春時劚山得之洪取視見硯背有永和及晉獻之字知是壙中物問有碑否野人云一磚上有字已碎矣亟使致之明日持前五行來是時猶未斷也驗是大令保母墓志而文未具又使尋之旬日乃以後五行來斷爲三矣一以支牀上有交螭字者是也一爲小兒壘塔上有曲水字者是也一棄之他處碎而

復合似有神助野人周姓居越之稽山門外去錢淸六十里不致之他人而致之王君亦異矣王君攜磚硯入都余得借觀累日或以爲王君贋作以欺世亦有數人刻別本以亂眞者然余觀此志斷非今人所能爲予學書卅年晩得筆法于單丙文世無知者諦觀此刻若合一契而謂王君能爲之歟誠使今人能爲之則別刻本便當並駕何乃摇惡如彼也或謂大令晉人不應於硯背自稱晉獻之此見其僞亦非也大令刻硯背以殉葬知八百年後且出故先書晉以自見又案歷代印文皆不稱代惟魏晉率善令則曰

魏率善某官晉率善某官生人用印猶得稱晉殉葬之硯不得稱晉乎　或又謂蜀爲李氏所據久非晉有安得廣漢人而爲王氏之保母此亦非也獻之之稱郎邪是時晉豈有郎邪者亦本其世之所自焉耳今西北人子孫多矣然亦各從其父祖言之按意如以惠帝元康六年生爾後蜀雖亂而晉遣使羅尚在蜀甚久不可謂蜀非晉有也永興元年李雄克成都軍大飢蜀人流散東下江陽意如之出蜀或在此時矣　或又謂佛之徒稱釋起於道安大令時未應有釋老之稱此又不稽古之甚者阿含經有云四河入

海與海同鹹四姓出家與佛同姓釋佛姓也此土謂
佛爲釋久矣志稱釋老以佛對老非謂佛之徒也晉
史云何充性好釋典崇修佛氏是也然道安以前比
邱各稱其姓道安欲令皆從佛姓初不之信後得阿
含經始信之耳後此土比邱皆姓釋如釋惠遠是也
案何充是中興初人道安習鑿齒皆依桓溫于荆州
正與大令同時亦非異代事也　或謂此字多似蘭
亭疑後人集蘭亭字爲之此又不然大令字與蘭亭
同者何止保母志而已然大令平生行草多正行少
試以官帖第九卷中行書帖較之相過一帖同者十

八字相終無日在未暫坐感感得古盡痛此所不流
思戀一帖同者九字事既將視左右無喻盡十二月
二十七日一帖同者十一字日操之歲盡感懷不亦
情得靜息一帖同者四字靜是極無發吳與一帖同
者八字吳與感喻不靜兄情其他三兩字同者不可
勝記右軍大令既是父子不應疑其書蹟之同令人
父子書蹟同者衆矣大抵大令字與蘭亭合縱是他
字偏旁亦合如兄況吳娛摻蹪是也縱是行草下筆
亦合如無亟蹔是也又案唐人集右軍書碑率多
俗惡此則高妙如老夫水三字又似跳竈矣決非集

字也　或又謂降自南朝始有銘志埋之墓中大令
時未應有之此又不然漢謝君墓甎云元和三年五
月甲戌朔謝君造此墓磚又武陽城東彭亡山之巔
石窟中有漢章帝建初二年張氏題識三所洪氏隸
釋云此亦埋銘之椎輪也其不始於南朝明矣　或
謂東坡金蟬墓銘云百世之後陵谷易位知其爲蘇
子之保母尚勿毀也此末章似之爲可疑乎謂東坡
意其理之或然大令知其數之必然作者之言自應
相邇東坡固是文宗然以兩保母志較之高識者自
能定其優劣也　或又謂保母王氏之妾不當言歸

王氏金蟬碑謂之隸蘇氏爲當乎謂既曰母矣稱歸
何嫌且東坡銘其弟之保母故稱隸使子由自銘則
不忍稱隸矣此以見古人之忠厚也世人好妄議如
此令人短氣乎恐流俗相傳誣毀至寶故不得不力
辨雖然妄議可以惑庸人博雅之士一見自了不待
乎之喋喋也姜夔跋
崑山徐尚書原一初得王子敬保母甎志乎往觀焉
驗是宋嘉泰間拓本經羣賢鑒定鄱陽姜堯章尤賞
之連書十一跋於後尚書以晉石墨難得出白金十
鎰易之是日同觀者慈谿姜宸英西溟晉江黃虞稷

俞部秀水沈廷文元衡也按保母之名見禮內則鄭司農謂安其居處者儀禮喪服緦麻三月爲乳母子夏傳曰何以緦也以名服也鄭注以爲養子者有它故賤者代之慈己葢慈母必父之妾保母乳母以賤者代母或自有所從之夫子敬云歸王氏匪主右軍而言可知已黃閍不見於施宿張淏二志爾雅閍謂之門閍祊同廟門亦巷門也甎出土時已斷爲四歸於畿又斷爲五合而搨之宜有裂文而仍若不斷者信夫搨手之良非今工匠所能及也歸德安世鳳摭墨林快事詆其字不佳語不倫然堯章精於書法其

於禊帖絳帖評騭不爽謂是本有七美與蘭亭序不少異且言必大令自刻傾倒至矣又云有八刻別本以亂眞然則安君所見毋乃別本拙惡者乎曝書亭集

按原甎久已不存所傳者惟脫本耳明末嘉興項子京家曾得一本有宋元人詩跋題名樓鑰周必大姜堯章等三十餘人　國朝康熙中爲高宮詹士奇所有而朱竹垞曝書亭集有題崑山徐尚書原一所得之本後亦有宋元人題跋豈江村所得又一本歟抑卽徐尚書所得之本也近吳門蔣氏亦有一本葢卽高氏藏本耳紹興府志

按是甎舊拓本不可復見董氏戲鴻堂帖摹其文尺寸行欵并缺蝕痕一依原石之舊鉤勒精工當與眞蹟無異葢在徐尚書高詹事所見之前也宋樓鑰攻媿集有保母甎刻七古一首紀得甎始末亦極詳覈中有云興寧甲子十四周更閱三年仍乙丑若非洞曉未來數安知八百餘年後乙丑者指開禧元年前三年爲嘉泰二年壬戌卽斯甎出土時矣獻之爲意如刻甎志墓而逆知毀墓年載有類滕公石室三千年後曹娥碑五百年後之詬行草蒼勁中極饒古渾之致宜姜夔宋之瑞黃庭

高文虎趙孟頫諸公皆爲欣賞也考保母之名見於禮記保者猶言阿保也晉書顧和傳帝以保母周氏有阿保之勞故保母亦稱阿母史記扁鵲傳故濟北王阿母自言足熱而懣注云阿母是王之妳母也漢制乳母擇德行有乳者爲之并使教子意如善屬文能草書是獻之在襃抱中已習聞保母之教其以書名世非必專本家學矣

附秦

廣武將軍□產碑

碑高五尺廣三尺共十七行行三十一字隸書今在宜君縣

維大秦建元四年歲在丙辰十月一日
廣武將軍節□□□□□□□□□□使
持節冠軍將軍益州刺史上黨公之元孫
三代侍中右□□□□□□□□□鄉建
忠將軍撫□護軍扶風太守遷壽匡侯之
廟諱子諱產字君□□□□□□□君秉德
將廟諱高韻絕沐文柔武烈令問孔脩□拱
□□□□持挺□□□□□□匡毗獻主
忠訓殊異宰政欽丰顯援池陽令稱揚德
□□□□□□□□□□□和戎翟綏懷

□□即授征西大將軍左司馬敷教殊方
西□□□□□□□□□茂著乃業□（宣）□
肅□□□於今也君臨此城漸冉累紀□
□□□□□□□□□□（頃）序□□□□□
□□□□□而□□□惠和導□□□□
□□□□□□□□□□□□□□□□
□□□□□□□□□職於當□垂□□
□□□□□□□君當列封□□□□司
馬郎□□廣武司馬孟臣□□□□□□
□□□□□節將軍董□建□□軍楊□

建□□軍□□□□□□□□□□□□
□□□□□郎建武將軍王柴鷹揚將軍
□□□□□□□□□□董槃□□□□
□□□躬臨南界與馮翊護軍苟輔衆分
於□刊石□□□□山爲□□□□□□
□□方西至洛水東齊定陽南北七百東
西二百□□□□□□□□□□□□□
□沓水統戶三萬領吏千人□將三□
赫赫皇秦誕鍾應靈臨有萬邦威暢八□（寅）
九域攸同□□□□□□□□□□□明

徽音沐詠朞年有成政脩民足皆道□□
刊石□□□□□

碑陰

碑首另作一列十五人以後直下共六十七行界三十二格間有一格二字者並隸書又末一行刻字抹去今不錄

□□□□法曹京兆解肴
□□左尉始平胡性
軍監始平駱岐
華昔馮翊相訓
參軍南安王准

彔軍扶風歷靜
彔軍京兆陳暢
司馬京兆杜盡臣
司馬京兆石安郎默歆
建威司馬略陽杜基
彔軍天水蘇我
將軍馮翊王買
將軍馮翊胡鈞
將軍馮翊維叙
月威將軍酋大白安

立節將軍□□□□□□□□□□□□
□□□□□□□□□□□□□楊□□
建節將軍杣□□□□□□□□□□□
□□□□□□虜才牛將軍秦國口秦口
廣威將軍楊彔□□□□□□□□□□
□□□□□□□□□□□□□□□□
建威將軍韓雙部□□□□□□□□□
□□□□□侯部大王卯多里□□蜀□
□□□□月祁部大樊良鳥奴田□□□□
建威將軍董平奴御統□□□□□□□□
□□□□帛大谷部大董白□□□□□

廣威將軍楊嵒建威將軍楊朐□□□□
□□□□王禂兒部大楊小方□□□□□
建威將軍梁帝傒酋大王何酋□□□□
□□殊良酋大王臘部大張□□□□□
錄事董廣寺門李浮行事秦黃□□□□
□□雷蹉署立義將軍夫蒙□□□□□
錄事楊頭寺門楊醜錄事井理曲□□□
□曹夫蒙頭寧遠將軍夫蒙□□□□□
行事董遠戶曹王只錄事秦平祖曲□□
戶曹夫蒙彭如部大楊赤平□□□□□

行事白禽兵曹董□主簿秦國賊曹□□宜
錄事夫蒙護部大王先呂秦□□□□□
主簿司馬穆賊曹楊沙主簿秦柔金曹王江
錄事夫蒙大毛部大爪黑平□□□□□
主簿白國賊曹□□主簿郭陵兵曹秦□鳥
行事夫蒙傷大部大秦度地卩□□巫漢□
功曹楊蒙金曹王周主簿胡逸戶曹霍千
主簿夫蒙大祁部大韓東世□□□秦□
功曹董石行事王滑功曹秦漢書佐秦翟
功曹夫蒙進部大秦道成□□□□□□

彔事楊安書佐徐雙彔事秦扁書佐諱縈
□□□畂兵曹夫蒙犁部□□□□□
彔事楊生書佐梁胡彔事韓棠寺門爪胡
□□□□□□曹夫蒙大傷將□□□□□
文有云使持節冠軍將軍益州刺史上黨公之元孫又云建忠將軍□□護軍扶風太守遷□匡侯之□子諱産字下缺又有與焉翊護軍云云皆未詳其事蹟上有額作立□山石祠五字又有陰刻部將姓名關中金石記

碑已殘剝文前題建元四年歲在丙辰晉書載記興寧三年堅又改元為建元今以碑證之四年實為丙辰而歷代紀元彙考乃以為戊辰何也授堂金石跋

金石萃編卷二十五終

金石萃編卷二十六

賜進士出身誥授光祿大夫刑部右侍郎加七級王昶譔

梁

瘞鶴銘

碑高八尺廣七尺四寸十二行每行二十三字或二十五字不等正行書左讀今裂為五在丹徒縣焦山西南觀音庵

瘞鶴銘有序

華陽真逸譔

上皇山樵書

鶴壽不知其紀也壬辰歲得於華亭甲午歲化於朱方天其未遂吾翔寥廓耶奚奪□仙鶴之遽也廼裹以廟諱黃之幣藏乎兹山之下仙家無隱□□□我□故立石旌事篆銘不朽詞曰

相此胎禽浮丘著經余欲無言尒也何明雷門去鼓華表留□義唯髣髴事亦微冥尒將何之解化□□西竹法里厥土惟寧後蕩洪流前固重扃左取曹國右割□□山陰爽塏勢掩華亭爰集真侶瘞尒作銘

夅□山徵君

丹楊外仙尉

江陰真宰

右瘞鶴銘題云華陽眞逸撰刻於焦山之足常爲江水所没好事者伺水落時模而傳之往往祇得其數字云鶴壽不知其幾而已世以其難得尤以爲奇惟余所得六百餘字獨爲多也按潤州圖經以爲王羲之書字亦奇特然不類羲之筆法而類顏魯公不知何人書也華陽眞逸是顧況道號今不敢遂以爲況者碑無年月不知何時疑前後有人同斯號者也集古錄

瘞鶴文非逸少字東漢末多善書惟隸最盛至于晉魏之分南北差異鍾王楷法爲世所尚元魏間盡習隸法自隋平陳中國多以楷隸相參瘞鶴文有楷隸筆當是隋代書蔡襄忠惠集

頃見京口斷崖中瘞鶴銘大字右軍書其勝處乃不可名貌以此觀之遺教經良非右軍筆畫也若瘞鶴銘斷爲右軍書端使人不疑如歐薛顏柳數公書最爲端勁然纔得瘞鶴銘髣髴爾唯魯公宋開府碑瘦健清拔在四五間黄庭堅豫章文集

朱方鶴銘陶眞白書在焦山下石頑難刋且爲水澌故字無鋒穎若掘筆書昧者從而斅之深可一笑

右瘞鶴銘資政邵公亢嘗就焦山下缺石攷次其文

如左其不可知者闕之故差可讀然文首尾似粗可見雖文全亦止此百餘字爾而歐陽文忠公集古錄謂好事者往往只得數字唯餘所得六百餘字獨爲多矣蓋印書者傳訛誤以十爲百當時所得蓋六十餘字故云比數家本爲多此銘相傳爲王右軍書故蘇舜欽子美詩云山陰不見換鵞經京口親傳瘞鶴銘文忠以爲不類王法而類顏魯公又疑是顧況云道號同又疑是王瓚僕今審定文格字法殊類陶宏景自稱華陽隱居今曰眞逸者豈其别號與又其著眞誥但云已卯歲而不著年名其他書亦爾今此銘壬辰歲甲午歲亦不書年名此又可證云壬辰者梁天監十一年也甲午者十三年也按隱居天監七年東遊海嶽權駐會稽永嘉十一年始還茅山十四年乙未歲其弟子周子良仙去爲之作傳即十一年十三年正在華陽矣此銘後又有題丹楊尉山陰宰數字及唐王瓚詩字畫亦類似瘞鶴銘但筆勢差弱當是效陶書故題於石側也或以銘即瓚書誤矣王逸少以晉惠帝大安二年癸亥歲生年五十九至穆帝升平五年辛酉歲卒則成帝咸和九年甲午歲逸少方三十二至永和七年辛亥歲年四十九始去會稽

而閒居不應三十二年已自稱眞逸也又未官於朝
及閒居時不在華陽以是攷之此銘決非右軍也審
矣　余又云焦山鶴銘俗傳王逸少書非也一小書
中載云陶隱居書此或近之然此山有唐王瓚一詩
刻字畫全類此銘不知即瓚書抑瓚學書中字而書
此詩也劉曰嘗親至彼觀疑即瓚書也下有云上皇
山樵人逸少書非王逸少也葢唐有此人亦號逸少
耳（東觀餘論）
瘞鶴銘今存於焦山及寶墨亭者葢盡於此凡文字
句讀之可識及點畫之僅存者三十餘言而所亡失

幾五十字計其完書葢九行行之全者率二十五字
而首尾不預焉熙寧三年春予與汾陽郭逢原公域
范陽范褘子厚索其遺逸於焦山之陰偶得十二字
於亂石間（表留惟寧十字完餘二字譌缺）石甚廹隘偃臥其下然後
可讀故昔人未之見而世不傳其後又有丹楊外仙
江陰眞宰八字與華陽眞逸上皇山樵爲似是眞侶
之號今取其可攷者次序之如此其閒鈌文雖多如
華亭寥廓之類亦可以意讀也（張壆跋）
瘞鶴銘在潤州焦山下初刻於崖石久而崩摧覆壓
掩沒故不復得其全文余嘗怪唐人尚書學而此銘

字特奇偉宜世賞愛而卒不見傳於人自張懷瓘張
愛賓徐浩論書備有古今字法亦不見錄攷其歲月
雖不可得然此山之摧裂圮垝莫知何時而是書壓
覆其下知其刻已久但隱沒石間自昔或未知之然
其刻畫亦幸至今尚完歐陽文忠公以舊記稱王羲
之書爲非又疑顧況自號華陽眞逸謂此書類顏太
師沇存中直謂顧況所書況不知所書如何而碑書
篆者上皇山樵也則謂况書將於是乎取不可得也
往時邵興宗攷次其文鈌四十二字而六字不完又
有六字不知其次其後張壆自力求之攀兩山閒其

鈌字三十有五不完者七而又別得十二字與興宗
不同昔刁景純就金山經庋中得唐人於經後書瘞
鶴文以挍與宗子厚其字錯雜失序多矣宜直示之
惟將進寧則不可究今並列序之來者可以攷矣文
忠集古錄謂得六百字今以石挍之爲行凡十行爲
字廿五安得字至六百疑書之誤也余於崖上又得
唐人詩詩在貞觀中已列銘後則銘之刻非顧況時
可知集古錄豈又并詩繫之耶　黄伯思學士以瘞
鶴銘示予世謂晉右軍將軍王逸少書歐陽公疑華
陽眞逸唐顧況道號然逸少逋翁其書可見不與此

類嘗考之其年羲之生晉惠帝大安二年癸亥歲至穆帝升平五年辛酉卒當五十九歲而成帝咸和九年太歲在甲午逸少當三十二歲逮四十九歲辛亥始去會稽其時未嘗至朱方華陽又非其郡邑所望不得以此爲稱顧況卒于貞元末當元和七年爲壬辰九年爲甲午艮不及也上推壬辰歲爲天寶十一載況當見碑其號華陽子蓋自貞元以後皆不合于此昔陶宏景嘗以其居華陽觀故自號華陽隱居貞白平時著書不稱建元直以甲子紀其歲今曰壬辰歲得之山陰甲午歲葬于朱方壬辰當天監十一年

甲午則其十三年也隱居以天監七年游海岳住會稽來永嘉至十年還茅山十二年弟子周子良僊去貞白作傳即十一年在華陽此其可知也或曰茅山碑前一行貞白自書與今銘甚異則不得爲陶隱居所書然華陽眞逸特其撰銘若其書者上皇山樵也四人各以其號自別固不得識其姓名疑皆隱君子也然其書在江巖石壁摹搨最難又石摧壓其上人不得至風雨霜雪不及故字畫至今尚完或疑梁世書傳逮六百年不應如新刻于石余求銘後王瓚書蓋自貞觀至今亦無譌缺貞觀去梁未久可考而知也廣川書跋

右瘞鶴銘題華陽眞逸撰眞逸未詳其爲何代人歐陽公集古錄云華陽眞逸是顧況道號余徧檢唐史及況文集皆無此號惟況撰湖州刺史廳記自稱華陽山人爾不知歐陽公何所據也金石錄

集古錄疑華陽眞逸前後有人同斯號者西清詩話云予讀道藏陶隱居外傳號華陽眞逸此蓋同斯號矣胡仔漁隱叢話

考銘引雷門鼓事按臨海記昔有晨飛鵠入會稽雷門鼓中于是鼓聲聞洛陽孫恩斫鼓鶴乃飛去恩起

兵攻會稽殺逸少之子凝之蓋在安帝隆安三年斫鼓必此時豈復有羲之誰肯遽取以爲引證哉然則非晉人文不辨可知矣漁隱考訂華陽眞逸爲陶隱居或庶幾焉劉昌詩蘆浦筆記

余淳熙己酉歲爲丹楊郡文學暇日遊焦山訪此石刻初於佛榻前見斷石乃其篇首二十餘字有僧云往年於崖間震而墜者余不信然遂挐舟再歷觀崖間尚餘茲山之下二十餘字波間片石傾倒舟人云此斷碑水落時亦可摹搨今因請於州將龍圖閻直學士張子顏發卒挽出之則甲午歲以下二十餘字

偶一卒曰此石下枕一小石亦覺隱指如是刻畫遂併出之其文與佛楊所見者同持以較之第闕二字而筆力頓異乃知前所見者爲寺僧所紿耳因摹數本以遺故舊近觀陶隱居諸刻反覆詳辨乃知此銘眞陶所書前輩所稱者衆矣惟長睿之說得之馬子嚴題

瘞鶴銘在今鎮江府大江中焦山後巖下冬月水落布席仰臥乃可摹印紹興中訪舊本有使者過命工鑿取之石頑重不可取祗得十許字又以重不能攜但攜一兩字去棄其餘今通判東廳者是也雲麓漫抄

伯機云太平州有重刻本瘞鶴銘然不知以何物爲別當叩識者周密雲烟過眼錄

焦山瘞鶴銘筆法之妙爲書家冠冕前輩慕其字而不知其人最後雲林子以華陽眞逸爲陶宏景及以句曲所刻宏景朱陽館帖參校然後衆疑釋然其鑒賞可謂精矣以予考之一本山樵下有書字眞宰下有立石二字一本我傳爾銘作出于上眞爾其藏靈作紀爾歲辰張壂本作丹楊外仙郃亢本作丹陽仙尉又有作丹陽外仙尉者且中間辭句亦多先後不同曹士冕法帖譜系

右梁陶宏景正書瘞鶴銘刻京口焦山西南之麓下臨江水予宏治甲子嘗遊焦山問僧銘之所在則云已崩裂墮江雖水落亦不復見予信之載其語遊山記中正德丁丑冬再至京口錢逸人德孚爲予言嘗識其處予旣驚喜且自笑昔爲僧所詒遂與德孚及郷貢士俞貞明渡江登山踏雪尋之果得於石壁之上可讀者僅二十字因搨以歸未至銘數十步崖上有宋嘉熙二年陸放翁題字云踏雪觀瘞鶴銘乃知昔人好奇已先於予銘殘闕而錄其全文好奇之士庶幾同一快也金薤琳琅

瘞鶴銘今在丹徒縣焦山下刻於崖石考此銘字體

與舊館壇碑正同其爲隱居書無疑予友淮陰張弨以丁未十月探幽山下復得七字云惟寧之上有厥土二字華亭之上有爽塏勢掩四字其右題名徵下有君字皆昔人之所未見也金石文字記

瘞鶴銘刻於焦山西足當江流之衝怒濤走齧其下想昔日轟裂之時正値雷雨之夕俗因傳爲雷轟石其石常没於江惟冬日水落始得見丁未十月望後三日過此先觀重刻二石次至壯觀亭址右俯瞰碎石叢雜攝衣下尋見一石仰臥於前一石仆於後字在石下去泥沙咫尺臥地仰觀始見字迹又一石側

立剝甚各存字多寡不一命僕各搨一紙時落日風寒不能久立遂乘片帆回所寓之銀山蘭若挑鐙審視未得其詳次日復往搨之仆石之下仰搨爲難僕之兩手又不能兼理搨具余皆取其傍落葉藉地親仰臥以助之墨水反落污面不顧也及挐舟而返余之周旋於石隙者已三日矣手足不寧衣履皆穿始得四紙湊其裂痕詳其文字皆歷歷可覩所少者無幾爾此刻因手書於石故自左而右其字之大小疏密亦不一謹按原石存字上有並列六行下有並列三行是當時本文之定位也雖其間殘缺一段難於

追尋要可計數其方又察重刻二種云是本之海昌陳氏玉烟堂帖內者竊意重摹本山之書未有不先求本山舊跡而反依轉摹之本以意爲增損者也豈因水涸之時未能訪求或轉相委託承譌襲舛不肯如余之身任其勞與此所以不得不辨也因節錄東觀餘論廣川書跋中切要語知非王逸少書并非顧陶所書凡余之欲言者古人已先言之殊勝余之喋喋也　銘文弨所搨先於側石上得八字仰臥石上得三十字仆石下原存二十三字并不全二字後察出惟寧上得厥土二字華亭上得爽塏勢掩四字其

右題名徵字上得岳字徵字下得君字此八字儼然現存合前六十九字何以數百年前諸君竟未之見耶據子厚云石甚迫隘偃臥其下然後可讀即弨當日同僕仰臥搨出時甚苦滮漫粘置壁間諦審熟揣者累日夜而後得此八字蓋不敢使古人遺跡等諸過眼烟雲也曩嘗遍質之宇內精鑒東吳顧亭林先生著金石文字記載云淮陰張弨審訂復得八字可謂毫髮無遺矣茲欲論其全勢惟據原石上下見存之定位即可揆度其餘而余所難置者尤在中間亡失一段據廣川跋云行之全者率二十五字即爲句

讀之約束定數每行除上下存者若干又據各本所傳之文塡寫湊合恰當原位無容那移其無證佐不敢妄入者僅闕十字（金山唐人書本存字如去莘西竹法里山陰之類儘可成句亦不輕爲引用）較前後諸本又獨多矣　弨之於瘞鶴銘也既備列五本於前可以一覽較然矣然釋文雖詳而本文未顯究不能與石鼓篆刻彪炳天壤吁可惜也原其要歸仍以重立原石爲主請試言其次弟蓋重立之法宜先以仰面一石側立一石移置寶墨亭上至仆石雖大固曩所曾植若扶而立之江邊斯稱極快否則俟冬日水涸時掘其沙土容身可搨再別磨

一石依原位行次效宋人之補刻重摹而精勒之亦一快也不然姑將仰面一石取起可一朝而畢至為簡易從來遺墨數字即可垂之永遠況此石見存三十字巳得首尾之大槩乎誠令此石先得無恙徐圖再摹三十九字與不全二字并宋人補序三十四字合一十三字置於一處則神物復還舊觀一以正前人之譌舛一以啓後來之信從力而寶之是所望於博雅君子者也余始於丁未迄於甲戌垂三十載其間遍遊五嶽較刻諸書故鹿鹿無暇每思各依原形大小摹刻四幅於家園日月逾邁忽至七旬嗚呼余

且老矣方苦形神之衰憊老病之相侵無可如何因念茲殷勤細訪亦大費苦心亟重刻此本并力疾雙鉤數紙以待識者且玩而老焉可矣至於石之果能復立耀光怪而吐虹霓他日有望氣者是必遠知神物之所在也 張弨論辨

立石眞侶有丹楊外仙尉攷郡名唐曰丹楊史遷年表文從楊祭姪帖顏魯公官爵亦然今之仙尉晉邪唐邪正自待辨朱長文帖攷載云梁普通四年陶宏景書 許僑玉烟翻刻本跋

按丹陽古雲陽縣唐天寶初號丹陽非晉漢之比漢丹楊郡治秣陵以山多赤柳得名故古本丹楊皆從木也又按壬辰為梁天監十一年甲午乃十三年即以此銘為宏景書亦當繫之天監中不知長文何據而云普通四年 汪士鋐辨

淮陰張力臣乘江水歸壑入焦山之麓藉落葉而仰讀瘞鶴銘辭聚四石繪作圖聯以宋人補刻字倫序不紊且證為顧逋翁書葢逋翁故宅雖在海鹽之橫山而學道句曲遂移居于此集中有謝王郎中見贈琴鶴詩鶴殆出于性所好斯瘞之作銘理有然者自處士之圖出足以息衆說之紛綸矣 曝書亭集

此銘舊在焦山下崖江流亂石間非俟霜降水涸布席仰卧即不可搨故人間難得近日滄洲使君捜致山上搨之為易然正恐自此以後無鶴銘矣雍正六年秋七月特遣從事孫龍往焦山搨一本并滄洲新刻石亦搨以來又潤城蔣亦屋于北固得米老題字云仲宣法芝米芾元祐辛未孟夏觀山樵書凡十有六字亦左行至類鶴銘乃從來未有者老友蔣拙存以一紙贈余特附列銘後以為絕觀 竹雲題跋

退谷先生於瘞鶴銘臚舉衆說攷訂精審後千載可無異論矣近金陵老友程南耕寄示張力臣瘞鶴銘

辨書後一首則云雲林以爲陶貞白書或疑不類所
云本山重刻之文上皇山樵下增人逸少三字乃依
陳氏玉烟堂帖而譌考黃董陶所錄原文無此三字
陳氏刻於明代不知何所據而以譌傳譌也又云案
皮日休先字逸少後字襲美見北夢瑣言詩集內有悼鶴
詩云却向人間葬令威此瘞鶴之證也又一詩序云
華亭鶴聞之舊矣及來吳中以錢半千得一隻養之
經歲不幸爲飲啄所誤而卒悼之不已遂繼以詩陸
魯望和云更向芝田爲乞銘此撰銘之證也又云襲
美爲唐懿宗咸通八年進士崔璞守蘇辟軍事判官

自叙以九年從北固至姑蘇咸通十三年壬辰僖宗
乾符元年甲午襲美正在吳中其年相合集內與茅
山廣文南陽博士詩皆不書其姓字又憶華陽潤卿
博士詩亦不書其姓魯望亦有寄華陽山人詩與石
刻華陽眞逸上皇山樵丹陽仙尉江陰眞宰諸稱謂
同所云得于華亭經歲卒與銘詞合文筆亦復相類
集內佗處稱丙戌歲庚寅歲皆不書年號又非獨貞
白爲然也又云是銘疑爲襲美所作而華陽北固之
間無上皇山之名惟會稽有之南宋卜陵奏云直以上皇青山之雄翼以紫金白鹿之秀
豈襲美以右軍遺蹟在會稽而已亦字逸少

遂假其名以傳世歟向傳爲右軍書亦非無故也右
南耕之說如此是又出黃董陶張之外而別自爲說
者余雖未敢遽信以爲然然其言亦似有可取者如
其一說而不知其又有一說旁引而曲證古人不廢
也南耕名嗣章上元名宿與蕉畦兄弟亦世好故備
采於後以相質沈大成學福齋集
毗瞻云皮襲美顧道士亡弟子乞銘詩云大椿枯後
新爲記仙鶴亡來始有銘正用瘞鶴銘事若近出道
翁肯以對莊子乎按陸魯望悼鶴詩有君才眞似淸
如水應向芝田更勒銘見松陵集亦一證也丁敬評觀妙齋

金石攷略
按瘞鶴銘原刻焦山之陰崖石上後摧落江中宋
淳熙中嘗挽出不知何年復墮江中康熙甲午蘇
州守長沙陳鵬年滄洲旅居京口募工挽曳遷而
出之者五石今所搨者是也其未曳出時張弨力
臣嘗於水落時卧石上搨之甚精位置石本繪爲
圖於是汪士鋐退谷備採昔人之論詳加辨證著
瘞鶴銘攷一卷首列諸家之本一曰邵資政亢考
次本附見東觀餘論卷後者一曰張子厚䂓本附
見廣川書跋者一曰金山經皮唐人書本乃刁[illegible]

純約所得亦見廣川書跋者一曰輟耕錄本一曰近代流傳碑刻本海昌陳氏刻之玉烟堂法帖者各本俱字句多寡不同以今石本校之往往不合似皆非確據石刻者退谷攷之已詳玆不具載今惟取石本現存者合全與半共九十字大書居中復據張力臣所補者小字旁注取便於讀若集古錄以下諸家論說可資攷證者節取存之又近年海鹽張燕昌芑堂嘗取楊大瓢未出水藏搨本重摹刻之增多華陽眞逸紀也六字亦足見舊搨之不易多見者也序銘皆正行書而序云篆銘不朽

此非篆隸書體之謂也說文篆引書也謂筆引而出也丨字說云引而上行引而下行亦此義序蓋謂引筆作銘以垂不朽也篆銘二字不見他碑諸說亦未有論及者因附識之書人舊說如聚訟諦觀此銘正如董文敏評黃庭經必出楊許諸人手飄飄有仙氣其爲通明遺蹟無疑或謂爲右軍書者蓋緣黃文節公詩有大字無過瘞鶴銘小字無過遺教經似兩書皆出右軍故後人亦多襲其說耳

井牀殘字

石高一尺七寸五分橫廣三尺七寸五分七行行四字至六字不等正書在句容縣

梁天監十五年太歲丙申皇帝慇商□之渴乏　詔茅山道士□□永若作亭□井十五口

井在句容城北城守營署後文凡七行予以乾隆五十年四月三日因王蔭可言訪得之孫星衍記

始興忠武王碑

碑連額高一丈四尺五寸廣六尺二寸三十六行行八十六字正書額題梁故侍中中撫將軍開府儀同三司吳平忠侯蕭公之神道二十三字正書左讀今在上元縣黃城村

梁故侍中司徒驃騎將軍始興忠武王之碑

上闕天□降廟諱鳥以居亳□□□白馬□□□□初啓□

是惟□□文終□□□□□□□寺□□上闕書□府勳紀太常□□爲□□後□□□集□命□□□□家□□之□於斯乎□□□□□□□□資三□□□□□□□明之□亻上闕友因心敬□□年□□生吳太□有疾□衣不解帶上闕室邇人□則應之千里□□□□□□府□□西中郎□□□□□□□□□遊戎佐言詠□□齊□□　□□□□□□□念上闕風雲之會乘天地之□□□□□□□□□臣十□□□□□□□□□□□□□□紛紜□勇公叅贊神言夙興帷幄功□□□□□□□□州□□□以公□

□□將軍□中郎諮議□□□□中郎俄遷給事黃門
侍郎　□□□□□□□□□□□□□行□□□南
平□□守□部于□□□宅心□百脅會人神協契莫
不卒從而□□之□□□□□□□□□□□猶□賓
繁有徒□□王□公□□□□□□□□肅奉成規事
等蕭寢出乇西壘□□南平梁州齊興太守顏□都魏
興太守□師仁□□□□□踰一万謀據漢北將至城
下必毗贊訏謨盡其晨□□□□□□□□□□□□
□□□□宀及蕭□□休烈來寇□□姦回猶騁豕突
方縱又鎮軍將軍蕭穎胄佐命西朝政教被在一朝徂

殞內外□然以公式遏□□□□□□□下□榮徵公
入輔聞命遝徒裏糧遄邁紀闕上以英□罪人斯得七□
底定百揆時叙大蕃與后來之歌皇輿無反顧之慮和
帝西下以公爲使持節都督荊湘益寧南北秦六州諸
軍事平西將軍行闕上承□業□□□□□維城□□□
勳兼望奭□惟魯衛帝曰欽哉□字南服天監元年四
月封始興郡王食邑二千戶江漢之□賓惟南國形勝
之要□鎮西楚苞含蠻埏控接巴巫分陝闕上總督□□
□□□□　詔使持節都督荊湘益寧南北秦六州諸
軍事安西將軍荊州刺史公褰襜以化黎氓張袖以納

夷狄先之以德惠後之以威刑廣田省役階無滯訟應
接如神闕上我□□□命公折簡以示禍福□候兵卒之
勞成都文安公之力也事簡務隟常集賓僚訪問政道
談述詩賦親屈車騎軾隱者之廬虛己降尊延白屋之
士給醫藥以拯疾病建闕上以古方今豈□□□□□
□□外被茂□於楚山尋加鼓吹一部六年沮漳暴水
汎濫原隰南岸邑居頻年爲患老弱遑遽將至沉溺公
匪憚霑沐躬自臨視忘垂堂之貴闕上歎服德之被四皆
曰神明四郡所漂賑以私粟髦眉糸髮莫不歌頌是歲
嘉禾一莖九穗生於郡洲甘露降于府桐樹唐叔之美

事闕上水漿不入口六日毀瘠三年扶□□□　□旨□
喻以大軍之後宜盡綏□□表自陳□哀苦夬服制有
闋毀□踰□羊祜不堪屐履荀顗面不可識哀瘠在皇
憂未忘也其闕上詔都督北討衆□□率□□中書令中
衛將軍□□衛尉卿公走事紫□兼總關拆綜綸□□
衿帶以□八□斯謐千廬無警其年秋更授使持節散
騎常侍□□□□□□徐□□五州諸軍事鎮北將
軍兗州刺史以□□□服□□□□□□□□□□
□□□□□舊曰難治公□車□□懷遠能邇貝
錦在路不盜竊於逵中桃李乘蔭不潛擾於樾下李珣

率由淸約馬□□□□□□□□□□□□□□□□□
□□□□□□傳述□□□□□□九年六月遷使持節
散騎常侍都督益寧梁南北秦沙七州諸軍事鎮西將
軍益州刺史□□□□北指秦州鳥□河沙之酋龜茲
隴右之長□□万闕上百□□□□□□□□□□□□□□
□□□□□□□□□道過□□□□不□□□□□□
於□□祭仲元於圭鑯表君平之舊廬軾長卿之故館
闕上則□□□□十四年更授使持節散騎常侍闕上莫不
改過闕上安成康王□□□□異體彌深友闕上夙夜匪懈
吐握□怠闕上月八日□□□□□疾至大漸　輿駕

驟幸有癈寢膳公慮貝神□□不稱闕上勳隆陝服弆闕
屯夷劬勞□寄□內掌□司嘉猷彌著方正位言道□
□□□奄□□□□用傷悼于厥心闕上謚曰忠武王禮
也惟公棲心衡泌則繕性虛淨枕戈授律則勳隆協贊
孝敬盡於君親仁義行于鄉□孜孜爲善溫溫克讓□
神妙極斧藻闕上存勿□□□□□績著荆蠻化行□□
□□其□□□其□推賢下士降尊就卑無棄賤貧所
琢僑雅□梅鼎實舟檝大川信列辟之羽儀庶僚之准
的者也加以深信大道妙識苦空味絶滋腴身離煩渇
闕上固能使□世鑽仰道俗□□功高宇宙譽穆惇□□

□□□□□□□吏民哀慟縗経成林瞻太山而彌
悲仰棟宇而興慕諒巳鏤金雕玉昭像鳳墀餝碧繪丹
邑刑驎閣戎狄思耿胡羌悲鄧告哀隨涙不闕上羅靡譚昭
等烟霞□阻川路悠長不及卜遠之辰罔逑易名之請
灑泣□寄銜恨莫申謹遵前義刊□立碑髣髴令德依
俙神儀傳世代而莫朽等山川而無酹其辭曰
日月貞明川岫澄淸□□奉職毗世作楨於鑠忠武體
二于情義均爽旦道藹□平棟梁世則羽翼八英木運
告圮彝倫殄霣闕上本虎嘯樊谷關河之寄允歸親睦若
恂係兵猶何轉轂締構　寶靡譚山河万寓雲雷利□□

□□土比漢於梁方周于魯擁旄推轂出蕃入輔車服
有庸旗章有序六條設教八命胥彰再臨七澤傍闕上□
彭泗恩浹樊襄有來斯穆無思不康靡譚□　聖化休我
烈光文武兼姿由內均美式□□□肅雍中壘儀形三
事飛騰九軌緝是謳歌明玆獄市方趍上鉉爕理陰陽
陪　鑾日觀侍　躍龍鄉遐闕上台光報施爲虛福仁遂
爽壞樹云落人倫安放罷市四蕃行踊十壤吏民攀慕
賓迎□罔山海安託蟬珮空想如鄭喪僑由晉亡嚮西
光曖曖東川滃滃時謝恩深年流德廣式雕靡譚□永寄
希仰

侍中尚書右僕射宣□將軍東海徐勉造
前正員將軍吳□張□□□佐□
吳興貝義淵書　扌□□明刻字
防閤吳興鄙元明
碑陰
陰俱人名分二十列每列六十四人凡字存難辨者加□不闕者空之
□使□□□□□徐兗二州諸軍事□□□□軍□
□□　西曹脩行徐□□
□正希　□□□夏令孫
□□□　□□□□景允

□□□　□□□□□□
□□□　□□□□□之
□□□　□□□□□□
□□□□　水□□□□□
□□□　建宗
□□□　□□□□□□
□□
□
□□□□□□　□□
□□□□□□師　□□□□□□

□□□□蔚□蔚　西曹□□□□
□□□□□□　西曹□□□□
西曹□□□□　西曹吏□□□
□□□□□　西曹吏桼□念
□□□□□　西曹吏朱□興
□□□□□　西曹吏□□
□□□□□□　西曹吏徐□世
□□□□□臧朱甄　西曹吏朱世
□□□□□□摽　西曹吏周道□
西曹書佐□思儀　西曹吏相□䚯

西曹從事宏□　西曹吏露文龍
西曹從事□□　西曹吏秦欣□
西曹從事□□茂昌　西曹吏湯靈□
□□僉　西曹吏畢□
西曹吏王騶虞
西曹吏□□
西曹吏□□
西曹吏陳天合
□　西曹吏邵□□
吏□□□　西曹吏吳曾

吏□□□　西曹吏孟脩世
□吏□□□　西曹吏□全夫
吏□□□　西曹吏　□□
西曹吏
西曹吏□□門
西曹吏□梁
西曹吏祁□□
西曹吏　西曹吏
曹功　西曹吏□偶
曹功□□　西曹吏萬承□

曹功　西曹吏鄧□
西曹吏陳□□
西曹吏□□助
西曹吏□□祖
西曹吏□□□
西曹吏□□
西曹吏□
□□□
□□　□□□
□□□　西曹吏

□　□　西曹吏
□□□□□　西曹吏□□□
□□掾□□　西曹吏吳□□
□□掾高□□　西曹吏徐□□
□□掾齊□　西曹吏
中□□□
以上第一第二列下闕四行
西曹吏陳公□
西曹吏曹世□　西曹　□□雲
西曹吏潘道□　西曹吏呂□門

西曹吏朱□之　西曹吏劉□
西曹吏鍾離文會　西曹吏丁□
西曹吏蔡允達　西曹吏
□□吏□□□　曹吏□□除
□□吏□□□　西曹吏羅忍孫
曹吏□□□　西曹吏梅□先
西曹吏□□□　西曹吏□□道
西曹吏□□　西曹吏王□□
□□吏□□□　西曹吏陳□
吏　□

西曹吏□□ 西曹吏
西曹吏□□□ 西曹吏□□□
西曹吏□□□ 西曹吏□□合
西曹吏□□□ 西曹吏錢思公
西曹吏□□明 西曹吏□□龍
西曹吏劉道□ 西曹吏管景原
西曹吏桑逵之 西曹吏劉曇
西曹吏荀靈副 西曹吏周□先
西曹吏朱僧表 西曹吏祁儀連
西曹吏朱僧覇 西曹吏張靈□

西曹吏張桃皮 西曹吏鄭文□
西曹吏劉榮祖 西曹吏□
西曹吏楊文起 西曹吏□
西曹吏悄景仙 西曹吏□
西曹吏王慶 西曹吏□
西曹吏唐文雅 西曹吏□喚之
西曹吏□法茂 西曹吏 承伯
西曹吏□聰明
西曹吏桒□
西曹吏□□□ □宗

西曹吏高□ □□公
西曹吏□令□ 西曹吏馬法□
西曹吏張茂 小史□洗之
西曹吏□川 小史俞崇先
西曹吏□□ 小史徐偕□
西曹吏□□□ 小史丁智明
西曹吏□□之 小史儲□□
西曹吏□□□ 小史余□
西曹吏刁□之 小史陳榮宗
西曹吏 小史□□□

西曹吏 小史
西曹吏□景□ 小史宋慧
西曹吏□天宏 小史□□□
西曹吏□□□ 小史□□兒
西曹吏□□□ 小史□昱
西曹吏 小史
以上第三第四列下闕六行
西曹吏 吏
西曹吏□□□ □
西曹吏□思□ □□□

西曹吏□　吏楊緒
西曹吏□　吏□□□
西曹吏□□　吏
西曹吏周□□　吏張□□
西曹吏□□□　吏
西曹吏
吏
吏
吏　□　□
吏蔡□□　吏□　吏□　吏

吏劉□□　吏　□　□
吏□□□　吏　□　□
吏□□□　□　□
吏董景□　吏　□　□
吏道　□
吏□□公　吏□道□　□
吏陳□興　吏□□　吏　吏
吏□□□　□□□
吏董　吏　□
吏□□春　□孫　□

吏□□□　吏余□□　吏□
吏朱興之　吏□□□　吏張
吏夏文合　吏□□風　吏□
吏　□之　吏周□
吏　承宗　吏王□　□□聲□
吏□□之　吏劉□□
□□□　□□
吏陳　吏董
吏張□□　吏潘公　吏
吏黃□□　吏董道純　吏□　□

吏□　吏何道鎮　吏陳榮　吏　之
吏　吏陳懷珎　吏儲桃□
吏盛藺
吏　玟　吏劉僧達　吏李超之　吏
吏虞玟□　吏黃　成　吏金惡奴
吏孔寵　吏吳龍起　吏夏侯猛
吏張道□　吏左靈□　吏何靈□
吏魚沙□　吏□□譽　吏茅陸之　□
吏　千　吏□僧靖　吏郢敏　□
吏□□略　吏□天生　吏郙□□　吏張

吏朱□强 吏□法眞 吏□□盛 吏 承
吏□丙之 吏尤□ 吏陳□
吏□□ 吏夏文□ 吏□
吏陳元超 吏陳□□ □ 伯
吏陸□ 吏同□□ □ □□
吏鄭□宗 吏□□□ 吏九 □□□僧
吏□榮 吏□ □ 吏□□□ □□
吏余 吏□ 寅 吏□法龍 吏 文會
吏□ 吏□珎尔 吏□□□ □
吏朱□□ 吏□□之 吏步□之 吏

吏朱□□ 吏張□□ 吏劉延□ 吏
□ 文□ 吏 吏□□□ □□□□
吏□□□ 吏 吏□□福 吏□
吏□□ 吏□ □□□
吏□□□ 吏□□之 □□
吏 □□□度 □
吏□□珎 □ □
吏□僧 吏 吏 吏□
吏□□□ □
吏□□□ □

吏□ □ 吏
吏 □ 吏 吏
吏 □ 吏 □□□□
□ 吏 □□□□
□ 吏 □□□□
□ 吏□□ □□□□
吏陳僧 吏 吏闞□德 吏□□之
吏□□□ 吏 吏□□□ 吏□靈祚
吏□ 吏 吏□□□ 吏□□□
吏□□□ 吏 吏□□□ 吏□□□

□ □ 吏□
□ □ 吏□
□ □ 吏□
□ 吏 吏□ □
吏 吏 吏□□□ □
吏杜□ 吏 吏□□□ □
吏查□□ □ □
吏□□□
吏□
吏 □

吏

吏　□□

吏　□□

吏

以上第五第六第七第八列下闕十八行

吏　吏□　吏趙　吏呂道

吏　恤　吏陳天乞　吏　僧耀

吏劉脩□　吏□慶孫　吏郭道

吏夏侯□　吏陳初　吏丘脩

吏　□　吏　曾　吏　法生

吏　吏□　吏□□　吏　求道

吏□□　吏□陵　吏公孫□　□

吏　吏　吏□□　吏

□　吏周□　吏

吏陳　吏夏□天　吏□□□

□□　□□　吏吳遷緒　吏任文□

□□□　□□□　吏□□□　吏□□□

□□□　□　吏周□□　吏□道

山山　□□　□□□□　吏□□勇

吏王雲　吏□□□

吏

□　吏　□□　吏

吏余文達　吏□　吏徐□　吏□□□

吏朱　吏□□□　吏　吏王□□

吏　吏□□□　吏□□　吏袁□智

吏□□□　周景□　吏劉雙

吏□□□　吏鄧及□　吏劉伯期

吏　吏　□智　吏朱僧仲　吏王□福

吏□□　吏陳靈□　吏吳天念　吏□靈産

吏陳文展　吏般靈度　吏王鑾　吏□□

吏　吏皇伯存　吏□觀　吏陳景平

吏　吏朱超之　吏錢絮之　吏悄景□

吏兒靈智　吏陳道榮　吏孫寶　吏胡□化

吏胡□榮　吏杜靈讚　吏楊□□　吏陳□□

吏蔡曇季　吏□□□　吏□　吏□□與

吏　吏　吏□　吏□道孫

吏　吏　吏□　吏□　□

以上第九第十第十一第十二列

吏　□度

□度

□
吏周師　吏　吏
吏　吏
吏　吏
吏孫　吏
□□　吏□□□　吏□文
吏陳道□　吏　□　吏王道□
吏胡玟□　吏　光　吏丁道方
吏劉飛龍　吏孫　□　吏陳耀　吏
吏劉伯宜　吏　吏王大□　吏

吏火□□　吏　吏桓師祐　吏
吏王□祖　吏　吏　□□　吏
吏張□之　□　吏　道永　吏
吏魏法□　□□□　吏
吏程靈荇　吏□□□
吏楊文□　吏□孫世
吏胡世　吏陸雲之　吏魏□□
吏　文□　吏王□　吏任公□　吏夏侯□
吏　吏夏　吏　公倚　吏　□眞
吏　□之　吏徐□□　吏汪羨宗

吏　承世　吏韓榮眞　吏潘僧儆
吏　道盛　吏□紹先　吏許休之
吏　□之　吏王景肅　吏陳法況
吏　文規　吏同道振　吏蔡文建
吏□□增　吏蔡寵之　吏錢文豪
吏　吏錢□子　吏虞公分　吏晏景興
吏　吏□景宣　吏袁道宗　吏　道季
吏　□□　吏□□□　吏
吏□文□　祖　□□
吏□希□　吏　□　吏陳□進

吏費□羊　吏龔道宏　吏高遷
吏何道□　吏黃公强　吏華當伯
吏戴當　□　吏緈道助　吏杜□□
吏朱□　□　吏□孝孫　吏陳□
吏　□才　吏盛持之　吏韓□鎭
吏□□立　吏周元察　吏□□先
吏宋曾□　□
□
□　□
吏□僧明　吏劉□

吏□安都　吏蔣曇
吏陳□宰　吏□公□
吏宋□　吏
□□□　吏□□
吏　吏
吏□□　吏□□□
吏□□□　吏□□□　□
吏□□明　吏□□　□□　吏□□
吏□仁慧　吏陳□　□□□□
吏傅道馴　吏　吏□□　吏

吏李曇耀　吏虞道降　吏朱愔之　吏
吏僕玟苑　吏羅孝祖　吏在允民　吏
吏李晚興　吏黃文成　吏來門端　吏朱□
吏黃緒之　吏茅道韻　吏杜國平　吏王道□
吏王興□　吏石文預　吏□儈琢　吏章捷祖
吏張榮□　吏金文□　吏□天思　吏楊□之
吏虞道□　吏□□□　吏□道矜　吏張靈□
吏□□□　吏　吏□□明　吏□□□
吏□□兒　吏　□　吏□□祖　吏尤□□
吏□□兒　吏□□□　吏柳道邕　吏王□□

吏□□□　吏□□□　吏朱法□　吏□徒方
吏□　吏□□□　吏謝□之　吏梁
以上第十三第十四第十五第十六列
□　吏□□□　吏□
□□　吏馬□□　吏姚□□
□□　吏曹□□　吏□□□
□□　吏鞠梁山　吏周韻之
吏陳尚之　吏夏尚之　吏江承□
吏□儈榮　吏劉天授　吏□奉之
吏黃□尒　吏高曇勇　吏徐景□

吏□公達　吏紀公憲　吏朱公□
吏□文□　吏丁靈仙　吏□□宋
吏□□之　吏□公雲
吏朱世可
吏孫令□
吏黃石□
吏盧玟建
吏戚文休
吏曹和之
吏
吏王□　吏　□　吏□　吏黃敬先

吏朱僧□ 吏 □□ 吏劉 吏郭後□
吏樂承宗 吏王靈袖 吏張□流 吏范延
吏吳景先 吏錢文超 吏□□度 吏胡長
吏須難雕 吏趙世成 吏莊僧□ 吏
吏同 生 吏莊悅之 吏張龍□ 吏
吏袁 □ 吏郭陵叔 吏張文智 吏高
吏馬□□ 吏蔡溫 吏范□□ 吏淩□□
吏搖明□ 吏鞠靈□ 吏戚□ 吏周宗之
吏褚道 吏□歡之 吏湯道先 吏祀叔成
吏皇觀之 吏□猛虎 吏華□騁 吏邵道宣

吏朱國□ 吏□□ 吏堵 吏吳子將
吏劉公憙 吏□□ 吏□□□ 吏陳叔仁
吏殷景儀 吏□□興 吏□天□
吏龔天合 吏□□□ 吏儲係世
吏范文□ 吏 師祐 吏□ 吏高靈智
吏周孝□ 吏 景眞 吏□靈覆 □□
吏□□ 吏陳□重 吏周淵之 吏
吏 吏夏□ 吏劉曇鎮 吏華法
吏 吏魏門棱 吏唐承伯 吏郴明□
吏 豪 吏李道興 吏宏道輝

吏楊普□ 吏 吏□靈寅 吏譚道亘
吏蔣羽□ 吏 吏□僧慧 吏□ □
吏夏龍 吏□ □ 吏
吏□宏□ □ □ 吏□[illegible]
吏朱□□ □ □□珎 吏周道亮
吏徐□□ 吏陳文進 吏楊道
吏□□ 吏□□祖 吏邵虯
□部 吏黃龍
□□ 吏□起
□ 吏□

□□ 吏□□ □
□□ 吏劉念 吏和
□□ 吏曹□□ □
□ □□ □□□□ □
吏 □□□
吏楊 吏□ 吏
吏丁□ 吏殷 吏 □
吏楊雲粲 吏禹□ 吏 □
吏朱元□ 吏□□□ 吏 □ 吏
吏錢□□ 吏□携 吏 □粲 吏□□

吏黃天賜　吏□景　吏徐　吏□景昕
吏許靈　吏□□□　吏唐曇慧　吏陳伯林
吏華□□　吏馬伯龍　吏　吏□仲豪
吏□道□　吏張□之　吏□　之　吏吳
吏□□□　吏□□□　吏　吏□文□
吏　休光　□休祖　吏　吏□□□
吏□□□　□□　吏任□□
以上第十七第十八第十九第二十列
梁散騎常侍司空安成康王碑故州民前廷尉卿彭城劉孝綽撰奉朝請吳興貝義淵正書在花林村復齋碑錄

安成康王秀卒遊王門者東海王僧孺吳郡陸倕彭城劉孝綽河東裴子野各製其文咸稱實錄遂錄四碑並建南史梁宗室傳

按此碑自右上角斜向左中腹俱磨滅左腹近邊約尺許殘闕無存文共約三千餘字可辨者僅三之一以南史梁宗室傳考之始興王諱憺字僧達文帝第十一子也碑云□吳太□有疾衣不解帶當是□生母吳太妃有疾時侍之衣不解帶也此語本傳云仕齊爲西中郎外兵參軍碑存西中郎三字其下有風雲之會語蓋指齊和帝即位時事傳但云以憺爲給事黃門侍郎碑則有將軍中郎諮議中郎俄遷給事黃門侍郎字傳又云時巴東太守蕭惠訓子璝等兵逼荆州蕭穎胄暴卒尚書僕射夏侯詳議迎憺行荆州事憺率雍州將吏赴之以書喻璝等皆降碑則云南平梁州齊興太守顏□都魏興太守□師仁□喻一万謀據漢北將至城下及蕭□□休烈來寇姦回猶騁豕突方縱又鎭軍將軍蕭穎胄佐命西朝政敎攸在一朝徂殞內外□然徵公入輔聞命遻徒裹糧遄邁

罪人斯得七□底定百揆時叙傳又云明年和帝詔以憺爲都督荆州刺史天監元年加安西將軍封始興郡王碑則云和帝西下以公爲使持節都督荆湘益寧南北秦六州諸軍事平西將軍天監元年四月封始興郡王食邑二千戸詔使持節都督荆湘益寧南北秦六州諸軍事安西將軍荆州刺史傳又云時軍旅之後公私匱乏憺厲精爲政廣闢屯田減省力役存問兵死之家供其窮困人甚安之是歲嘉禾生一莖六穗甘露降於黃閤碑則云公褰禮以化黎氓張袖以納夷狄先之以德

惠後之以威刑廣田省役階無滯訟應接如神成
都乂安公之力也下有云事閑務隙常集賓僚訪
問政道談述詩賦親屈車騎軾隱者之廬虛己降
尊延白屋之士此皆傳所畧也傳又云天監六年
荆州大水江漢堤壞憺親率將吏冒雨賦丈尺築
之而雨甚水壯乃刑白馬祭江神酹酒於流以身
爲百姓請命言終而水退堤立邴洲在南岸數百
家見水長驚走登屋緣樹憺募人救之一口賞一
萬佑客數十人應募洲人皆以免是歲嘉禾生於
州界吏人歸美焉碑則云六年沮漳暴水氾濫原

隰南岸邑居頻年爲患老弱遑遽將至沈溺公匪
懈滯沐躬自臨視四郡所漂賑以私粟莫不歌頌
是歲嘉禾一莖九穗生於邴洲甘露降於府桐樹
蓋嘉禾之生碑惟一見傳則兩見甘露之降碑在
六年傳在元年爲異也傳又云七年慈母陳太妃
薨水漿不入口六日居喪過禮武帝優詔勉之碑
存水漿不入口六日毁瘠三年之語而下文喻以
大軍之後宜盡纔口云云卽所謂優詔勉之也傳
又云後爲中衛將軍中書令領衛尉九年拜都督
益州刺史十四年遷都督荆州刺史十八年徵爲

侍中中撫軍將軍開府儀同三司領軍將軍卽開
府黃閤薨贈司徒謚曰忠武碑則云中書令中衛
將軍衛尉卿其年秋更授使持節散騎常侍下闕十字
五州諸軍事鎭北將軍兖州刺史九年六月遷使
持節散騎常侍都督益寧梁南北秦沙七州諸軍
事鎭西將軍益州刺史十四年更授使持節散騎
常侍下闕月八日疾至大漸輿駕躬幸有廢寢膳下闕
謚曰忠武王羅元昭等烟霞口阻川路悠長不及
卜遠之辰罔逮易名之請灑泣口寄銜恨莫申謹
遵前義刊口立碑云云玩其辭意似皆吏民追頌

功德之語羅元昭者殆卽吏民之首也碑陰刻曹
吏姓名凡二十列幾千四百人羅元昭當在其中
而已泐矣碑無年月末云侍中尚書右僕射宣口
將軍東海徐勉造當卽撰文人也勉字修仁東海
郯人傳載其歷官止左衛將軍領太子中庶子左
遷散騎常侍領游擊將軍後爲太子詹事又還尚
書右僕射又除尚書僕射中衛將軍加中書令而
卒計其時已普通中矣不云侍中及宣口將軍也
勉之後有前正員將軍吳口張口口口作下闕吳下
當是與字作不知何義此後則吳興貝義淵書憺

傳載次子暎普通二年封廣信縣侯丁父憂後除太子洗馬居太妃憂服闋爲吳興太守傳系丁父憂於普通二年之後則憺之薨當在其時而憺傳乃連接天監十八年開府之下不别書薨年耳且碑之作者書者皆吳興人疑立碑即在暎守吳興時則亦是普通年事然無可確據姑從傳列於天監十八年碑現在道旁但高大而傾側若將傾覆者故世人搨之者少

蕭公神道碑額

額横廣三尺八寸高二尺七寸八分六行行四字右行正書在上元縣

梁故侍中中撫將軍開府儀同三司吳平忠侯蕭公之神道

按吳平侯神道碑文未見此其額也南史梁宗室傳云吳平侯諱景字子照梁武帝從弟父也案下文云景於武帝屬爲從弟則此云從弟父似屬倒誤仕齊爲永寧令以疾去官永元二年以長沙宣武王懿勳除步兵校尉懿遇害景亦逃難武帝起兵以景行南兗州事武帝踐阼封吳平縣侯南兗州刺史加都督天監七年爲左驍騎將軍兼領軍將軍尋出爲寧蠻校尉雍州刺史加都督十三年復爲領軍將軍直殿省知十州損益事景於武帝雖屬爲從弟而禮寄甚隆軍國大事皆與議決十五年加侍中及太尉揚州刺史臨川王宏坐法免詔景以爲安右將軍監揚州遷都督郢州刺史卒於州贈開府儀同三司謚曰忠傳載歷官如此此額題中撫將軍傳所未備也

賜進士出身 誥授光祿大夫刑部右侍郎加七級王昶譔

北魏一

洛州鄉城老人造像碑

碑高三尺八寸廣一尺七寸五分十三行行二十三字正書

像主吉萬歲副像主張孝舒副像主王德閏□□□□
士□王政則孫德信趙□□□舍樂 □福劉□□□
□□卿沈□□沈士公韓君遠汪謙之曹□□壽世達
趙世□□□□□□善李四朗曹善信郭善積汪孝養
張君彥張世師清信 清信女楊清信女李清信

女□清信女成清信女陳清信女□
其詞曰 夫法界無相相□十方旨趣無言言而法界
故入□有□大悲以濟羣生出□□行六度而除八難
是以前馳羊□後□牛□使智水無□愛河永竭然
□王啟請□滅雙林正化隨遷□煩無救但□□思
念雕□眞形□斯□心鑄玆神狀今吉萬歲廿四人等
□□敬造 尊儀一龕上祚 皇家□□靈識頌曰
出有□□□機不見出空入□□□爲先不來不去無
動無遷妙矣□□□能惻焉□園□起□□息言鐫□
□容萬代流□

大□□□十□年正月廿一日功訖

按碑多殘缺末年月一行祇存大字下缺三字下
是十字下缺一字下是年字蓋大魏某某十幾年
也下乃云正月廿一日功訖魏時紀年之多者惟
北魏之太和西魏之大統碑題洛州鄉城魏書地
形志洛州太宗置太和十七年改爲司州天平初
復天平乃東魏孝靜帝紀元祇四年同時惟西魏
文帝大統有十七年然洛州既爲孝靜所復則立
碑不應系以大統年號似是孝文帝太和十七年
改司州以前所立也宜附列之碑有像主更有副
像主文稱吉萬歲等廿四人而姓名可見者十六
人清信女六八而已

孝文弔比干墓文

碑高七尺七寸廣四尺一寸二十八行行四十六字正書在汲縣比干廟

孝文皇帝弔殷比干墓文
維皇構遷中之元載歲御次乎閹茂望舒會於星紀十
有四日日維甲申子揚和淇右蹀駟鄘西指嵩原而搖
步順京途以啟征路歷商區軺届衞壤泛目睇川縱覽
觀陸遂傍晛古跡游瞰曩風覩殷比干之墓悵然悼懷
焉乃命馭駐輪筴驥躬矚荆蕀荒朽工爲綿蕞而遺歔

明啓事若對德慨狂后之猖穢傷貞臣之婞節聊與其
韻貽予云爾　曰三才之肇元兮敷五靈以扶德含
剛柔於金木兮賫明闇於南北重離耀其炎暉兮曾坎
司闢以秉黑伊禀常之懷生兮昏睿遞其啟則晝晈晈
其何朗兮夜幽幽而致蘖哲人昭昭而澄光兮狂夫默
默其若翳咨堯舜之耿介兮何桀紂之猖敗沈湎而不
知甲兮終或巳以貽戾謇謇兮比干藉冑兮殷宗含精
兮誕粹寘樹兮英風稟蘭露以滌神湌蘂英而儼容茹
薜荔以蕩識佩江蘺而麗躬履霜以結冰兮卒窘忠而
弥濃千金豈其吾珍兮皇釁寔余所鍾奮誠諫而爐軀
兮導危言以釁鋒嗚呼哀哉嗚呼哀哉惟子在殷實爲
樑棟外贊九功內徽辰共匡率衰職德音遐洞周師還
旆非子誰貢否哉悖運遘此不辰三綱道沒七曜輝泯
負乘竊器怠棄天倫懷誠齎怒讜言焉陳鬼侯巳醢子
不見歟邢侯巳脯子不聞歟微子去矣子不知歟其子
奴矣子不覺歟何其輕生一致斯歟何其愛義勇若歸
歟遺體既灰不其惜歟永矣無返不其痛歟嗚呼哀哉
嗚呼哀哉夫天地之長遠兮嗟人生揎多殃佳者子弗
及兮來者子不羈當胡契闊之屯亶兮值昏化而永良
曷不相時以卷舒兮徒委質而巔亡雖虛名空傳於千

載詎何勳之可揚奚若騰魂以遠逝飛足而歸昌得比
肩於尚父卒同協於周王建鴻績於盛辰啟胥宇於齊
方闡穆音乎萬祀傳冤業以脩長而乃自受茲斃視竅
殷亲剖心無補迷機喪身脫非武發封墓誰因嗚呼介
士胡不我臣　重曰世惛惛而溷濁兮日藹藹其無
光時坎壈而險隘兮氣憭慄以飛霜子奚其不遠逝兮
侘傺而阯故鄉可乘桴以浮滄兮求蓬萊而爲粻銜芝
條以昇虛兮與赤松而翺翔被芰荷之輕衣兮电扶容
之葙裳循海波而濔飈兮望會稽以歸禹紉蕙芷以爲
紳兮扈荃佩而容與寫鬱結於聖人兮暢中心之祕語
執垂益而談卡兮交艮朋而爈苦言既而東騰兮吸朝
霞而長舉登岯巖而悵望兮眺扶桑以停佇謁靈威以
問路兮乘谷風而扳宇遂假載於義和兮馮六螭以南
處翥衡嶽而顧步兮濯沅湘以自潔嚼炎州之八桂兮
踐九疑而遙睪卽蒼梧而宗舜兮拂埃霧以就列採輕
越而肅帶兮切寶犀以貫介許淳風之淪覆兮話蕭韶
之湮滅召熊狸而敘釋兮問重華之風槃尒乃飲正陽
之精氣兮遊丹丘而明視揖祝融而求鳥兮御朱鸞以
脩指因景風而淩天兮迴靈鷁以西履降黃渚而遶稷
兮慰稼穡之艱難訪有部之詵詵兮遇何主而獲安然

後陟崑崙之翠嶺兮擥瓊枝而槃桓步懸圃以濯滻兮
咀玉英而折蘭歷崦嵫而一顧兮府沐髮於洧盤仰從
倚於閶闔兮請帝閽而啟關天沉寥而廓落兮地寂漻
而遼闊滄淪陰以撣氣兮佩瑤玕而鳴鏘拜招矩而脩
節兮少躊躇以相羊祈驪驥而總轡兮隨泰風以飈揚
瞰不周而左旋兮縱神駟以北望尋流沙而騁轡兮暨
陽周以蠛駕靡芸芳以馥體兮索夷杜而植衡奉軒轅
而陳辭兮申時俗之不暇適岐伯而脩命兮展力牧以
問霸歙沆瀣之純粹兮闚寒門之層冰聆廣莫之颸瑟
兮覿黔嬴而迴凝擁顓武以涉虛兮冘神賓而威陵象
暧𩗗而晻藹兮途曼曼其難勝策飛廉而前驅兮使燭
龍以耀澄歸中樞而睇睨兮想靈漠之已周慨飛魂之
無寄兮颯翺袂而上浮引雄虹而登峻兮揚雲旗以軒
遊躍八龍之蜿蜿兮振玉鸞之啾啾搴彗星以朗導兮
委升軔乎大儀敖重陽之帝宮兮凝精魄於旋樞扈陽
曜而靈脩兮豈傅說之足奇但至慨之不悛兮寧溘死
而不移

碑陰

陰共四列均二十八行上三列皆書各官姓名
第四列元巽處厚撰碑陰記行十五字並正書

使持節驃騎大將軍都督司豫荊郢洛東荊六州諸軍
事開府司州牧咸陽王口河南郡元朩
侍中司徒公都督中外諸軍事太子太師駙馬長樂郡
開國公臣長樂郡馮誕
使持節司空公太子太傅長樂公臣河南郡丘目陵亮
特進太子太保廣陵王臣河南郡元羽
侍中始平王臣河南郡元勰
兼尚書右僕射吏部尚書任城王臣河南郡元澄
散騎常侍祭酒光祿勳卿高陽伯臣河南郡元儼
太子右詹事姑藏伯臣隴西郡李韶
散騎常侍北海王臣河南郡元詳

散騎常侍領司宗中大夫臣河南郡元景
散騎常侍臣河南郡元纂
右衛將軍臣河南郡元翰
光祿大夫錄太僕少卿臣高陽郡李堅
中常侍中尹高都子臣上黨郡秦松
驍驤將軍臣河南郡大野慦
司衛監臣河南郡元剌
司衛監臣河南郡万忸于勁
員外散騎常侍光祿勳少卿黃平子臣河南郡丘目陵
純

兼司衛監少府少卿臣魏郡□□
給事黃門侍郎臣太原郡郭祚
給事黃門侍郎臣領著作郎臣清河郡崔光
典命中大夫太子中庶子臣廣平郡游肇
羽林中郎將臣河南郡侯莫陳益
員外散騎常侍帶呂輿給事中臣河南郡丘目陵惠
太子率更令襄陽伯臣河南郡元尉
給事中臣河南郡乙旃恬
給事中臣河南郡乙旃兔
給事中臣河南郡郁久閭麟

以上第一列
右軍將軍臣河南郡元宜
太樂給事臣長樂郡衛況
給事領太醫令臣高平郡李循
給事臣河南郡侯文福
給事臣河南郡万忸乎狩
中給事錄大官令臣上黨郡白勑
中給事臣高陽郡劇鴞
射聲校尉臣河南郡元洛平
顯武將軍臣河南郡万忸乎吐拔

直閤武衛中臣高車部斛律慮
直閤武衛中臣河南郡乙旃阿各仁
直閤武衛中臣河南郡侯呂阿倪
直閤武衛中臣河南郡叱羅吐蓋
直閤武衛中臣上谷郡董明惠
直閤武衛中臣代郡若干侯莫仁
直閤武衛中臣河南郡乙旃應仁
直閤武衛中臣河南郡吐難萇命
直閤武衛中臣上谷郡張代連
長兼典命下大夫齊郡王友臣趙郡李預
兼給事黃門侍郎員外散騎侍郎□屬國下大夫臣太

原郡王翔
白衣守尚書左丞臣遼東郡公孫亘
散騎侍郎東郡公臣河南郡陸昕
散騎侍郎臣河南郡郁久閭敏
散騎侍郎臣中山郡甄琛
中壘將軍帶□閩令臣廣平郡游綏
中黃門令帶典農令臣□德郡雙蒙
以上第二列
宰官令臣河南郡伊婁願

大官令鉅鹿伯臣□□豨祐
監御令臣河南郡莫耐婁悅
符節令臣代郡賀拔舍
通直散騎侍郎臣河澗郡邢巒
通直散騎侍郎臣京兆郡韋纘
武騎侍郎□□陵令臣高平郡徐丹
武騎侍郎臣河南郡獨孤遙
武騎侍郎臣上谷郡張覃
武騎侍郎臣河南郡乙旃俟莫干
武騎侍郎臣河南郡万忸乎澄

武騎侍郎臣趙郡李華
苻璽郎中臣河南郡拔拔臻
苻璽郎中臣上谷郡張慶
員外散騎侍郎臣博陵郡崔廣
員外散騎侍郎臣博陵郡崔逸
員外散騎侍郎臣河南郡陸怖道
尚書郎中貝丘男臣清河郡傅脩期
尚書郎中臣滎陽郡鄭長遊
尚書郎中臣清河郡崔哲
尚書郎中臣河東郡裴暎

尚書郎中臣遼東郡高觀
尚書郎中臣趙郡李引
尚書郎中臣河內郡司馬定
尚書郎中臣南陽郡朱孟孫
尚書郎中臣蘭陵郡蕭彥
尚書郎中臣趙郡李良軌
尚書郎中臣河東郡柳崇

以上第三列

碑陰記

會稽齊唐言爲兒時嘗登秦望山見李斯所篆紀功碑其字尚可辨及壯仕宦周游四方歸已老矣則碑不復見又余嘗西征道出函潼之間丘冢纍纍相望不絕而斷碑尤多類皆鑱去書撰者之姓名使過客弗復視則縣道免須索之勞鄉民無供給之費故或以擢洿爲礎或以震霹爲解以致奧文音迹多淪於瓦礫糞壤亦可惜也汲郡比干墓舊有元魏高祖弔文一篇摸鑴在石其體類騷其字類隸久已爲鄉人毀去賴民間偶存其遺刻首云惟皇構遷中之元載歲御次乎閹茂望舒會於星紀十有四日日惟甲申今以史譜考之是歲實太和十八年都洛之始年也

故云元載而歲在甲戌故云閼茂月旅仲冬故云星紀朔次辛未故十有四日日惟甲申距今元祐之庚午幾十周甲子合五百九十七年歷西魏後周隋唐五代喪亂多矣幸遇　聖辰再獲刊勒固知興廢自有數也噫已摧而復崇已泯而復彰使萬世忠精之魄當與天地齊久不亦美歟按高氏小史亦載其文以嗚呼介士爲嗚呼分士字之誤也今宜從此碑介士爲正元祐五年秋九月十五日左朝請郎知衛州吳處厚記

右承議郎通判宋适立　承事郎致仕林舍書

助教劉士亨摸刊

太和十八年十一月車駕幸鄴甲申經比干之墓傷其忠而獲戾親爲弔文樹碑而刊之 魏書高祖紀

河北道衛州汲縣比干墓在縣北十里餘有石銘題云殷大夫比干之墓魏太和中孝文帝南巡親幸其墳弔焉刊石于墓 太平寰宇記

後魏孝文弔比干文其首已殘缺惟元載字可識其下云歲御次乎閼茂望舒會于星紀十有四日日惟甲申按爾雅云歲在戌曰閹茂又鄭康成注月令仲冬者日月會于星紀後魏書孝文以太和十八年十一月甲申經比干墓親爲弔文樹碑而刊之是歲甲戌其說皆合其未嘗改元而稱元載者孝文以是歲遷都洛陽蓋以遷都之歲言之也　碑陰盡紀侍從羣臣官爵姓名按後魏書官氏志邱穆陵氏後改爲穆氏今此碑自侍中邱目陵亮以下同姓者凡三人字皆作目而元和姓纂所書與此碑正同又碑自穆崇至亮皆姓邱目陵氏姓纂亦云後改爲穆而史但云姓穆者皆有闕誤 金石錄

魏書劉芳傳高祖遷雒路由朝歌見殷比干墓愴然悼懷爲文以弔之芳爲注解表上之即此文也此碑

字多別搆如蔑爲蔑蔽爲蔽菊爲蔾寔爲寔箕子爲萁子往爲佳厥爲厥邅爲亶顛爲巔辛爲亲因爲囙桴爲桴翺爲翺曳爲电芙蓉爲扶容葩爲葩漂搖爲瀟颻慮爲慮蠣爲蟾喬爲裛帶爲帶訴爲訢雞爲鷄瀏爲淄俯爲府闔爲闔驪虞爲驪驥隨爲隨轡爲轡吸爲歙闋爲闋睇爲睇不可勝記顏氏家訓言晉宋以來多能書者故其時俗遞相染尚所有部帙楷正可觀不無俗字非爲大損至梁天監之閒斯風未變大同之末訛替滋生蕭子雲改易字體邵陵王頗行僞字前上爲廾能旁作長之類是也朝野翕然以爲

楷式畫虎不成多所傷敗爾後墳籍略不可看北朝
喪亂之餘書迹鄙陋加以專輒造字猥拙甚於江南
乃以百念爲憂言反爲變不用爲罷追來爲歸更生
爲蘇先人爲老如此非一徧滿經傳追來爲歸見穆子容太公碑作
甦先人爲老見張猛龍碑作鬼叜生爲蘇今人猶用之胡三省通鑑注引宋景文手記曰北齊時里俗
多作僞字始以巧言爲辯至隋有栁䛐其字又以今巩易巧矣困學記聞亦引此又云以文子爲學
觀此碑則知別體之興自是當時風氣而孝文之世
卽已如此不待喪亂之餘也江式表云皇魏承百王
之季世易風移文字改變篆形錯謬隸體失眞俗學
鄙習復加虛巧談辯之士又以意說炫惑於時難以

釐改後周書趙文深傳太祖以隸書紕繆命文深與
黎景熙沈遐等依說文及字林刊定六體成一萬餘
言行於世蓋文字之不同而人心之好異莫甚於魏
齊周隋之世別體之字莫多於此碑雜體之書莫過
於李仲琁而後之君子旋覺其謬自唐時國子監置
書學博士立說文石經字林之學而顏元孫作干祿
字書張參作五經文字唐元度作九經字樣天下之
文始漸歸于一矣顧此以二碑出於千世之遠而與
孔壁之文蘭臺之典同什襲而寶之豈不可笑也哉
雖然此碑不傳則唐人正字之功不得而著乎千載

也存之以示後人使知趣舍云爾　又考魏書道武
帝天興四年十二月集博士儒生比衆經文字義類
相從凡四萬餘字號曰衆文經太武帝始光二年三
月初造新字千餘頒之遠近以爲楷式天興之所集
者經傳之所有也始光之所造者時俗之所行而衆
文經之不及收者也則知說文所無後人續添之字
大都出此三國志注引會稽典錄言孫亮時有山陰
朱育依體像類造作異字千名以上是別撰之字自
漢而有矣金石文字記
崔浩之爲國書也皆自書刻石當時被毀卽拓者不

可得見惟弔殷比干文傳爲浩書今猶存衞輝府城
外比干墓上字體奇怪他碑所無似楷似隸因以見
當時筆法之遞變點畫多少如棘之爲森稾之爲稾
綱之爲綱焉之爲爲魂之爲魂不可枚舉多是古法
賴廣見聞乃顧亭林翻爲紕繆莫有甚於此者書生
不深究以識難字爲厭亦可發嗢噱也此則臨汝帖
所刻撮拾四句前句是第四句二句是第三句便見
王輔道之乖舛伯思之譏有由來矣隱綠軒題識
水經注云太和中高祖孝文皇帝南巡親幸比干墓
而加弔焉刊石樹碑列于墓隧矣一　清按是碑文載

太師比干錄及衞輝府志文繁不錄金石錄云碑首
殘缺惟元載字可識今其碑云惟皇構遷中之元載
正以宅洛之歲言之也水經注釋
按高祖孝文帝以太和十八年十一月十九日己
丑自代遷都洛陽先於十四日甲申經比干墓爲
文弔之而刊此碑也碑敘道里所經淇右鄘西商
區衞壤睇川觀陸迢遞詳明惟謂比干爲虛名千
載無勳可揚奚若騰魂遠逝飛足歸昌比肩尚父
同協周王云云則雖哀比干之忠而重違其志矣
當時因感夢旣弔比干復祭嵇紹次年又以太牢

祭比干語在本紀及元澄傳碑陰列諸王從臣八
十二人其後開元封禪摩崖之例殆昉於此歟諸
王之名冠以元字高祖紀太和二十年春王正月
丁卯詔改姓爲元氏据此碑則十八年已著爲元
矣抑或撰文在前書碑陰在二十年之後耶首行
闕三字名存左旁示以魏書列傳證之則咸陽王
禧也禧字永壽高祖長弟太和九年封加侍中驃
騎大將軍將還州加都督冀相兗東兗南豫東荆
六州諸軍事開府如故可補碑之闕也廣陵王元
羽字叔翻高祖次弟太和九年封加侍中征東大

將軍加衞將軍遷特進尚書左僕射又爲太子太
保錄尚書事加使持節兼太尉十八年春羽表辭
廷尉不許碑但稱特進太子太保而已始平王元
勰字彥和亦次弟太和九年封加侍中征西大將
軍轉中書令改封彭城王傳無改封之年据碑則
當在十八年後矣任城王元澄字道鎮乃任城王
雲長子襲封加征北大將軍梁州刺史加侍中轉
征東大將軍開府徐州刺史後徵爲中書令改授
尚書令加撫軍大將軍太子少保兼尚書左僕射
從幸鄴宮除吏部尚書還洛後兼右僕射今碑但

稱兼尚書右僕射吏部尚書而已北海王元詳字
季裕高祖弟太和九年封加侍中征北大將軍後
拜光祿大夫兼侍中從南伐爲散騎常侍轉祕書
監趙郡王幹薨行司州牧除護軍將軍兼尚書左
僕射碑但稱散騎常侍而已長樂公馮誕尚高祖
妹樂安公主拜駙馬都尉侍中征西大將軍平南
王又除儀曹尚書罷庶姓王誕爲侍中都督中外
諸軍事中軍將軍特進改封長樂郡公十六年爲
司徒加車騎大將軍太子太師碑但稱侍中司徒
公都督中外諸軍事太子太師駙馬長樂郡開國

公而已李堅秦松竝見閹官傳堅字次壽高陽易人高祖遷洛授爲太僕卿世宗初拜光祿大夫數年卒碑則云光祿大夫録太僕少卿是堅在高祖朝已拜光祿大夫矣史與碑不合松不知其所由太和末爲中尹遷長秋卿賜爵高都子碑則已云中常侍中尹高都子矣不待太和末也游肇字伯始明根之子廣平任人高祖初爲內祕書侍御中散司州初建爲都官從事轉通直郎祕閣令遷散騎侍郎典命中大夫遷太子中庶子正與碑合碑之見於史者如此餘若大野懃万忸于勁侯莫陳

蓋乙旃恬乙旃免郁久閭麟万忸乎䓖万忸乎吐拔乙旃阿各仁侯呂阿倪叱羅吐□若干侯莫仁乙旃應仁吐難萇命郁久閭敏伊婁願莫耐婁悅乙旃侯莫干万忸乎澄拔拔臻魏書官氏志有勿忸于當郎万忸于亦郎万忸乎有乙旃氏獻帝命叔父之子孫曰乙旃氏當郎乙旃恬諸人也又有侯莫陳有叱羅有若干有土難當郎吐難有大莫干或郎侯莫干又據魏書傳有侯莫陳悅稱其父爲婆羅門北史傳有叱羅協代郡人附見宇文顥傳周書有若干惠保代郡武川人又有伊婁穆代人隋書又有伊婁謙鮮卑人皆是族事蹟之見于史者餘未有考

始平公造像記

連額高二尺八寸廣一尺七寸四分十行行二十字額題始平公像一區竝陽文正書在洛陽老君洞

夫靈蹤□啓則攀宗靡尋容像不陳則崇之必□方以眞□□於上齡遺形敷于下葉暨于大代茲功厥作比丘慧成自以影濯玄流邀逢昌運率渴誠心爲國造石窟□□系答皇恩有資來業父使持節光□大夫洛州刺史始平公奄焉薨放仰□顔以摧躬□匪烏在□遂□亡父造石像一區願亡父神飛三□智周十地□□

照則万□□□震慧嚮則大千斯□元世師僧父母眷屬鳳翥道場鸞騰兜率若悟落人間三槐獨秀九蕀雲敷五□羣生咸同斯願

太和廿二年九月十四日訖　朱義章書孟達文

始平公造像記額云始平公像一區區字不从土知元寧作堰者俗字也碑寫啟爲啓渴爲渴冢爲塚蕀爲蕀皆別字字之變體莫甚于六朝故備論之也中州金石記

始平公造像記用棊子格陽文凸起石刻所希有也其文稱父使持節缺大夫洛州刺史始平公奄焉薨

放仰缺後云亡父造像一區考隋書元孝矩祖修義
父子均並爲魏尚書僕射孝矩西魏時襲爵始平縣
公然則此記始平公當太和時或子均爲修義所建
與授堂金石跋
按魏書汝陰王天賜傳和平三年封汝陰王第五
子修義字壽安肅宗初二秦反假修義兼尚書右
僕射西道行臺行秦州事爲諸軍節度後爲雍州
刺史卒於州謚曰文子均位給事黃門侍郎是修
義之子名均不名子均且亦不爲尚書僕射與隋
書與北史修義傳所載歷官與魏書同惟修義之

子均仕魏爲給事黃門侍郎後入西魏封安昌王
位開府儀同三司薨贈司空謚曰平均之子則字
孝規則之弟矩字孝矩西魏時襲祖爵始平縣公
拜南豐州刺史隋文帝時拜少冢宰位柱國賜爵
洵陽郡公又拜壽州總管領行軍總管轉涇州刺
史卒於官謚曰簡以兩書考之修義未嘗有始平
縣公之封而北史乃云孝矩西魏時襲祖爵始平
縣公且矩之父均入西魏封安昌王矩何以不襲
父爵而襲祖爵此北史之可疑者也又修義均矩
俱未嘗爲洛州刺史此碑稱父洛州刺史始平公
又碑立於太和年其時未分東西魏則非西魏時
之始平公或是另一人非即元均及孝矩也吾友
謝蘊山方伯作西魏書亦未加核證俟再考之

孫秋生等造像記

石高五尺六寸廣二尺二寸分兩截上截記十三行行九字下截俱惟那姓名十五行行三十字正書

色子像
大魏太和七年新城縣功曹孫秋生新城縣功曹劉起
祖二百人等敬造石像一區願國祚永隆三寶弥顯有
願弟子等榮茂春葩庭槐獨秀蘭條鼓馥於昌年金暉
誕照於聖歲現世眷屬萬福雲歸洙輪疊駕元世父母

及弟子等來身神騰九空迹登十地五道羣生咸同此
願　孟廣達文　蕭顯慶書
唯那程道起孫龍保衞伯余孫祖德衞辰劉俱韓買賈
念超□□□□□□□
唯那夏侯文德孫洪龍王洪哲孫洪保夏侯文度王洛
州張□□□□□□□
唯那高伯生劉念祖程万宗衞榮方樊肃子王□生和
龍虔□□□諸□□□
唯那孫鳳起夏侯文成劉靈鳳楊佰醜衞天念衞靈剑
韓椽生賈款子賈□□

唯那吳靈□劉曇樂夏侯三郎王樂祖劉仲起高叔齊
禝祖□輩山□走道□
唯那王承□郭志相孫頑孫豐書衞國樹高文照馬佰
遺高珎保方豫州張廿
唯那賈道杜孫鐵懃孫道高珎國孫陽高天保高猕王
天愛楊始宗高□孫笇
唯那馮靈恭李定趙龍樹魏靈功魯伏敬郭靈淵董雀
王洛都董万遮李□檀
唯那傅定香孫狗孫龍起吳龍震吳仲孫方洛州尹文
遠田文安毛洪□楊方

唯那衞方意孫天敬趙光祖姜龍起姜清龍趙天具楊
榮祖趙珎佰諸葛磨佘
唯那米法興司馬雙張顯明倉景珎王文才陶靈珎陶
晉國許靈壽王拔張雙
唯那董光祖衞□□劉洪慶高及祖李肃子彔祖憐趙
醜奴王韻□王雙劉洛
唯那孫侯伯孫壽之孫石荷道成杜万歲趙祖歡宋小
才張万度劉道義宋俱
唯那朱安盛上菅犁上官毛郎衞勝賈苟生麻黑奴賈
龍淵賈雙王董佰壽□

唯那朱祖香解廷儁董伯初
景明三年歲在壬午五月戊子朔廿七日造訖
邑子中散大夫□陽太守孫道務
寧遠將軍中散大夫潁川太守安城　□白犢
按此碑記新城縣功曹孫秋生等二百人造像之
事魏書地形志高陽郡領縣九新城其一也碑中
所列姓名皆稱維那惟孫道務一人稱邑子所造
者又係佛像而額題邑子像三字孫道務及安城
□白犢二行分刻額上邑子像三字之左右義皆
不可曉魏書釋老志若爲三寶巡民教化者在外

齎州鎭維那文移在臺者齎都維那等印牒然後
聽行違者加罪又翻譯名義南山之聲論翻爲次
第謂知僧事之次第寄歸傳云華梵兼舉也維是
綱維華言也那是梵語刪去羯磨陀三字也僧史
略云梵語羯磨陀那譯爲知事亦云悅衆謂知其
事悅其衆也稽其佛世飲光統衆於靈鷲身子涖
事於竹林音義指歸云僧如網假有德之人爲網
繩也隋智琳潤州刺史李海游命琳爲斷事綱維
還後寺立三綱上座維那典座也此碑稱維那因
附詳于此造像始於太和七年訖於景明三年相

距二十年歷時爲已久矣

比邱法生造像記

石高一尺五寸五分廣一尺四寸五分十一行行十三字正書

夫抗音投澗美惡必酬振服依河長短交目斯乃德音道俗水鏡古今法生儆逢　孝文皇帝專心於三寶又遇北海母子崇信於二京妙演之際屢叨末筵一降淨心忝充五戒思樹芥子庶幾須弥今爲　孝文并北海母子造像表情以申□□□生□始王□□□凤□歸功帝主万品衆生一切同福

魏景明四年十二月一日比邱法生爲　孝文皇帝并北海王母子造

按碑爲景明四年十二月立末題比邱法生爲孝文皇帝并北海王母子造考北海王詳字季豫孝文之弟太和九年封北海王其母爲高太妃見魏書北海王傳詳後獲罪暴死沙門之造像求福亦何益哉

石門銘

銘高七尺四寸廣九尺二寸二十八行每行二十二字正書

此門蓋漢永平中所穿將五百載世代綿迴屯夷遞作乍開乍閉通塞不恒自晉氏南遷斯路廢矣其崖岸崩淪礀閣堙禘門南北各數里車馬不通者久之攀蘿捫葛然後可至皇魏正始元年漢中獻地衰斜始開至于門北一里西上鑿山爲道□岨□迂九折無以加經途巨礙行者苦之梁秦初附寔仗才賢朝難其人褒簡良牧三年　詔假節龍驤將軍督梁秦諸軍事梁秦二州刺史泰山羊祉建旟嶓漾撫境綏邊蓋有叔子之風焉□天嶮難升轉輸難阻表求自迴車已難開創舊路□□□之勞就方軌之逸詔遣左校令賈三德領□□□□□師□□人共成其事三德巧思機發精解冥會雖元凱之梁河德衡之損躡未足偶其奇起四年十月十日訖永平二年正月畢功閣廣四丈路廣六丈

皆□□棧□□□□及□迴□□□□□二百餘里連輔騈轡而進往哲所不工前賢所輟思莫不夷通焉王生履之可無臨深之歎葛氏若存幸息木牛之勞於是畜産鹽鐵之利紈錦罽毦之饒充□川內四民富實百姓息肩壯矣自非思埒班爾籌等張蔡忠公忘私何能成其事哉乃作銘曰

龍門斯鑿大禹所彰茲巖迥穴肇自漢皇導此中國□奠四方其功伊何既逸且康去深去阻匪閣匪梁西帶汧隴東控樊襄河山雌□□德是強昔惟畿甸今則關

疆永懷□□□在人亡不逢殊績何用再光水□悠□
□(林)□(望)□(幽)長夊凝曉露晝含曙霜秋風夏起寒鳥春傷穹
隆高閣有車轔轔□夷(表)石道駟牡其駟千載絶軌百兩
□(更)新敢刊巖曲以紀□(鴻)塵
魏永平二年太歲己丑正月己卯朔卅日戊申梁秦
典籤太原郡王遠書
石師河南郡□(洛)陽縣武□(阿)仁鑿字
銘後磨崖一段
石刻高二尺八寸五分廣二尺五寸七行行十字九字不等正書
□西壁文後漢永平中開石門今大魏改正始五年爲
永平元年餘功至二年正月訖手開復之年同日永平
今古同前極矣美後之君子異世同聞焉
右魏石門銘云此門蓋漢永平中所穿自晉氏南遷斯路廢矣皇魏正始元年漢中獻地褒斜遂開假節龍驤將軍梁秦二州刺史羊祉開創舊路詔遣左校令賈三德共成其事起四年十月訖永平二年正月畢功其餘文字尚完而其大略如此石門在漢中所謂漢永平中所穿者乃明帝時司隸校尉楊厥所開也厥自有碑述其事甚詳正始永平皆後魏宣武年號也集古錄

右石門銘蓋述龍驤將軍梁秦二州刺史泰山羊祉開通石門之功魏書宣武紀正始四年九月甲子開斜谷舊道郎其事也碑云起四年十月十日至永平二年正月畢功而史書於四年九月者據奉詔之日言之耳北史羊祉傳不書開斜谷道事此史文之闕漏當據石刻補之碑云皇魏正始元年漢中獻地郎梁天監三年也是歲夏侯道遷背梁歸魏梁史書魏陷梁州於二月當得其實魏收史書於閏十二月溫公通鑑據長歷梁置閏在次年正月後遂移於後一年非也潛研堂金石文跋尾

遠無書名而碑字超逸可愛又自歐趙以來不著錄尤可寶貴也序文有云此門爲漢永平中所開郎指鄐君事言之鄐君爲漢中太守甚有功於民而史志家皆不載其人碑又遺其名字余甚惜之關中金石記

按銘序云此門蓋漢永平中所穿將五百載是指漢明帝永平六年癸亥歲漢中太守鄐君所開石門也自漢永平癸亥至魏宣武帝永平二年己丑實四百四十七年云將五百載者約略之詞也集古錄云漢永平中所穿者乃明帝時司隸校尉楊厥所開考楊孟文所開者事在桓帝建和二年洪

氏隸釋有其文非明帝永平中事歐公蓋誤記耳
魏書世宗紀正始元年閏十二月癸卯朔蕭衍行
梁州事夏侯道遷據漢中來降即序所稱正始元
年漢中獻地事銘後別有磨崖一段不著記者姓
名蓋以前後開石門皆在永平年爲異事而記之
也

嵩顯寺碑

碑高六尺七寸廣三尺三寸下截殘缺起末不可辨僅存二十一行行三十一字正書篆額

勑賜嵩顯禪寺碑記
□□□□□□□□□□□□□□□□□□□□□

□□□□□□□□□□缺神□□□□□□□不夜
者也□□□□垂慈暉□□□□□之上久□□□□
缺□□億載之下□□大千□□□□□隱□弗恒□
乎□□□□□常□□□□缺□□□廣□樹應□世
豈□□□道風施□法雨者哉□惟
缺帝陛下纂統重光紹隆□□□□三□道均五□下
□□□□□□□乃□□缺源□□法□慧□既振普
天闍般若之音□□□□率土□□之□□□□□□
缺塲斯□矣自惟啟□異方樹基□□□□□□著姓
□州□□□□□□□□□缺得□聯朝旭昵親□□

內秉□□之□外□□□之□入□□□出□□□□
□缺冲波□津潛液寒□貫春日之□□□□□辰之
蔚□□□□□□□□□□□缺渥而□心冈謝□仰
慕□□報施之□□□聖□□□之旨□□□□□□
□□缺□□□岑□□□□上□冲天之峰下□□□
之險□□□□□□□□□□□缺檗屆□□暐豔琚
成□若□神乃□□□□堅□□□□□□□至□之
□□在缺□世之□千□□□方形□妙葛葛□□喆
喆□□□□□□□□□□□□□缺斯誠冀□□鍾
於□□□□□於道□述□休風遂□頌曰

修哉渾源□化現□□氣既□□□□形紛□競耀□
□□□□□□□□□□缺□□至謨□□□□□□
三界□□大千□□□□□□□□□□弗恒□□□
缺聖皇冲□靈液□□□□□□□□□風□□□□
□□□□□□□□□□□缺□□盛德二后經綸□
光□□□允□臣帝□□□陽□□□□□□□□□□
□缺□□□□峰□□□風雲交□□□□□□□□
□聖容□□樹銘典□□
大魏□平二年歲在己丑四月戊申□八月乙卯□
□□□□□□□

□□□□□□□□□□□

比丘尼法衍造像記

碑横廣八寸五分高七寸五分八行行九字八字正書

永平三年四月四日比丘尼法衍謌用敬心造定光石像一區并二菩□□願永離□□無有苦患願七世父母□緣眷屬現在師□亦□共福□令一切衆生咸同斯慶

仩和寺造像記

石横廣一尺零五分高五寸五分十行行四字至八字行書

永平四年十月七日仩和寺尼道僧晈造弥勒像一區生生世世見佛問法淸信女周阿足願現世安隱一切衆生普同斯願

按字書無仩字寺名仩和無考晈造之晈字亦不可識洛州鄉城老人碑凡淸信女皆只著姓此云周阿足則并著其名也現世安隱揚子方言隱定也玉篇隱安也此云安隱疑卽後人安穩之義

司馬元興墓誌銘

石高二尺五寸廣二尺共十七行每行二十二字正書在孟縣

魏故寧朔將軍固州鎮將鎮東將軍漁陽太守宜陽子司馬元興墓誌銘

君諱紹字元興河内温人也晉河閒王右衞將軍遷散騎常侍中護軍使持節侍中太尉公贈車騎大將軍儀同三司謚曰武王欽之元孫晉河閒侍中左衞將軍使持節鎮西將軍荆州刺史謚曰景王曇之之曾孫晉淮南王祕書監遷使持節鎮北將軍徐兗二州刺史晉祚流移姚授冠軍將軍殿中尚書大魏蒙授安遠將軍丹陽侯贈平西將軍雍州刺史謚曰蕳公叔璠之孫寧朔將軍宜陽子關騎府從事中郎鎮西將軍畧陽王府長史道壽之子君夙稟明瑱纂承徽烈洪業方隆生志未遂以魏太和十七年歲次戊申七月庚辰朔十二日

壬子薨於苐以永平四年歲次辛卯十月癸亥朔十一日癸酉遷葬在温城西北廿里記之

遥哉遠裔緬矣鴻胄承荐紹夏作賓於周貞明代襲奕世宣流誕生夫子剋纂徽猷崇基方構嘉業始脩蘭摧始夏桂折未秋感戀景行式述遺烋

右魏司馬元興墓誌銘與後司馬景和妻墓誌銘司馬景和墓誌銘司馬進宗墓誌銘於乾隆二十年閒同時出土其地在今縣東北八里葛村並父子夫婦宗族合葬於此故其出亦同時也諸誌初出爲縣學生張大士購得其三復有韓姓者買得是誌以贈河

內劉姓今自劉姓轉入孫姓人家孟人欲贖歸不得僅宛轉搨得紙本因載其文如右碑誌稱元與爲河內温人葬於温城西北廿里按太平寰宇記云古温城在温縣西南三十里周司寇蘇忿生邑漢爲縣東魏天平中移縣於古城東北七十里隋大業十三年又移於今理温縣志亦同云古温城即今所謂樂安寨者是也以里數地望考之葛村正在古温城西北二十里蓋後此三十年温縣始移而此則正在其未移之前者也又其時河陽城在野戍似以溴爲界故此地屬温厥後孟州城移于今所則以沇爲界地遂

爲孟境矣是可想見昔之疆域焉又按此誌序其世系甚詳其所云武王欽者見於晉書河間王司馬顒傳末蓋元帝以嗣河間者但官階不具唯穆帝紀永和九年書遣太尉河間王欽修復五陵及哀帝興寧元年三月書散騎常侍河間王欽薨而已其右衛將軍中護軍使持節侍中及贈謚皆略而不載又所謂景王曇之者亦見於孝武帝紀太元九年十月所書河間王曇之薨而已其官階贈謚俱不見焉是此誌云云足補晉書之缺略至云簡公叔璠者魏書本傳亦稱父爲曇之及歸魏爲安遠將軍丹陽侯至誌所

云在晉爲淮南王祕書監鎮北將軍并刺徐兗二州及在姚秦爲殿中尚書入魏有卒後贈謚則魏書北史皆缺而不載而於其長子靈壽之卒則又載其贈謚是史疎而此密又魏書載道壽爲寧朔將軍丹陽侯而誌所云爲驃騎府從事中郎鎮西將軍略陽王府長史魏書皆略而不載則史略而誌詳也又魏書云道壽長子元興襲父爵則似但名元興者而誌稱諱紹字元興是尤足正史氏之誤焉又誌稱永平四年歲次辛卯者在南朝當梁武帝天監十年與史相應唯所稱魏太和十七年歲次戊申者則作誌者之

誤按通鑑太和十七年當齊武帝永明十一年係癸酉而非戊申又所云七月庚辰朔十二日壬子薨者以庚辰推之十二日當云辛卯此云壬子皆誤究其所以蓋自太和十七年薨至永平四年遷葬前後相距已十九年故追書而誤耳其誌石殊無損剝書跡廉悍勁折饒有筆力於南朝可敵王僧虔自可稱爲佳書令其石雖已轉徙然孟地乃其自出故既載其文復屬湯子令名以校志之暇重摹入石存其筆意庶與現存後魏諸刻仍聚斯境而孟人亦不歎舊石之相去轉遠也文內別體如毀儀𥟖徒騶㮚之類皆依石本精校非訛寫 孟縣志

右銘題云魏故寧朔將軍固州鎮將鎮東將軍漁陽太守宜陽子司馬元興墓誌銘而文中絕無一言及其官位以題已著之也古人文字之簡如此後代罕知此法矣考晉書河間王欽之名僅於河間王洪河間王遐兩傳內一再見至欽子曇之則晉書並未見其名魏書司馬叔璠傳敘其父曇之爲河間王又不言曇之爲欽子得此碑可補晉書之脫漏碑稱欽謚武曇之謚景叔璠謚簡亦晉魏二書所未及載也元興嘗爲固州鎮將考魏書地形志無固州之名惟析州有固郡其即固州與否俱未可知碑書儀使脩諸

字皆從彳旁以驃爲騶以休爲烋以遙授爲姚授皆異文 潛研堂金石文跋尾

魏司馬氏誌石近爲吾友魚山所得者凡有四惟元興及景和兩誌以土人祕不肎出僅自得一拓本又不忍獨藏遂用油紙影摹寄余按其文云云考晉書河間平王洪傳內有河間王欽今誌文所云元興謚武王欽之元孫即其人然史未嘗著其詳則史之疎也魏書司馬叔璠傳但云父曇之亦不載其歷官贈謚至云司馬德宗河間王桓元劉裕之際叔璠與兄國璠北奔慕容超後西投姚興裕滅姚泓北奔屈丐世祖平統萬兄弟俱入國按之誌文晉祚流移姚授冠軍將軍殿中尚書則當叔璠西投姚興時其官階所歷已如此矣又誌文云大魏蒙授安遠將軍丹陽侯與史傳同其贈平西將軍雍州刺史謚曰簡公傳更未之及叔璠次子道壽史載其爲寧朔將軍宜陽子與誌文合惟誌言驃騎府從事中郎鎮西將軍略陽王府長史傳亦略而不書宜皆取徵于此文也元興亦見魏書但云道壽長子元興襲父爵而已今誌石題首魏故寧朔將軍固州鎮將鎮東將軍漁陽太守宜陽子史指其襲父爵以寧朔將軍宜陽子並與

道壽父爵同也然誌文云君諱紹字元興史錄其字而佚其名其爲缺記豈小失也哉別體字驃作騶秉作稟頻作頑克作尅休作烋 授堂金石跋

按此碑敘高曾祖考歷世官爵潛研授堂二跋考之已詳此文序與銘共約三百字而敘先世銜名居其十之六敘司馬元興本事只夙稟明頴纂承徽烈洪業方隆生志未遂十六字而已下敘卒葬年月末云記之後有銘詞不加銘曰二字皆與他碑異式又按炙轂子曰齊王儉云石誌不出禮典起宋元嘉中顏延之爲王琳作石誌以其無銘誄

故以紀行自爾遂相祖習盎南朝禁墓誌故僅載
其官爵不敘功勳昶自得保母磚後始得此碑耳
又按三代時廟碑以麗牲墓碑以下窆故各有圓
穿而無文字世所傳孔子題吳季札墓碑僞妄殆
不足信嬴秦石刻亦皆摩崖爲之未聞別豎碑石
也西京雜記稱前漢杜子春臨終作文刻石埋於
墓前博物志載西京時南宮寢殿有醇儒王史威
長葬銘此實志銘之始今皆不傳王史威長之銘
止八句三十二字則亦如趙岐刻石僅識時代姓
名之類東漢碑額皆書某君之碑惟曲阜孔君碑

出于墓中額止孔君之墓四字其即如後世之墓
志歟然敘事文頗簡質與他漢碑無異蓋志石高
不過二三尺橫亦如之壙中爲地甚隘所容止此
故其爲文不過略敘生平梗槩使有陵谷變遷之
日後人可以識其墓處覘其行誼而已若文繁卽
不能大書深刻刻之亦易致磨泐固與神道碑墓
表墓碣舉事直書暢所欲言者其例各殊矣魏晉
之文尚仍古法六朝則純尚駢體雖文采華贍而
史家據以作傳轉多失實唐之初盛尚沿舊制韓
柳諸公所撰志文亦皆敘事肅括言簡意該故昌
黎集中惟韋丹墓志篇幅稍長餘皆無過千字者
以之勒石納壙猶恢乎有餘也唐末間多千字以
外之文而北宋蘇氏弟兄出遂有至四五千字者
此則斷難刻置墓中故碑志爲二蘇所撰無出土
者卽今所見諸志亦無冗長如蘇文者或當時刻
之立於壙外或橫卧於柩旁然何以終不傳於後
世或竟撰文存集而實未鐫刻者皆不可知矣明
王止仲著墓銘舉例所取惟十五家之文未有拓
本故秀水朱氏欲舉漢魏六朝金石各例以補其
未備昶嘗取前代諸碑志攷之有載遠近祖父世

系及弟兄妻子並子孫女孫女敘述不同葬地有
書有不書或書而不詳或不書卒時年月或不書
葬時年月而所配合葬與否亦詳略互異細推其
故蓋漢魏時墓志墓碣等文原無程式晉宋齊梁
各代又尠刻石之事獨北魏人頗多志墓者然其
時屢經喪亂地盡邊圉所志者大抵武臣悍卒或
出自諸蕃而田夫牧隸約畧記之其書法不參經
典草野粗俗無足怪者卽隋唐諸志其撰文察書
不必定爲通儒煩蕪鄙陋之作雜出其間不能盡
足爲例也昶錄此編既已各載全文其中敘事繁

簡銘詞長短及書題前後空格跡密悉仿原刻其
錄好古者擇而取之當亦知所從事矣因跋司馬
誌後謹述其故以詢後之君子

安定王造像記

石横廣一尺五寸高一尺四分十五行行十字正書在洛陽龍門

華州刺史安定王造石窟像記
皇魏永平四年歲次辛卯十月十六日假節督華州諸
軍事征虜將軍華州刺史安定王仰爲亡祖親　大妃
亡考太傅靜王亡妣蔣妃敬造石窟一軀依㲉裒宇刊
崇冲室妙鐫靈像外相顯發工績㲉儀凝華□極敬恃

此福上資先尊□使捨此塵軀卽彼眞境□□六通□
矚□□値遇□□早登十地又　居□□□□祥照□
永作山河□□□□世一切含生普同□願

魏書安定王休傳云蠕蠕犯塞出爲使持節征北大
將軍撫冥鎭大將休身先將士擊虜退之入爲内都
大官遷太傅及開建五等食邑二千戶薨謚曰靖王
卽此所謂太傅靜王也靖靜同字傳又云次子燮除
下大夫世宗初襲拜大中大夫除征虜將軍華州刺
史卽造像人官爵悉合史無假節督華州諸軍事乃
其疏記文皇魏字從委鬼聲與古文合俗皆省山又
云依巖裒宇以裒爲抱亦用古字惟宇作㝃謬甚中州金石記

按魏書列傳景穆皇帝十四男次於第十三者卽
安定靖王休也王爲孟椒房生碑所稱亡祖親□
太妃者乃孟太妃也休以太和十八年薨下距造
像時永平四年又十八年矣次子燮以世宗初襲
父爵故題稱華州刺史安定王

劉洛眞造像記

石不知高幾許記十一行行八字

延昌元年歲次壬辰十一月丁亥朔四日淸信士弟子

劉洛眞兄弟爲亡父母敬造弥勒像二區使亡父母託
生紫微安樂之處逮願七世父母師僧眷屬見在居門
老者延年少者益筭使法□□生一時□佛咸願如是

張相隊造像記

像高二尺三寸廣一尺四寸記刻于座上十二行行四字五六字不等正書

延昌二年歲在癸巳三月乙卯朔廿九癸未相爲眷屬
造天尊一匾願大小□從心息男胡女息男□□息女
羅朱胡妻楊興女
道士張相隊　相妻姚□姬　相妻□□□

金石萃編卷二十七終

賜進士出身　誥授光祿大夫刑部右侍郎加七級王昶譔

北魏二

司馬景和妻墓誌銘

石高廣各二尺二寸八分二十一行行二十一字正書在孟縣

魏代揚州長史南梁郡太守宜陽子司馬景和妻墓誌銘

夫人姓孟字敬訓清河人也蓋中散大夫之幼女陳郡府君之季妹夫人資含章之淑氣稟懷穀之奇風芬芳特出英華秀生婉問河洲跋鍾千里年十有七而作嬪

於司馬氏自笄髮從人撿無違度四德孔脩婦宜純備奉暘姑以恭孝興名接娣姒以謙慈作稱恒寬心靜質卑戒物執謹言慎行動爲人範斯所謂三宗厲姬九祑承覲者矣又夫人性哀妒妃多於容納毀桃夭之宜上篤小星之逮下故能慶顯螽斯五男三女出入閨闈諷誦崇禮義方之誨既形幽閑之教亦著然盡力事上夫人之懃夫婦有別夫人之識捨惡從善夫人之志內宗加密夫人之恤姻於外親夫人之仁夫人有五器而加之以躬撿節用豈悟天道無知與善徒言享年不永凶旨橫集春秋卌有二以延昌二年夏六月甲申朔廿日癸卯遘疾奄忽薨於壽春嗚呼哀哉粤三年正月庚戌朔十二日辛酉歸窆於鄉墳河內溫縣溫城之西寔以營原輿轜寒野成丘故式述清高而爲頌云

穆穆夫人乘和誕生蘭薰蕙㮚玉潤金聲令問在室徽音事庭方孚洪烈範古流名如何不淑早世但傾思聞後葉刊石題誠

右司馬景和妻墓誌銘首稱魏代或以代爲朝代之代非也按集古錄太武太延五年大代修華嶽廟碑跋云魏自道武天興元年議定國號羣臣欲稱代而道武不許乃仍稱魏自是之後無改國稱代之事而

魏碑數數有之碑石當時所刻不應妄但史失其事爾由是言之史家闕謬可勝道哉金石錄云余按崔浩傳云方士初纖奏改代爲萬年浩曰昔太祖道武皇帝應期受命開拓洪業諸所制置無不循古以始封代土後稱爲魏故代魏兼用猶彼殷商蓋當時國號雖稱爲魏然猶不廢始封故兼稱代爾今按此所云魏代正是代魏兼用之義足與史書相發又按後魏太安二年中嶽廟碑內有太代應期之語亦可明此所謂代非朝代之也　又此誌所述事迹其體頗似加九錫文竊以謂此是司馬家風故相沿以施

之於巾幗爾又其書體多出創意如妻作㛂稟作廩
從作従舉作𦥯疊作叠之類幾難枚舉益皆不合六
書之義然後魏書碑亦往往而是此自是一種風氣
不必深論也若其筆跡之佳及深得書家三昧政如
黃山谷評楊風子書所謂散僧入聖者當爲魏碑中
佳刻然初觀殊不可喜又此石雖存然較之三十年
前搨本已多損剝良由石質脆薄多拓定不能久耳
石方尺六寸厚僅二寸許云孟縣志
沈進士嵩門以所藏魏人墓誌見示按其文題曰魏
代揚州長史南梁郡太守宜陽子司馬景和妻墓誌

銘以延昌三年正月辛酉葬而爲頌題稱銘而文稱
頌題不著其妻姓而文但曰中散大夫之幼女陳郡
府君之季妹亦不著其父兄之名皆金石例所未舉
雖漢碑有之然非正也魏自有晉懷愍之世始封於
代踰九十年乃詔以國號爲魏而此文猶以魏代爲
稱則其不忘本始之意亦可見矣文多别體蓋北朝
習俗相沿使然爾翁方綱跋
誌銘題首云魏代揚州長史南梁郡太守宜陽子司
馬景和妻其文首云夫人姓孟字敬訓清河人也以
延昌三年自壽春歸葬鄉墳河內温縣温城之西玆

魏書崔浩傳以始封代土後爲魏故代魏兼用猶彼
殷商今此誌題魏代與傳文正相符契然以推之道
武帝紀天興元年羣臣言國家萬世相承啓基雲代
應以爲號帝下詔宜仍先號以爲魏則當時改號稱
代帝實不從而魏修中嶽廟碑于大代太和兩見太
和二年始平公造像記亦云暨于大代太和七年孫
秋生造像記首題大代以例誌文兼號魏代此必史
氏之疎又不悟其紀傳自相戾也石近爲馮戸部魚
山搜出已載入孟志所論與余合又别體字稟作廩
笄作筓備作偹族作𫕥寡作𡨜姤作姤疊作叠授堂金石

跋
按魏書傳司馬叔璠爲晉安平獻王孚之後晉末
入魏以安遠將軍丹陽侯卒子靈壽道壽道壽爲
寧朔將軍封宜陽子長子元興次子仲明元興子
景和官給事中稍遷揚州驃騎府長史清河內史
正光元年卒贈左將軍平州刺史與志皆合然書
稱元興襲父爵不書景和襲爵豈史之疎歟魏孝
明延昌二年爲梁天監十二年時梁魏搆兵于淮
南諸郡而壽春扼其衝且是年五月壽陽大水城
不沒者三版干戈俶擾之際乃能從容歸葬又作

銘以示後人夫人不可謂非幸也然是時距正光
元年不及十年而景和亦已殁矣北史旣不載景
和魏書亦不載景和之子此誌雖有五男三女之
文名皆不著頗恨其過簡然字畫古質可喜往往
有隷意尤多别體爲魏晉南北朝所罕見者第自
來金石書皆不著録不審其石何在也沈子嵩門
以拓本見示完好可誦因考而書其後嵩門名景
熊仁和縣舉人成進士爲予小門生現任貴州印
江知縣

尹静妙造像記

石不計尺寸記七行行四字五字三字不等

延昌四口八月辛未朔廿九日已亥淸信女尹静妙口
一切衆生造

松滋公元萇温泉頌

碑連額高五尺五寸廣三尺二十一行每行計三十字正書篆額在臨潼縣靈泉觀

魏使持節散騎常侍都督雝州諸軍事安西將軍雝州
刺史松滋公河南元萇振興温泉之頌
夫駕輕煙勒麟鳳駛及奔星走攀流月蟬變羽化之民
飡霞口口之士斯蓋有道存焉固非人事之所覩覬至
若泥行水驟血食之夫輿沒自天去來非已寸陰口於

朝露百齡迅於滅電一物不諧則胈贅以生庶事不康
則風火以敗故聖王口百姓之多痾撰藥石以濟之造
化愍蒼生之鴆毒設甘餌以救之蓋温泉者乃自然之
經方天地之元醫出於河渭之南泄於麗山之下淵華
玉澈口淸瓢刃靈感超異峻極不測無樵薪之爨而揚
湯沸於楚鑊無公蒜之探而寒暑調於夏鼎高塘之雲
朝舞於水湄巫山之雨夕收於淵際青林碧草含露而
通岸香風蕙色列口而環渚於是左湯谷右濛汜南九
江北瀚海千城万國之氓懷疾枕痾之口莫不宿粮而
來賓療苦於斯水但上無尺棟下無環堵悠悠君子我

將安泊孤忝發軔咸池分條紫漢道屬昇平弱年敭仕
旣歷通顯朝望已隆爰自常伯出居分陝地兼陸海之
饒寵厚封君之室而報天之効無聞卹民之譽安在每
思傾口微衷深責以爲斯泉天實畀之而人略未俻迺
斸山開鄣因林構宇遂館來風淸簷駐月望想煙霞遲
羽衣之或顧頗言多士愬曰兹以蕩穢迺作頌曰
皇皇上靈愍我蒼生泌彼温泉于此麗川其水剋神剋
神剋聖濟世之醫救民之命其聖伊何排霜吐旭其神
伊何吞朊去毒無藉烟炭誰假樵木湛若虞淵沸如湯
谷東枕華山西拒咸陽連疇接畛墟落相望彩林爭翠

茉樹成行香風且起文霞夕張眄彼麗山望想千里迺
作高堂鴻飛鳳起三輔之英五都之士慕我芳塵爰居
爰止其德旣酋其聲旣遠金華屑桂春山九轉目放羣
羊手□□犬控鴿來思俊我□堂而

碑側題名

側廣八寸二行行六字行書

眞淨子屢觀此碑裵徊不能去

又 四行行五字隸書

大定壬寅仲冬十二日棲雲老人遊此子宗傑侍行

碑額三十六字字體奇詭不知所自云魏使持節散

騎常侍都督雍州諸軍事安西將軍雍州刺史松滋
公河南元萇振興溫泉之頌萇于孝文時以代尹除
懷朔鎮都大將宣武時爲北中郎將帶河內太守歷
侍中雍州刺史是碑所作當在宣武時也本傳稱萇
襲爵松滋侯例降侯賜艾陵伯降侯爲伯在孝文大
統十六年是碑仍稱松滋者當是尊崇其世爵故不
及其所降之爵也亦俗情如此耶關中金石記

按元萇傳魏書與北史文同傳稱元萇高祖時襲
爵松滋侯例降侯賜艾陵伯高祖遷都以代尹留
鎮除懷朔鎮都大將世宗時爲北中郎將帶河內

太守歷位度支尚書侍中雍州刺史卒謚曰成子
子華襲爵孝莊初除齊州刺史碑額題使持節散
騎常侍都督雍州諸軍事安西將軍當是刺史結
銜之例如此傳從略也初襲松滋侯降賜艾陵伯
而碑額題松滋公姑無論當稱降爵不當仍侯且
松滋之封自萇之曾祖始累世承襲皆是侯爵未
嘗稱公則此題松滋公所未詳也降侯爲伯孝文
時制以非太祖子孫王降爲公公降爲侯侯降爲
伯子男萇之始封祖上谷公紇羅乃神元皇帝之
曾孫在降封之例事在孝文太和十六年關中記

謂大統者似偶誤也水經注渭水逕新豐縣故城
北東與魚池水會池水又西北流水之西南有溫
泉世以療疾三秦記曰麗山西北有溫泉祭則得
入不祭則爛人肉俗云始皇與神女游而忤其旨
神女唾之生瘡始皇謝之神女爲出溫水後人因
以澆洗瘡碑所記大致皆合且因有神女之事文
故云高塘之雲朝發於水湄巫山之雨夕收於淵
際蓋亦以豔語敷之也又云上無尺椽下無環堵
迺翦山開郭因林構宇遂館來風清簷駐月然則
溫泉之有室自元萇始矣文內元萇自稱爲孤他

碑罕見覼縷今俗作覼縷碑書作覶覼樵蘇之爨
爨作爨易鼎卦覆公餗餗作𩜾高唐之雲作高塘
存䣼去毒䣼與鴆通也乃書作肬西亘咸陽作西
摳其德既遒作既酋皆別體也碑無年月元萇為
雍州刺史傳亦不詳何年傳稱其為河內太守在
世宗時其子除齊州刺史在孝莊初則以此碑附
於世宗之末為宜矣碑側二行皆後人所題一無
年月一為金大定二十二年壬寅歲也

楊大眼造象記

碑連額高三尺九寸廣一尺七寸四分十一行行廿三字正書額題邑子像三字亦正書在洛陽伊闕

邑主仇池楊大眼為孝文　皇帝造象記
夫靈光弗曜大千懷永夜之□□蹤不遺葉生啥靡遵
之憾是以如來應羣緣以顯迹爰暨□□□像遂著降
及後王茲功廱作輔國將軍直閤將軍□□□□梁州
大中正安戎縣開國子仇池楊大眼誕承龍曜之資遠
踵應符之胤禀英奇於弱年挺超羣於始冠其□也垂
仁聲於未聞揮光也摧百万於一掌震英勇則九宇□
馬存侍納則朝野必附彭王衢於三紛掃雲鷁於天路
南穢既澄震旟歸闕軍次□行路逕石窟覽先　皇之
明蹤覩盛聖之麗迹矚目□霄泫然流感遂為孝文

皇帝造石像一區凡及衆形囙□俻列刊名記功示之
云尒　武

大眼武都氏難當之孫魏書有傳碑云輔國將軍直
閤將軍□□□□梁州大中正安戎縣開國子官與
史合史惟不及梁州大中正及安戎為安成傳寫之
誤耳碑云彭王衢於三紛掃雲鷁於天路寫清為彭
鯨為鷁皆別字又云南穢既澄震旟歸闕旟即旅字
其寫含為唅稟為稾覽為覽矚為瞩功為㓛皆別字
末有武字似下有年號未了中州金石記
記首題邑主仇池楊大眼為孝文下缺以記後文證之

知其為孝文帝造石像作也大眼書官云輔國將軍
直閤將軍下缺四字梁州大中正安戎縣開國子北史裴
叔業以壽春內附與奚康生等率衆先入以功封安
成縣子除直閤將軍出為東荊州刺史以此記相較
蓋鈇錄為輔國將軍不如魏書之詳魏書除直閤將軍尋加輔國將軍
而梁州大中正失載及安戎之訛安成則兩史並
誤脫也記又云南穢既澄震旅歸闕案是時為宣武
初裴叔業內附所謂南穢者卽當指此然則此記正
記於宣武時也記後文單書一武字莫曉其指書勢
尤礫卓魏石刻亦希見授堂金石跋

魏靈藏造像記

碑連額高三尺九寸五分廣一尺七寸四分十行行廿三字正書額題魏靈藏薛法紹釋迦像九字在洛陽伊闕

夫靈跡誕遘必表光大之迹玄功既敷亦標希世之作
自雙林改照大千懷綴暯之悲慧日潛暉含生銜道慕
之痛是以應眞悼三乘之靡遷遂騰空以刊像爰暨下
代茲容厥作鉅鏕魏靈藏河東薛法紹二人等乘豪光
東照之資闡兜率翅頭之益敢 輒磬家財造石像一
區凡及衆形罔不備列顚乾祚興遐方朝貫顚藏等
挺三槐於孫峰秀九蕀於華苑芳實再繁琰𢡟獨茂合
門榮葩福流奕葉命終之後飛逢千聖神飈六通智周
三達曠世所生元身眷屬捨百鄣則鵬擊龍花悟無生
則鳳昇道樹五道群生咸同斯慶

陸渾縣功曹魏靈藏

字體似楊大眼記琰𢡟即荆條別字也又寫標爲檦
哈爲含希爲斋求爲尗豪爲蒃牽爲𤿎棘爲蕀 中州金石記

記所言蓋靈藏法紹二人自爲祝釐之詞皆誕妄無
稽不自悲其愚也別體字痛作㾏鹿作鏕 授堂金石跋

齊郡王祐造象記

石高廣並一尺六寸十五行行十六字正書

夫玄宗沖邈跡遠於鹿閑靈範崇虛理絕於埃境若不
圖色相以表光儀尋聲教以陳妙軌將何以依希至象
髣髴神功者哉持節督涇州諸軍事征虜將軍涇州刺
史齊郡王祐體蔭宸儀天縱淑茂逵成貴之通途識眞
假之高韻精善惡二門明生滅之一理資福有由歸道
無礙於是依雲山之逕狀鄣林水之仙區蔵神像於青
山鏤禪形於玄石締慶想於幽津結嘉應於冥運乃作
銘曰

芒芒玄標眇眇幽宗靈風潛被神化冥通舟輿爲本屬
濟爲功德由世重道以人鴻臨觀淨境□絕□□圖形
泉石構至雲松□□□□□□□福田有慶嘉應無
窮

熙平二年七月廿日造

右涇州刺史齊郡王祐造像記文稱體蔭宸儀天縱
淑茂蓋魏文成帝之孫齊郡王簡之子也北史作祐
蓋傳刻之譌其官征虜將軍亦史所失載濟疑即濟
字 潛研堂金石文跋尾

按魏書列傳文成皇帝七男第四郎簡以太和五
年封齊郡王薨謚曰順子祐字伯授襲封位涇州

刺史甍謚曰敬攷簡之甍在孝文帝太和二十三
年則祐之襲在宣武帝時造像在孝明帝熙平二
年距襲封又十八年矣碑無作記者姓名玩其文
曰體蔭宸儀天縱淑茂云云非祐自述語殆他人
勒銘以記者也下文云精善惡二門明生滅之一
理善惡下似當有之字又銘云圖形泉石構至雲
松至似當作室想刻本訛脫也

刁遵墓誌

碑高三尺二寸廣二尺八寸二十八行每行三十三字正書今在南皮高氏

魏故使持節都督洛兗州諸□□□□□

高祖協元亮晉侍中尚書左僕射□□□□□□□□
□□□□□□□□□□□□□ 夫人彭城曹氏 父
叢晉梁國巳□□□□□□□□□□□□ □□□
□□□ 曾祖彝太倫晉侍中徐州牧司空園陽□□
□□□□□□□□□□□□□□□ 祖暢仲遠晉
中書令金紫左光祿大夫□平□□□□□□□□
□□□□□□ 父雍淑和皇魏使持節侍中都督揚
豫兗徐四州□□□□□□□□□□□□□□徐豫
冀三州刺史東安簡公 夫人琅耶王氏 父□□□
□□□ □□□□□ 公諱遵字奉國勃海饒安人

也姓氏之興錄於帝裔中葉□□□□□□□□□□
□廣淵謨明有晉祖父以忠肅恭懿聯輝建□□見者
世往傳開□□□□□□□□□□之外不復銘於幽
泉也公稟惟岳之靈挺基仁之德忠□（孝）本於立□□□
□□□□□以小節而求名無虛譽以眩世少能和俗
於人無際但昂然愕然者亡（也不）□□□□□侍中中書
監司空文公高允皇代之儒宗見而異之便以女□（妻）焉
太和中四□□□□尋拜魏郡太守寬明臨下而德洽
于民正始中徵爲太尉高□□諮議參軍□□□□（王事）有
古人之風器而禮焉俄而轉大司農少卿均節九賦以

豐邦用莅事未朞遷使持□都督洛州諸軍事龍驤將
軍洛州刺史公之立政惠流兩壃平陽慕化辟地二百
方一江汚成功告老上天不吊忽焉降疾熙平元年秋
七月廿六日春秋七十有六甍于位朝廷痛悼百寮追
惜贈使持節都督兗州諸軍事平東將軍兗州刺史侯
如故加謚曰惠禮也惟公爲子也孝爲父也慈在臣也
忠居藩也治兄弟穆常棣之親朋友著必然之信尊賢
容衆博施無窮載仁抱義行藏罔滯溫恭好善棄榆瀰
篤小子整等泣徂年之箭駿痛龜筮之告祥奉靈輀而
號慟遷神柩於故鄉以二年歲次丁酉冬十月己丑朔

昆得舊拓本有碑陰另録於右

九日丁酉窆於饒安城之西南孝義里　皇考儀同簡
公神塋之左松門水闕深扃長鍵庶鐫石於下壤仰誌
㥁於幽泉其辭曰
彼彼緜胄帝儁之韡驛代貞賢自唐暨晉明哲迭興忠
能繼儁在洛雲居徂楊岳鎮氛鯨輿虐金韡道亡於昭
我　祖違難來翔位班鼎列朝望斯光顯顯懿德　孝奉
構腰璜依仁挺信據德樹明紐龜出守入讚台衡惠霑
千里道懋槐涯清風遠被徽音遠盈曰登農戢播稼是
司魏巍高廩禮教將怡邊城侯捍戎氓佇治秉祇肅命
董牧宣威方叔剋莊燕莫遐齡庶乘和其必壽泣信順

而徂傾攀號予罔訴摧裂予崩聲銘遺德予心巨糜刊
泉石予慟深扃　夫人同郡高氏　父允侍中中書
監司空咸陽文公
右魏刁遵墓誌遵雍之子也誌載遵歷官始末與魏
書刁雍傳略同惟本傳云遵襲爵太和中例降爲侯
而前叙雍事但云賜爵東安侯別無進封之文不知
何以云例降蓋傳文有脫誤爾遵有子十三人誌惟
云小子懃等（懃其第三子）（懃卽整字）不及諸昆弟之名蓋遵沒時整兄
楷尚俱已先卒古人文字之質而簡如此而諸弟姪
不以不列名爲嫌又微古風之淳厚也誌列三世官

爵于首似行狀之式而銘詞之後别云夫人同郡高
氏云云皆墓誌之變例也廣韻及通志氏族略並引
風俗通以刁氏爲齊大夫豎刁之後此誌云彼彼（卽悠）
字緜胄帝儁之允驛代貞賢自唐迄晉不知何所据
徧檢字書亦無儁字（潛研堂金石文跋尾）
雍正間南皮縣刁公樓耕人得此誌于刁氏墓中缺
其一角（竹崦盦金石目録）
同里金二質甫守天津余客清苑一日寄余後魏人
墓銘拓本且云石在南皮不知何時出土有樂陵諸
生攜以去今訪至其家搨得十本以其一見示屬爲

考之余閱其文簡淨書復遒媚惜其石右下殘闕不
知誰氏墓也誌稱魏洛州刺史諱遵勃海饒安人前
列四世高祖協曾祖彝祖暢皆仕晉父雍始仕魏余
因詳稽書史而知遵者刁遵也刁協在晉元帝時爲
尚書令而見疾於王敦敦之構逆也上疏罪協帝使
協出督六師及石頭之敗協行至江乘爲人所殺送
首于敦敦平後協子彝乃斬仇人黨以首祭協墓由
是知名歷徐兖二州刺史鎮廣陵卒官彝三子逵暢
宏而暢爲始興相桓靈寶以暢爲右衛將軍（魏書及北史刁雍傳俱稱暢爲晉右衛將軍）劉裕起義暢乃伏誅宋書本紀云高

祖家貧常負刁逵社錢三萬經時無以還逵執錄甚嚴王謐造逵見之密以錢代還由是得釋（魏書兩見一在刁雍傳一在島夷劉裕傳南史亦同惟北史三萬作一萬）裕誅靈寶以嫌故先誅刁氏雍爲暢故吏所匿（雍北史作廱）奔姚興豫州牧姚紹於洛陽後至長安興以雍爲太子中庶子姚泓滅歸魏太宗明元帝假雍建威將軍青州刺史東光侯晉徐豫二州刺史拜特進賜爵東光伯（侯伯祇載北史）獻文帝皇興中雍與源賀高允等並以耆年特見優禮允則遵之妻父也誌稱遵於孝文帝太和中爲魏郡太守乃南齊高帝武帝之時宣武帝正始中遷洛州刺史在

梁武帝天監二三年間其殁於熙平元年則天監之十四年也遵有子十三人見於史者楷（楷子冲襲爵東安侯魏書有傳冲子欽）尚整（整子柔仕齊爲國子博士）宣（魏書作宣南史作宜或另一人）四人楷與尚皆早卒故誌稱整等整字景智仕至征東大將軍滄冀瀛三州刺史大都督加車騎將軍右光祿大夫謚曰文獻遵之卒也整時爲驍騎將軍而誌但稱小子整等不書其官已四品上階也至饒安在漢爲千童縣後漢靈帝時始改此名魏書地形誌饒安自熙平二年改屬浮陽郡遵卒於熙平元年故誌猶稱渤海也若南皮與饒安自是兩縣而誌石顧出南皮

將毋誌所云孝義里者魏後割入南皮歟魏書云遵嘗經篤疾幾死見神明救免言是福門之子當享長年（北史同）史於他治行不書獨書此一事顧誌不及焉

（汪師韓跋）

誌石爲渤海劉克綸所得云里人自廢寺址掘出之而已殘其一角今少山拓本文微有不續者此也案誌文載高祖協元亮晉侍中尚書左僕（缺晉書協爲侍中）曾祖彝太倫晉侍中徐州牧司空義陽（缺晉書徐兗二州刺史不言侍中司空）祖暢仲遠晉中書令金紫光祿大夫（晉書言暢歷顯職伏誅亥子宏亡不知所在今以誌言於昭我祖遭難來翔則廱也廱當桓元之變不肯從逆而避地易名當是其事）

父（名缺）淑和皇魏使持節侍中都督揚豫兗徐四州（下缺）徐豫三州刺史東安簡公其世系之詳以案于北史列傳刁廱字叔和曾祖協位尚書令父暢晉右衛將軍較此誌敘官少略至廱本傳惟言明元假廱建威將軍又假廱鎮東將軍青州刺史東光侯遷鎮濟陰遷徐州刺史賜爵東安伯與此誌互勘乃相備也誌云公諱遵字奉國渤海饒安人也案遵亦見北史云遵少不拘小節長更修改今誌言（缺字）以小節而求大名無虛譽以眩世與史正相符又遵歷官以誌證之太和中轉大司農少卿尋拜魏郡太守正始中

徵（殘字）太尉高陽（殘字）一　咨議參軍事都督洛州諸軍事
龍驤將軍洛州刺史又贈使持節都督兖州諸軍事
平東將軍兖州刺史今傳所載獨有卒於洛州刺史
亦其史文之略不及盡一人始末非廣記備言之體
也誌又記小子整等整附載冲傳後云整字景智遵
子楷早卒楷子冲宜爲祖後者也今誌書小子整奉
喪於禮文未協當亦一時俗尙使然耳刁氏以晉書
言之當劉氏旣破桓元遂滅刁氏幾無遺類矣而廱
及子遵並顯於魏然則協之忠固宜有後者也（授堂金石跋）

案魏書刁冲傳載遵將卒勑其子孫令奉父雍行孝
論薄葬遺旨此誌亦未及也碑中兖作兖沔作汚棣
作律旄作秏龜作龜筮作莁皆別體惟偃（即偃字）字未詳（山左金石志）

賈思伯碑

碑高六尺五寸廣三尺四寸二十四行每行四十四字正書額題魏兖州賈使君之碑今在兖州府學

夫琁□□□□因方祗以□緒□因旣戚廉□□□□德
□□□□風□□□□□□□□使
□□源遐緬𣪍鄰崇深識照天璣沖光譽智氷淸玉映
有夷齊之操莅政□化□□□□□□□□□□□

□□□□作捍靑蕃流愛屋之歌垂芳河濟欣來蘇之
詠可謂動衆化□□□□□□盛□□□□□□
□□□□□刊方來何述前治中從事史東平內史
□昌伯東平□祖秖長□□乂□山□□□□□□
□□□□□威將軍治中從事史吳興沈預民□
□□□□□□□□□□□□□□□□□□
徐貞思等鏤石鐫□□徽万□□□□□□□□□
□□□□□□□□君諱思伯字士休武威姑臧
人也晉太師賈他之後□□太傅詡□□□□□
□□□□□九世祖□□魏靑龍中爲幽州刺史行
達□州□州□□□芭亡遂□□□□□□□□□

□□□□□州刺史高祖朕□事兼州別駕宜都
王司馬曾祖宏□有令譽未官早亡祖□□□
□□□□□□壽州□□錄本州□中正州主簿
齊郡太守君童亂之中卓然岐嶷親隣純綺□□□
□善文賦慷慨□志□□張良□□超悵致□□太和
中起家爲奉朝請尊□□得□遊雅素逍遙集□□□
□□□高誼□求□□□□□雖年始弱冠便□然
公輔之□□積遷揚烈將軍□□校尉□前軍將軍□
君仍授輔國將□□□□□□□□左□□□
夜勤王匪躬斯著遐邇欽風縉紳引領除河內太守以

親老□□□除□□□□□□□□□尋□□□將□
一載□名拜滎陽太守辭不獲已遂恭所授官任未朞
風教逯□□□□□□□不□□□□□□澤漸□年
方之我君□有懿德矣壽除持節督南青州諸軍事征
虜將軍南青州刺史□□□□□□□□□□之□□
□□所塡□丁父憂復名拜光祿少卿將軍如故君諒
閭在躬宿昔皓髮繼□□□幾□毀□□□哀□□□
嘗□□□□□□財賑施親疎周給門姪長幼靡不贍
卹等其榮悴均其豐約士□□□除持節□兗州諸軍
事左□□□州□□□□州土荒饉連歲不登又境上
之民好懷去□君按之以□□之□□□□□在傻平
賦□□其□□□□□歲稔□□旣實禮義用與關境
懷仁外隣□附民庶欣歌士女□詠仰□□□□□□
□□□□□□□□□□□□□□□□照灼英徽蟬聯
□□德楷世□仁惟□矩聲溢遐□芳流遠□動□□
□□□□□□□□謨資□韶氣繪藻□□華綺績雕
思三□□州淄澠别味思□二□□□□□□績旣□
□□□良海沂換□□鄭懷芳□□□□□□□義彰
詠兼系管□昃甘棠撫□河濟飭光□服治隆王趙才
超張陸化湛煙翔風□□厲□□旣領憲□以穆□□

猛相資惠和並布威厲秋霜澤孕春露巖栖以空丘園
知慕異域□恩□隣襁附□謌載□聲教□□□□□
□□民庶未融敬惟德化於此知隆□□□□永馥芳
風

神龜二年歲次己亥四月戊辰朔□日丁亥訖功

大義主翟旭仁□義主□人令曹安都　義主姜甫

德

題賈使君碑陰

陰分兩截書此在上截十行行十九字正書

余昔嘗見此碑墨本於彭城劉希道家希道語余曰
我先君與石曼卿善曼卿酷愛此字謂其行筆似褚
遂良疑褚書得此筆法余來兗州卽訪此碑於州人
無有知者及余重修相悅堂親爲經度行堂下庖舍
中忽見此碑臥竈後爲膳夫壓肉石矣余使人出之
于泥中汲水濯滌久之始可讀比昔時所見墨本雖
班班有刓缺處而加有古氣尤爲可愛因募工取石
爲座劖其中以上承之立堂之西偏以備好事者之
觀旣安固矣庶可久無虞也紹聖三年丙子歲中元
日太原温益禹弼題

重題賈使君碑陰

此在碑陰之下截十六行行十字正書

兗州賈使君碑古人甚珎愛之何隱顯之有時也余因掌北門之管暇行城下見土中露石角詢諸人則曰是古碑也發而視之筆法高古昔人酷愛者豈欺我哉遂告知州李公命衆舉于門之右嵌石爲座口復立焉更俟後之好事者知古人之用心也

旹大元至正十二年歲次壬辰冬十一月日兗州知州　李彌顏從恕暨前嶧陽縣尹蘇若思儼然鑫州同知王鎮記

右賈思伯碑云諱思伯字士林武威姑臧人也太和中名拜滎陽太守辭不獲又云靑龍中出爲幽州刺史齊郡太守其前後已磨滅不可盡識按趙氏錄賈思同碑跋云思同與其兄思伯後魏書皆有傳爲靑州益都人今其墓乃在壽光縣而思伯之碑亡矣此碑官秩與傳合靑龍年號則三國之魏非拓拔氏也前魏有賈詡爲姑臧人豈卽思伯之高曾列在此碑以殘泐而無考耶德父云碑已亡而尙存于數百年後又一奇也但勸進受禪大饗諸碑皆作漢隸此碑忽開隸楷之漸直似褚河南三龜記筆意乃正書之始歟金石錄補

右兗州賈思伯碑文多殘失立碑之歲月趙明誠云神龜二年四月今不可攷矣碑云思伯字士林而魏書北史作仕休當從石刻其書休爲休與司馬元興墓誌同晉人艸書休下多一畫亦以此碑云晉太師賈飽之後卽賈佗也又云九世祖口魏靑龍中爲幽州刺史按唐書宰相世系表賈詡魏太尉肅侯生璣駙馬都尉關內侯又徙長樂此碑九世祖下似是璣字又有因忠喪亡之語官位亦與唐表不合未審其是否也潛研堂金石文跋尾

案賈思伯魏書有傳此碑官秩皆合惜文多剝蝕碑云口夜勤王匪躬口著遐邇欽風傳云任城王澄圍鍾離以思伯持節爲其軍司澄失利思伯爲後殿澄大喜思伯不伐其功時論稱其長者卽其事也立碑歲月字更漫漶惟神龜下隱隱有己亥二字考之知是二年也碑陰有宋元人記得碑始末甚詳其側康熙間知府金一鳳題數行以爲三國時物是誤以元魏爲曹魏也山左金石志

按此碑今在山東兗州府學戟門下西偏東向以碑陰考之宋元之世原在府治不知何年移於學宮稽之府志旣無明文康熙庚子兗守金一鳳自

風日中置之廡下刻記碑側亦不詳何處之廡下
其緣起無從考矣碑遭風雨剝蝕太半府志不錄
碑文不能補全魏書列傳簡略無補於碑之闕文
然彼此有可互證者碑稱君爲武威姑臧人傳則
稱齊郡益都人考魏書賈彝傳稱彝本武威姑臧
人六世祖敷魏幽州刺史廣川都亭侯子孫因家
焉據此則武威姑臧是賈氏之先籍也傳稱釋褐
奉朝請太子步兵校尉中書舍人轉中書侍郎世
宗卽位轉輔國將軍碑則又有揚烈字及前軍將
軍字傳所未備也碑於除河內太守以親老辭下

有除字尋字而闕者十餘字傳則云除鴻臚少卿
尋丁母憂也其官兗州也碑多闕字以傳考之乃
是除持節督兗州諸軍事左將軍兗州刺史也碑
云州土荒饉連歲不登傳於兗州政績無一語及
之州志旣不列於官蹟又不紀於災祥公之善政
竟無考矣照灼英徽以下云云當是銘詞可讀成
句者無幾神龜年月字甚漫漶賴己亥二字可辨
方能定其爲二年末有義主又有大義主曾郡太
守張猛龍碑有義主而無大義主

趙阿歡等造像記

石高二尺八寸廣一尺三寸五分分兩截上截記十行行十二字至十五字不等下截人姓名並行書

夫沖宗凝湛非妙像無以感其原至道鸞微非詮莫能
尋其本是以闕□趙阿歡諸邑卅二人體生滅之際識
去流之分知是浮雲今如霜□故各竭家財造弥勒像
一區籍同此福緣邑儀光著道根扶踈□外增
万吉賓侍龍花之期　□□□欲因緣
知識　□□□澤
神龜二年六月□　訖功

邑師惠感□　呂願德　孫阿歡　張龍□
邑主趙阿歡　劉運亀　許歡德　韓法智

光明主張惠普　趙道虔　李雙周　張毛洛
都維那王呂冝　楊惠抱
維那韋智達　技新德　張伏人
維那賈勝羅門　江文宗　鄭天生
維那張惠勝　張回敬　綦琭保
邑正許惠但　王神龍　樂伏護
邑老張伏保　奴　趙胡扶
邑主孟萇命　趙當貴

金石萃編卷二十八終

賜進士出身誥授光祿大夫刑部右侍郎加七級王昶譔

北魏三

高植墓誌

石高三尺四寸廣二尺三寸五分二十一行行二十八字正書今在德州田氏家

魏故濟青相涼朔恒六州刺史下闕
君諱植字子建勃海蓨人也下闕茂烈皆備之國藉家傳
不復更錄下闕不幸君□靈原之下闕者顧賜下闕求□道於
□衿始此下闕宣武皇下闕皇帝已下闕衛下闕理況下闕絕□馬
之下闕我以□方約我以下闕心始□詐之輩下闕君在下闕

神祕然下闕泉下闕至德□虛㢊下闕名山□衢下闕龍飛鳳舞
下闕贖子下闕豪痛彼蒼
者天邑此明公負矣哲人惟義是依每見我君終始許
師
大魏神龜下闕

按景州城東十八里有村名六屯本蓨地割屬悳州河岸雨圻得一石土人取之置野寺中字跡殘闕什不存一矣石形高橫三尺厚五寸四面徧書上云諱植字子建魏濟青刺史末注神龜元年葢北魏高植之墓石也考魏書外戚傳高肇之子植自中書侍郎爲濟州刺史率州軍討破元愉別將有功當蒙封賞不受云家荷重恩爲國致効是其常節何足以膺進陟之報懇惻發於至誠歷青相朔恒四州刺史清能著稱田雯長河志籍考

植父肇之妹即植嫡姑爲高祖孝文帝后號文昭皇后生世宗而世宗宣武帝之后高氏即文昭弟偃之女世爲后族文中國籍家傳及宣武皇帝字皆叙其家世之貴盛史於植之父肇刺譏不遺餘力而植傳則云當時號爲良刺史此碑所以有負矣哲人云云也石於康熙間掘得歸田雯綸霞作長歌紀之云淘

洗摩挲按石尾下紀年月稱神龜渤海蓨人父名肇北魏高氏從可知云云今更剝蝕神龜年號及父名肇字亦無存矣蛾術編

右碑載田侍郎雯長河志籍考文二十一行字徑六分多漫漶僅辨百數十字左有直線一行外刻銘辭末行紀年存大魏神龜四字此碑存者字體精整鋒穎猶新爲顏魯公所祖洵可珍也山左金石志

按此碑從德州田氏家藏殘石搨出碑中一穿徑八寸許而不圓似經後人鑿損者餘未損處亦多磨泐左空處有龍飛鳳舞四字筆畫字體迥與本

碑不同文義不相聯屬疑是後人妄刻末行有大
魏神龜年歲次等字僅存左邊數筆神龜下一字
全泐歲次下微存左旁巳按魏孝明帝神龜元年
二年是戊戌已亥巳文不類戊已惟三年庚子之
庚字庶幾近之是年七月改元正光然則此碑立
於神龜三年七月以前也碑中字可辨者首行云
魏故濟青相涼朔恒六州刺史魏書高肇傳稱子
植自中書侍郎爲濟州刺史歷青相朔恒四州頻
蒞五州皆清能著稱卒贈安北將軍冀州刺史今
以碑攷之實爲六州刺史傳失載涼州而碑但未

見有贈官冀州耳次行云君諱植字子建勃海蓨
人也勃與渤蓨與蓚皆通用字蓚魏書地形志作
脩高肇傳稱渤海蓨人正與碑同下有宣武皇帝
皇帝字即謂北魏世宗及肅宗明帝也此碑賴有
此數處能辨定爲高植碑否則未有不誤認爲陳
思王也

司馬昞墓誌銘

碑高二尺一寸五分廣二尺三寸五分共十八行每行二十七字正書今在孟縣某氏家

魏故持節左將軍平州刺史宜陽子司馬使君墓誌銘
君諱昞字景和河內温人也晉武帝之八世孫淮南王
播之曾孫魏平北將軍固州鎮大將魚陽郡宜陽子興
之子先室乇離宗靈諱介否乃祖歸國賞以今爵弁世承
華体榮弥著君有抜羣之奇挺世之用神風魁崖機悟
高絶少被朝命爲奉朝請牧王主薄員外散騎侍郎給
事中從驃騎府上佐遷揚州車騎大將軍府長史帶梁
郡太守在邉有暐略之稱轉授清河内史此郡名重特
以八舉不幸遇疾以正光元年七月廿五日薨於河内
城朝廷追美詺贈持節左將軍平州刺史非至行感時
熟能若此以庚子之年元楞之月廿六日丙申塟於本
鄉温城西十五都鄉孝義之里刊石誌文而爲辭曰

君侯烈烈玉掞金聲高風愕愕屢歷徽榮奄然辭佳沒
有餘馨鐫玆泉石用銘休貞
右司馬景和墓誌銘石已亡緣初在張大士家時有
以聞於邑令周名洵者取至署中驗視以其古物遂
於罷任時攜去張聞之追至洛陽不得而反今極意
訪求始從搨本得其文如右按魏書云景和給事中
稍遷揚州驃騎府長史清河内史正光元年卒贈左
將軍平州刺史而此誌有爲奉朝請主簿員外郎散
騎侍郎及帶梁郡太守並宜陽子及卒後贈官之文
益史畧而誌詳又史稱景和似是其名而誌則云諱

昞字景和亦足正史書之誤唯其所云晉武帝八世孫者頗似與史不合按魏書司馬叔璠傳云叔璠晉安平獻王孚之後孚字叔達景和爲叔璠曾孫則自出於安平王孚之後而晉武帝則出於司馬宣王仲達之後今云景和爲晉武帝八世孫是與史異也又誌所稱宜陽子興即前誌司馬元興名紹者又其云淮南王播即前誌所云謚曰簡公叔璠者前誌與史傳相應而此誌名字脫誤皆追書者之過矣然其文頗高簡有法而書跡尤超妙入神當爲傳世魏碑第一此石爲周令移去徧尋不獲乃重摹入石置於縣

學云　又按司馬景和墓誌筆跡與其父元興誌當是一人所書蓋二誌中書體如散作散奕作矣相似者不一可覆按而知也　又按此誌蓋與其妻之誌同在藥師村監生李洵家迺洵又從張購得亦自知愛惜蓋但有墓誌銘三字正書或謂蓋即其妻之誌之蓋比搨來審觀之則此蓋與司馬景和誌石皆横長横書相合若其妻之誌石稍小而又直長一直書一横書殊不相合矣且墓誌銘三字六徑寸餘與司馬景和誌目末三字筆勢正同信爲司馬景和誌之蓋也是則原蓋得重摹誌石而見全文而重摹誌石得原本以互證筆意雖謂原誌仍存可也孟縣志

文稱君諱昞字景和河内温人也本傳但書景和蓋以字行者說文無昞字新附亦無此人既以爲名而唐高祖之父亦名昞蓋南北朝俗字徧天下矣觀此人字景和則知當日解爲和意晉書宣帝紀諱懿字仲達河内温縣孝敬里人姓司馬氏故此亦云河内温人碑又云晉武帝八世孫淮南王播曾孫魚陽郡宜陽子興之子攷本傳景和乃叔璠曾孫道壽之孫元興之子卒贈左將軍平州刺史今此碑標題書其追贈之官世襲之爵而于生前所歷未嘗一及且曾

祖則播與璠相涉父則興與元興相涉皆未詳蛾術編

司馬景和見魏書云元興子景和給事中稍遷揚州驃騎府長史清河内史正光元年卒贈左將軍平州刺史證之誌文題首云魏故持節左將軍平州刺史宜陽子與史言贈官合又誌文載少被朝命爲奉朝請牧王主薄員外散騎侍郎給事中從龍驤府上佐遷揚州車騎大將軍府長史帶梁郡太守轉授清河内史今史惟叙其爲給事中爲長史爲内史至所言遷揚州驃騎府與誌稱車騎者不符凡史家之疎皆此類也誌稱君諱昞字景和晉武帝之八世孫淮南

王播之曾孫魏平北將軍固州鎮大將魚陽郡宜陽
子典之子播卽叔璠與卽元典而名字獨用截裁又
歷叙曾祖及父獨于祖缺不錄未解臨文者何所謂
也景和諱晒史亦失錄與元典同葬在溫城西之五
都鄉孝義之里亦古鄉里名可徵者爲圖經所宜收
也別體字璠作播漁作魚休作休龍驤作驤驍邊作
邉偉作暐往作徃 授堂金石跋

按魏書司馬叔璠傳叔璠長子靈壽神䴥中與弟
道壽俱來歸國道壽寧朔將軍宜陽子長子元興
襲父爵据此則景和之祖乃道壽也傳不書景和

襲爵并不載景和之子何入此碑及前景和妻碑
並題宜陽子可以補史之疎至景和有五男三女
見前妻碑但不詳其名此碑並男女之數亦略之
文簡如此所宜合兩碑參觀而得其全也碑不書
景和年若干考景和妻薨時春秋卌有二先景和
八年薨則景和之年約五十矣景和妻以延昌二
年六月薨粤三年正月葬於溫城之西此碑稱景
和以正光元年七月薨以庚子之年元枵之月葬
於溫城西庚子歲卽正光元年是距其妻之葬者
五年元枵者左傳杜注元枵虛也爾雅虛星子位
之次則是葬以十一月也前碑稱葬於溫城之西
此碑稱葬於溫城西十五都鄉孝義里想卽同在
一塋地而不必如後世之分葬合葬詳晰言之耳
晉書宣帝紀稱河內溫縣孝敬里人此云葬于溫
城孝義里孝義想卽孝敬今昔異名也

張猛龍清頌碑

碑連額高八尺四寸廣三尺七寸二十六行行四十六字並正書在曲阜孔廟

魏魯郡太守張府君清頌之碑

口諱猛龍字神囧南陽白水人也其氏族分與源流所
出故已備詳世錄不復具載口口口口盛口欝於帝皇

之始德星口口曜像於朱鳥之閒淵元万壑之中巉巖
千峯之上奕葉清高煥乎篇牘矣周宣時口口口仲詩
人詠其孝友光緝姬口中興是賴晉大夫張老春秋嘉
其聲績漢初趙景王張耳浮沉秦漢之閒終跨列土之
賞口口世口君其後也魏明帝景初中西中郎將使持
節平西將軍涼州刺史瓌之十世孫八世祖軌晉惠帝
永口中使持節安西將軍護羌校尉涼州口史西平公
七世祖素軌之第三子晉明帝太寧中臨羌都尉平西
將軍西海晉昌金城武威四郡太守遂家武威高祖鍾
口涼州武宣王大沮渠時建威將軍武威太守曾祖璋

僞涼舉秀才本州治中□□□西海□□二郡太守還
朝尚書祠部郎羽林監祖興宗僞涼都營護軍建節將
軍饒河黃河二郡太守父生樂□□□□□□□□□
□□□□歸國靑衿之志白首方堅君體稟河靈神
資岳秀桂質蘭儀黙弱露以懷芳松心□□□□□□
□□□□□□自□□明若新薾之當春初荷之出水
入孝出第邦閭有名雖黃金未應無慙郭氏爻册□□
交遊□□□□□達蒙幽人表年廿七遭父憂寢食過
禮泣血情深假使曾柴更世寧異今德旣傾乾覆唯恃
坤慈冬溫夏凊曉夕承奉家貧致養不辭採□之懃年

卅□丁母艱勺飲不入偷魂七朝罄力盡思備之生死
脫時當宣尼無愧深歎每事過人孤風獨超令譽日新
聲馳天紫以延□（昌）中出身除奉朝請優遊文省朋儕慕
其雅尚朝廷以君蔭□如此德□宣暢以熙平之年除
魯郡太守治民以禮移風以樂如傷之痛無怠於夙宵
若子之愛有懷於心目是使學校剋脩比屋凊業農桑
勸課田織以登入境觀朝莫不禮讓化感無心草石知
變恩及泉木禽魚自安勝殘不待踰年有成朞月而已
遂令講習之音再聲於闕里來蘇之歌復詠於洙□京
兆五守無以剋加河南二尹裁可若茲雖名位未一八

□□□且易俗之□黃侯不足比功宵魚之感密子寧
獨稱德□乃辭金退玉之貞耿拔葵去織之信義方之
我君今猶古□□□愷悌君子民之父母實恐韶曦遷
影東風改吹盡地□庶迸深泫慕是以刊石題詠以旌
盛美□□能式闡□□庶揚休烈□□辭曰
氏熛天文體承帝□神秀春方靈源在震積石千尋長
松万刃軒冕周漢冠蓋魏晉河靈岳秀月起景飛窮神
開照式誕英徽高山仰止從善如歸唯德是蹈唯仁是
依栖遲下庭素心若雪鶴響難留□音遐發天心乃眷
觀光王闕浣紱紫□承華烟月妙簡□□剖符儒鄉分

金沂道裂錦鄁方春明好養溫而□霜乃如之人實國
之良□□□□□□□□□□之恤小大以情□□□
洗濯此羣寘雲褰天淨千里開明學建禮脩風教反正
野畔讓𤰞林□□□□□□□□□□□衣可改留我
明聖何□勿翦恩深在民何以爲憘風化移新飮河止
滿度海迷津勒石留□永□□□
盪寇將軍魯郡丞北平□□□
義主參軍事廣平宋撫民　義主驍驤府騎兵參軍
驍威府長史征魯府治城軍主□軍□　義主本郡
二政主薄□□□　義主顏路　義主離狐令宋承

憘　汝陽縣義主南城令嚴孝武□義主□賢文
陽平縣義主州主薄王金生　義主□□□造頌四
年正光三年正月廿三日訖
碑陰
共十二列第一列七行在陰額二列二十行在額下三列十一行四列二十一行五列十四行六列二十一行七列二十一行八列十行九列二行十列三行十一列四行十二列二十二行並正書
郡中正爰孝伯　中正顏文遠
魯郡丞白法相
功曹史孔暉祖　督魯弁新陽
主薄大□元哲　督汝陽弁二縣令

魯縣令杜僧壽　汝陽縣令明景欣
鄀縣令韓咸　陽平縣令衛安族
弁縣令董文定　新陽縣令崔咸　以上七行在陰額
魯郡士望等　孔文憘　韋希　□□□　孔文□
孔□□　宋延年　王崇吉　韋文祖　韋清龍
王天念　爰景哲　絛椿壽　王順義　□□□
□□□　王興□　□世遵　王文進　□□隆
以上第一列
沈羅侯　王長佐　散祖樹　王懷月　絛苗□
王懷雍　王伯欣　柏奴□　敬武□　孔□□
孔□度
以上第二列
□官王珎度　□事張伯奴　錄事孔神祚
□曹掾李神虎　□曹掾董榮祚　戶曹掾卜僧禮
金曹掾夏暎祖　租曹掾夏驃騎　租曹掾夏榮貴
兵曹掾顏榮茂　法曹掾薛胡仁　法曹掾苗祖樹
集曹掾孔景進　集曹掾孫靈援　西曹佐星桃符
西曹佐秦榮族　戶曹佐卜天儀　戶曹佐王德仁
戶曹佐邵虎樹　戶曹佐樊道融
以上第三列

戶曹佐任榮族　金曹佐彭神景　金曹佐張靈祚
租曹佐任文建　租曹佐夏萬秋　租曹佐張衆德
兵曹佐苗桃符　兵曹佐夏文樹　法曹佐尙神暉
法曹佐□□□　法曹佐李智徠　法曹佐常丘景祥
集曹佐王道援　集曹佐宋伯憘
以上第四列
魯縣族望□戩　□從援　顏驎　白文雉　□萇
生　王寄生　張神征　□廣吉　□□　任道懷
鄀天祐　高堆　柏聰明　張虎文　辛伯仁　胡外
之　于曇嵩　胡方進　成雞生　顏龜

以上第五列

□普憘　陳叔軌　成順之　田業治　孔騎之　顔

乙　顔暈蘭　張僧坦　王道林　張茍生　張閔

子景　韋成惠　高曇貴　張兆暁　許奮　孫寄生

張陸　張顯和　成洛州　王願生

以上第六列

汶陽縣族望　鮑黄頭　高文景　彭定安　彭超越

孫文儁　成公興　孫文憘　若奉伯　管幽州

以上第七列

□□族望　徐伯援

以上第八列

陽平縣族望　吳安世　聶□

以上第九列

弁縣族望　雋伯符　陳道樹　公乘伏德

以上第十列

新陽縣　田志爲　□□□　□□□　□□□　樊可憘　田

天明　雷天寳　田肆□　雷僧强　梅天念　雷天

恩　雷良振　田宜樹　萬方貴　梅僧援　雷普明

田河清　田惠明　雷乙德　田祖憘　田武男　田

□□

以上第十一列

猛龍爲魯郡太守郡人立碑而頌之正書虬健已開歐虞之門戸碑首正書大字十二尤險勁又蘭臺之所自出也猛龍不見史册據碑諱猛龍字神囧而金石録有劉乾碑諱乾字天魏人名字如此亦異矣石墨鐫華

張猛龍碑猛龍字神囧按囧呼骨切日出氣也其名字險怪不雅馴六朝濫觴於詩亦殆不特書也金石史

右魏魯郡太守張猛龍碑建自正光三年其得列孔林者以當日有興起學校之功也元魏之俗事佛尤

甚斬山以爲窟範金以爲像九層之臺萬金之液竭民力事之及其旣成靡不刊石勒銘以紀功德猛龍爲西平武公軌八世孫方晉之朝士崇高莊老獨武公在涼州徵胄子五百人立學校春秋行鄉射禮而猛龍克循祖父之教修聖人之學於舉世不爲之時使講習之音再聞於闕里噫可傳也予酉大同問拓拔氏故都觀所鑿佛宮窣碑巨碣已無存者而斯碑在孔氏之庭歷千年不壞雖更歷千年知莫有徙而去之者嗚呼爲政之君子可以知所務矣曝書亭集

元魏佞佛比清譚尤甚猛龍獨能講德建業重道隆

師繩祖武遵俗尚可爲介然特立之君子矣又按道
武天興四年釋菜於先聖孝文延興三年封孔子二
十八代孫乘爲崇聖大夫孝明正光二年幸國子學
祀孔子以顏回配此碑立於正光三年之正月不獨
猛龍之政崇禮讓以其君有以倡之也碑文儁永開
齊梁風致所用論語有勝殘不待賖年政成朞月而
已說文賖貰買也一曰遠也徐鉉曰遲緩爲賖以賖
代百豈所傳有異詞抑文人好奇之故耶東家雜記
孔乘爲二十七世孫與魏紀異頌辭後列義主十八
皆郡屬吏所謂本郡二政主簿不知何官卽義主亦

不見他碑豈義士義民類耶　碑陰丞一人中正一
人功曹史一人督郵弁新陽主簿一人督汝陽弁二
縣令下闕督汝陽鄒陽平弁新陽縣令六人下書督郡
士望等一行後列八十餘人次郡屬吏次六縣族望
各百人而漫滅者多矣弁卽卞漢舊縣豈弁與卞可
通用耶自晉以後中原士族淪陷已久此碑明書士
望與族望標榜之意寓焉曲禮司士註士是官之總
名或係魯郡之士大夫也如租曹集曹二掾爲官之
異星條若儁四姓公乘常耶二姓爲姓之異白法相
李神虎苗桃符張苟生管幽州鮑黃頭爲名之異益

羌氏亂華屢更官制改竄士籍若輩仰附華風勒名
碑碣所謂附驥之蠅不止千里且千秋矣顧氏金石
文字記曰其陰書陽原縣義士州主簿王金生造頌
亭在廟中闕此行在碑之正面非陰也另一行有造
頌四年諸字在正光三年正月之上似記造頌四年
之後始立此碑非王金生之文也况同列者十八而
王金生下並無他字矣金石後錄
額題魏魯郡太守張府君清頌之碑正書十二大字
碑額正書首見於此君諱猛龍字神囧可異也正光
三年魏明帝詡之七年梁武帝普通三年也來齋金石刻考

略
攷晉書張軌傳言自軌爲涼州至天錫凡九世七十
六年軌父溫爲太官令嶠起求爲涼州公卿亦舉軌
才堪御遠遂出爲涼州刺史未聞有軌之祖瑱先爲
涼州刺史而自軌至天錫九世之中亦未聞有軌之
子素碑言虛實皆不可知也碑又言高祖鍾涼州武
宣王大沮渠時建威將軍武威太守攷晉書載記沮
渠蒙遜傳亦並無張鍾爲建威將軍太守者碑又云
曾祖璋僞涼舉秀才本州治中西海二郡太守還朝
尚書祠部郎羽林監祖興宗僞涼都營護軍監建節

將軍僥河黃河二郡太守皆稱僞涼與前稱涼州武宣王大沮渠者絕不同則不知其爲何等涼國乎外此不過南涼禿髮傉檀西涼李暠而已疑碑言皆不足信也惟猛龍以熈平年除魯郡太守差爲可據又晉載記蒙遜以安帝義熈八年即河西王位後八年宋受禪元嘉十年死在僞位三十三年攷通鑑蒙遜卒謚曰武宣王而載記並無謚武宣之文今此碑亦稱武宣王則此文實足以補載記之闕蛾術編

右魯郡太守張猛龍碑猛龍者晉西平公軌之八世孫軌祖瑍魏西中郞將使持節平西將軍涼州刺史

軌第三子素晉臨羌都尉平西將軍西海晉昌金城武威四郡太守皆晉書所未載軌安定烏氏人而碑云南陽白水人此則當以史爲正者也武宣王大沮渠謂沮渠蒙遜也碑書萬仞爲刃按書爲山九仞釋文云仞字又作刃士喪禮疏引禮緯天子之旗九刃諸侯七刃大夫五刃士三刃刃之爲仞猶十之爲什古人固相通也潛研堂金石文跋尾

此碑書甚古拙亦多別體猛龍字神囧囧字世人率未識也氏族作氏㧺巉巖作巉巗張老作張㞧沮渠作沮渠夙宵作夙宵風作凨蹈作蹈耕作䎬當南北朝多有世俗創造之字如顏氏家訓之所譏者此類斷不可以涉筆爾來士君子多知崇尚說文凡古書相傳之舊非許氏愼之所有者一切改今復古此又似未免矯枉過直也抱經堂文集

碑載猛龍字神囧南陽白水人以延昌中出身除奉朝請以熈平之年除魯郡太守能興禮教垂聲于民而民頌之如此其見於碑者八世祖軌晉惠帝永字闕當是寧字也使持節安西將軍護羌校尉涼州刺史平西公軌晉書有傳歷官與此合十世祖瑍碑言魏明帝景初中西中郞將使持節平西將軍涼州刺史是軌

之圖據河西亦其憑依祖德有系于民故到官不旋踵而威著也史反于此略焉不書豈不亦失紀也與授堂金石跋

按猛龍魏書無傳其八世祖西平公在涼州徵冑子立學校行鄉射禮猛龍能繩祖武重道隆師洵守土之賢者矣頌後列義主十人皆其屬吏魏齊之世凡斂資刊石出資者率稱曰主如造象稱象主刊經稱經主勸緣稱功德主此則郡人頌太守之德事近於義故稱義主也碑文俗字如弟作苐夏凊作夏凊緝作緝禽作禽旌作旍晃作晃龍驤作龍驤作驡驤至以磬爲

罄胥爲胥乃通借字也碑陰姓名自郡縣曹掾曹佐以逮諸縣士望族望凡十一列每列人數多寡不齊其中異姓官名多史書所未見山左金石志

按猛龍之字神囧字書無攷石墨鐫華載此碑作囧字亦不詳其音義今細驗搨本只字之上有ㄩ形不盡是只字或疑是囦字之别體古淵字也碑中雖有淵字正文然或猛龍平日自稱其字作神囦則碑當仍之矣何以鳥憘句實不能識曲阜志釋作皀憘又偷魂七朝事出釋典又裂錦鄉方玩文義當是製錦然碑實是裂義難曉也正光三年

之上有造頌四年四字殆紀造碑閱時之久也此例亦他碑所無者碑陰十一列所載姓名自郡縣曹掾曹佐以逮諸縣士望族望每一人爲一行每二三行至一二十行爲一列人數多寡不齊此又碑陰之變例也

秃□等五十人造像記

石高三尺八寸正面廣二尺二寸六行兩側廣八寸五分各三行俱分作四截書記刻在左側上截七行行十八十九字其餘俱人名刻在佛像中間四字五六字不等正書

正光三年歲次壬寅□月五日

闕 秃□靳神子化主東鄉毛如　邑主嚴桃 闕 東鄉

正洛秃思祇邑胥秃陽德秃達靳國珎 闕 嚴大德邑正嚴雙興都維那靳令石秃安興東 闕 嚴國昌張萇洛但官秃洪珎靳韶歡東鄉猛嚴 闕 典録秃承達東鄉暎周

五十人共造石像一軀 闕 □□□□□□□□□□□□□□□

清信士嚴顯樹　清信士靳元秀　清信士靳雙□

清信士史萇受　清信士靳世奇　清信士嚴崇慶

清信士史千牛　清信士嚴四王　邑子嚴雙祿

都維那靳令戶　香火靳韶歡　邑胥靳國珎

邑胥嚴毛德　維那嚴國昌　□□□隨公

邑子史玉保　邑子嚴桃生　香火靳神熾

典録秃承達　邑子嚴乇女　邑子秃法明

邑子史神□　邑子史思□　邑子嚴□興

邑子嚴退　邑子靳神達　邑子嚴万歲

邑子嚴□□　邑□嚴輔□　邑子嚴□族

邑子嚴被□　邑子張買得

闕 政秃陽德　邑政秃達　但官秃洪珎

典録東鄉暎周　邑子秃天受　邑子□□□

邑□秃神□　邑子東鄉□□

按此碑記袁靳嚴史四姓造象之事袁作秃别體

也碑中畫象衣褶猶可見六朝繪人物法其稱邑
胥疑卽邑胥邑政疑卽邑正趙阿歡等造弥勒象
記有邑正許惠但殆邑薦紳之屬也嚴乜女作也
仍是三筆葢卽也字異文今俗也乜分爲二字二
音似非

比邱慧暢造像記

記高一尺四寸廣五寸五分四行行十字行書

正光三年九月九日比丘慧暢仰爲皇口大口師僧父
母兄弟姉妹一切衆生敬造弥勒　同時成佛

陸希道銘側題字

石高二尺九寸五分廣四寸一分一行十九字正書

前涼州刺史兼吏部郎中陳郡袁翻字景翔制銘

右陸使君墓誌并葢石俱方廣今尺二尺五分厚俱
三寸葢上篆書魏故涇州刺史淮陽男陸使君墓誌
之銘十六字方三寸陽文凸起誌字正書徑四分舊
在衡碉村今移在孟縣學忠義祠葢上四隅有鐵柱
類以挽合上下者誌惟首行魏故使持節字諸軍事
字涇州刺史淮陽男陸使君墓誌銘字次行鉅鹿郡
開國公之子也等字粗可辨識餘行上下或一二字
而已緣村民用以捶布故甚磨滅誌後側面別刻一
行卽前涼州刺史兼吏部郎中陳郡袁翻字景翔制
銘十九字尙無剝損按此誌名字年載無存考魏書
陸俟傳後附子孫諸傳云叡長子希道字洪度有風
貌美鬚髯歷覽經史頗有文致初拜中散遷通直郎
坐父事徙于遼西後得還從征自效以軍功拜給事
中遷司徒記室司空主簿征南將軍元英攻蕭衍司
州以希道爲副及克義陽以功賜爵淮陽男拜諫議
大夫以學關今古參議新令轉廷尉少卿加龍驤將
軍南青州刺史以本將軍轉梁州刺史希道頻表辭
免又除東夏州刺史不拜轉北中郎將遷前將軍郢

州刺史希道善於馭邊甚有威略轉平西將軍涇州
刺史正光四年卒官贈撫軍將軍定州刺史希道有
六子云云今按誌謂涇州刺史淮陽男者與傳正同
又誌云鉅鹿郡開國公之子者葢其父叡曾封此爵
亦見叡傳而此誌卽陸希道誌石也傳稱正光四年
卒官則此誌固正光間物矣且魏書并有袁翻傳略
云翻少以才學擅美由著作佐郎歷官至涼州刺史
還拜吏部郎中出爲齊州刺史孝昌中除安南將軍
中書令領給事黃門侍郎與徐紇并掌文翰才學名
重肅宗靈太后燕華林園舉觴謂羣臣曰袁尙書朕

之杜預欲以此杯屬元凱侍者無不仰羨云云按正光五年後改元孝昌爔拜吏部郎中實正光末事益知此誌爲正光間造也又陸俟子石跋亦嘗刺涇州并見俟傳後然旣非男爵而又在前五六十年不與袁爔官職相應故知非也魏碑誌皆不著撰人名氏此獨并著其字者殆因爔有大名愛而重之故書以爲光美耳然非在石側而在誌前則亦同磨滅矣至魏書傳紀道事蹟與北史略同可稱才兼文武自堪欽重且非此誌亦不知其葬于孟也石閒五六十年前自孟張河村出土但今亦不能實指其處而此蓋

初爲郡學生席得元所得因崔孝廉士訪及之遂欣然俾送縣學隨于其族人縣學生有松家訪得誌石并移郡學延平劍合固自有數也孟縣志

元寧造像記

記刻座上刻記處橫廣二尺四寸高一尺五分十六行行七字正書在滎陽

大魏孝昌二年歲次丙午正月辛丑朔廿四日甲子滎陽太守元寧仰爲二聖
敬造石像一軀願主上万祚臣僚盡忠後宮皆惆願天下太平四方慕義又願亡 考生天安養國土上下延壽兄弟眷屬含靈有識蠢動衆生普同斯福彫龍山岳靡不慈仁所願如是

滎陽太守元寧造象記借滎爲滎借儀爲義猶有古意寫匾爲軀潤爲惆延爲延蠢爲蠢皆別字中州金石記

碑云仰爲二聖敬造石像一軀二聖者時靈太后稱制謂肅宗及太后也禹貢滎波从水漢志河南郡滎陽縣亦從水今乃從火二字古通用蛾術編

李和之造像記

記橫廣八寸五分高六寸二分八行行五字正書

淸信士佛弟子馮翊王國典祠令李和之仰爲口世父母及自己身敬造像四軀願生生世世恒與善會

按碑無年月文云馮翊王國典祠令李和之魏書宗室諸王無封馮翊者惟長孫道生傳道生子抗抗子歡歡子冀高祖賜名稚字承業靈太后時界除雍州刺史莊帝初封上黨王尋改馮翊王後降爲郡公孝莊本紀武泰元年四月辛丑改元建義癸卯使持節車騎大將軍雍州刺史上黨公長孫稚爲驃騎大將軍開府儀同三司進爵爲王尋改封馮翊王九月改元永安本紀不書何時降封郡公要之不出此年之事則宜列之永安元年以稚之封馮翊與孝莊之紀永安俱不久也魏書官氏

志無典祠令之官惟載天賜元年十二月詔始賜王公侯子國臣吏士大郡王二百人次郡王百人皆立典師職比家丞總統羣隸又載從第九品以前上階有王公國諸署令此所謂典祠令者或即典師之職焉翊王國所自署令也

懷令李超墓誌銘

石高二尺三寸廣二尺三寸五分二十六行每行二十六字正書在偃師縣學明倫堂

魏故懷令李君墓誌銘

君諱超字景昇本字景宗後承始族叔在江左者懸同故避改云秦州隴西郡狄道縣都鄉華風里人也雅著

高節敦襲世風言行足師典作成准術情孝友因心名義安貧樂道息詭遇之襟介然峻特標確焉之操弱冠舉司州秀才拜奉朝請除恒農郡冠軍府錄事參軍事宰沁水縣巨政崇治綽居尤冣為受罪者所詿章憲臺誤聽被茲深劾除名為民於是廿季中浮沉閭巷玉潔金志卓尒無悶到熙平二年甫更從宦補荊州前將軍騎兵參軍事復作懷令已受拜埀埀述職遭疾正光五年八月十八⊙卒于洛陽縣之永年里宅時季六十一孤貞華首訖於二邑門從無兩遠迩酸恨懷之百姓長慕喪氣雖陳留之哀堅胡季殺不是過也越六年正月

丙午朔十六日辛酉葬洛陽縣覆舟山之東南嚮譚壤難窮陵谷時異刻茲陰石照序光塵

泱泱顯族殷夢西垂代襲清則口炳羽儀道妙之門緒風屬斯惟祖惟考倜儻瓌奇昌謨迭駕高蹤明規杳量无隄靈芽不貲揔循異貫員應紛枝灼灼伊君山立淵渟棲眞宅正寢繩履程懿鑠為質醇素用情均治禮世氣重財輕亦既從招旁溢鴻聲隨牒出入密勿力誠爰莅近邑先邁儀形絕交獨坐化動陰簧尚德貽各衆賓叵畚拂衽歸來餝韍褕帶恂恂鄉閈万殊一會優柔善成无小无大垂白再仕汎尒訟流階倫稍降盛業愈遒

逮作後城士女承休竃頓方馳盡土悲愁尅飾焵言引賞靡徵端恭妄砠家俗虛膺權彼圮跡事罔篇繪長源未輸深畐乍卷藴此逸機空生徒返茲窀易觔疇弄難遺楨㮚踈竦泉房塞遠孀孤內孄妹弟摧咺式鏤沉石託注幽篆

妻恒農楊氏父談為鄭州主簿　息女孟宜年卅六適恒農王始儁郡中正　息女嫒姿適遼西常彪侍御史　息女仲妃適武威賈子諒涼州治中　息道沖　息女婉華　息女㒝顏　息女四輝　息道逸年十六　息道㮤年十三

碑稱正光五年卒越六年始葬按明帝正光六年改
元孝昌孝昌三年改元武泰核其時當是武泰二年
也云秦州隴西郡狄道縣都鄉華風里人又云卒于
汝陽縣之永年里皆古里名又云葬洛陽縣覆舟山
之東南太平寰宇記偃師縣有覆舟山陶季述京邦
記云周回二十里下有白水死是也此云在洛陽者
與偃師接境銘詞云衆實叵蓋叵者叵測之意蓋出
說文序云是非無正巧說衺辭使天下學者疑蓋然
則蓋者疑不定之意耳又云楨欄疎竦則爾雅拍掬
是也中州金石記

億案誌石近出土並無斷缺李君諱超字景昇本字
景宗後承始族叔在江左者懸同遂易其字誌下文
又云正光五年卒越六年始葬當時年號在數年中
凡屢改易而纖悉書之不便於文故約舉言之又誌
云女皆作息女子皆作息史記漢高祖本紀臣有息
女正義曰息生也東觀漢記蓋我子息也誌蓋本此
書子女而並書壻牽連之文則愈煩贅矣誌石出自
今喬家郁旁近此誌云葬洛陽縣覆舟山之東南當
時偃師並屬洛陽於斯可徵而覆舟山古跡之尚存
者亦有指也偃師金石遺文記

按魏明帝以孝昌四年二月被弒臨洮世子釗立
改元武泰四月釗又被弒長樂王子攸立改元建
義九月又改元永安是武泰建元祗兩月不但無
二年并非元年也碑稱越六年正月當是永安二
年文於八月十八日之日字忽从篆作⊙亦異文
也

路僧妙造象記

記横廣一尺八分高四寸十三行行五字

大魏普太二年四月廿四日清信士路僧妙爲亡夫造
釋加象一區願令亡夫捨穢從眞神超蔭海面奉慈顏
願見在眷屬□鍾善集舍門□□辨比丘僧□□者□

文□

按文云普太二年借太爲泰字爲亡夫造象則路
僧妙是淸信女而云淸信士豈當時女士通稱耶
釋加卽釋伽亦借用字

任寄妃等造像題名

石四面刻前十二行後九行皆横廣三尺二寸高一尺四寸八分兩側皆横廣二尺九寸其八行每行均五字正書

邑□任寄妃　邑子□□□　邑子趙顯暈
邑子郭業輝　邑子□阿□　邑子王□□

邑子□□□　邑子□□□　□□□阿□
□□□□□　邑子□醜女　邑子□阿暉
邑□傅阿貴　邑子□阿□□　邑子□□□妃
邑子田阿男　邑子□神要　邑子輔明王
邑子□□女　邑子楊□□　邑子□醜女
邑子□□□　邑子□□□□　邑子□熙怡
邑子□□□　邑子□阿□　邑子□□女
邑子□□□　邑子王女□

田僧敬造像記

石高二尺八寸五分廣二尺一寸厚九寸五分分上下截記刻側之下截八行行六字正面下截象間俱刻人名並正書

□□□□□□□八日清信士田僧敬上爲皇帝下爲七世父母所生父母造玉像一軀願眷屬身安行吉值佛聞法□有羣生□同此願

□□□□　□□□□
孫子祐生　孫女□
息肆雅　孫女容
息□□　妻王□
息□□　妻路□
息河□　妻李□

息天安　妻許捺
息僧敬　妻鄭俗
息□保　妻王男
息阿□　母趙明光

金石萃編卷二十九　北魏　三

金石萃編卷二十九終

石门銘校文

六行 峭岨槃迂以天嶮

九行 撫境緣邊釋負擔之勞

十行 迴車已南

十二行 續三德領徒一万人石師口口人

十三行 情解冥會

十四行 皆填接棧轚砰嶮深危自迴車至谷

十七行 壚鐵充仭

廿二行 河山雖嶮口德是强 漢中附志口作漢 細諦亦非

廿三行 閣壇 古（像）迹跡在人亡水眺悠邈林望出長

廿五行 成夷石道 百兩更新

廿六行 以紀鴻塵

廿七行 洛陽樹武陽 仁

下有要指字三德五字

賜進士出身　誥授光祿大夫刑部右侍郎加七級王昶譔

東魏一

中岳嵩陽寺碑

碑高三尺二寸五分廣四尺五寸共二十九行行三十八字隸書末後移立年月一行正書今在嵩山會善寺戒壇

中岳嵩陽寺碑銘序

夫至理空淨非大智無以寄其言法身凝家非妙信無以感其像故託金軀於至敬之國布慧雲於四士之世顯皮紙骨筆之重半偈亡身之貴是以須達崇善塡金弗悋優王仰戀鑄檀寫真斯皆聖人留軌爲物樹業故然乃遺形八万還昇慧頂有大德沙門生禪師遊三空以歸真泥法流而染世控三車而微鏇秉常樂以傳軌隱顯無方泥浮兼嶺道風遠被德香普薰乃皇帝傾心以師資朝野望風而屈膝此山先來未有塔廟禪師將欲接引四生永辭沸鑊拯拔群品遠離炎鑪卜茲福地創立神場當中岳之要害對衆術之樞牙乃北背

高峯南臨廣陌西帶濬澗東接脩林扵太
和八季歲次甲子建造伽藍築立塔殿布
置僧坊略深棟概王公卿士咸發布向之
心凡厥庶民並欣喜捨之志司空公裴衍
昔在齊都欽承師德願歸中國爲寺檀主
本願既從晉歸□□禪師乃構千善靈塔
一十五層始就七級緣差中止亦七層之
狀遠望則迢亭飄巍仰懸天漢近視則□
嵬巖嶷旁睨絕望自佛法光興未有斯壯
也禪師指麾成之匪曰禪師背後雖復名

工巧匠無能陵其嶮峭禪師大弟子沙門
統倫豔二法師並妙思淵賾神指難量継
軌四依津□□世覺華散藻戒香盈馥與
諸同志已師遺功成茲洪業分藥□塼更
窣兩塔並各七層仰側師願殊特妙巧□
創秀出塔殿宮堂星羅棊布內外圖寫本
生遝日十□尊儀無量億數□□金爲相
叢王成豪環碧熅爍丹彩絢燿色煥□□
光輝宇宙異類衆品内翔磨緒龕旁禪室
側□環遶迤閣通門前覆□□□廊重複

菀衍逶迤規亦有楷短亦有則潢霤鏡泉
四殖甘菓柳裛長條松攀圓蓋池荷焰灼
翠葉紅輝徹波碧澈瀉流瀆□異禽巡獸
飲啄相鳴碩學名賢鍾武相望引旁清誦
列舘法言洪鍾一扣應真四集唄響八飛
香煙似霧度礼禪家六時靡輟方爲衆聖
万劫之靈場八輩十方三世之菀圃也天
平二季四月八日倫豔二統乃刊石樹碑
雕飭尊像贊貽嘉福顯彰聖儀高皇大沙
門統遵法師忘懷體道戒珠皎潔仁智明

敏器宇汪庠開妙思扵三空之表顯真如
扵四忍之外接引群生丹瓶巨海率諸邑
義繕立天宮勢脩嚴麗兼造白玉像一龕
眷屬侍御刹廁鐫磨妙匠精巧三十二滿
八十好圓色搖耀靈光暉夜□已諸勝善
仰資皇帝聖廟諱無窮國境寧泰太后德被
蒼□永保仁齡預捨一豪同登我淨若見
若聞等一常樂傍盡邊塵後窮來際咸鍾
此福其詞曰
明明大聖皎皎無著至家至妙湛然常樂

無像無言形名應世七步舉手播宣苦諦
聲光振動濯我塵滯化息雙林終歸實際
金儀言寢塔像勃興香尊避坐𦍒寶踴昇
爲摸爲揩永劫袥承維大沙門權機應傳
英風秀朗廟諱通常住道德芳烈帝后欽裕
撰造靈基朝野傾務逺摹妙書近光祇樹
唯聖唯賢爰依爰附億兆來蘋天龍虔仰
城芥千空此基無𥚃
大唐麟德元年歲次甲子九月景午朔十五日庚申
從嵩陽觀移來會善寺立

碑記生禪師造塔及其徒倫豔繼造二塔事書法不
工而碑文可誦碑後刻大唐一行則唐人固以爲舊
物而珍之矣歐趙錄却不載　碑文東作東矩作短
潛作濳馴作𨑳豚作㖨洋作庠鶩作務惟皇帝太后
不跳行不空闕猶存古式家字三見曰法身凝家曰
虔禮禪家曰至家至妙廣韻家與寂同莊子注取其
家寞無情耳家音寂本亦作寂金石文字記
東魏隸書曰中嶽嵩陽寺碑銘序共九百五十六字
東魏天平二年刻石無撰書姓名筆法頗含風致嵩
自啟母諸闕漢篆外唐以前書最少此其冠也碑上
截刻佛相雕鏤層疊佛像隆起餘地鑴平文刻於下
截當碑四分之一其字之上方又刻空方六寸許深
入二寸許規制亦迥異後代也北齊諸碑俱仿此式
碑末正書三十字曰大唐麟德元年歲次甲子九月
景午朔十五日庚申從嵩陽觀移來會善寺立寺自
隋大業已改爲觀唐避世祖諱丙字易爲景字碑之
移在營奉天宮時立於會善寺佛殿東楹久無剝蝕
尚得完好今康熙四十八年己丑歲重修佛殿更移
立於寺西之戒壇說嵩
碑以僧坊爲僧房以莞衍爲蜿蜒以巡獸爲馴獸以

飲豚爲飲啄以菀囿爲苑囿以汪庠爲汪洋以丹航
爲舟航以蒼海爲滄海或借或誤都未可知書矩作
短顯係筆誤築立分稾葢不可識金石存
洛陽伽藍記云嵩高中有嵩陽寺卽此是也碑云司
空公裴衍昔在齊都欽承師德願歸中國爲寺檀主
本願既從雲歸云云按魏書列傳云裴粲弟衍字文
舒仕蕭寶卷景明二年始得歸國授通直郎衍欲辭
朝命請隱嵩高又云贈使特節車騎大將軍司空相
州刺史葢其隱時與生禪師有舊也碑文宗爲家寫
爲寫執爲執折爲摭東爲東殿爲殿庶爲庶險爲嶮

館爲舘飭爲餝絜爲潔航爲舤皆别字云對衆山之樞列列當是経字又云潺流瀆瀨瀆卽濺字正文三倉云瀆汙灑也江南言瀆山東言湔以今方音定之亦信爲濺字顧炎武以爲潛字之俗非也又云預捨一豪豪不从毛用古字中州金石記

右中岳嵩陽寺碑碑立於天平二年而文云仰資皇帝聖歷無窮國境寧泰太后德被蒼海永保仁齡攷孝靜帝以清河王世子嗣大統而清河王未有尊號胡妃亦無太后之稱前朝諸后或已歿或别嫁不識此所稱太后何人也碑書馴獸爲巡獸汪洋爲汪庠

此古字之通用者若東作東樂作樂則違六書之旨矣天平東魏年號潘氏金石文字補遺題爲北齊者誤潘所錄本以補顧氏之闕此碑顧氏已載而復收之亦失於檢點也潛研堂金石文跋尾

碑在會善寺廢戒壇字多漫蝕予今收得舊本復次其文云大德沙門生禪師隱顯無方沉浮崧嶺此山先來未有塔廟禪師卜兹福地創立神場當中岳之要害對衆術之樞牙司空公裴衍昔在齊都欽承師德願歸中國爲寺壇主本願既從雲歸表節魏書列傳衍字文舒仕蕭寶卷至陰平太守景明二年始得歸國授通直郎衍欲辭朝命請隱嵩高碑所謂雲歸表節實與傳合也衍後歷顯仕北討葛榮軍敗見害贈使持節車騎大將軍司空相州刺史今碑稱司空公者舉其贈官也後稱禪師大弟子沙門統倫豔二法師各章兩塔仰副師願沙門統者魏制綰轄僧衆之名釋老志沙門統惠深上言是其證也授堂金石跋

按碑云司空公裴衍攷北史裴叔業傳叔業兄子衍仕蕭寶卷爲陰平太守景明二年歸國請隱嵩高上表詔許世宗之末出山干祿肅宗除建興太守河內太守孝昌初蕭衍將曹敬宗寇荆州詔衍

救荆州大破之除使持節散騎常侍平東將軍假安東將軍北道都督鎮鄴西之武城封安陽縣開國子食邑三百戶相州刺史安樂王鑒叛逆告變詔衍討平之除撫軍將軍相州刺史假鎮北將軍北道大都督進封臨海縣開國公增邑千二百戶仍詔衍北討葛榮軍敗見害贈使持節車騎大將軍司空相州刺史衍之歷官始末如此蕭寶卷卽齊廢帝嗣立之初建元永泰次年改元永元三年爲魏宣武帝景明二年是年衍歸國請隱嵩山至出山之年在世宗之末入仕之始在肅宗初年則

其在山有十五六年之久矣又十年爲孝昌初元
遂有荆州之敎三年有安樂王鑒之討是冬十二
月殁于葛榮之戰下距天平二年立碑之歲又隔
八年碑述倫藍二師更卓雙塔之功而推原生禪
師𠜂建之始因追溯司空公檀主之力也碑書不
必論其工拙北朝隸體自多如此文云顯皮紙骨
筆之重語本洛陽伽藍記碑立於天平二年文稱
仰資皇帝聖歷無窮者孝靜帝也太后德被蒼海
者孝靜帝時無太后此稱太后似指臨朝稱制之
宣武靈太后然出帝時已沈於河矣所未詳也金

石存謂築立分稾盎不可識築卽築字卬反寫耳
分稾口塼更𡨥兩塔詳玩其意稾卽稟字又卽廩
字廩通壈字坎壈不平也分稟者謂平其坎壈營
其塼埴而建兩塔也又云以僧坊爲僧房碑中有
房字兩見此似非以坊爲房仍是寶坊之義耳惟
䄍軌之䄍鍪覆之鍪甚不可識對衆術之摳歹中
州金石記釋作樞紐字形不類授堂金石跋釋作
樞牙恐亦未確存疑以俟攷

比邱洪寶造像銘

石高四尺六分廣九寸三分上截像下截銘九行行二十七字正書

夫需眞闕廓妙絕難測非言莫能宣其旨非像無以表
其狀言宣二六之教像跡四八之璡豈不淵闕沖漠魏
巍惟極者哉是以務聖寺檀主張法壽能於五蓋重羅
之下㪅斷恩愛塵勞之緇網於熙平二年捨宅造寺宿
願誓像福不止已顏度法界壽其羅絡情苞聖境自非
藉因積劫莫貴累世者孰能發茲宏闊願行者焉息榮
遷循和行慈仁孝世習精懿志慕幽寂妙眞遐願刊石
建像釋迦文佛觀音文殊仰遊亡考平康舊願復於像
側隱出无量壽佛兩洛法界考妣等神捨茲質形悉□
稟淨境同睹薩雲覺道成佛

大魏天平二年歲次乙卯四月十一日比丘洪寶銘
按此碑務聖寺比邱洪寶爲檀主張法壽捨宅造
寺其息榮遷循和刊石造像因作銘以記其功德
也北碑多以子爲息云息榮遷循和者殆法壽之
子也熙平二年捨宅天平二年刻銘是在造寺之
後十九年矣洪寶庸僧文字皆不足深論

司馬昇墓志銘

石高廣均二尺一寸五分二十六行行二十一字正書今在孟縣段曲村張方典家

魏故南秦州刺史司馬使君之墓誌銘
君諱昇字進宗河內溫縣孝敬里人也其先晉□帝之

苗裔曾祖彭城王禮金聲於晉閣作藩牧於家邦祖荆
州才地孤雄震玉譽於江左來賓大魏爲白駒之客始
踐北都逢授侍中使持節征南大將軍開府儀同三司
十州諸軍事封瑯琊王後遷司徒公父□□□鎮剖隴
西開右著睢㫁之績君慕帝王之資憑萬乘之廟諱夙慧
早成絶於群輩君志性貞明稟搽𩄇直又能孝敬閨門
肅雍九族鴻才峻邁聲溢洛中以孝昌二年釋褐太尉
府衛參軍又除懷縣令雖牛刀耻雞且錦遊邦里莅政
未幾禮教大行君臨慈百里承流敷化故能申述典謨
奉遵皇猷使盜息如䆐藏令行如禁止懷邑之民咸稱

㫁翰方靡好爵而窮仕路極纓冕以官王寮如天道無
儆弔善徒言遄疾一朝哲人云亡以天平二年歲次乙
卯二月廿一日春秋卅有一薨於懷縣贈使持節寇軍
將軍都督南秦州諸軍事南秦州刺史以其年十一月
七日㝘於温縣但以日月不停遷窆有期墓門刊誌勒
銘泉扉其詞曰
盛矣終源發業晉軒隴西之子瑯琊之孫如冰斯潔如
玉之温𨒪賢謝美今儁何言慕武彭城承流全晉萬乘
之胄龍德之廟諱辰極方高蒼海比潤崇基卓立欝矣孤
峻少播令問弱冠飛聲克㽵集與㫀讀彼槐庭　帝嘉明

德作邑懷城義風烱舒道化雲行才明不壽白古在先
顔生二九萎哲殲賢之子之亡如仕之年永辭白日長
歸黄泉遠送平原㝘於温縣隴樹冬寒夏凝霜霰勒銘
德域誌其鄉縣萬歲千齡誰聞誰見
右司馬昇字進宗墓誌銘其曾祖祖父誌不著其名
魏史亦無司馬進宗之傳姑以誌中所云祖荆州來
賓大魏授侍中使持節征南大將軍開府儀同三司
十州軍事封瑯琊王遷司徒公考之則其人爲司馬
楚之按魏書司馬楚之傳略云晉宣帝太常馗之八
世孫父榮期爲梁益二州刺史遭變楚之送父喪還

値劉裕芟夷司馬戚屬亡依從祖荆州刺史休之及
休之爲裕所敗楚之收衆據長社後降於魏魏假楚
之使持節征南將軍荆州刺史後劉義隆入寇以楚
之爲安南大將軍封瑯琊王屯穎州距之破其諸軍
以散騎常侍徵還尋從征凉州蠕蠕拜假節侍中鎮
西大將軍開府儀同三司雲中鎮大將朔州刺史王
如故薨贈都督梁益秦寧四州諸軍事征南大將軍
領護西戎校尉揚州長史謚貞王云云據此盡與誌
中所言相應惟缺遷司徒之文耳然又按庾開府集
周大將軍司馬裔碑文云曾祖楚之入魏授平南大

將軍荆州刺史襲封瑯琊王又授使持節侍中安南大將軍開府儀同三司者與晉史及此誌略同至其載楚之卒後贈征西大將軍都督梁益秦寧荆兖青豫郢洛十州諸軍事揚州牧謚貞王者則尤與碑所云十州諸軍事遷司徒公者相合再考魏書北史楚之外亦無有官職封爵似此者此以知其爲楚之無疑也然魏書謂楚之父榮期爲梁益二州刺史遭變而庾開府集司馬裔碑乃謂曾祖楚之爲晉太傅錄尚書揚州牧會稽文孝王之次子元顯之幼弟元顯見害之後桓氏篡逆之初客身屠釣收合餘燼入魏

云云則是謂楚之父爲司馬道子與魏書所書楚之父爲司馬榮期者不合又庾碑所言司馬道子爲會稽王即晉書所云道子爲簡文帝之子出後瑯琊王改封會稽王者與此志所言進宗曾祖彭城王者亦不合按此誌所云曾祖彭城王者乃或即魏書所謂司馬榮期考晉書宗室傳彭城王權子植植子釋釋子雄雄坐奔蘇峻更以釋子紘嗣紘子元元子宏之皆襲封彭城王更以魏書楚之傳所云太常楯八世孫推之則楚之父榮期與彭城王宏之爲昆弟輩行或與宏之同出于元或出于元之弟俊皆未可知然俱爲彭城王權之後雖嗣世封王者爲元但榮期守土遭變意當時必贈以王爵又以其爲彭城之後或即贈彭城王故誌即以曾祖彭城王稱之則彭城王之稱其於榮期亦近似者究之此誌所云祖荆州者斷爲司馬楚之無疑特於曾祖不著其名或則以榮期慘遭禍變故不忍正著其名耳至庾碑著楚之所生與魏志不合之處更以俟博雅考焉又誌言父鎮剖隴西關右著唯艮之績者按魏書楚之三子長寶胤次金龍次躍龍寶胤仕至鴈門太守金龍躍龍俱至尚書令此誌云著唯艮之績亦似指寶胤而言蓋

引用太守故實則其非金龍躍龍可知特隴西關右與鴈門不合或寶胤前嘗官於彼而後守鴈門亦未可知耳又魏書金龍三子長延宗次纂字茂宗次悅字慶宗則或名或字皆與進宗之字相似轉疑名延宗者之亦爲其字而史失其名耳然則進宗爲楚之之孫殆無疑矣進宗作令桑梓有惠政可傳也孟縣志

按碑所述先世孟縣志攷證已極詳明碑稱曾祖彭城王祖荆州但書爵書官而不書名與高湛碑同是當時誌銘之一例父字下缺三字想亦是官位可知使君温縣人而官懷縣令二縣同屬河内

故云錦遊邦里也盜息如簃藏令行如禁止雨如字皆當作而字讀纓寃當是纓冕別體字薨於懷縣是卒于官也縣令卒而書薨是不拘于公侯之卒稱薨者矣

王方略造須弥塔記

記高廣皆一尺三寸五分十二行行十二字正書其第八行至十一行上中間有龕穴長五字許在偃師縣古聖寺

大魏天平三年歲次丙辰正月癸卯朔合邑等敬造須弥塔一堰仰爲皇帝陛下師僧七世父母所生父母因緣眷屬後爲邉地衆生常與善居弥勒三會唱在初首下生人閒侯王長者合邑諸人所願如是

敎化主王方略

邑師法顯

邑師道寶

比丘道眞

比丘僧惠

賈仲　郭阿

石□曹和　唯鄉劉□□

碑中有佛像長六寸記字畫鋒頴透露可想見六朝筆勢碑在偃師北十八里古聖寺此寺意卽魏時所

立縣進士武君億得于土中急置寺壁手拓其文寄予中州金石記

比邱尼曇會造像記

記橫廣八寸高三寸十行行四字五字正書

天平三年五月十三日比丘尼□□曇會□□阿容□□自爲己身師僧眷屬造觀世音像一區并及有形共同斯福

高湛墓誌銘

石高一尺六寸廣一尺五寸七分二十五行行二十七字正書今在德州封氏家

魏故假節督齊州諸軍事輔國將軍齊州刺史高公墓誌銘

君諱湛字子澄勃海滌人也靈根遠秀啓慶兆於渭川芳德遐流宣大風於東海作藩百王垂聲萬古者矣故清公勢重鄭伯捐師元卿位尊管仲辭禮皆所以讓哲推賢遠明風軌祖冀州刺史勃海公文照武烈望攝中夏惠治朝野愛結周行孝侍中尚書令司徒公英風秀逸儁氣雲馳剋顧帝鄉威流宇縣君稟慶緒於緜基挹餘瀾於海澳幼尚端凝長好文雅非道弗親唯德是與逍遙儒素之閒纂申穆之遺風徘佪文史之際追牧馬之逸藻至於弊春灑翰席月抽琴邁昔哲以孤遊超時

流而獨遠熙平啓運起家爲司空參軍事轉揚烈將軍
羽林監天平之始襄城阻命君文武兩兼忠義奮發還
城斬將纛左同歸朝廷嘉其能縉紳服其義倣驪驤將
軍行襄城郡事君著績旣崇賞勞未允尋除使持節都
督南荆州諸軍事鎭軍將軍南荆州刺史於時僞賊陳
慶率衆攻圍孤城獨守載離寒暑終能剋保邉隍全怙
民境復除大都督行廣州事享年不永春秋卌三元象
元季正月廿四日終於家　皇上動哀能言灑淚迺有
詔曰故持節都督南荆州諸軍事倣鎭軍將軍揚烈
將軍員外羽林監行南荆州諸軍事南荆州刺史當州

大都督高子□識用閑敏氣幹英發擁搉蕃翰誠効尅
宣臨難殉軀奄從非命言命遺績有悼于懷宜申追寵
式光泩烈可贈假節督齊州諸軍事輔國將軍齊州刺
史粤元象二年十月十七日遷塟於故鄉司徒公之塋
千秋易往萬古難留故鐫石泉門以彰永久其詞曰
丹到降祉姜水載淸大人應期命世挺生垂竿起譽龍
鈎流聲經綸宇宙莫之與京覊譔司下蕃公衡上宰旣顯
營丘復擲東海四履流芳五城降綵繁柯茂葉傳華無
改伊宗作輔忠義是依濤盪昏霧擴掃塵飛日月再朗
六合更暈玉帛斯集福祿攸歸仁壽無遠積善空施風
酸夏草霜結春池崐山墜玉桂樹摧枝悲哉永慕痛矣
離長
乾隆己巳秋德州衛第三屯運河決東岸岸崩得此
石文字尚全宋蒙泉𢇛編修以予嗜金石刻也遺人
搨一本見貽惜高君之名不見於魏史碑文有尋除
使持節都督南荆州諸軍事鎭軍將軍南荆州刺史
按魏書地形志有荆州有北荆州無所謂南荆州者
而攷通鑑所載是時東魏尚有東荆州西荆州亦皆
志所未載葢其時干戈搶攘僑置州名甚多史家不
能詳也元象二年卽興和元年據魏書本紀是年十

一月癸亥改元碑建於十月故猶稱元象碑不書湛
祖父之名或云當是高肇之子肇爲尚書令遷司徒
肇父颺贈渤海公與碑官位頗合但本傳無湛名未
敢定也湛有臨難捐軀之節宜見於史不幸與齊文
襄武成同名殆作史者避齊諱故并其事沒之乎千
載之後陵谷變易而留此一片石以顯湛之名不可
謂非幸矣而其死於何人之手碑亦諱而不書使人
讀其文而不詳其殉難本末則又湛幸中之不幸也
潛研堂金石文跋尾
志云勃海滌人也滌卽脩字周禮司尊彝凡酒脩酌

注云脩讀如滌是也漢蔡湛頌蕭滌而雲消蕭滌卽蕭條後漢郡國志
勃海郡脩縣故屬信都前漢地理志信都國脩縣顔
注脩音條周亞夫傳封條侯顔云縣在勃海地理志
作蓨字其音同爾漢劉衡碑除蓨令詩嘆其脩矣釋文云脩本或作蓨功臣表
亞夫紹封脩侯顔注云脩讀條覆案地理志勃海郡
無脩縣有脩市縣應劭音條亞夫所封乃脩縣非脩
市也顔不稱信都而屬勃海似誤葢脩縣自後漢始
隸勃海此志以滌屬勃海自不誤晉勃海郡有脩縣
元和郡縣志云本漢脩縣晉改條爲脩然功臣表已
作脩字惟亞夫傳作條耳誌中驍驤將軍驍字從馬

余在洛陽得銅印文曰驍驤將軍章字亦從馬案魏
書世祖紀始光二年初造新字千餘頒下遠近永爲
楷式驍卽新造之一也桂馥跋
右碑錢辛楣少詹論之甚詳湛字子澄孝靜詔字而
不名尊之之意亦制詔異例也碑字秀勁爲唐時虞
褚諸家所本其中滌入郎修入古多通用至標作擿
蚪作虯稟作稾瀾作灡翰作翰席作席龍驤作驍驤
旅作旅象作豸及从亻與从彳互用皆六朝人好異
故變其體耳末句離長二字倒書碑未改正山左金石志
按此碑正書每字界方格筆法秀勁文字完善其

損者僅詔語中高子澄之澄字耳魏書地形志有
三荆州一曰北荆州武定二年置領伊陽新城泖
北三郡一曰荆州太延及太和中置領南陽順陽
新野東恒農漢廣襄城北淯恒農八郡一曰洛州
注云太延五年置荆州太和十一年改洛州治上
洛城領上洛上庸魏興始平長和五郡北荆州置
于武定二年在元象二年之後當高湛之世既無
所爲北荆州則但有一荆州而已或者洛州之地
舊有荆州之稱當時因目洛州爲南荆州亦未可
知當孝靜帝天平三年四年之間洛州上洛一路

高敖曹與西魏寳炬交攻至四年十月寳炬行臺
宮景壽都督楊白駒寇洛州又遣其子大行臺元
季海大都督獨孤如願逼洛州又遣其都督趙繼
宗右丞韋孝寬等攻陷豫州碑所謂僞賊陳慶率
旅攻圍孤城獨守載離寒暑似卽指此事其時距
元象元年高君之卒未久也玩碑云終能克保邊
隍全怙民境則南荆州城不失也復除大都督行
廣州事是事定而遷官也元象元年正月廿四日
終于家是非臨陣捐軀也孝靜詔語謂臨難殉軀
奄從非命者似追叙其孤城獨守時事或受傷而

歸耳元象二年十一月改元興和湛以十月奏故
尚稱元象二年孫覿祭星行六朝金石記此碑有
季傕跋云銘詞六合更暈與依飛爲韻是暈即暉
字說文有暉無暈新附妄增之又馬八尺以上爲
龍說文作駹六朝人因造爲驍字

敬史君碑

碑高六尺八寸廣三尺五寸二十六行每行五十一字正書在長葛縣陘山書院

禪靜寺刹前銘　敬史君之碑

公名口字顯儁平陽泰平人蓋虞舜之苗裔田敬仲之
後也舜有康哉之唱敬有和鳴之應德徽書史道合無

名自茲以降世皁哲人龜組繼襲英聲不朽公資黃中
之雅氣稟川岳之粹靈苞一德於懷抱淵万頃於衿
掺節端華風神雅峻博學多通無所成名振徽音於綺
歲播九德於冠年豈伊一日千里寔曰王佐之才解褐
奉朝請於時女后稱制權移外戚黨樹私門謀危王室
公秉義發憤肆忠奉國結周公河西之略咨義眞折角
之恥掛冠辭闕杖劔歸鄉㢓步方州翹心日角孝莊統
曆攝履還朝　帝嘉迺功用優勲賞封泰平縣開國子
除晉州別駕永安二季元兇伏罪殘醜遺燼更相鳩率
始資賈誼之計終成李郭之舉聾罪宜平亥兵象闞長
戟百万胡騎千群　大承相勃海王德隆齊晉作牧唐
都志存匡合克剪封鯨以公器宇淵亮民望所歸特申
情悒委以經謀公深識時倠冈計强弱豹變從時應機
而起毗文贊武專挍劔之功帷籌野戰系鬬鰲之力長
虵旣剿龜鼎惟新策勲有典式酬功効進封永安侯食
邑千戸拜車騎將軍度支尚書俄遷都官尚書公位居
省闥職在樞機竭忠奉上庶情求瘼獎進英賢糾癈奸
慝宿滯必申頹綱由整今　上德配犧黃道齊日月鑒
殷徙鄴未遑外略秦隴放命乘此犇悛駈率戎虜擾我
生民汾晉邊遐偏被其毒惟擇所寄事符賢桀迺以公
爲汾州刺史尋轉晉州刺史車騎侯如故公秉麾出閫

佩錦歸鄉明賞罰以勸元戎敷仁澤以字黎庶乘機迭
出智勇兼舊口聿未周奸深遁跡百城旆懌四民歸堵
敢飯之嗜不息安居之詠更新雖李牧御邊細侯治絣
不能尚也又燕司失馭編荒作逆連黑山之衆峙黃巾
之勢縱横海表陸梁幽冀震威　皇衷命公是討公運
六奇於帷幄忘七尺於戎行探淮陰平趙之略協段熲
破羌之謀廣張旗幟厲怒三軍紛紜馳突遂夷兇醜凱
旆而歸增隆寵秩拜儀同三司韓地邊嶮緬連蠻楚夏
風徙改彫僞成俗寄人不恭鴟張嵊𨗒黠虜回貧玩威

壃場歷政爲艱莫能芟遏百姓彫傷流離畧盡　天子
悼兆民之荼炭惟邊衜之須才終朝忘食夜分不寝以
公畧不世德効累彰除殘拯溺非莫可加拜驃騎大將
軍潁州刺史大都督潁州諸軍事儀同三司開國如故
公深惟臣辱職不求易憘遇緣根薄言來踐輕賦斂以
阜民財勞吐握以招賢俊嚴治烽候宿裝輕肥擁火或
舉貔騎爭先鬼出電入梟四万計賞不踰功罰必當罪
人物輻輳繈負雲歸玉燭登年絃歌不息亦旣芟夷世
難功濟生民復惟舟梁苦海運兹迷溺敬崇三寶翹翦
九刼望維衛以虛心念毗耶而延佇此地寔爲高敞眺

實遐隆遠乘山岳邇帶池闍惟金剛之妙宅諒神基之
淨土故平陽太守潁川太守使持節秦州刺史梁洪雅
攝情物外宅志道場爰建精廬欝兹形勝水火亟交季
歲彵積龍宮梵室彫落朽故公廼勉率僚佐肅心營造
遠訪名工窮盡巧麗建七層之寶刹寫雙樹之光儀金
瓊疊照朱紫聯華長廊四宻廣夏淸疎名僧遠萃大法
津流憑此至誠仰願　皇帝陛下祚隆天地齊光九刼
化漸三塗率皆四果口日誓昂順終如始有滅有生無
尉八万之囙無生無滅濟此娑婆之苦湛露易晞貞剛
惟久式裁金石永昭不朽作頌曰　惟聖之後達者克

昌代綰珪組世有蘭芳挺兹明德隆贊霸王齊鑣管范
閑步蕭張弱齡聰琁岐年秀發耤蔭聖童佝齊初月疾
惡如風趣善如蹶百行斯兼三省無闕作牧西蕃君臨
南甸荒服來庭鯨鯢由剪政行保鄣化豹絲口大啓子
乘幾聯三鉉發揚搋壓開職道睠飛甍架雨寶剎分虹
月光照曜日映玲瓏業兹世福永樹來功
新除使持節都督潁州諸軍　事驃騎將軍潁州刺
史當州都督崔叔仁
施地檀越故潁川太守王儒
檀越元圓鸞施地作拾畝

檀越口景和儀和施地卌畝
檀越朱景略息恩和施地廿畝
維大魏興和二年龍集庚申

碑陰

碑陰分六列第一二三列各三十行四列五行五列二十八行六列六行並正書

邑子中軍將軍潁州長史朱果　安東將軍銀青光祿
大夫潁州督府長史趙懃之　持節鎮南將軍潁川太
守高冲　持節假征西將軍太中大夫陽翟太守敬鴻
顯　持節假安東將軍許昌太守呂道興　陳留太守
敬忻小郎君敬淸奴　州錄事參軍敬遵顯騎兵敬穆

州別駕薛宗邑子長流袁孝則　州治中崔叔亮邑
子外兵柴軌　州司馬崔子王邑子外兵王貴　州治
中毛集邑子州散騎楊業　州治中敬伏護邑子散騎
匡乾　中軍將軍敬景儁郎中郭延買　中兵敬乾歡
潁川郡丞孟延和　主簿敬頻　中兵叅軍薛剸　主
簿敬子瑜　功曹叅軍薛畧　鎮城樊後興　集曹叅
軍李弁　莨社令魏稹　都督井盆　許昌令楊悅
都督敬世　臨潁令郭叔　都督郝沖　潁陰令柴興
都督劉翢　許昌令柴儁　都督敬珎　隱陵令孫
祖　都督裴祥　扶溝令張靜　都督索闍　州都陳

始和　都督薛賓　州都郭憙旺　都督伏愛　州主
簿陳延　都督陳挨　中兵梁蘭景　都督王和　長
流胡長儁　都督思和　鐙曹賈思慶　都督王顯
以上第一列
司馬彭預　都督王遷　都督張賓　都督李柱　都
督庫謊　都督王榮　都督趙珎　都督韓畧　都督
韓章　都督薛璙　都督元志　城高魏孫　士曹李
遠　默曹姚泰　士曹宋孫　功曹耜卓　門下程遠
祭酒唐纂　祭酒元源　祭酒孫欣　西曹石纂
西曹楊珎　主簿張秀　主簿趙安　邑子姜思賓

邑子姜始宗　邑子龍伯達　邑子龍讃　邑子李遵
邑子和祖
以上第二列
中堅將軍潁川縣大府倉曹叅軍向邑　許昌太守趙
文光　謝遠　民望沈濤　州主簿別駕陳遵　趙亮
民望孫鸖　郡功曹陳敬　都民望陳樹　民望許容
邑子陳始明民望陳世用　民望藥璙　都督陳胡
民望孫世通　長史荀樂　都督王挨　民望朱大
業　民望趙珎　都督靳輝　民望孫騰達　民望李
愛　都督介歡　民望姜江珎　騎兵朱海　都督張

豔　民望趙龍光　月令戴翔　都督許祖　民望劉
元才　西曹馬超　都督趙遵　民望許天扶　錄事
董景　都督徐延　民望薛次賓　民望許寶　□□
□賓民望孫陽爾　省事趙謙　都督□融　民望孫
長和　道人惠哲　都督□祖　民望孫法凝　西曹
張徽　博士□化　民望張永洛　李臺尉姨　都督
敬難陁　民望韓係叔　司馬王貝暉　都督毛季業
民望韓海□　外兵司馬景　都督萬孟津　民望趙
方達　外兵王景嵩　都督孫承明　民望仇猛帍
帳內王鸞海　都督王遵賢　民望聶保壽　民望劉

彦始　都督王買　助教聶染庯　黨司徒始隆　五
宦成勇沈貴遠　蔡蒉洛　邑子韓長茂　民望伏生
頡當世　毛仲賢　都督敬文賢　民望景嵩趙永隆
屈伯奴　丘哲　王乹　長流張尚尹洛祖　吉苟
子　趙常　鍾遵　民望力和韓道顯　馬伏貴　張
穆　閻翙　民望甄明龍樂國　王叔尔　龍顯　閻
乹　邑子王仕元邑子成淵　胡女体　韓亮　焦弁
以上第三列
曇軍賈充　民望宋方　隊主石猛　邑吳成奇　黨
許洪朗

以上第四列
持節假征西將軍平西將軍陽翟鎮將帶陽翟太守晉
州平陽郡晉秋鄉吉遷里人敬鴻顯　潁州沙門統慧
元　潁州沙門統曇乳　司州沙門統道鐔　陽州沙
門統道慈　潁州沙門都道業　潁州沙門都慧乾
潁州沙門都智定　潁州沙門都曇佳　潁州大律師
靜遵　潁州沙門都僧雅　法師晉州都靈洪　法師
司徒寺慧辯　長社縣維那法壽　張顯公寺主法敬
法師寧國寺曇愍　法師寧國寺法豫　法師丈八
寺僧慶　法師司徒寺僧景　元領軍寺主法興　臨

潁縣維那道顯　潁川郡維那僧度　許昌郡維那法
炬　陽翟郡維那道希　法師祖寺僧遠　敬公門師
慧哲　齋主白塔寺道場　前禪靜寺主智遵　前禪
靜寺主法榮
以上第五列
當營搆寺主道智　營福都維那慧盎　長兼都維那
慧生　長兼都維那靜意　長兼都維那道果　長兼
都維那道海
以上第六列
乾隆初年長葛民墾地得古碑剔之完好樹於陘山

書院按碑爲北齊僕射永安侯敬史君顯儁功德撰
銘揚厥休烈文雜儷體書則自晉趨唐爲歐褚前驅
居然古氣磅礴惜作者書者皆不叙名攷敬氏世裔
出自陳公子完土居封爵俱隸太原而建利縛葛者
則以僕射有平潁之功焉今北齊書本傳祇記其從
高祖龍興功而其仕北魏女君稱制棄職肥遯孝莊
帝時亦不得志乃杖策謁神武雖尺寸風雲亦可補
史策之闕略矣考古者兼搜古金石刻豈徒寶其書
與文哉後之好古者善護之又史傳名顯儁字孝英
而碑則闕其名字顯儁亦微異云　沈青崖跋

右碑題禪靜寺剎前銘敬史君之碑乾隆已卯歲錢塘周君天度以戶部主事出知許州搨一本貽予讀其文蓋頌潁川刺史敬顯儁而作寺故潁川太守梁洪雅所建而顯儁修之曰敬史君者借史爲使也顯儁齊書北史有傳北史云陽平太平人陽平蓋平陽之誤太平魏書地形志作泰平此碑亦稱平陽泰平與魏書合載顯儁歷官殊略以碑攷之釋褐奉朝請靈太后稱制棄官歸孝莊初還朝封泰平縣開國子除晉州別駕從齊神武起兵以功封永安縣侯食邑千戶拜車騎將軍度支尚書轉都官尚書孝靜初

爲汾州刺史轉晉州刺史拜儀同三司驃騎大將軍潁州刺史大都督潁州諸軍事其次第如此而齊書所云羽林監行臺倉部郎中則碑無之蓋顯儁未嘗爲此官故北史亦不取也碑云公名空一字顯儁而傳云字孝英蓋先以字行後乃別立字爾碑中別體之字如抱作怉后作石戚作慼綱作緺佩作佩儀作儀鳴作鵮鑿作鑿喜作憘聯作聰廊作廓服作服其它不能悉數也泰本从水碑从心蓋流俗之譌相承久矣碑陰題名有功曹中兵騎兵長流城局士曹鎧曹集曹默曹皆府屬官也諸曹不言參軍者省文也隋書百官志有墨曹無默曹而默爲墨也有州都西曹祭酒門下省事皆州屬官也門下不言督亦省文也民望月令黨司三者其義未詳民望多至二十餘人蓋非職官之稱矣其云蕆社令者借蕆爲長也潛研堂金石文跋尾

碑記顯儁歷官最詳按北齊書列傳云爲晉州別駕行臺倉部郎中轉都官尚書北史惟云歷任度支尚書封永安縣侯出內多歷顯官而已碑獨不及行臺倉部郎中宰相世系表又北齊僕射史又不載不知何也此碑以梁洪雅建寺顯儁重修故爲是銘後有

新除潁州刺史崔叔仁名碑字最謬不可勝舉其云百城旃檡乃施析異文弱齡聦埼乃聰睿假音惟匃矜作匃猶用胷字正文與篆法合陰列官將民望沙門名字所載敬氏之族甚多有主簿敬頻玫宰相世系表在顯儁上第三格云頻後魏北絳太守乃是顯儁之曾祖不應于顯儁立碑時列名碑陰蓋或是族曾祖行而世系表誤分其格正直顯儁之上也中州金石記

碑首行云禪靜寺剎前銘下空一字又云敬史君之碑一文兩題文義不通於碑之體或亦不合乃其文

則又斐然可觀乾隆三十年長葛縣知縣許蓮峰於轆
轤灣地中掘出頗完好共八九百字缺者止十餘字
顯儁後仕齊北齊書北史皆有傳碑云公諱下空一
字字顯儁而齊北皆言顯儁字孝英葢或其名卻以
字行後別爲字此碑則未有字時立也齊云平陽人
北魏地形志晉州平陽郡有泰平縣此但舉其郡碑
云平陽泰平人皆是北云陽平太平人則誤矣陽平
郡自治館陶屬司州也碑云解褐奉朝請時女后稱
制權移外戚掛冠歸孝莊初還朝封泰平縣開國子
除晉州別駕齊云初爲羽林監碑不言碑又云永安

二云季元兇伏罪殘醜遺燼更相鳩率始資賈詡之計
終成李郭之舉攻永安終於三年故云季是年誅爾
朱榮故云元兇伏罪而賀拔勝爾朱世隆司馬子如
爾朱拂律歸爾朱兆相繼攻洛故以李傕郭汜爲比
碑又云大丞相勃海王德隆齊晉作牧唐都志存匡
合公深議特雄冏計強弱豹變從時應機而起進封
永安侯食邑千戶拜車騎將軍度支尚書俄遷都官
尚書丞相謂高歡齊言初得歡以爲行臺倉部郎中
碑皆無之碑又云今上德配□□融齊日月迺以公
爲汾州刺史尋轉晉州刺史又拜儀同三司加驃騎

大將軍潁州刺史大都督潁州諸軍事今上謂東魏
孝靜帝潁州地形志孝昌四年置武泰元年陷武定
七年復是也齊云從高祖平寇難之三以下則皆立
碑以後事矣蛾術編
碑題禪靜寺剎前銘敬史君之碑其稱史君者顯儁
爲潁州刺史也禮雜記客使自下注使或爲史漢書
霍光傳使樂成小家子師古曰使者其姓也字或作
史因知史與使二字古可通用也顯儁歷官北史本
傳稱從神武信都舉義歷位度支尚書以功封永安
縣侯河清中卒於兗州刺史齊書本傳爲羽林監高

祖啓爲別駕行臺倉部郎中轉都官尚書二書所載
畧異然以碑證之葢於孝莊初封泰平縣開國子及
拜車騎將軍孝靜初爲汾州刺史轉晉州刺史拜儀
同三司驃騎大將軍潁州刺史大都督潁州諸軍事
皆未及也授堂金石跋
按碑述其先世云虞舜之苗裔田敬仲之後葢敬
本嬀姓陳厲公子敬仲之後通志氏族畧所謂以
謚爲氏也漢有敬韶官揚州刺史歐公得其碑文
字磨滅惟其初有敬仲二字遂目爲敬仲碑載集
古錄然則敬氏敘碑皆推原於敬仲也又据金石

鏼敬君像頌跋云敬君名曦顯儁從弟十世祖漢揚州刺史韶按後周書敬珍傳唐書宰相世系表皆云韶漢末爲揚州刺史而姓苑與元和姓纂皆作歆疑轉寫之誤又據碑顯儁乃韶十世孫而姓纂以爲九世亦誤也云云据此則顯儁之十世祖乃韶也碑紀敬史君歷官云解褐奉朝請於時女后稱制者指魏宣武帝靈皇后胡氏也大承相勃海王德隆齊晉作牧唐都者指大都督晉州刺史齊獻武王封勃海王中興元年爲侍中丞相高歡也碑立於興和二年庚申計自解褐之初至此首

尾僅十三年立碑之意專紀其都督潁州時政蹟而尤重其營造禪靜寺之功德也潁州刺史崔叔仁是立碑之主故特列銜名於頌後此後列施地檀越姓名不與碑陰同列者重其施地之功也以仵拾畝爲五十畝仵伍通用也碑多别體字如宿捸輕肥之捸字玩文義疑卽裝字移置也啜飯作敢飯或是省文塗炭作荼炭或是通用高敞作高敞則筆誤矣碑陰列一百四十餘人而敬姓者十四人獨敬鴻顯旣列於第一列之第四行又列於第四列之末行前作鴻顯後作鴻顯前銜但云持

節假征西將軍太中大夫陽翟太守後銜則云持節假征西將軍平西將軍陽翟鎭將帶陽翟太守此下云晉州平陽郡晉秋鄉吉遷里人不知與史君同里居否也敬濤奴稱小郎君殆陳留太守敬忻之子也碑中有民望有都民望想皆郡人之著者有外兵有帳内皆軍營之職隊主疑卽隊主亦軍職也有沙門統有沙門都有道人想皆僧職也慧哲僧也而稱之曰敬公門師殆爲史君所尊禮也曰營福都維那曰長兼都維那皆他碑所未有者助敎聶染虎染當是柒字卽七虎也其曰李臺

尉姨曰吉苟子命名之義不可曉曰黨司徒始隆曰五官成勇洸遺蓮曰民望伏生顯當世曰民望力和韓道顯曰邑吴成奇曰黨許洪朗曰齋主白塔寺道場義亦未晰曰民望聶保壽曰焦弁曰長社縣維那法嵩字有不可識者或疑長社卽長社

金石萃編卷三十終

賜進士出身　誥授光祿大夫刑部右侍郎加七級王昶譔

東魏二

李仲璇修孔子廟碑

碑高七尺四寸五分廣三尺六寸二十五行行五十一字正書兼隸額題魯孔子廟之碑六字篆書今在曲阜孔廟

粵若稽古　殺后欽明文思衡宰邁德丕顯九功咸事故能庸勳親賢官方式敘　惟大魏徙鄴之五載　皇□興和之元年天子□咨寅賓出日寔唯濟岱宣風敷化義屬英良以君理思優敏實惟舊德昇朝牧民物望斯允必能絃歌鄒魯剋棖斯□□制□□冊拜我君公使持節都督兗州諸軍事車騎大將軍當州大都督兗州刺史君姓李字仲琁趙國柏仁人也其先帝高陽之□裔柱史之靈左車之綿緒瑤光体彩赫奕於上齡若木嘉祥萩蘇於季葉君以資解褐奉朝請俄除定州平北府法曹參軍仍□□□功□諮議參軍事定相離三州長史東郡汲郡恒農三郡太守司徒左長史中散太中大夫營構都將離兗二州刺史所在恩□遺訓在民□□桂芳地而貞馥不移君鳳舉雲翔風期如一斯寔天懷直置妙與神同悒然不樂思仁未深刑平惠和訁

爲淳□□□□□寵□□榮奕葉重光之貴氣韻優峻之奇政績緝熙之美既備於史傳與清頌故不復詳載焉君神懷疎爽風度絕□學業□□源並深趣操□□松俱秀故其隸兗部也嘗未浹旬言覲孔廟肅恭致誠敬神如在遂輒車曲埠飲馬沂流周遊眺覽尚□伊人□□慨然有報功□□之意乃命工人脩建容像孔子曰從我於陳蔡者皆不得及門也因歷敘其才以爲四科之目生既見從沒□□侍故顏氏□□□□於易辭起予者商紛綸於文誥是則聖人之道須輔佐而成故曰吾有由也惡言不聞於耳所以雕素十子□□其側今於□□□□奉進儒冠於諸徒亦青衿青領雖逝者如斯風霜驟謝而淪姿舊□曖似還新至如廟宇凝靜靈姿嚴麗□□之□無以踰七□之房不能出夫道繫於人人亡則道隱斯大義以之而乖微言以之而絕今聖容肅穆二五成行丹素陸離□□□□□□微嘆而□言左右若承顏而受業是以覩之者莫不忻忻焉有入室登堂之想斯亦化□□一隅也天誕聖哲作民師□□風□闕里播□□洙泗至於歎鳳鳥之寂寥傷河圖之莫出屢應聘而不遇知道德之不行乃正雅□脩春秋刊理六經懸諸日月□□載之□莫不遵□義

以述作服其訓以成身咨可謂開闢之儒聖無窮之文
宗者矣此地古号曲埠是唯魯都雖宮觀荒毀臺池□
□然其廟庭也蔚□林於九冬覃脩柯於百刃類神梧
之徒漢同梧宮之臣圜至夫鴻隨秋下則月秀霜枝鷰
逐春來亦風開翠葉既□□□□亦足以安樂聖靈
是以無代不加脩繕譙億載以寧神君清明在躬精思
入微功被入神德貫幽顯豈唯營餝宣質經翔□□□
□□□如虔脩岱像崇奉黌宗敦素範華興存廢絕視
民如傷納之仁壽體亡懷以幽詣任万物以爲心豈直
靈津孤灑虛光獨散者哉夫一月之明可影百川一人

之鑒從橫万趣爰自刺舉未或斯同然丹青所以昺盛
□金石所以刊不朽□□不鐫珉瑶焉述府州佐□□
□□令士民等略序義目樹碑廟庭俾後來君子知功
業之若斯焉乃作頌曰
二儀肇泮人倫攸舉邈邈靈王誕茲聖緒祖習堯舜獻
章文武聲溢九天化潭八字祖習□□聖神盡妙化潭
伊何□□存敎□同麗景樽天孤昭無異岱宗巖巖特
峭重山隱寶深霞祕暉在哀之葉自衛言歸德生於子
文實在茲彝倫禮樂剋敘書□□□驚異灰管流氣㫐
本其權緬踰千祀以存恕亡允諸靈意不有伊人孰云

脩置唯君體道布政優優白鳩巢室赤雀西棲仁罔不
備智□□周器冠後梧風邁前脩既繕孔像復立十賢
誠兼岱宇勤盡重黌仰聖儀之煥爛嘉鴻業之嬋聯長
無絕兮終古永萬□兮斯□
興和三年十二月十一日□功

碑陰

碑陰共三十九行前七行在額後三十二行俱在上截其下截無字每行或一人或二人正書

鎮遠將軍倉曹參軍蓋子華
前將軍功曹參軍屈儁
征虜將軍錄事參軍李㫐賓

征東將軍壽陽子司馬時老生
征東將軍長史崔珎
冠軍將軍別駕從事史順陽子張敬賓
鎮遠將軍治中從事史魏子㫐
以上在額後
輕車將軍典籤王遵
寧遠將軍典籤□□
闕　員外奉都尉滕子充
揚烈將軍新陽令攝典籤衛恩
伏波將軍員外給事中丁貴賓

冠軍將軍長流參軍劉孝遵
中堅將軍前平原令郄靜和
明威將軍長流□參軍林(□林)寧
典籤孳暉
伏波將軍前襄國令長流參軍李世榮
冠軍將軍默曹參軍張洛□
□父令朱槃(席)
冠軍將軍法曹參軍彭伯怜
征虜將軍錄事參軍張子欽
中堅將軍參軍事王元龜

樂平令秦仲暉
中堅將軍鎧曹參軍蘇文淵
須昌令孫世𣝗
平南將軍田曹參軍劉僧仁
魯縣令宋敬遵
征虜將軍城局參軍禹太安
前郡主簿陳祖明
平南將軍長流參軍徐洙保
鎮城司馬何通
冠軍將軍騎兵參軍范琚羅

主簿袁康生
輔國將軍外兵參軍孫景貴
中兵參軍張輔仁
平遠將軍主簿范伯珎
士曹參軍周䬃
鎮軍將軍中兵參軍元貴
泰山郡孝刑獄參軍王元憘
魯郡丞孔白烏
鎮西將軍金闕
闕太守牛神

魯郡功曹韋□孝
使持節督鄆州諸軍闕
闕泰山太守郭叔略
安東將軍□闕 榮
魯郡主簿晁□(守)覔
前將軍東平太□□儁
(儒)魯郡五官□神穆
征虜將軍任城太守馬顯都
魯郡省事高道懋
安東將軍陽平太守高元和

魯郡錄事夏蓋族
前魯郡功曹吳奉祖
祭酒從事史禮當德
殄寇將軍幢主卜神景
殄寇將軍幢主高詭憘
黃衣隊主鮑珎榮
部郡從事史樊□珎
部郡從事史□□樓
部郡從事史□嵩
征虜將軍前任城太守耿僧珎

驃騎將軍東平太守趙艮征

碑側

內□書任城王長儒書碑

魯孔子廟碑後魏北齊時書多若此筆畫不甚佳然亦不俗而往往相類疑其一時所尚當自有法又其點畫多異故錄之以備廣覽（集古錄）

東魏脩魯孔子廟碑見歐陽公集古錄公絕不取其文特以其用筆不俗而字畫多異聊存之今考之果爾蓋崔司徒之遺軌而公家蘭臺之濫觴也廟爲兗州都刺史李仲璇所修仲璇其字不著名趙國柏仁人柏仁當爲柏人碑誤按仲璇勳閥名位亦不薄而史不之載豈以其非平棘裔耶廟修于靜帝徙鄴之五歲時賀六渾日與黑獺勁東西之鹿未歸而司土者能從事於學校可佳也（弇州山人續稿）

李仲璇爲兗州都督修孔廟建碑事在興和三年史官稱之是時高歡與宇文泰方確鬭闗洛而東魏又當遷都之際仲璇乃能改修孔廟崇尚文儒賢矣碑正書時作篆筆間以分隸形容奇怪考古書法大小篆謂之篆東漢諸碑減篆筆有批法者謂之隸以篆筆作隸書謂之八分亦謂之隸正書謂之今隸亦謂

之楷然則如此碑篆耶分耶古今隸耶（石墨鐫華）

李仲璇東魏世家當中原雲擾知尊孔子能修繕廟庭先是宮牛阻嶮又能以威惠歸伏史稱所歷並著清勤是且具有文武焉碑不著書者姓名猶存古意雖筆力勁駿如偏面驕嘶又如辮髮章甫殊俗揖讓江式書表云皇魏承百王之季世易風移文字改變篆形錯謬隸體失眞俗學鄙習復加虛造以意爲疑炫惑於時不獨正其偏傍正爲此等書發耳唐景龍觀鐘銘源出于此少劑以雅馴便勝（金石史）

魏書李仲璇傳除車騎大將軍兗州刺史仲璇以孔

子廟牆宇頗有頹廢遂修改焉即此碑也其文一行
之中有篆有分有隸有草雜亂無倫而或者以爲奇
然則作詩者亦當一句騷一句漢魏一句選一句律
而後爲奇也此愚之所不解也引禮記粱木其摧作
良木尤誤金石文字記
右曲阜縣修孔子廟碑立石杏壇之下碑尚完好雜
大小篆分隸于正書中蓋自太武始光間初造新字
千餘頒之遠邇以爲楷式一時風尚乖別此江著作
式所云世易風移文字改變俗學鄙習炫惑于時者
也曩視太原風峪高齊時鐫石柱佛經亦多類是斯

亦穿鑿失倫矣仲璇魏書有傳自兗州還除將作大
匠卒贈驃騎大將軍儀同三司青州刺史曝書亭集
右碑興和三年十二月兗州丞令士民頌太守李仲
璇也魏書本傳以改修孔子廟爲仲璇一生政績始
知當時尊崇聖道者鮮矣碑云君姓李字仲璇趙國
柏仁人也自晉以後名字不辨或以字行故字與名
皆諱之仲璇以字爲名非別有名也乃李順之族子
而順傳爲趙郡平棘人按柏仁屬南趙郡豈以順父
系爲平棘令因家平棘故順傳據之而其初居柏仁
耶碑系仲璇治兗時立不應有誤第柏人爲漢縣即

魏地形志皆作人此曰仁又何也傳云奉朝請定雍
二州長史碑則云奉朝請俄除定州平北府法曹參
軍仍闕三字功曹參軍事定相雝三州長史傳云營搆
將作碑則云營搆都將其衞將軍車騎將軍衞大將
軍金紫光祿大夫左光祿大夫爲碑所遺至將作大
匠驃騎大將軍青州刺史爲兗州以後除贈之官也
金石後錄
仲璇爲兗州刺史修孔廟立此碑東魏興和三年梁
武帝大同七年也干戈搶攘中能留意聖宮仲璇可
謂知所好尚矣來齋金石刻考略

是碑興和三年以頌李刺史仲璇修孔廟功而竹垞
即以爲仲璇所作誤矣鮚埼亭集
右兗州刺史李仲璇修孔子廟碑魏書本傳稱仲璇
以孔子廟牆宇頗有頹毀遂修改焉碑蓋述其事而
以十哲配食孔子實自仲璇始矣其云使持節兗州
諸軍事車騎大將軍當州大都督兗州刺史當州即
謂兗州猶云本州也碑敘所歷官與傳大略相同惟
傳云定雍二州長史不云相州又以營構都將爲營
構將作則其缺誤也北史但云營構將無作字頗與
碑合碑稱仲璇趙國柏仁人本傳作趙郡平棘考之

地形志平棘屬趙郡柏仁屬南趙郡本非一地意者
李氏之望出自平棘而仲璇又別居柏仁乎其云傷
河咼之莫出咼本音鄗借作河圖之圖按廣韻十一
模部圖字下別出咼字注以爲俗葢後魏字已然矣
唐張希古墓誌銘豈咼二豎興災其云祖習堯舜獻章文武述之爲
習憲之爲獻皆異文潛研堂金石文跋尾
按闕里舊志載此碑粵若稽古睿后作粵若稽古睿
台天闕二字咨作天官夾咨克振斯文闕一字制闕二字冊
拜我君公作克振制冊拜我郡公訛一字脫五字君
姓李字仲璇作姓李諱珽字仲璇脫一字添二字其
先帝高陽之闕二字桂史之蔭左車之緜緒作其先帝
高陽桂史之蔭左車之緜其脫四字所在恩闕一字遺
訓在民夫松桂易地作所在恩庭訓在民闕一字懷姓
易地階貪寵闕一字之榮作崇階貪寵之榮史傳與淸
頌作史傳於淸頌皆不得及門也生旣見從沒闕二字
侍作生旣見從沒若之何侍於其側作侍於闕一字其
側碑本無闕多空一字曖似還新作曖以還新闕二字
之闕一字無以踰七闕一字之房不能出作世代之隔然
以踰七百之遠房不能出忻忻焉作忻忻然斯亦化
闕二字一隅也作斯亦化行一隅也脫一字作民師闕二

字風闕一字闕里播闕二字洙泗作作民師表故休風流
闕里播洙泗縣諸日月闕二字載之闕一字莫不遵闕一字
義以述作作懸諸日月闕一字載之刪籍莫不得其道
以述作燕逐春來亦風開翠葉作燕逐春來而風開
翠葉體亡懷以幽闕一字作體古懷以幽詢闕一字直靈
津孤灑虛光獨散者闕一字直字上者字下碑俱有一
字今皆脫去誕茲聖緒作誕茲聖口先聖諱祖習作祖
述闕二字存教闕一字同麗景作存闕二字同麗景梁木其
摧作梁木其措諸碑訛字不少而此碑爲尤甚焉孔繼汾說

右碑所載仲璇歷官按之魏書本傳多合惟傳但言
仲璇修改孔廟廟宇不言廟庭配食弟子據碑知孔
廟之升祔十哲及十哲之有素像皆自仲璇始又聖
象祇進儒冠諸徒皆靑衿靑領皆學者所宜知也書
兼篆隸如扶疏作扶蔬赫作赫營作營舉作擧爽作
爽學作學眺覽作眺覽然作然聘作娉像作像從作
從武作武皆別體以潭爲覃以嬋爲蟬以百刃爲百
仞以艮木爲梁木以熟爲孰以咼爲圖皆通用字至
煥爤之爤乃正字今省作爛雕素之素或以爲塐之
別體不知塐本俗字古祇作素錢辛楣少詹云唐書

蓮寺碑有彛畫彌勒佛之語是其證也沅案字體之變莫甚于六朝然其中有用古字處未可盡非余昔以文字異同著爲辨證一書意在糾正時譌閒有未備今更詳之碑陰列銜中有稱泰山郡孝及魯郡省事皆史書所略碑側一條尤爲著錄家所未見也山左金石志

碑爲府州佐及令士民樹於廟庭蓋記李仲璇修廟設像容其云仲璇自隸兗部嘗未浹旬言觀孔廟遂有斯役魏書本傳出除車騎大將軍兗州刺史仲璇以孔子廟牆宇頗有頹毀遂改修焉是其事也碑稱

乃命工人修建容像孔子曰從我於陳蔡者皆不得及門也因歷敘其才以爲四科之目生既見從歿□□侍雕素十子□□其側今於□□□□奉進儒冠於諸徒亦靑衿靑領按水經注魏黃初元年文帝令郡國修起孔子舊廟廟有夫子像列二弟子執卷侍立是廟制久以弟子配矣然十哲之侍後世蓋沿於此予故爲著其自也聖容及列侍諸賢並從儒服制猶近古其後但以袞冕炫飾非崇素之意矣小松云碑側有一行知是王長儒書授堂金石跋

按此碑額題魯孔子廟之碑六字筆法詭異非篆非籀文云赤雀西樓西卽栖字篆本作卥後人加木作栖也榑天孤昭据上下用韻似當作孤照方叶然碑實是昭字論語皆不及門也文多得字碑陰列殄寇將軍幢主二人幢主當卽幢主碑在孔廟同文門下碑陰靠壁搨者未之及故曲阜縣志金石卷所未錄中多闕處係原石有斑駁者則讓出不刊非闕蝕也碑側一行書體頗與碑文不類且碑陽年月下儘有餘石何以書人題名碑側恐後人妄增姑識此疑與好古者共質焉

李洪演造像頌

頌橫廣二尺三寸五分高六寸五分廿四行行九字正書

邑子李洪演造像頌

夫靈光郁烈雖體洞□塵然一乘霞運則十躔競發故釋迦出沒有其□也是以邑義等皆藉出蘭蕙秀貫烟霞悼紀暉之日創側重闇之年深遂相率捨爰啚嘉石於此爽塏營像一區庶鍾万品等皆十号頌曰

湛矣澄源篠哉寶觀息彼摸擬邁茲陳讃事等手足道猶花榦遠邇□津淸濁交判有釋迴興體苞瑆達淨樂蕭然常我無遏三徑是塡五蓋終脫六度告□雙林顯末於穆邑義廣夏之樑爰樹瓌像髣髴遺光功崇先祀

禍潤見方咸□□吉永拔宿霜

武定二年三月一日造訖

邑主造象訟

碑橫廣二尺七寸八分高一尺九寸六分廿一行行二十字正書在偃師縣

大魏武定六季歲次戊辰九月己未朔十二日庚午邑主　敬造石像碑文

夫靈精曠遠妙理沖深至道不廓幽賾難覩故像物隱光出於慌惚之中法相淪暉生於希夷之外瓛彼靈山結五子之遐想睠茲潒水闡九龍以成津瞻堂□若穹旻之帶曜靈尋之杳莫若遊霞之登九霄□□正覺焉可究哉故佛弟子邑主　等導流彰宛繇光嵩洛據德衡□道冠中鼎然□以生逢隘運形沉丘壤識果棠之可崇知實□之有期恐朝露之命覩太陽而旭晞草木之年隨秋霜而降墜怙侍先霑门極之劾弗展幼子遐覔霞青之恩靡託遂罄竭家資□引邑義構像通衢崇慈寶業巍𡾰嵠谷之濱條蕩平原之里背祀丘叺樹形跨闕橋而建宇庶能使七世幽魂遊處天堂之中前亡後死兎脫八難之菩𦔮及冑□□相承軒蓋重輝寃褫繼世八衞鉤陳出宰蕃岳台鉉相望珪璋疊影奔□□蔚流馥篆素伏願　皇道雍熙景命維新駿奔□馳戎淚交□行蘆歌德霜𥃩拔澤啚錄再炳升平吉始凡庶蒼生咸蒙斯福乃作訟曰

瑆□啓靈學道求真国王非寶儲二匪珍捐妻施子□若遺塵金軀靡悋□□投身遂登正覺神通自然群魔稽首靈冠諸天慈悲万有光照大千苞綸曠刧仰之彌靈擾擾群生有善有惡報應如響隨心降𧆣磬茲愚果庶兎鼎雙覬拔幽魂遷神妙樂伏願　皇家景祚康延解鞅桃林𢑱鼉□山蒲車巖阿訪逕求賢𢓡竹捨徽黃綺執鞭誹木從設諫皷空懸導茲邑義採石嵩陽□琢是肯樹此福堂勒碑啓像跨躡崇□□之皎皎千載流芳

按此碑前人俱未著錄云邑主敬造石象碑文邑主下及故佛弟子邑主下俱空八字無八名本非殘闕當時待填姓氏耳文與字亦頗拙其別體甚多然云仰之彌元元遠也又云隨心降𧆣𧆣落也又云磬茲愚果當借爲䐗字多也見六朝時人猶能用古字古義今則文章日尚通俗不出尋常行用之字矣中州金石記

按碑立於武定六年九月据魏書是時蕭淵明雖已被擒而侯景尚有渦陽之戰蕭衍雖已乞和而

王思政尚有潁川之討碑所謂伏願皇家景祚康延解鞅桃林釋鼉□山者蓋深望干戈之息也碑中希䖘即希夷霝即靈栽即哉彤宛即荆宛勉脫即免脫宛疏即晃旒箓素即篆素釋鼉即釋鑾至以頌爲訟說文訟爭也一曰謌訟是本作訟字後人作頌乃借容皃之頌字也此又六朝人用古字古義之證矣

張保洛等造像記

石連象不知高若干尺廣一尺四寸厚六寸九分四面刻前面十二行後面十四行兩側各七行行皆七字正書

大魏武定七年　二月八日前使□節都督夏蔚二州諸軍事衞將軍夏蔚二州刺史當州大都督安武　縣開國伯又□西大將軍儀同三司行晉州事東雍州鎮城安武縣開國侯張保洛前使□節都督東荆州□□事征西將軍東荆州刺史當州大都督東雍州鎮城永寧子劉襲假節督東雍州諸軍事新除右將軍東雍州刺史當州都督□憙子薛光熾等敬造石碑像四佛四菩薩藉此微功仰願　先王　妻太妃　大將軍　令公兄弟等亡者昇天託生西方无量壽佛國現在眷屬四大康和輔相魏朝永隆不絕復願所生□母乃及七世皆生佛土體解□道□□妻子無□延年長享福祿在在處處□善知識又使兵釒不興關隴自平普天豊樂災害不起乃至一切有形衆生蠢動之□皆發菩提道心□□□佛

按碑立於武定七年記張保洛劉襲薛光熾三人造象之事碑稱張保洛使□節都督夏蔚二州諸軍事衞將軍夏蔚二州刺史當州大都督安武縣開國伯又□西大將軍儀同三司行晉州事東雍州鎮城安武縣開國侯以北史張保洛傳證之保洛少爲爾朱榮統軍後隸齊神武爲帳內元象初

爲西夏州刺史以功封安武縣伯從戰芒少進爵爲侯是保洛封爵傳與碑同其歷官則傳但有夏州刺史而不及蔚州其餘碑所稱者傳俱略也孝靜帝本紀但有武定元年破黑獺於邙山而不及芒少不能定其進爵爲侯者在何年要之不出武定七年以前之事然碑後有云藉此微功仰願先王妻太妃云云傳不言保洛先世有封某王者其自封敷城郡王亦在齊受禪後則碑之所稱先王無從考矣劉襲薛光熾史俱無傳

義橋石像碑

碑連額高七尺五寸廣三尺三寸上截二十六行行四十二字下截二十七行行三十三字正書今在河內武
德鎮

武德于府君等義橋石像之碑

夫梵燈遐爓長夜襲其明慧教洞開群迷啓其目是己
神光未滅感膺於西胡金儀雖謝夢現於東漢抑亦悠
世多艱下生思土運濟貫心慈悲注意歸依者塵霧莫
祲迴向者雷電不撓信是沓海之靈丹酷旱之甘露矣
惟此區域号稱舊邑舜禹懷譚之地殷周畿甸之土晉
啓山陽鄭錫河後緜趙稱郡入魏為鎮及秦吞六雄跨
胥四海罷侯置守一統九服項羽改名殷國漢高復立

為郡自茲以還為河內下邑屬　皇朝遷鼎卜食漳濱
遂方割四縣在古州城置武德郡焉北通燕趙堂堂之
風相洽南引鞏洛穆穆之化□淸西瞻軹塞則連山萬
疊東望平皐則曠野千里長河帶其前太行環其後車
馬之所混□舳艫之所湊集頗是一都之要害實為三
魏之遠道若其沇溴雙吐丹絕並納勢等周原美齊陸
海泱散成帷八縈答繡祀樂尚繁風儀未華然郡土遼
廓沁水擴流源自羊頭之山發於麻谷之口滔滔晉域
作紀懷方引溉過於鄭白流穢踰於汾澮但波漸臺雉
岸合崢嶸揭厲多危往來受害至於秋雨時降水潦□

鶩馬牛雖辨公私頓廢有岨乘車之義事切朝涉之艱
軍威將軍懷州長史行武德郡事河南于子建車騎將
軍左光祿大夫平皐令京兆杜護宗前將軍懷縣令趙
郡李同賓征西將軍州縣令扶風馬害洛弥難將軍溫
縣令廣甯燕景裕征虜將軍郡丞東平呂思拒或分竹
專城或擇木百里鵲起來歸共治民瘼況同覩艱辛俱
看危滯一物可矜納隍在念敬思包鹿濟難之仁俯□
□黿報恩之惠雖無武庫造梁之工術且□沙矜訪津
之懇懃沓問俗便獲□□帆蹋雖亡遺柱在目父□
□傳咸屬周時稱其板構与城俱廢乃於農隙之月各

率祿力□□及□朝文武□懷憙願七月六日經始此
橋助福者比肩獻義者聯轂人百其功共陳心力至廿
四日所□便訖不煩遐迩荷擔之勞未瀉士民尺寸之
木雖無匪石之美庶省淶辰之費脩柱揭以插泉華表
嶕而軼漢紅□交架以□□綺蘭聯緜而雲布引北山
之饒則人無遺力積南市之富而家有餘資昔伯度記
功勒燕然□□文淵表□□象林之銅作述之理雖殊
刊錄之情不異況四生躋駿同悲欣也境十四還迺勁
風電之力□不歸依寶□□□神教遠擬彼岸之喻近
取成務之言思沮勸之道未宣畫拚之功虛盧乃運石

立碑敬鐫啚像窮般馬之巧盡金臒之鐫使四部往來
翘歎慕之心六道奔趣識風雲之會其詞曰
清虛曰道匹直爲神有一於此用衰生民淵乎大覺至
矣能仁行成元吉德伏波旬其一芒芒禹績渺渺桓功爲
口左衽逖聽前風九州咸載五等終同分壃敷土俾侯
樹公其二美茲舊甸麗其新邑羿帶山河苞首原隰禮樂
仍賁風潡猶縟青荳可剪潢流可挹其三粤余承乏謬厠
官方政慙春雨威愧秋霜情深履虎意等納隍慕彼皆
藥眷此津梁其四渾渾沁水冀道名川既難揭厲又阻口
口爰始經謀義勸竸塡辰不再浹斯構已宣其五落落太

虛繞繞群有來同聚沫去齊過牖敬託三尊資羿四部
髣髴彼岸依俙可久
大魏武定七秊歲次己巳四月丙戌朔八日癸巳建
楊膺寺金城寺雍城寺恒安寺苟塚寺朱營寺管令
寺諸師等見風燭以生悲覩泡沫而興歎遂乃落髮
以口靡門抽簪而口梵轍嗟往還巨難愍揭厲多辛
咸施材木構造橋樑楊膺寺發善之源从爲橋主

碑陰

碑陰左右各列銜名一行中橫十三列行數多寡及字數全闕俱不齊竝正書

闕中正闕武德郡功曹張口口前河南郡功曹張義與

此行在碑右

闕中正張闕　闕司馬闕　武德闕　武德郡光初功
曹闕　武德郡口丞闕　武德郡孝口學闕　闕大都
督王闕　郡功曹口子武德郡主口王朗伯　闕中散
大夫闕　張光　闕梁世闕　將軍給事中口口大都督
張景哲　闕董口和　闕前冠軍主防鄉都督李方貴
全闕一行　全闕一行　全闕一行　闕功曹闕二縣令闕　闕河
內郡闕　闕平皐令闕　闕中正司空闕　闕郡功曹
闕　闕從事闕　闕郡中正闕　闕郡中正闕　全闕一行
全闕一行

以上第一列

闕都道雄　闕都曇定　闕將軍武德郡丞呂哲　樂
善寺主僧湛　郡沙門都維那法雲　平皐縣闕　陽
普泰寺僧法口　河內郡中正州西曹書佐張思賢
前州都司馬洪囧　旨授定州刺史馮雙安　前河內
郡闕寄　旨授勃海太守張法安　旨授洛陽令張㚇
周　闕郎中口極　威烈將軍闕　郡光初中正李惟
孝　全闕一行　全闕一行　闕遠軍奉朝請梁闕　闕
賓闕　闕永孝　全闕一行　全闕一行　全闕一行　全闕一行

以上第二列

王智延　張思顯　馮洪鸞　張智達　馮㧞顯　張
清虙　王顯樹　文顯明　郭遵業　王元穆　王承
業　王副賓　秦永貴　王洪畧　王迴憘　董珍寶
傳珍貴　王元纂　呂榮族　蘇顯業　王文讚
程顯樹　王金生　古子融　薛伏㬋
以上第三列
高匡生　王暎宗　繁舍國　張子獻　王樹勝　樂
僧樹　邢子邕　郭義賢　邢連昌　王延和　王延
明　棐思和　馬睎賢　孟待賢　尋市和　王延遇
王子尚　王思政　王景琛　張思集　王道廣

陶歸洛　黄永遵　洽榮顯　孟子輝
以上第四列
趙和順　張口敬　口貴興　梁口口　口口龍　許
口龍　馮神寶　史衆慶　梁景輝　蘇　儁　史元
遵　王洪景　張洪輝　王始和　張顯穆　高思纂
尋元允　王神和　王元貴　袁延康　王難㐌
王慶先　馮伸連　李顯榮　古元穆
以上第五列
衡野叉　祁延慶　古伏寶　李崇賢　朱子暠　口
景穆　李景和　賀伯和　棐元儁　王義和　史仲

和　王市和　張當遷　臨慶波　高元伯　張叔業
王顯貴　口惠各　劉造口　王士口　鄭景口
繁桃樹　賈弁岳　邢季宗
以上第六列
孫元和　張起宗　周亁輝　王清㑆　郭領孫　陶
名遠　張貴和　祁智達　楊桃樹　樂買德　董景
興　張法神　邢伯業　范景輝　馬大口　薛桃口
趙道口　張尚賓　藺道成　宋方伯　梁勳戎
王叔業　宋市和　劉景伯　張洪儁
以上第七列

向元口　江輝略　山子雲　薛義賓　李榮業　趙
元和　馮延和　史起族　畢顯業　宋元達　王長
㑆　王神惠　徐和生　祁景振　丘小才　馬元集
牛顯茯　王法大　許子㑆　中叔珍　繁狃鵄
王野馬　馬天族　司馬郎仁　張洙虙
以上第八列
郭敬始　口口鬼　張景賢　王𡐤口　張始貴　宋
子誕　董道和　張僧敬　馮元爽　薛洪達　邢小
興　劉子稚　謝㐦達　韓舍興　賀景珍　郭元廣
王景輝　袁及先　王洪運　洽永初　續子輝

王元盛　董顯遵　朱神仲　李元暉
以上第九列
張思祖　蘇方先　馬景伯　張凶寶　楊元輝　楊
凶恒　張惡髀　趙樹兒　張廷賓　李玪㢮　劉方
進　趙作醜　衞顯義　張顔淵　高顯賓　衞温和
韓胡髀　姚奚奴　史甑生　劉遵士　古顯哲
魏僧遵　任僧賓　公孫体　韓敬賓
以上第十列
梁子剛　王伯醜　路思慚　程子巖　竺永寧　原
子穆　王登生　馬靜光　王醜髀　孫舍髀　續伯

和　劉清仁　馬桃生　孔世遇　吳世榮　李敬賢
宋天開　崔仲尭　吳孝遵　无丘宗　張廣業
馮清□　繁龍鸞　冷体纂　張世琢
以上第十一列
武德郡兼功曹柳□　州縣中正兼郡主薄□永和
都盟主張毛賓　都盟主孟延貴　民望荀買髀　民
望史文祖　民望姬舍族　郡兼功曹耒靈皓　宣威
將軍王龍儞
以上第十二列
全闕一行　□安宗　□天□　闕一行　牛承明　王文雅

馮通達　吕顯珎　生以下闕四行　等闕　笡假之
源闕　晉樂闕　趣亭闕　慈以下闕三行　施力以下俱闕
以上第十三列
伏波將軍前懷州防城司馬穆洛書此行在碑左
河南范君實夫年七十餘矣搜奇抉古多所雅聞爲
予言武德鎮魏修義橋碑四面有字其列名稱號皆
古質可愛予覓人拓出之如范君言考碑載魏置武
德在古州城又敘其形勝所據如云三魏之達道三
魏即三晉也不稱晉而稱魏亦如水經注魏分漢中
立魏興郡其意固以自雄也又稱沇溴雙吐丹絶並

納按竹書有丹絶不流之文則丹絶不宜與沇溴相
對而卒然至此殆碑誤也碑陰上多漫滅有稱旨授
定州刺史旨授勃海太守旨授洛陽令又有稱郡光
初中正郡盟主郡兼功曹民望等號左右兩側有稱
民望及民望士豪天宫主及天宫主兼郡功曹防郡
都督又有稱平遠將軍白衣左右董延和考魏書恩
倖傳趙修給事東宫爲白衣左右茹皓充高祖白衣
左右今碑所書董延和者其亦恩倖之流與又其他
稱號亦爲史志所不及悉錄而有見于此碑故識之
以廣異聞也橋亦土木築壘爲徒杠輿梁之不過費

而成者碑甚鋪著其盛亦謂夸矣別體字亦作乑儀作儀侵作祲苦作莟遷作遷雜作雜覃作譚擇作擇辛作辛旅作旅積作積飾作餝隰作隰爽作爽婢作婢標作檦顯作顯授堂金石跋

按碑云惟此區域爲河內下邑皇朝遷鼎方割四縣在古州城置武德郡焉魏書地形志武德郡天平初分河內置領縣四平皐溫懷州郎碑所謂方割四縣也魏都遷洛事在孝文帝太和十七年而武德置郡在孝靜帝天平初年距遷鼎又四十餘年矣碑立於武定七年則距分置武德僅十五年

也碑又云沇湨雙吐丹絕竝納沁水橫流源自羊頭之山發於麻谷之口引溉過於鄭白流穢踰於汾澮說文沇水出河東東垣王屋山春秋注湨水出河內軹縣竝與武德相近据魏書地形志溫縣下注云有溫湨水溫水出崆峒山在臨汾南入河見山海經與河內尚近若湨水則遠出遼東塞外西南至樂浪西入海見前漢地理志則地形志注恐是誤以湨水爲湨水也水經注云沁水又東與丹水合水出上黨高都縣故城東北阜下俗謂之源源水山海經曰沁水之東有林焉名曰丹林丹水出焉東北流又屈而東注左會絕水地理志曰高都縣有莞谷丹水所出東南入絕水絕水出泫氏縣西北楊谷是丹絕係二水名與沇湨竝通河內武氏金石跋但据竹書紀年晉出公五年丹水三日絕不流之語遂以爲丹絕不宜與沇湨相對耳水經注云沁水出上黨沮縣謁戾山或言出穀遠縣羊頭山世靡谷此碑云發於麻谷之口是碑有異文也鄭白二渠名漢鄭谷與白公先後所鑿事詳史記班固西都賦下有鄭白之沃衣食之源汾澮本左傳新田土原水深居之不疾有汾澮以

流其惡碑蓋以比沁水之多利也建義橋者六人懷州長史行武德郡子子建平皐令杜護宗懷縣令李同賓州縣令馬周洛溫縣令廣甯郡丞呂思哲皆武德郡之守令爲之武德與河內二郡同屬於懷州于子建蓋以州長史而行郡事也呂思哲既見於文而碑陰又有武德郡丞呂哲未知郎一人否也碑云軌躅雖亡遺柱在目則是舊本有橋久廢而于子建等重建之也七月六日經始廿四日訖功雖曰木橋亦云速矣文末年月後列七寺以紀施村木之功而楊膺寺爲橋主列於首然則

建橋乃各寺之緣立碑則歸美於守令也七寺皆不列僧名而碑陰則有樂善寺主僧湛沙門都維那法雲普泰寺僧法口皆不與同列當是別爲緣主也文內感應作感膺楊膺寺似即楊應寺思士作思土若繡作荅繡岸谷作岸合沙弥作沙珎綺闕作綺蘭蘭本與闌同餘皆別體也說文騰字从馬朕聲碑皆作驣亦別體字碑書告字皆作㕺而扶風馬㕺洛似非告洛疑是周洛碑首有北魏武定七年古碑八字銘末年月前有民望王進防口都督王續爲亡父開佛光明主十八字是後人所刻非原文也碑陰列姓名幾三百人皆武德郡邑官吏有單姓名者似皆部民也中有張洣虎與敬史君碑之聶洣虎同名亦即七虎也民望者郡民之望而又有都盟主者二人不知何謂未有眞假之云云七行字多殘闕似係後敘非姓名書碑者穆洛魏書官氏志云丘穆陵氏後改穆氏也

金石萃編卷三十一終

金石萃編卷三十二

賜進士出身　誥授光祿大夫刑部右侍郎加七級王昶譔

東魏三

太公吕望表

碑高五尺九寸廣三尺二寸二十三行行四十二字正書今在汲縣西北二十里太公廟

晉武帝太康十年三月丙寅朔十九日甲申盧无忌依舊脩造

齊太公吕望者此縣人也遭秦燔書史失其藉至大晋受命吳會旣平四海一統太康二年縣之西偏有盜發塚而得竹策之書書藏之年當秦坑儒之前八十六歲其周志曰文王夢天帝服玄禳以立於令狐之津帝曰昌賜汝望文王再拜稽首太公於後亦再拜稽首文王夢之之夜太公夢之亦然其後文王見太公而剖之曰名爲望乎答曰唯爲望吾如有所於見汝太公言其年月與其日且盡道其言臣此以得見也文王曰有之口與之睞以爲卿士其記年曰康王六年齊太公望卒參考年數蓋壽百一十餘歲先秦滅學而藏於丘墓天下平秦而發其潛盡盡之所出正在斯邑豈皇天所以章明先哲著其名号光于百代垂示無窮者乎於是太口之裔孫范陽盧无忌自太子洗馬來爲汲令嶓嵕之下

舊有壇場而今隳廢荒而不治乃諮之□儒訪諸朝□
僉以爲太公功施於民以勞定國國之典祀所宜不替
且其山也能興雲雨財用所出遂脩復舊祀言名討□
鐫石勒表以彰顯烈碑萬載之後有所稱述
太公姓呂名望号曰尙父尙氏之興元出姜氏公望以
輔翼流詠子平以礭素致譽卯金握璽冠蓋鱗次典午
統宇軒冕波屬或秉文入朝或用武出討儒默交映勳烈
庸相趍大魏東苞碣石西跨流沙南極班超之柱北窮
竇憲之誌高祖孝文　皇帝龍飛代都鳳翔嵩邑澄清
八士品藻第望尙氏合宗還見禮擢九等舊制不失彝

序方知賢聖之門道風必復功德之後學識還昌太公
孽孫尙□□尙天寶尙世□尙子牧尙子休尙方顯尙
景□尙遵明尙袠香尙顯敬尙迴歸尙□樂尙漢廣尙
祟等器業優洽文義淹潤慨虛忌置碑僻據山阜崔琰
列石不朽康衢遂率親黨更營碑祠以博望之亭形勝
之所西臨滄谷東帶洑川周秦故道燕趙舊路構宮鐫
石□當平顯庶使文範之狠不獨百城有道之美詎假
干石凡斯盛事理切含毫余以虛薄□參郡任民情相
□□託爲文率爾彈翰棄辭收理其詞曰
迢迢岳麓蔚蔚姜枝積德不已繼暉方義發將允執衬

遂昌披託□□□卽狼非龍功著牧野□自豳岐既伸
惟偓仍秉鉞麾佐命周室開邑齊土北控趙燕南臨□
□□匡九合懸車東馬位極三事勳高万古葬切晋温
魂悲漢祖忻哉尙聖遺魂可怙言歸故鄉降神巫兕□
□□□□室望岫庭栽異木井依餘甃肴醻競奉歌鍾
迭奏風雨節宣華叜用富恩被系子慶傳曾胄
通直散騎常侍聘梁使平東將軍中書侍郎恒州大中
正脩左史汲郡太守穆子容山行之文
大魏武定八年四月庚辰朔十二日辛卯建造
碑陰

陰凡五列行字多寡不等俱正書
郡中正尙靜年　汲郡中正督汲縣事行南□武縣尙
□□　司州□□從事尙□□　尙世和　尙□□
尙□明　尙功□　尙萇興　尙令翫　尙□□　尙
承歡　尙嗣業　尙顯□　尙元遵　長樂太守石陽
子尙欽　故板授鉅□太守尙□□
以上第一列
板授□□太守尙馮　故板授河北太守尙邴　故板
授長樂太守尙珠　故前兼郡功曹尙次年　故人尙
次信　板授滎陽太守尙求祖　板授頓丘太守尙沉

流　板授北平縣令尙雲龍　平朔將軍□□縣令□
□鎭將尙金龍　板授建興太守尙戩　板授樂安太
守尙光　板授恒農太守尙龍□　板授汲郡太守尙
陽生　板授潁州太守尙羽箕　板授武德太守尙□
闕將軍都督闕
以上第二列
板授□□郡□郡太守尙秀　故板授武德汲郡太守
尙靜光　故板授東郡太守尙神龜　故板授城高太
守尙道　故板授滎陽太守尙蘭椿　故行參軍尙道
光　尙迴　板授滎陽太守尙法□　輔□府長流參

軍督新縣事尙□□　板授河內太守尙□□　板授
河間太守尙□　前除□昌太守尙□　板授長縣令
尙買成　尙寶洪　補郡功曹尙□　板授武德河內
二郡太守太守尙夔成　板授汲縣尙海□　板授武
德太守尙始與　尙定成　尙高□　寧朔將軍員外
奉車都尉尙顯文　襄威將軍翊陽戍主尙龍威　尙
延和　揚武將軍尙世□
以上第三列
板授汲縣令尙金虎　板授汲縣令尙元祥　尙定業
尙夔□　尙季□　尙僧□　尙元始　板授高邑

縣令尙合洛　尙□□　□□將軍督新安郡尙□□
尙敬□　尙祖延　尙顯貴　尙□□　尙□□
尙平□　尙安□　尙靜滿　尙文禧　尙益生
以上第四列
□□將軍奉朝請尙□　尙□讓　尙□□　尙璡
尙世□　尙伯保　尙市奴
以上第五列
太公呂望碑穆子容撰北史言子容少好學無所不
覽求天下書逢卽寫錄所得萬餘卷魏末爲兼通直
散騎常侍聘梁齊受禪卒於司農卿其辭曰作其辭
粤古曰字與日同一書法故變其文爲粤欲讀者之

易曉也金石文字記
水經注云汲縣故汲郡治城北三十里有太公泉泉
上又有太公廟廟側高林秀木翹楚競茂相傳云太
公之故居也晉太康中范陽盧無忌爲汲令立碑於
其上今碑前有晉太康十年三月丙寅朔十九日甲
申盧無忌依舊修造錄無忌文九行蓋晉碑已泐子
容書之于石也後十二行爲穆子容文北史穆崇傳
云魏末爲兼通直散騎常侍聘梁今碑云通直散騎
常侍聘梁使與碑合又云平東將軍中書侍郎恒州

大中正修左史汲郡太守史所未及碑額有象有碑陰書太公裔孫尙姓諸人　盧文云云與史記不同又云嶓嵠之下舊有壇場按水經渭水又東過陳倉縣西注磻谿谷谿中有泉謂之玆泉即吕氏春秋所謂太公釣玆泉也今人謂之凡谷東南隅有石室蓋太公之所居也水次平石釣處即太公垂釣之所也其水清泠神異北流十二里注於渭括地志玆泉水源出岐州岐山縣西南凡谷則此水在今陝西寶雞東南其在汲縣者水經注又爲之說曰人亦謂之磻谿太公避紂之亂屠隱市朝遯釣魚水何必渭濱然後磻谿苟愜神心曲渚則可磻谿之名斯無嫌矣子按二說俱古當以寶雞之磻溪爲長以其爲玆泉出于吕氏春秋也此碑書法方正筆力透露爲顏眞卿藍本魏齊刻石之字無能比其工者中州金石記

先晉太康十年三月尙父裔孫范陽盧无忌來爲汲令以縣嶓嵠之下舊有太公壇場荒而不治乃依舊修造鐫石立表在今縣治西南隅後北魏孝靜帝武定八年太公裔孫尙氏諸人以盧忌置碑僻據山阜遂率親黨更營碑祠於博望亭平顯之所在今縣西北三十里請太守穆子容爲文記之子容并爲書无忌之表於前而以己作繫於後朱竹垞引李白詩朝歌屠叟辭棘津八十西來釣渭濱而韓詩外傳稱文王舉太公時公年七十二兩者不合无忌表曰康王六年齊太公望卒按尙書顧命有齊侯吕伋文則伋已嗣公爲侯非卒於康王時也余案无忌明據竹書紀年之文非得之流傳也周公封魯太公封齊皆其子之國而身留京師故有三年報政之語周公在而有魯公伯禽寧太公在而不可有齊侯伋乎竹垞譏之非是特太公遇文王之年諸家所紀七十爲多但不知定當文王何年計武王即位元年至康王六年已六十二年公遇文王縱晚亦須在前數年即以外傳所說計之公之壽已百三十有餘矣而无忌表云蓋壽百一十餘歲然則公之遇文王疑不過在五十時公之女爲武王后以此參證不應乃在耄齒孟子言太公聞文王善養老來歸若五十內外不宜即言老然人情每預爲晚歲之計者亦多矣豈非當年即已需養乎况太公非沾沾僅爲一身計者其慕文王仁政之美亦必不專在一節故愚以爲孟子所言正不可膠執以爲七十之確證抱經堂文集

碑下截剜蝕上半文獨可識有云太康二年縣之西

僞有盜發冢而得竹簡之書金石錄云荀勗校穆天子傳其叙云太康二年與碑合可以正晉史之誤廣川書跋案晉紀言咸寧五年盜發汲郡冢與此碑異知史誤也余攷之非是閻伯詩云同一束晳傳王隱傳者曰太康元年房喬修者曰太康二年[案隱當據左傳後序喬當據此碑]已互異如此當以目擊之言爲據晉武帝紀本起居注杜預爲左傳後序皆其所目擊者也冢蓋發于咸寧五年冬十月官輒聞知明年太康改元三月吳平預始得知又二年始見其書故序曰初藏在秘府余晚獲見之此與情事頗得由是觀之紀文殆

非誤而董氏及趙明誠或失詳也北史言子容魏末爲兼通直散騎常侍聘梁齊受禪卒于司農卿今此碑後子容自題銜云通直散騎常侍聘梁使平東將軍中書侍郎恒州大中正修左史汲郡太守此已較史爲詳而聘梁使乃其兼官爲當時體制如是史獨書聘梁句當未完宜以此碑補之也　碑陰文多殘損凡作五層題名皆尙氏碑陽稱尙氏之興源出姜氏此固太公之裔附書于此也按諸尙列郡守縣令而題曰扳授蓋由推恩加以虛號所謂賜百年以上假郡守假縣令也魏書肅宗紀熙平二年四月丁酉

詔京尹所統百年以上賜大郡板九十以上賜小郡板神龜元年春正月壬申詔京畿百年以上給大郡板九十以上給小郡板八十以上給大縣板七十以上給小縣板諸州百姓百歲以上給小郡板九十以上給上縣板八十以上給中縣板孝莊紀建義二年五月詔上黨百年以下九十以上板三品郡八十以上四品郡七十以上五品郡孝靜紀天平三年十有二月辛未遣使者板假老人官百歲以下各有差崔孝芬傳司徒彭城王勰板爲行參軍吳悉達傳刺史以悉達兄弟行著鄉閭板贈悉達父渤海太守此碑

稱扳授卽紀傳所言賜板給板假板贈之謂而碑以板爲扳蓋當時別體如是其城高蔡陽二郡名不載地形志疑城高爲城皐而蔡陽或淪陷於異地志故無文也員外奉車都尉案官氏志有奉車都尉而無員外正始四年九月詔奉車都尉禁侍美官顯加通貴世移時變遂爲冗職旣典名猶昔宜有定員是自正始前奉車都尉添置猥濫蓋有員外矣當時詔文雖定爲二十人及武定之季漸益增設故見於是碑者復有此名是亦志所未推稽也[授堂金石跋]

按此碑前刻太康十年范陽盧无忌文後刻汲郡

太守穆子容叙銘无忌晉書無傳文中自稱太公之裔孫廣韻云姜氏封于盧以國爲氏故盧姓同源於太公也文叙太公遇文王事託之文王與太公同夢天帝由此得遇與史記所載西伯出獵卜得覇王之輔于是遇于渭陽載與俱歸彼此迥異文又云嶓嶔之下舊有壇場而今隳廢荒而不治磻谿有二處一在渭水之右其一在汲縣即此立碑之所也水經注淸水又東過汲縣北西北有石夾水飛湍人亦謂之磻谿言太公嘗釣於此也城東門北側有太公廟廟前有碑碑云太公望者河

內汲人也縣民故會稽太守杜宣白令崔瑗曰太公本生於汲舊居猶存君與高國同宗太公載在經傳今臨此國宜正其位以明尊祖之義於是國老王善廷掾鄭篤功曹郤勤等咸曰宜之遂立壇祀爲之位主城北三十里有太公泉泉上有太公廟廟側高林秀木翹楚競茂相傳云太公之故居也晉太康中范陽盧无忌爲汲令立碑於其上據此則汲縣舊有二太公廟碑亦有二此碑所在則城北三十里然亦非崔瑗之舊穆文云盧忌置碑僻處山阜崔瑗刊石不枕康衢遂率親黨更營碑

祠以傳望之亭形勝之所西臨滄谷東帶狀川周秦故道燕趙舊路構宮鐫石口當平顯是別立祠碑之證也盧文刻于此碑而崔石不復可攷矣廣韻云齊丁公之子食采于崔因以爲氏丁公者卽太公之子汲其後因以命氏是崔與丁亦同源太公故杜宣有正位尊祖之語也子容之文爲尙氏記石文云尙氏之興元出姜氏公望以輔翼流詠子平以確素致譽尙氏因呂尙得姓通志氏族畧所謂以字爲氏也然史記齊世家太公望呂尙譙周曰姓姜名牙索隱曰牙是字尙是名則是以名

爲氏矣子平據後漢書逸民傳作姓向注云高士傳向字作尙此碑爲尙氏追溯其先而及子平則是從高士傳矣後漢書本傳稱子平性尙中和好通老易貧無資食好事者更饋焉卽碑所謂確素致譽也碑又云卿金握歷冠蓋鱗次典午統宇軒冕波屬或秉文入朝或用武出討儒墨交映勳庸相趍稽之正史唐以前無一尙姓入傳者卽此碑碑陰所列尙氏子姓八十餘人亦無一人載入魏書北史者故事蹟無可攷也穆子容文有云盧忌置碑文之省也碑書忌作悉坑作埳裳作穰磻谿

作嶓嵠施作葹貌作貇毫作蒙帷幄作惟偓鶻作
鶻胄作胃皆別體儒默卽儒墨本通用億卽優之
異文銘詞有言琜故鄉降神巫咒不知何謂穆子
容代人也魏書北史皆附穆崇傳崇子乙乙子眞
眞子泰泰子士儒士儒子卽子容也其官汲郡太
守在武定中惟魏書有之其字山行則惟見此碑
不曰摸而曰山行之文又一例也碑立於武定八
年四月不踰月而魏爲高齊所篡矣碑陰皆穆氏
族屬其無官位而單書姓名者二十八人有稱故
人尙次愭者所未詳也

強弩將軍造像記

記高不知幾許廣一尺五寸五行行四字五字六字不等行書

強弩將軍掖庭令趙振仰爲七世父母上拷敬造弥勒
像一堪

按碑題強弩將軍掖庭令趙振魏書官氏志不載
掖庭令之官而強弩將軍則列於從四品下末云
敬造弥勒一堪徐鉉注說文謂地穴中出也蓋與
龕音義同

西魏

僧演造像記

碑約高五尺餘三面刻正面廣二尺四寸五分有佛
龕三龕旁欂上共有題字四行行十三字或十二字
七字不等兩側各一龕龕欂題字或二行或三行行
或五六七字不等其序文等字俱在一側作七截書
每截或九行八行六行四行行或十
二字四字六字五字不等並正書

夫大覺神遷非經徬無以表其眞益世閏時濡形貿如
取利然僧演減割衣鉢之資造石像壹匣金像三匣浮
滷三級大般涅槃經兩部雜經三百口供養僧世人上
爲國主百僚師徒所生法界之類咸同正覺
大統四年歲次戊午七月十五日比丘僧演敬造供
養

比丘道暈　比丘僧演　比丘法迴　比丘僧端

比丘僧曠　比丘惠遵　比丘道洸　比丘法祟
比丘僧暢　比丘僧普　比丘僧敬　比丘法豪
比丘僧云　比丘僧濟　比丘僧玉　比丘僧均
比丘僧通　比丘惠云　比丘僧韜　比丘道賢
比丘僧和　比丘法和
董大女供養佛　董當供養佛時
董僧供養佛時　董歡供養佛時
董口樂供養佛　姚舍攸供養佛
殄難將軍郭穆供養佛
伏波將軍任歡供養佛

淸信士萬□、 淸信女趙□ 淸信女李□ 淸信
女李□
郭世貴一心供養
淸信駱花嬰一心供養佛時以上俱在一側
比丘僧演供養 觀世音菩薩此又在一側
法神像一心供養
比丘法神爲四恩三有敬造供養
亡父尢谷 亡母炁妙容 亡弟鍾馗
比丘法隆 比丘道要 比丘道相以上四行在正面

曹續生造像記

碑高三尺五寸廣一尺六寸分三截上中俱四行下八行字數四至二十二不等隸書在富平

沙彌焦法淸 沙彌焦法顯 邑□王法壽 沙彌焦
法興 比丘李□晃 沙彌焦雙洛 比丘焦法玉
沙彌上官法欝 □子㵮□貴 唯舥韓宠
大魏大統五年歲次己未二月乙酉朔廿五日己酉威
烈將軍富平令頻陽縣開國男曹續生息延慶直□都
□夫至道空寂非言无以申其宗眞容絶相非刑像何
以表其算是以現治富平令曹并邑子卌四人等各減
割家珍造像四傴上爲帝主永隆□王□長壽下及邑
子□□

按碑云現治富平令曹魏書地形志富平隸營邸
郡天平四年置天平爲東魏孝靜帝紀元其四年
即西魏文帝大統三年當時旣分東西魏矣不知
何以置縣繫之東魏而此碑乃繫之西魏也碑立
於五年是曹續生作令在新置縣時而立碑亦在
作令之初也文云邑子卌四人乃四十字闕中金
石記云三十者誤也今碑可見者僅十一人碑書
形像作刑像區作傴

吳神達等造像記

石不知高幾許廣二尺厚一尺二寸四面刻一面分三截上截象中截記二十一行行十三字下截化主沙彌邑師等姓名計二十二行一面上中兩截皆象下截邑子姓名二十五行其兩側各分四截上三截皆刻象下截刻邑子姓名均十三行正書在涇陽縣

夫至道圓通而无相□用生□而无功□神□照於靈
門□□敎□□□須□提唱无□法顯道於天□
□而雨□語其興悲滄物則□□□洪音振響則惠
澤流□□□□□見□□致使能□歸靈□□□
□□代諸邑子□□□□□經敎□生□信弃志玄心
敦□大義各□家珍採石彫磨□□聖容□大魏大統
十五年歲次己巳五月乙卯朔十四日戊辰脩訖神顏
儼□靈山妙相欝如神彰□髣□體超絶衆□□□群

□觀者□其奇異□者稱其□□□蔓□□□□□□
□至□難功而功□比□也□□聞見□□則□□非
可謂釋迦靈應□□□□□□□□代□□至妙□□
□□藉此功德願諸邑子等法□□心□□□□□□
□□□目□□□□□□□輝　□□□□□□□
像主吳神達　□□□□道　化主□□□　邑□
魏□　邑□□□□　沙弥法義　沙弥法□　沙
弥法和　沙弥法輝　門師□□□　□□□□
邑師□□臻　都□主□清　邑主劉□達　邑日
吳□鶴　化主邵□樂　維那劉□□　典錄□神

□　典坐□□□□□□□　邑子邵□□　邑
子□□□□□□□
以上正面
像主劉神欝　邑子申屠伏□　邑子袁実騎　邑
子周道廣　邑子張景遷　邑子吳暎族　邑子劉
曇儁　邑子劉潤輝　邑子吳景元　邑子吳元蔡
邑子劉道崇　邑子劉開達　邑子邵神和　邑
子邵方伯
以上右側
邑子李夔女　邑子陳洛　邑子程道丞　邑子杜

暢　邑子張和宗　邑子劉義遠　邑子劉暎周
邑子程暎國　邑子徐撾　邑子劉祿欝　邑子劉
□達　邑子王惠尊　邑子孟曇□　邑子吳輔相
邑子劉海懷　邑子張也　邑子張□胣　邑子
翟永達　邑子陳暎歸　邑子吳祖榮　邑子劉延
邑子吳僧衍　邑子田延海　邑子□伏榮　邑
子□安□
以上碑陰
像主楊道熾　邑子馬道□　邑子陳酉　邑子孫
白養　邑子邵景和　邑子翟輔之　邑子程□□

邑子李□□　邑子孟□□　邑子馮□□　邑
子馮□□　香火吳□興　□□吳輔相　□□□
進□
以上左側

岐法起造像記

石高一尺五寸五分廣一尺五分側厚五寸前後兩面刻像記共六行行八九字不等弟子像題名共九行行五六字不等俱在兩側行書

大統十六年九月一日佛弟子岐法起造白石像一區
爲七世父母所生父母家口大小無病萇年常与善俱
一時成

佛弟子岐法起　佛弟子岐輝和　佛弟子伏和□
　佛弟子王□□　佛弟子瞙妃□　佛弟子瞙和
□　佛弟子岐黑仁　佛弟子岐蔭保　佛弟子張
□生

魏氏造像碑

碑高五尺廣二尺六寸六截書每截六行七行八行不等行五字正書在富平

化主魏□□　□□魏願興　□□□□□　侍□□
□□　□□魏豐□　化主□□□　邑子□□□□
邑子□□□　邑子魏□□　邑子□□生　邑子□
道洛　邑子□漢□　邑子□□□　邑子□□周

邑子魏□□　邑子魏益先　邑子□□□　□□□
□□　邑子魏道歡　邑子□□□　邑子□□□
邑子魏□宜　邑子□輔□　邑子□毛周　□主魏
扆□　□主魏□□　邑子魏□□　邑子□□□
邑子魏酉□　邑子魏□□　邑子魏阿歡　邑子魏
□洛　邑子魏定國　邑子魏淸毛　邑子魏伏憙
邑子魏道保　邑子魏道始　邑子魏□容　邑子魏
男□　邑子魏□□　邑子魏平香　邑子魏□　□
主魏歡憙

焦延昌造象碑

碑高三尺一寸廣三尺五分分四截首截兩行次截五行三截三行四截兩行末另兩行字數不等正書

和上法隆
□丘法壽□
邑子焦延昌
祖父故曹烏勾雷平眞將軍弟一領□酋長
父拔拔西夏朔方郡功曹
□□焦延保
□曹吐□□□
祖母呼延夲□
母呼延庯　珩□

妻張安姬車
息女□妃
威列將軍□□令
□陽縣開國男□續□乘馬

按碑刻邑子焦延昌下刻祖父焦延保下刻祖母母妻女則是焦氏兄弟爲其一門眷屬造像祈福而前有和上法隆比邱法壽當是立石以紀其功德也曹續生造象銘邑子卌四人中有焦姓沙弥比邱五人則此當與彼碑同時同地所立碑刻父拔拔西夏朔方郡功曹弔比干墓碑陰有拔拔臻

知拔拔是魏時名稱也後書威列將軍威列卽威
烈魏書官氏志威烈將軍階列第六品中末云□
陽縣開國男□續□乘馬闕下疑續字或卽曹續生
前造象碑曹續生爾頻陽縣開國男也

李早生等造像殘題名

石殘闕高三尺六寸四分廣八寸作四截書上二截皆六行下二截一三行一二行字數五字至十六字不等正書

邑子李　□　邑闕
邑子李佤仁　邑子李令但　邑子李他奴
邑子李法護　邑子李莫問息德茂

邑子李　愛　邑子李乇活　邑子李安記
邑子李□息不知孫歸興曾孫胡蜀
邑子李　欽　邑子李□□　邑子李買興
闕
邑子公孫愛姬　邑子衛仵女　邑子李妙貴
邑子□仵女　邑子橋□姜　邑子趙迴男
邑子橋曾女　邑子張戒主　邑子介叔姳
邑子□王女　邑子薛月光　邑子蔑□
邑子李黑子　邑子晋女賜　邑子李女妃
邑子李歡姬　邑子張鷹姜婦陳仲妃　邑子郭明王

發心主李早生
發心主李德傑
邑子郭明王
都録主李德遠
都録主李顯集

智超等造像記

記橫廣一尺一寸五分高八寸四分十行行十二字十三字十四字不等正書

□□□□□年八月丁卯□□□丙戌巨信佛弟子家
□□□□哲智超等□以祖父母□□□洪願造像
一區□以□□□不得造像□□于舍□仰□□□

之願遂造□□一區□□□□先人□願願七世
父母□□□□託生西方妙樂國土□□今□□
□康吉□百恋□□□□□□□□心偱佛文法

按此碑與上李早生俱無年月附于魏末

金石萃編卷三十二終

金石萃編卷三十三

賜進士出身　誥授光祿大夫刑部右侍郎加七級王昶譔

北齊一

西門豹祠堂碑

碑高六尺八寸廣四尺九寸二十九行行四十四字隸書額題西門君之頌五字篆書在安陽縣城隍廟

自夫清剄儷以分宿沈濁判其□□□瀆
為紀羅□□□□之闕下義栗襄葛之季炎
軒昊頊之□□□□瑞所聞蓋□□虞傳
□□□□周□□□□□合踰千國既□
□□□□壃水震九州爾割七雄基□□

□□□國之君□□古之業□□□□田
卜□□□□以璜河内侯治鄴□□□子
昌言而為任西門厲精而出宰□拒比周
治申嚴察璽還□寤主□亡而警吏□班
既別□彩自□不省書□積倉府戎車北
首侵□南□佩□臨事簪筆聽神民吏不
敢兩欺□巫老□姦於波浪頡頏鄭客異
術均美□□□首列城歸目於是生致尸
祝之禮歿貽棠杜之思雖□券金書逝者
不佔□□壇表纂俎豆逾遠非□襄王□

□□子託葬存稱惠主死曰明神所以季
世經闗風俗漸染恩福之祈感在災沴□
禱仍□非直郡國掾史實降□□□蓋魏
氏季年日銷地反投蜺不息鬬馬盈空□
自金堂釁生玉室天示昭明之證帝啓即
席之朔我　太祖獻武皇帝合判斗墨
放□□□翦兇族於黎□□□□於華□
□運□竭激崐崘之氣輸廟諱□□競□□
□□增威一□□社再祠絕□匡□□□
□□□□萬□□□五□□會知三□之

未從想□橋之難□□□□□□□侑存
式瞻神宇雖□□蘭□成林楸□□□
□□□□得□志言　世宗文襄皇帝
□□□□□□□□龍□淵□□□應物
納□黎於□□□□□於闕下壠路荒蕪祠
堂渴□□辟□□□□□□檢□□□□
芳□以丹□磨闕下膠枷鯨螭扇闕下神居獨
闕下而宛轉闕下躍水仙鳥鳴林闕下歌尊神尚
德闕下終□□□□有歸紛郁　皇上官
府□物叡□□□□□□有稟賦靈性□

□為德道不可□□還□燼樂反闕下常流
蔽雲自卷仙琯暢律□邑□神文爤北□
□□西鳳鱗□五□光氣四舉莫帀闕下牛
於陰山風逸驥於桃塞捐金抵玉卡栗□
□□□致酒英傑先之顧以賢宰餘休聯
闕下宸鑒斯揆使持節驃騎大將軍開府
儀同三司□州□□師清河王岳出應敵
國入當闕下之一帥執刺都輦標榜九牧馴
禽弭□□雨來風披席□□傾賢禮俊眷
彼能官投□千祀闕下晉崗離殊類竊假長

感仰德堅碑在□春煦□□□超二百執
徐之□□□□櫛豈不蒼精云啓□□□
□□□言僭迹掃地不遺委贊興王恭承
□運幽明□遠意在斯乎乃命□紀□□
鴻□□以昭晉神道□□□□□□□而
□絕望黃岑以俱峙其詞曰
星精旁散漢津横瀉山峙□□瀆流疎壓
中處外薄惑夷惑夏周德不昌三詩缺雅
闕下侮弱憑强魏侯趣士民後□望鄴有賢
令夏景冬□□□率□□□□俗闕下存祀

四時亡哀百贖始聞賢烈終□明靈昕殫
鼓□□盡牢牲藉蘭竦意尊□□□□□
徒□禮闕下人授手□□謀居光宅漳右龍
駒鵠蓋鳴茄駟牡□□層□載前載後□
象□□飾衛逾隆天子赫赫廟諱數在
躬夏應禀命舜受堯終洛汎文章河浮圖
□會昌冥貺居今陋昔感秩報□□□□
□□□□□宜留金石□親藩幹□率依
風毛畢均美□□□□□
碑陰

陰上下共分六截書每截各三十三行正書
散騎常侍趙郡王州都郭海高□
驃騎大將軍開府儀同三司尚書右僕射彭城縣開國
公州都魏郡元部□
平東將軍别駕從事史魏郡穆子□
前將軍治中從事史魏郡鮮于□□
主簿魏郡高婆藪
主簿廣宗潘僧度　字子昱
西曹書佐魏郡元稚英　字季彥
西曹書佐魏郡李天綱　字天綱

記室從事魏郡叔孫子愼字僧護
記室從事淸河崔□□　字公穉
戶曹從事魏郡穆遺□　字子傲
戶曹從事淸河張□威　字
金曹從事魏郡尉□□　字文
金曹從事頓丘郡李□　字□明
租曹從事魏郡陸元茂　字道盛
租曹從事廣平游子璠　字士瑜
兵曹從事陽平路君元　字公初
法曹從事魏郡丐德隆　字道□

法曹從事陽平宋務艮　子貞
部郡從事魏郡柳暎　僧蔭
部郡從事魏郡薛廓　子元
部郡從事魏郡□□渾瑍　長璠
部郡從事廣□□序　元伯
部郡從事淸河□義　緊隨
部郡從事林慮皇甫□　桃科
部郡從事林慮辛□　景宣
部郡從事淸河傅□　□武
部郡從事□郡□上忠　季成

部郡從事魏郡□景□　□昇
部郡從事魏郡□子□　德卿
部郡從事□□宣□　□道
□從事魏□□□　□□
以上第一截
□□□□
□融子明
公務思業
□仁　景寶
□□　修業

□　□遠　洪遵
守從事　公□
守從事魏郡　靈紹
守從事陽平王順　孝章
武猛從事林慮王㝅　□□
武猛從事魏郡馬□
武猛從事魏郡緜文□
武猛從事淳于士彰
武猛從事魏郡張宣和文□
武猛從事魏郡張孝通順和

武猛從事魏郡柳士緯洪朗
武猛從事汲郡葪翊　弧誕
武猛從事頓丘竇長卿　□□
武猛從事頓丘吳斐　融邁
武猛從事頓丘胡遵　士尚
武猛從事林慮張則　仲軌
武猛從事林慮魏光　暉卿
武猛從事鄨陽栞琛　三寶
武猛從事鄨陽梁□　子罶
武猛從事陽平楊逵　叔勱

武猛從事陽平繆淇　難陁
武猛從事東郡張與　顯盛
武猛從事東郡賈順　思□
武猛從事廣平鄭昇　懷□
武猛從事廣平程蘭　和仲
武猛從事北廣平呂和子穆
□□□□廣平郭怡叔悅
□□事□□平□□　□□
以上第二截
□

武猛從事□□□□□□德
武猛從事濮陽郭忻　□悅
武猛從事濮陽□□　叔達
門下督盛□□□
門下督□□□□
省事姜明　□哲
省事曹遵　顯□
錄事王神　元龜
錄事延陵仲□　□龍
西曹掾□□　世忻

□曹掾齊習　思義
□室掾蓋穎　元儁
□室掾宗懿　延貴
□曹掾馮業　洪纂
戶□掾陰罶　仲□
戶曹掾□文伯元□
戶曹掾□□　□□
戶曹掾劉□□□遵
□曹掾滕乂□
□曹掾鞠隆　子□

戶曹掾張敬 子金
金曹掾樊淵 海賓
金曹掾李遠 伯□
租曹掾終士粲
租曹掾邢悅 季□
租曹掾馬伏阿
租曹掾吳宣 尚宣
兵曹掾梁璋 子鬱
兵曹掾林暉賓子□
兵曹掾賀崇遠□□

兵曹掾郝仲 次元
兵曹掾闞華阿
以上第三截
□曹
兵曹掾崔業□
兵曹掾周景伯
法曹掾李崇讓□義
法曹掾□□貴
法曹掾田□遠見
法曹掾孟□元烏

法曹掾□ 哲
法曹掾 禮
部郡掾侯遵景順
部郡掾聶貴崇和
部郡掾石建長賓
部郡掾馬峯莫□
部郡掾□禮長詢
部郡掾杜彥帀賓
部郡掾張侍永賓
部郡掾衡遠□業

部郡掾 賓
部郡掾靳寶□□
部郡掾閻仲叔□
部郡掾郝巒楚
主簿吏韓世□
主簿吏蘇□孟帀
西曹吏杜□□□
西曹吏趙□□□
記室史樂□暉□
記室史左循洪遵

□曹史　史穆景邕
□曹史　□蘭币奴
□□史　解景□
□□史　翟會同止
□□史　王質崇菩
□□
以上第四截
□□
戶曹史　傅□□□
金曹史　□□元□

金曹史　□玨□□
租曹史　□貴
租曹史　吳子政叔偘
□曹史　馮沙門
租曹史　樂□阿□
兵曹史　綦略阿穎
兵曹史　□敬乾恭
兵曹史　張□阿元
兵曹史　王酉士高
兵曹史　劉□□□

兵曹史
兵曹史　戴懷
兵曹史　楊良
法曹史　謝□
法曹史　杜悅阿□
法曹史　馮纂遵
法曹史　賀□洪宣
法曹史　王□秉襲
法曹史　韓萇永昌
法曹史　王進遠文仙

典籤史　吳仲穎仲舒
部郡史　戴光思顯
部郡史　張伽阿桃
部郡史　郝纂阿集
部郡史　田彥休儁
部郡史　石吉子良
部郡史　張長遵伯
部郡史　石穆愛和
部郡史　韓□□伯
山□

□以上第五截
□
□
□
□
門下史
省事史張習□□
省事史林邕子穆
録事史李瓊子□
録事史賈光長□

□□將軍軍主郤海□
□□將軍軍副焦定
□兵
□
□
□
□
□
□
□

□
賊曹□
賊曹孟伯□
賊曹李晛興
賊曹張善
隊主李趙成
隊主嚴奉伯
隊主干□聰
隊主張□□
西門□□

隊副□□□
隊副
□□
□
以上第六截
碑云使持節驃騎大將軍開府儀□□司□州□□師清河王岳者齊書列傳云顯祖出撫晉陽令岳以本官兼尚書左僕射留鎮京師天保初進封清河郡王尋除使持節驃騎大將軍開府儀同三司宗師司州牧蓋以此時立碑也明一統志云西門豹廟在府

城北大夫鄴北齊天保年建碑刻尚存今碑缺年月
太平寰宇記云鄴縣西門橋齊天保五年僕射魏收
爲碑存焉則碑是天保五年魏收所撰無疑碑故在
豐樂鎮廟內知縣彭某移于城隍廟中水經注云漳
水逕武城南又東北逕西門豹祠前東側碑隱起爲
字祠堂東頭石柱柱勒銘曰趙建武中所修也魏文
帝述征賦曰羡西門之嘉迹忽遙睇其靈宇寰宇記
又云鄴縣西門豹祠隋圖經云在縣東南七里北臨
太平渠或恐碑移而祠基且將迷失矣趙建武石柱
銘又非汝帖所載石趙鄴祠柱刻也其刻宋時猶存

倘有好事一訪之乎碑篆額云西門君之頌　陰列
官吏題名有云散騎常侍趙郡王州都勃海高下缺
名者高叡也齊書列傳云顯祖受禪進封爵爲南趙
郡王邑千二百戶遷散騎常侍以此知之勃海字見
說文今史皆作渤知六代人書猶無俗字也碑又有
元節穆子容銜名元節齊書有傳云襲封彭城郡王
歷位太尉侍中錄尚書司州牧進太傅齊天保元年
降爵爲縣公此云彭城縣開國公州都者其降爵也
史不及開國公州都乃其疏穆子容見北史穆崇傳
是時爲平東將軍別駕從事史亦可据碑以補史也

中州金石記
案碑殘剝斷裂文詞句不相貫其敘西門君治鄴之
跡有云□拒比周治申嚴察簪筆聽神民吏不敢兩
欺□巫老沉淼□波淚頡頏蓋約舉史記爲文又敘
生致尸祝之禮沒貽棠杜之思□壇表慕俎豆逾遠
似因舊祠而加修之爲述其義如此碑稱太祖獻武
皇帝世宗文襄皇帝者北齊書太祖紀所謂天保初
追崇爲獻武皇帝世宗紀齊受禪追謚爲文襄皇帝
是也高岳傳世宗崩顯祖出撫晉陽令岳以本官兼
尚書左僕射留鎮京師天保初進封清河郡王尋除

使持節驃騎大將軍開府儀同三司宗師司州牧並
與此碑同則知碑立在天保初矣中州金石記据寰
宇記鄴縣西門橋齊天保五年僕射魏收爲碑之文
定爲天保五年魏收撰然高岳當天保五年亦加太
保而此碑不書或文成於五年之前樂史据其立石
時書之傳言留鎮京師又言司州牧高齊因東魏都
鄴而仍循司州舊名故見於此也　又案碑陰載諸
人題名稱州都者二人別駕從事史治中從事史者
各一人主簿二人西曹書佐二人記室從事二人戶
曹從事二人金曹從事二人租曹從事二人兵曹從

事一人法曹從事二人都郡從事十二人隨書百官志載齊制司州置牧屬官有別駕從事史治中從事史州都主簿西曹書佐記室戶曹功曹金曹租曹兵曹騎曹都官法曹部郡等從事員蓋以鄴為司州其屬官並與史符又有武猛從事及門下督省事錄事西曹掾記室掾戶曹掾金曹掾租曹掾兵曹掾法曹掾部郡掾主簿吏西曹吏記室吏戶曹史金曹史租曹史兵曹史法曹史典籤史部郡史省事史錄事史政門下督與錄事清都郡鄴臨漳成安三縣並有之至西曹掾以下即志所謂主簿置吏西曹巳下又各

置掾史也但主簿吏以碑證之作吏耳安陽縣志

按碑文多缺蝕無立石年月惟云使持節驃騎大將軍開府儀同三司□州□□師清河王岳傾賢禮俊畏威仰德竪碑在□云云是碑雖題西門豹祠堂碑而文意並無紀述西門豹事蹟亦無建造祠堂之語大率頌美清河王之詞為多北齊書清河王岳傳岳字洪略高祖從父弟也魏太昌初除車騎將軍左光祿大夫領左右衛封清河郡公食邑二千戶尒朱兆據并州高祖將討之岳留鎮京師遷驃騎大將軍儀同三司天平二年除侍中六州軍事都督尋加開府除使持節六州大都督冀州大中正俄拜京畿大都督元象二年母憂起復除兼領軍將軍興和初出為使持節都督冀州刺史武定元年除晉州刺史西南道大都督六年除侍中太尉餘如故別封新昌縣子又拜使持節河南總管大都督別封真定縣男世宗崩顯祖出撫晉陽令岳以本官兼尚書左僕射天保初進封清河郡王尋除使持節驃騎大將軍開府儀同三司宗師司州牧五年加太保傳載岳歷官如此据此則碑立於天保元年無疑碑銜不云加太保其非

五年可知矣關中金石記引寰宇記云鄴縣西門橋齊天保五年僕射魏收為碑存焉以為碑是天保五年魏收所撰蓋魏收所撰者乃西門橋碑此是西門祠堂彼此異也齊顯祖文宣帝本紀帝以天保元年五月戊午即位己未追尊皇考獻武王為獻武皇帝皇兄文襄王為文襄皇帝六月壬午封太尉高岳為清河王碑前有太祖獻武皇帝世宗文襄皇帝等字則為追尊以後之語後云忝贊興王恭承□運及夏應虞命舜受堯終尤足為初即位時之證也其稱宗師者魏書官氏志云天賜

元年十一月以八國姓族難分故國立大師小師令辨其宗黨於是宗室立宗師之目此是魏初之制豈齊初猶有此官耶碑陰列姓名幾二百人惟首四人處尊位以下則主簿書佐從事門下督省事錄事掾史軍主軍副隊主隊副等職里居姓名某甫皆備書之又一例也首列高叡碑鈌叡字傳稱叡封南趙郡王碑無南字魏書地形志有趙郡有南趙郡並屬殷州傳或衍南字也其稱州都郭海者地形志渤海郡屬冀州曹魏時冀州本治鄴高氏是時居鄴鄴屬司州爲魏都西門祠在其城殆是郭海舉其郡望州都舉其邸居也次列元韶亦稱州都魏郡正同此例關中記云彭城縣開國公州都者其降爵也此語蓋誤州都當連魏郡讀不連上讀若州都爲降爵則高叡未嘗降爵而亦曰州都何也第三穆子下碑鈌一字關中記以爲穆子容魏書及北史俱附魏崇傳北史載士儒之子子容魏末爲兼通直散騎常侍齊受禪卒子司農卿魏書載士儒子容少一子字武定中汲郡太守皆不言其官平東將軍别駕從事碑或别是一人非穆子容也

風峪華嚴經石刻

碑搨本凡一百二十四紙大率高四尺二寸廣二尺文二十三行行五十七字正書其餘石之廣狹行字之多寡大小俱不等石片亦不能計數今在山西太原府太原縣風洞内

經文不錄

風洞在太原縣西三里風峪口輙梵洞一穴方五丈有司以三月祀否則多風穴中三柱四壁鐫華嚴經山西通志

太原縣之西五里有山曰風峪風穴存焉相傳神至則穴中蕭然有聲風之所從出也愚者捧土塞穴建石佛于内環列所刻佛經凡石柱一百二十有六積歲既久虺蝎居之雖好游者勿敢入焉丙午三月寺卒士人燎薪以入審視書法非近代所及惜皆掩其三面未縱觀其全也北朝君臣崇奉釋氏石刻經像在處多有予友太原傅山行平定山中誤墜崖谷見洞口石經林列與風峪等皆北齊天寶間字而房山石經刻之自隋甚矣其法之蕃熾也　通鑑載後唐劉后與李存渥奔晉陽李彦超不納存渥走至風谷爲其下所殺北夢瑣言載此正作風谷胡三省注風谷當作嵐谷唐長安三年分宜芳縣置嵐谷縣屬嵐州非也風谷卽風峪北人讀谷爲裕俗並加山作峪曝書亭集

按北齊書段韶傳突厥從北結陣而前東距汾河西被風谷大唐創業起居注煬帝於樓煩置官因過太原取龍山風谷道行幸則風谷之名已著於前代矣

金石文字記

按風峪今俗稱風洞洞中有石刻華嚴經金石諸書多未見著錄卽曝書亭集有風峪石刻佛經記亦但云環列所刻佛經而已不言爲華嚴經也記言石柱一百二十有六不知山西通志何以但云三柱也以臆度之洞方五丈必非三柱所能撑則通志所指三柱或別是虛立之柱耳柱有百二十六必是周立於洞中經卽刻于柱上柱有四面必皆刻經竹垞所見已云掩其三面則今所揭者亦祇一面耳今搨大小共一百二十四紙顯係一柱一紙其與柱數不符者僅少其二也全經有八十一卷今搨本首末行有卷第標目者計三十八紙餘俱無攷想皆散見于三面而不能搨矣碑無時代年月及刻經記序題名惟卷卌七之末行題云佛弟子許智通妻宋十娘許五娘女許三娘姓名可見者祇此金石文字記列于天保二年當自有據然別無詳說可證其標題亦但作石刻佛經則

亦似未嘗詳閱此碑也天保爲北齊文宣帝紀年曝書亭集刻作天寶誤也經文書格不一有秀整者有流動者大致類初唐虞褚其中如四十作卌星作○天作兲則北朝間有之以此爲天保時書無足疑者（標題華嚴多作花嚴六朝人間用之）此碑椎拓不易昶在西安時適同年沈君業富官山西鹽運使因託其購覓拓寄此本雖闕軼尚多究爲北齊之物亦可珍也竹垞記中所云房山石經刻之自隋昶嘗見吾友查君禮游愍題上方二山日札所記石刻佛經甚詳云石經洞寬廣如殿中供石佛四壁皆碑石疊砌卽隋靜琬法師所刻佛經字畫端好有歐褚楷法無一筆殘鈌左壁兩層共碑三十六枚右壁三層亦三十六枚後壁三層共四十一枚前門左右壁及門項共三十三枚皆妙法蓮花等經卽竹垞記中所稱隋刻者又大洞之右第一洞刻佛說恒水流樹等經第二洞刻陀羅尼集等經大洞之左第一洞刻令生歡喜名無垢等經第二洞刻菩薩瓔珞等經其下有石井井左第一洞刻金剛般若波羅密等經第二洞刻摩訶般若波羅密等經井右爲伽藍殿殿右第一洞刻文殊師利普超

三昧等經第二洞刻千手千眼觀世音菩薩廣大圓滿無礙大悲心陀羅尼等經大洞之右又有心經碑一金剛般若波羅密經碑二伽藍殿旁又有金剛般若波羅密經臥碑一餘碑林立不勝紀此外又有遼初續鐫四大部經二千七百三十碑而華嚴經全部亦在其中昶聞而歆慕之常屬甥西路同知蔣雲師訪搨云是碑聚于瓦礫之中洗剔塵沙必得數十人數十日之功力不能辦而止查君之游石經洞在乾隆丙辰僅逾數十年而碑已難搨如此今査君之記已刻入銅鼓書屋遺稿昶

錄于此以諗後之好事有力者

劉碑造像銘

石橫廣五尺七寸高一尺八寸二分 四十二行行十三字正書在洛陽

夫妙靜虛凝聖蹤難尋惔怕無相非有心能知雖形言幽絕誕迺三千慈悲內發欲濟危拔苦濱十二而曉群情喻三車以運諸子攉應歸空潛神眞境然篤信佛弟子劉碑河澗人也寶冑唐貪斐基漢緖襲踵前王衣冠万代因官隨爵芳柯蔦尨此人善識四非深解五業慕募鄉邑首領懷珠獨奨皆是軒姬芙蕖英裒之孤挺晉魏九域磐根之樑棟斅晒皇朝飛聲齊室故能同率緖素異心共遵等意採石金山遠求名匠奇思罕聞巧殊世外四挾靈巖之顯西據王舍之陽泒流濟濟建像一區構基三泉首騰霄月眞容凝然化流無导光曜十方空空遍滿視之者目中花生觀之者我心冢滅仰爲皇祚永隆宰輔顯上以此果緣福鍾師僧七世願使神登紫宮形昇妙境見在寧康子孫興茂辯智超才表心六藝宦標台相位累九坐生隨歡諸來栖道跡往往逢賢處處遇聖蠢動普沾同照十日身當正覺遊濟彼岸刊鏤金芳願言不朽其辭曰

如來聖跡邈矣難尋究竟歸空妙理實深出沒自在顯

滅雙林欲隨而去攝以愚心龕龕有佛相望若語菩薩立侍唅聲未吐師子護坐豎日相覩諸天作樂口口對儛金剛力仕在戶之傍耶捲口目儼寒相當波旬請死欲退無方道俗肩隨慶會天堂肅肅法師寂寂道塲崇之若近尋之芒芒悉誘下士上接攜將六口解羅三有暈光俄俄禪定神歸空外眞化無导心寧三昧脫骨王子廣度一切夙樹珪璋悉羅天闕冠冕世襲金柯秀發辦隆侍仕殊今古越儁邁攙驚皎然若月信士英英契悟福期鐫鏤金石相好巍巍嵯峨妙絕是難是希終天畢地永爲長基

維那樊元貞
碑樓寺在縣東四十里石淙東源上內有豫州劉刺史碑北齊天保八年丁丑立刻劃佛像文列上方字殊鄙劣刺史名碑無佛處鐫諸人姓名俱劉氏名文紀劉碑爲首造碑文緣起也村落沿其名曰劉碑（說嵩）
按碑無年月據說嵩語因列於北齊天保八年文云劉碑河澗人也河澗當作河間左旁衍水耳賓胄唐資者劉姓凡二十五望並自陶唐氏劉累之後故云唐資也瓊基漢緒瓊疑是瓊字用以對賓胄也劉氏之家河問者惟北魏劉胄官直閤將軍

出守本郡與茹皓俱赴鄴宮講武乞留至洛似即劉碑先世文故云因官隨爵芳稱嵩左者也劉碑史傳不載碑但泛言造像求福之意不詳事蹟故無可攷碑書凝作凝淡泊作惔怕纂慕作纂慕首領作酋領照作熙英作英巧作巧靈鷲作靈鷲霄作霄辨作辨蠢作蠢峙作峙望作望竪目作竪日力士作力仕偃蹇作偃蹇下土作下土暉光作暈光冠冕作冠冕皆任意增減移置初無義理據說嵩謂無佛處鐫諸人姓名俱劉氏名今碑但有維那樊元貞一人是搨本未全也

道朏造像記
記橫廣七寸五分高五寸三分八行行四字五字六字不等正書今歸偃師武氏
大齊天保十季七月十五日比丘道朏敬造盧舍那法界人中像一區願盡虛空遍法界一切衆生成等正覺
朱豹泉得石寄黃小松琢背爲硯而小松復以遺予其文所稱比邱道朏敬造盧舍法界人中象一區未解是何象也（授堂金石跋）
右造象記八行字徑七分頗秀勁亦有別體如象作像邊作邉是也小松云得于正定友人今作爲硯（山左金石志）

按此石舊從濟寧州普照寺發土得之石存而像無攷矣後轉徙藏於正定佛寺朱瀠泉煌得之以贈黃司馬小松易作硯材小松又贈偃師武大令虛谷億今所見者搨本也法苑珠林普敬部引華嚴經云盧舍那佛報身如來所王之土復過是數盡十方界非凡所謀故梵網經偈我今盧舍那方坐蓮華臺云云是碑中所稱盧舍那佛名也翻譯名義集盧舍那賢首梵網疏云梵本盧舍那此云光明徧照照有二義一內以智光照眞法界此約自受用義二外以身光照應大機此約他受用義

淨覺雜編云盧舍那寶梁經翻爲淨滿以諸惡都
盡故云淨衆德悉圓故云滿此多從自受用報得
名或翻光明徧照此多從他受用報爲目若論色
心皆得淨滿身智俱有光明則二名並通自他受
用也

夫子廟碑

碑連額高六尺三寸五分廣三尺七寸五分十九行二十四字隸書額題夫子之碑四字篆書在曲阜孔廟

□□齊乾明元年歲□□□壘月仝下闕人響
引自下闕德所以歷□□□無論者其由□

□乎齋大下闕字□□□□□□捐封人即魏安
下闕南下闕鎮北將軍秘書監青下闕公道昭之
第□子也公□□忠□帝職歷七州再下闕
不具論□如高下闕多下闕人去盜□□既自
□諸□□□□□□哉雖下闕三下闕高公
曾下闕氏女夷馭節□羣下闕閣下闕來遊下闕廢
□□而體下闕嗟嘆久之乃□□□□□曰豈
是下闕即命工人重爲鐫下闕更下闕揔七下闕名
長下闕是下闕者下闕命工人□者□□叉□□
論景行下闕載下闕言下闕東壥之豪□以終其

下闕祠堂下闕是下闕存因下闕刊徽下闕二十日訖功

孔子廟碑今在曲阜縣廟中字剝落不可辨金石文字記

右碑文多剝蝕以舊拓本審之知爲鄭述祖所立也
述祖字恭文見重登雲峯山石刻魏書云道昭滎陽
開封人歷官平東將軍光州刺史轉青州刺史復入
爲秘書監卒贈鎮北將軍今碑存字曰開封人曰鎮
北將軍秘書監曰某公道昭皆與傳合述祖嘗刺兗
州故有重勒廟碑之事乾明元年爲庚辰歲是年八
月昭帝廢立改元皇建此是八月以前所立也闕里

文獻攷但稱爲北齊夫子廟碑不辨何人所立其釋
文亦祇及今之半耳山左金石志

按闕里文獻考云此碑可辨者才百有二字闕里
志不載其文祖庭廣記云剝落不可考今取碑諦
視可識者得一百四十餘字較闕里文獻考所識
增多四十餘字矣碑云公道昭之第□子也魏書
本傳道昭之子有五曰嚴祖曰敬祖曰述祖曰遵
祖曰順然則述祖乃道昭第三子也述祖善隸書
此碑筆法頗與鄭述祖書天柱山銘同然使述祖
自書不應指斥父諱而云公道昭之第幾子也疑

是他人紀其事而述祖書之猶雲峯山鄭道昭刻
其父文公德政而託名於故吏程天賜也大意是
道昭爲光州刺史時來謁孔廟追述祖繼刺光州
訪父遺蹟刊碑祠堂以紀之文故云嗟歎久之命
工重鐫也額不曰夫子廟碑而曰夫子之碑見立
碑之意不繫乎廟也

在孫寺造象記

石高六尺一寸五分廣二尺八寸厚一尺二寸八分四面刻分三四五截記廿五行行廿字正書雜隸在登封縣蔣莊

蓋太儀育物品類不同隨□□以輪迴逐陰波而自溺
可嗟薄福熟爲津樑哀哉士徒誰□出要唯無上大覺
獨悟靈溪志欲道正水以壞耶山秉慧炬而滅癡闇故
堅柱六門大開八□龍魔鎖□虎見斯伏但感微應促
毒樹之音巳彰如住无善利□滅之刄唯速於是燈光
夜掩法舟息駕遂使八到熾然業燹增甚自非曉燭眞
遂了斯相染埶能俳□扇而超昇望宗一而高蹈哉都
邑主張暵蔟薛景畧仇洪柩寑矟業陶洪遠李祖憐都
□□百□拾人等以是漢曲明珠彩山之貫狂風□曰
蘭□飄舉嘆世掞蔬鄉家金□乎根本泉而結袠袖八
□月而□龍□如此隆二昂二盛哉雖浮俗燹起□十

端□□至□思□不憚□勞之軍慧劍雙懸罕□□魔
之陣无不□篡□蹤魔開□□□□金顏之□佳□□
□之□□遂廣建伽藍□□□□□□□□之□面
□大起帝有之奇身眞容□爕若百花之開春樹朝曦
竟照類万日之聚高天足使跛聾發□□心返正雖猛
炎銷天洪波沸地而神樞寶坼畢竟常□昔□抔擁沙
尚滅菩提業盛前脩功名顯著豈使日月空流聲塵无
死□彫金垂範傳芳不朽自非立信空門飯心淨域將
知禍報無虛功不忘嘶脩回□善□□俾□□捨財崇
福住天堂之業上爲三寶□□七世父母過往□師現

在居眷門徒子孫世貴國內人民□□役□□□速至
下及邊地蠢動蒙恩五道□澤有刑之類普獲福利脊
号河淸三季歲次甲申四月己丑朔廿日戊申
都邑主張暵蔟　邑子嚴和祖
都邑主薛景畧　邑子王承儁
都邑主仇洪柩　邑子張義和
都邑主寑矟業　邑子陶鸞
都邑主陶洪遠　邑子陶發顯
都邑主李祖憐　邑子陶僧和
都邑主麻仕和　邑子仇衆敬

都邑主席懷略　邑子李慧達
都邑主劉和穆　邑子嚴法口
都邑主仇海　邑子尹洪賓
都邑主仇定國　邑子仇城買
都邑主仇口敲　邑子陶䂓臻
都邑忠正李樹生　邑子張衆愛
都邑忠正袁景口　邑子嚴元禮
都邑忠正嚴崇顯　邑子嚴䨻乕
都邑忠正嚴買　邑子寇洪哲
都邑忠正嚴寶䕶　邑子寇仕通

都邑唯那仇䖍悅　邑子寇仕寬
都邑唯那嚴曠善　邑子寇遠振
都邑唯那董雙儁　邑子寇仕貴
都邑唯那李進興　邑子高子嚴
都邑唯那嚴元昌　邑子游元族
都邑主𢾰甑　邑子儁略
都邑主管法安　邑子嚴醜
邑子仇興族
邑子仇顯　邑子嚴世榮
邑子王口石　邑子口惠雅

邑子薛伏海　邑子張口醜
邑子嚴敬賢　邑子𢾰口口
邑子仇伯兒　邑子𢾰燕奴
邑子仇道口
邑子仇永昌
邑子和伯憐
邑子李嵩　邑子郝敬先
邑子郭族樹
邑子仇景業
邑子寇衆口

邑子高口歡
邑子耒永遷
邑子嚴景業
清信劉練光
清信栁貴
清信陶伯口　清信蔣金玉
清信劉貴　清信口口姜
清信𢾰明勝　清信李口口
清信耒明堂　清信周口口
清信陶憐妃　清信朱口

清信楊買　清信李
清信王外妃　清信□
清信陳□□　清信□
以上均刻在記文之下
□堪像主□□與一心供養佛
一心供養佛
邑師僧誕邑師□□
邑師沙門都□敬
以上刻在記文之上象堪之旁
東堪像主董□□東堪像主王悅二八等一心供養

佛時
邑子管汶安　邑子□□□　邑子□孝□
邑子管買來　邑子陳乇　邑子寇天長
邑子王悳毦　邑子叚珎　邑子寇万孫
邑子高要悳　邑子董延慶　邑子寇遷孫
邑子姚思族　邑子南顯業　邑子任暯□
邑子嚴㹅洛　邑子叚和穆　邑子任暯龍
邑子管貴和　邑子相朩先　邑子董伯頤
邑子高龍勝　邑子相悳匡　邑子由元琛
邑子嚴□扌　邑子董㕩生　邑子魯仕光

邑子嚴尚忠□　邑子楊淸扌　邑子韓□
邑子嚴□□　邑子寖方□　□□□□□
邑子叚□□
邑子卞□
邑子叚飖□　邑子叚桀□□□
邑子髙□珎　邑子叚柱國
邑子嚴庯
邑子劉陳趙
邑子薛梨奴
邑子陶安和

邑子李毛龍
邑子□輿　邑子
邑子甲□　邑子
以上東面
□□□□主李□□
□□□□□　□□□□□□
□堪□□主仇□□　中堪□主仇□□
中堪□主□□
都□□主陶洪遠□□
都□□□□□□

合邑□一百五十八等　一心供養佛

以上正面

西堪像主嚴買上爲七世父母次及現存子孫昌熾

弥勒出世願聞初法

邑子仇惠孫

清信夏侯婆兒

邑子仇田買

清信李孃女

邑子仇先女

清信女仇□女

清信張女□

清信女仇王女

邑子仇僧和

邑子張□鬼　邑子張□

清信女張清女　邑子張□興

以上西面

碑在縣東四十里蔣莊碑稱在孫寺正面刻佛像碑陰刻大齊河清三年歲在甲申敬造文字剝落殆盡不可搨矣下截埋土中止露其半在村中之衢說嵩

朱曇思等造塔記

記高一尺九寸廣二尺六寸十六行行約十五字正書在博興

大齊河清四年歲次乙酉三月癸未朔四日丙戌

慈風未鼓品類同昏惠化一開乃羣情等覺雖眞光韜暎而實相可追故悄茲吉海志彼雾峯邑主朱曇思朱僧利一百人等於村之前兆其勝地綿基細柳白虎遊南敬造靈塔一軀經之不日斜臺煙際四翥風生鏤欞眞離刻摹兜率爬聖䖏龍看之若生飛禽走獸聽疑似活羌弗可得如言矣魏魏易覩辯爛難名遂託銘神宮冀貽万葉仍因椒土之功敢發廣厚之願國祀永隆震載等一頌曰　霄璃住昔麗字今茲弱黛留烟炎起停暈玷草垂露畫樹懸系荷抽紫葉嶺鬱青芝

□□□□□嘹□□□□□以下俱闕

右河清四年三月造塔記近日黃小松司馬得于博興土中以建初尺度之高一尺九寸廣二尺六寸共十六行行約十五字後有造像三座末行文盡剝落惟存像字之半字徑七分用筆肥媚而多别體字如涓作悁塵作𡋯翥作翕梵作爬容作辯爾作霄皆不合六書而寶塔之寶作靈則謬之尤甚者其書頌曰卽借爲曰字與太公碑東阿王廟碑並同頌八句叶茲暈系芝四韻按暈卽暉字說文有暉無暈古人日

暈字卽作煇見周禮注張景暉造像記亦書暉爲暈二字蓋得通用盡樹懸系句借系爲絲與說文糸細絲之訓合記中又云羌弗可得如言矣猶春秋傳星隕如雨歘如忘之義也 錢侗跋

按碑立於河淸四年三月是年四月武成帝傳位太子改元天統此猶在未傳位之先也文云緜基細柳白虎遊南說文柳繫馬柱也此蓋借繫馬柱字形容塔柱之不鉅也上文緜基亦言塔基之緜遠形家以右爲白虎遊南者意謂白虎右旋而南遊也瞻疑當是瞻疑如言當讀而言魏魏當讀巍巍霤璃當是爵螭惟末句嶺欝靑芝語氣未了疑尚有文然碑未嘗缺泐也

金石萃編卷三十三終

金石萃編卷三十四

賜進士出身 誥授光祿大夫刑部右侍郎加七級王昶譔

北齊二

姜纂造像記

記高二尺八分廣一尺三寸五分十五行行二十字正書在偃師

大齊天統元季太歲乙酉九月庚辰朔八日丁亥畀官姜纂爲亡息元略敬造石像壹軀

夫靈暉西淺至理東遷啇盡神明像窮變現道邇業峻因藉報遠淸信士姜元略志隆邦國仁越州閭衛巷仰風鄉邑譽望早洞靈源夙達空旨而石火電燭倏忽從化松摧落岫蘭彫夏霜寳散闇泉玉碎黃壤父纂情慕東門心憑冥福特爲亡略敬造先君像壹軀左右二侍聖相眞容妙絕娑婆雕檀刻削波斯亞奇鑄金鏤石優塡愍巧神光照爛遍滿閻浮香氣氤氳充塞世界業盛飛行事苻踊出从此勝因追資亡略直登淨境獨步虛空逍遙天服乖出六塵遨遊慧體長超八難彈指則遍侍十方合掌則歷奉衆聖過去尊甲見存眷屬亡生淨鄉現獲妙果當來龍華願昇初唱 皇家慶隆澤治邊地三途楚毒俱辭苦海六道四生咸蒙勝福壹切有形同成正覺

按此碑及武平七年孟阿妃造象記皆近年出土偃師武虛谷所收得者前人俱未著錄故悉載其文文中別體甚多中州金石記

億案碑完好其稱清信士姜元畧云云案顧亭林以今人出財布施皆曰信士宋太宗朝避御名凡義字皆改爲信然以此推之殆於高齊間已見有清信士之稱則當時所避亦有據也又石鐫小像傍勒數字云孫女娥皇亦重舜妃之諱俗流不經如此別體字靈作靈東作東因作囙儵作儵寘作寘老作老逸作遙飛作非邊作邊偃師金石遺文記

合邑諸人造佛堪銘

石橫廣四尺三寸五分高二尺七寸中刻銘十九行行十六字右偏三列刻此邱及官名左偏五列刻邑主等名每列皆六行行四字五字或十八字二十字不等正書在偃師

妙旨幽微非聖無已盡於源聖行之興非福智莊嚴豈能顯其遺然今合邑諸人等宿殖明珠久歷諸佛故能異心同契仰慕遺蹤在於定光像肯敬造七佛寶堪并二菩薩賢聖諸僧彌勒下生梵王帝釋舍利非壹其金容赫弈照曜三千擧麗二相妙嫓八十刻木爲塑像而非喻採辟摸彩焉是其髣髴觀之者淨信開明受礼者三鄣殄息斯乃塵勞之中紹如來種籍此勝善願國祚永隆三寶增盛法界四生七世先靈存亡父母現在眷屬發菩提心彌勒下生恒爲導首開化羣迷廣修万行共集善根同證菩提之道判銘頌曰

法性如如非有非无體非分別妙用非盡八相成道似同凡夫生而非生滅而非滅神通隱顯摩王歸軼化導三千人天獨步改迷接聖慈悲覺悟示三空門令遊正路淨修波若四攝資助奮翼道品菩提永固

天統三年歲次丁亥三月壬申朔十五日丙戌建

邑主韓永義　維那魏元預　香火李英雄

邑主□□仁　維那魏紹□　香火孫子璨

□□李伯□　典坐倪士康　邑老劉遵和

□□□□寶　典坐趙仲略　邑老張和仁

中正霍羅侯　坐主鄧道隆　邑老栢延暉

□正殷子琴　坐主翟多仁　邑子夏侯和

邑子張子訓　邑子郭子達

邑子李阿察　邑子邊和穆

邑子田祖暉　邑子袁伏恩

邑子宋子暢　邑子劉士鸞

邑子夏侯貴　邑子楊進國

邑子蔡道仁

以上五列在左偏

比丘道最　比丘法賢

比丘曇暉　比丘道樹

比丘洪猛　比丘洪湛

比丘慧藺　比丘道定

比丘法建　比丘明棄

景明寺法和　比丘曇樂

洛州都兼治中奉朝請皇甫士通　洛陽郡中正姜

範

征東將軍洛州大中正平恩縣開國男皇甫迥

冠軍將軍洛州金墉鎮前車騎府司馬趙思榮

邑子趙遵明

邑子范敬賓

邑子桑季和

以上三列在右偏

按碑文書體點畫多增損斉作肯處作㚌戌作戊省筆也犇作䢙華作𥳑增筆也摩王當即魔王別體也書本含隸意而末行五日特从篆作㐅⊙爲異耳文左右列邑主維那典坐香火邑老中正坐主邑子比邱等四十四人又列有官位者四人曰皇甫士通皇甫迥趙思榮姜範北齊書北史皆無傳四人皆官於洛州者洛州本西魏司州入齊後改爲洛州趙思榮官冠軍將軍洛州金墉鎮前車騎府司馬太平寰宇記河南縣有金墉城在故城西北角魏明帝所築殆北齊時於此城置鎮將也然寰宇記不詳此官

宋買造像碑

碑高二尺七寸廣一尺八寸上截十九行行二十四字下截二十二行每行列人名正書在偃師縣壽聖寺殿壁

□□□□□㳄旨道圓明言像所未臻文字不能述□□

□□闡之者既難法海波瀾遊之者勿易是大都邑主宋買廿二人等可謂知周道濟之功圓應遍知之迹宋尙在老之談景暮神仙之術彊攢傳聞辯說無导宜陽金口深識法相乃祖乃父積德於無窮維子維孫脩道於祇刧故能知四毒之分散五蔭之羙疾遂寄財於三寶託莫於娑羅磬竭家珎敬造天宫石像各一區其天宫也左險渌水具有公路□之佺迴右觀蘊都快有京華之契前矚風嶺據□曹操之故堀從背望山伊洛之南地私乃正是四奧之華壞中壢之靜土惟非舍利神變之蔔實是須達布金之地其像也乃運玉石於荊山

探淨磬於淮遺鑄勒彫文並龍鱗而翠瓌鏤拔圓形等
金錦而覺炎燮林見光未殊於此妙尅檀成劇有愧於
今容既如天上降來又似地中勇出其中万相在數五
色鮮妙珠紫爭光淸黃吐艷嚴看之從樂善憂歸覩拔
難同尋刑叵遍自非高見大士十力世雄豈能建私功
業者哉緣茲摩訶善根仰菝洪願三寶常存法輪永固
王祚尅隆七世先靈託生妙樂見在眷屬值佛聞法四
生之類等成正覺
天統三年歲次丁亥四月辛丑朔八日戊申建立
邑中正宋買

邑中正趙繼叔
以上上截下闕一行
大都□□□□
都邑主趙崇化
都維那宋繼叔
維那宋仕昴
隹那宋元嵩
□那趙文紹
邑子㴱文略
邑子劉旦生

邑子宋恵虬
邑子宋兔□
邑子吉伯仁
邑子宋奉先
邑子傅伏奴
邑子宋榮和
邑子宋子儁
邑子賈滂黑
邑子李蒴
邑子傅机捧

邑子宋道響
邑子杜元則
邑子重順
以上下截

億案石龕置壽聖寺殿壁間與吳洛族碑同時取出文稱大都邑主宋買二十二人又稱邑中正宋買必其鄉曲之豪也鄙別字瀾作灡莊作荘慕作暮彊作彊覽作擥辨作辦碍作㝵果作菓竭作竭臨作臨澗作磵囑作嘱區作塸布作希刻作尅端作剬湧作勇業作業靈作靈又言造天宮石像各一塸其天宮也

左臨滦水具有公路澗之佤迴右覩舊都怏有京華
之勢前矚風嶺據闕曹操之故區三字不可認山伊洛之
南云云疑此天宮皆據四望言之當近緱氏地也不
知此記石何時移置耳石左右側面悉有名題偃師金石遺文記

按碑文云左臨滦水具有公路澗之佤迴太平寰
宇記西京河南道河南府緱氏縣條下云公路壘
公路澗在縣西南三里有壘以袁術字公路而稱
又云前緱氏縣在今縣東南二十五里緱氏故城
後魏太和十七年省併入洛陽東魏天平元年復
以洛陽城中置緱氏縣後周建德六年又自洛陽
城移於今縣北七里鉤鎖故壘隋開皇四年又移
於今縣北十里洛陽故郡城大業元年復移於今
縣東南十里十年又移縣據公路澗西憑岸爲城
據此則緱氏縣在周隋以後始據公路澗憑岸爲
城以前則縣與澗相去尙遠故知碑所言天宮四
望之所公路澗在其中而其地爲緱氏縣境也碑
書迹作迹勢作㔟斯作私變作孌園作薗浦作逋
寀作琮狀作扷雙作䨇庄作在忘作妄形作刑孰
作孰發作蕟皆別體蓋武氏之所未及者

造丈八大像訟

訟及碑陰共二紙皆橫廣三尺四寸高一尺四寸一二十六行行十一字一二十五行俱人名分兩截書正書在許州關帝廟

□□□□□□□□□□□悲爲懷宏濟五濁
□□權宜顕鑒万法隨遂根□□□雙林緣盡居尸遂
能□□□擣剎高擬波斯況後末□□不仰慕聖容者
㦲是以□義一百八等以今大齊天統三年歲在丁亥
五月十五日共造丈八大像一軀上爲皇家永康下爲
群品師僧□□累刼因緣四生含識悉捨忘想同登正
覺其訟曰

寶殿蓮基尊像靜嘿聲聞菩薩侍立其側徒衆和雍僧
□嚴飾禪誦歎詠晝夜無息以此福緣壽報無極　其
置福處也北連名山太丘之廟南有高嵎胡城永固處
在中央□水東注人民□祥營造福□□爲帝皇四海
歸湊壽樂□壃以斯願力俱會道場　邑義諸人皆
元出四海據□□□禮教自防德達仁□□□爲尊以
法爲□欽敬□□□□歸投以斯福緣永□□□

碑陰

□□師□
□□□□嵩　邑子朱阿□

口口口口　邑子朱猛口
口口口銀　邑子朱道延
口口道彪　邑子朱市貴
口丘海辨　邑子朱叉口
比丘僧度　唯鄉朱叔景
比丘道運　邑子張小格
比丘僧湛　邑子朱儁輿
比丘道蘢　邑子朱顯祖
比丘明旭　邑子朱山玉
比丘法洪　邑子萮畦尒

比丘僧延　邑子朱法鸞
比丘法宍　邑子朱元和
比丘法愼　邑子口周陁
比丘法門　邑子朱令和
比丘僧貴　邑子朱方貴
比丘法護　邑子朱貴和
比丘法慶　邑子朱願輿
口丘法宗　邑子朱景和
比丘法口　邑子朱慶和
口丘道口　邑子朱臺口

口丘法雲　邑子朱歸口
口丘法口　邑子朱醜口
口口法貴　像齋主朱口
口口惠建　都唯鄉朱口

此碑前人俱未著錄且多別體字如寫彳爲亻亻爲彳舍作㕕岡作㟞之屬不可勝舉惟云其訟曰以訟爲頌合六書之義歌訟字从言頌貌字从頁六代猶有知之者今以頌爲訟容爲頌則假音而非本義也中州金石記

右造丈八大像頌文稱大齊天統三年歲在丁亥黃

氏中州金石攷以爲天統五年者誤其訟曰訟即頌字說文訟爭也一曰謌訟徐氏謂古本毛詩雅頌字多作訟史記呂后本紀未敢訟言誅之漢書作誦是訟頌誦三文可互通矣頌本容皃之容音與融近故武梁碑亦書祝融爲祝誦也其書脩作濟像作傢師作師捨作捨無作無岡作㟞央作𡘾皆魏齊間俗字潛研堂金石文跋尾

按此碑今在許州太平寰宇記許州長社縣有高陽里在州城西門內道南其地舊稱西豪里昔高陽氏有才子八人荀公亦有才子八人乃改西豪

爲高陽里時同郡人陳寔爲太邱長往詣荀門德星爲之聚因名荀里曰德星鄉今郡城西南故宅是也按西豪里見後漢書荀淑傳淑有子八人並有名稱時人謂之八龍初荀氏舊里名西豪潁陰令渤海苑康以爲昔高陽氏有才子八人今荀氏亦有八子故改其里曰高陽里德星聚事見世說新語陳太邱詣荀朗陵貧儉無僕役乃使元方將車季方持杖後從長文尚小載箸車中既至荀使叔慈應門慈明行酒餘六龍下食文若亦小坐箸郄前于時太史奏眞人東行注引檀道鸞續晉陽

秋曰陳仲弓從諸子姪造荀父子于時德星聚太史奏五百里賢人聚此皆寰宇記之所本也記又稱長葛縣有陳寔冢在縣西三十五里漢太邱長之冢也陳氏家傳云紀諶以下八十六墓三十六碑並在長葛縣陘山之陽又有廟存據此則此碑頌云其置福處也北連名山太邱之廟南有高岡所謂太邱之廟卽陳寔墓上之廟也所謂名山高岡卽陘山也此碑舊當屬長葛縣境其長社縣高陽里故宅不云有山有廟知非碑所矣碑陰某師爲一行下二十五行分上下層上層皆比邱名行各一人下層是邑子唯那像齋主都唯那姓名亦行各一人碑書圖儀作啚羲從後作徔後妄想作忘想皆別字

隴東王感孝頌

碑橫廣九尺四寸連額高六尺八寸共二十五行行十七字隸書篆額在肥城縣孝堂山

惟夫德行之本仁義之基感洞幽明擾馴禽獸清音帶冰而挺潔鮮采映雪而流輝根矩定於一丸止吾絶於三失開府儀同三司尚書右僕射尚書左僕射尚書令攝選新除持進使持節齊州刺史隴東王胡

長仁唯黄雅佁雄飛戚里入齊北斗執柄端衡出牧東秦摠條連率未脫崔林之屣聊帽賈琮之襜視聽經過訪詢耆舊郭巨之墓馬鬣交阡孝子之堂烏翅銜皀君愛奇好古歷覽俳佪妃息在倚賓僚侍側辟疑秦鏡炳煥存彤柱識荆珉宋寥遺字所以歛眉長歎念咎追遠遂若羊公登峴還同處墨飲泉慨賢勝之多歎嗟至德而無紀蘭溪儻不見松穀城何以知石亏時開府中兵參軍梁恭之盛工篆隸騎兵參

軍申嗣邑微學摛藻並應命旨俱營頌筆
以大齊武平元年正月廿二日擢輿雕瑩
表建庭宇棟刻著文櫓栽翠柏庶令千葉
之下彌振金聲九原之中恒浮五樹其詞
曰
天經地義啟聖通神重華曾閔萊子樂春
時多美迹古有芳塵冉漢逸士河內貞人
分財雙季獨養亶親容舍凶弭兒埋福臻
穹隆感異旁薄貽珍懸車遽落夜臺弗晨
千齡俄古萬祀猶新朱驂紫蓋撫俗調民

高山遶節景慕縈嚬式鐫不朽永播衣巾
居士慧朗侍從至能州縣由人稱朗公書
者是也開府行參軍王思尚侍從能文
有節操
大唐開元廿三年秋七月旬有五日朝請大夫守濟
州別駕上柱國楊傑因公務之□□□□□□人之
行莫大於孝孝莫大乎愛親則郭公其人也竭力以
養歡心而事見分甘以□□□□□□□達天地至
德通鬼神埋玉彰必死之期得金表全生之應實可
謂人所不能□□□□□□□□□□重敘斯文顧封
樹以長存挹淅猷而不泯傑聞孝子不匱永錫爾類
其郭公□□□
右北齊隴東王感孝頌隴東王者胡長仁也武平中
爲齊州刺史道經平陰有古冢詢訪耆舊以爲郭巨
之墓遂命僚佐刻此頌焉按劉向孝子圖云郭巨河
內溫人而酈道元注水經云平陰東北巫山之上有
石室世謂之孝子堂亦不指言何人之冢不知長仁
何所據遂以爲巨墓也按頌有孝子堂之語故知即水經所載也金石錄
按齊紀天統四年五月以尚書右僕射胡長仁爲左
僕射十月以左僕射爲尚書令其除齊州刺史封隴

東王皆不載可以補史之闕當時陸令萱和士開韓
長鸞等各引親黨官由賄進超居非次庶姓封王者
百數則長仁之封隴東亦當由令萱等所引覿其狹
妃息以游覽定非納身軌物者故史臣不爲之立傳
歟書撰人不直書姓名而于文中見之有中兵參軍
梁恭之盛工篆隸騎兵參軍申嗣邑微學摛藻似爲
碑文變式也金石後錄
右隴東王感孝頌今在泰安府肥城縣孝堂山因孝
子堂而名也胡長仁武成皇后之兄齊書北史本傳
皆不云爲開府儀同三司者缺文也長仁除齊州刺

史史皆不著年月惟北史本傳載天統五年從駕自并還鄴因及和士開之譖及長仁到任謀刺士開士開與祖孝徵議遣使馳驛責長仁賜死事通鑑遂以長仁刺齊州及賜死俱繫之天統五年四月不知其非一時事也今觀此頌立于武平元年四月稱新除特進使持節齊州刺史蓋其時長仁始到任又考隋書五行志武平四年四月隴東王胡長仁謀遣刺客殺和士開事露反爲士開所譖死則長仁之死又在其後四年而通鑑之誤顯然矣長仁以外戚登膴仕驕恣寡謀其人固無足取然猶知孝行之美令賓僚

製文以頌之蓋未忘乎好名也噫秦漢而下躬行而不好名者鮮有其人矣世之不好名者皆專於好利者也二者之好孰優孰劣故吾于長仁此事而節取之焉金石文字記載此碑題曰孝子郭巨墓碑蓋未見篆額而以意名之也（潛研堂金石文跋尾）

文稱開府儀同三司尚書右僕射尚書左僕射尚書令攝選新除特進使持節齊州刺史隴東王胡長仁王字漫以意增攷齊書北史外戚傳不言開府儀同三司略之也而齊稱尚書右僕射北稱尚書左僕射僕射之分左右先右而後左碑辭尚旁故重累言之史但書其一是矣北史專事勦襲而此傳似稍能補本傳所不及加以本官攝選北與碑皆有之而齊獨無并叙事亦比齊多三百餘字是也若齊叙長仁從弟長粲事特詳而北史無之則又北之不及齊也錢跋頗確予爲補之（蛾術編）

右碑詳錢辛楣少詹金石文跋尾申嗣邕撰文粱恭之書隸於文中見之亦變體也碑述郭巨軼事如分財雙孝獨養一親客舍凶宅兒埋福臻等語皆與搜神記諸書異千百載後賴此一闡明之尤金石文之有關風教者碑末唐開元廿三年楊傑題記四行趙

氏金石錄每分見之玆因本屬一碑故附于此（山左金石志）

碑後載唐齊州刺史楊傑重叙斯文今案其文始以齊武平元年正月廿一日雕瑩前稱開府儀同三司尚書右僕射尚書左僕射尚書令攝選新除特進使持節齊州刺史隴東王下一字缺其左旁惟右一月字顯當是其名而北齊書有隴西無隴東王竟莫詳爲何人也碑中凡王者皆鐫毀亦在金海陵時　金石文字記作孝子郭巨碑引碑文嗣邕撰恭之書武平元年正月並與今頌合但此係唐人重叙刻者而

顧氏以爲齊又云正書與余所見八分書亦懸殊或顧氏所收爲北齊原碑與授堂金石跋

按北齊書後主本紀天統四年五月癸卯以尚書右僕射胡長仁爲左僕射中書監和士開爲右僕射冬十月辛巳左僕射胡長仁爲尚書令右僕射和士開爲左僕射此碑立於武平元年則長仁方以尚書令出守齊州而繫銜猶兼左右僕射者殆當時書銜之制雖去其職而猶備繫之歟胡長仁北齊書列外戚傳其赴官齊州時宜乎如息侍行道經孝子之堂因感而作頌非無故游覽者比金

石後錄所云蓋未審也又云開府中兵參軍梁恭之盛工篆隸騎兵參軍申嗣邕微學摛藻並應命旨俱營頌筆是文頌爲申嗣邕所撰書碑篆額者爲梁恭之文稱梁恭之則譽其盛工篆隸而自述其撰文則云微學摛藻蓋謙詞也後一行云居士慧朗侍從至能艸隸世人稱朗公書者是也又云開府行參軍王思尙侍從能文有節操下已殘缺不知此語何所謂也此一行亦隸書字體較小筆法亦別當另是一人所書末有開元廿三年楊傑跋亦隸書四行每行下石缺一角自右斜向左每行缺八字玩其重敘斯文一語似因舊碑湮沒楊傑爲之重刻者郭巨事惟見干寶搜神記但云郭巨于野鑿地欲埋兒得石蓋下有黃金一釜中有丹書曰孝子郭巨黃金一釜以用賜汝於郭巨事蹟未詳也此碑則云前漢逸士是漢時人也河内貞人是家於河内也分財雙季是尙有兩昆季而以家貲分與之也獨養壹親是所奉者一親也客舍凶弭是其適遇凶事於客舍也當時撰碑必有故籍流傳年久佚之得此可畧見郭孝子之軼事肥城縣志則云漢郭巨孝德鄉人家貧養母妻生

一子三歲母常減食之巨謂妻曰貧不能供親共汝埋子子可再有母不可再得妻不違遂掘坑三尺餘忽見黃金一釜上云天賜孝子郭巨官不得奪民不得取與搜神記不同不知志何所本也楊傑題碑云埋玉彰必死之期得金表全生之德郎指埋兒事縣志豈本此而演其說與

董洪達造像銘

石高二尺七寸廣二尺六寸作四截寫上二十五行行十三字下三截二十七行行五字至九字不等正書在少林寺

勸化主馮暉賓

大齊武平元季歲次庚寅正月乙酉朔廿六日
葢諸佛智氣本自無崖旣與法界淨寬復共虛空竟遠
如童尊重臥渥而希駮藥王思舉上天而兩花暮彼前
縱更開後轍是以都邑主董洪達其人器謂暎望遂聞
聲樹馭尔志超雲外深識無邊射(躰)同聚沫豈齊風露遂
率邑徒世人等乃訪濫田美玉琨璞京珍敬寫靈儀用
深表代匠思器端朝研殊毒畫採金粧玉鏤周畢衆事
明麗尋形匠逼拔若天上降來俊(似)□地中湧出其處□
徘徊□□□□右依山溴南顧大路西眄京都□(秘)乃隹
非舍利神□□□□是□□希金爲地自非□見大士

十力□雄安能逮斯功業者哉　仰資帝祚永隆存沒
父母因緣眷屬普蒙斯善其辭曰
茫茫法水眇眇零津恵流死外化被微塵三界有濶史
宅無辛杳杳眞容非八弗顯苦樂憂悲非福不遺刊石
記功以照諸善
邑師比丘□敢起像　齋主張黃頭
以上第一列
□化主馬黃頭　北面像主比丘尼曇仙
北面像主比丘尼曇信　北面像主比丘尼曇辯
北面像主比丘尼惠暎　北面像主比丘尼靜輝

北面像主比丘尼曇憐　北面像主比丘尼曇容
北面像主比丘尼曇財(以下空十四行)邑先菅舍王
都開光明主董令和　都開光明主董始顯
都開光明主王思和　都開光明主馬遵
以上第二列
大都邑主董洪達　都維那馬黃頭
都維那石伏奴　都維那范慶和
都維那馮壐賓　忠正董始隆
忠正董祖鸞　維那袁懷
維那周仲　齋主董僧隱

齋主馬黃頭　齋主董始隆
齋主董聲聞　齋主石伏奴
齋主張方顯　齋主□士龢
邑子□伏□　□□□□
邑子石伏奴　邑子董盆
邑子趙居羅　邑子吳法先
邑子董景延　邑子王洛仁
邑子董波雲　邑子董子洪
邑子董僧奇
以上第三列

饔主龍窔騎　饔主趙俱羅
饔主張帍子　饔主張伏顒
饔主馮子湛以下空十二行　邑子□景□
邑子涉令賓　邑子孫頭仁
邑子宋子仙　邑子董通達
邑子趙元祉　邑子許元纂
饔主袁懷業　饔主杜子喬
饔主石敬壽
以上第四列
右董洪達造像記首題大齊武平元年歲次庚寅正

月乙酉朔廿六日顧寧人題爲少林寺碑者卽此刻也中州金石記以爲武平九年者誤武平紀元止於七年不當有九年且亦非庚寅歲也此碑別體字甚多如齋作饔老作𠒎率作卛徒作徔次作㳄彼作彼後作後標作標體作躰渠作渠布作希眇作眇微作微天作死火作史苦作𦬌顯作顯曇作曇業作業還作還藍田作濫田之類又閒有篆體如日爲⊙月爲𡕛頗合於古其餘不盡尔也碑後列饔主邑主諸人名黃頭者二曰張黃頭曰馬黃頭潛研堂金石文跋尾

碑文與字體頗劣寫月爲月日爲⊙可爲𠮠奇爲𡌳猶帶篆勢餘亦多有別字按李仲琁碑隋陳思王廟碑亦篆隸相襍六代人往往如此無足怪者今世朱學士筠書翰古雅實有所據俗多譏之毋乃不多見古碑碣歟予嘗見隋以前碑多帶篆隸而宋人傳摹諸帖悉魏晉六代人書並無古體大率唐人臨本依古人署名于後耳中州金石記

按碑多別字頗不見於他碑今以文義求之諸佛習彔本自無崔彔卽海字崔似卽崖字借爲涯暮攸前縱當是慕歧前蹤借暮爲慕借縱爲蹤歧與企同暵望遠聞暵卽暵字射同聚沫射卽躰字體

之俗書玉鏤周畢畢卽畢字以照諸善借照爲昭潛研跋謂天作死吉作喆細玩之惠流死外當是无外非天外也喆樂憂悲當是苦樂非吉樂也二層以下列諸人姓名可見者五十六人與文中四十四人之數不合姓名中馮暉賓兩見列于前者曰勸化主列于後者曰都維那董洪達兩見列于文內者曰都邑主列于後者曰都維那馬黃頭三見一見第二層曰□化主一見第三層之前曰都維那一見第三層之後曰饔主若伏奴三見一曰都維那一曰饔主一曰邑子姓名中前列八尼皆

稱北面像主徐則都維那忠正邑子昝習見而有所謂邑老菅舍者都開光明主者刱見也

映佛巖磨崖

磨崖橫廣一丈四尺高六尺又橫廣四尺四寸字徑六寸行七字得十四行又一行七字又一行十一字又一行四字一行五字一行二字一行四字又三行一行三字兩行四字並正書在泰安縣徂來山映佛巖

文殊師利白佛言世尊何故名般若波羅蜜佛言般若波羅蜜無邊無際無名無相非思量無歸依無洲渚無犯無福無晦無明如法界無古今□亦無限數□名般若波羅蜜亦名菩薩摩訶薩行□□行非□□定□入

專□□□□□何故故□□□相□

般若波羅蜜經主

冠軍將軍梁父縣令王子椿

武平元年

僧齊大衆造

普憘

維那慧遊

彌勒佛

阿彌陀佛

觀世音佛

大空王佛

中正胡賓

武平元年

薤山東南三里映佛巖上刻隸書般若波羅蜜經冠軍將軍梁父縣令王子椿十七字後有四字類押狀不可識字徑一尺及七寸不等蓋因石爲之泰山道里記

按映佛巖磨崖凡三段第一段文殊師利白佛言云云十四行九十八字前半段與鄒縣尖山所刻相同此段增多六十五字泐者十六字可識者較聶氏道里記多十餘字般若波羅蜜五字一行字

徑尺許下經主二字較小注于左旁冠軍將軍一行子椿二字注于王字之下似即經主姓名梁父縣本漢置屬泰山郡北齊時改泰山郡爲東平郡縣仍屬焉時王子椿爲此縣令也武平元年四字一行特大僧齊大衆造五字一行略小低兩字次于武平元年之左僧齊當作僧齋字又其左爲維那慧遊四字此即道里記所謂類押狀不可識者今諦視得之武平元年之右有普憘二字憘字左旁泐不可曉道里記以爲憘字其文殊師利云云之東面有彌勒佛等六行彌勒佛之佛字右一豎

直下至二尺許觀世音佛者是觀世音從師授記
之名學佛者所宜知也此三段並在徂來山大悲
庵東南二里映佛巖下白石如屏石面寬平大字
深刻泐者無幾黃司馬易親至其處言之甚詳

邑師道略寺造神尊碑像記

石橫廣四尺一寸八分高二尺一寸五分廿九行行廿一字正書

白㲉影東飜金人感帝像法肇興鳩摩啓悟方知城芥
易窮五衣時往雲電屢馳石光何速若夫智出非恒道
光大地德被天中威羅世界莫不發迹紫宮口軀兜率
越度生死之河飛憑沸流之海而四生夥雜八徑紛綸

壽等芭蕉業同泡沫然大鑒降澤顯跡迦夷應權雙樹
見從忍土布慈雲於無邊注法雨於六道懸明鏡於重
惛炳金燈於長夜然則神珠照灼瑛寶塔於空中甘露
薇祥潤枯萌於世上若乃入墮慾海不識沈厄之苦長
處火山詎愁熾燎之痛矣是以邑師比丘僧道略體白
六道獨懷二覺雄才勇志揔判三乘澄華皎淨與琉璃
合潔素質鏗鏘與隨珠角曜故知二鼠之覊不停四蛇
之毒長在遂能共邑義三百餘人等託志菩提建崇廟諱
願石出藍田求工班爾敬造神碑一所尊像八堪龍螭
鉅鏤若雲山之列彩麗拔妙形似七寶之莊嚴而改天

動地之奇窮神盡聖之巧閻浮娑婆之珍衆生大慈之
業然則地兼爽塏比竹林而並麗寺帶良田匹鹿菀而
不殊花菓盈畜桂蘭綺合靈芝勺藥布護堦廷房廡周
通斜口口出埼㨐辟瑠浮棵止雪蓮錢遶滌井㻂水類
清泉口樓交葛甍鐸叅差羽翩翳林飡聽妙響鷲鸞雙
樹翫好眞音至於青風朗扇鍾聲相和莫覺擅指合掌
南无遊歷四禪之境觀入三脫之中內安万練之僧招
精進之士銀爐鼓炎百和騰烟錫響讚聲定崩煩惱有
性厭靈永登寶地凡命含品普昇淨土籍斯功德遍沾
廟諱劫芳謠時歇銘歌何窮其詞曰

廟諱沖眇邈正教總歸三明自達六識雲飛浮虛兜極颶
影紫微懸空遊息三界俳佪地居勝土寺遶花蓮周廻
風觀遍帶流淵上干浮漢下際幽泉方須玉櫂事籍金
舩踵茲洪福爲棄舟檝發心何遠彼岸猶長天人覺憶
超援太康所願閻浮同登淨鄉

大齊武平二秊歲次辛卯九月十五日建

按文云敬造神碑一所尊像八堪則仍是造像而
別立碑以記之稱之曰神碑槪見於此碑書芍藥
作勺藥唐韻集韻勺可音芍但義不同耳又書清
風作青風皆借用也交葛疑同轇轕煩惱疑即煩

惱覺憶當卽覺悟別體字末行歲作歲尤無義理

馮翊王平等寺碑

碑高九尺一寸五分廣四尺七寸二十八行行五十三字正書在偃師縣西義井鋪北

□□□□□□□□□□□像□□碑
蓊□功惟下闕通言□□在自□成□□□闡鷲山大則
照神光於大千微則攝百億於微不乘擢授手津被塵
沙有感斯應下闕迹□□於西林□敎□於東夏負□□
廣靈□再興不有覺人孰靡斯道至若拔山移海之力
復夏興周下闕之下闕侶或負氣□門□葉累世或神化潛
泊百祀□齒莫不委骨高於山岳屑淚多於河海共轉

輪迴之苦同歸□月下闕彼岸平等寺下闕永平中造定光
銅像一區高二丈八尺永熙季金塗訖功僞在寺外未
得移下闕大下闕大殿正屋下闕及下闕邑爲豺狼之窟皇居成
戰鬭之場四海分崩八寥淪蓋人物將盡盛下闕神□皇
帝龍下闕先天奉時觀□□休於是虎視豹變鷹揚鵲起
補西北之虧天紐東南之缺地大拯蒼生康滋頹□崤
函西劃下闕帝城下闕烽□幾何機衡□倫禠便徙七政難
齊衣冠遺歎將令五禮僭制謀還協於卿士卜從呂決
著龜上天尅從大同□□　皇輿□□□□□□移鞏
洛遂空城寺□毀銅馳之術蕪復連鑣金馬之門寧聞

待詔荒凉宮室禾黍生悲寂寞池臺丘墟流歎□□祖
以王業草創□□□□志去門泥觀兵故洛見僞瓌奇
神徵屢感莊嚴具足相好如真若出嶀山猶居祇樹時
流運謝隱晦□紀遂□月□□淨□花淨□青蓮未遷
福地達人靡遺觸物兼懷發菩提覺心希無上正果躬
親致祇遷僞入寺登給羽林長□守□武定末　世宗
文襄皇帝□□□□□河洛歷攬周京覩佛儀相世未
嘗有身色光明實所希妙崇申祇敬廣施軍資增給兵
力因□□□□代驟改□□非固□石□□□廬易
毀簷甍傾□結搆崩頹駁癬上於雕梁青苔衣於藻井

遊麤積塵等形住於慧禪草莽生懷□神留於智崇行
□□□□□□□枯□□之內菊爲茂草太宰河陽道大
行臺錄尙書事馮翊王高潤郎　神武皇帝之稚子
文襄　章列　□　昭武成四□□金□□之懿□稟
精瑤室分萼豔林嚴氣所膺誕茲英哲可謂崐山之上
美玉挺生瀛海之中明珠閒出迴□□□自下闕數仞崖
岸平□□□非梁燕之儔富學豈簡平之晉既能調通
四氣宣導三光鼎餗由其致和禮教因之敬洽飛□□
問忠□樹聲致福下闕土宇受脤而靜關河德若膏蘸恩
同雲雨出軍命將必稟筞呂折衝掠地層城會謨謀於

帷幄王既通□□二洞□三□□知佛下闕不究竟護浮
□於苦海檥寶□於金河自推聲專行□戎奉律治兵
餘暇降志囊道鳴鑾展禮蹔駐騑服俄見繡雉飛于梁
□文狸起于□中歎淨宮㞢影毀嗟伽藍㞢落構永言
舊事思用脩復割捨俸於布金窮材磬於文梓匠人單
五砠之妙畫繪極□土㞢奇崢下闕虬糺於鯨棟扶鳳竦
於虹梁類靡圖㞢銀樓等篷萊㞢玉闕天衣容褭颷三
銖之重僞色□□□十力之下闕始可言矣寺則負彼崇
邙面□清洛右依城雉左帶洪陂嵩岳攡其胔靈河行
其後望下闕與賢□勝地寘粤福田於是苦行異人慧心

高德皆通九諟咸曉二禪乃振錫來儀下闕成田高山虧
而□□□豐碑宜勒銅柱須樹嶶猷盛事無殞長葉其
詞云
上闕同歸大師□□空播音徽其一彼岸須登寶舟宜運劫
石期盡肌膚何悋聖帝英王下闕其二上闕是屬貞明瓊宮□
氣瑤室和精氛氳降祉生此人英其三慧劔既佩誠珠是
下闕興干雲臨旭其四雕粱□柱□璧丹櫨朱扉玉砌青瑣
僉鋪風鳴韻鐸日槳和珠高山仰□□□□□其五上闕城
隩潤招提是攡□□□□三乘七覺衢導俟問其六山虧
一貫海涸三田毀墟闃寂周室下闕其七

大齊武平三季□□壬辰八月十五日刊
碑稱高潤神武皇帝之稚子按北齊書列傳云馮翊
王潤字子澤神武第十四子也鄭樵金石畧有北齊
馮翊王平等寺碑云武平二年在洛陽知卽此碑今
多磨滅又無年月矣金石錄載其文云寺魏廣平王
懷所立永平中造定光銅像在寺外齊高祖始遷像
入寺潤又增修殿宇焉洛陽伽藍記云平等寺廣平
武穆捨宅所立在青陽門外二里御道北所謂孝敬
里也堂宇宏美林木蕭森平臺複道獨顯當世寺門
外金像一軀高二丈八尺相好端嚴常有神驗國之

吉凶先炳祥異孝昌三年十二月中此像面有悲容
兩目垂淚遍體皆濕時人號曰佛汗京師士女空市
里往而觀之有比丘以淨緜拭其淚須臾之間緜濕
都盡更以他緜換俄然復濕如此三日乃止明年四
月爾朱榮入洛陽誅戮百官死亡塗地卽此寺也中州金石記
億案碑題額經雨溜浸没猝不可辨今依金石錄推
校知爲北齊馮翊王平等寺碑也北史馮翊王潤歷
司徒太尉大司馬司州牧河南道行臺錄尚書事別
封文成郡公太師太宰而碑云捐資崇飾象者太宰

河陽道大行臺錄尚書事馮翊王高潤即神武皇帝
之稚子皆與史合但河南道宜從碑作河陽道此自
史文偶踈耳碑近漫漶獨此幸可識書雜篆隸有古
韻非俗手爲之故益可貴也偃師金石遺文記
按此碑文約一千五百餘字今可識者千餘字蓋
鈌其三之一也文有永平中造定光銅像一區云
云蓋造像在永平中係北魏宣武帝時塗金在永
熙年亦北魏孝武時事遷像入寺在北齊神武時
神武即高歡初謚獻武天統元年改謚神武今碑
神下鈌一字乃武字也是時神武正仕東魏議請

遷鄴乃孝靜天平元年事世宗文襄皇帝即高澄
神武長子神武十五男長文襄皇帝次文宣皇帝
洋次孝昭皇帝演次襄城景王淯次武成皇帝湛
次博陵文簡王濟次永安簡平王浚次平陽靖翼
王淹次彭城景思王潊次華山王凝次上黨剛肅
王渙次任城王湝次高陽康穆王湜次即馮翊王
潤次漢陽敬懷王洽潤字子澤武成時爲尚書令
領太子少師歷司徒太尉大司馬司州牧太保河
南道行臺領錄尚書別封文成郡公太師太宰復
爲定州刺史薨碑稱太宰河陽道大行臺錄尚書

事馮翊王皆未爲定州刺史以前之官河陽道史
作河南或當時先置行臺於河南後改置于河陽
史尚存舊文也潤之修寺立碑在武平三年歲次
壬辰金石畧作二年者傳刻誤也其時距造象之
歲六十餘年距金塗象之歲亦五十餘年距遷象
入寺幾四十年宜乎寺之頹廢已甚矣太平寰宇
記洛陽縣北邙山在縣北二里洛水在縣西南三
里碑所謂負彼崇邙面口清洛者是也洛水瀰漫
東流宇文愷築斜堤東令東北流堰九折形如偃
月謂之月陂碑稱左帶洪陂者指此碑又云銅駞

之術無復連鑣金馬之門寧聞待詔寰宇記載銅
駞街陸機洛陽記云漢銅駞二枚在宮之南四會
道夾路相對俗語云金馬門外聚羣賢銅駞陌上
集少年言人物之盛也洛陽記又云後魏孝文帝
幸洛陽巡故宮遂詠黍離之詩羣臣侍從無不感
愴碑文語似本此惟碑云苦行異人慧心高德皆
通九部咸曉二禪振錫來儀云云必是指當時修
寺之寺主而名不可攷矣銘詞分其一其二以例
推之當有其八而今其七尚不完也碑書八宏借
宏爲紘侖㡣當即淪虩謂淪革也詹甍當是簷甍

之異文駁癬當是駁蘚之借字遊麤積塵麤當是塵字說文麤鹿行揚土也直珍切此葢省土爲麤耳菊爲茂草菊卽鞠字窮材磬于文梓磬卽罄字匠人單五都之妙單卽殫字眞粵福田粵卽曰字山虧一匱匱卽簣字皆通用之義

邑義主一百八等造靈塔記

石後面殘缺高二尺六寸五分行數無考每行十五字正書在兗州府

葢至道靈凝幽宗理窮三塗燕樂慾褱丞難雖濅積胃成山詎照剎鄒之性血溢四河寧窮沖甚之域然今邑義主　一百八等置宅祗園栖神文圖俱明𦍒典

常循政法承天之意珍遠去人之情久達身懷智慧之炬體納无盡之燈常飲濼流洒除心垢故知四大虛假五揔難親割捨俗財寄不墳出室築茲勝地造靈塔一區摸育王之真軌放舍利之影跡峩ゝ勢巧顯越於雀巘崿ゝ陵胥崚高於兜率靈像儼ゝ澄度於恒沙相好巍ゝ　六邑斯上善下闕

大齊武平三年歲次壬辰鐫十二月十六日訖功

石刻首題年月一行文十二行義主下空三字乃造塔者姓名尚未補刻也碑中不墳卽不焚魏魏卽巍巍然作然弥作弥巧作巧顏作顯霄作胥皆變體雀下一字半泐玩文義當是離字雀離與雀羅同言塔之巧顯過於雀羅之細密也山左金石記

趙桃口妻造像記

記高一尺八寸廣四寸五分四行行十九字正書

武平三季十二月十八日戎昭將軍伊陽城騎兵參軍趙桃口妻劉知善可柔知惡可捨上爲皇帝陛下見存眷屬亡過父母敬造石像ゝ堪願亡者擭果存者延遐有形之類咸同斯福

按趙桃口官戎昭將軍伊陽城騎兵參軍伊陽郡屬北荊州東魏武定二年置齊時當仍之也戎昭將軍見隋書百官志後齊之制自一品以下從九品以上與驃騎等同用以褒賞勳庸戎昭爲第七品碑書一堪作ゝ堪與他碑別

金石萃編卷三十四終

賜進士出身　誥授光祿大夫刑部右侍郎加七級王昶譔

北齊三

臨淮王像碑

碑高一丈三尺七寸廣六尺八寸二十九行行五十八字隸書額題司空公青州刺史臨淮王像碑十二字篆書黑字三行每字界方格在青州府城西北文昌祠

大齊武平四年歲次癸巳六月乙未朔廿七日辛酉建

竊已万川朝海大海終自爲陵五雲出山名山久而爲礪謂天謂地尚有時而毀

曰乎月乎並無救於盈缺縱陰陽莫測東夏經從奮六□□□□九翼而高視安知衆苦鱗萃五衰波屬儵與豪風競馳俄將葉露俱盡假令餌瓊龝飛王觴燭日月駈風雨車騎如雷乘空率延年之第旌旗過景浮虛造子登之岳陸生仙賦僅舉一隅張子真篇唯明片分皆亦馳於癈興之術環於起滅之途侔蕣華之驟殞逼藤根之易絕茲焉已外衆生何限墨蜎塵盡所未能量並驚踰□□□過累卵電謝從遽

泡飄儵忽然則莫知其去罕見其來灾風掃而更安毒火焚而弗燗者而不具八解脫備六神通欝万善而扶疎超百非而迴越□□堪□於此也若夫前聖後聖天之又天八恒之大醫王十方之大仙主或與定光同字數極五千或共弗沙等名筭盈三億雖應現年別王領處乖而妙力神光規重矩疊並慈雲廣庇善雨周覃晈智日於重昏燃慧燈於積暗悲河鼓浪六度之船併浮熾宅揚煙三乘之轍俱轉威靈之

大未易等級變化之奇寔難思議層山納於芥子仍自歙夲巨海入於毛孔無妨浩淼伏闍毋之狂烏弭迦葉之毒龍波旬覩而喪魂梵志望而辟睨誠最尊最勝莫高於法王但非滅示滅還失於慈父於是鄣巖徒朗值木終難虛瞻白鵠之林誰逢青雀之樹誠令水言功德永逼波濤山名智慧遂潛峯崿其能闡清化於將淪振廟諱風於已墜千年一有非我而誰使持節都督青州諸軍事驃騎大將軍青州刺史司空

公寧都縣開國公高城縣開國公昌國侯
臨淮王婁公孕彩中岳擒精大水龍章外
動豹氣傍飛妙質則因若珠明瓌姿則朗
猶玉瑩負將相之奇器懷社稷之高節經
文大德紛綸而備九佩武殊功雜踏而兼
七拂羽則摶風歷漢抗足則超塵絶影知
管樂之爲小識元愷之非大鼓盪於天地
之閒踈散於雲霞之表排 帝門而擔背
沐 皇慈㠯濯鱗裂壤分珪旦夕兼委儀
台服衮造次㠯之始映金蟬鄙丁劉於漢

日暫栖鵷沼蔑陳張於晉京履每曳於南
宮職頻關於北斗迄文昌而鳳跱入鈎陳
而虎眄穆陵而北負海而西分屬虛危音
中角羽連衽與密雲爭暗百酒共澠流競
深其鳩曽樂於茲所尚文經封於此域孔
融之見圍也史慈冒難於都昌袁譚之被
攻焉王脩赴禍於高密貨丹山而峭立回
紫城而欝連敗燕之勢未淪巨漠之容尚
在是爲名岳實冠諸蕃秉剌於茲義歸親
重故能整旗蓋而辟閭闔節笳鐃而下營

丘帷始闢而鄉移寃緜彰而俗變三春未
動别鼓春飇九冬不佗自懸冬景齊之㠯
禮導之㠯德寬大居先威嚴次後哀恤孤
寡誅鋤豪黠傜役既擯斛軛斯逃持廉佗
寶目弗視於金玉匪財而富身詎染於脂
膏遂令祀雀集菀災蝗避域孝子㠯順孫
馥秀節妻共義士相望凡如此流抑亦衆
夥不能備序敢復略言假細侯之行美稷
孟堅之案文阯子虞稱最於區中梁道佗
法於寰內持來況我無不退飛兼憤然興

嘆類羊公之陟峴喟然垂感切孔父之臨
川悲此有之難拘慨茲生之易滅常住之
因遂植彌陁之願仍起故海岱之間凡諸
福地內不傾蓋造展懇誠於是民吏承規
事難捨而能捨表裏蒙化業難行而遂行
何異草逐風低水從壺變僧寶因而再盛
佛日由其更懸南陽寺者乃正東之甲寺
也既左通闤闠亦右湧澗谷前望崗磐却
隣泚瀰層高邁於湧塔秘宇齊於化宮足
使須達羨其經啓延壽韜其賦頌感致之

極莫與爭先果屈輪輿頻脩禮謁香甬燃
而霧作花岁飛而霰下遂於此所爰營佛
事制无量壽像一區高三丈九尺幷造觀
世音勢至二大士而侠侍焉庶國道與華
胥競高帝業共虛空比壯含靈賦命盡
口優花乃具弖三心成之百寶白銀之麗
咸寫紫金之妙畢圖豪如五嶺之旋即之
便覩目似四溟之潔驗之猶在毗楞寶冠
帶左而馳耀鉢摩口口據右而飛光望舒
之迴處星中須弥之孤暎海外僅堪方此

何已尚茲時長史解斛寶司馬李元驥別
駕宇文幼鸞治中崔文惠及諸僚佐等並
滄口下莚贊成高義狀鱗波之適得虞風
毛之互舉恐炎涼遞從纖竹難存便勒美
於貞石庶永永於乾巛乃作銘曰
駛河難測暗海无邊津梁莫口燈燭誰口
念念不住苦苦相沿生猶電轉滅甚雲旋
昔往今來靈仙非一騎龍駕鳳排霄鞞日
朝登王樓夜遊瓊室終歸聚散安知假實
常住無我寄在天口業苞真俗事斷名言

惣峯鬱攝慧浦踈源祀儀或掩像法弥敦
亦有人英翹然孤上似竹千仞如松百丈
帶鉉之蕃仁深譽仰一方饒益千城注想
覺花常吐慜葉恒春誓將調御寧求轉輪
爰脩佛寶於此東秦項光仍射眉相還陳
雙樹結影三蓮接耀五道光含十方輝眺
果名奇特是稱衆妙樂地在茲焉須遠名
福之所曁寧專爲我俾斯含識俱圓妙果
行值嵐風方逢劫火空餘勝績無騫無墮
元于欽齊乘云龍興寺在益都府城西北隅修身坊

宋碑云寺郎田文宅本唐封演見聞記云青州南城
佛寺舊孟嘗君宅有二大鑊造食供客考圖志實非
孟嘗乃南史劉善明宅耳碑陰金人刻曰宋元嘉二
年但呼佛堂北齊武平四年賜額南陽寺隋開皇元
年改曰長樂又曰道藏則天天授二年改大雲元宗
開元十八年始號龍興南史劉善明仕宋爲北海太
守元嘉中青州饑善明有積粟作粥開倉賑救鄉里
蒙善明亦事佛故宋呼佛堂後因捨爲寺且青州城
晉羊穆之始築戰國未有城田文何故宅于曠野乎
寺有北齊八分碑制刻精妙碑陰大刻四字曰龍興

之寺蓋唐人續刻于欽所謂碑陰龍興之寺四大字
予亦有之蛾術編
臨淮王像碑在青州府城西北文昌閣臥置地下中
已斷裂予與楊書巖段赤亭方議募金重爲立石之
舉會予罷官以去事不果矣碑首行題大齊武平四
年歲次癸巳六月乙未朔二十七日辛酉建與他碑
書年月在後者異文內稱使持節都督青州諸軍事
驃騎大將軍青州刺史司空公寧都縣開國公高城
縣開國公昌國侯臨淮王者婁昭次子定遠也北齊
書北史並有傳惟載別封臨淮郡王位司空尋除瀛

州刺史失錄爲青州又爵列公侯史亦略之定遠力
營佛事而反貪賂以成趙郡之禍無怪其禍亦旋至
也佛不庇姦頑如是奈何人弗省哉授堂金石跋
右碑已斷裂元得舊拓本闕字無幾碑陰有唐人題
龍興之寺四字傳爲李北海書金人摹刻此碑隸法
嚴整有魏晉風格段赤亭益都金石記云按于欽齊
乘曰龍興寺在府城西北隅脩身坊所言府城似指
今城且文內稱前望扈磐卻隣泚泺是北齊賜額南
陽寺原在今西門內淘米澗西而碑建於其中也碑
不知何時裂斷上截以鐵束之李南澗文藻謂寺廢

後明商河王葺置城北彌勒寺復久就圮乾隆四十
七年秋大風雨所束鐵脫上截岌岌欲傾乃移於滾
水橋文昌祠內欲傾者已龜裂作七八段矣惜無好
事者創義復建之恐此斷石不能常保也爽鳩見左
氏傳未聞有讀其久者此乃字訛耳卛字韻會謂古
文率字按說文率作率捕鳥畢也象絲网上下其竿
柄也今內從言安得謂之古文窦髻之窦金石文字
記曰廣韻肉俗作宍越絕書飛土逐宍正作宍乃俗
書也銘曰之鉉據文義當作銘臨淮王者婁定遠附
見其父婁昭傳但云瀛州刺史不及青州而和士開

傳定遠與趙郡王叡謀出士開爲兗州刺史未行士
開納賄定遠得留復出定遠爲青州刺史責叡以不
臣之罪而殺之定遠歸士開所遺加以餘珍賂之乃
免元又按奸軌斯逃奸軌即姦宄尚書寇賊姦宄周
禮司刑正義引作姦軌㮚字與說文同今皆作夥俠
侍之俠與夾挾同義公羊傳注滕薛俠轂士喪禮婦
人俠床東西前漢書叔孫通傳殿下郎中俠陛季布
傳任俠有名師古曰以權力俠輔人也碑蓋本此妙
質則囧若明珠囧明皃也說文云囧窗牖麗廔闓明
象形讀若獷賈侍中說讀與明同玉作王與篆文合

至竆作竆遶作遶藤作藤扶疏作茯蔬算作笇衺作
褎聰作惚皆俗體也項光疑是頂光之誤鉉曰之鉉
拓本已泐山左金石志
按碑文一千六百餘字闕者不及十餘字益都段
松苓赤亭家藏明搨本多可補者奮六下闕字是
轡而遠馳蜚五字驚踰下闕一字是接字尚存右
旁妾字下闕一字下又闕一字是危字迴越下闕
字是亦何二字下文堪下闕一字是至字優花上
闕一字是值字鉢摩下闕二字是宍髻二字銘詞
燈燭上闕一字是起字下文誰下闕一字是燃字

業芭上闕一字是尊字尚存下半可辨惟字下闕
一字及竝倉下闕一字雖明搨亦不能辨矣其帝
門皇慈帝業三處碑本空一格非闕也青州爲齊
地在少皞時爲爽鳩氏之國周初爲太公始封碑
故云爽鳩曾樂於茲所尚父經封於此域北朝書
碑任意增減點畫其爽字形相近以其爲爽無可
疑者齊乘載此寺武平四年賜額南陽此碑立于
武平四年殆亦因臨淮王造像而賜額也寺中制
無量壽佛像至三丈九尺之高宜其摛詞掞藻立
石以紀其美也碑書扶疎作茯蔬已見李仲琁碑

其云妙質則囧字正與張猛龍之字神囧同恐亦
古文囧字也儀台服衮衮作褎與才遵碑衮字作
衺同玉皆作王字而王領處乖句恩之總未得其
解惚峯之惚疑聰字之異文聰峯正與慧浦對也
項光作項光其義固顯然佛像圓光自項而周於
項則仍作項光似亦可通是碑昶於乾隆庚子三
月奉　命至青州讞事惜未能親至寺中摩挲
詳閱耳

殘造塔銘

石殘闕橫廣二尺六寸高一尺五分十八行行十二字正書今在汜水縣等慈寺後殿窗壁下

大齊武平五季歲次甲午十月闕蓋法幢迥出從俗四
生之外幽闕地尚是不闚過夫何所遊矚夫闕□□□
□□□□□□□合闕号善嗟五濁之長醱覺四馳
之闕已所愛虫弥捨茲如法之寶在闕成窮奇已現若
使當來慈氏龕闕好晝出滿月之容晶寫瑠璃之闕語
拔現世□生存然則六龍交闕裏飛烟石掛明月之光
鑑貧陽闕使育王靈塔校以精奇天竺雀闕地也北杭
黃河搤橫天之際南闕乜遵之所遊士息駕之塲奠不
闕□向恐時淹歲稔□隔無闇俗闕□□群生而慕德
其詞曰

眞闕口口言地久莫道天長唯諸邑闕口三願治此塵
沙寺居衢要塔闕口口火何燒
碑陰邑子劉塩女閻迎男李李阿睨蓁惡女无丘貴
姜婁金玉馬雙好高貴姬婁恭叔宋嵩高僧相无丘
雙姜此碑文頗縈而殘闕不可讀者居多又以邑爲
圖其碑陰皆男也而有似乎婦人其舛謬如此蛾術編
碑止存上截姓名無考中州金石記
碑殘其下截而字特完整其可讀成句者如寺居衢
要云云必亦當時爲浮圖記者也別體字容作㝐書
作晝又嗟五濁之長醿醿竟不可曉爲何字疑當作

醿武平五年齊子是時未失虎牢故記仍用齊年號
授堂金石跋
按碑中別體不獨醿字難曉也卽當來慈氏龕之
龕字亦不可識以臆度之當是龕字而加土也育
王靈塔校以精奇二語顯係碑爲造塔而作下文
天竺雀下闕字當卽義主一百八等造靈塔記所
載雀離亦卽浮圖之義碑又云北枕黃河極橫天
之際此碑在汜水水經注河水東北出定陶縣北
屈左合汜水是汜水之境在河之南也下云口口
屯遙之所遊士息駕之塲蕃地當孔道車馬人物

絡繹輻輳故下又云寺俱衢要也惜語多殘闕文
義不能通曉耳据蛾術編則此碑尚有碑陰搨者
失之

道興造像記

碣高二尺五寸廣一尺二寸十二行行廿七字正書在洛陽西南伊闕山

都邑師道興造石像記并治疾方文
夫金軀西奄儀像東流口相口口口口口口自非傾珎
建像焉可熾彼遺光若不勤㩁藥樹無以療茲聾瞽然
今都邑師道興乃抽簪少稔早託緇門八相俱閑五家
具曉爰有合邑八等竝是齊國芳蘭鄉中峴壁同契孔

懷和如骨血八抽妙口敬造釋迦石像一軀并二菩薩
口僧侍立事廣難名天花雜狀尋形叵遍欲使崇眞之
士指矚歸依慕法之徒從茲悟解以此微誠資益邑人
師僧父母七世歸眞現存獲福 皇祚永延含生普潤
共越死河同昇彼岸 文
大齊武平六季歲次乙未六月甲申日功訖
療上氣咳嗽腹口體腫口椒菓三升水三升煑世沸
去滓煎汁口丸如小棗以竹筒內下部立愈闕下白皮
細切三升口口半升吳茱萸半升酒五升合煮三沸
去滓分再服氣下腫消千金祕方又方積闕下氣者杏

人口升（去皮熬）末之桼膏豉等分合搗如彈丸綿裹常
含咽汁差爲度（又灸法）從項大椎下至第五節（上穴開隨年壯）
療心痛方生（油）半合溫服又方當歸末方寸匕和
酒服又冷心痛吳茱萸（一升）桂心（三兩）當歸（三兩）搗末蜜和
丸如梧子酒服□丸日再漸加卅丸以知爲度又方
丁香七枚頭髮灰一棗大並末和酒服又蛔心痛取
蚰蜒糞燒令赤□末之酒服又方取綠湯一升服並
驗又灸法從項推骨數下至第七節上灸卅壯又灸
心下（一寸二七）壯　療消渴方頓服烏麻油一升神驗古
屋上瓦打碎一斗五升水三斗煮四五沸服又方黃

金石萃編卷三十五　北齊三　十三

芪根黃連等分搗末蜜和丸如梧子食後服十丸以
差爲度　療卒遍身生皰方初覺欲生即灸兩手外
研骨正大頭隨年（壯）即取石黛方寸匕冷水一升和
服又方豬肉煮令熟切取芒消一錢和服（并滅瘢）又方
桃枝葉煮湯洗并滅瘢又方桼米一合淨洮經宿露
中平旦以水一升研半服半遂瘡並驗　療五痔方
五月五日取蒼耳莖葉陰干搗末水服三方匕（日三）差
乃止又方牛角䚡燒末和酒服方寸匕日三祕驗又
方常服蒲黃方寸匕日三良　療丁瘡方柳枝葉一
大束長三尺四尺圍剉水七斗煮卅沸去滓煎如餳

刺破塗（神驗）又方鬼繖形如地菌藂生糞堆見日消黑
者取燒作灰以針刺瘡四畔至痛際作孔內藥孔中
再著經宿瘡發以鉗拔根出大良又方先灸瘡三壯
以鍾乳爲末和醬粒和搗捅須臾拔根驗　療反花
瘡煎柳枝葉如餳塗良又方燒馬齒草灰捅又方鹽
米灰捅並驗　療金瘡方嚼生栗黃捅之不疼痛又
方石灰和豬脂燒令赤搗末塗又方地菘搗塗　療
瘡腫風入垂死方血出不止者搗生葱白入口更嚼
封上初痛後痒痒定更封不過七八差又方酢澱麩
酒糟鹽椒總熬令熱以布裹熨瘡冷易又方凡瘡中

金石萃編卷三十五　北齊三　十四

風水腫疼痛皆取青葱葉及干黃葉和煮作湯熱浸
良　療瘻瘡方煮楸枝葉取汁煎令稠塗（神良）又方牛
新糞熱塗（日三）又方巴豆（去心皮）和艾作炷灸瘡又方石
雷黃末置瘡上以艾灸又方內瘻取槐白皮十兩搗
丸綿裹內下部（並良）　療惡刺方槐白皮煮湯漬又方
消膠和滷沙塗又方以酢（二升）置口勿使氣泄又方人
參一兩龍葵根淨洗取皮一把臘月豬脂酢少許和
搗捅數換蟲即出即鉗拔去並驗　療破風入身角
弓反張及婦人中風方烏豆（二升）熬令黑酒（三升）內鐺中
急攪以絹濾頓服取汗不過三劑極重□加雞糞一

合和闕四字開者拗灌良又方苦竹瀝隨多少服療
上氣唾膿血方灸兩乳下黑白際各百壯良下闕十八字陽
明穴穴在足趺上三寸動脈處二七壯又灸臍下一
寸百壯良

以上在造像記下

療瘧方鵲糞一合末取方口候乙發日平旦和酒半
椀攪令患人兩手捧椀當鼻取氣勿飲神良又蜀漆末
方寸匕發前和酒服又黃連擣末發前三指撮和酒服
並驗　療卒狂言鬼語方針刺足大拇指甲下二分即
止又方以甑帶急縳兩手灸指灸左右脅扌肘頭口

俱起口口口須臾鬼自道姓名乞去徐徐解驗　療
黙方灸兩曲肘裏大横文下口口隨年口又方以繩
遶項下口至兩口口開復迴繩背口口當脊骨繩頭
口口口乳間灸各口十六百壯良驗

以上在記左方上列

口燕行下闕弟子一心下闕昌下闕童下闕　療反胃方下闕取
猬皮燒口灰煮下闕菉豆粥半升和一服七差爲度乙方五
月五日蒼耳陰干下闕和水食後每服一匙一日再差止又
方燒人糞灰和水每服三七日再以差爲度　療發背方取
麵溲圍腫四畔令童子七人尿漬又馬糞封干易口口

發乳亦差　療漆瘡方煮柳湯洗又方七菰草擣汁三分
芒消一分塗又方擣韮塗並驗

以上在記左方下列

療瘟疫方下闕方豬母糞二升人尿二升和絞取一升
頓服覆取口驗又方常以正月上卯日取牛羊馬雞
豬人狗七種糞等分燒末井華水服方寸匕日三
療惡疰方下闕方獨顆蒜口頭書墨如漆大並擣以醬
汁和服差又方雄黃三兩漆三匙大酢九升五月五日糠火
上煎一復時一服一丸丸如小豆蚍蜉螫塗並差口
紫下闕四頭黿底黃土等分擣下闕頓服又方宿疰多年

人髮一握燒灰桃人三七枚去尖皮雙擣小兒尿一升和
頓服又方驢糞水絞汁一升服並良下闕唾水口口者
是巴豆下闕釜底墨方寸匕合擣分三丸服一丸即下
不下更服又方胡荽根葉擣汁半升頓服立下又方
皂莢三梃下闕漬一下闕服一服下闕急黃疸黃內黃等
方大黃三兩瀝切水二升生漬一宿平旦絞汁一升半內芒
消二兩攪消頓服須臾快利差又下闕豬母糞口以水五
升下闕升服日再又方豬母糞二升人小便二升絞取
汁一升頓服覆取汗驗又灸兩手小指端十壯下闕黃
雄黃口口細辛鐵生下闕差立驗又方楝樊石桂徐長

卿各一兩搗塗又方文蛤燒作灰和臈月豬脂塗人
畜並驗又方□新下闕腹滿堅如下闕楊樹東南枝去蒼
護風細削五升熬令黃酒五升淋訖即以絹帒盛滓
還內酒中密封再宿每服一合日三下闕熱者以鼠□□
□下鑽下闕驗又方蔚䒮草搗汁服□雞子以滓封腫
暖即易良又方大黃石灰小豆等分末□白酒和塗
又方下闕火草一下闕水和下闕酢和塗並驗又方隨所患
邊灸肩節縫上壯二十又方鯉魚鱗燒灰酢和塗又火
游腫赤者是大黃愼下闕　療遍身洪□□轂楮細下闕
一斗水一石煮取一斗去滓別煎取三升分三服平

旦午時夜半皆空腹暖服驗又方粘鼠草子兩抄下闕
使嚼□□□方若腫下闕煞人取小□一石煮令極爛
取汁四五升溫漬膝已下日日漬若已入腹但服小
豆愼勿雜食良又方下闕穣下闕煮下闕丸如胡豆□服二
丸當小便下下後作小豆羹飯食愼勿飲水神良又方
烏牛尿每服一合又方取□茱下闕使不下闕一握以水
三升和煮消盡□滓頓服又方取豬膽以葦筒一頭內
膽中繫一頭納下部中灌立下年下闕一升煮頓下闕裹
內下部如非時醬□□得並驗　療小便不通以葱
葉小頭去□內□行孔中口吹令通通訖□□立下

下闕內小下闕著齊中以水三四滴□□　療五淋方熱
者服冷水三升行差又方牛耳中毛一撮燒末和水服
良又方白下闕者取五下闕兩足□□央隨年壯□下□
療霍亂方溫酒三升蝎如彈丸著酒中銷服良無蝎鹽
一匙□又方卒霍亂□下闕白內□□□匕和酒服下闕
三沸頓服又方煩歐熱時取箭竹葉根子搗和水服
以差爲度　療腳轉筋及入腹下闕水□□□三沸頓
下闕巳入□□□患人伏地以繩絆兩腳跌上踝下兩
腳中間出繩繫柱去地稍高患者身去柱可五□即
□下闕令製患者□方以手下闕又方木□子根枝煮湯

服又方燒薦經繩灰三指撮頓服並良　療赤白利方
取鼠尾草花下闕服三方□□又方下闕又方黃連黃蘗
□支李人切以水九升煮取三升分三服並良又蚶利
積年者薤兩手握□□□六升酒三下闕搗車前草□□
蜜一匙頓下闕灰和水服□□□　骨鯁方含水獺骨
□立□又魚網覆頭立下又取水一杯著前張口向□□□
歐噦方下闕一升去痒頁□□三良又㯳利下闕方目前
□一服□□吐逆□乳□□□　療癲狂方灸陰大孔
前縫上處中隨年壯婦人□□□灸下闕切以水□
升煮取三升頓服下闕　噎方下闕每取□內酒中溫服又

方春杵頭細穅下闕

雒陽西南二十五里伊闕山亦謂之龍門左傳謂之闕塞昭二十六年兩山相對伊水出其中泉出石竇下注于伊闕昔日神都名勝之地後魏胡太后崇信浮屠鑿崖爲窟中刻佛像大者丈餘凡十餘處後人踵而爲之尺寸可磨悉鐫佛像至於今未已蚩蚩之氓謂鐫佛之功可得福報而其出於女子者尤多余嘗過而覽之既不可徧惟此武平六年者書法差可畫方格如棊局而其半亦已磨滅唐人則多總章以後及武后年號乃知魏齊唐三代之時無非女主爲之崇

飾耳　按魏書宣武帝景明元年詔大長秋卿白整準大京靈巖寺石窟於雒南伊闕山爲高祖文昭皇太后營石窟二所初建之始窟頂去地三百一十尺至正始二年終始斬山二十三丈大長秋卿王質謂斬山大費功難就奏求下移就平地去一百尺南北一百四十尺又言永平中中尹劉勝奏爲帝復造石窟一凡爲三所其所謂大京靈巖寺者在魏舊都平城今大同府城西三十里雲岡堡巖上刻佛像無數是其作俑也金石文字記

刻凡二幅上有小釋迦像下有記述刻藥方及造象之事云都邑師道興乃抽簪少稔早託緇門卽緇字之俗耳下爲療上氣咳嗽腹病體腫諸方中州金石記

按碑文首云自非傾珎建像焉可熾彼遺光若不勤栽藥樹無以療茲聾瞽栽卽栽字是言造像治疾二事文言栽藥而乃刻方以當之所刻諸方凡療病之證二十九療病之方藥物鍼灸共百十八也醫之有方其來舊矣漢書藝文志方技略分醫經經方爲二類所載經方凡十一家隋經籍志醫方二百五十六部內載醫經本草不過十之二三餘皆醫方也考其目大半不詳所出且多昔有今

亡者此碑所刻必是經方之一種惜碑亦不著其名目殆隋志目中所有之方也碑書杏仁桃仁俱作人此與柏人之作柏仁相反而實相同蓋仁人通用字也柰卽桼字搗卽擣字蕢卽糞字鵬卽臈字黄苽卽黄瓜脂肉卽豬肉樊石卽礬石皆別體及借用字蛔心痛說文作蛕字廣韻作蚘字皆無蛔字集韻始有之蛐蟮廣韻作蛩蟺玉篇則既有蟺字注云蚯蚓也又有蛐字注云蛐蟮又有蟮字注云曲蟮是蚯蚓曲蟮一物而二名曲蟮蛐蟮一名而兩字矣灸法以艾一灼爲一壯卅壯者三十

淡古淡液之淡千古千濕之千今以淡作痰千作乾也丁瘡即疔瘡物類相感志身上生肉丁芝蔴花擦之坦即堆拊即敷拊有膚音借用爲敷酢即醋字徐鉉曰今以酢爲醻酢字反以醋爲酢字石胃黃即石硫黃猬皮即蝟皮柒瘡即漆瘡釜底墨即釜底煤絹帒即絹袋皆古通用字正月上卯與上辛上丁上戊上巳同例徐長卿必是以人名爲藥名者如劉季奴史君子之類也碑內諸方又見耀州石刻大小三碑存字闕文與此悉同無標題年月建立姓名序記相傳爲即孫思邈千金方耀

州五臺山有孫家原爲孫眞人故宅山有太元洞眞人療龍而愈龍穿此洞山有眞人祠有碑稱昆明池龍胡僧利其寶貨取去求救於眞人因得其方書云云攷續仙傳及太平廣記皆云千金方以救龍得之謂之龍宮方道藏載千金方九十三卷目錄注亦有此語說皆近誕眞人所撰千金方三十卷千金翼方三十卷今現刊行然以校此碑惟針灸法同者五處藥方同者六處餘槩未之見不可謂此碑即千金方也眞人之生距此碑刻後僅三十年耀州距伊闕不甚遠眞人何以採不及此

眞人嘗謂人命至重貴於千金故方書以千金名据此碑已有千金祕方四字則不始於眞人名書矣明馬理千金方序謂耀州碑是孫子之徒刻于華表兹不復錄惟此碑渺處据以補注焉

孟阿妃造像記

記高一尺二寸五分廣如之十行行十字隸書在偃師縣南董家村老君洞

大齊武平七年歲次丁酉二月甲辰朔廿三日丙寅淸信弟子孟阿妃敬爲亡夫朱元洪及息子懃息子推息白石息康奴息女變姬等敬造老君像一區今得成就願亡者去離三塗永超八難上昇天堂侍爲道君芒芒

三界蠢蠢四生同出苦門俱昇上道

按碑新出土其以忘夫代亡夫甚奇寅作寅變作變姬作姬蠢作蠢皆異文懃字未詳中州金石記

億按碑近出土無剝泐詞云淸信弟子孟阿妃顧亭林按魏書刑法志有河陰縣民張智壽妹容妃則固有以民閒女而稱妃者今證之此碑孟阿妃其爲一時通稱並無顧忌春秋正義妃者匹配之言非有尊卑之異曲禮所云天子之妃曰后諸侯曰夫人大夫曰孺人士曰婦庶人曰妻正義又以爲因其爵之尊卑爲立別號其實皆配夫通以妃爲稱然則今造像

之碑其詞亦爲村嫗老媼所自謂蓋亦無足異者也別體字亡作忘老作㐈軀作區又㪅與夏皆不曉何字 偃師金石遺文記

按碑云武平七年歲次丁酉齊後主以庚寅年改元武平則七年是丙申非丁酉是年十二月改元隆化至丁酉年正月幼主改元承光則又非武平此碑之誤所未詳也碑書息子㪅疑是敖字太離三塗太似是去字天堂作天堂皆字體之別者說文蠢从萅从䖵未有从蟲者此省春字之日而加虫从蟲亦別體非有義理也

馬天祥等造像記

石高四尺四寸五分廣二尺二寸五分八行行十六字隸書

夫幽宗𪉉䡽家真靈潛□然隱顯沖機而名
隨化浪洪闡弥㢠邈□□□自非鏤像污
形其熟能覩之者𢦏大齊武平九秊二月
廿八日邑主馬天祥邑子馬天成邑子馬
天相邑子馬天慶道民王成人道民王大
人道民王强人道民王恭人投委壇静仲
退寘果造立石像示□餙㝍□□肅恭社
邑無韶尊師崇業□□□□

按武平只七年無九年此云九年顯係碑誤也王氏四人稱之曰道民晉有劉道民道民之稱由來久矣

吳洛族造像銘

碑橫廣二尺七寸高二尺五分十五行行十二字正書在偃師城内壽聖寺

□珠玉非濟渡之珍尺璧豈救□之寶欲取將來之益都因莫□於捨施是以爲馬無㲋標名□一瓲檀爲功福亦不二今有佛弟子吳洛族十五人等並宿籍□因洞識超遠居或曉眞遊塵獨處捉妻子不爲己物唯以片善爲家有各率誠乜敬造釋迦彌勒石像周迴十堪

畫𩜾悉訖其尊容雜事雕瑩殊異亦可驗之於目覩更不待言題矣其詞曰

泉源浩汗　無邊無畔　應似而有　診之洪漢
邑人誠感　誰不詠讚　□此微緣　除之八難

億按記石在壽聖寺大殿龕置壁間碑陽皆佛像邊界少有字如龕作堪象作潒杪作桫標作樹皆別體字亟覓人發取之碑陰尚完好書勢尤方勁可喜蓋爲吳洛族十五人造彌勒石像作記記後又有讚其字餙作𩜾邊作邉以是斷爲北齊閒物 偃師金石遺文記

金石萃編卷三十五終